公民館
コミュニティ施設
ハンドブック

Kominkan & Community Center Handbook

日本公民館学会編

エイデル研究所

まえがき―公民館の未来のために―

　日本の公民館制度が創設されて満60年を迎えようとしている。人間にとっては還暦にあたる歳月、公民館はいま日本各地に普及し、地域の中心的な社会教育機関として広く定着してきた。統計的には義務教育機関と肩を並べる規模の施設数である。社会教育・生涯学習機関のこのような公的制度化は、国際的にみても注目に値する展開というべきであろう。半世紀余の歩みのなかで、公民館に関わって実に数多くの行政事業、職員実践、住民活動、市民ネットワークが蓄積されてきた。

　しかし同時に、いま公民館制度は大きな転換点に立たされていることも事実だ。曲折を含む歳月のなかで自治体によっては制度硬直化もみられる一方で、いわゆる自治体経営「改革」や指定管理者制度の導入あるいは市町村合併に伴う再編等の激動のなか、公民館の制度的骨格は大きく揺らぎつつある。財政削減、職員縮少、受益者負担、一般行政移管等の厳しい状況が各地に現れている。

　この転換の時代に、公民館の未来へ向けて、どのような理論と展望を創出しうるか。厳しい状況への危機意識をもちつつ、これまでの蓄積に新しい光をあててどのように発展の方向を見出しうるか。日本公民館学会の設立（2003年5月）にあたっては、このような状況認識と現実課題が深く意識されていた。

　本書は、日本公民館学会が世に問う最初の出版物である。本書の企画は、学会設立の準備段階から始まったといってよい。学会発足後の理事会でいち早く「学会としての出版構想」が論議された。書名や構成素案の検討が始まり、2003年11月の臨時総会において、『ハンドブック』刊行方針が決定された。学会理事（当時）総参加による編集委員会が組織され、中核となる作業委員会の論議がほぼ毎月1回開催されてきた。

　この間に話し合われてきた本書の「ねらい」は次のようなことであった。
（1）理論的かつ実務的に水準の高い内容とし公民館関係者にとって必携の本とする
（2）公民館だけに限定せず「コミュニティ施設」等関連施設を含む
（3）建築工学、社会文化学、行政法学、地域学等の学際的な研究を反映する
（4）国際的な視点をもつ
（5）自治体の動向、地域の実践や運動の事例を重視する
（6）図版、写真、関連資料、年表等を豊富に盛り込む
（7）数年おきに版を重ね評価を定着させていく

時間や紙数の制約等により「ねらい」がそのまま実現できたわけではないが、100名余の執筆者のご参加を得て、ここに待望の本書が誕生することとなった。ご協力頂いた関係各位とともに喜びあいたい。

　2年半にわたる編集作業では、振り返ってみて苦しい論議も続いたが、そこには公民館研究を進めていく上での重要な論点が多く含まれていたように思われる。上記「ねらい」とも関連して、幾つかのことを書き留めておくことにする。

　一つは、本書にコミュニティ施設の問題を取りあげた点である。これまでともすると公民館とコミュニティ施設の異同のみが論じられがちであったが、公民館は機能的に地域的な施設であり、その意味ではコミュニティ施設である。多種多様な地域諸施設と多彩多重な地域市民活動にも視野を拡大し、関連して公民館研究の裾野を広くしていく課題が意識されたのである。

　二つには、公民館が当面する厳しい現状認識とともに、公民館の半世紀余の蓄積を再吟味・再発見し、新しい時代に向けてその可能性と展望を明らかにしていく視点を忘れてはならないこと。現今の公民館をめぐる政策批判の厳しい論調が、公民館の未来をいたずらに悲しませることになってはならないだろう。ともに公民館の未来を語りあう姿勢を共有しつつ、そのためにこそ『ハンドブック』を編み出すという認識であった。

　三つには、公民館の現代的な可能性を探求していくためにも、住民の学びと主体形成に関わる公民館の固有の役割と独自性をさらに明確にしていく必要がある。その視点から公民館研究としてどのような課題と方法があり、領域や内容があるのか。本書の編集構成案を確定していく過程は、公民館研究の骨格と体系を構築し、いわば「公民館学」のシラバスをつくる作業に通じるものがあったといえる。

　もちろん本書は多くの課題を残している。いまようやく一つのステップを刻むことができたが、今後、多くの読者諸賢の叱正・教示を頂きながら、次のステップに向けて版を重ね、さらに価値ある『ハンドブック』に練り上げていきたいと考えている。

　私たち日本公民館学会の出版構想を快く受け止め、本書刊行のため尽力を惜しまれなかったエイデル研究所とくに新開英二氏および編集実務にあたられた山添路子氏に心からの感謝をささげたい。

2005年12月

日本公民館学会 会長　小林 文人

執筆者一覧

作業委員会

手打明敏(編集長)	筑波大学教授
浅野平八	日本大学教授
奥田泰弘	中央大学教授
小林文人	東京学芸大学名誉教授
佐藤　進	中央大学非常勤講師
谷　和明	東京外国語大学教授
細山俊男	所沢市生涯学習センター・社会教育主事

編集委員会

伊藤長和	川崎市高津市民館長
伊東静一	福生市公民館松林分館職員
内田和浩	北海道教育大学教授
内田純一	高知大学助教授
上杉孝實	京都大学名誉教授
上田幸夫	日本体育大学教授
上野景三	佐賀大学教授
植原孝行	高崎市教育委員会・社会教育主事
遠藤知恵子	浅井学園大学教授
尾崎正峰	一橋大学教授
片野親義	さいたま市岸町公民館(元)館長
木下巨一	飯田市職員
小池源吾	広島大学教授
国生　寿	同志社大学教授
小林平造	鹿児島大学助教授
新海英行	愛知学院大学教授
中川晴夫	日本福祉大学教授
長澤成次	千葉大学教授
新妻二男	岩手大学助教授
牧野　篤	名古屋大学助教授
益川浩一	岐阜大学助教授
水谷　正	中野市中央公民館(元)館長
宮島　敏	日本体育大学助教授
恵　芙久子	八千代市男女共同参画室長
矢久保　学	松本市南部公民館・公民館主事
山下厚生	北九州市立大学非常勤講師

執筆者 ※上記委員を含む

青木義次	東京工業大学教授
浅野かおる	福島大学助教授
浅野秀重	金沢大学助教授
姉崎洋一	北海道大学教授
新井孝男	君津市教育委員会(元)教育部長
荒井邦昭	東北福祉大学教授
飯田優美	東京外国語大学アジア・アフリカ言語文化研究所共同研究員
石井山竜平	東北大学助教授
伊東秀明	横浜市磯子区役所職員・社会教育主事
井上恵子	東京都婦人情報センター(元)専門員
今川義博	仙台中央市民センター主任
岩橋恵子	志學館大学教授
植松賢也	座間市立東地区文化センター主査
内田光俊	岡山市立中央公民館職員
遠藤　誠	相模原市立総合学習センター・社会教育主事
大村　惠	愛知教育大学助教授
岡　幸江	埼玉大学助教授
岡田　拓	中央大学大学院生
片岡　了	早稲田大学非常勤講師
加藤有孝	福生市公民館松林分館(元)職員(故人)
柄澤清太郎	山ノ内町中央公民館(元)館長
神田嘉延	鹿児島大学教授
木見尻哲生	愛知大学非常勤講師
君塚仁彦	東京学芸大学助教授
小林　繁	明治大学教授
小林良司	相模原市職員

近藤恵美子	中央大学大学院生	松下　拡	飯田女子短期大学非常勤講師
酒井哲男	浦安市中央公民館長		
佐々木昌子	船橋市職員	松田武雄	九州大学教授
佐藤章夫	日野市中央公民館コミュニティワーカー	三尾真琴	金城学院大学非常勤講師
		村上英己	社団法人全国公民館連合会職員
佐藤一子	東京大学教授		
澤野由紀子	聖心女子大学助教授	村田和子	貝塚市教育委員会社会教育課係長
重本直利	龍谷大学教授		
白戸　洋	松本大学助教授	森　実	大阪教育大学教授
進藤文夫	国分寺市教育委員会(元)教育次長	八木隆明	宇治市職員
		山城千秋	熊本大学専任講師
杉浦　宇	昭和株式会社部長	吉富啓一郎	龍谷大学教授
杉野聖子	横浜YMCA健康福祉専門学校非常勤講師	林　世堯	名古屋大学大学院生
		渡辺　恵	明治学院大学非常勤講師
曽根陽子	日本大学教授		
多賀井英夫	大阪市立こども文化センター館長	**資料編編集協力**	
		池谷美衣子	筑波大学大学院生
竹内正巳	西宮市職員	呉　迪	筑波大学大学院生
玉井康之	北海道教育大学釧路校教授	生島美和	筑波大学大学院生
手島勇平	新潟市埋蔵文化財センター所長		
		イラスト作成（第9章）	
手塚英男	松本大学非常勤講師	木下芳郎	東京工業大学助手
藤　繁和	有限会社旭出版企画		
中村誠司	名桜大学教授		
二井紀美子	日本学術振興会特別研究員		
野村　卓	農林水産省農業者大学校非常勤講師		
野元弘幸	東京都立大学／首都大学東京助教授		
畑　潤	都留文科大学教授		
服部美奈	名古屋大学助教授		
濱口好寛	エコー保険サービス株式会社代表取締役		
廣瀬隆人	宇都宮大学教授		
広田直行	日本大学専任講師		
藤村好美	広島大学助教授		
布施利之	君津市君津中央公民館・公民館主事		
前田耕司	早稲田大学教授		

目　次

まえがき―公民館の未来のために―(小林文人) 3
執筆者一覧 5
本書活用の手引き 10

第Ⅰ部　公民館の現代的課題

はじめに―公民館60年の成果と課題―(新海英行) 12
第1章　公民館をめぐる最近の法改正(長澤成次) 14
第2章　市町村合併と公民館(内田純一) 19
第3章　指定管理者制度等と公民館(石井山竜平) 25
第4章　NPO法と公民館(手打明敏) 31
第5章　公民館とコミュニティ施設(佐藤 進) 35
第6章　公民館の現代的挑戦(小林文人・浅野平八) 40

第Ⅱ部　公民館の理論・制度・事業・運動

第1章　公民館理論の形成
はじめに(国生 寿) 50
1. 公民館の構想(国生 寿) 51
2. 研究史、論争史(松田武雄) 55
3. 集落(自治)公民館(小林文人) 59
4. 公民館運動(八木隆明) 62
5. 生涯学習と公民館(吉富啓一郎) 66

第2章　公民館・コミュニティ施設の歴史
はじめに(上田幸夫) 70
1. 戦前的系譜(上野景三) 71
2. 定着過程(植原孝行) 74
3. 政策史(片岡 了) 77
4. 実践史(上田幸夫) 82
5. コミュニティ施設史(藤 繁和) 85

第3章　法制・行財政
はじめに(長澤成次) 90
1. 憲法・教育基本法(姉崎洋一) 91
2. 社会教育法・公民館設置運営基準(長澤成次) 94
3. 地方自治法・教育委員会制度と公民館(上野景三・石井山竜平) 97
4. 自治体条例(内田純一) 101
5. 公民館をめぐる財政(近藤恵美子) 104
6. 公民館保険(濱口好寛) 107

第4章　組織・運営
はじめに(水谷 正) 110
1. 公民館の運営と管理(益川浩一・水谷 正) 111
2. 公民館事業と評価(新井孝男・布施利之) 114
3. 校区公民館(神田嘉延) 118
4. 公民館運営審議会(進藤文夫) 120
5. 専門委員会(専門部)制度(柄澤清太郎) 122
6. 企画・実行(運営)委員会方式(佐々木昌子) 124
7. 公民館のスタッフ(佐藤 進) 125
8. 公民館連合会(村上英己) 128
9. 法人公民館(益川浩一・水谷 正) 130

第5章　職員制度
はじめに(片野親義) 134
1. 公民館主事(内田和浩) 135
2. 公民館長(奥田泰弘) 137
3. 嘱託職員(上田幸夫) 141
4. 職員会議(小林良司・遠藤 誠) 144
5. 専門職員制度(新井孝男) 146
6. 養成・研修(上田幸夫) 150
7. 採用(内田和浩) 153
8. 地区組織(主事会等)(竹内正巳) 155

第6章　利用者・住民
はじめに(奥田泰弘) 160
1. 子どもと公民館(山下厚生) 161
2. 若者と公民館(山城千秋) 163
3. 女性と公民館(井上恵子) 166
4. 高齢者と公民館(岡 幸江) 169
5. グループ・サークル活動と公民館(山下厚生) 172
6. 社会教育関係団体(荒井邦昭) 175
7. 住民参加と公民館(利用者懇談会・利用者連絡会を含む)(奥田泰弘) 180
8. 公民館はなぜ無料か(公民館無料の論理)(奥田泰弘) 183
9. 教育文化産業と公民館(岡田 拓) 186

第7章　事業・編成
はじめに（佐藤 進） 190
1. 事業論の系譜と事業体系（佐藤 進） 191
2. 学級・講座の編成―主催講座の編成、学習領域（現代的教養、地域課題）（加藤有孝） 193
3. 文化と表現（畑 潤） 195
4. 各種集会・イベント（植原孝行） 197
5. 健康学習（松下 拡） 199
6. 社会同和教育と識字（森 実） 201
7. 地域福祉事業（矢久保 学） 203
8. 野外活動―公民館で環境学習に取り組むには―（伊東静一） 205
9. 団体・機関との連携（矢久保 学） 207
10. 相談事業（白戸 洋） 210
11. 館外事業論（伊東秀明） 212
12. 施設提供（植松賢也） 214
13. 地域実態把握・調査活動（手塚英男） 216
14. 資料の収集・記録・提供（手塚英男） 217
15. 公民館報（公民館・地域・サークル等活動の周知）（内田光俊） 219

第8章　方法・技術
はじめに（細山俊男） 222
1. 共同学習（大村 惠） 223
2. 系統的学習（佐藤 進） 227
3. 参加型学習・ワークショップ（細山俊男） 230
4. フィールドワーク（白戸 洋） 234
5. IT環境とニューメディア（伊東静一） 237
6. コミュニティワーカー（佐藤章夫） 241
7. ネットワークづくり（村田和子） 245

第9章　施設空間
はじめに（浅野平八） 250
1. 公民館建築の移り変わり（浅野平八） 251
2. 地域を育むコミュニティづくりと公民館（杉浦 宇） 255
3. 施設空間の全体計画（広田直行） 261
4. 室空間利用の工夫（恵 美久子・広田直行） 265
5. 施設の安全計画（青木義次） 272
6. 施設建物の長寿命化をめざして（曽根陽子） 276

第10章　文化・スポーツ
はじめに（小林平造） 282
1. 地域スポーツ活動（尾崎正峰） 283
2. 図書館・公民館図書室・司書（廣瀬隆人） 287
3. 地域博物館（君塚仁彦） 291
4. 地域文化と文化ホール（小林平造） 295

第11章　学校・大学
はじめに（小池源吾） 302
1. コミュニティ施設としての学校―聖籠町の事例を通して―（手島勇平） 303
2. 子どもの活動と学校施設（玉井康之） 306
3. 小・中学校の開放と公民館（浅野秀重） 308
4. 高等学校の開放と公民館（中川晴夫） 311
5. 大学開放と公民館（小池源吾） 317

第12章　コミュニティ関連施設
はじめに（伊藤長和） 322
1. 若者組の歴史とたまり場論（上野景三） 324
2. 沖縄の字公民館（中村誠司） 327
3. 社会教育諸（関連）施設（遠藤知恵子） 330
4. 生涯学習センター（多賀井英夫） 335
5. 第三セクター委託施設（今川義博） 338
6. 施設間ネットワーク（伊藤長和） 341

第13章　NPO・市民運動
はじめに（谷 和明） 346
1. NPOと公民館（木下巨一） 347
2. コミュニティ再建と市民経営学（重本直利） 349
3. NPOにおける学習―市民参加＝自己組織的学習の諸形態―（渡辺 恵） 355

第14章　福祉・労働
はじめに（新妻二男） 362
1. 児童（杉野聖子） 364
2. 高齢者（宮島 敏） 367
3. 障害者（小林 繁） 370
4. 職業能力開発（施設）（杉野聖子） 372
5. 農業改良普及事業（野村 卓） 375
6. 外国籍市民（野元弘幸） 378
7. マイノリティ（野元弘幸） 381

8. アウトリーチ(杉野聖子) 383
9. ホームレス(路上生活者)(酒井哲男) 386

第15章 世界の社会教育施設
はじめに(上杉孝實) 390
1. 韓国(浅野かおる) 391
2. 中国(牧野 篤) 394
3. 台湾(林 世堯・牧野 篤) 396
4. 東南アジア(服部美奈) 398
5. 中東(三尾真琴) 400
6. オーストラリア(前田耕司) 402
7. イギリス(上杉孝實) 404
8. フランス(岩橋恵子) 406
9. ドイツ(谷 和明) 408
10. イタリア(佐藤一子) 410
11. 北欧—フィンランドの場合—(木見尻哲生) 412
12. ロシア(澤野由紀子) 414
13. 東欧(澤野由紀子) 416
14. アメリカ合衆国(藤村好美) 419
15. ブラジル(二井紀美子) 421
16. アフリカ—サハラ以南の場合—(飯田優美) 423

終章 公民館・コミュニティ施設の展望—公民館学の形成に向けて—(手打明敏) 426

第Ⅲ部 資料編

〔文書・法令〕
1. 公民館の設置運営について 433
2. 公民館の建設—新しい町村の文化施設— 434
3. 公民館の設置及び運営に関する基準(1959年) 436
4. 公民館の設置及び運営に関する基準(2003年) 437
5. 社会教育をすべての市民に 439
6. 都市社会教育論の構想—三多摩社懇に学び期待するもの— 441
7. 公民館主事の性格と役割 444
8. 新しい公民館像をめざして 447
9. 生涯教育時代に即応した公民館のあり方(全公連第5次専門委員会答申) 450
10. 日本公民館学会設立趣意書 453
11. 「公民館、図書館、博物館の民間への管理委託について(文部科学省社会教育課)」の資料提供について 454
12. コミュニティ—生活の場における人間性の回復— 456
13. 地方自治法の一部改正 458

〔統計〕
Ⅰ. 文部科学省作成統計
14. 社会教育施設数 460
15. 都道府県別公民館数 462
16. 都道府県別1小学校当たりの公民館数 464
17. 都道府県別公民館の設置率 467
18. 都道府県別人口1万人当たりの公民館数 468
19. 都道府県別公民館主事数 469
20. 都道府県別1公民館当たりの専任公民館主事数 474
21. 種類別活動実施館数 478
22. 公民館における諸集会の実施状況 478
23. 公民館の利用状況 479
24. 全国の公民館におけるボランティア活動状況 479
25. 公民館における民間営利社会教育事業者との連携・協力状況【学級・講座】 480
26. 公民館における民間営利社会教育事業者との連携・協力状況【諸集会】 481

Ⅱ. 全国公民館連合会作成資料
27. 中核市の公民館設置状況 482
28. 自治公民館数について 484

〔年表〕
29. 「公民館・コミュニティ施設」年表 486

索引
Ⅰ. 事項索引 494
Ⅱ. 欧文略語索引 499
Ⅲ. 地域別索引 500
Ⅳ. 人名索引 502

◆本書活用の手引き◆

Ⅰ．本書の構成

　本書は、次の3部から構成されています。第Ⅰ部「公民館の現代的課題」は、『公民館・コミュニティ施設ハンドブック』編集委員会が公民館をめぐる最も現代的な課題だと思われる項目を設定してあります。

　第Ⅱ部の各領域と項目は本ハンドブックの基本的な構成であり、時代によって若干の変更や論じ方に変化はありますが、大幅な変動がない項目です。

　第Ⅰ部と第Ⅱ部で同じような項目が立てられていても、取り上げ方（論じ方）に違いがあります。

　第Ⅲ部は資料編です。資料編の統計データは、文部科学省統計を部分的に利用したり、加工等して作成したデータが含まれています。

Ⅱ．各領域の構成

1) 第Ⅰ部、第Ⅱ部の冒頭では各部の章構成を示しました。
2) 第Ⅱ部の各章の冒頭では、章の目次を示しました。
3) 第Ⅰ部と第Ⅱ部の章の「はじめに」では、全体についての解説を行っています。
4) 各章は、基本的に5～6項目の柱立ての構成となっています。

Ⅲ．表記上の注意

1) 年号は西暦で表示し、必要に応じて元号を使用しました。
2) 数字は原則として算用数字を用いました。
3) 用語等の説明の際、必要に応じて（　）に英語等の対応する外国語を入れてあります。
4) 文部省は2001(平成13)年1月から文部科学省と名称を変更しているため、2000年以前の統計データを含めて表示する場合にも、出典は文部科学省に統一して表示しています。ただし、2000年以前を個別に示す場合には、文部省と表示している場合があります。

Ⅳ．出典の表記について

書籍　　（著者名『書名』発行元、発行年）
所収論文（著者名「論文名」編者名『書名』
　　　　　発行元、発行年）
雑誌論文（著者名「論文名」『雑誌名』発行
　　　　　年月）
報告書　（著者名「文書名」『書名』発行元、
など　　　発行年）

Ⅴ．資料編について

　資料編の〔文書・法令〕は、原則として刊行されたものを忠実に再録しましたが、読みやすくするため、旧かなづかいは現代かなづかいに改め、また明らかに誤字、誤用と思われる字句は改めました。

第Ⅰ部 公民館の現代的課題

はじめに——公民館60年の成果と課題——
第1章　公民館をめぐる最近の法改正
第2章　市町村合併と公民館
第3章　指定管理者制度等と公民館
第4章　NPO法と公民館
第5章　公民館とコミュニティ施設
第6章　公民館の現代的挑戦

Ⅰ　はじめに――公民館60年の成果と課題――

1) 憲法・教育基本法制と公民館

公民館が誕生してすでに60年の歳月を数える。公民館は戦災の傷跡が残る敗戦直後の日本の各地に創設された戦後社会教育を代表する象徴的な施設である。文部次官通牒「公民館の設置運営について」（1946年7月）は、戦後日本の再建を究極の目標とし、そのために「町村振興」と社会教育を中心とする「郷土の総合施設」の設置を奨励した。この通牒に記された公民館構想はのちに「寺中構想」（起草者・寺中作雄社会教育課長）と、同構想にもとづいて設置された公民館は「初期公民館」と呼ばれた。公民館は、戦前における「地方改良運動」下の農村社会教育や「学校中心の自治民育」的社会教育の遺産を継承しつつも、日本国憲法のもともっぱら戦後における国家再建を至上命題とし、その担い手としての「公民」形成を目的とする社会教育施設として構想されたものであった。

さらに公民館は、教育基本法（1947年3月）に図書館・博物館とならんで国・地方公共団体によって奨励されるべき社会教育施設の1つとして位置づけられ、社会教育法（1949年6月）においてその目的、事業、運営のあり方が規定されることによって、公的社会教育を担う中心的施設としての役割が与えられた。そして「すべての国民の教育を受ける権利」を基調とし、教育の機会均等と教育の民衆統制を基本原理とする憲法・教育基本法制のもとで、また社会教育の自由と社会教育行政の独立性を重視する社会教育法のもとで、公民館はそれぞれの時代の地域再編（地方行政改革）の中で紆余曲折をくりかえしつつもさまざまな地域課題や住民の生活課題に応える社会教育実践を創造し、発展させ、地域における社会教育施設としての内実をより深め、かつ豊かなものにしてきた。公民館60年のすぐれた実践の特色を以下に見てみよう。

2) 公民館における社会教育実践の創造

第1に、地域・生活課題と結ぶ公民館づくりである。飯田市・下伊那各町村や松本市の公民館は1950年代の共同学習を継承・発展し、地域の自治活動の基盤のうえに農業問題をはじめ、地域開発、健康・福祉、子育て、地域文化、商店街の活性化、合併問題など、地域・生活課題ときり結び、住民の主体形成をめざす社会教育実践を創出してきた。こうした実践をとおして職員の専門性や職員集団（主事会）の役割が深められた点も見逃せない。

第2に、住民の自己形成を援助する社会教育機関としての公民館づくりである。国立市、国分寺市、町田市など、三多摩地域の公民館は、女性や障害者の自立と生き方発見をめざした教養セミナー（公民館保育室）や障害者青年学級など、仲間の中で自己に目覚め、自立的に生きるための自己形成を援助する講座やサークルを育てるとともに、住民参加の自治的な施設運営に取り組んできた。

第3に、住民運動の学習的側面を担う社会教育実践である。1960年代初頭に枚方市教育委員会は地域の子育て・文化運動をふまえ、憲法や民主主義の学習であり、住民の自治能力を培うことを本質とする社会教育のあり方を提起し、同市の公民館活動を方向づけた。憲法原理に立ち地域の市民活動の学習的側面を担う公民館実践は西宮市、貝塚市などの関西地域はいうまでもなく、広く全国各地の公民館活動に影響を及ぼした。

第4に、学校と連携・協働する公民館づくりである。福岡市の公民館は地域の住民活動や学習活動にきめ細かく対応しうる校区公民館であり、近年まで正規職員を有し、学校との連携・協働による社会教育活動に取り組んできた。大田市、大府市など各地の同様の実践は校区という現代的な生活圏の中に地域の共同性を育て、地域の生活や文化に即した社会教育実践を深めるうえで示唆的である。

第5に、行政課題を住民が自らの学習課題として主体的にとらえかえす公民館実践である。1970年代の京都府下町村において「ろばた懇談会」という地域問題の学習活動が広がった。そこでは行政職員が報告し、住民の学習課題に応えた。この学習活動はややもすると公民館事業が一般行政の啓発事業に陥る危険性をもつが、住民主導で運営し、学習の方

法・形態を工夫することによってその積極的可能性が追求されてきた。

さらに第6に、倉吉市をはじめ、各地の自治公民館（沖縄県の集落公民館を含む）の社会教育実践が注目される。そこには正規の職員は設置されず、地域の住民が自主管理し、さまざまな集会や学習・文化活動が行われてきた。公民館の公共性や専門性が欠落するなどの限界は見逃せないが、公民館が文字どおり住民の生活と文化と自治の拠点施設となり、自生的な学習活動をとおして自治的能力が育つ可能性は小さくはない。

以上の実践は公民館の教育的価値の創造・発展に少なからず寄与してきたといえよう。

3）行政改革と公民館の委託・民営化

1980年代以降、戦後改革の総決算、戦後社会教育の見直しが強行される中で、公民館の統廃合、事業団委託・民営化、市民センター化、さらにはコミュニティセンター化がすすめられ、社会教育施設としての公民館の公共性や独立性は次第に後退を余儀なくされた。生涯学習振興整備法（1990年）は生涯学習（社会教育）への国家統制の強化と新自由主義原理の導入をはかり、相対的に市町村の公民館の存在価値を軽視した。地方分権・規制緩和政策のもと、社会教育法が一部改正（2000年）され、公民館運営審議会が任意設置化されたことも公民館活動における住民自治原則の縮小をもたらすものであった。NPOの法制化（1996年）、地方自治法の一部改正（2003年）による指定管理者制度の導入により公民館はかつてない危機的な変化に当面している。以下、そうした変化の特色を各地の公民館にひろってみよう。

第1に、公民館の非公民館化である。名古屋市では、かつて公民館であった16の生涯学習センターを区（まちづくり振興部）に編入し、非公民館化した。予算と社会教育主事（派遣教員）の人事権は教育委員会に、それ以外の権限は区が所管するなど、二元的な体制がもつ問題も少なくない。近年、講座内容が一般行政の啓発的なものに傾斜し、自主グループへの援助がなくなり、利用者が激減している。専門性を有する職員の大幅な削減は明らかにサービスの低下を招いている。

第2に、公民館の民間委託化である。京都市、川崎市、広島市では公民館をはじめ、生涯学習施設が財団委託されて久しい。生涯学習事業の営利事業化と専門職員の引き上げによってかつての公民館の実績の継承が難しくなっている。今後公民館を含む社会教育施設はNPOや企業など、指定管理者への委託が進行し、公民館の公共性がますます後退することが懸念される。

第3に、公民館の集会施設化である。仙台市、四日市市、北九州市をはじめ多くの自治体で公民館の市民センター化がすすんでいる。センターは地域振興行政の所管となり、生涯学習と市民活動（ボランティア・NPO）の双方を支援するのが主要な業務となっている。中津川市では、5つの公民館がコミュニティセンターに再編されている。かつて岐阜県随一であった「地域に根ざす」公民館はいまは存在しない。

4）非公民館施設での社会教育実践と公民館の教育的価値の再生

いうまでもなく住民の学習とそれへの教育的援助なくして住民の主体形成と住民主導の地域形成はない。そのために地域の社会教育は必要であり、したがって公民館は不可欠である。しかし、上述のように公民館をめぐる現状は厳しい。公民館の外部委託や地域振興施設化の実態を直視するならば、憲法・教育基本法がいう「社会教育への権利」保障の視点から、社会教育の公共性と専門性に裏打ちされた公民館のあり方を探求することを基本的前提としつつも、市民センターやコミュニティセンターの公民館化、いいかえればそうしたセンターでの社会教育実践を広げ、深めることによって公民館の教育的価値の再生を追求することも喫緊の課題である。

（新海英行）

1. 公民館をめぐる最近の法改正

はじめに

1946年7月5日の文部次官通牒「公民館の設置運営について」が契機となって全国に設置されはじめた公民館は、1947年の教育基本法第7条によって「国及び地方公共団体は、図書館、博物館、公民館等の施設の設置、学校の施設の利用その他適当な方法によって教育の目的の実現に努めなければならない」と明記され、その後、1949年の社会教育法第5章「公民館」（第20条〜第42条）において法制化された。

公民館を法的に支える社会教育法（1949年）は、制定後半世紀を超える歴史の中で27回の「改正」（最終改正2003年法119）を経験し、公民館関連条文の改正では5回（1953年改正、1959年改正、1967年改正、1999年改正、2001年改正）を数える。最近の改正問題に入る前にすこし長くなるがその具体的な改正点を振り返っておこう。

1953年改正では、青年学級振興法の成立に伴って22条（公民館の事業）に「青年学級の実施」を追加。

社会教育法「大改正」といわれた1959年改正では、21条（公民館の設置者）3項に公民館分館設置規定を新設。23条の二（公民館の基準）を新設して文部大臣による公民館の設置・運営基準の決定とそれにもとづく文部大臣及び都道府県教育委員会の指導・助言権を規定。27条（公民館の職員）に「主事」を明記。三項を新設してその職務を規定。それにともない28条に「主事」を追加。28条の二（公民館の職員の研修）を新設して9条の六（社会教育主事及び社会教育主事補の研修）を公民館職員に準用することを規定。29条（公民館運営審議会）に共同設置の但し書を追加。32条の公民館運営審議会委員の実費弁償を19条削除に伴い削除。35条（公民館の補助その他の援助）を「予算の範囲内」における「施設・設備」費等の「一部を補助」の規定に改め、運営費補助規定を削除。補助対象となる経費の項目を定めた36条を削除した。

1967年改正では、公民館の「設置・廃止」「変更」の都道府県教委への報告・届出義務を定めた第25条・第26条を削除した。

1999年改正では青年学級振興法廃止に伴って22条第1号「青年学級を実施すること」を削除。公民館運営審議会の任意設置化にともなって16条（社会教育委員と公民館運営審議会委員との関係）を削除。館長任命にあたっての公民館運営審議会の意見聴取義務を定めた28条第2項を削除。公民館運営審議会の必置規定を定めた29条第1項を「置くことができる」に改め、但し書きを削除。30条第1項中「左の各号に掲げる者のうち」を、「学校教育及び社会教育の関係者並びに学識経験のある者の中」に改め、各号を削除、同条第2項及び第3項を削除。31条では公民館運営審議会の任意設置化にともなって法人の設置する公民館の運営審議会委員は、「当該法人の役員」をもって充てることができるように改めた。

2001年改正では、30条第1項中「関係者」の下に「、家庭教育の向上に資する活動を行う者」を加えた[1]。

それぞれの改正が公民館に与えた影響は少なからずあるが、なかでも1959年改正、1999年改正はその後の公民館のあり方に多大な影響を与えた。

本稿では、こうした改正の歴史もふまえつつ、主に1999年以降の改正の問題点や課題を明らかにするともに、公民館をめぐるこれからの課題を提示してみたい。

1—1 地方分権一括法による1999年法改正

1999年7月8日、社会教育関連法改正を含む「地方分権の推進を図るための関係法律の整備等に関する法律案」（地方分権一括法案）が可決成立した。地方分権一括法案は、地方分

I 公民館の現代的課題

権推進法（1995年）にもとづいて設置された地方分権推進委員会の四次にわたる勧告を受けて閣議決定された地方分権推進計画（1998年5月29日）に基づいて作成されたものである。

国の生涯学習審議会は、地方分権推進委員会勧告をうけて「社会の変化に対応した今後の社会教育行政の在り方について」（1998年9月17日）という「答申」をまとめたが、基本的な内容は「勧告」を追認するものであった。社会教育法における公民館関係条文の改正点は前述したとおりであるが、それぞれの内容は以下に見るように公民館制度の根幹を揺るがすような改正であった。ここでは主な内容について触れてみる。

まず、第一に、公民館運営審議会の必置制を任意設置化したことである。地方分権推進委員会は、国の地方に対する必置規制を極力廃止する方向を掲げ、「国が法令により個別の行政分野毎に審議会等の設置を義務付けることは、地方公共団体における総合的な政策決定を損なうおそれがあることから、できる限り弾力的なものとするとともに、類似の審議会等との統合も可能となるようにする」と指摘し、公民館運営審議会については「公民館の運営に対し地域住民の意見を反映させる手法は、地方公共団体の自主的判断に委ねることとし、必置規制は、廃止の方向で見直しを行う」(2)と勧告を行った。

これらの勧告を受けつつ審議をすすめた生涯学習審議会は「地方公共団体が、地域の特性と住民のニーズに的確に対応した社会教育行政を展開するため、国の法令、告示等による規制を廃止・緩和する。また、地方公共団体の主体的な行政運営に資するよう、社会教育施設の運営等の弾力化を進める」（同「答申」の第3章　社会教育行政の今後の課題、第1節　地方分権と住民参加の推進、1　地方公共団体の自主的な取組の促進）として結果的には「勧告」にそうような形でまとめることになったのである。

必置制の公民館運営審議会は、公民館運営における優れた住民自治システムである。もし、任意設置化されるならば今日の自治体における行財政改革が進むなかでは、各館配置から共同設置へ、あるいは審議会そのものが廃止される可能性が十分予測されたはずである。

事実、法が施行される前の1999年10月1日付け文部省調査によれば「公民館運営審議会等の設置館数」が7,886館であったものが法改正後の2002年10月1日付け調査では7,154館と明らかに減少しているのである(3)。

第二は、公民館長任命にあたっての公民館運営審議会の先議権を規定していた第28条2項を削除した点である。公民館運営審議会への意見聴取義務の廃止は、館長任命に対する住民の意見表明権を否定し、一般行政に対する教育機関としての独立性を弱め、また、公民館長の専門性を担保する可能性を持ったシステムを後退させたといえよう。

第三は、公民館運営審議会委員構成を簡素化し、かつ委員の委嘱手続き規定を削除した点である。簡素化による「学校教育及び社会教育の関係者並びに学識経験のある者」という規定は、改正前の第30条2号「当該市町村の区域内に事務所を有する教育、学術、文化、産業、労働、社会事業等に関する団体又は機関で第20条の目的達成に協力するものを代表するもの」の規定よりもかえって狭まった。

また、改正前の第30条2項「前項第2号に掲げる委員の委嘱は、それぞれの団体又は機関において選挙その他の方法により推薦されたものについて行うものとする」という、いわば各種団体による自主的委員選任権を定めていた条文も削除された。地方分権の名のもとに公民館運営における住民意思反映ルートがこのような形で後退させられたのである。

第4は、青年学級振興法廃止に伴って、第22条（公民館の事業）の「青年学級を実施すること」が削除されたことである。地域における子ども・若者に対する公民館事業が求められているときに、青年学級振興法が廃止

15

されたからといって「青年学級」を公民館事業から削除するという形式的な法改正が必要であったのか疑問の残るところである。

いずれにせよ、全体として住民の自己決定権を拡充する地方分権どころか、住民参加と住民自治を後退させる改正であったといえよう。

なお、地方分権推進委員会第二次勧告に基づいて「公民館には、専任の館長及び主事を置き…」(文部省令「公民館の設置及び運営に関する基準」)から「専任」の二文字が削除された(1998年)。同委員会は地方自治体の自主組織権を侵害するという理由で専門職の必置制に対して否定的であったが、これまでの国・自治体の公民館職員体制を充実させてきた諸努力を自己否定するような改正であった。周知のように法レベルにおける社会教育主事の必置制(社会教育法第9条の二)を問うことなく省令レベルの専任制を問題にするのは明らかに矛盾している。ここには戦後社会教育政策において一貫して社会教育主事を重視し、公民館主事を軽視してきた政策の反映をみることができる。

1—2　教育改革国民会議と2001年法改正

2001年3月13日に閣議決定され、第151回国会に上程された社会教育法改正案は、教育改革国民会議最終報告(2000年12月)と生涯学習審議会社会教育分科審議会「家庭の教育力の充実のための社会教育行政の体制整備について」(報告)などをうけた文部科学省「21世紀教育新生プラン」による教育改革法案の一環としてだされたものである。

社会教育法における住民自治・住民参加システムを後退させた1999年法改正から、2001年法改正は社会教育法の根幹をなす第3条改正に踏み込むと同時に、家庭教育や青少年に対する社会奉仕体験活動などを教育委員会の事務に規定することによって社会教育の事業内容面に国家の関与が強まったといえよう。公民館に直接関わる改正は公民館運営審議会委員に追加規定を行ったことであるが、他の項目も公民館に大きな影響を与えるものであった。

まず、第一に第3条(国及び地方公共団体の任務)2項を新設した点である。

すなわち「国及び地方公共団体は、前項の任務を行うに当たっては、社会教育が学校教育及び家庭教育との密接な関連性を有することにかんがみ、学校教育との連携の確保に努めるとともに、家庭教育の向上に資することとなるよう必要な配慮をするものとする」という条文である。

今日の子育て・教育をめぐるさまざまな問題を考えるとき、このような条文を加えることは必要であると考えられるかもしれない。しかし、「社会教育における自由の分野」(寺中作雄『社会教育法解説』1949年)を保障しようとした社会教育法の理念からすると、この条文によって社会教育における事業や公民館における事業が「学校教育との連携」と「家庭教育」に限定されてくることにならないであろうか。

第二は、教育委員会の事務に「事業の実施」を明記した点である。

第5条(市町村教育委員会の事務)に「家庭教育に関する学習の機会を提供するための講座の開設…」「青少年に対し社会奉仕体験活動、自然体験活動その他の体験活動の機会を提供する事業の実施…」などが追加された。特に事業という概念を教育委員会の事務の例示に加えた点は、現行社会教育法における事務と事業の区別をいっそうあいまいにするものであり、立法技術としても極めて問題がある。

文部省はかつて「市町村教育委員会は、公民館その他の社会教育施設の充実に努め、これらの施設を通じて社会教育事業を行なうことを原則とし、直接市町村住民を対象とする社会教育事業を行なうことはできるだけ抑制すること」(4)と指摘していた。このことを想起すべきであろう。

第三に、社会教育委員・公民館運営審議会委員に追加規定を行ったことである。

さきの生涯学習審議会答申「社会の変化に

対応した今後の社会教育行政の在り方について」(1998年)では「今後は、公民館運営審議会の設置を任意化することとし、その委員構成等についても地域の実情に応じて決めることができるように弾力化する」として委員規定の「簡素化」が行なわれた。ところが社会教育委員・公民館運営審議会委員に「家庭教育の向上に資する活動を行なう者」とする委員規定を追加したことは、「委員規定の弾力化」という論理に反するのではないだろうか。

そして、第四に社会教育主事講習の受講資格の緩和を行った点である。

受講資格要件にかかわって「官公署又は社会教育関係団体が実施する社会教育に関係のある事業における業務であつて、社会教育主事として必要な知識又は技能の習得に資するものとして文部科学大臣が指定するものに従事した期間」(第九条の四　一号のハ) が算定されることになった。当時、文部科学省のホームページには、期間が算定される社会教育関係団体として「ボーイスカウトのリーダーや青年海外協力隊等」が例示されていた。ある特定の団体を例示することは、社会教育の自由や公平性からいっても問題である。

1—3　「公民館の設置及び運営に関する基準」(1959年) の全面改訂

2003年6月には、社会教育法第23条の二(公民館の基準)に基づいて定められていた「公民館の設置及び運営に関する基準」が、直接的には地方分権改革推進会議の「意見」(2002年10月)などを契機に全面的に改訂された。同「意見」に基づいて数量的な基準(たとえば「公民館の建物の面積は330平方メートル以上とする」(旧第5条)がすべて削除された。

「教育の目的を遂行するに必要な諸条件の整備確立」(教育基本法第10条)を公民館施設基準法制によって実現していく方向ではなく、家庭教育やボランティア活動など公民館の事業内容面に大きくシフトして改訂されたものである。

1—4　地方自治法改正による指定管理者制度の導入

現在、公民館制度に多大な影響を与えつつあるのが地方自治法改正による指定管理者制度である。

「総務省　制度・政策改革ビジョン」(2002年8月28日　片山虎之助)、「事務・事業の在り方に関する意見—自主—自立の社会をめざして」(2002年10月30日地方分権改革推進会議)、「規制改革の推進に関する第2次答申—経済活性化のために重点的に推進すべき規制改革」(2002年12月12日総合規制改革会議)などをうけ、2003年7月、地方自治法が改正され、公の施設の管理受託者を民間事業者にまで拡大した指定管理者制度が新しく導入された。

「民間資金等の活用による公共施設等の整備等の促進に関する法律」(1999年、PFI法)の制定をはじめ、構造改革特別区域法(2003年4月)、地方独立行政法人法(2003年7月)そしてこの地方自治法改正による「指定管理者制度」の導入によって「公の施設」の民営化の手法はほぼできあがったとみることができよう。

なお、文部科学省は、2005年1月25日の全国主管部課長会議で「社会教育施設における指定管理者制度の適用について」を明らかにしている。主なポイントは、①公民館、図書館及び博物館の社会教育施設については、「指定管理者制度を適用し、株式会社など民間事業者にも館長業務を含め全面的に管理を行わせることができること」。②指定管理者においても、公民館、図書館及び博物館は館長(博物館については学芸員も)を必ず置かなければならない。③社会教育法第28条や地方教育行政の組織及び運営に関する法律(地方教育行政法)第34条では、館長や職員の任命を教育委員会が行うこととされるが、指定管理者が雇う者は公務員でないから、教育委員会の任命は不要である。④指定管理者制度の適用については、地方公共団体が判断するものであること、⑤「業務の範囲」は「公の施設の設置の目的を効果的に達成する」観点

I 公民館の現代的課題

から設定すること、⑥個人情報の取扱には特に留意すること、⑦図書館に適用する場合、「利用料金の設定」に際して図書館法第17条の規定に「注意」すること、である。

　文部科学省のこの文書は、(1)株式会社など民間事業者への全面委託と公民館の営利事業を禁止している社会教育法第23条との関係、(2)指定管理者が雇う者は公務員ではないという理由による教育委員会任命不要論と地方教育行政法第34条（教育機関の職員の任命）・社会教育法第28条「市町村の設置する公民館の館長、主事その他必要な職員は、教育長の推薦により、当該市町村の教育委員会が任命する」との関係 (3)「道路法、河川法、学校教育法等個別の法律において公の施設の管理主体が限定される場合には、指定管理者制度を採ることができない‥」（総務省自治行政局長通知、2003年7月17日）という局長通知と地方教育行政法第23条における「学校その他の教育機関」の「設置、管理及び廃止」は「教育委員会の職務権限」と規定されていることとの関係など、法的に検討すべき課題があまりにも多い。何よりも公民館のもつ公共性を後退させる危険性をはらんでいるといえよう。

1—5　社会教育法改正と公民館の課題

　以上、公民館をめぐる最近の法改正を紹介し、筆者なりのコメントを述べてきた。公民館をめぐる政策と法改正をめぐる動向はもちろん以上の事柄に尽きるものではない。「教育基本法の精神に則り」と明記されている現行社会教育法は、今日政権政党が進めようとしている憲法改正や教育基本法「改正」の動きと即連動する。市町村合併や行財政改革、規制改革の動き、社会教育（施設）の首長部局移管問題、教育委員会制度をめぐる論議などは、明文的な社会教育法改正がなされなくても実質的に社会教育法改正が進行しているともいえる。

　このような国レベルでのさまざまな動きに対して、一方では地域・自治体からのさまざまな公民館充実の動きも見られる。公民館条例など自治立法権を活用しつつ、地域住民と公民館職員、さまざまなグループ・サークル・NPOなどが協同して、地域づくりと学びを軸とした公民館の自治的個性的な創造こそ課題である。

（長澤成次）

〔注〕
(1)社会教育推進全国協議会編『社会教育・生涯学習ハンドブック第7版』エイデル研究所、2005年、52-53頁を参照。
(2)地方分権推進委員会『地方分権推進委員会第2次勧告』1997年9月8日
(3)文部省『平成11年度社会教育調査報告書』、文部科学省『平成14年度社会教育調査報告書』
(4)「社会教育審議会答申『急激な社会構造の変化に対処する社会教育のあり方について』の写しの送付について」（昭和四六・五・一五・文社社第一〇五号、社会教育局長通知より）

〔参考文献〕
(1)寺中作雄著『社会教育法解説』社会教育図書株式会社、1949年
(2)日本社会教育学会編『現代公民館の創造—公民館50年の歩みと展望』東洋館出版社、1999年
(3)全国公民館連合会『指定管理者制度—公民館の今後のあり方を考えるための資料〔増補改訂版〕』2005年1月
(4)社会教育推進全国協議会編『社会教育・生涯学習ハンドブック第7版』エイデル研究所、2005年

2．市町村合併と公民館

2—1　自治体において公民館をどう位置づけるか

　長野県松本市は、「昭和の大合併」がもたらした再三の合理化や周辺地域の切り捨てに抗して、とりわけ昭和40年代以降、合併前の旧村地域や旧市部の「地区自治」を重視し、そこに出張所・地区公民館を設置して、職員・公民館主事の地区常駐を実現させてきた。その後、地区体育館・運動広場、図書館分館、児童館、福祉ひろばといった地区公共施設の整備・充実へと連なり、さらに町内公民館（町会住民の自治公民館）の活動ともあいまって、「狭域自治」の基盤が築かれてきている。こうした理念と実践は、松本市と四賀村、梓川村、安曇村、奈川村との合併時（2005年4月）においても受け継がれ、それぞれの村の地区自治、地域に根ざした公民館活動が重視されている(1)。

　日本の市町村数は、2006年3月末までに1,822となる見込みが報告されている。広島、愛媛、長崎の各県では、1999年3月末時点と比べ市町村数の減少率が70％以上にも及び、全国的にも減少率50％を越える県が20に達する。政府（総務省）は2005年5月、さらに合併の必要がある判断基準として「政令指定都市、中核市、特例市を目指す市町村」「おおむね人口1万人未満の小規模な市町村」を提示し、都道府県に対して合併協議推進の勧告措置を促すなど、「平成の大合併」を推し進めている。

　政令指定都市については、さいたま市（2003年4月）、静岡市（2005年4月）が誕生し、新潟市、浜松市、堺市などが2007年までの昇格を目指している。さらに函館市と下関市が「中核市」に、鳥取市が「特例市」に移行する閣議決定がなされるなど、合併によって大きな都市が次々に生まれようとしている。また今回の合併ではとりわけ小規模町村の減少が激しく、1999年で1,533あった人口1万人未満の町村は、2006年3月段階で489となり、村のない県が13に達する。市町村の平均面積も1999年に116.9平方キロであったものが2006年には203.5平方キロ、およそ1.74倍に拡張する。その一方で、北海道では全体の62.2％、高知県や長野県では半数以上が2006年段階でも人口1万人未満の町村であることなど、地域によって市町村の構造変化にはかなりの違いが存在している。

　このような変化のなかで、各自治体は公民館をどのように位置づけていくのか。松本市に見られるように、住民自治を保障する原理としての公民館に、さらに大きな期待を寄せていくのか。市町村合併をめぐってそのあり方が問われている。

2—2　「昭和の大合併」が公民館に及ぼした影響

　日本における地方自治の歴史的特徴は、制度改革時に政府が標準を定めて市町村合併を強制してきたことであると言われる(2)。「明治の大合併」は、高まる自由民権運動に対抗し、帝国議会の開設に先がけて実施された。1889（明治22）年の市制町村制の施行は、7万を越える自然村を合併し、寄生地主の支配を包み込んだ行政村約15,000を基礎とする中央集権国家の土台を築くことになった。

　戦後になって日本の市町村数は、地方自治法が施行された1947年8月段階で10,505に及んでいた。1953年10月に施行された町村合併促進法は、その第3条第1項で「町村はおおむね八千人以上の住民を有する標準」を定め、これを受けた政府の市町村合併基本計画大綱は、1,500町村を人口8,000人以上の大規模町村に合併させること、6,332町村を平均四町村ごとに合併して1,583町村に減らす目標を掲げた。政府の市町村合併政策は、「地方自治の強化」という側面を財政再建と国家機構再編の枠組みに従属させる形で行われ、自治庁（当時）と府県は、補助金の優先交付や起債許可の優遇措置をすすめる一方で、合併反対の町村事業の起債を認めないなど合併の強

公民館の現代的課題

19

制をすすめた。その結果、町村合併促進法施行直後1953年10月段階で9,868あった市町村数は、同法が失効する1956年9月末には3,975市町村にまで減少した。その後も、新市町村建設促進法（1956年6月）が施行されるなど、市町村合併推進は継続され、1961年6月には3,472市町村となった。

次表は、町村合併促進法施行前の1953年5月と1968年10月、そして「平成の大合併」の顕著な影響が現れる直前とも言える2002年10月の市町村数と公民館数の比較である(3)。

1953年から1968年にかけ、全国の市町村数が32.8％にまで減少していくなかで、公民館は40.3％まで減少している。同時期における小学校数や中学校数の減少割合と比べても、公民館数の減少が自治体数の減少と呼応するように大きいことが分かる。さらに分館に関しては、自治体の減少率をも遥かに上回り、実に21.2％、約5分の1にまで減少している。このような状況について、例えば、福島県公民館連絡協議会編『県公民館50年の歩み』（2001年）では、次のように記載されている。「昭和27年当時、県内の市町村は全部で360市町村。これに対し公民館は、本館365館、分館1,141館で合計1,506館に達していた。ところが町村合併が急速に進んだ結果、昭和32年になると町村数は121、公民館は本館231館（中央館101、地方館130）、分館388の計749館で、合併前の半数に激減し、旧施設の多くは集会所に衣替えをした。」

一方、公民館設置市町村の割合（設置率）を見てみると、1953年段階で73.9％であったものが1968年では91.6％となっており、自治体数、公民館数は減少しながらもおおよそ全ての市町村に1館以上の公民館が配置されるようになってきたことが分かる。その後、2002年との比較では、小学校、中学校ともに微減している中にあって、公民館数は12.1％（分館3.9％）の増加を示している。

上記の分析を行い、かつ同様の指標を用いて都道府県ごとに公民館の再編・統合状況を検討した上野景三によれば、その特徴は次の5点に分類される。①自治体数の減少と同程度割合で公民館数が減少している。②自治体数の減少ほどではないが、1953年段階に比して公民館数がほぼ半減している。③自治体数の減少よりも公民館が高い割合で減少している。④自治体数の減少とはあまり関係なく、公民館数が1953年段階とほとんどかわらない、または微増している。⑤自治体数は減少するものの、相反して公民館数が増加している。

ところで「昭和の大合併」において公民館再編・統合のタイプには大きく次の4つがあった。①並列型（旧町村の公民館をそれぞれ独立館とする）、②総合型（旧町村の公民館の名称等は生かし、その中で1館に中央公民館の性格をもたせる）、③統合型（中央公民館を設け、他は分館とする）、④合同型（旧町村の公民館を廃止し中央に新設する）である。前述の通り、公民館の再編・統合状況は

表Ⅰ-1　公民館数の比較（1953年、1968年、2002年）

	1953年(A)	1968年(B)	(B)/(A)	2002年(C)	(C)/(A)
市町村数	10,055	3,298	32.8%	3,218	32.0%
公民館数	34,244	13,785	40.3%	17,947	52.4%
（分館数）	26,271	5,572	21.2%	6,593	25.1%
設置率	73.9%	91.6%	124.0%	91.0%	123.1%
小学校数	26,555	25,262	95.1%	23,808	89.7%
中学校数	13,685	11,463	83.8%	11,159	81.5%

参考：上野景三「市町村合併と公民館の再編・統合」日本社会教育学会編『社会教育関連法制の現代的検討』東洋館出版社、2003年

I 公民館の現代的課題

地域によって一様ではないが、全国的な傾向として①の並列型は少なく、②③④の型がとられたことにより、結果として、旧町村公民館・分館は、中央に整理・統合されるか、あるいは弱小の地域分館として位置づけられ、合わせて職員体制及び事務の中央への引き上げ、経費の集権化と削減化がすすんだとされる(4)。

こうした状況の中で、長野県飯田市では、公民館関係者による研究や働きかけの中から①の並列型が選択されている。「31年9月、新飯田市の発足に伴い、飯田市の公民館は旧村単位に独立館として残され、専任主事が置かれた。全国的には町村合併というと、中央に本館を置き、その他に支館または分館を配置するというのが通例であった。事実、飯田市が合併に際して提唱してきた『田園都市建設』の構想によると、『現在の公民館及び図書館は分館とし、自主性を持たせる』とある。このような方針だったものが合併協議の中でどのように話し合われ、独立館として残すことが決まったのかということについてはあまり明らかではない。しかし当時すでに合併を控えていた町村の公民館関係者は、合併後の公民館はどうあるべきかについて盛んに研究し、合併することによって公民館体制が弱体化しないこと、公民館は住民の唯一の拠り所であることなどを合併推進委員会に強力に進言していた」(飯田市公民館『飯田市公民館活動史』1994)その後飯田市は合併の後遺症による厳しい財政状況に直面しながらも、旧市部の過密地域に本館を増設する行政措置を実現していく(昭和42年)。この動きは、長野市・上田市に波及し、さらに須坂市・岡谷市等のように旧村地域や新興団地を拠点に本館が復活増設されていった。

市町村合併による公民館体制の中央化や集権化は、一方で「公民館の設置(対象)区域、公民館の配置体制(本館・分館網)、職員組織、事業・運営のあり方等の諸点において、一定の"近代化"の動向が進行しはじめるとみることができる」(5)。例えば、石川県では当時の様子が次のように記されている。「それ以前公民館設置条例をつくったが看板もない、職員もいないという地域にあっては、合併による新しい町の発足によって、それまで活発だった地区と同じスタートラインにつくことができ、真新しい看板が、出張所、連絡所となった旧役場庁舎にかけられ、専任常勤の主事も配置になるという好影響もあった。中には、旧村役場が廃止となり新しく公民館となって、出張所長が公民館長となり、職員も2名、3名配置という先進公民館にとって羨ましい限りの公民館も出現するという市・町もあった」(石川県公民館連合会編『石川県公民館五〇年史』1999)

「昭和の大合併」が一面では公民館に新たな展開を生みだしたということは記録されるべきではある。とはいえ、中央公民館の出現は、もともとの旧町村公民館の縮小、廃止の犠牲のもとになされたと言ってもよく、総じて住民にとっての日常的な公民館活動の機会を縮小し、地域の公民館活動は弱体化していった。「職員も地域の人間でなく本館からの派遣のため、住民とのなじみも薄く、はじめのうちはよく地区へ出向いた職員も、いつか本館の机にしがみつきなおさら疎遠になったのは事実である。中には高学歴化社会を迎えたことにより高度な学習が要求されるようになったとしても、もっぱら社会教育の学校化ともいえる内容の公民館事業が行われるようになってきた」と福島県公民館連絡協議会編『県公民館50年の歩み』は記している。

2―3 「平成の大合併」がすすむ中での公民館

「平成の大合併」は、分権改革を構造改革の枠組みに従属させる形で進められている。分権への「受け皿づくり」論などもどこかに消え失せ、財政危機の下での自治体リストラと新自由主義的な資本主義国家の再編、一方に国家統治機構強化のための地方再編策をベ

ースとして、まずは小規模な市と町村を廃止又は切り捨てようとしている。その実施にあたっては、小規模自治体への交付税等を減額する「兵糧攻め」を行いながら、一方で、事業の90％まで認める合併特例債を許可し、その元利金償還額の70％を交付税で処置するという財政誘導政策（「アメとムチ」）による半ば強制的な合併が進められている。

このような市町村合併政策に抗し、「市町村合併に疑問を持つ人々が、全国各地で数多くの合併問題学習会を開いたのも、この間の情勢の大きな特徴である」(6) とも言われる。そのなかの一つで小規模自治体の自立と連帯をめざした『小さくとも輝く自治体フォーラム』（2003年2月から現在5回実施）では、「顔が見える大きさこそ本来の基礎的自治体」であることを訴え、自治的発展を保障することを強く求めている。

「平成の大合併」といわれる自治体解体・再編の中で公民館はどうなっていくのか。前項で示したような全体状況の把握には、もう少し時期を経なければならないが（文部科学省による指定統計は2005年度内に実施される予定）、いくつかの個別の状況からも総じて公民館の再編・統合、合理化が進んでいることが分かる。

例えば、「平成の大合併」第一号と言われる兵庫県篠山市（4町合併1999年4月1日）は、2003年の段階で合併前と比べて地方債が2倍にふくれあがり、厳しい行政改革を迫られている。公民館使用料の引き上げやスクールバスの民間委託化、保育所（9園から5園）や小中学校の統廃合などが進められている。

2005年4月1日に奈良市に編入合併した月ヶ瀬村では、合併時にそれまで直営であった公民館1館と分館6館を廃止した。代わって既存の文化センターを地区公民館として再編統合し、「事務組織及び機構、管理運営等は、奈良市の制度に統一する」として、地区公民館の運営管理を奈良市生涯学習財団に委託することとなった。

さいたま市では、第一に、教育委員会社会教育課の廃止に伴い、公民館を区役所のコミュニティ課の傘下に位置づけ、貸し館化、有料化、委託化の方向が打ち出され、教育機関としての機能が消滅しつつある。第二に、新設された9つの区に一館ずつ拠点公民館を設置、その下に地区公民館を位置づけた。旧浦和市では地区における中央公民館と地区公民館とは併立方式であったものが、そこに上下関係のある体制が整備されるとともに、区ごとの格差が生じてきている。第三に、地区公民館の職員が拠点公民館等に吸い上げられる状況が出てきており、地区公民館の弱体化が進んでいる。また、1994年から96年にかけ常勤体制へと充実させていった旧浦和市地区の地区公民館（24館）館長を再び非常勤へと順次戻すことで、2006年には42館の地区公民館長がすべて非常勤化される。そして第四に、旧三市（浦和市、与野市、大宮市）で合計21あった公民館運営審議会を一本化し、人口110万人を超える大都市に15名の委員が選出されるという状況である(7)。

公民館の廃止や統合、対象範囲の拡大、職員引き上げ、公民館運営審議会の形骸化、事業費の削減等々、すでに各地で深刻な状況が出てきているが、合併協定書や合併協議会での議事録等を散見すると「合併後の状況を判断して」「3年後に大幅な見直しを図る」といった文言が数多くあり、より大きな影響が3年後、5年後以降になって出てくることは明らかである。鹿児島県串良町細山田の花鎌自治公民館では、いま館長が資金集めに奔走しているという。新鹿屋市への合併（2006年1月）をひかえ、公民館助成金の2009年以降の縮小を予想してのことである。

このような状況の中で、「昭和の大合併」が及ぼした悪影響の体験から、「平成の大合併」に対していち早く懸念を示し、緊急アピールを出したのが新潟県公民館連合会である。『市町村合併と公民館についての緊急アピール』（2003年7月）では、「今回の大合併

I 公民館の現代的課題

は、より広域的な行財政の確立を図るものだけに、公民館も、統廃合、複合施設化、職員削減、管理運営費等の削減、合理化も予想される現状にあります。このような厳しい局面の中で、社会教育推進の中核施設である公民館の機能、役割確保のため、市町村合併にあたって、下記のことを関係当局に要望いたします」と述べられ、公民館施設の確保・充実、公民館専任職員の必置、公民館の予算確保の3点が示されている。中でも、公民館施設の確保・充実に関しては、「市町村合併後も公民館が地域住民の学習・文化活動の場であり、地域課題を解決し、住民意識の融和を図る事業を実施できるよう、旧市町村単位毎に地区公民館の設置を図られたい」としている。

新潟県公民館連合会のアピールに刺激される形で、全国公民館研究大会(第26回 三重大会2003年10月)においても、合併後の新しい地域づくりを進める住民にとって公民館は必要であり、専門的職員の配置を確保するよう市町村公民館職員自らが率先して各方面に働きかけることや、市長会、町村長会、当該町村公民館と密接な連携を図りながら公民館の存続・充実に努める都道府県公民館連合会の積極的な活動を促すためのアピールがなされている。また、この大会において特別分科会「市町村合併と公民館」が設けられ、第27回大会(2004年10月熊本)でも引き続き設定されている。

以上のように公民館の統合・廃止が懸念される一方で、それまでコミュニティセンターとして使用していた施設を合併を期に公民館へと再編した自治体も登場している。千葉県関宿町は、隣接する野田市と2003年6月に編入合併した。この合併により旧関宿町にあった3つのコミュニティセンターは公民館として再配置された。住民票等の発行業務を引き続き実施していることや、コミュニティセンターにあった住民参加の運営組織が解消され、市で一つの公民館運営審議会に一本化されたなどの課題は生じてきているが、合併によって、職員の配置された条例公民館数が増えたことは、「平成の大合併」が進行する中で全国的にも注目される事例である。

また福井市では、2004年2月に福井市公民館運営審議会連絡会と福井公民館連絡協議会が、市内43地区公民館を代表する公民館運営審議会委員、公民館職員、公民館利用者代表1,350名の署名をもって、『市町村合併協議における公民館制度検討に関する要望』を福井市長に提出している。この背景には、福井市、鯖江市、美山町、清水町、越廼村による法定合併協議会が、鯖江市の提案を巡って紛糾したことがあげられる。その提案とは、公民館の管理運営やコミュニティーバスの運営、地域イベント企画・運営を自治会、社会教育団体、NPOなど各種団体とその代表者でつくる実行委員会(鯖江市型地域自治組織)に委ね、活動費には総合支所からの交付金を充てるというものであった。

『要望書』では、「現在の合併協議において、一部の自治体では、公民館の地域による自主運営、自主管理への移行等、現在の公民館制度を大きく変えようとする動きがあり、そのような状況に危惧をいだいております」と述べられ、とりわけ公民館運営審議会を中核とする現行の公民館体制を継続することを強く求めている。その後、鯖江市長は法定合併協議会からの離脱を表明するが、市長責任に対するリコール運動は、その理由の一つに「住民自治の名を借りた公民館の解体が強行されていること」を掲げ、リコールの成立と新市長の誕生をもたらすことになる。合併を巡って公民館のあり方が争点の一つになった貴重な事例である。福井市は、2006年2月に他の2町1村と合併する方向であるが、合併協定項目(社会教育事業の取扱い)では、「1 文化振興、図書館、社会体育及び公民館などの社会教育事業については、原則として、福井市の制度に統一する」ことで合意している。

2—4　市町村合併と公民館をめぐる今後の課題

　市町村合併をめぐっては、地方自治、即ち「住民自治を基礎とした団体自治の確立」がいま最も重要な課題であり、最後にこの点から公民館の課題を上げておきたい。

　第一は、住民自治を育む基盤として公民館をしっかり位置づけることである。住民自治には、徹底した話し合いや参加、学習や研究といった自己決定を促す機能が必要である。公民館はこうした共同的実践が不断になされる場として不可欠なものとなる。現在、合併後の旧市町村単位に「地域自治区」の設置が提案され「小さな自治」への注目が集まっているが、このような住民による決定組織が真に機能するためにも公民館の果たす役割はますます重要になる。

　第二は、大都市における公民館機能の再生・復活である。上述の「地域自治区」は、農村部だけではなく、大都市部においてこそ必要となってきている。政令指定都市における行政区権限を高めようとする動きも出てきているなかで、住民自治を基礎とした行政区の確立をめざした活動と相まって公民館の役割と機能を強調していくことが必要である。

　第三は、自治体内に住民自治を育む基盤として公民館が不可欠であるとの認識を定着させていくためにも、福井市の事例にも見られたように、合併協議の過程や合併後の自治体教育計画づくり等へ積極的に参加し続けていくことである。このことは、国の支配や干渉を排した団体自治を公民館の側から築いていくことにもつながる。

（内田純一）

〔注〕
(1)松本市教育委員会『町内公民館活動のてびき《第5次改訂版》』2005年2月、『松本市公民館活動史』同編集委員会 2000年
(2)宮本憲一『日本の地方自治 その歴史と未来』自治体研究社、2005年4月
(3)上野景三「市町村合併と公民館の再編・統合」日本社会教育学会編『社会教育関連法制の現代的検討』（東洋館出版社、2003年）を参考にしつつ、分館数や設置率、2002年『社会教育調査報告書』（文部科学省）のデーターを加えるなど、若干修正してある。
(4)(5)小林文人・横山宏編著『公民館史資料集成』エイデル研究所、1986年、31-35頁
(6)池上洋通「『平成の市町村合併』から地方制度改革へ」加茂利男編著『「構造改革」と自治体再編』自治体研究社、2003年6月、85-86頁
(7)片野親義「さいたま市における合併問題と社会教育・公民館」『月刊社会教育』2003年6月

〔参考文献〕
(1)保母武彦監修『小さくても元気な自治体』自治体研究社、2002年
(2)室井力編『現代自治体再編論』日本評論社、2002年

3．指定管理者制度等と公民館

3—1　自治体経営改革と社会教育行政の今日的再編

　バブル経済の崩壊以降、大多数の自治体が、財政的苦境からの脱出を見通せない今日では、行政の守備範囲を縮小させつつ、企業の力、市民の力を組み合わせ、総体としての住民サービスを拡大しようとする考えが広がりをみせている。

　NPM（New Public Management）や、PPP（Public Private Partnerships）とよばれる公共経営手法がそれであり、ここでは、公共部門の経営に民間の経営手法をできる限り取り入れながら行政の守備範囲の縮小と民間部門への責任委譲を達成しようとすることが目指されている。

　このような新型の公共経営の広がりの背景には、各自治体の内発的な取り組みというよりも、国からの強力な働きかけによる影響が大きい。その契機となったのはいわゆる「地方分権」改革であった。地方分権推進委員会（1995～2001年）の勧告のもと、地方分権一括法（1999年）に始まる、今日の地方分権改革は、中央政府と地方政府との関係を「対等の関係」に変更し、住民に最も身近な市町村の自立性を高めることをねらったものである。そこで課題となるのは、拡大された権限・事務を担えるだけの経営能力をいかに獲得するかということである。しかし、国からの財政的支援は、合併特例債をのぞけば、中央・地方政府の関係が「対等関係」に変更されたことを根拠にさらなる削減傾向にあり、すなわち、「スリム化」と「パワーアップ」が同時にきびしくせまられているのが、今日の自治体のおかれた実情である。

　さらに国から自治体には、「官から民へ」をスローガンにすえた小泉内閣の構造改革路線のもと、経済財政諮問会議（2001年～）が示す一連の方針や、総務省「地方公共団体における行政改革の推進のための新たな指針」（新・行革指針、2005年3月）などによって、地方公務員の人件費抑制や社会保障費の抑制などを迫る圧力が強くかけられている。また、PFI法（1999年）、構造改革特別区域法（2003年）、地方独立行政法人法（2003年）、指定管理者制度の創設（2003年）など、行政の守備範囲の市場化・民営化を進める法的な地ならしも次々と進められてきている。

　以上のような力学のもとに進められる、今日の自治体経営改革は、①財政削減をねらう行政サービスの市場化・外注化、②改革実現にむけての首長のリーダーシップの確立、③その地域浸透にむけての住民組織の再編による「住民と行政との接点」の再構築、が連動的に進められる傾向にあり、このことが公民館制度に直撃的にゆさぶりをかけている。

　一つには、公的社会教育の徹底的なスリム化志向である。公民館などで取り組まれている学習は、そこで培われた視野や力量をもとに二次的、三次的に社会参加を生み出す公共度の高い営みだが、厳しい財政状況のもとでは、その認識をあえて欠落させ、公務労働から切り捨てようとする判断が広がっている。

　二つには、地域公民館の「一般行政の下請け化」と「地元による管理体制の確立」を連動的に達成しようとする志向である。このような政策の先導的ケースとしては、校区公民館を教育委員会の管轄下から区行政の出先への切り替え、その運営の受け皿として住民組織を行政主導で再編成を目指す北九州市の取り組みがあげられるが、近年は同様な再編にむけての検討が、さいたま市、福岡市をはじめ、各地で進められている。

　このような特徴をもつ、今日の社会教育行政の再編をめぐっては、以下にみるように、戦後教育法制・行政研究において確認されてきた内容と、近年の行政経営論のなかで強調されてきている内容とのあいだに、いくつかの論争点を生みだしている。

3—2　今日的自治体改革下の公民館経営をめぐる論点

1）民間委託をめぐる論点

　第一は、社会教育施設の民間委託をめぐる論点である。「公の施設」であり「教育機関」である公民館の運営は、現行法制度では行政の直営が原則であるはずだが、一方では、厳しい財政削減への対応、一方では、行政から地域への新たな関与のかたちの模索という、矛盾めいた力学のなか、今日では公民館の地元委託・民間委託がラジカルに検討されている。

　もともと社会教育行政の「民間委託」は、行政の内部的制約を超えての財政削減、職員数削減（退職者の再雇用先確保）といった、「行政スリム化」を達成するための政策技術として、1970年代から大都市部を中心に広がってきたという歴史的経緯がある。そこでは、「民間委託」という表現ではあっても、委託先はあくまで行政出資法人であって、そのことによって施設経営に行政外部の意志が入ることは稀であった。それに対して、PFI（公共施設の企画立案、設計・施行、資金調達から管理まで民間事業者が行う方式）、NPO法人や住民組織への運営委託、指定管理者制度による管理委託などとして進められる今日の「民間委託」は、その言葉通り、行政が担っていた領域を、市民組織や民間企業にアウトソーシング（外注）する手続きを意味する。

　原理的には、このような行政と民間の混合型の経営体には、行政外部の視点やノウハウを取り入れ、地域主権の施設経営を追求する可能性があることは否定できない。しかしながら、財政削減の圧力がきわめて強い今日の行革下では、施設管理の視点しか持たない事業者に委託されたり、受託した市民団体・地域団体が非常に窮屈な契約のなかに押し込められるおそれは少なくない。そこでは、行政組織自体が、住民と接点を失うことで、住民に通用しない組織に朽ちてしまうおそれすらある。

　ともあれ、自治体が地域の「自治的」力量に期待しつつ、施設の「地元」委託とあわせて、行政と地域との関係の再構築を目指す動きは全国的に広がりつつあり、その実態と課題の検証は、これからの時代に真の住民自治を追求する上での重要課題である。

2）公民館の首長部局化をめぐる論点

　第二に、公民館の制度的基盤である教育委員会制度の評価をめぐる論点である。今日では、戦後教育行政の要であった教育委員会制度が抜本的に見直されてきており、現実にも、生涯学習・社会教育関連部局を教育委員会から切り離し、一般行政部局に移管する（補助執行する）動向が、一部の自治体に現れてきている。

　このような実態を受けて、「地方分権時代における教育委員会のあり方」を検討している中央教育審議会（教育制度分科会・地方教育行政部会）の部会中間まとめ（2005年1月）では、文化財保護や文化・スポーツ事業について首長が担当することを容認する判断が示された。ここには、教育委員会制度の再編や解体を主張する地方分権改革推進会議（2001年～）や、全国市長会などの見解が反映されていると思われる。

　このような見解には、現行の教育行政にみられる①経営体としての主体性や機動力の「弱さ」（中央行政と地方行政の「従属」的関係）に着目する批判、②行政と住民との接点の「古さ」（地方行政と住民との「癒着」的関係）に着目する批判、などの論点が見られるが、いずれも、地方分権社会を首長集権的に達成しようとしているという矛盾をはらむ点で共通している。

　「人々の暮らしに直結した学びの質は、地域福祉や健康、環境など多彩に広がることから、その推進にむけては全庁的体制を構築すべき」という、いわゆる「移管」推進論者の論理にはそれなりに説得力があるかにみえ

I 公民館の現代的課題

る。しかし、所管を替えれば自動的に全庁的体制ができあがるわけはなく、専門分化した行政組織を市民の声に応じて調整できる体制を構築するという課題は残される。さらに、子どもを育む地域社会の形成には、学校との連携こそが重要課題となることや、なによりも、教育基本法、社会教育法の理念から逸脱して、住民の学習内容への行政の介入を許したり、事業内容が行政目的に添った人材養成に限定されるおそれがあることなど、原理的な問題が少なくない。

3）公民館職員の待遇をめぐる論点

第三に、非常勤職員の可能性と課題をめぐる論点である。近年では、非常勤や嘱託といった劣悪な勤務状態にありながらも、むしろ生活者感覚でもって地域で培った人脈をもとに、地域の身の丈にあった地域教育実践を仕掛けている職員の活躍がクローズアップされている。公務員削減の圧力が強い今日では、このような"住民性"のメリットが過度に強調され、施設職員を嘱託待遇で賄うことが正当化される傾向がみられる。

しかし、「さまざま可能性があるからといって、非常勤・嘱託職員化を無条件に拡大することには問題がある。現在の非常勤・嘱託職員の労働条件は、一般には劣悪であり、『同一労働、同一賃金』の原則を軸に改善されなければならない。また、『住民性』の強調が視野の狭さにつながる可能性もあるため、『住民性』をどう社会教育実践に生かすかを、研修を通して学ぶことも必要である。さらに、非常勤・嘱託職員の正規職員化の可能性や両者の連携のあり方も、実践に則して検討されなければならない」(1)との指摘にあるように、期待される職務内容に比して、その不安定な身分と労働条件には問題がある。さらに、本稿後半であらためて記すが、その社会的有用労働としてのステイタスを高めることは、これらの社会に通用する行政をつくりあげるということに直結する課題であり、

公民館職員の労働条件をめぐっては、再検討・改善すべき内容は少なくない。

3—3 指定管理者制度による委託の特徴と課題

1）指定管理者制度の特徴

以上のように、今日の自治体経営改革によって、公的社会教育にはさまざまなゆらぎが生じているが、とりわけ、地方自治法改正（2003年9月）によって登場した「指定管理者制度」がもたらしている波紋は大きい。ここでは、公民館、図書館などの社会教育施設のみならず、「公の施設」の経営のこれからに抜本的な変更を迫っている、この制度の特徴と課題を整理しておこう。

指定管理者制度とは、「公の施設」の運営を行政外部の機関に委ねる際の新たなルールとして、従来の「管理委託制度」に替わって創設された制度である。総務省はそのねらいを「多様化する住民ニーズに効果的、効率的に対応するため、公の施設の管理に民間の能力を活用しつつ、住民サービスの向上を図るとともに、経費の削減などを図ることを目的とする」と説明している。

この制度の第一の特徴は、営利事業者が公共施設の受託対象として位置づけられている点である。従来、行政の直営が原則である「公の施設」の管理・運営が委託される場合、その受託先は、出資法人など、行政の外郭団体に限られていた。それが指定管理者制度では、委託可能な範囲に営利事業者が含まれた。にわかに現れた「官製」市場に、民間事業者からは強い関心が寄せられている。

第二に、「指定管理者」選定における競争主義、時限主義である。管理委託制度のもとでは、そのほとんどが単独随意契約であり、ひとたび契約が結ばれれば、それが見直される機会が非常に乏しいのがこれまでのあり方であった。それが指定管理者制度では、契約の「指定期間」（おおむね3年）が定められ、

27

そのつど公募で管理者が選定されることが原則となる。

第三に、「指定管理者」の権限の大きさである。この制度では、施設の管理権限・責任が、行政から管理者に委ねられる。それによって管理者は、条例の範囲で使用料金を自由に設定したり、それを管理者の収益とすることもできる。つまり、税金でつくられた施設で、民間事業者が営利事業ができるのである。

改正地方自治法では、これまで「管理委託制度」のもとで委託されていた施設は全て、改正法施行日から3年以内に、指定管理者制度に移行するか、直営に戻すかを定めることが義務づけられた。さらに総務省は「公の施設の管理状況全般について点検し、指定管理者制度を積極的に活用されるよう」指導しており、今後新設される「公の施設」はこの指定管理者制度による運営が前提とされるとともに、現在直営の施設においても、指定管理者制度による管理代行が急速に広がることが予測される。

2）指定管理者制度の課題

現行法制を遵守するならば、個別法優先の原則によって、社会教育施設については指定管理者制度が適用できないはずである。しかし、文部科学省は、現行法の解釈内でこれを公民館にも適用可能とする見解を示しており（2005年1月）、公民館においても、この波を受けることが避けられない状況にきている。

本来、公共施設の外部委託には、原理的な問題が少なくない。第一には、それで住民に対する公的責任がはたして守られるのかという問題である。①平等の原則の維持、②無料、もしくは廉価な使用料の保障、③施設運営への住民意思尊重、④個人情報保護をめぐる問題など、公共性の観点から検討すべき課題は多彩に存在する。

第二に、労働者の雇用条件をめぐる問題である。「価格競争」を前提とするこの制度では、住民に直接向かい合う労働の劣悪化を招いたり、この種の労働の社会的なステイタスを下げるおそれが高い。とりわけ、これまで単独随意契約に守られていた出資法人などでは、突如に迫られた民間との競争の中で、成果主義の強化や労働条件の改悪などといった雇用の不安定化が避けられないであろう。

第三に、ノウハウや住民との接点が行政から失われてしまう問題である。事業の「丸投げ」を進める行政姿勢は、職員が住民の生活、住民の学びの場との接着を放棄することにつながり、結果的に、行政組織自体が地域の実情をふまえた行動がとれない存在へと朽ちることにつながりかねない。

第四に、このように指定管理者制度の導入に関してはきわめて慎重な議論が必要であるにも関わらず、最大の問題は、制度を実施するかどうかの民主的な決定手続がないという点である。

以上のように、充分な検討と適切な配慮なしにこの制度を導入することは、公的責任放棄の時限ボタンのスイッチを押すに等しい。にもかかわらず、経営改革が厳しく迫られている今日の自治体からすれば、指定管理者制度は、格好のリストラ・ツールであり、そのため指定管理者制度の導入は、あくまで財政削減の観点から、行政トップの指示のもと、ラジカルに進められる傾向にある。

3—4　市民参画型社会の形成と公民館の課題

1）市民参画型社会に求められる学習保障の内実

従来の行政では手がさしのべられないところに広がる住民生活の厳しさや、そのような課題にむきあう市民的な動きの広がりに鑑みれば、これからの公共（パブリック）を構築するためには、これまで行政（ガヴァメント）が担っていた領域への民間からの参画が拡大されなければならない。このことには間違いないであろう。

I 公民館の現代的課題

それに関連して注目すべきは、このシフトを実現するためには、市民の能動性を支える「知」の獲得条件が手厚く保障された社会を構築することが不可欠であるとする論理が、近年では各方面からさかんに提起されていることである。たとえば、神野直彦（財政学者）は、スウェーデンでは、公的な成人高等教育が手厚く保障されていることを背景に、ノンフォーマルな成人教育実践に後押しされて成長した「ボランタリーセクター」が「経済システム」「政治システム」の健全な発達を促していることを指摘し、このような社会構造への移行こそポスト工業社会（知識社会）の目指すべき方向であることを提案している。そして、その移行にむけて不可欠とされる、社会に蓄積すべき「知」の内実として、（a）個人の知的能力、に加え、（b）相互信頼、共同価値、連帯、市民精神といった、知的能力を相互に与えあう人間のきずな（Social Capital）の重要性を指摘している(2)。このような観点に学べば、これからの社会教育には、以下のような踏み込みが求められよう。

第一に、これからの社会教育には、一人ひとりが安心して生活し、社会的自立を獲得する手法としての発展が求められる。ひきこもりの社会的自立の支援や、雇用構造の変化から企業外部化されつつある職業訓練機会の補完、消費生活をめぐるリスクに対応しうる情報提供体制の確立、増加する外国籍住民の語学能力の獲得条件の整備などは、一人ひとりが現代社会を生き抜くためのセーフティ・ネットの範疇である。

第二に、これからの社会教育には、市民の社会参画を広げる手法としての発展が求められる。新たな社会的課題に対し、行政よりも市民的な動きが機敏に対応しているケースが目立つ今日、一人ひとりが市民的力量を獲得する環境づくりは、今日の自治体政策における最重要課題といえる。そこで問われてくるのは、市民の能動性と誠実に向かい合える、行政の「協働」できる力である。

2）「協働」を導く施設・職員条件の追求

不確実な現代社会をすべての人が安心して生きれる環境の創造、そして、市民が能動性を開花・発揮できる環境の創造という課題を前に、地域社会に人間関係をたくわえ、学習を仕組んできた戦後日本の公民館の蓄積は、その意義を今日に増している。しかし、今日の公民館の現実は、そのことを追求しうるまでは、いまだ充分には育ちきれていない、それどころか、むしろ奪われてきているのが実情であろう。

第一に、自治体行政の成熟は、その裏腹に、公民館から地域の情報・課題把握、人材発掘を追求する条件を奪ってきた。①職員の職務内容が施設内での業務にとどまり、地域との接点が少ないこと、②頻繁なジョブ・ローテーションのために、前任者が培ったノウハウが継承されないこと、③財源・職員が削減されながら、一般行政の業務（サービスセンター機能）などの新たな役割が付加され、職員が多忙化していること、④適性を十分に考慮されない職員配置が少なくないこと、⑤職員の非常勤化などによって施設職員の職制・待遇が多様化・劣悪化し、職場の一体感が失われやすくなっていること、などがその例である。

第二に、昨今の社会教育は、1980年代以降に使われ始めた「生涯学習」のイメージに引き寄せられ、ややもすると「ゆとりがある人の余暇」的なイメージでとらえられがちである。そこでは、戦後社会教育がこだわってきた「共生の学び」、すなわち個人の資質にとどまらず、いわば「個と個のあいだ」の質を高めることがおざなりにされがちであり、そのことが、民間教育産業の拡大を背景に、「社会教育行政が行うサービスは、民間で十分行える」との考えを導いている側面がある。

前述した社会教育行政の今日的再編は、このような現状の弱さをのりこえようとする観点からとりくまれているという側面もある。そこでは、市民や企業との「協働」という言

葉がさかんに使われながら、実態として進められているのは、市民の思いと行動を事業実施の請負に位置づける「外注」である。これからの市民参画型社会の形成にむけて「協働」という言葉のもとに追求すべきは、課題の当事者と関係者、そして解決にむけて動き出した人々、そして行政自身が、共に学び、手をつなぎ、お互いが問題解決力を蓄えていくことである。そこで大事となるのは、一つには、「自らを外に開く」こと、そのことによって住民や外部機関からの「信頼」を築き上げることである。そして二つには、行政が一方的に「支援」する関係ではなく、市民が地域社会の質を高めようと動き出した時に、その動きとパートナーシップを組める姿勢があること。すなわち、「共にゆらぎ、共に考え、共に行動する」姿勢である。

　このような「協働」を導き出しうる施設・職員条件をいかに守り、いかに育てるか。このことは、行政の課題であるとともに、市民の課題でもある。この問題に限らず、私たちのくらしを支える諸制度が抜本的な変更を迫られている現状に対して、市民的関心は決して充分とはいえない。その意味で今日では、健全な政策提案力を市民がいかに獲得し、発揮するかが、厳しく問われている。

　その際、忘れてはならないのは、公民館はこれまでも、その教育機関としての水準や、それを支える労働の質とステイタスを高めようとする職員や住民の努力のなかに育てられてきたという事実である。近年の成果としては、自治研活動の積み上げをもとに、2001年より公民館嘱託職員の常勤専門職化を勝ち取った岡山市の取り組みが注目されよう。

　　　　　　　　　　　（石井山竜平）

〔注〕
(1)辻浩「現代的人権と社会教育労働の展望」日本社会教育学会編『講座現代社会教育の理論Ⅱ 現代的人権と社会教育の価値』東洋館出版社、2004年
(2)神野直彦『人間回復の経済学（岩波新書）』岩波書店、2002年

〔参考文献〕
(1)日本社会教育学会編『講座現代社会教育の理論Ⅰ　現代教育改革と社会教育』東洋館出版社、2004年
(2)社会教育推進全国協議会編『住民の学習と資料』No.30（1999年）～No.36（2005年）
(3)岡山市職員労働組合・公民館職員の会編『市民が輝き、地域が輝く公民館』エイデル研究所、2002年

4．NPO法と公民館

4—1 NPO法成立とパートナーシップ論

1）NPO法の成立

1995年1月に発生した阪神淡路大震災後の被災地における災害復旧活動に示された市民によるボランティア活動が契機となって、ボランティア活動が急速に多様な分野に浸透していったという意味で、この年を日本における「ボランティア元年」(1)と呼ぶ人もいる。今日、ボランティア活動にみられる市民の社会貢献活動は、地域社会の様々な課題の解決への取り組みとして活発に展開されている。

こうした中で、1998（平成10）年3月には「特定非営利活動促進法（NPO法）」が成立し、同年12月から施行された。この法律は、ボランティア活動をはじめとする社会貢献活動を行う非営利団体に対して法人格を付与することなどを通じて、その活動を促進することを目的としたものであった。NPO（Non-Profit Organization）は簡略な表現を用いれば、「ボランティアや寄付等の社会的資源を活用して公共的サービスを提供する事業体」のことである(2)。NPOの数は、任意団体を含めると、2000年の内閣府の調査では、約88,000団体(3)になるが、法人格を持っているNPO法人は、2005年3月末時点21,286団体である。

2）公民館とNPO・市民団体の連携・協力

従来の公民館は、職員や行政による公的な学習機会の提供を軸として議論を展開してきたが、そこに市民的な軸を加え多元化する必要が指摘されてきた(4)。

1998年のNPO法の成立以後、公民館とNPOの連携・協力が政策的課題となってきた。文部科学省は平成12年度から公民館を事務局として社会教育関係のNPO等の活用により、地域における学習活動の活性化を図ることを目的として委託事業を実施している。

図I-1 地域ＮＰＯとの連携による地域学習活動活性化支援事業　※『月刊公民館』（2003年3月、48頁）より作成

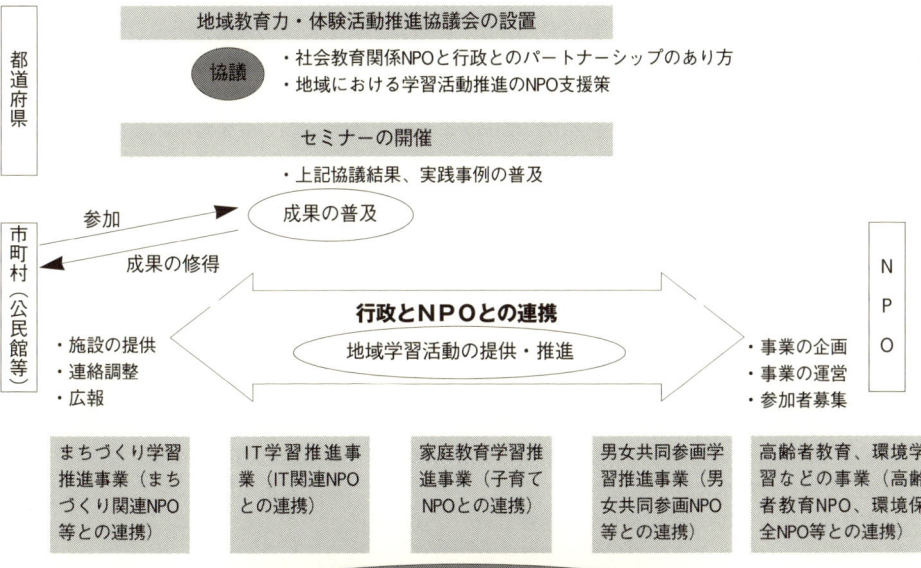

「地域NPOとの連携による地域学習活動活性化支援事業」は、「地域や家庭の教育力の低下、地域住民の情報リテラシーの育成、男女協働参画社会の形成などの課題について、地域住民が身近な問題として関心を持ち、地域社会全体で課題解決に取り組むとともに、その多様化、高度化する学習ニーズに応えることができるよう行政とNPOをはじめとする民間団体との連携による地域学習活動の活性化を支援する」(5)という趣旨で実施されている。この事業は、都道府県事業としてセミナーの開催と市町村事業として次のような「NPOとの連携による地域学習活動の推進」が取り組まれている（図Ⅰ-1参照）。
　ア．まちづくり関連NPO等との連携による
　　　まちづくり学習推進事業
　イ．IT関連NPO等との連携による地域住
　　　民のIT学習推進事業
　ウ．子育てNPO等との連携による家庭教育
　　　学習推進事業
　エ．男女共同参画NPO等との連携による男
　　　女共同参画学習推進事業
　オ．高齢者教育NPOや環境保全NPOとの連
　　　携による高齢者教育、環境学習など、地
　　　域住民自らが課題解決に取り組む事業

2003（平成15）年6月に改定された「公民館の設置及び運営に関する基準」第3条（地域の学習拠点としての機能の発揮）では、次のように規定されている。

「公民館は、講座の開設、講習会の開催等を自ら行うとともに、必要に応じて学校、社会教育施設、社会教育関係団体、NPO（特定非営利活動促進法（平成10年法律第7号）第2条第2項に規定する特定非営利活動法人をいう）、その他の民間団体、関係行政機関等と共同してこれらを行う等の方法により、多様な学習機会の提供に努めるものとする。」

地方自治体レベルでも、NPOへの支援が施策に位置づけられるようになった。都道府県のみならず市区町村レベルでも「NPO、市民活動に関する条例、指針、方針」が策定されている。たとえば埼玉県では、「NPO活動の促進に関する行政方針」（平成13年3月）において「NPO活動をサポートし、地域に根ざした県民参加の社会をつくるため、NPO等が自ら運営し、その活動の拠点とする『市民活動サポートセンター』を設置します。また、身近な活動拠点として、公民館や図書館などの既存の公共施設や民間の空き店舗などの有効活用について研究・検討を進めていきます」(6)と、NPO支援の方針を表明している。

4―2　公民館事業へのNPO・市民団体の参画

ここでは、NPO、市民団体との連携・協力によって公民館事業を進めている事例について紹介することにしたい。

1）貝塚市（大阪府）

1990年に貝塚市中央公民館の講座「30代からの女と老い」の講座受講者は、「豊かな老後をめざす会」を組織し、公民館主事の援助を受けながら学習と実践を積み重ねてきた。2001年にはNPO法人「安心して老いるための会」に発展し、中央公民館と共催して「まちづくりセミナーを開催」するようになる。1988年、保育つき講座から生まれた自主グループ、保育グループ、ファミリー劇場（おやこ劇場）や公民館保育ボランティア、母親連絡会等7つの団体と働く女性の会のメンバーでもある保母や保健婦等が参加して「貝塚子育てネットワークの会」がつくられ、公民館との共催講座「子育てネットワーク講座」を企画・実施している(7)。

2）飯能市（埼玉県）

飯能市の「NPO法人ぬくもり福祉会たんぽぽ」は、約20年前に飯能市中央公民館の婦人講座修了生が中心となって、女性の生きがいという観点から自分たちの能力を担保として始めた「市民互助型の助け合い活動」(8)から生まれた。会員数は約500名である。「たんぽ

ぽ」は、高齢者や障害者の趣味活動や外出活動、リハビリ活動等を行っているが、この活動は公民館の講師や公民館講座で育ったボランティア講師によって支えられている。「たんぽぽ」の代表者は、飯能市公民館との関係を「公民館のサテライトとして福祉施設「たんぽぽ」」と表現している(9)。

4—3 NPO・市民団体による公民館事業の活性化方策
—滋賀県草津市の事例—

草津市（滋賀県）の市民団体「草津まちづくり市民会議」は、公民館や市民活動サポートセンターなどの公の施設をコミュニティ活動の拠点活性化という視点から調査し、『公民館への提案』をおこなっている。この提案を通して、地域住民が公民館にどのようなことを期待し、何を課題としているのかをみてみることにしよう。

草津市の公民館体制は、管理業務をおこなう中央公民館と12の地区公民館からなっている。公民館では、平成10年度から12学区で学校や地域ぐるみで学びあいの輪をひろげる「地域協働学校」事業が行われている。生涯学習課では、「自分の知識や体験の成果を地域にかえしたい」と思っている人を「ゆうゆうびとバンク」（学習ボランティア）として登録し、市民が企画・運営する市民講座を公民館等で開設している。

平成11年に策定された「第4次草津市総合計画」のなかで「住民と行政によるパートナーシップによるまちづくり」が提起されている。平成12年にはパートナーシップ推進課が設置され、市民参加で「パートナーシップまちづくり研究会」が開催され、「草津まちづくり市民会議」が立ち上がっている。市民会議は「草津市では、公設の活動拠点としていくつかの施設が存在しているが、その活用のされかたや施設運営のしくみは十分なものとはいえない」(10)という現状認識から、公民館に焦点をあてて、活用しやすくしたり運営の仕方を見直すことで市民活動の活性化につなげたいという観点から平成14年度に調査をおこなったのである。市民会議は公民館を取り巻く課題を次のように指摘している(11)。

1) コミュニティの変化に伴い一人ぼっちで行き場のない人たちが増えてきたことから、そのニーズに対する役割を担うこと。
2) 市民社会を念頭に、自律的に住民自治を展開し、自らの文化（行動様式）の創造にあたること。
3) 共同の学習（学び）の中で、主体的な判断力や認識力を培うこと。
4) いわゆる横並び・多様性のいろいろな動きから、相互に関連しあい作用しあって、独自性のある文化（行動様式）を生みだしていくこと。

市民会議のメンバーは、「自分たちの生活から出てくる・自分から求めて・多様な分野に挑み、多様に変わる内容」という学習のイメージを提案したい」(12)とのべ、公民館の学びは、「まちづくり」という課題解決の学習の営みなくしては活かされないという立場から、「生涯学習は「自己実現」の要素を多く含むが、住みにくい「まち」のなかでは、

写真 I -1 『公民館への提案』

I 公民館の現代的課題

33

生き生きと生きることはできない」と指摘し、次のような「公民館のあり方についての提案」をおこなっている(13)。

1. 市民参画型の「新しい学び」の開発。
2. 「地域で暮らしていて困ったテーマ」について、調査、解決のためのワークショップの開催など、まちづくり計画の拠点。
3. 次世代を担う子ども達を地域ぐるみで育てるたまり場としての機能。
4. 草津のまちづくり情報が気軽に見られるようにIT化の促進。
5. 障害者のみならず、地域住民にとって使いやすくするためのバリアーフリー化。
6. 地域住民の意見を公平に聞くため「公民館運営協議会」の見直し。

草津まちづくり市民会議の「公民館への提案」を貫いている市民の視点は、多様な活動を通じて地域住民を結びつける「場」としての公民館への期待である。

4—4　NPO・市民団体とのパートナーシップによる公民館活性化の途

　従来の公民館は、職員や行政による公的な学習機会の提供を軸として議論を展開してきたが、今日、公民館は、市民団体・グループとの豊かなネットワークによって、その存在価値を鮮明にしうるのであり、そのことは公民館の公共性の根拠の確固たる基盤なのである。新たに発足したNPO制度は、こうした行政・職員と住民との基本的な関係を変更する法的な条件を与えたものと考えられる。つまり法人格の取得のいかんに関わらず、この法律は本来、住民や市民による民間の活動の公的・社会的な意義を認め（NPO法第二条第一項）、社会の形成発展に国家と企業以外に市民的な力が参入することを認めようというものである(14)。

　公民館が、NPO・市民団体の地域活動の拠点としての役割を果たすとともに、NPO・市民団体と連携・協力して事業を展開して市民の期待にこたえていくところに、現代の公民館の可能性を切り拓く一つの方向があるように思われる。

(手打明敏)

〔注〕
(1)『ボランティア白書　2001』日本青年奉仕協会、61頁
(2)NPOサポートセンター『行政とNPO等との連携による地域プラットフォームの発展に向けて』（平成14年度文部科学省委託調査）、2003年3月、34頁
(3)全国公民館連合会『指定管理者制度』2005年、44頁
(4)小林文人編『これからの公民館』国土社、1999年、193頁
(5)『月刊公民館』2003年3月、47頁
(6)埼玉県『NPO活動の促進に関する行政方針』2001年3月、9頁
(7)『社会教育・社会体育行政とNPOのパートナーシップ構築に関する総合的研究』（平成14－16年度科研費研究成果報告書、研究代表者　手打明敏）2005年、第8章参照
(8)『平成15年度　第18回入間地区公民館研究集会記録』、73頁
(9)同上、74頁
(10)草津まちづくり市民会議拠点プロジェクト『平成14年度草津まちづくり市民会議からの調査報告書　公民館への提案』2002年3月、60頁
(11)同上、54頁
(12)同上、55頁
(13)同上、56頁
(14)小林文人編前掲書、194頁

5. 公民館とコミュニティ施設

5—1 コミュニティ施設の展開

地方自治法は「住民の福祉を増進する目的をもってその利用に供するための施設（これを公の施設という。）を設けるものとする」（第244条）と規定している。「公の施設」には法的根拠を持つものと、自治体条例のみのものとがある。法的根拠のある社会教育分野の「公の施設」には、公民館・図書館・博物館が挙げられるが、自治体条例のみのものとしては、青少年教育施設（少年自然の家・青年の家・児童文化センター）、女性教育施設、社会体育施設（市町村立で多いのは、野球場・ソフトボール場・多目的運動広場・体育館・屋外テニス場・ゲートボール・クロッケー場・屋外水泳プール・キャンプ場）、文化会館などがある（以上文部科学省「社会教育調査報告書」）。

関連分野としては福祉会館など社会福祉関係施設があるし、児童館は福祉部門及び教育委員会と自治体によって主管部局はさまざまである。このほかに農村部の場合「農村環境改善センター、山村開発センター、就業改善センター、基幹集落センター」(1)など多様な施設が存在する。

さらに都市・農村を通じてコミュニティ・センターがあり、これらを総じてコミュニティ施設と呼ぶことができる。

5—2 コミュニティ施設政策

上に述べた施設のうち公民館・図書館・博物館は歴史的に文部省の補助金を受けて設置されてきたし、その他条例のみの施設もその多くは関係省庁の補助金政策を受ける形で設置されてきている。

以下、それらコミュニティ施設の中でとりわけ公民館との関係を問われるコミュニティ・センターに焦点を当てて検討を加えたい。

1969年9月、国民生活審議会調査部会コミュニティ問題小委員会は「コミュニティ—生活の場における人間性の回復—」と題する報告を発表した。これは内閣総理大臣の諮問を受けてまとめられたものであり、コミュニティの概念を「生活の場において、市民としての自主性と責任を自覚した個人および家庭を構成主体として、地域性と各種の共通目標をもった、開放的でしかも構成員相互に信頼感のある集団」、「従来の古い共同体とは異なり、住民の自主性と責任制にもとづいて、多様化する各種の住民要求と創意を実現する集団」とし、「コミュニティが十全に機能するためには構成員が社会におけるルールを厳守することが要求される。権利の主張には責任が伴う。行政サービスについての要求には負担が伴う」と述べている。

1972年には自治省「コミュニティ（近隣社会）に関する対策要綱」が出され、モデル・コミュニティ地区の設定（コミュニティ計画策定）・コミュニティ施設の整備（コミュニティ・センター）などの施策が推進される。この背景には60年代の高度経済成長政策による全国的な地域開発のひずみとしての公害多発に対する裁判闘争など住民運動が広がったこと、革新自治体の広がりへの政策的対応という側面があった。

1971年社会教育審議会答申「急激な社会構造の変化に対処する社会教育のあり方について」では、「公民館の新しい役割とその拡充整備」の項で公民館の性格を次のように規定した。「公民館については、従来ややもすればその性格と活動が明確に理解されていないきらいがあったが、コミュニティ・センターの性格を含む広い意味での社会教育の中心施設として、地域住民の各種の日常的学習要求にこたえながらとくに新しいコミュニティの形成と人間性の伸長に果たす役割が、改めて重視されなければならない」と、自治省を中心とするコミュニティ政策に呼応する形で、文教政策面で公民館をコミュニティ形成の一翼を担う施設と位置付けたのである。

コミュニティ論への対応について千野陽一

は、「社会教育関係者のあいだには、きわめて対照的な二様の考え方」があるとして、①「コミュニティ論・政策を肯定的・積極的に評価し、それらを下敷きにしながら社会教育のあらたな組織化のみちをさぐっていこうとする考え方」、②「コミュニティ論・政策を社会教育の一般行政への従属化による教育の論理の破壊、社会教育職員の専門性の無視ないし軽視、住民主体の社会教育づくりをささえる地域における自主的民主的な教育・学習・体育・スポーツ・文化・芸術活動抑圧の危険をはらむものとして否定的にとらえる考え方」と述べている(2)。

それではコミュニティ政策の進行によって公民館はどのような影響を受けたのであろうか。猪山勝利は社会教育財政分析を通して、行政による施設評価は「権力主導的性格のものは優遇」される反面、「地域住民サービスと直結する地域配置施設」は経費面からの評価を受け、その結果「中央センター的な施設」は増設されるが「地域施設は合理化」されると指摘した。さらに「地域教育施設は教育性を喪失し、一般地域集会施設と混合される」、つまり「公民館のコミュニティセンター化」が進行するという。また文部省の社会教育施設整備費補助金は「本工事および附帯工事費」のみであり、「定額主義」のみならず「額も低い」ため、市町村は「社会教育施設の地域配置原則を回避して、センター的な施設」が中心になり、「文部省外のいわゆるコミュニティ施設補助金に依存する傾向が加速」されるとも指摘する。コミュニティ施設は、「住民の自主管理」を前提にしていることから、「社会教育施設の管理形態にも影響」を及ぼし、「全般的な地域社会教育施設の委託化や下請け化を促進する要因」になっていると分析する(3)。

山形県鶴岡市におけるコミュニティ・センター化の結果としての公民館廃止について佐藤信一は、「73年に大山地区が自治省のモデル・コミュニティの指定を受け、76年にコミュニティ・センターが発足するに伴い、大山公民館は廃止され、コミュニティ・センターの管理運営を条例によって大山自治会に委託し、自治会の職員3名分の人件費を市から補助するという方式をとった」という。そして1980年までの間に13の地区公民館がすべてコミュニティ・センターに切り替えられたと述べた上で、生活協同組合活動など「住民活動の盛んな地域において、公民館がいとも簡単にコミュニティ・センター化されたのはなぜか」と問う。その理由として、鶴岡市の公民館は、町村合併後は市役所の支所・出張所との併置とされ、当初は、公民館職員と支所職員が別々に配置されていたものの、60年に市が出張所を廃止、公民館長を常勤専任にした上で公民館職員を増員し、「窓口事務」を公民館に委託した。その結果「一般行政と社会教育行政が一元化された形で公民館が運営されることになった」という。その後公民館の職員人事も市役所の「人事行政の一環」となり、「社会教育の経験や素養のない人までが館長に」任命されるようになった。公民館は市役所の「窓口事務を処理する行政事務処理的な傾向」を強め、「日曜、祭日、夜間は職員不在という役所型公民館」という状況に対して「住民の不満も高まっていた」という。

つまり住民にとって「地域活動の中心の場所」としてしか機能しなくなった「公民館の体質」と、そのような事態を「許容してきた職員に対する住民の評価」が、公民館からコミュニティ・センターへの制度変更に際して住民の反対運動が起きなかった「もっとも大きな要因であった」と指摘している(4)。

公民館が本来その中心的機能である社会教育事業について住民の期待に応えていなければ、住民からみて公民館とコミュニティ・センターの違いは見えにくいということである。

自治省のモデル・コミュニティ施策と共にこれらの事態を推進した全国的動向としては、1978年日本都市センターによる『都市経営の現状と課題』、同じく1979年『新しい都市経営の方向』が

表 I-2　公民館とコミュニティ・センターの対比（試論）

	市町村立公民館	コミュニティ・センター
根拠法令	社会教育法＋条例・規則	条例・規則
制度的位置付け	教育機関（地方教育行政の組織及び運営に関する法律第30条）	「地域交流及び地域文化の発展並びに地域づくり及びまちづくりのため、すべての市民が自由に利用できる活動拠点」（西東京市条例）
役割	社会教育法第22条（定期講座開設、討論会・講習会・講演会・実習会・展示会等開催、図書・記録・模型・資料等の利用、体育・レクリエーション等の集会開催、団体・機関の連絡、施設を住民の集会他公共的利用に供する）	「コミュニティ（村、近隣）の社会、文化的生活の中心としての役割を持つ施設。公の会合や、同好会の集まりの場所を提供したり社会的、レクリエーション的、教育的活動の便宜をはかったりする。」（『ユネスコ成人教育用語集』）―日本の場合もほぼ同様
施設建設	自治体	自治体が建設、あるいは地元組織に自治体が補助
管理責任	教育委員会	首長部局から地元組織への管理委託が多い（「公共的団体」が、市と「管理委託契約」、営繕管理・無人時の警備・定期清掃等は市が行う―西東京市条例）
職員	館長・職員（常勤・非常勤・兼任など多様）	地元管理組織雇用臨時職員、管理人のみ（多様）
運営組織	運営審議会（法定―必置から任意設置へ）自治体独自のものとして、運営協議会・利用者懇談会・事業企画委員会	住民協議会等地元管理運営組織（自治会・町内会の関与）
予算	公費の直接支出（議会の審議対象）	委託金・補助金配分（支出細目は議会の審議対象外）

I　公民館の現代的課題

ある。例えばそれまでの社会教育現場実践の到達として事業企画・運営への住民参加が進んでいたことに対しては、「市民の学歴向上により、専門職の専門性が次第にあいまいなものになってきた」、「長年の『専門職』『市民の学習指導』といった感覚、とらえ方が、いまコミュニティの新しい流れの展開の中で、どのように変質して行くのか、そのあり方があらためて問い直されようとしている」（『都市経営の現状と課題』69頁）と専門職員不要論を展開するとともに、経費の面でも「直営の場合と住民の自主管理の場合とを比較してみると、市が負担する一平方メートル当たり経費」は「直営に比べてほぼ半分以下という低コスト」（103頁）と「直営」を批判し住民管理を推奨している。

さらに「増税なき財政再建」を掲げた1981年7月の第2次臨時行政調査会第1次答申は、「社会福祉施設、社会教育施設等の公共施設については、民営化、管理・運営の民間委託、非常勤職員の活用、地域住民のボランティア活動の活用」を求めた。1985年6月から87年8月の臨時教育審議会答申により導入された生涯学習政策によって「民間活力の活用」が推進され、その後の地方分権改革では、1998年5月「地方分権推進計画」による「規制緩和」へと続く。そして1996年12月、「定額」で「低額」であった文部省社会教育施設建設費補助金が、翌年度予算から全面カットされ、2003年6月「公の施設」の指定管理者制度導入へと進むのである。

公民館とコミュニティ・センターの対比は上図のようであるが、両者の関係を見る中で感じるのは、公民館制度創設の歴史的特性である。周知のように戦後教育改革の一環としての公民館は、戦前社会教育への反省のもとに構想された。戦前の社会教育を端的に表せば官製団体を通じた上からの住民教化であっ

た。それに対する改革としての文部次官通牒「公民館の設置運営について」は、公民館を「郷土における公民学校、図書館、博物館、公会堂、町村民集会所、産業指導所などの機能を兼ねた文化教養機関」、「文化団体の本部ともなり、各団体が相提携して町村振興の底力を生み出す場所」と万能的役割を期待した。運営主体としては公選制の公民館委員会、教養部・図書部などの専門部制をおいた。しかし社会教育法は公民館を公設公営の社会教育機関とし、文部次官通牒はそのまま制度として定着したわけではなかった。

戦前の歴史には住民が地域で自由に集える公共施設はなく、むしろ「隣組」による相互監視と統制がなされた。つまり住民同士の自由な交流という経験をほとんど持たないまま公民館構想が提起されたのである。

本来住民の生活は、コミュニティ活動としての住民相互の交流活動とともに、社会教育法が想定しているように「実際生活に即する」学習や教育活動を必要とする。現在の時点でその担い手を考えれば、住民相互の交流や自主活動は公民館及びコミュニティ・センターがともに担うことができる。その面では公民館とコミュニティ・センターは機能面において重なり合いながら、とりわけ継続的な教育事業は公民館が担うのである。

自治体において公民館とコミュニティ・センターの両者が存在することを踏まえて、その協力、ネットワークが模索されるべきであるにもかかわらず、これまで公民館とコミュニティ・センターは不幸な「出会い」を繰り返してきたように思われるのである。

5—3 公民館・コミュニティ施設のネットワーク化の可能性

コミュニティ・センターを含め、地域に様々に存在するコミュニティ施設と公民館がどのような関係を結びどのような役割を果たすかはこれからの社会教育・生涯学習、そしてコミュニティ活動とまちづくりにとって重要な課題である。

政令指定都市北九州市における市民福祉センター設置と公民館の二枚看板化の動向を検討した松田武雄は、「市民福祉センターは、小学校区レベル、区レベル、市レベルという三層構造」になっており、「小学校区における保健・医療・福祉・地域の連携によるコミュニティづくりの拠点施設」であるとともに「公民館が担っていた生涯学習の機能も併せ持つ」ことになるという。そして「中学校区に設置されていた公民館は、同じ中学校区内の公民館がない小学校区に市民福祉センターが設置された段階で、公民館と市民福祉センターの二枚看板を掲げる」とし、「2002年9月1日の時点で市民福祉センターは58館」、「二枚看板化公民館は48館」、「市民福祉センターがまだ設置されていない校区の単独地域公民館は15館」と述べる。

この事態をどう評価すべきかについて、日本の社会教育は「教育機能」とともに、「コミュニティ機能」も持っており、「教育の論理のみを優先させるわけにはいかず、首長部局としての行政機能の一環に社会教育が位置づく側面もある」とし、行政の立場からすれば、「社会教育を首長部局から独立した教育行政として運営していくのか、政策に直結するコミュニティ行政として運営していくのか」、どちらが効率的であるのかという「政策判断をする」ことになるという。しかし「社会教育行政・施設の一部が一般行政に移行する動向が広がりつつある中で、その動向に対する社会教育法原理からの批判的検討は必要である」と指摘する。そして北九州市における市民福祉センター設置と公民館の二枚看板化は、市の『高齢化社会対策総合計画』において、「小学校区」を重視し、福祉をはじめ地域課題に市民主体で取り組んでいく拠点として「市民福祉センター（公民館）」を位置づけること自体は、「高齢化が急速に進む大都市における都市戦略」として必要なものと分析する。その上で「公民館を市民福祉

I 公民館の現代的課題

センターに統合していくという政策決定のオルタナティブはなかったのか」と反問し、「生涯教育の計画とシステムづくりの立ち後れが、そのオルタナティブを形成できなかった一つの要因」と指摘している(5)。

松田がいうように日本の社会教育は教育・文化的機能とまちづくり・コミュニティ機能の両面の役割を持つし、公民館は地域におけるその担い手である。そして教育と福祉の連携・協同は住民にとっても公民館関係者にとっても望ましい方向ということができる。一方行財政改革・効率化が求められる今日、北九州市のように市民福祉センターを地域配置しようとする場合、その機能に生涯学習機能を持たせる、あるいは公民館に福祉機能が求められるということは大いにあり得ることである。その場合公民館の中心的役割である社会教育・生涯学習活動が弱まったならば、公民館そのものが市民福祉センターに包摂されるということも想像に難くない。これは公民館とコミュニティ・センターの関係においても同様である。

そこで公民館に求められるのは、教育・文化的機能とまちづくり・コミュニティ機能のいずれに重点を置くかではなく、公民館独自のまちづくり・コミュニティ機能をどのように果たすべきかということであろう。先に鶴岡市公民館のコミュニティ・センター化で見たように、公民館が住民の「地域活動の拠点」としての役割を果たすだけでは住民にとって公民館として存続する意味を見出されなかった。しかしそれでは公民館は教育・文化的機能にシフトすればそれでいいのであろうか。

諸外国の社会教育施設と公民館について論じる中で上杉孝實は、公民館は「教育事業を行う機関でもあり住民の自由な活動のために開かれた施設でもある」(6)と述べ、佐藤一子は「公民館は学級・講座の提供と地域活動・文化活動の推進、サークル・グループ・交流の場づくり等の複数の機能をあわせ持っている総合的な施設」といっている(7)。

もともと公民館は総合的な機能を持つことがその特徴である以上、公民館だからこそできる「まちづくり・コミュニティ機能」を、住民・行政にわかる実践として示す必要がある。つまり公民館の教育・文化的活動を通してまちづくり・コミュニティ機能を果たすということである。

具体的にいえば、まちづくりの課題について住民が学習し活動する、その機会を公民館事業として編成する。もちろんその場合可能な限り関係住民と協同することは当然であるし、行政を含めた関係機関との連携、住民の団体・機関とも連携するなどのことが追求されるべきである。これらの学習機会の設定を通じて住民がまちづくり・コミュニティ活動の主体者としての力をつけることは、公民館だからこそできることである。

学習の場をつくることと情報・資料の収集提供、人と人をつなぐ等のコーディネートを通じて公民館の役割が見えてくるといえるのではないだろうか。

コミュニティ・センターにおける住民相互の文化活動や交流活動とともに、住民一人ひとりが生活の中で感じる「大事だと思うこと」、「学びたいこと」に身近な地域で継続して取り組むことができる、そのための情報を提供したり相談に乗る職員がいる、人と人のネットワークとともに講座などで継続的に学ぶ場がつくられる、そのような公民館事業があってこそ、地域がだんだん見えてくる。同じ希望を持つ人と出会い、仲間の付き合いを広げられる。そして心の通じ合う友達ができる。公民館活動を通して他の活動に取り組んでいる人とつながり、社会との関わりを実感できる。一人ひとりが自分のやりたいことに取り組むことは掛け替えのない自分を発見することになるし、そのことは他の人も同じく掛け替えのない存在として認める＝違いを尊重し合える関係になる。そのような他者との関係がつくられるのが公民館の役割であり、そのような関係ができてこそまちづくりや地

域づくり、コミュニティづくりが本物になるといえるのではないだろうか。

(佐藤 進)

〔注〕
(1)佐藤信一「東北農村における公民館問題—社会教育施設計画としての—」日本社会教育学会年報編集委員会・藤岡貞彦編『社会教育の計画と施設—日本の社会教育　第24集—』東洋館出版社、1980年、94頁
(2)千野陽一「コミュニティと社会教育」日本社会教育学会年報編集委員会・千野陽一編『コミュニティと社会教育—日本の社会教育　第20集—』東洋館出版社、1976年、14頁
(3)猪山勝利「社会教育計画と社会教育費」日本社会教育学会年報編集委員会・藤岡貞彦編『社会教育の計画と施設』東洋館出版社、1980年、76頁
(4)佐藤信一「社会教育施設とコミュニティ・センター問題—山形県鶴岡市と秋田県の事例を中心に—」日本社会教育学会年報編集委員会・島田修一編『行政改革と社会教育—日本の社会教育　第27集—』東洋館出版社、1983年、131頁
(5)松田武雄「社会教育施設の一般行政への移行と行政組織の再編成に関する考察—北九州市における市民福祉センター設置と公民館二枚看板化の事例を通して—」日本社会教育学会編『社会教育関連法制の現代的検討—日本の社会教育　第47集—』東洋館出版社、2003年、138頁
(6)上杉孝實「コミュニティ教育の国際的発展と公民館」日本社会教育学会編『現代公民館の創造』東洋館出版社、1999年、67頁
(7)佐藤一子「草の根に広がる世界の社会教育施設」佐藤一子・小林文人編『世界の社会教育施設と公民館』エイデル研究所、2001年、12頁

6. 公民館の現代的挑戦

はじめに

　公民館の創設からほぼ60年、地域的な格差と多様性を含みながら、全国各地に定着してきた公民館の歳月。そこに地域固有の歴史があり、成果・蓄積もある一方で、屈折・挫折も少なくなかった。それぞれの公民館の歩みを、いま地域史的に記録していくと何が見えてくるのか。

　公民館制度の胎動には、初期の段階においては、国そして都道府県による指導と助成の比重が大きかった。公民館の普及状況や活動実態において、都道府県別に固有の差異が見られるのは、そのためである。その後、次第に市町村による自治体計画や施策の比重が増大し、近年では、市民の参加とネットワークの拡がりのなかで、公民館の新たな地域的な展開や独自の挑戦がみられる。

　いま、国の「構造改革」路線、自治体の行財政改革、教育委員会制度の揺らぎ、とりわけ指定管理者制度の導入等が進行する中、行財政的に公民館は厳しい転機に立たされている。しかし他方、公民館に集い学ぶ市民の視点に立ってみると、これまでの蓄積や拡がりを土台としつつ、市民の新しい学習や実践が大きな展開をみせている自治体も少なくない。また21世紀の環境問題を意識した資源循環型の公民館づくりに挑戦する自治体もみられる。

　本節では、最近の公民館の躍動的な動向・実践に注目してみる。一つは、(A) 市民の参加・協同と自治体独自の公民館計画と実践の事例、あと一つは、(B) 公民館建築の領域における新しい動向、についてである。それぞれに自治体による地域的なチャレンジがあり、市民・職員・行政の協同があり、これからの公民館の方向を示唆するところが少なくない。あらためて公民館の可能性を確かめることにもなろう。以下、7つの具体的事例を通して公民館の新しい動向を紹介する。

I 公民館の現代的課題

6—A 市民の参加・協同による自治体の公民館計画と実践

6—A—1 公民館の事業から市民ネットワークの形成へ（大阪府貝塚市公民館）

貝塚市は大阪府南部、繊維等の地場産業が立地していた人口10万たらずの近郊都市である。公民館の創立は1953年（当時の人口約5万）、その後は全市1館体制が長く続き、2館目がようやく1988年、3館目の建設は1991年、対人口比の公民館数は必ずしも多いとは言えない。しかし草創期より意欲的な職員が配置され、市民のなかに公民館事業は広く定着し、1985年には自治体としての社会教育専門職制度を成立させている。これにより3館ともに専門職資格をもつ公民館主事が配置され、その後の公民館活動の質的深化と拡大が注目されてきた。（貝塚市中央公民館『貝塚公民館40年史』1994年）

貝塚市の公民館では、とくに1980年代以降、充実した学級・講座の開設がすすめられてきた。当初は多く職員主導の内容編成であったが、そこに学んだ市民たちによる自主的な学習グループの誕生が相次ぎ、また市民参加の講座づくり、あるいは公民館保育のボランティア自主運営への動きなど市民の活動が大きな潮流となっていく。「貝塚市ネットワークづくり構造図」（第Ⅱ部8章7節）に示されるように、多彩な諸講座の開設を通して、あるいは子どもの文化運動や女性の学習に関わる運動から、さまざまな学習グループが拡がり、学ぶ市民の増加に対応して職員の新たな取り組みがあり、市民と職員の協同が拡大していくという循環が生まれてきた。

このような市民学習グループの相互の連絡組織が登場するようになるのは1990年代であった。たとえば「貝塚子育てネットワークの会」（1988年～）、「豊かな老後をめざす会」（1991年～）、「学習グループ連絡会」（1992年～）等の展開である。その経過については「貝塚子育てネットワークの会」を中心にして別稿（村田和子、第Ⅱ部8章7節）に詳述されている。

さらに2000年代に入ると、特定非営利活動促進法（1998年）を活用し、これらの市民ネットワークを土台としてNPO法人「安心して老いるための会」（2001年）、地域支援団体「まなびねっと貝塚」（2002年）等が独自の活動を開始している。

ここには公民館を拠点とする市民たちの自己形成の歩みと、それがさらに市民学習グループへの胎動となり、地域的な市民ネットワークへ拡がり、さらにNPO法人の登場へと展開していく流れが鮮やかである。また市民たちの切実な生活課題に向き合って、これと格闘しつつ、公民館活動を拡げその質を深めてきた職員（集団）の継続的な努力があった。職員たちは、市民の学習や活動に寄り添い、市民の学習と活動の伴奏者としてともに歩んできたと言えるだろう。（松岡伸也・村田和子・山本健慈「地域の課題、住民の要求に応える公民館実践の歩み－大阪府貝塚市」、小林・佐藤共編『世界の社会教育施設と公民館』エイデル研究所、2001年、ほか）

6—A—2 地域課題・地域福祉・地域づくりへの挑戦（長野県松本市公民館）

松本市は人口約21万の地方中核都市、小学校区程度の身近な生活圏域に公立公民館を全市配置していく施策を堅持し、28館の公民館体制を整備している。その過程では、とくに1970年代の公民館主事会による公民館実態白書づくり、公民館充実をめざす制度研究委員会活動、公民館主事の専門職への位置づけ（教育委員会規則改正、1976年）等の多彩な努力が重ねられてきた。基本的な立場として「はじめに住民の学習ありき」の認識があり、住民の学習と運動に応えていこうとする住民主体の公民館運営の姿勢があった。公民館50年にあたって、次のように「松本市公民館10の到達点」がまとめられている。（松本市

中央公民館『松本市公民館活動史-住民とともに歩んで50年』2000年）
　(1) 学習と福祉の身近な地区施設の整備、(2) 身近な地区の草の根学習・文化・スポーツ活動、(3) 暮らしと地域を見つめる講座・事業、(4) 親睦から福祉まで町内公民館活動、(5) 公運審や公民館専門委員会、事業の共催方式など住民参加の制度、(6) 専門職員の位置づけと配置、職員集団、(7) 住民と職員の協同、異分野職員との提携、(8) 人と団体と活動の交流・ネットワーク、(9) 調査・記録・資料づくり、(10) 公民館の学習から生まれた活動・行政への浸透。
　これらの課題がすべて「到達」できたわけではないだろうし、少なくない困難や矛盾があったことであろう。しかし、この10項目からは、公民館がめざしてきた方向が鮮明に読みとれる。住民の暮らしと向き合い、地域主義に立脚し、「地域創造型公民館をめざして」（前掲『松本市公民館活動史』）の努力が重ねられてきた。
　松本市は「住民主体の地域づくり」を支援していくため「狭域行政」を進めてきた。具体的な地域課題として「地域福祉」推進を掲げ、1995年より市独自施策として「地区福祉ひろば事業」を開始、市内29地区に「福祉ひろば」（いわば福祉の公民館）を設置し住民参加による地域福祉推進をはかってきた。「福祉ひろば」と地区公民館は、活動面だけでなく空間的にも相互に連携し、松本独自の公民館体制の発展をもたらしてきた。
　あと一つの松本の公民館の特徴は、385館（2004年）にのぼる「町内公民館」（自治公民館）の住民自治活動である。地域福祉の具体的な展開として「町会福祉」もこの町内公民館を舞台として取り組まれてきた。町内公民館については、別稿「自治（集落）公民館」（小林文人、第Ⅱ部1章3節）で触れている。

6—A—3　嘱託職員から正規職員の全館配置へ（岡山市公民館）

　岡山市は人口65万強、岡山県の中心都市、ほぼ中学校区規模に公民館が設置されてきた（中央公民館を含め31館、2004年現在）。地区公民館職員はすべて嘱託職員の体制であったが、2001年より正規職員（社会教育主事補、任期付）6名の配置が始まり、さらに2005年には専門的知識を持つ正規職員の全館配置の方針が確定した（2008年度までに完成見込み）。また館長人事は行政・教員OBがあてられてきた経過から脱皮し、職員からの就任が始まり、館長公募も行われた（2002年）。自治体「改革」施策のもと職員削減や正規職員の嘱託化が進行している状況下において、全31館にわたる嘱託職員の正規職員化への道が実現するという画期的な展開となった。
　その直接の契機となるのは、2000年「岡山市公民館検討委員会」答申である。同「私たちの提言-（2）改善を実現するための条件整備」の中で「各地区に意欲と専門的能力のある職員を配置し、市民の要望に応えられる職員体制を整備する」方向を打ち出した。この種の答申は、行財政条件によりそのまま実施に移されない場合があるが、市当局は提言を誠実に受け止め実行に移したことになる。そこに至る約20年の経過が注目される。
　振り返ると、岡山市公民館は条例上は1947年に設置され、1館体制で推移してきた。1970年前後より合併に伴う周辺部の地区公民館設置や中学校区1館の建設が進み、1990年段階において中央公民館1館、地区公民館22館、分館13館となった。しかし職員体制は、中央公民館（正規職員9名）のほかは嘱託職員（96名）によって支えられてきた。
　非常勤嘱託職員の異動問題や給与・労働条件等についての取り組みが始まるのは1984年「公民館嘱託職員の会」結成からであろう。岡山市職員労働組合の支援があり、同組合と嘱託職員の会により「結んで拓いて-岡山市公民館白書」が発行された（1990年）。社会

I 公民館の現代的課題

教育・公民館についての学習会、公民館を考える集い等が重ねられ、1995年には「岡山市の公民館を考える会」が結成されている。ちなみにこの年に「公民館の充実を求める請願」(5万3千筆)が市議会へ提出された。

その後の「考える会」活動はめざましいものがあった。会報「きゃっちぼーる」発行、先進地視察、公民館利用者懇談会の開催、「市民のつどい」等への参加、報告・記録の作成、日本女性会議(1997年)や社会教育研究全国集会(2003年)開催への取り組みなど。このような公民館充実を求める市民運動・職員集団の盛り上がりを土台に、市教育委員会による前記・岡山市公民館検討委員会の設置が決まり、画期的な答申を生み出すこととなったのである。その背景には、地域に根ざす公民館活動の地域定着、市民参加による多彩な事業(子ども「あそび場マップ」調査等を含む)の蓄積があり、そのような公民館と職員に対する幅広い市民の評価と支持があった。(岡山市職員労働組合・公民館職員の会編『市民が輝き、地域が輝く公民館』エイデル研究所、2002年、岡山市の公民館を考える会『よってたかって―みんなで変えた公民館』BOC出版、2005年、など)

注目されるべきは、岡山市公民館職員体制の正規職員化という制度改善だけではない。そこにいたる過程にはいくつかの重要な展開があった。嘱託職員の(否定的な側面だけでなく、市民の視点にたつ)活発な事業展開とネットワーク、自治体職員労働組合の支援、各層委員からなる岡山市公民館検討委員会と同「私たちの提言」として提起された公民館像、なによりも10年間にわたる「岡山市の公民館を考える会」の活動等である。

6―A―4　自治体の教育改革と地域づくりの拠点としての公民館(埼玉県鶴ヶ島市)

埼玉県鶴ヶ島市は人口約7万、日常生活圏域(小学校区)への配置を目標に、現在6館の公民館が設置されている。鶴ヶ島の公民館制度は1952年に遡ることができるが、市民の学習・文化活動が胎動を始めるのは、町政施行時(1966年、人口約1万)の最初の公民館に専門職(社会教育主事)が配置されてからであったという。人口急増に伴う学校施設整備が一段落した後、1980年代から公民館の地域設置が順次進んだ。6館すべての公民館に図書館分室も併設され、図書館ネットワークを形づくっている。

施設整備に平行して計画的に社会教育主事・図書館司書等の正規専門職配置が行われてきた。市民の求めに応じる姿勢をもって、学級・講座等企画への市民参加、市民の自主的学習グループ化を促進し、約800の団体・サークルが活発に活動している。子どもフェスティバル、子どもを考える集い等をはじめ、市民の積極的な参画が拡大してきた。職員が市民の活動のなかに入り、市民と共同の学習が行われるなど、相互の信頼関係は深まり、専門的職員が市民と行政をつなぎ、地域への窓口を開く役割を担ってきたともいえる。

1990年に専門職員の配置転換問題に伴う公平委員会提訴があり、緊張と市民の行政への不信の一時期があった(1993年和解)。その後、市民参加を基本とするまちづくりへの大きな政策転換が行われ(1993年以降)、今日の自治体「教育改革」への水路を開くことになった。その間の市民と職員の協働と信頼回復の道は平坦なものではなかったが、相互努力のなかで職員は鍛えられ、多くの学ぶ市民が育ち、現在の市政に関する審議会委員やまちづくりに重要な役割を担う市民を輩出してきている。市の情報公開や市民との情報共有化によって、市民と職員がともに議論できる関係が確実に拡がってきているという。(増森幸八郎・平井教子「鶴ヶ島市のまちづくりと教育改革」『教育』2001年5月号)

鶴ヶ島市では、社会教育で取り組んできた市民参画の原則を教育行政全体のなかでも貫く方向で、1998年度よりさまざまの改革に着

手してきた。市民と行政が情報を共有し、共同の学習を通して、市政への参画・共働をめざすという、三つの"共"を基本とする「まちづくり市民講座」(全115講座、担当・社会教育課)、自ら学び行動する教育委員会への脱皮、問題提起型の教育広報「つるがしまの教育」全戸配布、学校を再生するための合議制学校協議会、そして教育行政への市民参画の制度化としての教育審議会構想であった。

2000年3月、設置条例に基づき鶴ヶ島市教育審議会は発足し、「市民の参画と協働により、市の実態や特色に応じた鶴ヶ島らしさのある教育改革」(同第1条)が審議された。

2005年8月、「鶴ヶ島らしさのある教育の創造に向けて－教育大綱」がまとめられている。学校教育、社会教育、教育行政の三分野より成る壮大な内容である。社会教育については、「まちづくりを担う市民の主体的学習を支援する」「市民(子どもと大人)が豊かに育つ活力あるまちづくりを推進する」ことを基本に掲げ、そのなかに市民の学習権を保障する機関として公民館が位置づけられている。

「市民の学習と地域づくりを進める公民館」として、市民とともに創る視点、サークル活動の支援と協働、まちづくりの拠点としての公民館等が構想されている。(詳述略)

小さな自治体が、このような大きな教育改革構想を、自治・分権的にえがきだしたことが注目される。これまでの公民館活動のなかで蓄積されてきた市民の学びと参加の視点が、教育行政・学校教育を含めて自治体教育改革の全体構想のなかに発展させられている。これから公民館がどのような展開をとげていくか注目されるところである。

(小林文人)

6—B　21世紀型環境問題に取り組む公民館

6—B—1　資源循環型公民館(千葉県山武地域)

21世紀のテーマとして、省資源、省エネルギーがあげられている。この問題は環境共生ひいては循環型社会、ユニバーサルデザインに通じ、時代は明らかに科学の時代から人間の時代に関心を移している。

建築物を科学技術の成果とのみ考え、それに関わる専門技術者の所業と特定してしまうことは、建築物にとっても不幸なことである。なぜなら、建築物は人間生活の器であり、いわば地形のように利活用できるからである。

21世紀初頭の産業廃棄物は、その20%が建設関連である。壊しては作る、古い物を捨てて新しい物を買うことの繰り返し文化が、廃棄物の山を残した。そこで考え方を転換させ「ストック活用の循環型社会へ」という課題に取り組むことが、これからの生活文化の方向性となっている(1)。

日本列島の6割強が森林である。しかし日本の木材製品における木材の自給率は現在18%、林業が現在以上に衰退すれば、日本の山村は崩壊するという。

2002年より林野庁の林業・木材産業構造改革事業がはじまっている。この中に地域材を使用した公共建築の推進事業がある。低コスト化・耐火性能の向上、環境負荷の低減、など先駆性のある木造公共施設の整備が奨励されている(2)。

木を育て、山を守り、用材を生産して生活の器をつくり、活用する。その器をまた自然に帰す、という循環を担うことが公民館の現代的課題となる。

1997年、千葉県地域材利用促進対策事業により千葉県君津市八重原公民館が竣工した。講座室、実習室、工芸室、茶室、保育コーナー、事務室などがある木造の棟と、レクリエーションホール・大会議室がある鉄筋コンクリート造で木質の内装による棟とがある。防

I 公民館の現代的課題

火の観点から大規模木造建築は不適とされているため分棟配置となっている。

使用した材木は地元、山武地域の杉材である。公民館に隣接して鎮守の森の神社と小学校があり、通学路が公民館の庭を通り抜けている。公民館の敷地一帯が地域の伝統知識を継承し、環境問題を学ぶ場所となっている。

2000年には、千葉県成東市本須賀第二区公民館が木造でつくられている。

千葉県を代表する木材の産地である山武地域の建築設計事務所、製材所、工務店の経営者たちによる「さんむフォレスト」運動がある。行政施策によらない自発的な地域運動で、[林業者－建設関連業者－需要者]の関係を地場産業の連鎖として、同一地域内で循環させることをめざしている。この運動と地元住民200人の出資により、山武杉の使用による木造公民館が実現した。延べ床面積208㎡の小規模な公民館であるが、親しみやすい雰囲気をつくりだしている(3)。

6—B—2　木造建築と公民館（出雲市公民館）

融通無碍の木造建築空間は、さまざまな用途に転用されてきた。

木造公立学校の数は1985年では22校であったものが2003年では126校に増加している（文科省調査）。地域の財産として、その地域ゆかりの木造建築物を保全し活用していく対象に公民館もある。

木造の郷土館、町村役場、小学校などを転用して公民館を開設した事例は数多くある。

新築の木造公民館は、1952年出版の日本建築学会編集による建築設計資料集成でモデルが示されている。そこには小都市用、イ型、ハ型の3つのタイプがある。この部分の編集主査は中尾龍彦（当時文部省教育施設部指導室長）である(4)。

以後21世紀まで、文部省や建築学会により木造公民館が奨励された形跡は見あたらない。文科省指定統計では、一時期全公民館の建築延べ床面積を建物構造種別でみた統計を取っているが、木造の比率は、1963年で82.9％、1978年では30.4％に激減している。公民館は官公庁の営造物のような鉄筋コンクリート造が主流となっている。

1989年、島根県出雲市では「木づくり推進」事業により3館の木造公民館を建設している。岩國哲人市長の督励によるものである。身近な木造建築から木の文化を学び、歴史を学ぶことを目標としたが、市長の交代により16地区公民館対象の事業は3地区にとどまっている。公民館もその後コミュニティセンターと名称を変えている。

6—B—3　持続可能な公民館（佐賀市本庄公民館）

21世紀に至り地域の山林における植林作業への住民参加、森林育成と環境教育などが見られるようになってきている。このような地域活動が公民館と結びつき、地域社会とともに存続することになる。地域で育てた木材を使うことを繰り返しながら公民館建築を持続させる行為が、地域社会集団の存続につながることがある。

伝統的地域社会に根ざした集落公民館には木造のものが多くみられる。その建物を保全する活動が地域の生活文化を伝承し、共有林や入会地の維持管理にも結びついて循環型社会に適応することになる。

2005年、佐賀市本庄公民館が木造で改築された。

本庄公民館の沿革をみると、
1948年 旧本庄村の部落公民館設立
1954年 佐賀市に合併され農協を借用して市立公民館となる
1961年 市役所出張所に公民館事務所を移転
1965年 公民館倉庫を設置
1973年 公民館施設を新築
2004年 建物（鉄骨造）の老朽化と敷地前面道路の拡幅で、建物の移転新築が決まる。

このように公民館建築自体の変容過程は社

45

会の変化とともにある。

移転新築にあたって木造にする要望が公民館利用者側から出された。(財)京都伝統建築技術協会に属し、「木組・人組・心組」をかかげて伝統木造技術の継承普及につとめている地元の大工棟梁が担当した。

木造の欠陥(シックハウス・火災・腐朽)対策、バリアフリーをテーマに、無垢の材木と土壁で新しい時代の木造建築を出現させている。次代に誇れる本格的な木造工事がそこにはみられる。歴代の公民館の資料を保管する公民館倉庫がある。子どもの環境教育にも力を入れている。住民参加による施設づくりと維持管理がなされている。そのような公民館活動が木造建築を介して田園の生活文化を伝えている。

(浅野平八)

〔注〕
(1)建築関連5団体(日本建築学会・日本建築士連合会・日本建築士事務所協会連合会・日本建築家協会・建築業協会)は、2000年6月1日「地球環境・建築憲章」を定めている。そこでは、「長寿命、自然共生、省エネルギー、省資源・循環、継承」以上の5項目を21世紀の目標としている。
(2)林野庁『林業白書』では平成10年度版以降、各年度版で、地球温暖化対策のひとつとして、公共施設の木造化、木材利用を掲げている。
(3)千葉県「木造公共施設整備事業」では施設の新築、改装等の際、木造化、内装の木質化を伴う場合、費用の1／2が補助対照となる。
(4)日本建築学会『建築設計資料集成 3』(丸善、1952年)277～284頁では延べ559㎡のイ型、延べ約1,327㎡のハ型の2つの木造公民館平面図参考例が掲載されている。

写真Ⅰ-2　接続可能な公民館

佐賀市本庄公民館の正面。中央の窓が事務室、その左側が玄関、右側が大集会室出入り口。

写真Ⅰ-3　屋上緑化：公民館

建物の屋上を緑化して断熱性を高めるとともに、景観にも配慮した例：沖縄県那覇市小禄南公民館

写真Ⅰ-4　鎮守の森：公民館

地域の氏神神社の境内で守り継がれている公民館の例：山梨県小淵沢市上笹尾

第Ⅱ部
公民館の理論・制度・事業・運動

- 第1章　公民館理論の形成
- 第2章　公民館・コミュニティ施設の歴史
- 第3章　法制・行財政
- 第4章　組織・運営
- 第5章　職員制度
- 第6章　利用者・住民
- 第7章　事業・編成
- 第8章　方法・技術
- 第9章　施設空間
- 第10章　文化・スポーツ
- 第11章　学校・大学
- 第12章　コミュニティ関連施設
- 第13章　NPO・市民運動
- 第14章　福祉・労働
- 第15章　世界の社会教育施設

第1章 公民館理論の形成

はじめに

1. 公民館の構想
   - ―1 寺中構想と農村公民館
   - ―2 社会教育法の公民館
   - ―3 60年代～70年代の公民館
   - ―4 都市公民館構想と今後の方向

2. 研究史、論争史
   - ―1 公民館研究の蓄積
   - ―2 初期公民館研究と社会教育法
   - ―3 公民館近代化と自治公民館論争
   - ―4 公民館主事論の展開
   - ―5 合理化と施設の多様化・複合化
   - ―6 公民館研究方法論の探求

3. 集落（自治）公民館
   - ―1 公立公民館と自治公民館・集落公民館
   - ―2 類似施設・集落公民館の統計
   - ―3 「自治公民館」をめぐる論議
   - ―4 集落公民館の展開と可能性

4. 公民館運動
   - ―1 公民館の役割を求めて
   - ―2 公民館単行法制定運動と法改正
   - ―3 全国公民館連合会
   - ―4 新しい公民館像を求めて
   - ―5 公民館建設への市民運動

5. 生涯学習と公民館
   - ―1 地域づくりと公民館
   - ―2 市町村における生涯学習計画づくりと公民館
   - ―3 生涯学習政策・法と公民館

1 はじめに

　公民館の理論の形成発展過程を見るのが、本章の目的である。公民館は戦後社会教育の中核的な機関として、1946年7月、戦後1年足らずで文部次官通牒で設置が奨励された。6・3制施行時には教育基本法に、図書館・博物館とともにその施設名が明示された。そして、社会教育法ではその条文の半分を費やして公民館が規定され、市町村中心主義の担い手として全国に普及した。戦後社会教育は公民館とともに歩んできたと言ってよい。

　公民館は戦後建設された社会教育施設である。しかし、戦前にその前身をなすような構想がなかったわけではない。これらについては、小川利夫（「歴史的イメージとしての公民館」（後掲『現代公民館論』）や宮坂広作（『近代日本社会教育史の研究』法政大学出版、1967）、末本誠・上野景三（「戦前における公民館構想の系譜」横山宏・小林文人編『公民館史資料集成』エイデル研究所、1986）等の実証的研究があり、日本社会教育学会30周年を記念して編集された『現代社会教育の創造』（東洋館出版社、1988）でも、公民館の歴史研究について「戦前の研究」が、わずかではあるが独立の項目としてあげられている。

　戦前の様々な公民館的構想については、別稿（上野景三、第Ⅱ部2章1節）で触れられるので、ここでは戦後の叙述を中心にするが、小川利夫が指摘するように「公民館的なるもの」は、農村公会堂、全村学校構想、市民館（隣保館）構想として戦前から成立しており、特に農村公会堂構想にその重要性を見ることができる。これらはいずれも、農村の共同体論、青年指導、セツルメント運動等との関連において、社会事業、団体育成、農村自力更生、都市労働者更正運動として、上からの指導によって生まれ、展開されていた。公民館という名称も、「後藤新平伯記念公民館」として使用されていた。これら全体が、複雑な源流・支流となって、戦後の公民館構想に合流することになる。それだけに公民館構想の性格は複雑なものにならざるをえない。

　この複雑な公民館について、その理論の形成過程についてみていく。先ず最初に、様々な公民館構想・公民館論を見、日本社会教育学会等における公民館をめぐる研究史・論争史を概観し、各種団体や市民による公民館の実践運動を跡付ける。公民館は市町村立公民館だけでなく、より狭い集落、町内、自治会単位の活動も重要である。旧文部省も公民館の活動区域を、市＝中学校区、町村＝小学校区と指導していた。このような自治会・集落の公民館についても1節を割かなければならない。そして、最後に、公民館の現状を、生涯学習政策下でのコミュニティづくりや社会教育・生涯学習関係法との関連においてみることによって、本章をまとめる。

　公民館は次官通牒後60年を閲した。近年、公民館50周年を記念して日本社会教育学会編『現代公民館の創造』（東洋館出版社、1999）が出版され、日本公民館学会が設立される（2003）など、公民館についての研究の蓄積と整理・分析が進みつつある。しかし、現実の公民館をめぐる状況は厳しいものがある。規制緩和・地方分権の動きは、戦後営々として築き上げてきた公民館実践の成果と蓄積を無にしようとしている。職員の専任化・専門職化の実現は遠ざかり、住民参加の道たる運営審議会制度の解体も生じつつある。そして、ついに、2003年の公民館基準の全面改定では、基準性を無視して、殆どの条項が努力目標となった。

　このようにみると、公民館の将来は暗いかのようであるが、見方を変えると、規制緩和・地方分権こそ、むしろ千載一遇のチャンスでもある。もともと地域独自の主体的な活動を展開してきた公民館にとって、何ものにも制約されない活動が可能であり、現に、各地で地域活動の拠点、ネットワークと協同の場として、豊富な実践事例が蓄積されつつある。

　公民館は戦後社会教育の中心的な位置を占めてきたが、このような実践を重ねることによって、今後とも豊かな活動の展開が可能となるであろう。

（国生　寿）

1．公民館の構想

1―1　寺中構想と農村公民館

　公民館は、1946（昭和21）年7月の文部次官通牒「公民館の設置運営について」（昭和21年7月5日発社122号）によって、設置奨励が始まった。文部省ではこの通牒後、新憲法普及啓発に関連して事業補助を実施した。また、公民教育課長（後社会教育課長）寺中作雄等を中心に、『公民館の建設』（公民館協会、1946）や一連の公民館シリーズ等の公民館解説書を出版して、積極的な普及に乗り出した。いわゆる寺中構想である。

　公民館は、「謂はゞ郷土に於ける公民学校、図書館、博物館、公会堂、町村民集会所、産業指導所などの機能を兼ねた文化教養の機関である」（通牒）として、「要するに公民館は社会教育、社交娯楽、自治振興、産業振興、青年養成の目的を綜合して成立する郷土振興の中核機関」（『公民館の建設』）であり、社会教育、文化教養施設というよりは、町づくり・村づくり、自治振興、産業復興の中心機関であり、終戦直後の社会的混乱の回復と食糧増産に対する期待を担って登場したものである。住民の地域活動、団体活動を公民館に集中化し、それを方向づけることによって、戦後混乱期を乗り切ることが期待されていた。団体主義が強調され、産業・教養などの部制に住民の組織化の方向性が示され、物資不足の折から「看板公民館」を余儀なくされる。

　したがって、公民館の役割は、教育、学術、文化、教養活動に限定されるものでなく、あらゆる住民生活に関わることになる。このような総合的な役割は、戦前以来の共同体論、青年団指導と密接に関わり、地域住民の力に待つところが大きい。それが公民館委員会にみられる。「公民館事業の運営は公民館委員会が主体となつて之を行ふこと。公民館委員会の委員は町村会議員の選挙の方法に準じ全町村民の選挙によつて選出するのを原則とすること」（通牒）。公選制度の導入である。普通選挙施行後間もない当時、新鮮で魅力的なものであるが、しかし、同時に、日本的話し合いの土壌のもとではなじみにくい方法かもしれない。現実には、公民館委員の選出は地域や団体の推薦が多かったようである。

　「公民館委員会の任務は公民館運営に関する具体的方法を決定し、町村当局や公民館維持会と折衝して公民館運営に関する必要な経費を調達経理し、又町村内の産業団体文化団体との間の連絡調整に当る」ほか、公民館長は「公民館委員会から選出され又は其の推薦によつて」（同）、町村長が嘱託することとなっており、公民館運営の責任者として、地域住民が選挙で選ぶ委員に運営を委ねるのである。住民参加というより運営主体であり、住民主体の社会教育である。まさに「われわれの為の、われわれの力による、われわれの文化施設である」（『公民館の建設』）。教育委員会制度発足以前において、教育委員会を先取りしたような民衆統制が採用されたことは注目されてよい。

　公民館は「町村の文化施設」として農村地域を中心に整備されたが、地方では多様に定着した。例えば、初期公民館の設置率の最も高かったところとして知られる福岡県では、「市にあつては特に要綱九（四）（五）参照の上然る可く指導せられたい。尚市町村に依ては特に所管内青年学校に此の旨周知方の徹底を図り充分御連絡を願ひたい」（昭和21年8月29日、福岡県教育民生部長・同内務部長「公民館の設置運営について」）として、次官通牒で抜けている市を視野に入れ、さらに青年学校の活用にも積極的である。都市公民館の発祥の地のひとつとして知られる八幡市（現北九州市八幡区）の公民館を生んだ一つの先駆をなし、同時に、青年学校教員を公民館主事に任用することによって、公民館の普及を図った福岡県の姿勢を垣間見ることができる（国生「初期公民館における公民館委員会の役割と性格」同志社大学『人文学』153

公民館理論の形成　1

号、1993)。

　福岡県に次いで第2位の公民館設置率を誇った京都府では、自治会・町内会組織を利用して普及を図っている。「公民館をどう運営してゆくかは町村や部落の人々の希望なり要望なり全体の輿論によつて動いてゆく問題であるから地方により種々の型の公民館が出来てよいわけで、出来るだけ地方的特色を活かす様にしたい。これがため運用に当つては数名程度の運営委員を部落（町内）民の選挙によるか、又は部落（町内）の実情によつては各方面の代表者、例へば部落（町内）会長及役員、青年団支部長、女子青年団支部長、婦人会支部長、農事実行組合長その他適当なる者を以て構成するも一方法である」（京都府『公民館の造り方在り方』、1947)。

　次官通牒では、委員の選挙の方法が全町村民の選挙となっているのに対して、京都府では、部落（町内）民の選挙となっている。また、推薦の場合にも、次官通牒では推薦母体に町村会議員があげられるが、京都府では部落（町内）会長及び役員や各種団体支部長があげられる。つまり、次官通牒が町村域の公民館を前提とするのに対し、京都府では、部落・町内の公民館がその出発点となっているのである。

　このような自治会・町内会の強調が京都府の自治公民館の隆盛につながり、それが現在においても、丹後地方において継承されている。これは、地域活動の活発性の現れであり、終戦直後の混乱期には効果を発揮した。しかし、同時に、その後の公費による公民館事業の促進にブレーキをかけることにもなる。現に京都府では、1947年8月の公民館設置率は前述のように高かったが、その後全国順位は低下の一途をたどる。

　同じ文部次官通牒による公民館普及奨励でも、町村（農村）施設が強調されたり、市に力を入れたり、町内組織に重点が置かれたり、地方ごとの独自な公民館が構想されたのである。社会教育はもともと地方分権であった。

1―2　社会教育法の公民館

　社会教育法の制定（1949）は公民館の法的な整備のもととなる。既に、教育基本法（1947）に、図書館・博物館とともに公民館が明記され、公民館の整備は約束されていたが、具体的な公民館理論の形成は社会教育法まで待たなければならなかった。社会教育法によって、はじめて単なる行政文書でない法律による公民館の整備が行われるようになるのである。

　社会教育法は公民館法と称されることもあるように、全57ヵ条のうち23ヵ条を第4章公民館（現行第5章）のために割き、公民館に大きな比重を置いている。社会教育関連法制の整備は1949年の社会教育法（≒公民館法）に始まって、図書館法（1950）、博物館法（1951）と、教育基本法の施設重視を受けて、社会教育施設の整備が続いていく。

　社会教育法第20条は公民館の目的を次のように規定している。「公民館は、市町村その他一定区域内の住民のために、実際生活に即する教育、学術及び文化に関する各種の事業を行い、もつて住民の教養の向上、健康の増進、情操の純化を図り、生活文化の振興、社会福祉の増進に寄与することを目的とする」。次官通牒の町・村づくり、総合主義、地域団体主義から、学術・教育・文化機関への傾斜を強めていく。特に、教育委員会制度が実質的にスタートする地方教育委員会の一斉設置（1952）によって、公民館は首長部局の手を離れ、教育委員会の所管下に置かれて、教育文化施設としての独自性を強めた。それはまた、戦後経済の復興ともあいまって、看板公民館との訣別にもつながる。

　当初、社会教育法では公民館職員の規定は不十分であった。館長は必置であったが、寺中構想で強調された公民館主事はその職名さえなく、「その他必要な職員」として任意設置でしかなかった。これが大きく前進したのが1959年の法改正である。「公民館に館長を置き、主事その他必要な職員をおくことができる」（27条）。その職務についても「主事は、

館長の命を受け、公民館の事業の実施にあたる」と規定された。「館長の命を受け」という自律性の薄弱な規定ではあるが、職名・職務とも規定され、一応の職員制度が整った。

しかも、同年の改正で追加された公民館基準の規定（23条の2）に基づく「公民館の設置及び運営に関する基準」（公民館基準）によって330平方メートルという施設規模が示され、その他会議室、図書室等の施設のほか、各種の設備・備品の要件などが制定された。特に、館長・主事ともに専任職員の必置を定める（2003年改正前の基準5条）など、積極的な公民館整備策がとられた。もっともこれについては、同年改正の市町村社会教育主事の必置規定と関連して、文部省では市町村財政に配慮して、社会教育主事と公民館主事の兼務を認めて、公民館基準によるせっかくの専任公民館主事必置の方針を有名無実化してしまった。このことは社会教育主事の充実のためにも、専任公民館主事の将来にとっても、危うさを残すことになる。

1—3　60年代〜70年代の公民館

1960年代、70年代は高度経済成長政策のもと、社会教育は大きな変容を被った。社会・地域変化にともなって、社会教育は、農村的地域団体依存からの脱却を余儀なくされる。青年の家、少年自然の家など新しい社会教育施設も設置される。公民館だけの社会教育から、様々な施設の並存下での社会教育を模索しなければならないことになる。

このような大きな社会変化の中、社会教育関係法にも大きな転換が求められていた。しかし、この時期社会教育法改正はほとんど行われない。社会教育法は1949年に制定されてから、図書館法、博物館法の制定、社会教育主事制度の整備、青年学級振興法制定、そして、社会教育関係団体（スポーツ団体）への補助金支出の容認など、矢継ぎ早の法的整備が行われ、社会教育法制定10年目には全面的な大改正が行われた。その意味で、1950年代、社会教育は社会教育関係法の整備によって、「法律主義」が実現しつつあったともいえる。しかし、1960年代にいたって、社会変化の大波にもかかわらず、社会教育法の改正が全くと言っていいくらいに行われなくなった。

その代わりかのように、様々な社会教育論が各界で提起される。公民館構想が法律によることなく、社会教育論・主張・テーゼとして出される。社会教育における法律主義は後退して行政通達主義になったともいえるが、一方に社会教育論が文部省でも民間でも豊かに開花した。

『進展する社会と公民館の運営』（文部省社会教育局、1963）はそのような動きの早い例である。（因みに、「枚方テーゼ」や「中小レポート」も同じ1963年であり、この頃各界で社会教育転換の必要性が実感されていたことを示している）。変貌する社会における公民館の役割を、(1) 公民館は地域住民すべてに奉仕する、いわば開放的な、生活のための学習や文化活動の場です、(2) 公民館は人びとの日常生活から生ずる問題の解決を助ける場です、(3) 公民館は、他の専門的な施設や機関と住民との結び目となるものです、(4) 公民館は仲間づくり（地域住民の人間関係を適切にする）の場です、ととらえて、社会教育法第20条の趣旨に即した活動を求めた。

日本社会教育学会の『現代公民館論』（東洋館出版社、1965）は、この時期を代表する公民館論である。小川利夫「歴史的イメージとしての公民館」、宮坂広作「公民館学習論序説」、小林文人「社会教育計画と公民館」、千野陽一「初期公民館の性格」等の論文は、その後の公民館論に大きな影響を及ぼした。徳永功「公民館活動の可能性と限界」は「公民館三階建論」を一般に知らしめ、その後『新しい公民館像をめざして』（三多摩テーゼ）へと発展した。長野県飯田・下伊那主事会「公民館主事の性格と役割」は公民館実践に対する様々な意見を呼び起こし、現場と学界との意見交流を盛んにした。これは、その後

1　公民館理論の形成

「下伊那テーゼ」として知られるようになる。

全国公民館連合会も『公民館のあるべき姿と今日的指標』(1968)で公民館論を展開し、その後、いくつかの専門委員会報告において公民館構想を展開して公民館実践の指標を提示した。また、生涯教育論のきっかけとなった社会教育審議会答申「急激な社会構造の変化に対処する社会教育のあり方について」は、この頃の社会教育論の集大成ともいえる。

1—4　都市公民館構想と今後の方向

公民館は、もともと農村地域の人間関係を母体として普及がはじまったが、先述のように、都市への普及も早くから行われていた。全国都市公民館大会は1950年から開催された。特に、近畿地方における都市公民館の活動は注目される。大津市、豊中市、守口市、泉佐野市、八尾市や兵庫県鳴尾村（後西宮市に合併）等であり、その多くは早い時期に優良公民館表彰を受けている。

特に、60年代以降の都市化現象のもとでは都市公民館の役割は大きくなる。前述公民館三階建論や三多摩テーゼはまさに都市公民館論の典型である。全公連は第2次専門委員会報告書を「都市化に対応する公民館のあり方について」として都市公民館の意義を強調した。

西宮市の教育長刀祢館正也は、「日かげもの的存在」として、雑務を背負わされていた公民館を、ナンデモ屋的「デパート経営」から「専門店」としての教育施設への転換を図り、「住民に対して一方的にサービスを提供する段階」、「住民が行政活動に積極的に参加協力する段階」、「住民がみずからの個人的・集団的な力により、創意を工夫をこらし、討議と実践を通じて自己開発につとめ、これに対して、行政機関が適切な助言や援助を提供する段階」の3段階において、公民館活動をとらえる。さらに、都市部における適正配置として中学校区域ごとに1館ずつ、そして可能なかぎり小学校区域に分館を設置することを提唱し、「西宮方式」を実現する。専門職化が時に固定化を意味するとして、有能で意欲にもえる公民館職員を多様な分野と交流させ、①本人の資質とセンスと意欲、②施設と組織の整備、③研修態勢の整備によって、「プロとノンプロの混成軍」による新しい公民館実践が可能であると断言する（『にんげん復興』のじぎく文庫、1968）。

このような幾多の公民館構想が、各地に豊かな公民館実践を生み出した。しかし、これらは社会教育論ではあっても、法的整備ではない。そのために、80年代の行政改革の潮流のもと、「福岡型公民館」のセンター化や「西宮方式」の拠点館化が強行され、また各地で第三セクターへの運営委託が起こる。ついには規制緩和・地方分権の名のもと、本来地方分権であった社会教育・公民館における最低限の枠付け（基準）を放棄して、自由放縦の無秩序をもたらした。公民館基準は全面改訂されて、ほとんどすべての条文で「努める」という努力目標にとどまる。運営も企業を含む指定管理者への委託にかわりつつある。

このような状況下にあって、公民館実践は1980〜90年代に至って、各地で新しい成果を根付かせている。集落（自治）公民館（本章3節）の展開や、公民館の現代的挑戦に関する別稿（小林文人・浅野平八、第Ⅰ部6章）に詳しいが、市民ネットワークの形成、教育福祉への取り組み、地域づくりの拠点、資源・エネルギーへのアプローチなど、多様な活動が現代の公民館において展開されている。新たな公民館構想のさらなる発展を見守りたい。

（国生　寿）

〔参考文献〕
(1)日本社会教育学会編『現代公民館論—日本の社会教育　第9集—』東洋館出版社、1965年
(2)碓井正久編『社会教育—戦後日本の教育改革10—』東京大学出版会、1970年

2. 研究史、論争史

2—1 公民館研究の蓄積

　公民館研究が本格的に行われる嚆矢となったのは、小川利夫編『現代公民館論』(1965年、東洋館出版社) である。本書は日本社会教育学会の宿題研究の成果として刊行されたものであり、都市化の中で変貌しつつあった公民館の歴史的性格と現代的な意義を検討している。本書には、小川利夫の論文「歴史的イメージとしての公民館」をはじめとする諸論稿が掲載され、徳永功「公民館活動の可能性と限界」の中では、都市型公民館の一つのモデルとなった、いわゆる「公民館三階建論」が提起されているとともに、後に「下伊那テーゼ」と称される「公民館主事の性格と役割」(飯田・下伊那主事会) をめぐる議論が掲載されている。公民館研究の本格的な幕開けを告げるのにふさわしい内容の刊行であった。

　その後、小川剛「公民館」碓井正久編『社会教育　戦後日本の教育改革10』(1971年、東京大学出版会)、国立教育研究所『日本近代教育百年史8　社会教育(2)』(1974年、教育研究振興会、執筆者は小林文人と小川剛)、小林文人編『公民館・図書館・博物館』(1977年、亜紀書房)、藤岡貞彦編『社会教育の計画と施設』(1980年、東洋館出版社) 等の日本社会教育学会年報などで、多様な視点から公民館の研究が発展してきたが、横山宏・小林文人編著『公民館史資料集成』(1986年、エイデル研究所) が、公民館史に関する総括的な大著として刊行された。本書では、小林文人「戦後公民館通史」や末本誠・上野景三「戦前における公民館構想の系譜」という論文とともに、沖縄・奄美も含めた公民館の歴史的な資料・文献を集大成している。

　日本社会教育学会創立30周年を記念して発行された日本社会教育学会編『現代社会教育の創造　社会教育研究30年の成果と課題』(1988年、東洋館出版社) において、公民館研究に関する一定の総括がなされた。本書では、歴史研究、公民館法制・組織論、公民館の計画と施設、公民館の事業・運営論、自治(集落)公民館研究、公民館主事というような柱に基づいて総括がなされている。さらに日本社会教育学会では、公民館創設50年を記念して、特別年報『現代公民館の創造』(1999年、東洋館出版社) を刊行した。日本社会教育学会として、総力を挙げて公民館50年の歩みを総括したものであるが、多義にわたる内容であり、執筆者も多いということもあり、十分な理論的総括にはなっていないように思われる。この年報の「姉妹編」として企画され出版された小林文人・佐藤一子編著『世界の社会教育施設と公民館』(2001年、エイデル研究所) は、社会教育施設の国際比較と公民館の地域史研究からなるユニークな内容であり、特に国際的な視野から公民館をとらえ直そうとの試みは新鮮である。

　公民館は、同じ社会教育施設ではあっても図書館や博物館のように専門性を特徴としている施設とは異なり、専門性を追求しつつも、むしろ多様性や複合性を歴史的な特徴としている。そうした特徴とも関わって、学術的な体系化は弱い。しかし、公民館研究は着実に蓄積されているのであり、それをどのように「公民館学」(小林文人) として理論化していくのかが問われているのである。

2—2 初期公民館研究と社会教育法

　初期公民館研究の先駆をなしたのは、千野陽一「初期公民館活動の性格」(『現代公民館論』前出) である。千野は、初期公民館の成立過程について実証的に考察し、(1)生産復興・生活向上を中心内容とする公民館、(2)失業救済・生活安定を中心内容とする公民館、(3)文化・教養活動を中心内容とする公民館、という三つのタイプの初期公民館に類型化した。その上で、初期公民館に対する評価として、「民主主義理念の啓蒙・普及および民主主義的態度の養成に公民館が一定の役割をはたした」と同時に、主要には「市町村行政へ

1　公民館理論の形成

の協力を軸にした住民の体制順応的な姿勢の強化がもとめられ」た点を指摘している。

その後、上田幸夫や大田高輝などの初期公民館に関する研究がみられるが、最近、益川浩一『戦後初期公民館の実像』(2005年、大学教育出版)が刊行された。本書は、愛知・岐阜の初期公民館の活動を実証的に解明することによって、地域住民のリアルな生活要求と関わって公民館が成立してきたことを明らかにしようとしている。

社会教育法が制定されることにより公民館は法的根拠を得て、公民館の設置が普及していった。しかし、寺中作雄の公民館構想と社会教育法の公民館規定とのずれが生じ、その後の公民館のあり方に影響を及ぼした。それは、地域における諸機能を融合した総合的な地域施設としての公民館像と、主として教育・文化活動の機能を担う公民館像の差異として現出していた。また、社会教育法は制定されたものの、公民館主事の身分保障などが規定されなかったため、全国公民館連絡協議会が公民館単行法制定運動を行う。しかし、その運動もやがて終息し、1959年に社会教育法改正と「公民館の設置及び運営に関する基準」の制定がなされ、公民館を整備していく方向に向かうことになる。

2―3　公民館近代化と自治公民館論争

1960年代は、公民館の近代化の時代といわれている。都市化や地域開発、農業の近代化を通して旧来の地域は大きく変貌し、それに伴って公民館のあり方も変容していく。公民館の近代化論については、小川利夫が重要な役割を果たした。小川は、公民館「近代化」現象として、(1)「建物」のデラックス化、(2)公民館活動の「構造化」、(3)公民館職員とりわけ公民館主事の「職員集団化」と「専門化」、(4)公民館主事と社会教育主事との性格と役割の分化、(5)公民館の「教育機関」化の傾向、という指標を示しつつも、それは「一部の先進地帯にみられる『近代化』現象であるにす

ぎない」と述べている。その上で、「新しく形成されつつある三つの現代公民館の方式」に注目している。それは、(1)自治公民館方式(自治公方式)、(2)市民会館・公民館方式(市公民方式)、(3)公民館市民大学方式(公市民方式)であり、小川は(1)と(2)に対しては批判的である。そこで、「現代公民館の再編成方式のなかで今日もっとも積極的に注目されるのは、いわゆる公市民方式だ」という。というのは、この方式の特質は、「公民館を地域住民の学校、民主的な『成人の学校』として積極的に位置づけ限定しようとしている」点にあるからである(小川利夫『社会教育と国民の学習権』1973年、勁草書房)。

小川は、自治公民館方式を批判し、いわゆる自治公民館論争が起こる。自治公民館とは、「従来、区または自治会とよばれていた部落会・町内会と部落公民館とを一体化したものの名称」であり、「慣例や形式的な決議や申し合わせで実施されていた部落・町内の事業と、住民の学習活動とを直結し、民主的な住民自治をおし進めようとするもの」である(宇佐川満ほか『現代の公民館』1964年、生活科学調査会、朝倉秋冨が執筆)。

1962年に倉吉市を訪ねた小川は、その後、『月刊社会教育』1963年3月号で倉吉市の自治公民館方式を批判し、そこに「古い組織の、再編強化の動き」をみた。宇佐川の「現時点におけるわが国の公民館活動(社会教育)のあり方と方向を示す先進的な意義をになうものである」(『現代の公民館』前出)という積極的な評価に対して、小川は、「むしろ後進的な意義をになうものにすぎない」と否定的な評価を行い、「倉吉市の自治公方式は、今日の地域開発から見捨てられがちな地方都市や地方農村の地域住民、とりわけ農民その他の自営業者及び未組織労働者とその家族たちの、基本的な生活・教育要求にこたえるものとはならないであろう」と厳しく批判している(『月刊社会教育』1965年7月号)。

その後、この議論は論争として深められる

ことはなかったが、公民館の近代化と自治公民館をどのように評価するのかということは、公民館が様々な課題を抱えている現在、改めて重要な論点として浮かび上がっている。

2―4　公民館主事論の展開

公民館主事論について、学会レベルで初めて議論になったのは、『現代公民館論』（前出）においてであった。「公民館主事の性格と役割」は、公民館主事を「教育専門職」と「自治体労働者」と性格づけ、これからの主事の役割として、「働く国民大衆の運動から学んで学習内容を編成する仕事」と「社会教育行政の民主化を住民とともにかちとっていく仕事」を提起している。この提案に対して各地の社会教育研究会から意見が出され、それらを踏まえて座談会が行われているが、公民館主事論をめぐって実践的に、かつ学術的に議論されたことの意味は大きい。これ以降、教育専門職としての専門性の内実が、公民館主事論として議論されるようになる。

公民館主事の専門性に関して、これまで議論されてきた点を要約すると、(1)公民館主事の専門性を保障するための専門職制度の確立をめぐる法制度上の問題、(2)公民館主事の専門性を構成する要件、(3)公民館主事の養成と研修、その力量形成に関する問題、となるであろう。(1)については、公民館主事の不当配転問題、専門職としての法的な未確立の問題、自治体における専門職としての制度化（条例の制定等）に関する問題、などが議論されてきた。(2)は公民館主事の職務としての専門性の内実を問うものであり、中心的な問題として議論されてきた。

碓井正久は、公民館主事の専門性の中味として次の四点を指摘している。①地域住民と不断に接触し、住民の生活上の要求を理解し、その要求が学習・文化活動に凝集していくように動機づけること。②その学習・文化活動の要求がみたされるような集団が住民によって作られ、発展していくように、住民集団の形成・運営についてたえず観察し、必要な助言を行うこと。③その学習・文化活動の内容・方法について住民の相談に応じ、必要な情報を提供すること。④住民の生活要求・学習要求についての洞察の上に立って、その学習・文化活動の推進に必要な学級・講座等を編成し、また講演会その他の集会を準備・開催すること（横山宏編『社会教育職員の養成と研修』1979年、東洋館出版社）。碓井は、公民館主事の専門性を住民の学習・文化活動への支援に焦点化した理解を示している。

それに対して大橋謙策は、寺中構想と呼ばれる公民館構想と社会教育法における公民館の位置づけの矛盾を指摘した上で、その矛盾を止揚するための公民館主事論として、コミュニティ・ワーカーとしての職務を提起した。大橋は、社会教育法の規定が「いちじるしく公民館の活動をせばめた」と述べ、公民館は「狭義の教育、とりわけ言語能力を媒介にした知的認識の発展を教授方法により行うことが中心にな」ったこと、さらに、社会教育法は「公民館の"協働組合"的性格を後退させ、市町村が設置する公共機関の性格を強め」たことを問題点として指摘している（大橋謙策「公民館職員の原点を問う」『月刊社会教育』1984年6月号）。大橋の問題提起に対する佐藤進からの反論もあり、小川利夫はそれを「公民館主事論争」と名づけて、小川自身も大橋論文に対する批判的なコメントを寄せている（小川利夫「福祉教育と社会教育の間」小川利夫・大橋謙策編著『社会教育の福祉教育実践』1987年、光生館）。この「論争」は、小川が指摘しているように「社会教育・地域福祉論争」に発展するような性格のものであり、「社会福祉と社会教育の統一」に関わる問題提起として注目すべきものであったが、その後、「論争」として新たな展開をみることはなかった。

(3)については、社会教育主事の養成に関する論は多いが、公民館主事の場合、養成が制度化されていないため、研修に関する議論や

1　公民館理論の形成

力量形成のための課題を扱う議論が中心となってきた。このことと関わって、公民館主事の職員集団論や自治体労働者としての組織化論が議論された。近年は、公民館主事の嘱託化の進行に伴い、従来の専門職化論の議論が困難となり、新たに嘱託公民館主事論の開発が求められている。その際、嘱託主事は公民館が配置されている当該地域の住民であることも多く、地域生活に密着した仕事を行っている場合も多いことから、改めて大橋の問題提起を吟味する意義が生じている。

2—5　合理化と施設の多様化・複合化

1970年代の半ば以降、自治体財政の危機を背景にして、公民館の合理化が進行した。北九州市では、公民館をはじめとして社会教育関係の施設が教育文化事業団に委託され、福岡市や西宮市では、地域公民館の職員が嘱託化された。また鶴岡市では、公民館が廃止されて社会教育関係職員が引き上げられ、コミュニティ・センター方式が導入された。これ以降、自治体の行財政改革に伴う公民館の合理化が、徐々に全国で進行していく。

合理化の内実は、公民館の第三セクターへの委託と自治会など地域組織への委託、公民館職員の引き上げと嘱託化、政令指定都市などにおける市長部局（区行政）への公民館の移管や公民館制度の廃止、公民館事業費の削減、などとして現れている。近年は、NPOの台頭や指定管理者制度の導入に伴い、公民館合理化の代替として、これらの組織や制度が活用されることが予想される。また、地方分権の進行のもとで、公民館を地域振興の拠点として位置づけ、社会教育施設というよりもコミュニティ施設として公民館を活用するという動きも、合理化に派生した現象として受けとめることもできる。

さらに公民館の合理化は、施設の多様化と複合化という現象とも関連性をもっている。1970年代以降、文部省（文部科学省）以外の他省庁の補助金を得て、コミュニティ・センター、農村環境改善センター、学習等供用施設など、公民館的な類似施設が各地で多様に設置されてきた。そこには自治体職員は配置されず、コミュニティ活動と社会教育活動が融合した自治公民館的な活動が行われてきた。ある意味で、安上がりな公民館代替施設としての性格がみられるが、沖縄の学習等供用施設（防衛施設庁の補助金で建設）のように、字公民館として活用し、字（区・集落）独自に職員を配置し、自治活動・社会教育活動の拠点として有効に機能している場合もみられる。学校の余裕教室を活用することも含めて、現在、公民館に類似した施設が地域に多様に存在しているが、そこでは、自治的に公民館的な機能をどのようにつくり出していくのか、が課題となっている。

一方、公民館が複合的な施設の一部として設置される場合も少なくない。建設費や人件費の削減につながり、合理化の一環として批判されることもあったが、他の施設機能と有効に連携して事業を行うことにより、施設の複合化の積極的な側面を引き出すことが可能となる。公民館の独自性が弱まるという否定的な側面もみられるが、公民館の機能を他の複合施設と結びつけて、複合施設全体としてのより豊かな活動をどのようにつくり出していくのか、が課題となる。

2—6　公民館研究方法論の探求

公民館は現在、大きな岐路に立たされている。特に職員体制の弱体化と専門職性の希薄化、首長部局への移管や委託、公民館制度の廃止などが公民館を直撃し、社会教育施設としての公民館研究が困難となりつつある。しかし、社会教育制度は弱体化しても、公民館という施設あるいは公民館としての機能それ自体は、身近な地域において多様に存立しており、そのような多様な存在形態と現代的な公民館のあり方を究明するために、新たな公民館研究の方法論が探求されねばならない。

一つには、寺中構想と社会教育法との間に

横たわる公民館像の差異をどのように調整して、現代的な公民館像を構築するのか、という課題がある。社会教育法制定以降、公民館の学習・文化機能に特化した研究が主流を占めてきたが、今日、公民館には学習・文化機能だけでなく、コミュニティ・センター的機能や地域福祉の機能が求められるようになり、そうした新たな動向にかみ合った公民館研究が求められるところである。元来、社会教育の概念自体が学校教育のような教育とは異なり、地域振興や地域福祉の意味と融合した教育概念として成り立っているのであり、教育・文化機能とその周辺的な機能とをどのように統合して新たな公民館像を構築していくのか、が今後の重要な課題となる。

次に、公民館職員論の新たな開発が求められるところである。従来、自治体労働者を前提として公民館主事の専門職性論が研究されてきたが、現在は、嘱託主事の広がりや、沖縄の字公民館のような地域採用の職員配置など、正規職員の専門職性論では対応できない事態が生じている。一方で、公民館主事の嘱託化を阻止し、さらには嘱託職員から正規職員へと変えていくための努力が必要であり、他方で、正規職員ではない公民館職員論の開発も必要であって、この矛盾する両者をどのように調整しながら研究をしていくのか、という困難な課題に立ち向かう必要がある。

現在、公民館とその類似施設は多様に存在しており、そこで働く職員も多様である。たとえば北九州市の市民センターのように、校区のまちづくり協議会雇用の非常勤職員もいる。また、公民館および類似施設で行われる事業や活動も、教育だけではない多様性をもっている。今日の公民館研究は、このような多様性を総合的にとらえ、その多様性を生かしていけるような探求が求められている。そのためには、法制度論のみではなく、公民館の臨床学的な研究方法論の新たな開発に着手することが重要である。

(松田武雄)

3．集落（自治）公民館

3—1　公立公民館と自治公民館・集落公民館

公民館の制度は、言うまでもなく「市町村が設置する」（社会教育法第21条）公立公民館の体制を基本としている。同時に並行して、地域住民組織を基盤とする集落公民館の歩みについても注目しておく必要がある。広義の公民館の概念としては、集落公民館を含むものとして理解しておく視点もありえよう。

公民館の初期構想には、集落を基盤として公民館の組織や活動を展開していこうとする方向が含まれていた。たとえば、公民館設置に関する文部次官通牒（1946年）は「公民館は町村に各1ヶ所設ける外、出来うれば各部落に適当な建物を見付けて分館を設けること」と指摘している。もともと公民館初期構想自体が農村地域を背景としていたこと、集落の住民組織（部落、ムラ、字など）が現実的に機能していたこと、他方で当時の市町村行財政水準が低く公立施設を設置していく条件が乏しかったこと、などの事情によるものと考えられる。いわゆる「部落公民館」体制が自治体公民館制度の主要部分として位置づいていた事例もあり、長野県などでは集落に組織された「分館」が自治体の公民館条例に記載されている場合も多かった（水谷正「自治公民館・集落公民館の可能性」月刊社会教育1996年4月号）。

このような集落公民館の流れは、1960年代以降の広汎な地域変貌と都市化の過程において、全般的には衰微し退潮していく傾向がみられる。同時にこの時期は、公立公民館の整備と近代化過程に重なるところがあった。首都圏等の人口急増地帯では地域住民組織自体が成立せず、自治体の公民館体制は行政セクターにより設置され、集落公民館とは無縁の展開であった（例、東京・三多摩地区など）。

しかし人々が生活する場としての地域、その基礎単位となる集落は、変容しつつ、また

1　公民館理論の形成

格差をはらみつつ、時代の状況に対応しながら、新しく再編され再生されていく側面がある。集落の変容解体の問題が、逆に地域住民組織を新しく再編し、集落活動を再生していこうという動きを惹起することにもなっていく。1960年前後から胎動する鳥取県倉吉市「自治公民館」の施策はその典型的な事例といえよう。宇佐川満等による自治公民館の紹介（同『現代の公民館』1964年）やそれをめぐる論議（小川利夫等）を通じて、「自治公民館」は多くの注目をあつめることになった。

1972年に本土復帰する沖縄では、それ以前のアメリカ占領下において、ほとんど公立公民館は設置されず、多くの住民活動は集落（字＝あざ）に設置奨励されてきた「字公民館」を拠点とする場合が多かった。あるいは、松本市では都市部でも周辺の農村部でも、集落ごとの公民館が「町内公民館」と呼ばれ多様な活動を営んできた。このように全国各地それぞれの地域独自の展開のなかで、行政との関わりを複雑にもちつつ、たとえば部落公民館、分館、類似公民館、町内公民館、そして自治公民館、字公民館などの名称により、地域住民組織としての集落の公民館活動が定着してきた。これらを総称するかたちで、公立公民館に対応して「集落公民館」という概念があてられてきた。

3－2　類似施設・集落公民館の統計

集落公民館については、「類似公民館」という呼称が広くつかわれてきた経過がある。社会教育法第42条「公民館に類似する施設は、何人もこれを設置することができる」の規定に由来するものであった。現在の公式統計（文部科学省「社会教育調査報告書」平成14年度）では、社会教育会館等「市町村が条例で設置する施設」をもって公民館類似施設としているため、集落公民館等はこれに含められない。しかし、もともとは集落公民館がその主要な「類似」形態であった。あわせて、自治会事務所、集落センター、区公会堂、町会会館、地域センター、コミュニティセンターなど、集落におかれた類似の地域施設が多様に機能してきたことにも関連して留意しておく必要があろう。

全国の集落公民館について、文部科学省による正式統計はない。いったい集落公民館はどのような実態をもって普及してきたのか。各府県等の教育行政当局や公民館連絡協議会による実態調査あるいは公民館名簿等によって類推するほかはないが、少なくとも5万以上と推定されてきた（小林文人『これからの公民館』国土社、1999年）。さらに全国公民館連合会は、平成14（2002）年11月調査によって、その総数は76,883館という規模に達することを明らかにした。「地域住民によって建設・運営されている小さな公民館のことを自治公民館、集落公民館等」と呼び、これら「住民の生活と密接につながっている施設」が、「地域を住みやすくするために住民が連帯し、自らが運営や事業」を行い、「公立公民館とも連携をとって活動」している広汎な動きを指摘している。自治公民館、集落公民館は、Autonomous Kominkan、Village Kominkanと英訳されている。（全国公民館連合会発行「The Kominkan」2004年）

3－3　「自治公民館」をめぐる論議

全国各地の集落公民館の実態は、地域によって実にさまざまである。なかにはまったく形式化し有名無実のものも含まれ、他方で躍動的な活動に取り組んでいる事例も見られる。

集落の住民自治組織を基盤にするという意味で「集落」「自治」公民館という名称が定着してきたが、その実態は、下からの住民自治運動としてよりも、行政側の施策として奨励・普及されてきた流れが多かったと見るべきであろう。それは戦後初期は言うまでもなく、とくに1960年代の都道府県・市町村の社会教育行政あるいは公民館施策によって影響されるところが少なくなかった。しかしその行政施策のなかには、上意下達の意図という

より、自治公民館構想を通しての住民自治や地域民主主義への希求があったことも見逃してはならない。

「自治公民館」の構想を打ち出した鳥取県倉吉市においても、その具体化の流れは、市長・教育委員会による行政主導によって推進されたものであった。「部落会・町内会と部落公民館と一体化」し、「部落・町内の事業と、住民の学習活動とを直結し、民主的な住民自治」を推進しようという意図をもって始まった。しかし「自治公民館」名称は「市役所の総務課と教育委員会の協議」によるものであり、あわせて従来の区を「自治公民館」と改称し、自治連合会は自治公民館連合会へ、行政関係者によって自治公民館規約「参考案」が作成された（1959年）。宇佐川満は、この「自治公方式」の先進性を評価したが（前記『現代の公民館』）、小川利夫は「むしろ逆である」「古い組織の再編強化の動き」と批判した（同「自治公民館の自治性」月刊社会教育1963年3月号、「自治公民館方式の発想」同1965年7月号）。宇佐川満だけでなく、倉吉市側からは朝倉秋富（同市教育委員会社会教育課長）や友松賢（京都府久美浜町社会教育主事）がこれに反論（朝倉「自治公民館のねらいと可能性」月刊社会教育1963年10月号、友松「自治公方式と地域民主化運動」同1965年9月号、前記『現代の公民館』等）する経過があり、自治公民館問題は関係者の多くの関心を集めることになったのである。

自治公民館論争については、本章2節（松田）でも触れられているが、主要な論点は、集落・地域住民組織のもつ二つの側面、つまり行政との連携・従属性（政治支配の末端としての地域）の問題と、住民の自治・共同の可能性（住民の連帯組織としての地域）に関わっていたとみることができよう。そのいずれの側面に力点をおいて集落・公民館をとらえるかによって、評価は複雑に異なってくる。それらの両面を複眼的に捉えつつ、自治公民館の可能性を考えていく必要があろう。

「自治公民館」をめぐる論議は、あと一つ、1970年代後半から顕在化してくる自治体「合理化」路線と公立公民館の職員削減等の動きをめぐってであった。たとえば、この時期の福岡市校区（公立）公民館の職員嘱託化問題の背景には「自治公民館への移行」論が提起されてきたのはその一例である。公立公民館の条件整備水準の低下、その独立性や専門性の後退が憂慮される状況のなかで、「自治公民館とは何か」が厳しく問われた。

3—4　集落公民館の展開と可能性

20世紀から21世紀に向けて、その後の集落公民館の展開は、地域状況が大きく変容するなかで退潮の方向にある一面、全国的にはむしろ多様な活動や新しい実践が現れている事実にも注目しておく必要がある。地域・小地域はさまざまな様相を見せながら、時代状況を反映しつつ動いているのである。

自治公民館論争後の集落公民館研究についても、実証的調査を含めて、最近とくに興味深い成果が生まれてきている。たとえば、大前哲彦の自治公民館論究、神田嘉延の鹿児島研究、水谷正や佐藤一子等の信州研究、小林平造の与論島研究（いずれも日本社会教育学会特別年報『現代公民館の創造』国土社、1999年、ほか）、星山幸男や新妻二男等の東北研究（小林文人・佐藤一子編『世界の社会教育施設と公民館』エイデル研究所、2001年）、小林文人・末本誠・松田武雄・中村誠司・山城千秋等による沖縄研究（小林他編『民衆と社会教育』『おきなわの社会教育』エイデル研究所、2002年）などがあげられる。

本論に取りあげる余裕はなかったが、京都府「ろばた懇談会」（通称ろばこん）は、地方自治・地域民主主義を担う住民の主体形成をめざす事業として注目された時期があった（1967年～1978年）。その具体的な地域活動の範域は「区・自治会・町内会を原則」（同・実施要項、1967年）とし、久美浜町の事例に見られるように、これらの活動が「自治公民館」として展開されていた（津高正文編『地

域づくりと社会教育』総合労働、1980年、同『戦後社会教育史の研究』昭和出版、1981年)。

前述した戦後沖縄「字公民館」の歩みは、集落公民館の最も典型的な展開事例ということが出来よう。琉球政府「公民館設置奨励について」(中央教育委員会決議、1953年)により公民館の普及が始まるが、その歴史は主要には集落公民館としての歩みであった。山城千秋の調査集計(2002年)によれば、条例に基づく公立公民館85館(一部に条例化された集落公民館を含む)に対して、集落公民館は総数976館にのぼっている。それぞれに、集落の自治、祭祀、文化、生活相扶等を含む活発な字公民館活動を営んでいる。沖縄については第12章2節に別稿(中村誠司)が用意されているので、ここでは詳述しない。

集落公民館について、最近の注目すべき自治体の事例は長野県松本市であろう。松本市は一方で公立公民館(中央公民館、地区公民館、28館、2004年現在)の整備を進めながら、他方で集落・町内レベルの「町内公民館」の積極的な育成・奨励策をとってきた。2004年(合併前)現在、町内公民館は385館を数える。市教育委員会として「町内公民館のてびき」を出したのは1976年であったが、その後改訂を重ね、2005年に新版「てびき」が刊行された。集落公民館の現代的な展望を含む水準の高い内容となっている。あわせて町内公民館の活発な活動実践事例集として「自治の力ここにあり－学びとずくのまちづくり」(11領域、108事例)がまとめられた。個々の具体的な事例のなかに、集落公民館の活動の状況や課題が記述され、それらを通して、集落公民館がどのような可能性をもっているのかを読みとることが出来る。

(小林文人)

〔参考文献〕
(1)宇佐川満編『現代の公民館』生活科学調査会、1964年

4. 公民館運動

4—1 公民館の役割を求めて

公民館に期待される役割については、時代とともに変化してきている。

1946年5月、文部次官通牒「公民館の設置運営について」では、公民館の役割は「町村民が合い集まって教え合い導き合い互いの教養文化を高める民主的な社会教育機関」「自治向上の基礎となるべき社交機関」「教育文化を基礎として郷土産業活動を振り興す原動力となる機関」であることなどを求め、町村の一大総合的施設としての役割を果たすことが期待されてきた。

公民館を法的に位置づけした社会教育法(1949年)では、公民館は「総合的、中核的な社会教育機関」としての役割を求めてきた。

文部省社会教育局「社会教育施設建築の手引き」(1963年)では、公民館は「各市町村に適正配置され、図書館、博物館、青年の家等と相互協力し、市町村各地区における総合文化センターとしての役割を果たすもの」と紹介されている。

文部省社会教育局『進展する社会と公民館の運営』(1962年)の中では、「公民館は他の専門的な施設や機関と住民を結びつけるもの、学習文化活動の場、生活問題解決の場、他機関と住民の結び目となる場、仲間づくりの場」であるとして、教育機関であるとともに公民館媒介論が出された。

1967年7月全国公民館連合会が発表した『公民館のあるべき姿と今日的指標』では、公民館の役割を「集会と活用、学習と創造、総合と調整」とし、教育機関としての公民館の役割を明確にした。

1974年年東京都教育庁『新しい公民館像をめざして』は、公民館の基本的な4つの役割と7つの運営原則を示し、都市における公民館の教育機関としての役割を明確にした。

1971年社会教育審議会答申「急激な社会構造の変化に対処する社会教育のあり方につ

いて」では、「公民館は、コミュニティ・センターの性格を含む広い意味での社会教育の中心施設として、地域住民の各種の日常的学習要求に応えながらとくに新しいコミュニティの形成」という役割を求めている。

1991年、生涯学習審議会社会教育分科審議会施設部会中間報告「公民館の整備・運営の在り方について」では、公民館は「地域における生涯学習の中核的施設」と位置づけられた。しかし、その後に出された「社会の変化に対応した今後の社会教育行政のあり方」（生涯学習審議会、1998年）では、生涯学習施設ネットワーク化の一施設としてしか位置づけがされていない。

4—2　公民館単行法制定運動と法改正

公民館は、文部次官通牒「公民館の設置運営について」が出されて以来、全国各地の市町村で設置が進められてきた。1949年6月に公布された「社会教育法」によって、公民館の法的位置づけがされた。しかし、1950年「図書館法」、1951年「博物館法」が相次いで公布されるに及んで、公民館関係者からは公民館の性格や本質をさらに厳密に位置づけるために、社会教育法の一部改正の要望が出された。全国公民館連絡協議会（全公連、1965年より全国公民館連合会と改称）は、「公民館単行法」の制定を組織決定し、その事務局案が第2回全国公民館大会で提示され、「公民館単行法の制定」が決議され運動が高まっていった。

第4回公民館大会（1955年、東京）では、「単行法制定」の要望は大きな盛り上がりをみせたが、単行法制定は時期尚早とする文部省と対立し、そのため、参加者から議員立法による制定を求める決議を行い、100万人の署名運動の開始やその運動費の捻出のため職員も含め各県公連が負担することなどを決定した。しかし、公民館関係者が一丸となって運動を展開するまでには至らず、文部省からの社会教育法の一部改正案が出されるに及んで、単行法制定の動きも次第に影を潜めていった。

1958年の社会教育法の一部改正では、「社会教育主事の市町村設置」「社会教育関係団体に対する補助金の支出の解禁」などとともに、公民館に関しては、「分館設置の規定」「設置・運営基準を設ける」「公民館主事の設置」「公民館に対する国庫補助」などが盛られた。

この改正案の審議は、第30回国会の参議院文教委員会（1958年10月16日）でまず審議をされ、吉田昇お茶の水女子大学教授ほか社会教育関係者4人が参考人として意見を述べてきたが、変則国会のあおりで審議未了となった。続いて第31回国会参議院文教委員会（1958年12月）で審議がされ、翌年の3月3日の公聴会では、公述人守田道隆全公連会長ほか3人は賛成意見を述べ、渡辺英雄尼崎市社会教育主事・同市立公民館主事は、他の3人とともに反対の意見を述べた。参議院の文教委員会で打ち切られ、一部修正後、文教委員会で一部修正可決され、参議院本会議その後の衆議院本会議でも可決された。日本社会教育学会は、この社会教育法の改正については、批判的な見解を発表した。また、先の渡辺英雄氏の所属する近畿公民館主事会も「パンを求めて石を与えられた」という表現の声明を発表した。

全公連は、先に「公民館単行法の制定」を求めてきたが、1958年10月の評議員協議会で社会教育法の一部改正の早期実現をめざす方針を決定し、文部省等に働きかけを行った。しかし、可決された社会教育法では、公民館主事の必置については見送られるなど、公民館単行法からは大きく乖離し、公民館関係者には、不満を残すことになった。

4—3　全国公民館連合会

財団法人社会教育連合会は、1950年6月に東京で全国公民館職員講習会を開催した。この講習会の参加者が中心となり全国組織結成の準備が進められ、1951年11月、38都道府県の公民館連絡協議会代表が参加し、全国公民

館連絡協議会が設立された。（略称・全公連、1965年に「社団法人全国公民館連合会」と改称）以後、今日まで、公民館関係者の全国組織として公民館をめぐる諸課題の解決や公民館活動の振興のため、調査研究活動をはじめ、政府への公民館補助金予算の獲得などに努めてきた。

全国公民館大会は、公民館活動についての研究や交流をねらいとする研究集会と、公民館をめぐる条件整備のための決起集会という性格を併せもつ全国大会が、1952年5月に福島市公民館において第1回が開催され、以後1977年10月新潟県での第26回まで開催された。この大会では、公民館が直面する諸課題についての全国レベルでの研究協議が進められてきた。

全国公民館振興大会（略称、公振大会）は、全国公民館大会の開催回数を引き継ぎながら、公民館をめぐる条件整備を進めるための政府予算の増額要求や全公連の各種表彰などの活動を中心に、市町村長、教育委員、教育長、公民館職員を参加対象として1978年度から東京で開催されてきた。しかし、1998年度以降は休止状態が続いている。

全国公民館研究集会（略称、公研集会）は、公民館の管理・運営や、公民館事業などの研究を大きな目的として、1978年11月に高松市市民センターで第1回研究集会が開催をされ、以後各ブロックを輪番でめぐり開催をしてきている。

生涯学習推進研究協議会（通称、公民館全国セミナー）は、社会教育法施行40周年を記念して1989年より、生涯学習時代の中で公民館の役割を明らかにし、公民館の事業やプログラムの開発・充実のための研究協議の場として開催されている。

1963年から1970年にかけて、全公連は専門委員会を設置し、戦後の公民館創設期における公民館の役割を見直し、その後の急速な社会変化の中での公民館の役割や活動領域に検討を加え、公民館のあるべき姿と当面する課題解決への指標の確立をめざし検討を重ね、その成果は1967年7月に『公民館のあるべき姿と今日的指標』として発表された。公民館のあるべき姿として、その目的と理念を「①公民館活動の基底は、人間尊重の精神にある②公民館活動の核心は、国民の生涯教育の態勢を確立するにある③公民館活動の究極のねらいは、住民の自治能力の向上にある。」とし、また公民館の役割りとしては「①集会と活用②学習と創造③総合と調整」を提示し、以後の公民館の整備や運営、事業に大きな影響を与えた。

その後、全公連では、1970年には「都市化に対応する公民館のあり方」、1984年「生涯教育時代に即応した公民館のあり方」などを公表し、全国の公民館活動振興への指針を示してきた。また、21世紀の公民館像をめぐっては、2000年に「新しい公民館活動のあり方に関する調査研究報告」を公表している。

全公連の機関誌である『月刊公民館』は、1955年12月にその第1号を発行した。しかし途中、月1回の発行が困難なときや休刊などの事態もあったが、1958年以降は継続して今日まで発刊し、各地の豊かな公民館活動をきめ細かく紹介し、公民館関係者に貴重な情報を提供している。

4—4　新しい公民館像を求めて

1946年7月に出された文部次官通牒「公民館の設置運営について」では、公民館は、教育施設というより郷土再建のための幅広い活動の展開を求められ、町村を中心に公民館活動が始められた。

その後、1952年11月からの市町村教育委員会の発足により、公民館が首長部局から教育委員会への所管替えとなったことにより、首長の積極的な公民館振興策は停滞し、また1956年6月からの昭和の市町村合併などにより、公民館体制の後退も見られた。さらに、都市部においては、産業の発達により急速な人口増加や、また「市民会館」や「文化会館」など多機能

な内容をもった施設建設が進められたことにより、都市化傾向に向かう中での都市公民館の役割が求められてきた。

そうした動きの中で、小川利夫・徳永功氏等は、「公民館三階建論」を提案した。これは、「公民館の形態と内容を建物の3階建てに模して、1階では、体育・レクリエーションまたは社交を主とした諸活動が行われ、2階では、グループ・サークルの集団的な学習・文化活動が行われる。そして3階では、社会科学や自然科学についての基礎講座や現代史の学習についての講座が系統的に行われる。」とする都市公民館像が紹介された。

また、全国公民館連合会は『公民館のあるべき姿と今日的指標』を発表し、都市化を視野に入れた教育機関としての公民館像を明確にした。

1974年3月には、東京都教育庁は東京・三多摩地域での都市公民館型実践を基礎にした『新しい公民館像をめざして』を発表した。公民館の役割を4つにまとめ「①住民の自由なたまり場②住民の集団活動の拠点③住民にとっての『私の大学』④住民による文化創造の広場」とし、公民館運営にあたっての7つの原則「①自由と均等②無料③独自性④職員必置⑤地域配置⑥豊かな施設整備⑧住民参加」が提示をされた。この『新しい公民館像めざして』は、東京都下の公民館の建設や運営に大きな影響を与えたのみならず、1970年代の都市での公民館あり方を示すものとして全国的に注目を集めた。茅ヶ崎市の「茅ヶ崎市の公民館像を求めて」京都府公民館連絡協議会の「公民館の望ましいあり方」相模原市教育委員会の「公民館運営の手引き」豊浦町教育委員会の「豊浦町中央公民館のあるべき姿」などにも影響を与えた。

1981年の中央教育審議会答申「生涯教育について」、1984年の全国公民館連合会「生涯教育時代に即応した公民館のあり方」、1986年の臨時教育審議会「教育改革に関する第2次答申：生涯学習体系への移行」、1991年の生涯学習審議会社会教育分科審議会施設部会「公民館の整備・運営の在り方について」、1998年生涯学習審議会答申「社会の変化に対応した今後の社会教育行政のあり方」などが公表された。国による生涯学習政策の展開や、行政改革の推進に伴う規制緩和、社会教育法の一部改正などにより、公民館が生涯学習推進の中核施設として、そして次には生涯学習関連施設のネットワーク化の一つとして位置づけられてきた。今後さらに指定管理者制度の導入などにより、新たな公民館像が求められている。

4—5　公民館建設への市民運動

1946年7月文部次官通牒「公民館の設置運営について」が出されたが、市町村の財政不足などにより専用施設ではなく学校や公会堂などの施設に公民館という看板を掲げた「看板公民館」や、活動を中心にした「青空公民館」などが多かった。1951（昭和26）年4月より公民館・公立図書館施設費補助が創設されたことにより公民館建設が進み出した。

全国公民館連合会の『公民館のあるべき姿と今日的指標』（1967年7月）、東京都教育庁の『新しい公民館像をめざして』（1974年3月）などの発表により、これまでの町村公民館のイメージから都市における公民館像が鮮明に出されたことにより、人口が拡大しつつあった都市においても市の総合計画の中に公民館整備計画が組み入れられ、市民の要望や願いに応えた公民館の建設が進められた。

東京三多摩地域では、それまでの市民と公民館職員とが協働で作り上げてきた公民館実践を土台にして、公民館の建設が国分寺市、小金井市、東大和市、東村山市などで進められた。また神奈川県の相模原市や茅ヶ崎市、千葉県木更津市、君津市、埼玉県富士見市などにおいても、地域公民館の設置とともに専門的職員を配置が進んだ。

関西では、大阪府枚方市で、市民の公民館建設要望のもとに、1982年の楠葉公民館の建

1　公民館理論の形成

設にはじまり2003年12月現在5つの公民館と公民館機能を果たす4つの施設が地域的に建設をされている。守口市では、公民館と地区体育館を併設した施設が8館、単独公民館2館、1分室が地域に配置されている。貝塚市では、長い歴史をもつ中央公民館のほかに、市民の運動と社会教育職員の働きによって1989年以降に地区公民館が2館建設されてきた。京都府宇治市では、市の総合計画に盛り込まれた地区公民館整備計画による地区公民館の建設が1981年よりはじまり、現在中央公民館1館、地区公民館4館の体制が作られている。兵庫県の豊中市では4公民館40公民分館のネットワークのもとに全市的に公民館活動が展開されている。

他の地域においても、人口の都市への流入により急速な都市化が進み、それに伴って市民の学習要求に応えるべく公民館の建設が進められた。こうした市では、計画行政の要である市の総合計画の中に公民館整備計画が位置づけられたことによるが、それは長年、市民と社会教育職員の協働の活動が数多く積み重ねられた結果である。

(八木隆明)

〔参考文献〕
(1)日本社会教育学会編『現代公民館の創造』東洋館出版社、1999年
(2)社団法人全国公民館連合会編『全公連50年史』2001年
(3)群馬県公民館連合会編『公民館ハンドブック』1977年

5. 生涯学習と公民館

5—1 地域づくりと公民館

生涯学習時代といわれる今日、公民館は「地域の学習拠点としての機能の発揮」(「公民館の設置及び運営に関する基準」平成15年6月6日文部科学省告示、第3条)が従来にも増して強く求められている。すなわち公民館は自主(主催)事業のみならず、「学校、社会教育施設、社会教育関係団体、NPOその他民間団体、関係行政機関等」との連携・共同事業を展開するよう強く求められているのである。

このような「地域の学習拠点としての機能の発揮」の中には、「地域をつくる学び」を援助し、組織化する公民館学級・講座が重要な構成部分を占めているといえよう。

たとえば、高知県安芸市では、教育委員会と住民の有志が主催する「社会教育研究集会」の取り組みの中で、地区公民館の主催事業として青年・成人学級(「地域の活性化を目指して」)を十数年ぶりに開設した公民館の活動がある。長年にわたって「貸し館」となっていた地区公民館を地区公民館のあり方に関心を寄せていた地区の有志が文化祭・運動会の開催を契機に、「伊尾木村ゆうとぴあ村議会」を結成し、館長や運営審議会委員と協力しつつ、上記の学級の開設にこぎつけたのである。

また、広島県三良坂町(現三次市)では、国庫補助事業「生涯学習のまちづくり事業」を活用して、「生涯学習計画の主体形成」を目的に、公民館講座を開設し、その受講生を中心に生涯学習まちづくり集団をつくった事例がある。この取り組みの特徴は講座のテーマ、学習プログラム、講師選定等について受講生自らが集団的に討議を行い、講座を自主的に運営するように仕掛けられていることである。3年間の活動の中で「公民館講座」の自主運営能力を身につけた「受講生集団」が誕生したのである。

さらに、広島市ではつぎのような取り組みも見られる。

都市におけるニュータウンなどの住宅団地の「少子・高齢化」が急速に進行している。この「少子・高齢化」という「現代的課題」をテーマにした公民館講座が少なからず開設されるようになってきている。都市のマンモス住宅団地を対象区域とする公民館が自らの地域課題である「少子・高齢化」に積極的に取り組み始めた証左である。こうしたマンモス住宅団地の公民館が団地住民の有志・公民館利用グループ・公立女性教育センター・大学関係者等の協力を得て、公民館「少子・高齢化」講座（フォーラムの開催から始まり、連続学習講座・ワークショップの実施等）の「実行委員会」を立ち上げ、そのメンバーが中心になって「高陽まちづくり楽会」をつくり、地域の関係団体・組織のネットワーキングに取り組み始めている事例も見られる。

5—2　市町村における生涯学習計画づくりと公民館

「生涯学習振興整備法」施行（平成2年7月1日）以降、地方自治体において「生涯学習基本計画（構想）」の策定が推進されている。すべての都道府県において「基本構想」が策定されており、ほとんどの市町村も同様である。とくに都道府県の場合は形式的には「生涯学習審議会」での調査審議を経て策定されているが民間のシンクタンク・コンサルタントに委託していることが多く、市町村の場合も少なくない。

したがって、以下に述べることは、市町村段階での生涯学習計画づくりの多くを占めているわけではない。しかしながら、市町村の生涯学習の計画化のプロセスは、一般的・モデル的には行政職員と地域住民の共同学習のプロセスとして展開されている。

「計画委員会」の設置に始まり、地域及び住民の実態把握、実態の分析・まとめ、まとめの「報告会」の開催、「計画委員会」での検討、庁内調整を経て、議会上程・承認というプロセスをたどる場合が一般的である。

その際、多くの場合、「計画委員会」がつくられる場合、教育委員会事務局職員、首長部局の関係職員、公民館等の社会教育施設職員をはじめ、地域住民としては関連団体・NPO等の代表者等から構成されている。

また、「計画委員会」のもとに「実態調査委員会」を置き、人口動態（年齢別・家族形態別・地区別・職業別）、歴史・文化・教育、地域住民のニーズ等の調査の実施・分析・まとめ及び報告書の作成の作業を行っている。このメンバーには大学等の専門家が参加している場合が多い。この際、公民館職員の果たす役割は大きいといえる。

さらに、こうして作成された「調査報告書」にもとづいて、地域住民の参加のもと「調査報告会」が開催され、地域の実態や住民のニーズについての「合意形成」・「共通認識」が図られる。このような「公論の場」を経ていわゆる「市町村生涯学習計画書」の骨格部分が出来上がるのである。ここでも公民館職員の果たす役割の大きさはいうまでもない。

このような行政職員と地域住民の「共同学習のプロセス」を経て、「計画委員会」は「市町村生涯学習計画（案）」づくりに着手し、行政内部での「合意形成」を図り、「議会承認」の手続きに入ることになる。

中長期の計画であれば、実施計画が作成され、予算化されて実施に移されていく。実施計画・予算化の過程においても職員と住民による評価のシステムをおくことが不可欠である。このシステムは「計画の実施過程」にも適用されなければならない。このレベルでの公民館職員の力量の発揮は決定的である。

5—3　生涯学習政策・法と公民館

平成2（1990）年6月29日、わが国において「生涯学習」の語を用いた最初の法律（「生涯学習の振興のための推進体制等の整備に関する法律」法律第71号、以下「生涯学習振興整

備法」）が制定され、同年7月1日から施行された。

同法は「生涯学習」についての法的な定義づけを欠くなど従来の教育法と異なる側面の強い法律として話題になった。同法の内容は、第1条（目的）の規定にあるように、①生涯学習の振興に資する都道府県の果たす役割と事業、②市町村の範囲を超えた「特定の地区」を指定し、民間事業者の能力の活用を中心とする生涯学習振興基本計画の策定、③都道府県生涯学習審議会の設置、の三本の柱から成り立っている。このように、公民館との関係で言えば生涯学習の振興の拠点を都道府県や市町村を超えた「特定の地区」に置いていることから、市町村設置が原則の公民館に関する条文はもとより「公民館」の文言さえ見られない。

ところで、同法は上記の点も含めて教育基本法・社会教育法の理念とも著しく異なる内容となっている。すなわち、①教育行政の一般行政からの独立、②教育（事業）と教育行政の区別、③市町村自治と住民参加とりわけ住民参加による公民館等教育文化施設の自立的運営とは異質な「産業法」的性格の強い法律といわれる所以である。

とりわけ、③との関係では公民館の運営費補助を定めた条文の削除（社会教育法第36条）や同法第35条（公民館の補助）とも関わって平成9年以降施設整備費補助金が打ち切られるなど、公民館の施設整備に係る国の任務の後退を問題にしなければならない。このような動きは同法第23条の2（公民館の基準）に基づく「公民館の設置及び運営に関する基準」の改正（平成10年及び平成15年）に影を落としている。平成10年改正で職員の「専任」規定が削除されたことと併せ平成15年改正では「施設・設備」等の「基準」が無くなり、代わりに平成13年7月の社会教育法一部改正に連動した4つの機能ないし事業（第3条地域の学習拠点としての機能の発揮、第4条地域の家庭教育支援機能の発揮、第5条奉仕活動・体験活動の支援、第6条学校、家庭及び地域社会との連携）がクローズアップされていることに注目する必要がある。

かかる状況の中で公民館を地域における生涯学習振興の拠点的施設として位置づけることが極めて重要である。すなわち公民館を地域における生涯学習に関する情報発信、生涯学習関連施設のネットワーキング、地域づくり等の地域活動の拠点として活用していくことである。

（吉富啓一郎）

〔参考文献〕
(1)日本社会教育学会編『現代公民館の創造』東洋館出版社、1999年
(2)鈴木敏正著『「地域をつくる学び」への道』北樹出版、2000年
(3)吉富啓一郎編著『地域づくりと生涯学習』溪水社、1995年

第2章
公民館・コミュニティ施設の歴史

はじめに

1．戦前的系譜
　－1　文明開化と倶楽部
　－2　地方改良運動と農村公会堂
　－3　青年教育と青年倶楽部・青年団事務所
　－4　都市・社会問題と市民館・隣保館
　－5　経済更正運動と全村学校・塾風教育

2．定着過程
　－1　初期公民館の建設
　－2　公民館の定着と変容
　－3　「新しい公民館」像の胎動とその展開
　－4　行政改革・生涯学習政策下の公民館

3．政策史
　－1　戦後改革と公民館政策
　－2　公民館の設置普及政策
　－3　自治体社会教育計画における公民館改革
　－4　地方分権政策と公民館政策

4．実践史
　－1　初期公民館の実践
　－2　地域変貌と公民館実践
　－3　地域の学習要求に応える公民館実践
　－4　新しい公共を創造する公民館実践

5．コミュニティ施設史
　－1　コミュニティ施設としての公民館
　－2　公民館の設置とコミュニティ施策の関わり
　－3　コミュニティ施策と公民館類似施設
　－4　地域的拠点施設とこれからの公民館

2　はじめに

1）公民館の歴史像

ところで、公民館史への関心の基本には、ほかでもない、公民館とは何か、という問いに結びつくものである。そしてその問いは、単に公民館の出自の解明に依拠するに止まらず、戦後の実践史を通してはじめて公民館の輪郭を獲得するに至るという認識を呼び起こすのである。公民館というものが、所与のものとして私たちの前に広がっていたわけではなく、戦後60年の間に、国民的英知によって築き上げられた輪郭、すなわち公民館の歴史像こそが、公民館の本質に迫ることになるというものである。この地域的歴史的に蓄積された壮大な公民館史の全体が、公民館とは何かを示しているともいえるのである。

そのように考えれば、1946年7月の、公民館の設置に関する文部次官通牒「公民館の設置運営について」、あるいは、寺中の記した公民館論は、公民館の建設にとっての一つの動機であるという位置づけにためらいはないはずである。それゆえ、公民館史の探求は、公民館の「発達史」として、いわば「公民館的なるもの」を鍛え上げる歴史的道程に分け入り、より研ぎ澄まされる歴史的全体像の作業になる。

2）公民館発達史の時期区分とその課題

公民館発達史の時期区分は、仮設された「公民館」が、変化していく節目、換言すれば新たに意味を付加していくことで、その施設像を描き出す発達の節目を探る作業である。むろん、それら節目によって一定の実践的成果を奪い取る後退を見せつけられるとき、「発達」の節目とは程遠いかにみえる。しかし、それらもまた「公民館的なるもの」が鍛え上げられる歴史の断面であって、「公民館」がそういう道程を経ながら、戦後の社会教育の理念をより鮮明に具現する施設へとあゆみ続けている。このようにとらえてみると、より新しい公民館を創造していく歴史として、この60年を描き出すことになる。そういう公民館の発達の節目、すなわち時期区分は、ほぼ共通して次のように区分できる。

【1】公民館の成立と初期公民館

公民館の設置に関する次官通牒に添付された「公民館設置要綱」の内容は、公民館を設置する手順、組織、運営方法、施設（設置場所）などについて触れてあり、地域で自主的に対応するようにと注文つけながら、その多くはこの「要綱」に即して設置が進められている。社会教育法成立までの総合的な地域行政の機関としての性格が強く、公民館は地域づくりと深く関連していた。

【2】公民館整備の進展と公民館「近代化」－1950年代から60年代半ば

1949年の社会教育法の制定によって公民館は法制化されたことで、地域への定着を促し、1950年には50%、60年には88%の設置率となっていく。教育委員会制度のもとで公民館の位置づけが明確になる。施設条件整備がすすみ、公民館職員の配置がすすむ。

日本の社会の近代化と呼応して、公民館の存立基盤が変化しつつある時代である。

【3】住民参加型の「新しい公民館」－1960年代半ばから70年代

都市部の公民館の発展がめざましく、教育機関としての充実発展を遂げていく。公民館は住民の学習権保障のための機関であることや、学級講座の計画には市民の自主編成、公民館づくりの住民運動などが注目される。

【4】生涯学習政策・行政改革下の公民館－80年代から90年代

生涯学習政策と行政改革によって、委託合理化や受益者負担論が生まれ、職員の非常勤・嘱託化がすすむ一方で、現代的課題に応える事業展開が、新たな枠組みを模索しながら広がっていく。すなわち、環境、福祉、保健、平和、人権など切実な生活課題・地域課題への取り組みや、従来かかわりの薄かった子どもと若者への公民館事業が広範に広がっている。また、学校をはじめ福祉、保健医療、環境その他の行政と連携による新たな事業展開がすすみ、社会的不利益者、たとえば障害者、外国人住民、高齢者などの学習・文化活動の着実な前進がみられた。

（上田幸夫）

公民館・コミュニティ施設の歴史

1．戦前的系譜

　公民館の前史をたどるとき、集会や交流、教育の機能をもった物的施設をいくつか挙げることができよう。例えば、日本の若者宿や寝宿、ムラヤ、会所、茶堂等がそれである。また世界を広く見渡したとき、年齢階梯の制度を持っている社会集団の場合、男子集会所や青年集会所、クラブハウス等を持っていた。人類学的には、公民館の前史としての施設は、人間の交流や集会といった社会生活の営みとともに存在してきたといってよい。

　近代社会に入ると、公民館の前史としての施設は、いくつかの系譜に整理される。一つは、欧米のクラブ思想の導入による倶楽部と倶楽部建築である。二つには、town planning思想の影響を受けた公会堂である。三つには、学校教育の普及に伴って、上級学校へと進学しない青年のための教育、活動の拠点として設立される青年倶楽部や青年団事務所・青年会館である。四つには、都市社会問題の発生に対する市民館・隣保館である。五つには、世界恐慌に端を発する経済更生運動の中で取り組まれた全村学校や塾風教育の運動である。

　これらの施設や取り組みは、近世までの若者宿やムラヤ等の再編を含みこみながら、近代的な集会・学習施設へと形態を変え、第二次世界大戦以降の公民館へと収斂されていった。

1―1　文明開化と倶楽部

　日本において、クラブが登場するのは、1863（文久3）年横浜居留地に建設された横浜クラブが最初のものとされている。当時唯一の居留地外国人の社交倶楽部であり、ホテルも兼業していた（堀越三郎『明治初期の洋風建築』1929）。日本人の手による倶楽部は、1872（明治5）年に実業家西村勝三らがヨーロッパのクラブを範として東京築地に建築したナショナルクラブが最初のものであり、続いて1876（明治9）年に福沢諭吉が集会所「万来社」を建てたと記録されている（石井研堂『明治事物起源』1924）。

　文明開化を背景に、この後、1880～90年代にかけて、長崎、横浜などの開港地では商人中心のクラブが建設され、国会開設前後には東京倶楽部、日本倶楽部、大同倶楽部等の政治倶楽部が設立されている。

　この当時から、倶楽部は、団体として存在していただけではなく、営造物としての倶楽部建築も有しており、日本銀行集会所、神戸ゴルフ倶楽部、東京倶楽部、日本青年館、帝大学生基督教青年会館等が次々と建設され、辰野金吾、佐野利器ら著名な建築家が設計していた。

　小説の世界においても、国木田独歩『おとづれ』（1897年）、夏目漱石『彼岸過迄』（1912年）は、青年倶楽部や新聞社倶楽部を登場させ、明治後半の時期から社交用の倶楽部が広がってきていることを示している。

　社会教育では、佐藤善次郎が『最近社会教育法』（1899年）の中で、欧米の労働者倶楽部の紹介をし、日本では神社仏閣がそれにあたると指摘している。

1―2　地方改良運動と農村公会堂

　1906（明治39）年、内務省は日清・日露戦争で疲弊した国力と民力を回復させるために、地方改良運動を開始した。勤勉や節約の精神を養い、報徳会や青年会が各地に組織された。この時期、内務省有志は『田園都市』（1907年）を刊行し、E.ハワード（E.Howard）の『明日の田園都市』（1902年）を始めとする欧米における都市計画に着目している。内務省嘱託であった生江孝之は、イギリスにわたりハワードに会見し、田園都市レッチウォースを見学し、日本にもどり、欧米の地方改良運動として公会堂、クラブ、美術館の事例を紹介している。

　横井時敬の監修による井上亀五郎『農民の社会教育』（1902年）は、農民社会の改良の手段として若者宿を改良し、公会堂の設置の重要性をうたっている。横井は、ハワードの

『明日の田園都市』を日本で最初に読んだ人物と言われており、これをもとに公会堂を着想したと考えられる。横井は、地方改良運動の中で農村秩序をはかり、ひいては国家秩序の安定をはかるために、伝統的な村落共同体としての農村を「国家のための自治体」へと変革していくために公会堂を軸とした模範町村づくりを試みたものであった。農村公会堂の具体的な姿は、横井が徳田秋声の執筆で発表した『小説　模範町村』（1907年）に描かれている。この中では、政治的な悪弊を防ぎ、勧業、勧農の浸透を目的として、公会堂を中心として模範町村づくりが進められていく様子が描かれている。横井の公会堂構想は、模範的な村づくりを描き、それを実現するための具体的手段として公会堂を位置づけようとするものであった。

農村公会堂は、欧米の近代都市計画（town planning）の思想と技術が世界的に伝播していく過程で、日本では地方改良運動の中に摂取せられたものであったと言える。農村公会堂は、その後、全国に広がり、地域の共同施設として展開をみせた。

1—3　青年教育と青年倶楽部・青年団事務所

地方改良運動以降、全国で地域青年会が設立されるようになる。地域青年会の活動や修養の場所として設置されたのが、青年倶楽部や青年集会所、青年団事務所であった。その全国的な拠点として1925（大正14）年に日本青年館が建設される。

『田舎青年』（1896年）を著した山本滝之助は、青年会発展のために青年の集まるところに常設の倶楽部を設け、青年倶楽部に青年相互の結合と団体維持の役割を期待した（『地方青年団体』1909年）。青年団の父と呼ばれる田澤義鋪は、『青年団の使命』（1930年）の中で、青年に対する公民教育を重視し、青年団活動家に公民的知識の普及をはかることの重要性を述べている。青年団活動を通じての修養を行い、共同生活の訓練の場としての青年集会所を構想した。日本青年館の熊谷辰次郎は、全国の『青年会館・宿泊施設調査』（1939年）を行い、1930（昭和5）年には郡部で18,920箇所、市部で530箇所の青年会館・倶楽部が存在していたことを明らかにしている。府県レベルでも、青年教育の中核施設として、愛知県昭和塾堂（1929年）、大阪青年塾堂（1934年）等が建設され、大型の青年施設が建設されていくようになった。

『次郎物語』の作者として知られる下村湖人は、日本青年館の青年団講習所長を務めていた。下村は「白鳥蘆花に入る」という言葉に代表されるように、青年相互の教育を重視し、その組織化を指導者が果たすという指導理論を構築した。田澤は、その後、公民教育の発展として、自治試験場、村治研究会といった地方自治振興の拠点としての「総合統制機関」を構想し、日本的自治精神の確立を目指した。

これらの青年教育関係者の構想は、大日本連合青年団の商工課長であった鈴木健次郎によって、戦後の公民館へと伝えられていく。また、思想的にばかりでなく、青年倶楽部や青年集会所は、戦後の公民館の物理的基盤ともなり、現在でも自治公民館として利用されているところもある。

1—4　都市・社会問題と市民館・隣保館

明治後半から大正にかけて、日本の都市は、資本主義の発展とともに、都市問題が続発し深刻化していた。国は1919（大正8）年に都市計画法を定め、市街地の総体的コントロールを行おうとした。

『田園都市』の導入以降、日本の都市計画は、大きく二つの方向に整理できる。一つは、田園調布の開発にみられるような私鉄沿線に「上品」なベッドタウンを開発し、高学歴なホワイトカラーを選別して住まわせるというものである。ここには、倶楽部や公会堂の構想はみられない。もう一つが、大阪市におけ

る住宅政策と連動した市民館の展開である。大阪市長の関一は、膨張する都市をコントロールするために、道路中心の都市計画ではなく、住宅中心の都市計画の必要性を指摘し、大阪市役所に社会部を作り、労働者対策としての市民館を設置していった。関は、市域の拡張にともなって住宅建設を行い、職業紹介所を設置し、市民館、隣保事業を展開していった。1921（大正10）年設立の北市民館を皮きりに、続けて天王寺市民館、港市民館、浪速市民館、東市民館と開設をみた。市民館は、都市労働者に対して、余暇善用の教養と娯楽、授産と授職、健康相談、保育事業、学童の校外生活指導などを行う公立セツルメントであった。東京での市民館は、後に生活館、方面館と呼ばれた。

このような関の構想の背景には、日本の工場法を制定した農務省の岡実の影響があった。岡は、『国民的創作の時代』（1923年）の中で、労働者の社会教育や、都市問題研究の重要性を指摘していた。岡の影響を受けた関は、都市計画の中に労働者の社会教育を位置づけ、市民館を設立していったといえる。

大阪市にみられた都市計画と市民館の構想は、戦後の都市公民館の構想、とくに八幡市の守田道隆市長の公民館構想に継承されていく。

1—5 経済更正運動と全村学校・塾風教育

1930年以降、日本社会は、戦時体制下に置かれることになるが、1932（昭和7）年からの経済更生運動は、大恐慌によって打撃を受けた農村窮乏という問題に対して、農民による自力更生運動を組織しようとするものであり、各部落を単位として農民を統制的に組織化していこうとするものであった。

全村学校は、農村公会堂をつくることのできない農村地域において、村全体を全一的な学校（施設）とみなして、全村的に教化網を張り巡らし、経済更生に取り組んでいこうとするものであった。1930（昭和5）年に福岡県の社会教育政策に取り入れられ、その後、全国的に広がっていった。

国民高等学校に代表される塾風教育は、農村更生運動の拠点として位置づけられ、青年道場、農民道場等として設置された。1930年代に入って急速に増加し、全国で231箇所の塾風教育施設があったことが記録されている。精神鍛錬のための道場、産業増進のための農場を持つ場合が多く、施設によっては技術習得を行うこともできた（大日本青年団『青年修養特殊施設』1939）。

全村学校は、戦後の公民館や社会教育関係団体の組織運営体制へ、塾風教育施設は、経営伝習農場、農業大学校へと継承されていった。

（上野景三）

〔参考文献〕
(1)小川利夫「歴史的イメージとしての公民館—いわゆる寺中構想について—」日本社会教育学会『現代公民館論』東洋館出版社、1965年
(2)末本誠・上野景三「戦前における公民館構想の系譜」横山宏・小林文人編『公民館史資料集成』エイデル研究所、1986年
(3)上野景三「青年倶楽部の思想と実践—近代地域社会教育施設史研究序説—」新海英行編『現代日本社会教育史論』日本図書センター、2002年

2 公民館・コミュニティ施設の歴史

73

2. 定着過程

2—1 初期公民館の建設

公民館が考案されたのは、1945（昭和20）年秋のことであった。当時の文部省社会教育局公民教育課長 寺中作雄によって提案され施策となった。その考え方を最初に示したものが寺中執筆の「公民教育の振興と公民館の構想」(1)という論文である。これには、敗戦後の日本に民主主義を復活し定着させるため、公民教育の普及が重要であるという主張が一貫している。同論文では、施設・設備についてはあまり詳しく述べられていない。

この構想が国の施策となり、1946年7月に文部次官通牒「公民館の設置運営について」が発せられると、ようやくどのような施設・設備をそなえたらよいかという考えが示されることとなる。しかし、昭和20年代初期の公民館は施設・設備の整備よりも公民館理念を中心とした町村自治振興、産業振興、生活改善、青年養成、地域の民主化の活動に重きがおかれていた。この時代の公民館を語るとき、しばしば青空公民館とか公民館運動ということばが使われるのはそのような事情からである。

その背景には次のような考えがあった。「公民館は決して全国一律のものを作らせる意図はない。各町村の実情に応じて、全部意図も様式も変っていて差支えない。農村と漁村と山村では大いに異った公民館ができるのは当然であろう。公民館設置の意義が理解され、みんなで集って勉強し討論するような習慣がつき、民主的な生活様式を実行する風習となれば、それで立派な公民館ができるのである。」（寺中作雄著『公民館の建設—新しい町村の文化施設』1946年9月）(2)

施設は、学校や役場の一部を利用するとか、それまで各地にあった公会堂を転用するなど、また民間施設を改修して公民館とする等さまざまな工夫がこらされた。

1948（昭和23）年当時、全国市町村の公民館設置率は33％ほどである。その設置状況や活動は千差万別であったが、公民館運営委員会の公選が行われたり、その委員会が館長や主事を選任するなど民主的な手続きをふんで運営される公民館も少なくなかった。また、公民館によっては製粉機・農機具修理工場、共同浴場をもつなど、住民の生業やくらしに深くかかわる施策も行われた。

2—2 公民館の定着と変容

社会教育法の制定（1949年）により公民館は新たな段階に入る。法には公民館の目的・設置者・事業・職員・公民館運営審議会の役割などが定められたからである。1950（昭和25）年には全国市町村の公民館設置率は50％となる。1958（昭和33）年には88％となり、公民館は34,650館を数えた（ちなみに、2002年現在の公民館数は17,947館である）。

一見充実したようにみえるが、公民館は当時の時代状況に大きく影響されていくこととなる。1952（昭和27）年からの市町村教育委員会制により、所管がそれまでの市町村長から教育委員会に移ったこと。1953（昭和28）年制定の町村合併促進法施行によって全国の市町村数がそれまでの約3分の1に減少したことによって公民館の統廃合がすすんだことなどである。

1956（昭和31）年3月の社会教育審議会答申は、公民館施設について「その現状は専用施設を有しないもの全体の約6割」に達すると指摘している(3)。

1959（昭和34）年社会教育法の大改訂が行われ、それを受けて文部省は「公民館の設置及び運営に関する基準」を告示し、公民館の標準を示した。その時点における公民館の条件整備に関する基準を示したものといえる。これは、全国公民館連絡協議会が1952（昭和27）年から1958（昭和33）年にかけて全国的に展開した公民館単行法制定運動に突き動かされて制定されたと言えるであろう。

そのような時代にあって、独自の工夫をこらした公民館活動が各地でおこなわれた。その

一例として、産業振興・職業教育の面で、村民が大いに力を入れた例として、群馬県利根郡新治村(にいはるむら)の公民館を紹介する。昭和27(1952)年から昭和40年代半ばにかけて、この村の公民館には附属施設として試験農場があった。試験農場で果樹などの試験栽培をくり返し、成功するとその栽培法を村民が講習によって学ぶという活動が行われていた。当時の公民館主事山本菊治は「それまで、新治村ではリンゴはできないだろうと言われていましたが、この試験農場でリンゴ栽培が成功したことからリンゴ栽培をはじめ、各種果樹栽培が村内に普及していきました。」(4)という。また、この村では近隣の県立農業高校や農業改良普及事務所等の協力を得て公民館に新治村農業専門学級(青年学級)を開設した。毎週土曜日の昼間に学級が開かれ、年間270時間ほどの学習がおこなわれた(5)。

2―3 「新しい公民館」像の胎動とその展開

1960年、70年代は全国的な都市化、はげしい地域変貌の状況下にあって公民館がどのようにあったらよいかが模索され、都市での公民館実践が大いにすすんだ時期でもある。

1963(昭和38)年に文部省は『進展する社会と公民館の運営』と題するしおりを発行する。経済成長にともない社会が変質し、国民の日々の生活にさまざまな問題が発生する。「心身の疲労や緊張を加重する」ことが頻発する。そのような社会にあって個人や集団(共同)で問題解決のための研究や工夫が求められた。そのような認識のもとに、このしおりは公民館活動のあり方を示したものである。

全国公民館連合会は全国的な討論を経て『公民館のあるべき姿と今日的指標』(1967年)を作成した。『指標』は公民館の理念として次の三点をあげた。公民館活動の①その基底は、人間尊重の精神にある。②その核心は、国民の生涯教育の態勢を確立するにある。③その究極のねらいは住民自治能力の向上にある、

と。これは、ポール・ラングランが、パリのユネスコ本部での成人教育推進国際委員会において生涯教育のアイディアを発表(1965年)してわずか2年後のことであった。

東京都下の社会教育関係者が、三多摩社会教育懇談会という集いをもち日々の社会教育実践をもとに研究をつづけた。その結果、公民館三階建構想が確認された。この三階建論は一時期、都市公民館の一典型として注目され各地で大いに話題となり議論された。このような都市公民館のあり方を探求する東京の社会教育・公民館の関係者が日々の実践のうえに構想したのが『新しい公民館像をめざして』(1974年、通称「三多摩テーゼ」)であった。これは公民館の役割を、次の四つに求めている。①自由なたまり場 ②集団活動の拠点 ③「私の大学」 ④文化創造のひろば。また、公民館運営の基本として七つの原則がかかげられた。①自由と均等の原則 ②無料の原則 ③学習文化機関としての独自の原則 ④職員必置の原則 ⑤地域配置の原則 ⑥豊かな施設整備の原則 ⑦住民参加の原則。

これらの構想・テーゼは、わが国の全国的な都市化傾向のなかで相互に影響しあいながら、公民館の活動、施設・設備のありようを方向づけてきたといえる。たとえば、体系だった学問を追求する継続講座の開設。施設面では、自由なたまり場、出会いふれあいの場としてのロビー、子育て中の女性のために保育室を重視したことなどである。上田幸夫はこの時代を語るにあたり、東京都国立市公民館をとりあげ「講師を呼んで系統的な学習を展開する市民大学セミナーが、科学的認識の形成をめざして歩み始めた。このような『市民の大学』を意識した教育機関こそ『都市型公民館』論の基調であって、行政権からの教育の自由を保障すべき側面をも意識されたものであった。」(6)と述べた。

この時代は、公民館の施設・設備の面で国庫補助が大幅に拡充した。そして、学習権保障のための公民館のあり方が議論され、権利

保障を基本にした公民館活動が大きく前進した時代でもあった。

2—4　行政改革・生涯学習政策下の公民館

行政改革は、1981（昭和56）年から始まる第2次臨時行政調査会の方針のもと、財政危機の克服を目的に行われた。市民生活に不急で不要な施策や予算は節約・削減するというものである。この時代には、民間教育文化事業（例：カルチャーセンター）が大都市で行われるようになる。

公費の出費をおさえ、民間で行えることは民間に任せようという施策が行われた。同じ教育機関であっても、義務教育諸学校に比べ公民館をはじめとする社会教育施設は、特定個人の便益を図るものであるから、そのための公費は抑制すべきだと主張された。

公民館の施設整備国庫補助が漸減しはじめる。また、公民館にボランティアや非常勤職員の導入が勧められるようになるのもこのころからである。元来、公民館には非常勤・兼任職員が多かった。また、住民のボランタリーな活動が幅広く行われてきた。にもかかわらず、敢えてこれらが勧められたのは行政改革の伏線があったからと言えよう。

生涯学習は国連ユネスコにおいて提起されたものである。技術革新の進行・生活様式・価値観の多様化など、市民生活や職業のスタイル・質が急速に変化するなかで伝統的な教育のあり方に問題提起をし、人間の一生涯にわたる成長・発達をうながすための教育改革を提唱したものである。

その後、国際労働機構（ILO）は有給教育休暇、経済協力開発機構（OECD）はリカレント教育など生涯教育の具体策を提唱した。

国際的に幅広い分野から生涯教育の方策が打ち出されるなか、日本では1984（昭和59）年、首相の諮問機関に臨時教育審議会（臨教審）が設けられ、わが国の教育全体の生涯学習体系への移行が盛んに喧伝された。しかし、その4次にわたる答申の生涯学習体系のなかで公民館の充実については語られることはなかった。1990（平成2）年に施行された生涯学習の振興のための施策の推進体制等の整備に関する法律においても同様であった。

その後、社会教育法の第22条（公民館事業）から青年学級の規定がはずされ、公民館運営審議会が必置制から任意設置制に改訂され（2001年）、公民館の設置運営に関する基準も全部改められた（2003年）。

1980年・90年代をふり返ってみると、行政のあり方および生涯教育・生涯学習をめぐってさまざまな議論が行われ各種の施策が行われたが、その議論を糧とし、また時代に流されることなく市民とともに歩み、市民の声を反映した学習活動や地域形成を展開してきた公民館のみが地域に自治と力を育んできたと言えるであろう。この時代は、各地の公民館を拠点として環境問題・健康・国際交流・カウンセリングなど幅広く、その地域ならではの学習や諸活動の展開を見ることができる(7)。

（植原孝行）

〔注〕

(1)『大日本教育』誌（1946年正月号）に掲載。『公民館史資料集成』エイデル研究所、1986年に所収。

(2)『社会教育法解説／公民館の建設』（復刻版）国土社、1995年

(3)「社会教育施設振興の方策はいかにすべきか」国立教育会館社会教育研修所編『公民館に関する基礎資料』、1998年

(4) (5)『公民館史研究』第4号、公民館史研究会、2000年、70-71頁

(6) 日本社会教育学会編『現代公民館の創造』東洋館出版社、1999年、96頁

(7) この時代は地域ごとに特色ある公民館実践が行われた。長澤成次のつぎの編著を紹介する。『公民館で学ぶ―自分づくりとまちづくり』国土社、1998年、『公民館で学ぶⅡ―自治と協同のまちづくり』国土社、2003年

3. 政策史

ここでは、戦後の公民館をめぐる政策の動きを追いながら、戦後改革と公民館政策、公民館の施設普及政策、自治体社会教育計画における公民館改革、地方分権政策の公民館政策などを通して、政策上で公民館に置かれた役割や公民館が抱える課題について概観する。

3—1 戦後改革と公民館政策

1) 社会教育局の復活と公民館政策の出発

第二次世界大戦後の日本では、敗戦処理に追われるなか、教育改革が急速な勢いで進められた。敗戦後間もなくの1945年10月、文部省は戦時下に廃止された社会教育局（関口泰局長）を復活させ、翌月には寺中作雄を初代課長に公民教育課を新設した。46年1月に寺中は「公民教育の振興と公民館の構想」を雑誌（『大日本教育』800号）に発表し「敗戦日本を民主主義的に再建する為の原動力」となる社会教育施設として「全国各町村に於いて総合的公民学校たる『公民館』の設置を提唱」した。この私案（寺中構想）は、寺中が同年3月に公民教育課が社会教育課に併合したのを期に社会教育課長に就いたことで実現化に向かい、4月24日から27日まで文部省主催で開催された公民教育指導者講習会の場で佐藤得二社会教育局長から公民館構想が公表され、また『朝日新聞』（4月29日付朝刊）に記事が報道されることによって知れ渡ることになった。文部省側は5月頃からGHQの成人教育担当官J.M.ネルソンとの間で公民館（Civic Hall）の構想について何度も交渉を行いながら社会教育の主要な政策課題に練り上げていった。他方で、46年4月に提出された第1次アメリカ教育使節団の報告書には、学校施設、公立図書館や博物館などを中心に進められる成人教育計画が示されていたが、公民館について特別の指摘はなかった。この点で占領下の戦後教育改革のなかで公民館は日本独自の社会教育施設として位置づけられる。

このような経緯を経て公民館が政策課題に浮上するのは、1946年7月に文部次官通牒として各地方長官宛に送られた「公民館の設置運営について」によってであった。ここに示された公民館像は、「郷土における公民学校、図書館、博物館、公会堂、町村民集会所、産業指導所などの機能を兼ねた文化教養の機関」であり、地域の民主主義を実践的に進める社会教育の中心的施設として積極的に位置づけられるものであった。政策に上った公民館の構想は、アメリカ占領軍による戦後教育改革としての性格よりむしろ戦前からの地域社会教育施設のイメージを受け継ぎ日本の土着的性格をよく残した施設であり、この通牒の意図はあくまで奨励策であって設置を地方自治体に義務づけるものではなかった。また制度的には寺中構想で提案された公民館職員養成制度について削られているなど多くの課題を残していた。さらに、戦争による物資の困窮状態が続くなか、新制中学校の建設を急務とする教育政策が優先されていたことを踏まえるとかなりの制約を受けながらの公民館政策の出発であった。

2) 民主化政策における公民館の普及

こうした初期条件に規定されながらも、戦後の疲弊した郷土の再建に向けて福祉や産業、保健衛生等を担う総合施設としての期待は高く、公民館構想に携わった寺中自身の手による解説書（『公民館の建設―町村の文化施設』）の刊行も加わって、急速に公民館の設置は全国各地に及んでいった。また、1946年11月に日本国憲法、翌年3月に教育基本法が制定されるなかで、新憲法に込められた新しい政治理念や、選挙制度をはじめ新しい社会の仕組みを普及させるべく、公民館は戦後初期の民主化政策を全国に浸透させる地域の推進拠点としての役割を担いつつ、結果として全国に広範囲な設置促進を見るに至った。実際に、公民館設置状況を見ると（表Ⅱ-2-1参照）、1947年

8月の段階で全市町村の19％にあたる2,016市町村で公民館の設置がなされ、社会教育法制定前の49年6月までには4,569市町村に設置され、設置率40％に達していた。

しかし、国及び都道府県の公民館設置に向けた補助金がきわめて乏しいなかでの普及の内実は、既存の公共施設の転用ないしはそれへの併設、あるいは看板を掲げただけの形式的施設や専ら活動を主体とした機能的施設など条件整備の実質を伴わない「公民館」が少なからず含まれるものであった。1947年11月、第1回優良公民館表彰が行われたのを契機に、文部省は名実を備えた公民館の設置を拡充させるべく、以後毎年主催の振興策を講じている。公民館の設置普及は重要な政策課題となった。

3—2 公民館の設置普及政策

1）法制化による設置普及

公民館の設置普及が文部省の主要な政策課題となるなか、1947年に制定された教育基本法（第7条）を受け文部省内では公民館規定を含む社会教育法の立案作業が進められ、48年4月には教育刷新委員会から社会教育の予算増額と立法化の促進などを求めて公民館の振興に比重を置いた建議の「社会教育振興方策について」も出され、社会教育の法制化への機運が高まっていた。

1949年6月、社会教育法が制定され、また翌月には社会教育法施行令も公布され、社会教育の基本的法整備がなされた。この法律は全57条中22条が全体の約4割を公民館の規定に当てていることから公民館法的性格を有したもので、なにより法制化によって、①公民館の活動が法律に基づいて公的に進められるようになったこと、②公民館の設置及び運営などによる奨励を社会教育行政の任務としたこと、さらに③公民館は地域振興の総合的機関から教育機関としての独自性を強く有するようになったこと、などが重要である。公民館政策は戦前の施設観を脱しながら物的裏づけのある施設奨励策として進められるべきものとなった。

社会教育法制定に伴い、各地方自治体では公民館費の予算計上、公民館長の任命、公民館運営審議会の設置、必要な条例・規則の制定及び改正など公民館の条件整備が進んだ。

社会教育法の制定に続き、1950年4月に図書館法、51年12月に博物館法がそれぞれ制定され、戦後の社会教育法制の骨格が形成された。その間、51年3月に社会教育法の改定が行われ、社会教育主事が創設され、都道府県教育委員会の事務局に置かれるようになった。

また、1952年11月に市町村教育委員会制度が全国一斉に発足すると、市町村の行政機構は整備されて公民館の所管は一般行政から教育委員会へ移管されることとなり、教育行政の独立性が原則的に適用されることで社会教育機関としての性格をより強めるに至った。52年に文部省社会教育局が配布した『社会教育の手引—地方教育委員会のために』では教育行政の原理が解説されたが、教育行政における公民館の位置づけは曖昧にされていた。

公民館設置率は（表Ⅱ-2-1参照）、社会教育法制定以降、50年4月に50％、同年11月に57％、51年5月に62％、と着実に上昇していることがわかる。ただしこの公民館数には本館、分館がすべて含まれるから、実態としては類似公民館等の小規模な公民館なども含まれていたといえる。

2）町村合併による公民館の再編

1950年代に地方自治体の多くは深刻な財政危機に見舞われたことで、53年9月に町村合併促進法（3年間の時限立法）が公布され、「八千人以上の住民を有する」町村を標準規模として、施行前に9,895町村あった自治体を56年までに約三分の一の3,743町村に減らす合併が強行された。この合併によって町村の行政機構の再編と行政の広域化が進むとと

もに、旧町村の公民館は分館となるか廃止され、弱小の公民館は中央公民館に統廃合されるなど公民館数は減少し、それに伴う職員の引上げ・削減が生じるなど公民館体制の再編に及んだ。町村合併後の公民館の維持もしくは増設と職員の適正な配置に向けて公庫補助金の増額と公民館の基準をどう創り出していくか政策上の大きな課題となっていた。

公民館設置状況を見ると（表Ⅱ-2-1参照）、1953年5月の調査では全国に34,244館の公民館が存在し、一市町村あたり平均4.6館が設置されていた。合併後の57年4月の調査では33,731館（本館7,466・分館26,257）となり、一市町村あたり平均10館（本館2.2館・分館7.8館）となったが、総数のうち約72％は地域周辺に置かれた弱小の分館である。この合併を契機に地方行政機構の再編がなされ、町村の広域化による公民館の組織・配置体制は大きく変化し、本館を中心とした本館―分館体制が生まれる下地づくりになった。

3—3 自治体社会教育計画における公民館改革

1) 法大改正と公民館

1959年4月に社会教育法の大改正が行われ、公民館については、簡略してまとめると、①「分館」規定が置かれたこと、②「主事」規定が設けられたこと、③公庫補助条項が一部改正・削除されたこと、④文部大臣が公民館設置運営の基準を定めるようにしたこと、など改定された。とくに、この法大改正では、社会教育主事が市町村教育委員会の事務局に置かれるようになったことで、法制定以降の法改定の方向は、社会教育法の基本理念とされた公民館を中心とする社会教育の奨励策ではなく、社会教育主事を通じた文部省―都道府県教委―市町村教委による社会教育行政の指導権限を強化する伝達網の拡充・整備を推し進めるものとなった。

他方で、57年12月の社会教育審議会答申

表Ⅱ-2-1　年次別公民館設置状況

調査年月	市町村数	設置市町村数	設置率％	公民館総館数	本館	分館
1947.8	10504	2016	19			
48.9	10503	3475	33			
49.6	10499	4169	40	10000		
50.4	10475	5275	50	16783		
50.11	10475	5980	57	20268		
51.5	10204	6212	62	23184	6599	16585
52.5	10097	6957	69	29395		
53.5	10055	7426	74	34244	7973	26241
54.5	9016	7192	79	36321	8500	27821
55.3	6416	5223	81	36406	7867	28525
55.9	4833	4025	83	35343	7977	27366
57.4	3896	3365	86	33731	7466	26257
58.4	3701	3261	88	34650	8099	26551

出典）文部省社会局『社会教育十年の歩み』（1959年、180頁）より作成。

「公民館の充実振興方策について」で提言されていた公民館主事の専門職的な位置づけや設置義務はこの法改定で反映されなかったことでその不備を補うように、59年12月に文部省告示「公民館の設置及び運営に関する基準」では主事の増員や専門性の確保について、努力目標ではあるが、規定されることとなった。この告示に関しては、60年2月に社会教育局長から「『公民館の設置及び運営に関する基準』の取扱いについて」によって留保点が通達されている。

2）自治体の公民館改革

1960年代の日本は高度経済成長の時代を迎え、地域社会は都市化や工業化の波を受けて宅地造成や工場誘致のための土地開発が盛んになり大きく変貌を遂げ始めた。とくに戦後の公民館が基盤としてきた農村的地域社会の構造が解体し、大規模工業地帯を抱える大都市への急激な人口移動によって過疎・過密の問題が生じ、また生産至上主義を背景に公害の問題を抱え始め、これまでの農村型公民館では対応できない事態が起こるなかで、新たな公民館像が待望されていた。このような状況のもとで国や自治体から新たな公民館像がいくつか提示された。

文部省社会教育局は1963年に『進展する社会と公民館の運営』を作成・頒布した。ここでは変貌する社会に対する公民館の役割は、①生活のための学習や文化活動の場、②日常生活の問題を解決する場、③他の専門的な施設や機関と住民との結び目、④仲間づくりの場、であるとされた。67年6月に社会教育審議会が建議した「公民館の充実振興策について」は、地域の都市化や住民要求の変化に対応した施設と職員のあり方や自治体における公民館整備計画の必要性等を提案していた。

地方自治体のなかから公民館のあり方を追求したものでは、公民館職員集団が自らの実践・研究・交流に基づいて新しい公民館（職員）像を提示した「公民館主事の性格と役割」（飯田・下伊那主事会、1965年3月）がある。そこでは「民主的な社会教育を守るものとしての公民館」の役割を位置づけ、「教育の専門職としての主事」と「自治体労働者」の二面を公民館主事の性格としている。また社会教育関係者と研究者らによって出された都市社会教育論の「公民館三階建論」（東京・三多摩社懇、1964年12月）がある。公民館活動の形態と内容を3領域に分けて、公民館は「一階では、体育・レクリエーションまたは社交を主とした活動」「二階では、グループ・サークルの集団的な学習・文化活動」「三階では、社会科学や自然科学についての基礎的講座や現代史の学習についての講座」を行うとしている。さらに、公民館の果たすべき「四つの役割」と「七つの原則」を掲げた『新しい公民館像をめざして』（東京都教育庁社会教育部、1973年3月）がある。都市型公民館の新たな方向性を示すものとして注目された。

都市化の進展に伴って登場し、新しい公民館（職員）像を備えた公民館改革は、国の政策が単に自治体で展開されたのではなく、自治体公民館職員集団の実践と研究を通して発展した点に意義があった。

3—4　地方分権政策と公民館政策

1）生涯学習政策下の公民館

1965年にユネスコから提唱された「生涯教育」論が、日本では、71年4月に社会教育審議会が「急激な社会構造の変化に対処する社会教育のあり方について」を答申することによって、ねじれたかたちではあるが、政策上本格化した。社会教育の対象を乳幼児から高齢者まで広くとらえられ、年齢段階にしたがい生涯にわたる社会教育の体系化を課題とした。その概念においても市民が個別的に進める学習活動を含めて社会教育を広く捉える理解が求められた。1981年6月中央教育審議会答申「生涯教育について」、90年2月同答申

「生涯学習の基盤整備について」、92年6月生涯学習審議会答申「公民館の整備・運営の在り方について」、等々では、現代社会の発展に伴って多様化、高度化する住民の学習要求に応えて多様な学習機会を提供することが公民館等の社会教育施設に与えられた現代的役割とする考え方が繰り返し説かれ、その上で、これまでの公民館を中心とする社会教育体制の見直しが迫られ、大学機関やコミュニティ・センターなどとネットワーク化し地域社会教育施設を再構成していくことが課題とされている。

2）地方分権政策と公民館

1981年に出された第2次臨時行政調査会による行政改革の方向は、臨時教育審議会の答申（1985年6月から87年8月）のなかで強調された教育改革の潮流と合流して、公民館に新たな展開を求めようとするものであった。

臨時行政調査会答申によれば、公民館を含んで「社会教育施設等の公共施設については、民営化、管理運営の民間委託、非常勤職員の活用、地域住民のボランティアの活用等を地域の実情に即して積極的に推進する」ことが提言されている。これは85年1月に自治省次官通達「地方行革大綱」に具体的に施策化され、今日の地方自治体における行政改革により民間委託へ、民間委託により経費削減・行政効率化へと進む構図が形成されてきた。いわば行政のスリム化と公共施設の民営化への移行が表裏となって展開していく傾向にある。

2000年4月の地方分権一括法施行によって社会教育法が改正され、社会教育行政における民営化・市場化・規制緩和がより進行していることも行政改革の一環に位置づくものである。また、03年6月に地方自治法が改正され、公の施設には指定管理者制度の適用が可能となり、同年11月には文部省から「社会教育施設における指定管理者制度について」の通知が出され、また同年12月には文科省社会教育課から「公民館、図書館、博物館の民間への管理委託について」の通知が送られるなど、民営化をめぐる動きは急速になってきている。

公民館等の社会教育施設は民営化への道を選択するのか、あるいは社会教育行政に止まるのか大きな岐路に立っている。公民館にとっては大きな試練の時を迎えているといえる。

（片岡了）

〔参考文献〕
(1)文部省社会局『社会教育十年の歩み』文部省、1959年。
(2)海後宗臣監修・碓井正久編『戦後日本の教育改革』第10巻、東京大学出版会、1971年
(3)横山宏・小林文人編著『公民館史資料集成』エイデル研究所、1986年
(4)千野陽一監修・社会教育推進全国協議会編『現代日本の社会教育』エイデル研究所、1999年
(5)日本社会教育学会編『現代公民館の創造』東洋館出版社、1999年

4. 実践史

4−1 初期公民館の実践

1946年7月、全国各地で公民館の設置に関する文部次官通牒を受け取った人たちは、教育関係者、あるいは地域団体、なかんずく青年団体の人たちであった。最初の公民館の推進役にあたるその人たちさえ、「公民館」との出会いは初めてであるから、通牒文にある公民館像をなぞりながら活動がすすむことになる。

通牒文は「文化教養の機関」であるとともに「総合的な町村振興の推進機関」という性格が示されていたが、あわせて「青年学校と不離一体の運営」をめざした公民館活動も少なくなかった。したがって、公民館は、既設の青年学校校舎、館長は、青年学校長の兼務というように、青年期の教育機関としての活動が公民館活動として広がりをみせるところとなった。たとえば、長野・中野市では、青年学校廃止後の勤労青年教育の場として一般教養科目の授業を行っていたし、福岡・庄内村ではナイトスクールと称する青年教育の場を公民館が受け持っていた。東京・小平に誕生した公民館には小平の青年学校長であり、新潟・十日町市の公民館は、青年教育の場として期待がかけられ、後に青年学級の展開につながっていった。こうした青年教育との関係が初期の実践の第一の特徴といえる。

第二には、戦後日本の社会に民主主義国家の建設に向けて新憲法の普及を図るために、1947年1月、公民館の講座開設にあたって、国庫補助が計上されることになったが、これにより、新しい憲法の普及という課題にこたえる取り組みが公民館を舞台に展開することになる。

第三に、敗戦後の日本の建設に立ち上がろうとする意欲に支えられて、郷土建設、郷土復興をめざす公民館活動が展開した。福岡・水縄村、庄内町、愛媛・余土村、長野・妻籠村の公民館は、それぞれの地域の課題に応え、たとえば農業問題、農業技術講習の活動、あるいは文化的要求を受け止めた文化活動が展開されている。

こうしたいわば先進的動きには、小林文人が指摘するように、①活動の主軸に意欲的な公民館主事がいたこと、②それを支持しつつ公民館活動の実質的な担い手としての住民の集団が形成されていたこと、③公民館活動の実際の拠点として隣保館、旧青年学校校舎等の施設が転用され、積極的に活用されていること、④初期公民館の活動は、単にのちの社会教育法20条の「教育・学術・文化」に限定されない、地域復興、産業振興の全体にかかわる総合的な性格をもつ場合が多かった。

新しい日本の建設に向けて走り出してはいたものの、行政能力は落ち込んでいたこととあわせて、地域行政の補完的な役割を果たしていたいわゆる町内会・部落会は、占領政策のもとで廃止に追い込まれていた経緯からして、公民館は、さまざまな行政需要に応える総合的な地域行政の機能を受け持つことになった。そのため、単なる社会教育活動にとどまることなく、生産復興型の公民館や、生活安定対策型の公民館も少なくなかったのである。

4−2 地域変貌と公民館実践

こうして、一面では公民館は地域にかかわる総合的な取り組みの拠点として、地域づくりに結びつき、公民館の学習活動に独自の意味合いを付加させてきたともいえるが、多面、公民館は「何でも屋」の様相を抱え込むことにもなった。しかし、地域に生起する諸問題に向き合う公民館活動を展開しようとする職員や住民の動きに、少しずつ新しい取り組みが各地で広がっていくことになる。

1950年代の公民館利用の主流を占めていたのは、青年団や婦人会であったが、1951年出版された生活綴り方文集『やまびこ学校』に刺激された青年・女性たちが、仕事を終えた夜間、公民館に集まって生活記録を書き始め、また、大田堯が川口市で指導した「ロハ台グループ」などで、公民館を舞台に共同学

習や話し合い学習、サークル活動が広がった。共同学習などの学習方法への探究は、民主主義社会の主体形成を目指した公民館実践へのシンボリックな表現であったとみることができる。そのために、公民館の学習を通じて期待されていた価値は、「自主性」「主体性」「合理的な思考による認識」そして「共同性」であった。

1953年11月に開館した東京・杉並公民館は、翌年のビキニ水爆実験を受け止めて、原水爆実験禁止署名集約の全国窓口となったのである。この運動に刺激された山形・大山町（鶴岡市）公民館でも、原水爆禁止運動の拠点として一定の役割を果していく。

また、都市部でも公民館活動がひろがり、関西の都市部の嶋尾（西宮）公民館、豊中公民館、貝塚公民館は、生活技術・趣味教養講座を開設して多くの市民の期待に応えるとともに、サークル・団体活動の拠点として、文化スポーツ活動が活発に展開していた。一方、東京でも1955年に開館した東京・国立町公民館は、映画会や巡回講演会など地域に出掛け、また読書会等を開いて地域の文化活動の拠点づくりの活動を展開していた。

4―3 地域の学習要求に応える公民館実践

その国立町（市）公民館の職員・徳永功は、公民館実践において系統的な学習を展開する市民大学セミナー、すなわち「市民の大学」を意識した教育機関性を掲げたのであった。また、飯田・下伊那主事会の「公民館主事の性格と役割」も、教育機関としての性格を強調するものであった。さらに、全公連がまとめた『公民館のあるべき姿と今日的指標』（1967）においても、公民館は①集会と活用、②学習と創造、③総合と調整を基本にしている点で、教育機関としての公民館を明確にするものであった。

このように、公民館の教育・学習のあり方も、以下のような公民館実践の経験を経て、公民館学習が徐々に深まりをみせていくのである。

1963年、北九州市戸畑（当時は戸畑市）の公民館の婦人学級おいて、系統的な公害学習が取り組まれ、1967年、西宮市のある公民館講座では、部落差別の体験から学ぶ姿勢をもって、話し合い学習がすすめられていた。

「乳幼児をかかえた母親が勉強するためには、安心して子どもをまかせられる施設」の要求と、「子ども自身にとっても集団の中で保育される」教育要求を提示し、「公民館付属保育施設の件」に託した請願が、1967年6月に出されることになった。こうして1968年に国立市においてはじめて公民館保育室が完成し、70年代の公民館保育室づくり運動に多大な影響を与えるのであった。

長野・松川町の公民館では、60年代半ばから地域農業の転換を契機に健康問題が地域課題として浮上していくなかで、健康をテーマに公民館職員と保健婦・栄養士などの職員と共同し、健康学習をめざして地域の中にネットワークを形成していった。

東京・国分寺市もとまち公民館では、「『農』のあるまちづくり」を10年以上にわたり取り組み続け、ゴミ問題や農業問題、食生活の問題などくらしにかかわる課題を構造的につなげながら、多面的な学習の方法や内容が展開していく実践であった。

以上のような実践は、公民館枠をこえて福祉・保健・労働・農業など異分野間の交流のなかで、学習の質を深める公民館の成果であった。

4―4 新しい公共を創造する公民館実践

1965年、国立市公民館の徳永功は、都市住民のために、「気軽に行ける憩いの場、他と連帯をはかる社交の場、文化的要求をみたす教養の場等々、他面的な魅力をもつ施設」を必要だと述べ、「公民館三階建論」を主張した。これは「一階では体育・レクリエーションまたは社交を主とした諸活動」、「二階ではグループ・サークルの集団的な学習・文化活動」、「三階では社会科学や自然科学につい

2 公民館・コミュニティ施設の歴史

ての基礎講座や現代史の学習についての講座」へとつなげて、公民館事業の構造化を図ったものとして注目された。三階の「市民の大学」への期待とともに、公民館のたまり場・交流の場の役割に目が向けられた点は、公民館事業に幅を広げるところとなった。

公民館を地域の「たまり場」づくりをめざし、地域交流の場として、国立市の障害者青年教室の取り組みがあげられる。公民館で障害をもつ青年ともたない青年がともに働く「喫茶コーナー」を運営している。同じく障害者に対する地域のさまざまな活力をつなぐ形で実践が展開している埼玉・上福岡市公民館の障害者青年学級「コスモスくらぶ」がある。公民館のサークルや学校、商店会、同業組合などの協力を得ながら、料理やスポーツ・レクリエーション等の活動を展開しているが、ここでも多様な公民館の人と人、人と地域のつながり機能がいかんなく発揮されている実践であるといえる。

また、他方、国立市公民館の「市民大学セミナー　私にとっての婦人問題」が開設され、学習方法にこだわり、話し合い学習を丹念に続けるところとなって、生活・生き方と結びつく学習がめざされ、女性の学習活動においてはかりしてない影響をもたらすところとなった。関連して80年代では、大阪・貝塚市立公民館（1993年より中央公民館）で地域の女性の要求とむすびついた「生き方学習」がある。その結果、1980年代末には自主学習グループが次々と誕生している。

1982年には枚方市の楠葉公民館で、主に在日韓国・朝鮮人を対象とする「よみかき学級」が始まり、1986年に川崎市中原市民館（川崎市型の公民館）では社会人学級の外国人住民（在日韓国・朝鮮人を含む）を対象に「日本語クラス」を開設している。

1990年代の公民館事業は、このような地域で困難を抱えている人々に注目して、在日外国人とそれを支える市民ボランティアに依拠した日本語教室や、障害をもつ青年たちを支えるボランティアが障害者青年学級を組織する実践など新しい動きが広がった。

過疎を克服するという地域課題を背景に、置戸町公民館は、地場資源を見直す「生産教育」を多角的に取り上げ、単なる経済的な「地域おこし」に止まらない公民館の事業を展開し、地域の生活文化創造に発展した。

1997年度から岡山市立高島公民館を拠点に高島・旭竜エコミュージアムの活動が始まった。おもに高島公民館の主催講座「わくわくふるさと探検隊」は、親子で参加しながら地域の自然や歴史を学ぼうというので、実施に当たっては地域住民がサポートするという形で展開した。

このような公民館活動の展開は、新しい公民館の役割や実践の様相を形成しつつあるように思われる。公民館の事業・内容論を広くとらえ、実践は幅を広げて多くの住民の期待に応える力量を高めている。一つに学びのあり方が深まっていることであり、地域のさまざまな住民や組織をつなぎながら、多元的に公民館の役割を考えている姿が読み取れるものといえよう。

（上田幸夫）

〔参考文献〕
(1)長澤成次編著『公民館で学ぶ』国土社、1998年
(2)小林文人『これからの公民館』国土社、1999年
(3)日本社会教育学会編『現代公民館の創造』東洋館出版社、1999年

5．コミュニティ施設史

5—1　コミュニティ施設としての公民館

1）コミュニティ形成に寄与する施設群

　日本のコミュニティ政策は、1969年の自治省国民生活審議会の中間報告「コミュニティー生活の場における人間性の回復」を契機に、全国各地に広まった。
　その中でコミュニティ施設は、自治省のモデルコミュニティ事業（1971～74年）で建設された事例もわずかに存在したが(1)、ほとんどは各自治体で独自に整備されてきている(2)。全国的に統一された整備基準も、「公民館」のような専称規程もなく、包括的な実態把握のためには、その施設が果たす機能等でそれと判断するのが現状である。
　コミュニティ施設に必要とされる施設機能は、地域住民の集会に利用できることである。それは地域住民が集い、話し合える場所が、コミュニティの形成には不可欠だからである。
　そのような施設機能を持つ建築群を、建築計画学の分野では「地域集会施設」と呼ぶ。それは一定地域を対象とした「不特定あるいは多数の集会に対応する施設」(1)であり、本稿では「青年」や「高齢者」などの年齢階層別や性別等で利用対象者を限定する施設を含まないこととする。
　具体的な施設名称としては、公民館や公会堂、コミュニティセンター、地域センター、○○会館、○○集会所等があり、愛称で呼ばれる施設もある。

2）最小限必要とされる室機能

　地域集会施設に最小限必要とされる室機能は、前出の定義に合致する施設の中で、最も規模が小さい町会館（町内会・自治会等の集会所）を調査すれば明らかとなる。
　筆者らが千葉県印西市で行った町会館全94施設（当時）の調査分析では、「大集会室」と「小集会室」の組合せが普遍的な室構成として

あり、時代の流れとともに、小集団活動における利用というニーズが発生してきたことが確認できた（図Ⅱ-2-1）。また、全ての町会館に「台所」や「給湯コーナー」のような「調理機能」が備わっていたことが、この調査で明らかとなった。
　これらから、「大集会室」＋「小集会室」＋「調理機能」がコミュニティのための施設に最小限必要な室機能であり、大集会にも小集会にも対応でき、飲食も可能な施設づくりが最低限要求されると言える。

5—2　公民館の設置とコミュニティ施策の関わり

1）利用者と公民館・コミュニティセンター

　平成2年度の人口増加率1位の印西市では、地域集会施設として市全域対象の中央公民館、中学校区に公民館を設置し、人口流入の激しい地域においては、中学校区より大きなブロック圏（駅勢圏）を設定してコミュニティセンターを整備してきている。
　こうした施設整備に対して、多くの利用者が、どれもサークルで利用できる小集団活動可能な施設と認識しており、ほぼ同列の施設と見ている。
　また、近いから利用するという住民も存在しており、印西市の地域集会施設では、施設に拠点を置いた固定的な利用圏域と、サークル参加者による流動的な利用圏域の二重構造が形成されている。

2）コミュニティ形成の単位

　印西市の町会館については、在来地域と開発地域で利用方法に違いが見られるが（表Ⅱ-2-2）、どちらも利用圏域は概ね町会の範囲内であり、地縁的な範囲を単位とした固定された圏域となっている。
　コミュニティの定義は様々に言われるが、共通する点は地縁ということである。その意味から考えたとき、広域な圏域を設定して公

2　公民館・コミュニティ施設の歴史

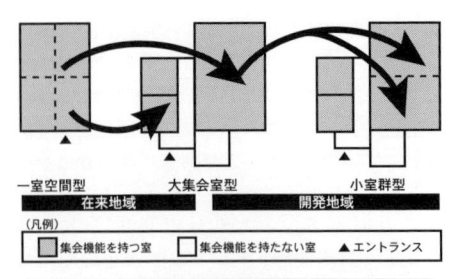

(図Ⅱ-2-1) 印西市町会館の平面型の分類と変容

一室空間型	基本的に2室以上の集会関連室があり、間仕切りを開放することで、施設全体を大集会室に転換できる。同時利用はできないが、大小両方の集会関連室を持つ平面型。
大集会室型	一室空間型の欠点である大小の集会関連室の同時利用が可能となった平面型。
小室群型	大集会室型の大集会室に間仕切りを設けたことで、複数の小集団活動による同時利用を可能とし、必要な時に大集会室に転換できる平面型。

民館・コミュニティセンター等の施設を整備していくのか、地縁範囲を単位とする町会館の設置をサポートして町会をコミュニティとして発展させていくのか、地域集会施設整備に適した圏域単位の設定が今後の課題の一つにあげられる。

町会は日本全国に293,227団体あり（1997年現在）(3)、町会館の設置数も相当数にのぼると推測される。こうした施設をストックとして活用し、全ての地域集会施設を組み込んで、さらに住民に身近な施設体系へと再構築することも検討の必要があると考える。

5—3 コミュニティ施策と公民館類似施設

1) 武蔵野市のコミュニティ施策

コミュニティ施策の先進都市に、武蔵野市がある(4)。その施策の大きな特徴は、「コミュニティを市民自身で生み出していくことが必要」との考えから、市が策定した「コミュニティ構想」（1971年）を押し付けることなく、市民にコミュニティづくりを委ねた点にある。その結果、構想時は8区（後に11区に変更）のコミュニティ単位であったが、現在までに倍の16区のコミュニティ協議会が誕生している。

2) 武蔵野市コミュニティセンターの室構成

武蔵野市のコミュニティセンターは、それぞれのコミュニティ協議会が市と交渉し、住民の意見が採り入れられながら計画・建設されてきた。すなわち、その室構成は、住民ニーズの反映と言える。

現状調査から、本館16館における諸室を「集団活動」「和室」「技術習得」「交流」「個人利用」「事務管理」の6つの機能に分類し（図Ⅱ-2-2）、規模類型別（武蔵野市では延床面積によって、大型館：1,000㎡以上／6館、中型館：500～1,000㎡／7館、小型館：500㎡

地域属性	利用行為		
在来地域	寄合 茶会 総会 子供会 葬式	健康相談 部落の集会 町内会各種 自治会各種 祭りの練習	サークル 老人クラブ 老人の集まり 新主婦の仲間入り 彼岸・盆・法事
開発地域	茶会 教室 葬式 PTA 理事会 幹事会	定例会 講演会 説明会 親睦会 営利販売 サークル	生協関係 健康診断 自治会各種 町内会各種 町内会行事 老人クラブ

(表Ⅱ-2-2) 印西市町会館の利用方法

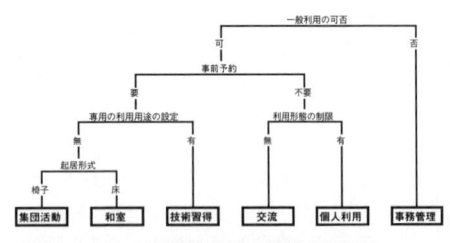

(図Ⅱ-2-2) 地域集会施設の諸室分類項目

分類 規模	集団 活動	和室	技術 習得	交流	個人 活動	事務 管理
大型館	◎	◎	◎	△	◎	◎
中型館	◎	○	○	△	△	◎
小型館	○	○			○	◎

◎：2室設置有りを示す　○：1室設置有りを示す
△：一事例を除いて設置有りを示す

(表Ⅱ-2-3) 武蔵野市コミュニティセンターを規模類型別で見たときに共通する室機能の構成

以下／3館と位置づけている）で整理すると、表Ⅱ-2-3のようになる。

この結果から、武蔵野市のコミュニティセンターは、「集会」という基本性能を満たすことが大前提とされ、規模を少し大きくできれば「交流」のための部屋を設けたいという市民ニーズがあったと理解できる。

3）ロビーの役割

武蔵野市コミュニティセンターにおいて、「交流」のための諸室とは、事前予約が不要で、自由に利用できるロビー等である。半数以上の施設は利用時に記名等の手続きを必要とせず、そのほとんどがオープン後にそうした手続きを廃止してきた。施設運営の経験からコミュニティ形成におけるロビーの重要性が認識されてきたとわかる。

そうしたロビーを重要視している施設に「けやきコミュニティセンター」（図Ⅱ-2-3）がある。「コミュニティルーム」と命名されたロビー空間には、給湯ポットが常備されており、利用者は自由に飲食ができる（2005年5月現在、給湯ポットは受付に移設）。また、受付担当者がお茶などを利用者に提供し、そこから交流が生まれるという現象も発生している。受付窓口でも、受付担当者に対し、多くの利用者が自発的に声をかけている。

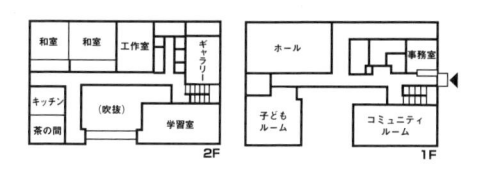

（図Ⅱ-2-3）けやきコミュニティセンター平面図

コミュニティ施設の設置目的は、コミュニティの醸成であり、自由に利用できるロビーは重要な役割を持つ。しかし、ロビーの適切な運用や、管理者の高い志がなければ、施設をそうした次元まで引き上げることは難しく、施設に入りやすい雰囲気づくりや、交流をサポートする管理者や受付担当者の存在も不可欠となる。武蔵野市のような先進例から、受付窓口の物理的な改良、「べからず集」のような利用規則の見直しなど、既存の施設でもコミュニティ形成のために改善できる課題も見えてくる。

5—4　地域的拠点施設とこれからの公民館

コミュニティ形成を考えれば、住民たちに共通した一定の地域範囲を想起させるために、その拠点となる施設が存在することの意義は大きいと考える。その意味では、公民館もコミュニティセンターも町会館も、地域的な拠点施設としての役割が期待されるとともに、住民に地域的拠点施設として認識されるために、その必要性を向上させる取組みや施設整備が重要になってくる。

阪神・淡路大震災の時には、公民館等の公共施設や町会館が、地域住民に避難所や炊き出しの場所として活用されたことが報告されている(5)(6)。

また、2005年2月の京都議定書の発効を受けて、政府は温室効果ガス削減目標の確実な達成を目指し、4月に「地球温暖化目標達成計画」を策定した。その中で「エネルギーの面的利用の促進」が謳われているが、一般家庭向けの対策強化が進めば、各家庭のエネルギー利用の効率化のために、コミュニティ単位でエネルギーを融通しあうようなシステム（図Ⅱ-2-4）を構築する地域が登場する可能性もある。その時、公共性の観点から、家庭間のエネルギーのやり取りを制御する端末の設置場所に、地域集会施設が選択される場合も想定される。

今後は、地方分権がコミュニティ単位まで拡大する可能性もある。これからの公民館には、生涯学習や社会教育の拠点、地域住民の交流拠点というだけでなく、自治活動の拠点や、地域の災害対応、環境対応の拠点といった役割も要求されるようになってくると考える。

（藤　繁和）

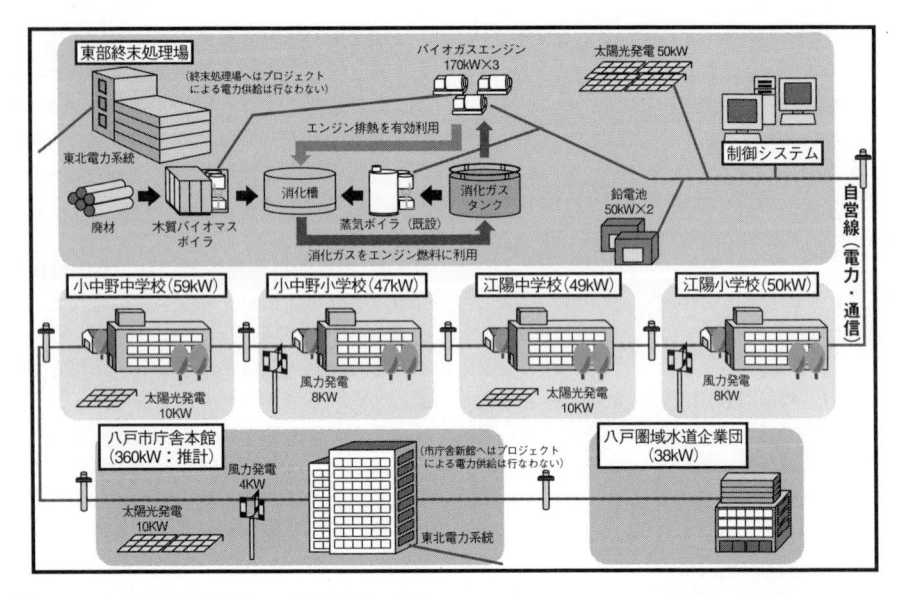

(図Ⅱ-2-4) 八戸市におけるマイクログリッドの概略図

〔注〕
(1)浅野平八『地域集会施設の計画と設計』理工学社、1995年
(2)東京都コミュニティ問題研究会「21世紀を展望したコミュニティ施設のあり方について(報告書)」(平成6年10月)によれば、全国で初めてコミュニティセンター条例を制定したのは、東京都三鷹市(1971年)と言及している。
(3)自治省行政局行政課「地縁による団体の認可事務の状況等に関する調査結果(平成8年度)」1997年
(4)「[特集]〈地域センター〉づくり・再考」『建築知識』1983年5月号、57-124頁
(5)浅野平八ほか「阪神大震災における避難所調査―神戸市地域福祉センターを中心として―」日本大学生産工学部研究報告A第29巻第2号、1996年、13-18頁
(6)柏原士郎ほか編著『阪神・淡路大震災における避難所の研究』大阪大学出版会、1998年、35-41頁

〔参考文献〕
(1)浅野平八『地域集会施設の計画と設計』理工学社、1995年
(2)藤繁和「都市部における地域社会形成に寄与する集会施設の機能」博士学位論文(日本大学生産工学部)、2001年
(3)村上公哉「都市システムデザインと熱供給」『熱供給』59号、(社)日本熱供給事業協会、2005年、12-15頁

第3章 法制・行財政

はじめに

1. 憲法・教育基本法
   - —1 憲法・教育基本法制と住民の学習権
   - —2 教育基本法と公民館
   - —3 教育基本法第7条の意義

2. 社会教育法・公民館設置運営基準
   - —1 社会教育法と公民館
   - —2 1959年法改正と公民館設置運営基準
   - —3 2003年公民館設置運営基準の全面改訂

3. 地方自治法・教育委員会制度と公民館
   - —1 地方自治と公民館
   - —2 教育委員会制度と公民館
   - —3 「公の施設」と「教育機関」
   - —4 地方分権一括法と公民館

4. 自治体条例
   - —1 教育自治立法
   - —2 公民館条例の水準
   - —3 公民館条例づくり、今後の課題

5. 公民館をめぐる財政
   - —1 公民館経費の思想と構造
   - —2 公民館の使用料（「受益者負担」）問題
   - —3 地域が生み出す公民館費

6. 公民館保険
   - —1 「公民館総合補償制度」の概要
   - —2 公民館活動をめぐる事故
   - —3 公民館活動の安全性の確立

3　はじめに

　1946年7月5日に文部次官通牒「公民館の設置運営について」(発社122号、各地方長官あて)が発せられてから59年。ほぼ60年の歴史を歩んできた日本の公民館制度は、憲法(1946年)、教育基本法(1947年)、社会教育法(1949年)を軸としつつ地域・自治体で多様な展開をとげてきた。

　「社会教育の自由の獲得のために」(寺中作雄『社会教育法解説』1949年)生れた社会教育法は、理念においては豊かなものを持ちつつも、たとえば公民館専門職制度は極めて脆弱な規定から出発した。1959年の法改正で「主事」が規定され、「公民館の設置及び運営に関する基準」(1959年)もだされるなど一定の前進はあったものの、職員制度に関する規定は今日まで整備されず、むしろ「基準」はその後の「改正」で後退させられ、専門職制度確立の課題は事実上自治体にゆだねられている。

　このように公民館専門職制度ひとつとってみてもその歩みは決して平坦ではない。特に80年代以降、生涯学習政策の展開と「行財政改革」「規制緩和」「地方分権」のもとで公民館職員制度は後退を余儀なくさせられているのが現状である。

　最近では、①政令指定都市などにおける公民館の首長部局移管による非教育機関化の動き、②「平成の大合併」による公民館の再編、③教育委員会制度改革をめぐる論議、④地方自治法改正による指定管理者制度の導入、⑤憲法・教育基本法「改正」の動き、など公民館制度をめぐる課題は深刻化し、公民館をめぐる法制・行財政は大きな転換期を迎えている。公民館を支える財政をめぐっても、国の財政改革・自治体の財政状況の悪化に影響されて自治体間格差と不均等発展はますます拡大しつつある。

　ところで、公民館活動を担う主体はいうまでもなくひとりひとりの地域住民であり、公民館を支える法制・行財政もまた、主権者としての地域住民のために構想されなければならない。その意味で地域住民が、公民館に関わる社会教育法制をどのように認識し、法制度の変革・創造主体になっていくのか、は重要な研究課題であり実践的な課題でもある。

　戦後の社会教育法制に即していえば、1953年の青年学級振興法に対する日本青年団協議会の取り組み、1959年の社会教育法「大改正」時の社会教育関係者の運動、1970年前後の社会教育法改正問題、1990年の生涯学習の振興のための施策の推進体制等の整備に関する法律(いわゆる生涯学習振興法)に対する社会教育関係者の取り組み、あるいは、自治体レベルでの条例づくり・公民館づくり運動などさまざまな地域で実践されてきた。

　特に、自治体レベルにおける社会教育関連条例づくりは、いわばわが町わが村における社会教育法の創造ともいえるものであって、自治的個性的に創造しうる可能性を豊かに有している分野である。1999年の地方分権一括法によって社会教育法が改正され、それに連動して社会教育関連条例改正が余儀なくされた時もすくなからぬ自治体で法「改正」の論理を超える条例改正が行われた。地方自治法改正による指定管理者制度の導入をめぐっても、公民館には指定管理者制度を導入しないと明確な態度を打ち出している自治体も生れている。国レベルの社会教育関連法の変革・創造の課題とともに、まさに自治体の実力が問われる時代に入ったといえよう。

　そして、今日の憲法・教育基本法「改正」問題も人々の法への関心を高めてきている。特に、教育基本法については、公民館を規定している社会教育法第1条が「教育基本法の精神に則り」と明記しており、仮に、教育基本法が「改正」されるならば、社会教育法を含む教育関連法令が影響をうけることになろう。

　公民館をめぐる法制・行財政をめぐる課題はこのように大きく広がりつつあるが、本章では、このような問題意識にたって、公民館をめぐる法制・行財政の今日的課題を、1　憲法・教育基本法、2　社会教育法・公民館設置運営基準、3　地方自治法・教育委員会制度と公民館、4　自治体条例、5　公民館をめぐる財政、6　公民館保険、の6つの項目から明らかにしようと試みたものである。

(長澤成次)

1．憲法・教育基本法

1—1 憲法・教育基本法制と住民の学習権

1）憲法の精神

　人間の諸権利、民主主義、平等、友愛、共和制の優位を説いたトマス・ペインの「憲法は政府に先立ち、人民は憲法に先立つ」（『人間の権利』1792年）という考えは、憲法をとらえる原点を示している。諸法の法源たる憲法を律するのは、人民の意思であり、その逆ではない。そして、憲法が、政府を律するのである。この場合の憲法とは、国家を法によって統治する規範原理であり、国のかたち（constitution）を本来示している。その意味する内容は、一般的に立憲主義と呼ばれるものである。憲法に従っての立憲政治とは、このことに由来するのであり、それが故に、国家・政府の憲法遵守義務が法定されるのである。なぜならば、「権力をもつ者がすべてそれを濫用しがちだということは、永遠の経験の示すところである」（モンテスキュー、『法の精神』1748）からである。ところで、日本国憲法（1946）の原理は、平和主義、国民主権、基本的人権の尊重であるが、それは、次の表Ⅱ-3-1にも明瞭な大日本帝国憲法との根本的な違いを明示している。

表Ⅱ-3-1

	大日本帝国憲法 （1890年、M22）	日本国憲法 （1946年、S21）
主権	天皇主権	国民主権（英文は人民主権）
権力	天皇の統治権の総攬（そうらん）	立法、司法、行政の権力分立
権利	臣民ノ権利	基本的人権

すなわち、主権、権力、権利の構造的転換がなされ、とりわけ、その法原理を支える平和的生存権（9条）という第三世代の人権思想は、日本国憲法の先駆性を示している。制定過程研究には、1条（象徴天皇の存続）と9条の取引説も無いわけではない。しかし、本質的には、アジア諸国への多大な犠牲を強いた戦争への深甚な反省と世界で最初の原爆被害を受けた国の平和への決意が、その後の世界の憲法モデルの一つとされたのである。

2）憲法と教育基本法の共通する理念

　ところで、「憲法」の「理想は根本において教育の力にまつべきもの」であり「日本国憲法の精神に則り、教育の目的を明示して、新しい日本の教育の基本を確立するため」の「法律」と「前文」にうたった教育基本法は、日本国憲法第26条を受けて策定された「教育根本法」（田中耕太郎）であり、占領軍の押しつけではなく、教育刷新委員会等での日本側の真摯な議論を経て制定されたのである。そこには、戦前の大日本帝国憲法が教育に関する規定を意図的に除外し、勅令による絶対服従（教育勅語）を国民に強いて、ついには戦争への道具となった教育を国民の手に取り戻す決意が示されていた。そして、国体護持勢力の執拗な教育勅語の存続主張には、特別に「教育勅語」の否定と断絶（「排除」決議・衆議院、1948.6.19、「失効確認」決議・参議院、同日）が確認されたのである。

1—2 教育基本法と公民館

1）教育基本法と国民の学習権

　教育基本法の戦後史は単純ではなく、その定着をはかる動きとそれを否定し改正をめざす動きとの相克が続いてきた。前者の教育基本法の国民的定着と発展をはかる観点からは、憲法と教育基本法の理念の共通性のみならず、それが未完のプロジェクトとして現在も発展が求められていること、さらに教育基

3

法制・行財政

本法に示される学習・教育権は、人間らしく生きるための諸権利の基底的な権利であることが確認されてきた。このことは、「ひとしく教育を受ける権利」（憲法26条、1946年）が、児童は人として尊ばれる、児童は社会の一員として重んぜられる、児童は良い環境のなかで育てられる（児童憲章、1951年）、あるいは「子どもの最善の利益」（子どもの権利条約、1989年）の確保という子どもの発達権保障だけではなく、すべての人の人間的発達に関わって、「学習権なくしては人間の発達はあり得ない」（ユネスコ学習権宣言、1985年）ことを確認してきた。この意味で、教育基本法は、「教育の根本的改革を目途として制定された諸立法の中で中心的位置を占める法律」であり「教育関係法令の解釈及び運用」は「教育基本法」「に沿うよう」なされるべき（最高裁学テ判決、1976.5.21）である。その意味で「教育基本法を焦点にして、個人から普遍に向かっていく、国内から世界に開いていく教育、そういう日本人の生き方というものを、言葉ではっきり表現」（大江健三郎）したものという声は慧眼である。ここに、教育基本法を、「未完のプロジェクト」（堀尾輝久）ととらえれば、その前文と11条の短い法文に、以下の「未完」の課題が託されているといえる。①真理と平和を希求する人間像、②生涯学習基本法、③ひとしく発達に応じた学習の機会と権利、学問の自由の尊重、④義務教育の無償の実現、⑤両性の本質的平等にもとづく男女共学、⑥学校の公共性、教師の地位の保全、⑦社会教育の権利保障、勤労者の学習権、⑧主権者・統治主体としての政治教育、⑨国家と宗教の分離、宗教に関する教育の尊重、⑩権力の不当な支配の禁止、国・自治体の条件整備義務、教育の自由、がそれである。

2) 教育基本法と公民館

学校教育のみならず、社会教育への学びと参加の権利は、教育基本法に明瞭に示されている。いつでもどこでも誰でも学ぶ権利（2条）は、すでに触れたように、他の人権の実現のための基底的権利、人権中の人権であり、人間らしく生きるために不可欠な権利である。また第三世代の人権を生かす基軸（友愛、平和、持続的発展可能性）である。これを保障する国や地方公共団体の責務を示したのが、7条である。学校教育の利用や勤労の場所での学び、社会教育施設の積極的な設置と活用を求めているのである。図書館、博物館、公民館などの設置と学習機会の提供、運営への住民参加はその不可欠な要件である。なかでも公民館は、ユネスコの「学習：秘められた宝物」：①知るための学び、②行動するための学び、③共に生きるための学び、④人間らしく生きるための学び（ユネスコ、1996）に謳うような学びを提供し、さらには「人間らしく働くための学び」の提供を課題とする。公民館は、地域性（市町村主義、字公民館、校区公民館などの広がり）、自治性（公運審）、公共性（営利主義や不当な支配からの自由）、住民本位性（住民参加の学習プログラムなど）を原理としており、そのことを基盤に地域づくりを進める力となってきた。環境、健康、平和、人権、福祉、医療、教育、芸術、スポーツなどの参加と学びを通して、暮らしを見つめ、振り返り、未来を拓く学びへの積極的な貢献を果たしてきたといえる。

1—3　教育基本法第7条の意義

1) これまでの論点

先行する論議の整理を行っておこう。例えば、社会教育の視点から、教育基本法をより豊かにとらえる試みは、学校教育の視点からの解釈に傾斜した伝統的な教育学や教育法研究の思考方法に反省を迫っている。（島田修一、姉崎洋一など）こうした問題提起を真摯に受け止めて、人間の生涯にわたる継続的な発達の視点や学習権のより実質的な保障の視点から法解釈の修正を行ってきた事例（堀尾

輝久）もある。しかし、その例は、少ない。鋭い分析視点を示す教育法・憲法学者の一人に成嶋隆がいる。その成嶋も教育法学会報告（2001年5月）で「憲法順接的基本法」たる教育基本法各条項を「宣言・訓辞規範」と「裁判規範」に分別し報告したが、第7条の位置づけだけが欠落していた。一部の例外を除き、教育法研究における社会教育法制への関心の希薄さは、歴史的なものといえる。二つめは、佐藤一子の発言が注目される。2000年の教育法学会で、佐藤は、教育改革論議の中に、二つの視点の欠落があると指摘した。すなわち、一つは「学校教育中心主義と地域社会のノンフォーマルな教育体系を含む公教育概念構築への関心がきわめて弱いこと」、二つめは、国家と教育の関係を示す教育行政の基本原則である「教育の中立性」と「地方自治」さらには「教育制度における参加の問題が十分ほりさげられていない」点である。佐藤は、この論議の深まりの欠如は、社会教育・生涯学習分野の議論の二つの偏気状況が影響していることを指摘した。すなわち、第一は「学習権理念の受容が教育の継続性を保障する教育法制論へと向かわずに、むしろ教育法制論への関心が希薄化するなかで学習論に偏気する状況」にあること、第二に、「職業技能の基礎的形成を含む職業教育の在り方の追求を欠いた公教育システムが『一元的競争への過剰同調』を生み出した」という乾彰夫の指摘に注目し、全体として「教育の継続性」と「参加」の権利保障、「教育の自律性」と「地域の自立性」の理論構築が急務であること指摘した。

2）遅れた立法化条文としての第7条

教育基本法検討において、第7条の論議の不十分さは、今日に始まる訳ではない。法制定時、教育刷新委員会の初期には、「社会教育活動は国民の任意の教育学習活動としてこれを法に含めないとする構想」や、米国第一次教育使節団の「成人教育」構想と、わが国の戦前社会教育の性格との大きな隔たりなどもあって初期原案には、社会教育条項が欠落していた。途中から教育刷新委員会委員の関口泰、川本宇之介らの積極的な発言によって社会教育の重要性が提起され、第7条が起こされ審議されていくのである。しかし、全体として、その討議は必ずしも活発とは言えなかったという証言もあった。

3）第7条の現代的再解釈

今日の視点に立てば、7条の意義は重要である。いわゆる「国民的解釈」（小川利夫）さらには、地球時代の「未来に生かす」（堀尾輝久）「国民的再解釈」があるが、第一に、第7条は、「単に学校教育とならぶ社会教育の位置とその振興原則を示したものなのではない」（島田修一）それは、「『家庭教育及び勤労の場所その他社会において行われる教育』をふくめた教育の全過程が視野に入れられるべき」（小川利夫）ことを示している。とりわけ、「勤労の場所その他社会において行われる教育」については、法原案は「工場・事業場その他国民の勤労の場所において行われる教育の施設は・・・」となっており、本来第7条は、「労働者教育中心の規定」として構想されていたのである。

（姉崎洋一）

〔参考文献〕
(1)樋口陽一『憲法（改訂版）』創文社、2001年
(2)堀尾輝久『いま教育基本法を読む』岩波書店、2002年
(3)日本教育法学会編『法律時報増刊—教育基本法改正批判』日本評論社、2004年

3 法制・行財政

2．社会教育法・公民館設置運営基準

2—1　社会教育法と公民館

　憲法・教育基本法を受けて制定された社会教育法は、第一章　総則、第二章　社会教育主事及び社会教育主事補、第三章　社会教育関係団体、第四章　社会教育委員、第五章　公民館、第六章　学校施設の利用、第七章　通信教育、そして附則から成っている。改正を重ねるなかで当初の立法精神が変化してきている部分もあるが、ここでは公民館に関わる立法時の社会教育法の特徴を述べてみよう。

　まず、第一は、社会教育を「すべての国民があらゆる機会・あらゆる場所を利用して、自ら実際生活に即する文化的教養を高めうる」（第3条）営みとして捉え、国や地方自治体の「環境醸成」責務（第3条）を明確にして、地域住民の学習権を保障する社会教育施設としての公民館の法的整備をはかった点である。

　第二に、「公民館は市町村その他一定区域内の住民のために、実際生活に即する教育・学術及び文化に関する各種の事業を行い、もって住民の教養の向上、健康の増進、情操の純化を図り、生活文化の振興、社会福祉の増進に寄与することを目的とする」（第20条）として社会教育機関としての目的を明示した点である。

　第三は、「一定区域内の住民のために」（第20条）という規定ともに、「公民館は市町村が設置する」（第21条）として設置主体を市町村にするなど、地域性重視の理念を有している点である。その意味で条例設置公民館とともに、地域住民に最も身近な町内公民館、自治公民館、字公民館、部落公民館などの活動も注目される。

　第四は、文部大臣・教育委員会の社会教育関係団体にたいする「求めに応じ」た援助のあり方（第11条）や国及び地方公共団体が「社会教育関係団体に対し、いかなる不当な統制的支配を及ぼし、またはその事業に干渉を加えてはならない」（第12条）とした点など、住民の社会教育の自由を守るために権力的な統制を強く禁止している点である。公民館利用グループ・サークルとの関係に於いてもこの精神は活かされなければならない。

　第五は、公民館運営における住民参加・住民自治を定めたことである。公民館運営に住民が実質的に参加できるように「館長の諮問に応じ、公民館における各種の事業の企画実施につき調査審議」する公民館運営審議会（以下公運審と略す）を必置制にし、1号委員として「当該市町村の区域内に設置された各学校の長」、2号委員として「当該市町村の区域内に事務所を有する教育、学術、文化、産業、労働、社会事業等に関する団体又は機関で、第20条の目的達成に協力するもの」そして3号委員として「学識経験者」が定められた。特に、2号委員の委嘱については「それぞれの団体又は機関において選挙その他の方法により推薦された者」として地域の様々な団体が自主的に委員を選出できるシステムを持ち（第30条2）、さらに「・・・館長の任命に関しては、あらかじめ、第29条に規定する公民館運営審議会の意見を聞かなければならない」（第28条の2）として公民館長人事における公運審の先議権も規定されていた。残念ながらこのような住民自治システムが1999年改正で廃止され、大きく後退させられたのである。

　第五は、公民館が行政から独立した教育機関として位置づけられている点である。公民館は地方教育行政法第30条で明確に教育機関として位置づけられている。その意味で、職員体制を定めた第27条を含む第5章（第20条から第42条まで）は公民館が教育機関として成り立つための要件として読むことができよう。

2—2　1959年法改正と公民館設置運営基準

　1959年のいわゆる社会教育法「大改正」は、法の理念を大きく転換させるものであった。第一に、社会教育関係団体への補助金支出禁

止を定めていた旧13条が全面削除された点である。「公の支配に属さない」と法に明記された社会教育関係団体（第10条）は、憲法第89条の規定からいって公金支出禁止は自明のことであった。政府は教育概念を狭く捉え、「教育でない事業」に補助金支出を可能にするという極めて矛盾する立場をとって「改正」を行ったのである。

第二は、第9条の五（社会教育主事の講習）から「教育に関する学科又は学部を有する」を削り、「その他の教育機関」を加えて大学以外での社会教育主事講習への道を開いたことである。大学における専門職養成という原則を崩し、文部省自らが社会教育主事養成を行うことができるように変更した。

第三は、第17条3項の新設によって社会教育委員に青少年教育に関する助言・指導権が付与されたことである。

第四に、公民館に関わっては、市町村合併を背景にして第21条3項に分館規定を新設し、第29条改正によるそれまで各館配置だった公民館運営審議会の共同設置を可能にしたこと、また、第19条削除による公民館運営審議会委員に対する報酬費支出が可能になったことなど、その後の公民館運営審議会の形骸化を齎す要因となるような「改正」が行われた。

第五は、第27条に「主事」規定を新設したことである。

戦後、公民館関係者は第一回全国公民館大会（1952年、於福島）以降、公民館職員の身分保障などを求めて公民館単行法制定運動を展開したが、改正された条文は「公民館に館長を置き、主事その他必要な職員を置くことができる」として「主事」規定を新設したものの任意設置とするなど、極めて不十分なものであった。1951年改正時に文部省が社会教育主事を学校教育における指導主事と並んでその専門職性を高めようとしたことを想起するならば公民館主事に対する対応は極めて不十分だったといわざるを得ない。

そして第六は、第23条の二（公民館の基準）が新設され、その条文に従って「公民館の設置及び運営に関する基準」（昭和34・12・28文部省告示第98号）が出されたことである。

同「基準」は、第1条（趣旨）、第2条（対象区域）、第3条（施設）、第4条（設備）、第5条（職員）、第6条（他の施設との連絡協力）、第7条（連絡等にあたる公民館）、第8条（公民館運営審議会）、第9条（分館）から成っており、特に、第1条で「公民館の設置者」の「公民館の水準の維持、向上」責務を明記し、第2条で市町村が「小学校又は中学校の通学区域」その他の状況を勘案して「対象区域」を定めること、第3条・4条では、「公民館の建物の面積を330平方メートル以上とする」など数値をあげて具体的な施設整備を規定し、第5条では、「公民館には、専任の館長及び主事を置き、公民館の規模及び活動状況に応じて主事の数を増加するように努めるものとする。2　公民館の館長及び主事は、社会教育に関し識見と経験を有し、かつ公民館の事業に関する専門的な知識と技術を有する者を充てるように努めるものとする」とした。特に第5条は我が国の社会教育法令上、初めて公民館職員の専門性に言及した文書となった。

ところで一般に、公民館基準法制を含む社会教育施設基準法制とは、教育基本法第10条（教育行政）「教育は、不当な支配に服することなく、国民全体に対し直接に責任を負って行われるべきものである。②教育行政は、この自覚のもとに、教育の目的を遂行するに必要な諸条件の整備確立を目標として行われなければならない」をうけて、当該社会教育施設がその目的を十全に果たすことができるように自治体にその整備努力を求める際の最低基準＝ナショナルミニマムを定量的数量的に示したものであると考えられよう。

戦後、財政的に極めて貧しい状況から出発した公民館活動と体制は、それこそ公民館関係者の汗と努力によって各地域で諸条件整備が積み重ねられてきた。換言すれば、戦後公民館の歴史は、公民館基準法制を築き上げる

3

法制・行財政

努力の諸過程でもあったともいえよう。当時文部省は「・・現段階において公民館の事業の達成と遂行上少なくとも必要とする内容を示したものであって理想的水準を規定したものではない」(1960年2月4日、社会教育局長通知)と指摘していた。したがって「基準」が定められたからといって公民館が自動的に整備されるわけではない。公民館を充実させていくためには公民館関連法令と地域・自治体における公民館充実運動とのダイナミズムが必要である。

2—3 2003年公民館設置運営基準の全面改訂

1959年の公民館設置運営基準の改定を準備したものは、直接的には90年代後半以降の地方分権・規制緩和・行政改革である。

地方分権推進委員会勧告を受けた生涯学習審議会答申「社会の変化に対応した今後の社会教育行政の在り方について」(1999年9月)は、「公民館は地域に密着した活動が求められる施設であり、画一的かつ詳細な基準を定めることは適当でないことから、今後、こうした基準については、公民館の必要とすべき内容を極力大綱化・弾力化するよう検討する必要がある」と指摘し、また、地方分権改革推進会議(2001年7月に内閣総理大臣の諮問機関として設置)がまとめた「事務・事業の在り方に関する意見—自主・自立の地域社会をめざして」(2002年10月30日、以下「意見」という)においては、「○公立博物館や公民館の設置及び運営に関する基準の大綱化・弾力化【平成一四年度中に実施】 公立博物館や公民館の設置及び運営に関する基準については、基準を定量的に示したものとなっているが、平成一四年度中を目途に大綱化・弾力化を図り、国の関与の限定化と地域の自由度の向上に努める。」と基準名も実施期日も明記されて改定がせまられていた。

これらを受けて文部科学省は検討のための委員会を設置、パブリックコメントも実施して、「公民館の設置及び運営に関する基準」が2003年6月6日に文部科学省告示第112号として出された。

同告示は、第1条(趣旨)、第2条(対象区域)、第3条(地域の学習拠点としての機能の発揮)、第4条(地域の家庭教育支援拠点としての機能の発揮)、第5条(奉仕活動・体験活動の推進)、第6条(学校、家庭及び地域社会との連携)、第7条(地域の事情を踏まえた運営)、第8条(職員)、第9条(施設及び設備)、第10条(事業の自己評価等)、附則から成っている。

公民館に関する数値がすべて削除され、全体として、「基準」の条文構成が公民館の事業内容に大きくシフトした結果、数量的定量的に示されてこそ意味のある公民館設置運営基準の基本的性格が変更された。公民館事業内容の列挙は住民の学習の自由との関係で極めて問題があると言えよう。

(長澤成次)

〔参考文献〕
(1)横山宏・小林文人編著『公民館史資料集成』エイデル研究所、1986年
(2)社会教育推進全国協議会『住民の学習と資料No.34—教育基本法「改正」／公民館・博物館・図書館の設置及び運営に関する基準改正』2003年8月

3. 地方自治法・教育委員会制度と公民館

3—1 地方自治と公民館

　近代国家は、国民主権によって担保される統一的な国民国家として成立し、民主主義の発展と不可分に結びついた地方自治を構成要素としている。

　日本国憲法は、その前文において「国政は、国民の厳粛な信託によるものであつて、その権威は国民に由来し、その権力は国民の代表者がこれを行使し、その福利は国民がこれを享受す」と規定し、国民主権の原理を明らかにしている。憲法は、平和主義、基本的人権の尊重と並んで地方自治を基本原則とし、第8章「地方自治」において「地方自治の原則」として「地方公共団体の組織及び運営に関する事項は、地方自治の本旨に基づいて、法律でこれを定める」と規定した。「地方自治の本旨」とは、地方における政治と行政をその地域の住民の意思に基づいて決定する「住民自治」と、国から独立した地方公共団体に委ねる「団体自治」の二つによって理解されている。

　戦後教育改革によって成立した社会教育法制には、日本における民主化と地方自治実現の役割が期待され、とくに公民館はその拠点として期待された。なぜなら、民主化と地方自治の実現には、その担い手である住民の主体形成が不可欠であったからである。戦後改革期に、「地方自治は民主主義の学校」と言われたが、国民が民主主義を獲得していくための環境醸成と民主主義のトレーニングのシステムの構築が不可欠であり、そのために社会教育、とりわけ公民館の必要性が提起されたのであった。地域ごとに公民館を配置することによって、日本の民主主義と地方自治は達成されると考えられたのであった。

　「地方自治は民主主義の学校」という言葉は、フランスの政治思想家トックヴィルの言葉である。フランス革命後に生まれたトックヴィルは、ロベスピエールの恐怖政治とナポレオンへの権力集中を目の当たりにし、革命後の平民が「平等」にナポレオンにひれ伏すことに疑問を抱いていたと言われている。トックヴィルは、民主的な社会でありながら、権力集中ではない政治社会の在り方を求めて、そのモデルをアメリカのニューイングランドの政治制度に見出した。「タウンシップと呼ばれる郡よりも小さな自治組織が、町民の間に自助と自発的結社の習慣を育て、まさにそのおかげでアメリカ人はあまり政府に頼らないで暮らしていけるのだ」と考えたのである。トックヴィルは「自由な人民の力が宿るのは自治体においてである。自治的な制度の自由に対する関係は、小学校が学問に対してもつ関係と同じである。自治的な制度は、自由を人民の手のとどくところにおく。自治的な制度は、人民に自由と平和的に行使することをおぼえさせ、自由を用うることに習熟させる」と述べ、この言葉が、「民主主義の小学校としての地方自治」という言葉として継承されていく。ニューイングランドの政治制度の基礎にあるピューリタン集会を範とする自発的共同社会は「共同思考、討議の精神、強調と連帯、友愛の絆、集いの意識などを身につけていくミクロなデモクラシーの学校」であった。民主主義は政治の理論や制度である前に、社会の理論と制度としてとらえられていた。

　この民主主義の思想的系譜を継承したのが、日本の社会教育法制である。社会教育を媒介にして民主主義と地方自治の創造が課題とされたのであった。占領期に社会教育改革を担当したJ. M. ネルソンは、「国民が民主主義を欲するならば、彼らはまずはじめに民主主義について何ほどのことかを知らなければならない。彼らは新しい識見を発達させる、すなわち学ぶ機会を持たなけばならない。彼らは十分で適切な資料に接近しなければならない。彼らは民主主義について語るとともに、それを実践する機会を持たなければならない。世界中の学校によって証明されているよ

うに、組織的な教育計画こそが子どもたちに学習経験を与える最良の手段と考えられている。それゆえに、論理必然的なことではあるが、日本の成人のための組織的な教育計画は、彼らが自らの伝統の中にある専制主義思想を批判的にとらえるとともに、民主主義的観念を学び、民主的手続きに従う機会を与えるための有効な手段となろう」と述べ、日本の社会教育計画が日本の民主主義の達成とそのトレーニングにあったことを指摘している。公民館はその実践の場として位置づけられたのであった。

3―2　教育委員会制度と公民館

1949（昭和24）年に制定された社会教育法は、当初1947（昭和22）年の学校教育法と同時に制定される予定であった。しかし、1948（昭和23）年の教育委員会法の公布を待っての制定となった。なぜならすでに地域では、直接民主制の公民館委員会や専門部会が動いており、公選制の教育委員会との整合性をはかる必要があったからであった。

教育委員会制度は、教育基本法第10条を受け、教育行政改革の三原則である「民主化」「地方分権化」「自主性の確保（一般行政からの独立）」を具体化するために設置されたものである。教育委員会法は、その目的において「教育が不当な支配に服することなく、国民全体に対し直接に責任を負って行われるべきであるという自覚のもとに公正な民意により、地方の実情に応じて教育行政を行う」（第1条）と規定した。教育委員は、住民の直接選挙で選ばれ、文部大臣の指揮監督を受けず、自治体の長に対しても独立性を持っていた。社会教育に関する事項は、教育委員会の事務とされた。

教育委員会法によって、社会教育法の基本的な枠組みが決定され、社会教育行政、社会教育施設、社会教育関係団体の三者の関係を位置づけた。

社会教育行政は、市町村の社会教育行政が基本となり、社会教育行政は地域社会教育振興の手段として公民館をはじめとする社会教育施設を設置する。社会教育委員を設置し、住民代表の参加を受け、社会教育関係団体に対してコントロールしない。社会教育施設は、地域住民に対して学習機会を提供し、その運営については公民館運営審議会をはじめとして社会教育関係団体からの参加を受ける。社会教育関係団体は、行政から独立したアソシエーショナルな団体として再編され、社会教育行政や施設運営の住民参加の基盤となる。それによって、住民自治を団体自治へと反映させ両者を繋ぐ役割を果たす、というものであった。

以上のように、公選制の教育委員会を前提に、社会教育行政、社会教育施設、社会教育関係団体の三者の共同によって、民主主義と地方自治を発展させ、「地方自治の本旨」を具体化することができると考えられたのであった。

しかし、教育委員会法は、1956（昭和31）年に「地方教育行政の組織及び運営に関する法律」にとって代わられ、任命制の教育委員会になった。その後近年では、社会教育行政を首長の部局に移管する動きや、教育特区の中では教育委員会制度そのものを廃止しようとする動きもある。教育委員会制度の形骸化も指摘されるが、行政の合理性や効率性という観点からではなく、民主主義と地方自治の発展の方向で教育改革は進められていく必要がある。

3―3　「公の施設」と「教育機関」

公民館をはじめとする社会教育施設は、地方自治法に規定されている「公の施設」、すなわち「住民の福祉を増進する目的をもって住民の利用に供するために地方公共団体が設ける施設」（地方自治法244条）に該当する。この「公の施設」に含まれる範疇は、公園、運動場、道路、学校、公会堂、病院、公営住宅、保育所、墓地、給水事業、下水道事業な

ど多彩であるが、その運営にあたって地方公共団体は、正当な理由がない限り住民のその利用を拒んではならず（同法244条②）、住民の利用において不当な差別的取扱いをしてはならない（同法244条③）。

これらの責任を果たすため、「公の施設」の運営は地方公共団体による直営が原則であるが、1991年には、①地方公共団体が2分の1以上出資した法人、②土地改良区などの公共団体、③農協や生協、自治会など公共的団体、といった、いわゆる外郭団体への委託を行いやすくする改正がなされた。さらに2003年改正では「公の施設の設置の目的を効果的に達成するために必要があると認められる時は、条例の定めるところにより、法人その他の団体であって当該普通地方公共団体が指定するもの（指定管理者）に、当該公の施設に管理を行わせることができる」（同法244条の2③）と、管理の受託主体に対する制限をなくし、株式会社等の民間事業者も、地方公共団体の指定を受けて管理を代行できるようにされた。（指定管理者制度の特徴、運用上の課題については、第Ⅰ部第3章を参照。）

この指定管理者制度の適用においては、一般法である地方自治法よりも、個別法が優先されるのが原則のはずである。そのことは「道路法、河川法、学校教育法等個別の法律において公の施設の管理主体が限定される場合には、指定管理者制度を採ることができない」（総務省自治行政局長通知、2003年7月）との政府の見解にも現れている。

社会教育法、図書館法、博物館法、地方教育行政法など、個別法の規定によれば、公民館などの社会教育施設は「教育機関」（地方教育行政法30条）として、その「設置、管理及び廃止」は、一般行政から独立した教育委員会の職務権限とされており、教育機関職員の任命権も教育委員会に限定されている（地方教育行政法34条、社会教育法28条）。このような法的配慮は、「教育は、不当な支配に服することなく、国民全体に対し直接に責任を負って行われるもの」（教育基本法10条）であり、「教育行政は、この自覚のもとに、教育の目的を遂行するに必要な諸条件の整備確立を目標として行われなければならない」（教育基本法10条②）とする戦後教育の基本理念に由来する。

であるにも関わらず、経済財政諮問会議などからの圧力のなか、文部科学省は、現行法体系においても社会教育施設に「指定管理者制度を適用し、株式会社など民間事業者にも館長業務を含め全面的に管理を行わせることができる」との見解を示すに至っている（例えば、全国主管部課長会議「社会教育施設における指定管理者制度の適用について」、2005年1月）。

この文科省見解では、社会教育施設における指定管理者制度の適用については「地方公共団体が指定管理者制度を適用するか否かを判断するものである」としている。厳しい財政効率化が迫られている地方公共団体が健全な判断を導き出すためには、公運審や社会教育委員の会議といった住民参加制度がきちんと機能し、その導入をめぐる市民的議論が誠実に積み重ねられるか否かが厳しく問われている。

3—4　地方分権一括法と公民館

日本の中央・地方政府関係は、近代国家成立以来、中央政府に対する地方政府の依存度が高い、いわゆる中央集権的関係に規定されてきた。今日進められている地方分権改革のねらいは、このあり方を抜本的に見直し、住民に最も身近な市町村の機動力と自立性を高めようとするものとされている。

地方分権改革を求める機運は、①ポスト近代化における地域の多様さへの対応の必要性、②高齢化社会の到来への対応の必要性、③政治改革（利権をめぐる構造改革）の必要性、④国際社会への対応から中央政府が内政から解放される必要性などを背景に、90年代に入って国家的・政治的課題として急浮上してき

3　法制・行財政

た。そのなか、自民単独政権の崩壊が契機となり、衆参両院での「地方分権の推進」の決議（1993年）、第三次行革審（1993年）を経て、地方分権推進法が成立（1995年）。その後、同法に基づき設置された首相の諮問機関、地方分権推進委員会（1995～2001年）の勧告をもとに「地方分権の推進を図るための関係法律の整備等に関する法律」（地方分権一括法）が制定（1999年）し、それにもとづいて475本もの関連法律が改正された。これらの法改正のねらいは、これまでナショナル・ミニマムとして国が定めてきた基準を「緩和」し、地方の裁量を広げることにある。

社会教育法も同法に基づき、①公民館運営審議会の任意設置化（29条）、②公民館長の任命について公運審への意見徴収の廃止（28条）、③公運審の委員構成の見直し（30条）、④社会教育委員の構成の見直しと委嘱手続きの改正（15条）、⑤青年学級振興法の廃止と社会教育法における青年学級に関する規定の削除（5、6、22、47条）、といった改正がなされた。またそれと連動して「公民館の設置及び運営に関する基準」も、地方分権改革推進会議からの「大綱化・弾力化を図り、国の関与の限定化と地域の自由度の向上に努める」との要請を受けて改正され（2003年6月）、面積、設備、開館時間などの要件の撤廃など「地域の実情に合わせた公民館」にむけた基準の「緩和」がなされた。

さて、地方分権一括法の施行から6年が経過した今日、明らかになりつつあるのは、今日の地方分権改革は、財政的な厳しさを背景に、地域主権の追求というよりも、広域行政化と首長集権、中央集権を招いているという現実である。公民館をはじめとする公的社会教育は、その影響を最も強く受けている分野の一つといえよう。

市町村ごとに施設条件・職員条件などの内実が異なる公民館制度には、分権改革への対応から迫られた合併協議の場面において、必然的にその見直しが迫られる。そこでは、①社会教育委員の会議や公運審などの住民参加制度の統合、②小規模自治体の減少にともなう町村配置の派遣社会教育主事・推進員の廃止、③広域行政化による住民に身近な地域の学習拠点施設の軽視など、手続きを機械的に進めることで、自動的に条件低下が引きおこされる領域が少なくない。

さらに、今日の合併は「地域の実情」というよりは「行政上の都合」から進められていることから、見直し作業は、インスタントな一元化や効率化に向かいやすい。ここで危ぶまれるのは、それぞれの地域の公民館があることでに支えられて長年にわたって育まれてきた地域内のネットワークや、独自の営み、さらには行政と住民の信頼関係が失われるおそれが少なくないことである。

これからの公民館には地方分権時代にふさわしい行政力と市民力を導き出すという重要な役割が求められているはずである。法的に広げられた裁量が条件低下に流されやすい今日だが、合併を機に公民館の増加が図られた自治体（千葉県野田市など）も少なからず現れていることは注目されよう。

（上野景三・石井山竜平）

〔参考文献〕
(1)トックヴィル『アメリカの民主政治（上）』講談社学術文庫、1987年
(2)J.M.ネルソン『占領期日本の社会教育改革』大空社、1990年
(3)日本社会教育学会編『現代教育改革と社会教育』東洋館出版社、2004年

4. 自治体条例

4—1　教育自治立法(1)

　教育委員の準公選制条例（中野区）や子どもの人権オンブズパーソン条例（川西市ほか）、子どもの権利条例（川崎市ほか）など「教育自治条例」「教育自治立法」への胎動がみられる。こうしたなかにあって、公民館の意義や価値、公民館に関する条例のあり方をあらためて問い直すことが重要になってきている。

　自治体が、国の法律先占論や法律優先論を克服し、自治立法によって住民の権利・利益を保障する先導性や優位性を主張し始めるのは、1970年代初めの公害対策に関連する法整備が進められるなかでのことである。その後、消費者保護基本条例、老人医療費助成条例、行政情報公開条例、個人情報保護条例、住民投票条例など、多岐にわたる数多くの条例が創意工夫をこらして制定されてくる。「自治立法の時代」とも言われるこのような法的仕組みは、それ以前の「住民統制型」「国の法律執行型」条例とは明らかに対峙し、住民の権利・自由の保障を目的とする固有の自治体の法体系を整えようとするもので、次のような特徴をもつ。

　① 住民の権利・自由の保障（多くは基本的人権との結び付きをもつ）を条例等における目的規定に定める。

　② 条文の構成は、住民の権利・自由を設定し、その実体的権利、手続的権利、参加的権利などを明示して、そこから明確に限界づけられた自治体権限、責務を規定する。

　③ 自治体の権限、責務に関して住民が参加、説明を求めうる手続を定める。

　④ 自治体の権限行使等で、その決定過程について透明性を確保し、執行に関して評価基準、手続を備えるものとする。

　戦後の教育改革は、「教育における地方自治」（教育人権の保障とその実現に民主主義とを結合させる仕組みを構想した原理）を骨格に据えながらも、一方で中央集権的統制主義が強化されるなか、教育人権は「教育の機会均等」へ、民主主義は教育委員会のあり方や委員の選出方法に分化、矮小化されていく。こうした中では、教育における地方自治を実現する方途として、自主立法の機能が十分活用されず、固有の教育自治立法が育まれてきたとは言い難い。

　また1970年代における「国民の教育権」運動においても、教育人権論と民主主義教育論とを結びつける教育法原理の解明と実践がめざされてはいるものの、その焦点は、教育委員会の民主化論におかれ、ここでも教育自立法の意識的な追求がなされるまでには至っていない。

4—2　公民館条例の水準

　社会教育の分野でも1970年に入り地方自治体における社会教育法制研究が行われる。そこでは、国民の学習権に対する意識の高揚を背景とした運動のひろがりと発展があり、他方でそのような住民の期待にこたえる公民館の実践・努力とによって、格差を伴いながらも、国家法（社会教育法）の水準を上回る条件を創出してくる自治体やその「条例・規則」が明らかとされる。公民館主事の専門職化の規定や公民館職員の勤務時間の規定、公民館利用における無料原則の規定、公民館づくり運動を通した条例づくりへの間接参加、公民館運営審議会一本化提案への反対運動など、住民の学習する権利を保障する「条例・規則」が登場する(2)。

　現在では、行政改革や自治体合併などにより変更（水準低下）されているものも含め、以下にその具体例のいくつかをあげてみる。公民館主事の専門職化に関しては、田無市（現西東京市）において、公民館運営審議会の要望から公民館条例の職員の項に「公民館主事」の職名と必置が明記され、公民館処務規則において「公民館主事の任用要件」（社会教育主事の有資格者をもって充てること）

が示された。「公民館主事」の職名は、隣接する保谷市との合併後も新市の条例に残されているものの、「公民館主事その他必要な職員を置くことができる」(第5条)と必置制が後退している。

公民館使用料に関しては、「本館及び地区館の使用料は、無料とする」(三鷹市)、「公民館の使用は、無料とする」(国立市)というように無料規定が条例に明記されている。

2000年10月に東大和市公民館が実施した「東京多摩地域の公民館使用料調査」によれば、調査対象26自治体のうち「無料」が6自治体、「原則無料目的外有料」(例：「使用料は無料とする。ただし、社会教育法20条に定める目的以外に使用する場合は有料とし、使用料は別表の通りとする」町田市)が10自治体、「原則有料目的内無料」(例：「社会教育法第22条の事業に使用する場合を除き、別表に定める使用料を徴収する」立川市)8自治体、「有料」(例：「使用者は、使用の承認を受けた際に、別表の定める額に百分の百五を乗じて得た額の使用料を納付しなければならない」八王子市)3自治体、となっている。有料の3自治体ともに「障害者団体のみ免除」「福祉団体・障害者団体等、社会教育関係団体が行う広く市民を対象とした催し等は免除」といった減免規定を伴っている(3)。

公民館運営審議会に関しては、社会教育法改正(1999年)に伴う「社会教育の関係者」について、「利用者懇談会において、その公民館の登録団体の中から推薦された者各1名以内の計5名以内とする」(稲城市)例が見られる。稲城市では、公民館に関する学習会や利用者懇談会による要望活動を広く展開し、「公民館運営審議会委員の委嘱及び解嘱に関する要綱」に前述の規定を明記した(4)。

住民自治の側面を強く反映させている条例は、1970年代都市型公民館以前にも見られる。例えば、「豊中市公民館条例」では、その第3条に「教育委員会は、公民館運営審議会の意見を聴いて、分館を設置することができる」と定め、「分館は、法の精神に則り、地域の実情に応じた運営を行うものとする」(第4条)となっている。『新修 豊中市史 社会教育』(2004年)によれば、1952年教育委員会が設置された時点では、分館の設置に加え「前項の規定により分館を設置するときは、住民の利用に最も便利であるように、交通の事情その他、地理的環境を考慮しなければならない」との規定があった。また1954年には、分館内規を改正し「公民分館」と名乗るようになるとともに、その後、公民館運営審議会の積極的な提唱により「公民分館」はさらに増設と発展をしていくことになる。

武生市(福井県)では、「(特別多数議決)第3条 公民館を廃止し、又は公民館の全部若しくは一部を1年以上独占的な利用をさせようとするときは、地方自治法第244条の2第2項に定める議会の議決を得なければならない」を公民館条例に明記し、公民館を「条例で定める特に重要な公の施設」として、廃止等に関して議会出席議員の三分の二以上の同意を必要とすることを条文化している。

以上のように、住民の学習する権利・自由の保障を旨とする整備が一定程度進んだ自治体がみられる一方で、全国の公民館条例を散見すると、その多くはまだまだ「住民統制型」「国の法律執行型」と言わざるを得ない。例えば、「使用規定」部分では、許可、制限、取消、現状復帰、損害賠償といった項目が並び、中には、「利用者は、当該利用中の場所に公民館職員が職務執行のため立ち入るときは、これを拒むことはできない」といった条文もみられる。さらに、「地方分権一括法」の成立(1999年)による公民館運営審議会必置制廃止及び委員構成の改変に対しても、任意設置への変更、委員定数の削減、公運審自体の廃止を実施した自治体は数多く、国の法律執行型としての側面が強く出ている。

こうした中にあって、国立市(東京都)では、2000年4月、独自な職員研修と公民館運営審議会等との検討を通して、それまで「公

民館使用規則」に書かれていた「無料」の原則を条例化した。この背景には、新地方自治法第14条2項「普通地方公共団体は、義務を課し、又は権利を制限するには、法令に特別の定めがある場合を除くほか、条例によらなければならない」が大きく影響しているが、住民の権利を制限する内容を教育委員会の規則、規定に止めることなく、条例化したことは、自治立法による住民の権利を保障するための法的整備という面からたいへん重要な事例である。

4—3 公民館条例づくり、今後の課題

自治体は、住民の教育・学習への権利を保障することを中心とする自治的なルールとして、教育自治立法を整備することが不可欠となってきている。この視点から公民館条例に関する今後の課題を提示する。

第一は、既存の公民館条例・規則から住民統制及び国の法律執行の側面を一掃し、前述の自治立法の4つの特徴を備えるなど、「住民の権利・自由の保障」という観点から公民館条例を見直すことである。場合によっては、全面的に書き換え、自治体独自な公民館条例を創造していくことが必要である。

第二は、その際、条例づくりを住民の参加と協同を基本に行うことである。自治立法は、中央行政の指示を待つのではなく、自らが住民と向き合い、住民の意思を汲むところに作成の拠り所がある。公民館は共同的実践が不断になされる場であり、条例づくりの手がかりは、そうした活動の中から生み出される。

第三は、自治体全体の教育自治立法を視野に入れ公民館条例を整備する必要があるということである。教育自治立法の構想は「教育人権を民主主義と結合して保障、実現する公共空間の創出とその手続過程を新たに創り出すこと」を目的する。これは教育主体の形成をめざす公民館活動そのものでもある。そうであるならば、自治体における教育自治立法の中核に公民館が据えられてよく、自治を創り出す拠点として公民館の役割がますます重要になってくる。

（内田純一）

〔注〕
(1) 青木宏治「教育自治立法の重要性と可能性」日本教育法学会編『自治・分権と教育法』（講座現代教育法3）三省堂、2001年6月
(2) 吉田昇編『社会教育法の成立と展開』（日本の社会教育第15集）東洋館出版社、1971年。「条例・規則」の研究としては、藤田博他「地方自治体における社会教育法制」154-166頁を参照。
(3)内田純一「使用料・受講料無料の根拠法としての社会教育法」『月刊社会教育』2001年4月、20-25頁
(4)社会教育推進全国協議会三多摩支部、三多摩公民館研究所編『三多摩公民館研究所紀要』第5号、2001年

3 法制・行財政

5. 公民館をめぐる財政

5—1 公民館経費の思想と構造

　住民の学習権を保障する経済的基盤として公民館費はある。換言すれば、「市町村その他一定区域内の住民のために」（社会教育法第20条）あると定められた公民館における経済的基盤の保障は「すべての国民があらゆる機会、あらゆる場所を利用して自ら実際生活に即する文化的教養を高め得るような環境を醸成するよう努めなければならない」（同第3条）市町村自治体の責務となる。

　しかしながら、公民館費は、常に財政的には脆弱きわまりない状況に置かれているといっても過言ではない。市町村の財政が貧弱である上に公民館費を含む社会教育費が「予算の範囲内」（同第4条、第5条、第6条）であると定められ、任意的経費として存在するからである。

　教育委員会は従前、予算編成権および執行権の一部を分担していた（旧教育委員会法第56条、57条）。だが、1956年、教育委員会法が廃止され「地方教育行政の組織及び運営に関する法律」（以後、地教行法）の施行により予算編成の権限を失い、教育事務に関する予算の編成については教育委員会の意見を聞く手続きのみが残された（地教行法第29条）。したがって現行法では教育委員会の予算は自治体の長が執行の権限を持つ（同第24条）が、長の収入支出命令権は教育委員会に委任することができる（地方自治法第180条の2）となっている。

　公民館は市町村設置と定められており（社会教育法第21条）、社会教育法に基いて条例設置された公民館にかかる費用は市町村自治体一般会計における款教育費項社会教育費目公民館費に位置づく（地方自治法施行規則第15条別記）。「款項」は予算の区分となる議決科目であり、「目」は使途別に区分された執行科目になる。「公民館費」は「社会教育総務費」「図書館費」とともに「目」に設定されていることから、どこの市町村自治体においても執行科目の位置づけとなる。公民館費の内訳には職員人件費、公民館管理運営費、学級・講座等開催事業費などがあり、これら内訳は費目名とともに市町村自治体によってそれぞれ異なる。

　公民館にかかる費用の財源には市町村自治体の自主財源のほかに地方交付税交付金、国庫支出金、都道府県支出金、地方債などの依存財源がある。地方交付税交付金の社会教育費算出基準は「人口」と決められているが（地方交付税法第12条、「その他の教育費」）、地方交付税は一般財源のため使途に限定がなく、市町村自治体において算出額がそのまま社会教育予算になるとは限らない。国庫支出金や都道府県支出金は使途が厳密に定められた補助金であり政策誘導のねらいが強い。市町村において地域の独自性を活かした形で国の補助金が活用できるかどうか疑問が残るが、財政難が背景としてあるために、事業を行なうにあたって補助金を第一に活用する市町村もある。

　地方財政の危機は社会教育理念の変更をせまり施策を大きく揺るがす。公民館の第3セクター化、外部委託化、職員の削減と嘱託化、公民館使用料の有料化等は財政難が叫ばれるようになった1970年代に始まる。1997年には公民館建設の国庫補助金（「公立社会教育施設整備補助金」）が廃止となった。2003年には、地方自治法が改正され（第244条）、指定管理者制度の導入により公の施設に民間事業者の参入が許されることになった。住民の学習権を保障する上で、公民館を公的に維持するあたりまえさを財政上の問題で片付けてよいかどうかが今後問われてくるであろう。財政縮小を目的としたいわゆる平成の市町村合併や地方分権をうたい文句にした地方交付税の減額傾向なども公民館費に一層深刻さを増すと予測される。

5―2 公民館の使用料（「受益者負担」）問題

「公民館の使用料は無料であるべきだ」とする根拠は憲法・教育基本法・社会教育法に求めることができる。社会教育法では、「国や地方公共団体の任務」は「すべて国民があらゆる機会、あらゆる場所を利用して自ら実際生活に即する文化的教養を高め得るような環境を醸成するように努めなければならない」（社会教育法第3条）とし、公民館の設置目的として、地域住民のために「実際生活に即する教育、学術及び文化に関する各種の事業を行い、もって住民の教養の向上、健康の増進、情操の純化を図り、生活の文化の振興、社会福祉の増進」に寄与しなければならない（同20条）とある。公民館の設置・運営が義務教育機関と同様に市町村の役割であることに注目する。すなわち、義務教育機関と同等な扱いを受けていると考えられる公民館は小中学校と同様に無料でなければ、すべての国民の教育権を保障することはできないのである。住民が公民館を利用する時、あるいは公民館の主催講座を受講する時、その使用料や受講料は無料であるべきだとの考えに立つことができるであろう。

では「公民館の無料の原則」は実現しているのだろうか。「公民館の使用料負担の問題」について、90年に行なわれた全国調査とその追跡調査を挙げて検証してみる。

全国調査（奥田泰弘「公民館の条件整備はどこまで進んだか―1990年『公民館の条件整備に関する全国調査から―』」、中央大学教育学研究会『教育学論集』第47集、2005）によれば、公民館の「使用料が原則無料」の自治体は回答総数全体の3割を超える（表Ⅱ-3-2、「原則無料（有料の例外規定あり）」＋「原則無料（有料規定なし）」＋「有料規定も無料規定もなし」）。同調査にあたった奥田泰弘によれば「原則有料（無料の例外規定あり）」も地域住民の利用は無料の例外規定にあたる場合がほとんどなので無料の範疇であろうという。したがって90年の調査時点では対象区域に住む住民が条例公民館を利用する場合には8割以上の自治体で実質無料であったことがわかる。2005年に同じ設問をもって、90年時点で公民館の使用料を徴収していない自治体（表Ⅱ-3-2の＊印のみ）を選択して調査をしたところ、6割の自治体で無料であった（表Ⅱ-3-3）。

表Ⅱ-3-2

公民館の使用料	割合(%)
1.原則無料（有料の例外規定あり）	21.7
2.原則無料（有料規定なし）＊	9.3
3.原則有料（無料の例外規定あり）	57.5
4.原則有料（無料規定なし）	2.4
5.有料規定も無料規定もなし＊	2.1
6.その他	2.5
無回答	4.4
合計	100.0

90年全国調査（回答数2827）『公民館の条件整備に関する全国調査』（1980）、奥田泰弘

表Ⅱ-3-3

公民館の使用料	割合(%)
1.原則無料（有料の例外規定あり）	10.8
2.原則無料（有料規定なし）	34.8
3.原則有料（無料の例外規定あり）	31.0
4.原則有料（無料規定なし）	1.3
5.有料規定も無料規定もなし	9.5
6.その他	4.4
無回答	8.2
合計	100.0

「90年全国調査」で＊に回答した条例公民館を持つ自治体へのアンケート調査の結果（回答数158）『公民館の使用料に関する調査』（2005）、近藤恵美子他

公民館主催事業ではどうであろうか。90年「全国調査」では、受講料を「すべての事業で取っている」自治体は約3％弱と少なく、「取っていない」自治体が6割強であった。また、「主催講座の受講料徴収の有無」と「公民館使用料の有無」には有意差がなかった。05年に

行なった前述の「公民館使用料調査」においても、調査対象を限定してはいるが、その割合は90年「全国調査」と同じ結果であった。公民館主催講座の受講料の有料化は進んでいるとはいえないことが明らかとなっている。

5—3 地域が生み出す公民館費

　「社会教育法に基いて設置された公民館」以外の「公民館」における公民館費は設置形態や地域の歴史によっても異なり、その経費のあり方は一様ではない。全国にあまたある「公民館」では、かかる経費をどのように生み出しているのだろうか。平成14年全国公民館連合会の行った調査によれば「自治公民館」は76,883館あるという。住民が自分達の公民館をどのように支えているか。ここでは二つの事例を挙げる。

　はじめに大分県湯布院町（05.10.1より由布市）の場合である。湯布院町では社会教育法上の公民館が3館（中央公民館1、地区公民館2）あるが、地方自治法（244条の2第1項）に基いて公民館及び集会所が17自治区に条例でそれぞれ設置されている。そして、これら自治法上の公民館や集会所施設の維持管理は町長が各地区に委託するとし、維持管理に要する経費は各地区の負担であることが条例に明記されている。各自治区はさらに独自の自治公民館をいくつか持つ。ある区を例に挙げると、その区では3つの「公民館」をもち、公民館長はそれぞれに選出され年間3000円の報酬が決められている。任期は2年である。公民館にかかる経費は「一般会計」と「公民館建設特別会計」に分けて計上されている。「公民館活動費」と「施設費」は「一般会計」であり年間予算の約3割強を占めている。平成16年度「公民館建設特別会計」報告書には「第1公民館入口網戸サッシ取り付け代」と「第3公民館トイレ改造代」が計上されていた。現在、第2公民館が老朽化して閉鎖されており建設話が持ち上がっている。公民館建設は区民の寄付で賄うことになるが、湯布院町の補助金交付条例施行規則には建設費の80％を補助するとある。

　また、こうした自治組織とは一線を画して公民館活動をしている自治体に長野県飯田市が挙げられる。飯田市では社会教育法上の条例公民館として連絡等にあたる公民館1、地区館（本館）18、分館97（条例分館27、類似分館70）を擁している。分館の単位は明治初期までの村の単位であったという。「区組織は区民の行政機関、分館は区民の教育機関という形態で組織や予算、事業を明確にし、如何なる支配も受けない住民を学習する権利を確保していくことが大切」だと飯田市公民館の『分館活動のてびき』（平成8年）にはある。地区館（すべて条例公民館）と分館はそれぞれ独自に別の会計を持つ。ともに住民負担が原則であるが、飯田市公民館から補助金が交付されている。地区公民館には事業費や管理費などが、分館はその規模によって数万円から50万円ほどが配分されている。地区住民は分館公民館費と地区公民館費を別々に支払うという形になる。住民負担金額が地区によってまちまちなのは戸割形式をとっているからである。かつては公民館費として独自に集金されていたが、現在では自治会費などとあわせて（内訳を明記して）集金されるケースがもっとも多くなり、自治会費として集金し自治会からの交付金として公民館費が納められるケースも増えてきている。このような自治会からの交付金というケースは自治会が公民館の上位にあると見られ、公民館の自立が損なわれるという危惧と傾向があるとの指摘もある。

（近藤恵美子）

〔参考文献〕
(1)長澤成次「社会教育の権利構造の再検討」日本社会教育学会編『講座　現代社会教育の理論Ⅰ現代教育改革と社会教育』東洋館出版社、2004年
(2)例えば、俵静夫『地方自治法（法律学全集8）』有斐閣、1994年など。

6. 公民館保険

6—1 「公民館総合補償制度」の概要
　この制度は公民館の共済と保険の組み合わせでできており、「3つの補償で公民館活動をサポート」している。
①行事傷害補償制度
　公民館主催行事参加者や公民館利用者のケガを補償。また、共済として急性疾病死亡ならびに公民館建物火災に対する見舞金制度がある。
②賠償責任補償制度
　公民館設備の不備や公民館行事の運営ミスで発生した賠償責任を補償。
③職員災害補償制度
　公民館業務に携わる方の業務中のケガを補償。また、共済として、業務外のケガ、疾病入院・死亡に対する見舞金制度がある。

6—2 公民館活動をめぐる事故
　公民館活動にともなう事故を補償しているのは、上記の「行事傷害補償制度」である。そこで、以下行事傷害補償制度で発生した事故（＝支払対象となった事故）について分析の対象にした。

1）事故の発生状況
　公民館活動のなかで、どういったときに事故が発生しているのか。図Ⅱ-3-1から、公民館活動中のケガの約80％は、スポーツ中に発生している。

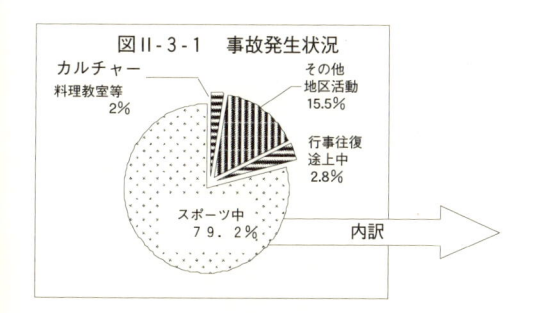

　スポーツ中のケガの内訳（図Ⅱ-3-2参照）は、バレーボールと野球・ソフトボールが圧倒的に多く、それに運動会を加えると全体の約60％になっている。男性のケガは「走っていて」、「ボールを蹴って」が、女性では「バレーボール中で」が多く、また「転倒」によるケガは男女ともに目立つ。
　スポーツ活動以外では、「地区活動行事」、「行事往復途上中」、「カルチャー（料理教室等）」の順になっている。「地区活動行事」では、地域の奉仕活動で行う草刈作業による事故が全国的に発生しており、また女性に多く見られる。
　「行事往復途上中」の事故は、公民館行事の行き帰りに発生した交通事故が大部分を占めている。発生件数は全体の2.8％だが、発生すると重傷事故となり、平成14年度の死亡事故8名中6名がこの行事往復途上中の交通事故によるものであった。

2）性別、年齢
　性別では男性54％、女性46％となっており、年齢別（図Ⅱ-3-3参照）では、0歳から91歳までと幅広く、公民館利用者の範囲が広いことが伺えるが、特に中・高・大学生の年齢は極端に低くなっている。これは同年齢層の公民館活動への参加者が少ないことの証左とも言える。

6—3 公民館活動の安全性の確立
　公民館の安全性の確立においては、公民館

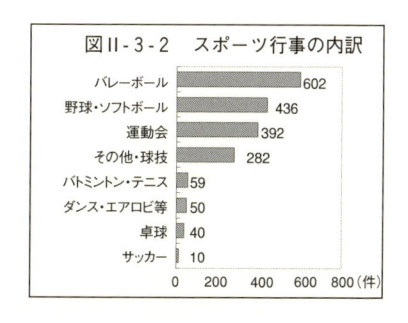

図Ⅱ-3-1　事故発生状況
- カルチャー料理教室等 2%
- その他地区活動 15.5%
- 行事往復途上中 2.8%
- スポーツ中 79.2%

図Ⅱ-3-2　スポーツ行事の内訳
	件数
バレーボール	602
野球・ソフトボール	436
運動会	392
その他・球技	282
バドミントン・テニス	59
ダンス・エアロビ等	50
卓球	40
サッカー	10

図II-3-3 事故発生(性別・年齢別)

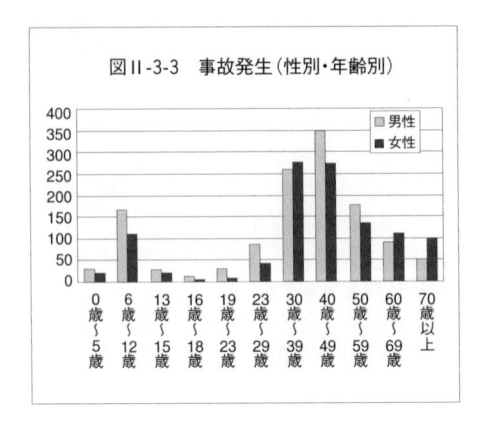

施設自体のハード面と、行事運営のソフト面における事故予防・事故再発防止策が必要であり、産業界で広く採用されている「リスクマネージメント」手法の導入も検討する必要があろう。リスクマネージメントとは、「リスクがもたらす損失を最小化するために、組織活動に悪影響を及ぼすリスクの度合いを把握して、重要度の高いリスクを合理的、かつ最適コストで管理する手法」であり、公民館に潜在するリスクを職員全員で洗い出し、発生可能性、被害程度等を勘案して優先順位を決め取り組む必要があるが、その主要課題は次の点にある。

★偶発ないし人為的な事故を発生させない。
★発生した場合、損失を最小化するために、適切に処理する。

そのためには事故発生の前段階での「事前対策」事故発生時の「事故対応」そして「事後処理」のフローの中で、継続的な改善を図り、安全度合いを高めていくことが求められる。

1) 事前対策

一般的な潜在リスクとしては、施設瑕疵、点検不備、腐食、老朽化、火災・爆発等による施設事故があるが、施設の玄関・廊下・階段・便所・調理設備等々あらゆる場所において点検項目を定めた「安全点検チェックリスト」を作成し、定期的な点検・報告が必要であろう。また、業務上の過失としては、管理、計画ミス、指導・監督・監視不足等々のリスクが存在するが、過去の事故例等を参考に、公民館職員全員によるブレーンストーミング、また専門家、有識者等の意見を参考に対策を検討する必要がある。

2) 事故対応

傷害事故発生時の救命・応急措置などの事故への適切な対処であるが、事前チェックリストとして、「職員が救急法の訓練を受けているか」「救急用品の備えと中身の点検」「病院連絡先の一覧表」等々を作成しておく必要があろう。また、公民館利用者・行事参加者がケガした場合の保護者等への連絡ならびに連絡事項(事故・ケガの状況、処置について等々)を記載した「事故連絡チェックリスト」の準備も必要であろう。

3) 事後処理

施設の瑕疵等から発生した事故であれば、施設破損箇所の応急処置・修理業者への修復依頼、公民館補償制度等の保険を手配している場合には、保険会社等への連絡、保険金・見舞金の支払等の対応が求められる。

そして、最も重要なのは、「事故記録簿の作成」である。事故が発生した場合には、事故の内容(発生日時・場所、被害者の氏名、負傷の状態等)及び経過(初期対応の様子、事故処理、治療の状況、保護者等への対応等)を整理し作成する。記述にあたっては、具体的かつ事実に即した客観的なものであることが求められ、恣意的な表現にならないよう注意が必要。「事故記録簿」は被害者への対応や、上部機関への報告、保険等の手続きの原資料となり、今後の事故防止・予防においても役立つものなので、必ず常備し、活用することが望まれる。

(濱口好寛)

第4章
組織・運営

はじめに

1．公民館の運営と管理
　—1　公民館の事業執行
　—2　公民館の管理
　—3　職員集団

2．公民館事業と評価
　—1　行革、行政評価、目標管理
　—2　公民館事業と評価の全体像
　—3　公民館事業と評価の実際

3．校区公民館
　—1　校区公民館の形態
　—2　校区公民館の事業
　—3　公立公民館と市民との連絡

4．公民館運営審議会
　—1　基本的な住民参加制度
　—2　公民館運営審議会制度のうつりかわり
　—3　条例位置づけの重要性

5．専門委員会（専門部）制度
　—1　専門的な住民参加
　—2　選任・位置づけと活動
　—3　職員と委員（部員）との関係

6．企画・実行（運営）委員会方式
　—1　学習者による企画・運営
　—2　委員会活動の位置づけ
　—3　職員と実行委員会

7．公民館のスタッフ
　—1　多様になった公民館関係者
　—2　役割の分担と責任
　—3　スタッフのコーディネート
　—4　スタッフ論構築の課題

8．公民館連合会
　—1　公連の規模
　—2　県公連
　—3　全公連
　—4　今後の課題

9．法人公民館
　—1　法人公民館の設置状況
　—2　財団法人池田町屋公民館の組織
　—3　財団法人池田町屋公民館の運営
　—4　財団法人池田町屋公民館の事業

4　はじめに

　運営と管理は、公民館が住民と接する最も重要なポイントであると言えるだろう。自分の住む地域の公民館がどのように運営されているか、どんな事業を展開しているかを知ることによって、住民の関心が高まり参加の意志も高まってくる。どのように管理されているかによって、その公民館が身近になり親近感も湧いてくるが、一方で住民の失望や反発を招いていることもある。

　公民館の性格として「公共性」「専門性」「施設性」と並んで「地域性」ということがあげられているように、日常的な運営と管理の形態は、都道府県によってそれぞれ特色がみられ、市町村段階で比較しても、またその中の地区ごとの公民館を見ても、非常に異なったもの、いわゆる「まちまち」になっていることが多い。こうして伝統的に継続されている運営と管理のやりかたによって、住民の公民館に対するイメージが「わが町の公民館はこんなもの」と固定してしまっていることも否めない。

　したがって、運営と管理に関して共通のあるべきスタンダードは非常に示し難く、またその業務のマニュアル化もされ難い現状であるが、決してそのままでよいわけではない。地域の産業構造や住民の意識など公民館をとりまく条件のもとで、どのような管理・運営がおこなわれているか、実態や実績を交換し研究し合って、与えられている条件のもとでどこまで可能性があるかを探り、さらにその条件をも改善していく方策について検討していく必要がある。とくに公民館をとりまくこれまでの条件がはげしく変貌し、多くの困難に直面している現在であるからこそ、公民館にかかわる関係者も地域の住民も関係行政や施設の職員も積極的にかかわる研究・交流・協同を通じて、今の時代に対応した「あるべき姿」を創り出していく事が大切である。

　本章は、設立の経過から見ても、法制から見ても、地域住民の生活条件から考えても、公民館の運営は本来このような指針で行われるべきであり、また住民や関係者の努力や創意によって、それがさらに充実する可能性も持っているということを展望する立場で執筆されている。

　運営と管理が効果的に行われるために、公民館の中にも周囲にもいろいろな組織がつくられ、その組織が活動することによって公民館が支えられてきた。その中には住民の組織や住民代表で構成される組織もある。これらの組織が活発になることでその公民館全体が活性化することも多くの公民館で経験されてきたことである。公民館は基本的に組織を大切にしなければならない。また社会教育行政には位置づけられていない公民館類似施設の存在とその運営・管理とのかかわりも地域活動の視点から大切なことである。

　さらに福祉や保健行政、産業にかかわる機関等が設置する施設が、学習関連の事業をとりあげ一見公民館と類似した事業運営をおこなう事が増えてきている。この場合それぞれの施設の本質と特色を理解し合い、住民にわかりやすく説明責任を果した上での連絡・調整・協同が必要であることは言うまでもない。

　本章では触れられなかったが、施設管理について、現実には公民館でも社会教育以外の分野から強く要請される管理事務がある。公民館には一般公共施設と同様に「消防法」による「防火管理者」を置かなければならないし、施設が大型化すれば「ビル管理業務」が必要となる。災害発生時には「避難場所」や時には「遺体安置所」となることは誰もが知っていることでありその役割もごくあたりまえの事として評価されている。しかしこれが市町村の「防災計画」に位置づけられた強い規定であることはあまり自覚されていない。またいわゆる「有事法制」の中には病院などと並んで公民館も含まれている事も忘れてはならないだろう。

（水谷 正）

1. 公民館の運営と管理

1―1 公民館の事業執行

　公民館は、「市町村その他一定区域内の住民のために、実際生活に即する教育、学術及び文化に関する各種の事業を行い、もって住民の教養の向上、健康の増進、情操の純化を図り、生活文化の振興、社会福祉の増進に寄与すること」（社会教育法第20条）を目的としている。この目的を達成するために、公民館においては、次のような事業を行うこととされている（法第22条）。①定期講座を開設すること。②討論会、講習会、講演会、実習会、展示会等を開催すること。③図書、記録、模型、資料等を備え、その利用を図ること。④体育、レクリエーション等に関する集会を開催すること。⑤各種の団体、機関等の連絡を図ること。⑥その施設を住民の集会その他の公共的利用に供すること。

　公民館においては、営利を目的とする事業を行ったり、営利事業を援助すること、また、特定の政党や宗教団体を支持したり、支援することが法律上禁じられている（法第23条）。

　近年においては、従来の「公民館の設置及び運営に関する基準」（1959年12月28日文部省告示第98号）の全部が改正され、2003年6月6日付けをもって、新しい「公民館の設置及び運営に関する基準」（文部科学省告示第112号）が告示された。それにともない、公民館の事業執行にあたっては、次の点に留意することが求められるようになった。①地域の学習拠点としての役割を明確化し、NPO等と共に講座を企画・立案することなどにより多様な学習機会の提供に努める。（基準第3条第1項）②地域住民の学習活動に資するよう、インターネットその他の高度情報通信ネットワークを活用し、学習情報の提供の充実に努める。（基準第3条第2項）③公民館においても学習機会、学習情報の提供、相談・助言、交流機会の提供等により家庭教育支援の充実に努める。（基準第4条）④2001年の社会教育法の一部改正や2002年度の中央教育審議会答申「青少年の奉仕活動・体験活動の推進方策等について」を踏まえ、公民館においても、ボランティア養成の研修会の開催や、奉仕活動・体験活動に関する学習機会・学習情報の提供の充実に努める。（基準第5条）⑤夜間開館の実施など、開館日、開館時間の設定に当たっては地域住民の便宜を図る。（基準第7条第2項）⑥事業における水準の向上や公民館の目的を達成するため、自己点検・自己評価に努める。（基準第10条）

　公民館の事業執行にあたっては、次の2点が、とりわけ留意されてよいといえるだろう。

　第一に、よりきめ細やかな住民参加・参画の拡大である。公民館運営審議会への参加や企画実行委員会等具体的な公民館事業の企画・運営への参画、利用者懇談会の開催、ボランティアの協力等、住民とのコラボレーション（協働）を幾重にもくぐりぬけることによって、住民の学習ニーズをより反映した事業執行が可能となる。

　第二に、他の関係施設・機関、職員との連携・協働である。自治体内外の公民館相互のネットワークづくりとともに、図書館・博物館・青少年教育施設・福祉施設・体育・スポーツ施設等との連携・協力による総合的な体制づくりが重要になってくる。また、地域の学校の開放や大学・高等教育機関等の公開講座・セミナーとの連携等、学校教育との協働も必要であろう。さらに、公民館の事業執行にあたっては、あらゆる関係施設・機関及び関係職員の専門的知見が活かされることが重要である。公民館職員を中心としながらも、教員・保健師・栄養士・医師等が、講師や助言者・レポーター等として事業に関わり、地域の専門家の協力のもとで公民館の事業執行がなされる必要があろう。

1―2 公民館の管理

　公民館は、「市町村その他一定区域内の住民のために、実際生活に即する教育、学術及

び文化に関する各種の事業を行い、もって住民の教養の向上、健康の増進、情操の純化を図り、生活文化の振興、社会福祉の増進に寄与すること」（法第20条）を目的とする教育機関であり、したがって、その設置主体は、国や都道府県ではなく、原則として市町村である（第21条）。ただし、営利を目的としない法人に限り、主務官庁の許可を得て公民館を設置することができる（法人公民館、法第21条）。市町村が設置する公民館及び法人公民館以外にも、公民館と同様の事業を実施しており、通称「公民館」と呼称しているが社会教育法上の公民館にはあたらない公民館類似施設（町内公民館、自治公民館、地域公民館等の名称で呼ばれることが多い。）があり、「何人もこれを設置することができる」（法第42条）。

文部科学大臣は、公民館の健全な発達を図るために、公民館の設置及び運営上必要な基準（「公民館の設置及び運営に関する基準」）を定めるものとされている（法第23条の2）。また、市町村が公民館を設置しようとするときは、条例で、職員、開館日、開館時間などその設置及び管理に関する必要事項を定めなければならない（法第24条）。

公民館の設置者は、その目的を達成するため、地域の実情に応じて、必要な施設及び設備を備え、とりわけ青少年、高齢者、障害者、乳幼児の保護者等の利用の促進を図るため必要な施設及び設備を備えるよう努めるものとされている（基準第9条）。また、館長の諮問に応じ公民館における各種の事業の企画実施につき調査審議する公民館運営審議会を置く等の方法により、地域の実情に応じ、地域住民の意向を適切に反映した公民館の運営がなされるよう努めるものとされており、公民館の開館日及び開館時間の設定に当たっても、地域の実情を勘案し、夜間開館の実施等の方法により、地域住民の利用の便宜を図るよう努めるものとされている（基準第7条）。

昨今、「公の施設」の管理・運営をめぐって、NPOや地域団体、民間事業者への事業委託等、民間手法の導入の動きが活発化してきており、その影響は公民館にも及んでいる。2003年には、新たに地方自治法第244条の2が改正され、いわゆる「指定管理者制度」が創設された。旧地方自治法では、「公の施設」の管理・運営の受託者の範囲は、地方公共団体の出資法人のうち一定の要件を満たすもの（2分の1以上出資法人等）や公共団体（土地改良区等）、公共的団体（農協、生協、自治会等）に限定されており、しかも、使用許可権等の権力的色彩の強い事務は委託不可となっていたが、指定管理者制度においては、指定管理者となりうるものの範囲には制限がなく、したがって株式会社等の民間事業者も指定管理者となりうるし、さらに、指定管理者制度においては、企画事務や権力的色彩の強い事務に関しても、委託・委任が可能となったのである。

公民館については、社会教育法において、館長の必置が定められ、市町村の設置する公民館の職員については、教育委員会の任命が必要である旨が規定されており、さらに、公民館については営利事業の禁止規定がある等、指定管理者制度を導入するにあたっては、とりわけ一般法（地方自治法）と個別法（社会教育法）の関係をめぐって、検討すべき課題も多い。

今後、公民館としては、こうした「公の施設」の経営・運営をめぐる民間手法導入の動向を批判的かつ創造的に止揚し、施設を活用する地域住民の学習活動にとってどういった運営形態を採ることがもっとも望ましいのかという観点から、専属の物的施設及び専門性を具備する人的手段を備え、管理者の管理のもとに自らの意思をもって、専門性に裏付けられた事業を継続的に行う「教育機関」としての自立性（自律性）、専門性をいかに担保していくかが大きな課題となってこよう。

1—3 職員集団

公民館には、館長を置き、主事（公民館主事）その他必要な職員（管理面で必要な職員等）を置くことができるとされている（法第27条）。館長は、公民館の行う事業の企画実施に必要な事務を行い、所属職員を監督する職務と権限を負う。主事は、館長の命を受け、公民館の事業の実施にあたるとされている。市町村の設置する公民館の館長、主事その他必要な職員は、教育長の推薦により、当該市町村の教育委員会が任命するとされており（法第28条）、公民館の職員は教育委員会に所属する職員であることが規定されている。

総じて、公民館職員に求められる力量・専門性は、住民の顕在ないし潜在する学習ニーズを的確にとらえ、地域・生活課題を学習課題化し、事業内容に反映させることにあるといわれている。例えば、長野県飯田・下伊那主事会は、「民主的な社会教育活動の発展」につくすことが公民館の仕事の基本であるとし、「教育専門職であると同時に自治体労働者であるという二つの性格をどう統一的にとらえるか」という観点から「公民館主事の性格と役割」を提起した（下伊那テーゼ、1965年）。また、大橋謙策は、公民館職員に求められる力量は、「コミュニティ・ワーカー」としての役割であると結論づけ、その職務として次の5つをあげている（5C）。①住民の相談相手、生活診断者としての機能（Counsellor、Consultant）。②住民の生活課題や学習課題を明確化する力を持つこと（Clarifier）。③各関係機関・団体の連絡調整者（Coordinator）。④ケースワーカー（Case-Worker）。⑤一住民としての協同者（Copartner）。

公民館職員、とりわけ公民館主事は、高度な専門性を必要とする職務であり、その力量・資質の向上のため、社会教育法第28条の2において社会教育主事に準ずる研修を実施する旨が規定されているほか、今次の公民館設置基準の改訂においても、公民館職員の資質及び能力の向上を図るため、研修機会の充実に努めるよう新たに規定が追加（基準第8条第3項）された。

公民館職員は、高度な専門性を必要とする職務であるにもかかわらず、専任・常勤としてその職務にあたっているケースはそれほど多くない。平成14年度社会教育調査報告書によると、公民館（類似施設を含む。）の職員数は、57,907人であるが、うち専任職員は14,075人となっており、その割合は、24.3％に過ぎない。ちなみに、兼任職員が12,946人、非常勤職員が30,886人となっている。このような公民館職員をめぐる現状のもとでは、専任・常勤職員の拡充と専門職化とともに、公民館を支える人的な体制を、講師・指導者・各種スタッフ・企画準備委員・ボランティア・運営審議会委員などを含めて、全体的なネットワークとして多彩に編成していく視点が重要であるといわれている。

（益川浩一・水谷 正）

〔参考文献〕
(1)小林文人「国際的視野からみる公民館の課題と可能性」小林文人・佐藤一子編著『世界の社会教育施設と公民館』エイデル研究所、2001年
(2)大橋謙策「公民館職員の原点を問う」『月刊社会教育』1984年6月号

4 組織・運営

2. 公民館事業と評価

2—1 行革、行政評価、目標管理

　ここ数年、地方自治体では一年に何回も調査票や提出物を出させられる。現場を持つ職場では日常の業務に支障をきたす有様である。いわく、行政改革項目調査、長期計画策定シート、目標管理シート、行政評価表、温暖化対策実行計画表などなど多数ある。しかもこれが、月次、四半期、年次、長期の計画とその結果報告等と繰り返される。もちろん重要なものも無いではない。担当部局は担当者ごとに一見「新しい手法」をマニュアル片手に目的も定かでなく展開し、仕事量を増やしている。そのたびに各職場は対応に追われながらも、それなりに記入せざるを得ず、結局いわゆる「行革の目的に沿い」自らの首を絞めるような結果となっている。とりわけ「行政評価」に関わる動きは大きいものがある。

評価は公民館こそ地道にやってきた

　公民館は、発足以来公民館委員会や公民館運営審議会を持ち、事業の計画立案（Plan）、実施（Do）、事業報告・評価（See）、そして新たな事業の企画（Reform）とのサイクルを職員、参加者、審議機関とが連携して、チェックを行ってきた。また、「公民館だより」「館報」等で積極的に公表して来ている。個々の事業では実行委員会方式、企画委員会方式等を導入して市民・参加者と協働の取り組みを行い、公民館はこの分野の先駆でもある。市町村行政のなかでこうした動きをしてきた歴史を持つのは公民館だけであったともいえる。むしろそこにこそ公民館の存在価値があり、地域づくりの中核としての積み重ねの証なのである。公民館関係者はこのことに自信を持たなくてはならない。

　しかし公民館が多くの課題と問題を抱えているのも確かであり、現在の公民館の評価を考える場合、次の諸点を考慮することが大事である。

2—2 公民館事業と評価の全体像

1. 公民館は教育の実践機関であり、地域施設であり、地域コミュニティ活動推進の中核的施設である（特に近年、地域社会から公的施設や農協の施設などが次々と姿を消しつつある中にあって極めて役割が増大している）ことの確認とその使命、役割、実践活動の全般にわたるものであること。
2. 公民館活動は長期的な視野と日常の実践活動積み重ねによっていることに鑑み、活動全体を構造化して見ることと時間的には、単年度に終わらず、中・長期的な指標（要素・基準）により検討すること。
3. 教育活動としての事業の深化のわかる指標を見出すこと。特に主催事業の個々の検討はこのことが最も重要になる。
4. 指標は当然、市民利用者の視点からのものでありかつわかりやすいものであること。いわゆるアウトカムの視点の徹底。
5. 教育機関としての公民館が、公民館運営審議会等の機関をも含め、自らの教育活動についての事業計画の立案（Plan）、実施（Do）、事業報告・評価（See）、そして新たな事業の企画（Reform）のサイクルの完結体であること。このことは自らが生き生きと教育実践を行う前提でもある。PDSサイクルの展開について他から支配されない独立した権能を持ち、次への改善（Reform又はAction）に取り組める環境であるかが問題である。そうでなければ、行政評価も単なる人的、財政的合理化のための道具としてしか作用せず、市民にとっても公民館にとってもまことに不幸といわざるを得ない結果となる。

2—3 公民館事業と評価の実際

　ここでは、数ある評価の中、公民館の中心業務である「事業」についての評価を見つめるところから公民館の評価の基本について考

えたい。「事業」は公民館が教育機関たるための中心業務であり、これが機能しているかどうかが、その他公民館を取り巻くあらゆる評価の中心となるからである。

1）公民館事業評価の視点

　公民館は教育機関である。社会教育法第22条には公民館事業の例として、定期講座開設や講習会などの開催、そのほか図書などの資料利用を図ることや、体育、レクリエーションなどの集会開催、各種団体、機関等との連絡を図ること、施設の「公共的利用」に供することなどが挙げられている。公民館事業の評価とは、公民館が教育の機能を果たすにあたって、これらの事業がその役割を果たしているか否かを確認する作業といえよう。

　では、ここでいう教育とはなにか。宮原誠一は「教育の本質」において、教育を「目的意識的」な営みと表現した(1)。やや狭義的に教育を定義付けると、ある人物「A」が「A´」になる過程を意識的に紡ぐ理論、方法の総体と言えよう。学校や公民館という教育の営みを担うことを前提とした機関における教育を考える場合、この定義を改めてとらえておくことが必要であり、A→A´の「→」の部分で役立つという立場で、変革の過程に本人ではない他者の立場から組織的に関わるのである。学校や公民館が教育機関たりうる基本はここにある。

　事業とは、この変革へと導くのに効果的かつ意識的な理論、方法を具体化させたものである。その事業を行うことによって、そこに参加する者にとって何らかの変革の手掛かりになることが予測される方法、理論を具体化させた業務なのである。事業は、公民館業務の中でもとりわけ目的意識性を持った業務であり、教育機関としての役割が一番濃厚に映し出されるのである。これら事業をとおして、公民館は個人的な変革を生み出すに役立つ場として機能し、さらには、その個人の集合体である地域の変革につなげ得る場なのであ

る。個人、地域の変革が相まって望ましい方向に進むにあたって、事業が機能しているか、役立っているかどうか、これが公民館事業評価の最大の視点である。

　ただし、ここでいう目的については、その目的が誰のためのものなのか、何を目指して行われるものなのかを冷静に捉える必要がある。公民館の事業は憲法、教育基本法、社会教育法に則り、学問の自由、教育を受ける権利の保証を具現化したものであって、不当な支配・統制や強制力の下で行われるものであってはならない。公民館事業の目的はあくまでもこの理念に沿うものでなければならない。公民館における事業も、A→A´における過程を強制するものであってはならない。ここを外れると事業も評価も成立しないのである。

2）事業評価の要素・基準

　事業を評価するにあたっては、そのもとになる基準を考えねばならない。

　ところが、学校教育のように目的、内容、方法がある程度一般化されているものとは異なり、公民館事業は、地域の実情、背景により多種多様に展開されている。そのような事業の評価について、基準を一律に決めることは不可能であり、意味をなさない。

　しかし、その点をふまえた上で、個々の事業がそれぞれ公民館事業として機能しているかという評価をしていく必要がある。

　そこで、ここでは一律の基準ではなく、各地で、各公民館で事業評価を行うにあたって基準として具体化していくことが求められる要素を例示したい。

　その要素をいかに地域の実情に合わせた具体的な「基準」にしていくのかという実際面での行動を、それぞれの現場が工夫をしながら行なっていく必要があるのではないか。

　第一の要素は、目的意識性の有無である。公民館の事業はさまざまにあっても、いずれもそれを実施することにより、参加者のなん

4 組織・運営

らかの変革過程に役立つことへの予測、つまり目的を持って行われると言う点では共通である。その目的の幅は、たとえば「パソコンの初歩技術を習得する」といった具体的なものから、「地域の交流を深める」という大きなものまでさまざまある。いくつかの目的が複合するものもある。逆にどのような形態、実施方法であっても、目的を伴わないで行われるものは公民館事業とは言いがたい。目的の有無を問いなおすことが、事業評価基準の第一の要素である。

第二の要素は、目的の意義・相互関連である。これは、目的そのものの意味を、地域の中での意味・他事業との関連ではかるものである。公民館は「住民の教養の向上、健康の増進、情操の純化を図り、生活文化の振興、社会福祉の増進に寄与する」（社会教育法第20条）ことを目的に事業を行う。この目的を実現化させる具体的題材は無数に考えられるが、その中で、今その地域で何を実施すべきという点を考え、その事業の存在意義そのものを問いなおすことが必要である。「人々の交流」、「技術修得」「時事、地域課題についての知識深化」といったようなさまざまな目的を、地域の実情に照らし合わせながら、集中的、あるいは分散的に行うといった計画性を考慮していく必要があろう。それにより、事業の重要度、優先度などがはかられる。

第三の要素は、目的を達成し得る内容、方法であったかという点である。これは、参加者にとって変革の手掛かりになり得る内容、方法だったかいう判断と、それを効率的に進めることができたかという判断である。公民館事業は、その実施形態から見てプログラムに沿って進められる学級講座など比較的構造性が高いものと、学習相談対応、資料提供、施設提供など構造性が低いものに大別できる。そのいずれかでも内容、方法の分析の仕方は異なってくるであろうし、また、目標も「技術習得」などの具体的なものと、「交流を深める」「視野を広げる」といった抽象的な

ものが混在している状況がある中、何をもって目的達成と判断するかが難しい。そのため、現実的には公民館事業においてこの点について評価を行う努力を十分にしているとは言えない状況もあるのは否めないところである。

だが、たとえば講座参加者や施設利用者などの数的事実についての検討（必ずしも数値そのものが判断の材料にならないことも多い。）や、事業終了後の参加者へのアンケートや追跡調査などは、方法としてまったく不可能というわけではない。数値化できるものは数値化し、そうでないものは他の方法を模索する努力を払う点が重要となってくる。そこであらわれる事実から、内容、方法、実施形態、回数、参加者数、広報の方法、経費などについての再検討などを進めていくことが必要である。

第四の要素は、事業外への影響である。例えば、地域の子育てについて考える講座、環境に取り組む事業、健康学習、ボランティア講習などは事業には直接参加できない人たちにとっても大きく関わる内容である。直接参加者以外にも、どのような広がりを持つ事業なのか、事業の公共性を考えるならば、参加者との直接の関係による評価と同等、あるいはそれ以上にこの要素も重要になってくる。

第五の要素は、予想外の展開からの成果である。これは今まで述べた「目的意識的」という観点とは矛盾するが、成人、高齢者など様々な社会背景、社会経験を持っている人が集まる場である。偶発的要素を無視することはできない。ただし、これはこの視点のみで事業を評価することができない、いわば二次的な評価と言えよう。

以上のような要素を、ひとつひとつの事業に照らし合わせて具体的な成果・課題を表現していく必要があろう。これらすべての評価が相まって、ひとつの事業の意義が明らかになっていくのである。

ただし、これらを検討する際には長期的な時間の幅を考慮しなければならないものもあ

る。個人・地域の変革は一朝一夕に実現するものではない。追跡調査も方法などを検討し、即時的な判断ではない視点から事業成果を検討する必要もある。事業直後の評価、そして経年調査、この両立が重要となるのである。

3) 職員の自己評価と住民の評価

　職員や住民は、公民館事業の評価をどのように捉えているのであろう。

　岡山市では2001年から「新しい公民館づくりプロジェクトチーム」を公民館職員が組織し、そこでの研究成果を、2005年3月に報告書としてまとめた(2)。ここでは、「新たな共生のまちづくりの」拠点としての公民館づくりという目標設定のもとに、今後の事業のあり方を追求するため、3つのテーマ（①「地域活動の連携・支援のあり方」②「地域での子育て支援や豊かな子どもたちの育ちを保障するまちづくりのあり方」③「情報化の拠点としての公民館とその情報発信機能のあり方」）に沿って、各地域の特徴や各館の事業の成果をまとめ、その課題や可能性を整理しながら、今後の具体的なあり方を探っている。地域のデータや状況を出し合い、職員が集団的に相互に事業を見直すこの取り組みは、評価における客観性と「評価」を次の発展へ生かす手法として有効な取り組みと言えよう。

　東京都福生市公民館では、公民館全体の事業を、「市民自治に至る事業」と「住民自治に至る事業」、「より社会教育的事業」と「より生涯学習的事業」という対概念をそれぞれ縦軸横軸にした二次元の表を使って位置付け、各事業が公民館事業全体の中でどのように位置付き、その役割は何かを見出す試みを行っている(3)。趣味領域から政治学習に至るまであらゆる内容で展開されている公民館事業の位置が表に現れ、各事業の相関関係などを伺うことができる。また、ここでいう「住民自治」「市民自治」の意味（紙幅の都合で詳述できないが）を明らかにすることで、公民館事業として目指すべき方向性を示し、そ

の観点から事業を評価していくという試みを行っている。現時点ではあくまでも試みの段階ではあるが、公民館事業の個々の役割を明らかにするうえで大変参考になる。

　その他、長野県松本市公民館研究集会、千葉県木更津市の「公民館のつどい」など、職員と住民がともに公民館事業を振りかえり、その地域の人々が望み、地域に必要な公民館事業のありかたを探る取り組みも多々ある。各地で取り組まれている「記録集」や「公民館記念誌」などに現れる地域の人々の声なども、いわば住民との共同作業による評価である。なにより、公民館事業のOBなどが各地で地域の人々のために活躍する姿が多数見られるが、彼らこそ公民館事業評価の生き証人そのものである。

　このように評価を職員、住民が共に確認していくということも公民館事業評価における大きな特徴なのではなかろうか。今後も各地にふさわしい独自の評価の仕組みを、その地域ごとに創っていく必要があろう。その意味では、職員自身の評価への取り組みはもちろんのこと、公民館運営審議会など地域住民側としても、自分たちの求める公民館の姿は何かということについて追求していく必要があろう。

（新井孝男・布施利之）

〔注〕

(1) 宮原誠一「教育の本質」『宮原誠一教育論集』第一巻、1967年、国土社

(2) 岡山市立中央公民館『新しい公民館づくりプロジェクトチーム報告書』2005年2月

(3) 伊東静一「公民館事業の枠組みと職員による事業評価の妥当性」福生市公民館『公民館紀要2004（平成16）年度』

4 組織・運営

3．校区公民館

3—1　校区公民館の形態

　校区公民館の設置形態は多様である。1．小学校などの区域に設置されている市町村立の条例公民館という形態、2．校区単位に条例公民館の分館を設置している形態、3．学校区を超えた地区の条例公民館の管轄のもとで、学校施設内に公民館を設置して、小学校の校区住民による運営審議会によって運営している形態、4．小学校の校区単位での自治会や字の自治団体による財団法人による管理運営している形態、5．小学校の空き教室などを利用しての学校施設開放と、住民の主体的な学習組織ということの学社融合の機能を行い、校区コミュニティづくりを積極的に展開している形態、6．市町村自治体が、新しい小さな自治体として校区を位置づけ、福祉と結びついて公民館活動を展開している形態など、その設置形態は多様である。

　以上のように、校区公民館の設置形態は、一律ではなく、それぞれの自治体によって、位置づけが多様であり、住民の対応の形態も複雑である。多様化する校区公民館の形態で、共通していることは、校区を住民の密着した学習文化活動の区域としていることである。

　校区公民館は、社会教育法の公民館の目的における「実際生活に即する教育、学術及び文化に関する各種の事業を行い、もって住民の教養の向上、健康の増進を図り、生活文化の振興の増進に寄与する」（第20条）という実際生活に即する地域の密着した学習活動の区域として、大きな意味をもっている。社会教育法の公民館の設置は、市町村と、民法での財団の法人であるが、校区公民館は必ずしも制度規定がない。

　鹿児島市では、旧市のすべての小学校に校区公民館を設置している。鹿児島市の校区公民館は、小学校の敷地内に校区公民館を設置して、校区内の住民または教頭が公民館主事になっている。公民館長はおかず、20名ほどの委員からなる校区公民館運営審議委員会が企画運営し、管理は、学校長に委嘱している。校区公民館は、条例的な規定がない。条例地区公民館の指導管轄にある。

　鹿児島市校区公民館運営審議委員会の委員長や副委員長には校長と教頭はならないようにしている。校区公民館は社会学級として、地域住民が気軽に学習講座ができるしくみであり、地域の運動会や青少年を地域で協同で育てていこうとする組織にもなっている。

　鹿児島市校区公民館運営審議委員会のメンバーは町内会代表、子どもを地域で育てていこうとする愛護会代表の占める比率が高い。校区の連合町内会的な性格と学校関係者との連携活動になっている場合が多いのである。校区公民館内にある各町内会では、それぞれの町内会ごとに自治公民館をもっている場合がある。

　鹿児島市校区公民館の財政的な援助に、町内会から援助があるところが多い。一部の新興住宅地帯などでは、町内会や愛護会がないところもあり、その地域では、校区公民館や条例の地区公民館などでつくられたサークルを中心に活動がされている。

3—2　校区公民館の事業

　鹿児島市川上小学校の校区では、アイガモ農法にとりくむ農民を中心に、食農教育を学校と地域住民とが共に取り組んでいる。

　また、八幡小学校の校区公民館のように、地域振興会が直接経営する校区自治公民館と、学校内の敷地内にある校区公民館と2つある場合がある。この校区では隣接する校区公民館とともに、暴力団追放運動を展開し、また、青少年の健全育成などの地域子育てを積極的にとりくんでいる。校区公民館活動として、地域の運動会などをとりくんでいるのも特徴であり、地域の文化サークルの多いところは、校区の地域文化祭にとりくんでいる。

　鹿児島市に合併する以前の喜入町では、条例公民館を校区単位に設置していたことか

ら、合併にあたっての公民館問題が大きな課題であった。中央公民館と校区公民館を有機的に結合して、きめの細かい地域生活や地域文化に密着した学習活動を展開している事例として、鹿児島県垂水市などがある。

鹿児島県溝辺町の竹子小学校の校区には、明治中期につくられた共正会という組織があり、小学校の敷地内に存在して、地域づくりの拠点として、「山には木を里には人を」ということで、植林とその管理をしてきた。伐採をして木を売り、大きな収入を得てきた。その収入は、校区の道路、学校施設、青年の補習学校などの財政的な基盤になってきた。戦後は、社会教育法の財団規定によって、校区公民館をつくった。学校の講堂をつくり、主事を雇い、地域の社会教育事業や学校教育活動に財政的な援助をしてきている。校区ぐるみのアイガモ農法、水の管理などの環境共生型の地域づくりにおいて、財団法人の共正会の公民館活動は大きな役割を果たしている。大字単位と小学校の校区が一致している場合の農村では、校区公民館活動が村づくりの学習に大きく寄与している。

3—3 公立公民館と市民との連絡

福岡県筑後市では、中央公民館と市民との連絡をはかるため、校区公民館長及び町内公民館長をおくとして、校区公民館長の担当する区域は、小学校区としている。校区公民館長は、校区内の町内公民館長のうちから互選された者又は校区内の町内公民館長及び行政区長の校区理事から推薦された者を教育委員会が委嘱するとし、町内公民館長は、当該町内の行政区長から推薦された者を教育委員会が委嘱するとしている。

校区公民館長は、本館と地域住民との連絡調整をはかるほか、担当校区内の町内公民館長に対する連絡と調整をはかり、自ら担当区域の住民に対する社会教育の事業を推進するものとしている。町内公民館長は、本館と地域住民との連絡調整をはかるほか、自ら担当地区の住民に対する社会教育の事業を推進し

ている。

都市部を中心にして、新しい動きとして、学社融合として、小学校の空き教室を利用しての校区の学習活動と、地域づくりの活動が展開されている。その典型に、千葉県の習志野の秋津小学校のコミュニティルームにみることができる。秋津コミュニティは、地域の諸団体で構成された任意団体。校区の全体的な活動は、地域の大運動会企画・運営実施、まつりでのお化け屋敷の行事、防災訓練を兼ねた幼稚園の園庭でのワンデイ・キャンプ、親睦おもちつき、探検ウォークラリー、秋津音楽亭など。秋津小学校の余裕教室4室（1階）と陶芸窯を学校及び教育委員会から借りている。鍵の管理を含めて自主的に運営する組織として秋津小学校コミュニティルーム運営委員会がある。コミュニティルームでは、35のさまざまなサークルや団体が登録して、自主的に活動をしている。学校をつくる地域をつくるということで、校区の住民と学校が融合しての活動を展開していることは栃木県鹿沼市教育委員会が全市的に展開している。

そこでの校区公民館は、地域の生活や文化、きめの細かい福祉と結びついた公民館活動を展開している。また、校区を単位にしたコミュニティづくりという新たな住民自治形成と小さな自治体づくりの学習機関としても注目されている。

校区公民館の活動は、伝統的な地縁組織に基盤をおきながらと、地域の機能的なサークルを組織している場合とがある。地縁組織やNPOの法人化の法的な整備とともに、それらとの連携の学習も課題になっていく。

（神田嘉延）

〔参考文献〕
(1)神田嘉延『村づくりと公民館』高文堂出版、2002年
(2)岸 祐司『学校を基地におとうさんのまちづくり』太郎次郎社、1999年

4

組織・運営

4. 公民館運営審議会

4—1　基本的な住民参加制度

　公民館運営審議会制度の根拠は社会教育法である。社会教育法は数度の改訂を経たが、公民館運営審議会関係の現行法規定は下記のとおりである。
（公民館運営審議会）
　　　第29条　公民館に公民館運営審議会を置くことができる。
　　　2　公民館運営審議会は、館長の諮問に応じ、公民館における各種の事業の企画実施につき調査審議するものとする。
　　第30条　市町村の設置する公民館にあっては、公民館運営審議会の委員は、学校教育及び社会教育の関係者、家庭教育の向上に資する活動を行う者並びに学識経験のある者の中から、市町村の教育委員会が委嘱する。
　　　2　前項の公民館運営審議会の委員の定数、任期その他必要な事項は、市町村の条例で定める。
　　第31条　法人の設置する公民館に公民館運営審議会を置く場合にあっては、その委員は、当該法人の役員をもって充てるものとする。

　公民館運営審議会は、公民館発足の理念を受けて、地域住民の意思による公民館運営を実現し、住民の民主的で自由な公民館活動を保障するための制度である。それは公民館運営に住民が参加し、住民の意志を公民館事業に反映させるための基本的住民参加のシステムである。法の規定は任意設置だが、公民館の民主性、公民館の各種事業の企画実施につき調査審議する役割、また、公民館運営審議会制度の歴史的経過からいってこうした住民参加の装置は不可欠なものである。全国的には確かに形骸化している公民館運営審議会も見受けられるが、活発に機能し、公民館の発展に大きな力となっている実践も数知れない。また、住民からの公募による委員の選出を試みる例、公民館利用者懇談会の推薦による委員選出等、民主的、住民自治的人選の工夫も多く実践されている。

4—2　公民館運営審議会制度のうつりかわり

　公民館運営審議会の歴史は文部次官通牒「公民館の設置運営について」（1946年7月）における公民館委員会に始まる。公民館委員会の委員は町村民の選挙を原則とするもので、直接民主主義の性格を持つものであった。ただし、町村の実情によっては公民館運営に最も熱意を有し、適任と思われる各方面の代表者の中から選んでもよいとされた。公民館委員会の任務は、公民館事業をはじめ、人事、財政を含む公民館運営全体に責任を負うものであった。しかし、敗戦直後で民主主義の第一歩を踏み出したばかりの日本の状況では、公民館委員会の選挙は期待どおりには広がらず、全国的には団体代表中心の公民館委員会構成が大勢であった。公民館発足3年後、公民館委員会は公民館運営審議会として社会教育法に規定されることになる。

　社会教育法の成立（1949年6月）によって、公民館は首長部局から教育委員会の所管になり、公民館委員会は公民館運営審議会となった。第29条に「公民館に公民館運営審議会を置く」と必置制が確保され、同条2項に「館長の諮問に応じ、各種事業の企画実施の調査審議」が役割として規定された。また、第30条で「委員は教育委員会が委嘱し」となり、委員の委嘱区分も各学校の長、区域内の団体・機関の代表者、学識経験者の3区分に規定された。さらに、団体機関の代表者はその団体・機関が推薦した者を委嘱すること、学識経験者には市町村長、職員、議員も委嘱できる、委員の定数・任期等必要事項は市町村の条例で定める、等々が規定された。なお、第28条2項に館長の任命に関しては「あらかじめ公民館運営審議会の意見を聞かなければならない」と規定し、館長任命についての意見具申権が確保されている。他

に、第16条に公民館運営審議会委員が社会教育委員を兼任できることも規定された。

公民館運営審議会は必置となったが、委員の選出が住民の選挙から教育委員会の委嘱にかわったことは、それだけ住民自治、民主主義の理念が後退し、委員の住民代表的性格が薄められたといわれる。しかし、社会教育法制定に中心的に関わった当時の文部省社会教育課長寺中作雄は、著書『社会教育法解説』で公民館運営審議会の必要性を次のように説明している。「公民館は市町村民自身のものとして最も民主的に運営される必要があり、その運営の方針はあくまで市町村民の意志によって決定されなければならない。そのために最も民主的かつ自主的な組織を持つ公民館の運営審議会を設けて市町村民の世論を少しでも多く公民館の運営に反映せしめんとするものである。」また、その性格と任務についても具体的に述べている。要約すると①公民館の事業計画やその具体的方法について協議決定する。②市町村当局や公民館維持会と折衝して公民館運営に関する必要な経費の経理調達。③市町村の産業団体、文化団体等の連絡調整に当たる。④公民館長や公民館職員の選任に関して教育委員会の教育長に適当な候補者を推薦する。⑤新しい施設設備の計画を立てる。ということで、公民館委員会の性格・役割を受け継いだ内容である。公選制から委嘱にかわっても性格・役割は基本的にかわらないというのが立法の趣旨であった。

町村合併促進法（1953年10月）による町村大合併、地方教育行政の組織及び運営に関する法律の制定（1956年6月）等行政の合理化、教育行政の管理強化の流れを受けて、社会教育法の大改正（1959年6月）が行われた。この時第29条1項に「ただし、二以上の公民館を設置する市町村においては、条例の定めるところにより、当該二以上の公民館について一の公民館運営審議会を置くことができる。」の文言が加えられた。これは公民館運営審議会の合理化であり、中央公民館・地区館方式等公民館運営の中央集権化を促進する一因にもなった。

社会教育法大改正から40年後、地方分権、規制緩和政策を推進するための「地方分権に関連する諸法律を改定する法律について」（地方分権一括法・1999年7月）が成立した。社会教育法もその中に含まれて大幅に改正され、公民館運営審議会についても以下のように改定された。第16条の公民館運営審議会委員の社会教育委員兼任事項の削除。第28条2項の公民館長任命について、あらかじめ意見をのべる権限の削除。第29条の公民館運営審議会の必置制を「置くことができる」と任意設置制に。第30条の公民館運営審議会委員選出団体推薦枠の撤廃。まさに根幹部分の改正である。任意設置制、団体代表推薦制や館長任命への意見具申権の撤廃等で、法律による公民館運営への住民参加の権利保障は後退し、市町村教育行政の裁量で公民館運営審議会の設置をはじめとする諸事案が決定できることになった。その後、政府の「家庭の教育力の充実方針」に沿って、第30条の委嘱対象に「家庭教育の向上に資する活動を行う者」との文言を加える法改正（2001年6月）があり、今日に至っている。

4—3 条例位置づけの重要性

公民館運営審議会に関わる市町村教育行政への法的規制が、地方分権一括法の成立に伴って大幅に緩和された。したがって、市町村が条例・規則等の制定によって、公民館運営のあり方を決定できる権限が拡大したことになる。それは、同時に市町村教育行政の公民館運営に対する住民参加の姿勢が問われることにもなるのである。法の条文は「公民館運営審議会を置くことができる」と任意規定だが、法の趣旨は、公民館運営審議会を設置してできるだけ民意を反映させなさいと解釈すべきである。そうでなければ、もともとこの条文は必要ないものである。立法側の説明は、市町村の意志、自治的判断にまかせるという

ことであり、地方自治、住民自治の理念を尊重した市町村行政をすすめるなら、自治の証明ともいうべき公民館運営審議会設置は欠かせないはずである。

　現行社会教育法は、公民館運営審議会を任意設置とし、委員選出も教育行政の権限を拡大したが、全国的には必置条例が圧倒的に多く、かえって住民本位に条例を充実した例もある。東京都国立市公民館条例は、「公民館の民主的な運営を図るため、公民館に法第29条第1項に規定する公民館運営審議会を置く。」と、冒頭に設置についての理念を謳い、委員の選出についても、社会教育団体・機関の推薦方式を存続し、さらに処務規則で館長任命の事前の意見聴取規定を残している。法第21条にあるように、公民館は市町村の責任で設置するものである。法の規制は緩和されたが、市町村の住民参加を尊重した条例・規則の制定によって公民館運営審議会の必置制の堅持が期待される。

(進藤文夫)

〔参考文献〕
(1)寺中作雄『社会教育法解説・公民館の建設』1995年、国土社
(2)進藤文夫「公民館運営審議会」三多摩公民館研究所『紀要第4号』

5. 専門委員会（専門部）制度

5—1　専門的な住民参加

　公民館の住民参加の組織として、市町村の条例や規則に位置づけられている専門委員会（「専門部」と称するところもある）がある。この組織は住民の学びは住民が学ぶ権利を持ち学ぶ主体であることから、住民の学ぶ権利を保障するための条件整備を、職員と専門委員（専門部員）が共同して事業活動を担う性格と役割を持っている。公民館活動は学習・文化・体育・広報など活動分野が広く、しかも、それぞれの内容が多岐にわたっている。そこで住民のなかから専門的な知識・技能を持った人を選び、ある特定の専門的分野の企画・実施に携わる必要が生まれるものである。

　専門委員会の制度は、初期公民館構想に、専門部として設置する意義や部員の構成や取り組む事業活動が明記されていたが、現状では、学習・文化・体育・館報（広報）編集の専門委員会が設置されているのが一般的である。長野県下の場合、特に典型的なのは館報編集委員会で、編集方針や掲載記事の内容、原稿依頼や取材による原稿書き、レイアウトと校正に至るまでこの委員会が責任を持って発行してきた公民館が多い。

5—2　選任・位置づけと活動

　長野県山ノ内町の場合、公民館規則で、専門委員会名（学級講座・文化・体育・情報）、各委員会の役割、委員定数（各委員10名）、任期（一期2年で再選を妨げない）などを定めている。

　専門委員は①旧村単位に設置されている地区公民館長が推薦する者、②住民の団体で積極的に活動している人のなかから専門委員会が推薦する者を選び、公民館長が委嘱しているが、団体と共同して活動する視点から、主に後者を重視して選任してきた。

　委員の任期は2年であるが、委員会活動が停滞しないように、委員全員が同時に交替す

ることがないよう配慮している。

　専門委員は非常勤の特別職に位置づけられ、会議・事業の出席回数に応じて町の予算から報酬が支払われている。委員会の独自な計画による活動は、ボランティア活動になっている。

　長野県飯田市は、すべての本館14館に文化部が置かれ、下久堅公民館の文化委員会は、地域の伝統的産業であった和紙の復興にとりくみ、高齢者や小学校・郵便局とも連携し、和紙作りの伝承、和紙の商品化にとりくんだ。

　山ノ内町では、学級講座委員会と文化委員会が、「学文委員会」と称して合同して事業活動に取りくんでいる。その中に「福祉を考える講座」と「コカリナフェスティバル」がある。前者は委員会討議のなかから、介護者が介護のなかでの要求や課題を掘り起こし、自らの老後の暮らしを重ねて学習する重要性に気づき、社会福祉の視点から解決の糸口を作ろうと、企画実行委員会方式もとりいれて講座を行ってきている。後者は冬季オリンピックの志賀高原での開催が決まり、伐採された木でコカリナを作り、コカリナ発祥の地として全国コカリナフェスティバルを企画し実行委員会を組織して開催している。また、コカリナ作りやコカリナ演奏の教室も行い、町内のいろんなイベントでコカリナを演奏し愛好者の輪を広げている。

5—3　職員と委員（部員）との関係

　社会教育主事や公民館主事など職員は必ず専門委員会に出席し、専門委員の意見をきちんと聞くことから仕事が始まる。専門委員の自主性・創意性・やる気を引き出すために、専門委員会の司会は専門委員長が行い、専門委員の意見が率直に反映されるよう民主的に進行する。専門委員会では専門委員自らの要求と課題を出しあい、共同で計画を練り上げることである。職員はその計画を作成する過程で資料や情報を提供したり、住民の要求や課題を掘り起こし、時には掘り下げていくための参考意見を述べたりする。特に学習過程を効果的に行っていくプログラムの作成と学習活動の結果の評価については、専門的な助言をしていくことである。事業実施の段階でもすべての専門委員の積極性を引き出したり、持ち味を生かしながら役割を分担する。そして事業実施後には、事業の総括とその発展を含めた反省会は欠かせない。職員は常に委員一人一人が置かれている家庭や仕事・社会的状況、個性をふまえつつ、委員会活動をつうじて成長・発達する教育的な配慮を持ち、働きかけていく配慮が必要である。

　専門委員の中にも、専門的な知識・技術や経験の違い、さらに意欲や情熱の差などさまざまである。そこで第一に職員と委員がお互いに理解し、信頼しあう仲間づくりが欠かせない。そのための懇親会や反省会も大切である。第二には委員と職員が一人一人の自分を掘り下げながら共同学習をつうじて住民の要求や課題を共有化し事業目標を明確にする。第三には委員一人一人が置かれている条件を補いあい、良さを引き出しながら事業活動をつくり、事業活動に委員会が責任を持つ。第四には住民と共に同じ学びの過程のなかで成長し、要求の実現や課題の解決のカギを見つけ出す。第五にはその過程をとおして充実感や実施後の達成感を共有する。そして絶えず教育基本法、社会教育法などに則して公民館の本質は何かの研修を重ねる。そのような条件整備が専門職員としての主事の重要な役割である。

（柄澤清太郎）

〔参考文献〕
(1)横山 宏・小林文人『公民館史資料集成』エイデル研究所、1986年
(2)長野県公民館運営協議会『長野県公民館活動史』1987年
(3)長野県公民館運営協議会『社会教育実践事例集―信州の自然に生きそして学ぶ―』第20集、第21集

4　組織・運営

6. 企画・実行（運営）委員会方式

住民が生活していく中で必要な行事や催し物を住民自身が開催する立場になる、「企画・実行委員会方式」は公民館の本質をふまえ、フレキシブルに実践できる便利な方法といえよう。

6—1　学習者による企画・運営

1) 団体を基盤にした学習者による企画・運営

かつて、婦人団体や青年団は学習者による企画・運営を実施してきた。さらに全国的にも拡がった団地婦人教育においても組織的な学習が見られた。団地自治会の婦人部やPTA等のメンバーが、婦人学級や家庭教育学級の学習内容を企画し地域の市民に呼びかけ、参加した市民の中から、地域の事業の運営主体となる女性が育ってきた。何回も運営会議を開き、年間の学習プログラムを企画し、講師の折衝を行い、チラシやポスターを作って宣伝をし、募集をし、一回の学習会を開催すると、その前後に準備会と反省会を行う等きめ細かな運営がされた。学習会に参加　→　運営委員会に参加　→　PTAや自治会等の地域の活動に参加するというスタイルである。生活に根ざした相互学習が地域自治を育てた。

2) 一般公募による学習者による企画・運営

公民館からの呼びかけではじまる学習者による企画・運営のスタイルの一つは、公民館のプログラムに参加し、次年度の企画運営に参加をするものである。

千葉県船橋市中央公民館で、幼児教育の講座を開催したところ、参加者の84％の人が公民館に始めて訪れた人で、次年度の学級の企画に参加したいとアンケートに答えた人が57％もあった。2年目からの学級の企画は前年度の受講生の希望者による運営委員会のもとで行われ、その企画は学習者のニーズにうまく適合して、受講希望者が殺到する中で学級の出発になった。公民館が提供したプログラムの中で知り合った人たちが、次の企画を担当して学習の場を提供していく形である。

二つめのスタイルは、最初の企画から一般公募をするものである。

具体的な事例として、船橋市薬円台公民館が、1991年に開館して、女性セミナーを立ち上げるに当たり、企画委員を一般公募した。4回の回数の日時と8人の定数を明示し、市の広報等で公募したところ、企画委員が集まった。企画委員会の1回目は、自己紹介からはじまり、何を学びたいかを話し合う。職員の仕事は、司会とメモ取り。2回目は、メモを取りまとめたものを提示し、みんなで方向を定める。全体のテーマとプログラムの全体像まで話し合う。3回目は、前回のプログラムの修正から始まり、講師の希望まで話し合う。4回目は、講師の折衝の結果を出し合い、プログラムの完成を確認しセミナーでの役割を確認した。企画委員会はこの段階から運営委員会となり、セミナーの開催を迎えた。受講希望者も多く、職員の予想を超えた学級になった。このやり方は、応募の段階から自分が講師をしたいなど本来の目的以外から参加してくる人もいるので、その見極めも必要であるが、新しい出会いができ、積極的に何かをやりたい市民の発掘につながることができる。

6—2　委員会活動の位置づけ

実行委員会活動は、地域の民主主義の底上げの場でありたい。

公民館では、文化祭実行委員会が代表的な活動の場である。文化祭実行委員会は、展示、発表、模擬店等分野毎に打ち合わせをし、全体の実行委員会を立ち上げていくのが通例である。サークル員の一人一人が日常の活動を家族や友人に伝える場として、文化祭を意識できる実行委員会活動でありたい。

地域の行事の実行委員会には、公民館が地域の一員として参加することはのぞましいが、

多くの公民館が少数の職員で運営されている現状の中では、参加の仕方はケースバイケースとなるであろう。本来、地域住民ががんばらなければいけないところを、公民館職員に頼りすぎると職員が異動になったとたんに行事ができなくなってしまったら大変である。

都市化が進んでいる地域では、公民館そのものが地域行事の実行委員会に入ることで、一般市民の参加が増える傾向がある。地域の自治会等の組織力の低下が見られる中で、公民館が市民に信頼されている状況がみられる。船橋市においても年々地域行事との共催が増え、その対応に職員の力量がさかれはじめている。

本来、地域がになうべき行事であっても、地域の中の生活が変わる中で「自治能力」が低下してくると、公民館のもつ「事務能力・ネットワーク力」が頼りにされるのは良い事ではある。しかし、次の段階として、実行委員会を自治能力の回復の場として、公民館は働きかけをしていかなければならない。

6—3 職員と実行委員会

公民館職員は、実行委員会や企画・運営委員会では、きちんとした専門的な立場で発言をする事が重要である。それは必要に応じてのアドバイスであったり、一人の発言を他の人に振り向けたり、意外な発言を拾ってみんなの同調を得たりするなど、いろいろな場面での発言となるが、求めに応じた発言は実行委員会のメンバーの注視の的となる。

NPOの進展にみられるように、住民一人ひとりの自治能力や潜在能力が高まっている中で、実行委員会の場は、それらの人たちを繋げネットワークしていく場として重要である。職員は、地域の様々なタイプの住民と出会い、知り合い、紹介していく中で、ネットワーカーとしての役割を充分に発揮することが期待されている。

(佐々木昌子)

7. 公民館のスタッフ

7—1 多様になった公民館関係者

1）職員

歴史的に見て公民館は兼任・非常勤職員中心で出発したのであり、最近でも全体としてその基調は変わっていない。社会教育法は公民館に館長を置くことと「主事その他必要な職員を置くことができる」と規定しているものの、館長及び主事の資格や養成の規定はない。

公民館は住民の学習事業・文化事業など多面的な事業を直接実施することと、住民の活動を援助するなどの機能を持つのであり、職員が果たすべき課題は多い。にもかかわらず「教育機関」としての充分な職員体制は整っていない。現在公民館職員制度はより多様な方向に向かっているといわざるを得ない。

法制度は市町村による公民館の設置を基本としてきたが、自治体設置の財団や事業団等のいわゆる第三セクターへの委託も進められてきた。そして2003年の地方自治法改正を受けた「公の施設」の指定管理者制度により、更に多様な管理方式が導入されることとなった。公民館は公設公営と指定管理者方式（公設民営）との二本立てとならざるを得ない。指定管理者としては、第三セクター、NPO法人等民間非営利セクター、株式会社などが想定される。そのため公民館職員も公務員としての職員と、指定管理者が採用する職員が生まれることになる。

これまでの公民館職員を見ると、専任4分の1・兼任4分の1・非常勤2分の1と、雇用形態の多様化はすでに進んでいたし、常勤職員は年を追うごとに短期異動が増加してきている（表Ⅱ-4-1参照）。その結果、非常勤社会教育指導員や非常勤公民館主事の方が職務に精通しているという場合も見られるのである。

公立公民館に常勤職員を、しかも社会教育主事の基礎資格を持つ職員を複数配置して欲しいとの願いは、当の職員はもとより公民館

4 組織・運営

表II-4-1 勤務年数別専任公民館主事数（文部科学省「社会教育調査報告書」より作成）

	計	1年未満	1～3年未満	3～5年未満	5～7年未満	7～10年未満	10年以上
1968（s43）	10,835(専・兼計)	2,171	3,427	2,033	1,285	947	972
1971（s46）	10,689(専兼計)	1,809	3,546	2,058	1,171	949	1,156
1975（s50）	6,505	（統計なし）					
1978（s53）	5,798	1197(20.6%)	1895(32.7%)	1218(21.0%)	686(11.8%)	374(6.5%)	428(7.4%)
1981（s56）	6,694	1381(20.6%)	2302(34.4%)	1326(19.8%)	677(10.15)	516(7.7%)	492(7.3%)
1984（s59）	6,295	1284(20.4%)	2059(32.7%)	1313(20.9%)	642(10.2%)	427(6.8%)	570(9.1%)
1987（s62）	6,956	1547(22.25)	2289(32.9%)	1386(19.9%)	670(9.65)	461(6.6%)	603(8.75)
1990（h2）	7,248	1596(22.0%)	2533(34.9%)	1434(19.8%)	611(8.4%)	451(6.25)	623(8.6%)
1993（h5）	7,609	1778(23.4%)	2758(36.2%)	1432(18.8%)	627(8.2%)	439(5.8%)	575(7.6%)
1996（h8）	7,489	1743(23.3%)	2713(36.2%)	1533(20.5%)	550(7.3%)	381(5.1%)	569(7.6%)
1999（h11）	6,849	（統計なし）					
2002（h14）	6,546	（統計なし）					

注・公民館主事とは「公民館の事業の実施にあたる者」（平成14年度社会教育調査 公民館調査説明書）
・専任公民館主事数は1975年以降増減しながらほぼ6千、7千人台。1993年をピークに減少傾向
・専任公民館主事数は1館1人に満たない
・1978年から1996年調査では
　1年未満が20～23%・1～3年未満が32～36%。つまり50%以上は3年未満
　3年～5年未満ほぼ20%。5年未満者で全体の4分の3から80%を占める
　5年以上勤務者が一貫して30%以下

に関わる住民からも求められ続けているが、そのようには容易に進まないというのが現実である。

2) 施設管理業務の担い手

公民館は少ない職員体制で長時間開館しているというのが特徴である。そのため夜間・休日の管理業務は多様な方式がとられている。職員による交替勤務・管理専門職員配置などがそれであり、管理専門職員の常勤公務員は稀で、臨時職員やシルバー人材センター委託・警備保障会社委託などと多様である。

清掃業務は施設の近代化とともに外注される傾向が進んでいる。清掃会社委託による常駐の日常清掃と一定期間ごとの一斉清掃などである。地域によっては建物の中はスリッパ履きという場合もあるが、靴のまま入る場合は職員や利用者による清掃だけでは対応できないのが実情

である。冷暖房設備等の普及も施設メンテナンスを委託する必要を強めた。

3) 市民参加・参画

社会教育法22条は公民館事業の第一に「定期講座」を挙げているように、公民館事業の中で講座は重要な事業の一つである。これまでの蓄積の中で講座企画委員会・準備会など、主催講座の企画実施に住民が関わる、学ぶ人が運営に関わるという実践が生み出されてきた。職員が企画し住民が参加するという方式が否定されるべきではないにしても、住民が主体的に関わって学びの場をつくることはこれからも追求されるべきである。

講座の開設方式も公民館主催・NPOを含む住民団体との共催ほか、住民参加の企画実施は講座に限らず公民館事業の全般に適用される必要がある。公民館まつりの実行委員会な

などは広く見られる取組みである。

公民館だよりの編集を市民スタッフと共に行う、あるいはホームページづくりと運営を市民に委ねるなどの例も生まれているし、更に有料ボランティア的市民スタッフとしては一時保育の保育スタッフ、障害者学級・教室のスタッフ、舞台事業の照明・音響スタッフなど、職員だけでは対応できない分野を住民が担う例は多い。

7—2 役割の分担と責任

公民館が教育行政機構の中でどのように位置付くかは公民館がどれだけ自由裁量を保持しているかをはかる目安ともいえる。役所組織の部・課・係のいずれなのか、公民館相互の関係は本館並立・中央館分館なのかなど、それによって予算執行や職員人事などへの館長の権限にも違いが出てくる。例えば公民館施設の使用許可権限を館長が持つのか教育委員会が持つのか。これらは自治体によって多様であるが、公民館が自立的に教育活動を行うためには、「課」としての位置付けを持つことが必要である。複数の公民館が設置されている自治体ですべての館をそのようにできない場合でも、可能な限り追求する必要がある。

次に職員と市民スタッフの役割分担と責任はどうあるべきだろうか。基本的なあり方としては、実際の活動は可能な限り市民スタッフの創意を生かしつつ、責任は館長・職員が持つということが必要である。情報公開・市民参加（参画）を進めるとしても、予算計上・支出・事業執行などは職員の起案を踏まえた館長決裁がなければ先には進まない。したがって最終責任は職員を含めて館長が負うということにしなければ、市民スタッフは安心して関わることができないことになる。

7—3 スタッフのコーディネート

公民館を地域に根ざしたものとして定着させようとするならば、関わる住民が力を発揮できる環境にすることが職員の役割といえる。公民館運営審議会、事業各分野の市民スタッフ、清掃等委託業者のスタッフなど、これら関係者がそれぞれに役割を果たし協力してこそ存在感のある公民館となるのである。

公民館運営の長期方針や全体的方針は公民館運営審議会などの住民代表機関、さらに利用者懇談会などが検討協議するとして、それを踏まえた日常実務に関わる各分野スタッフのコーディネートは職員の大事な役割である。市民スタッフは場面場面で公民館と関わるのであって、公民館全体の動きは職員が最もよくつかめる立場にあるからである。事業面で人と人をつなぐことと併せて、公民館運営と管理に関わる日常実務面でもスタッフ同士のコーディネートの役割を受け持つことは職員の職務である。そしてその全体責任は当然館長が負うべきものである。

7—4 スタッフ論構築の課題

これまで公民館職員論は、職員体制の前進をめざす立場から、常勤・専門職体制をいかに確立するかを中心に展開されてきたように思う。しかし現在のように多様な状況を前提にすれば、職員論にプラスした公民館スタッフ論を構築する必要がある。つまり公民館の運営・管理に関わる職員・運営審議会や利用者懇談会・事業面での各種委員会・市民スタッフ・委託業者等々、公民館が機能するためにそれぞれに役割を果たしている人々全体を視野に入れたスタッフ論が求められているといえよう。公民館は少人数の職員だけで動くわけではなく、むしろ多くの関係者が織り成す創意と協力の関係にこそ展望が描かれるといえるであろう。

そしてそれは1公民館におけるスタッフ論から自治体全体の公民館スタッフ論、さらに自治体を越えた、例えば地域公連スタッフ論へと広がりを持たせる必要があるのではないだろうか。

（佐藤 進）

4 組織・運営

8. 公民館連合会

はじめに

　各公民館は、いくつかの地域単位にまとまった組織を持っている。これを一般に、「公民館連合会」と称している。そしてこの公民館連合会（以下、公連と略）の活動が大切な役割を担っていることが多い。それは、公連活動が活発な地域では、個々の公民館の活動も活発であることからもわかることである。ここでは、公民館研究でも従来あまり取り上げられたことのない、公連について概観していく。

8―1　公連の規模

　公連の規模は、大きく分けて次の4通りがある。

1）地域単位

　市町村や郡単位で行っているもの、あるいはまとまりのある数市町村で構成されている公連である。例えば、千葉県の君津市・木更津市・袖ヶ浦市・富津市の「君津地方公民館連絡協議会」は、研修を合同でおこなったりすることで、お互いが啓発し合って活動水準を高めている。

2）各都道府県単位

　○○県公民館連合会、○○県公民館連絡協議会などの呼び名で、全国47都道府県全てに設置されている（以下、県公連と称す）。県公連は、県下の公民館を持つ市町村が加盟して成り立っている組織である。

3）数県が集まったブロック単位

　全国には、北海道・東北ブロック、関東甲信越静ブロック、東海・北陸ブロック、近畿ブロック、中国・四国ブロック、九州ブロックの計6ブロックがある。

　各ブロックごとに、毎年ブロック公民館大会が開催されたり、また研修などで協力しあったりするなど、交流が盛んである。

4）全国単位

　公民館の全国組織として、社団法人全国公民館連合会（以下、全公連と称す）がある。昭和26（1951）年に結成されて以来、55年の歴史がある。

　もう一つ、公民館に関係のある全国組織として、全国公民館振興市町村長連盟がある。これは市町村長が会員となって、公民館振興のために活動している団体である。会員は平成17年3月末日現在で、1,140市町村長が加盟している。

　これらのうち、県公連と全公連について、以下詳しく触れておこう。

8―2　県公連

　それぞれの公連が公民館の連携や発展を目的として、公民館に関する調査・研究、研修、大会、相互の情報交換を行っている。

　各県公連は、それぞれ運営形態もさまざまで、年間運営予算も格差がある。平成16年度の全公連調査では、年間予算が約73万円から約8,900万円の開きがあった。

　運営形態としては、独立して運営している場合と、県庁の社会教育課・生涯学習課に事務局が設置されている場合、県の生涯学習センターや主要都市の中央公民館に事務局が設置されている場合、県下の市町村で事務局をもちまわりする場合の、大きく4通りがある。

　独立して運営している県公連としては、北海道、新潟県、埼玉県、静岡県、福井県、愛媛県など、全部で14県ある。県庁に事務局が設置されている県公連としては、栃木県、神奈川県、和歌山県、九州ブロックの全ての県公連など、全部で23県ある。県の生涯学習センターなどに設置されている県公連としては、青森県、宮城県、岡山県など、6県ある。もちまわりの県公連としては、福島県、東京都など、全部で4県である。

　さらに、県公連に専属の職員を配置してい

る県は21県、県公連職員と県庁職員と兼任しているのは残りの26県であった。

県公連は、公民館大会を開催したり、県レベルの研修を実施したり、連絡調整を行ったりしているほか、優れた研修資料を作成しているところもある。研修資料は、県下だけで配布されていることが多く、一般の流通には乗らないため、知られていないことも多いが、工夫した作りとなっており、たいへん優れた公民館の入門書、報告書が発行されていることが少なくない。

その他、県公連では「館長」「主事」「研修」「調査」など、いくつかの専門委員会（部会）を置き、県レベルで積極的に研修・調査活動を展開し、切磋琢磨しているところも多い。また、ホームページを作成したり、ニュースレターをつくっている県公連もある。

8—3 全公連

全公連は、全国に約19,000館ある公民館の連絡と協力のための組織であり、昭和26年の全国公民館連絡協議会結成を第一歩とし、昭和40年には社団法人全国公民館連合会と法人化した。全国19,000館の公民館が各都道府県別に連合組織（県公連）をつくり、その都道府県公連が全国的な連合組織をつくるという形で、全公連は成立している。

現在では、全国公民館研究集会の開催、調査研究、セミナーなどの研修、海外視察、『月刊公民館』の発行、ホームページの作成、各種研究報告書の発行などのほか、全国の公民館職員へ表彰を行っている。また、公民館活動における不慮の事故に備える等のための保険制度（公民館総合保障制度）も行っている。

過去には、公民館法制定促進百万人署名運動や、公民館建設費獲得のための予算獲得運動も行ってきたが、現在では運動団体としての性格はなくなってきている。

全公連事業として、数多くの調査・研究を取り組んでいる。『全国公民館名鑑』を作成したり、『指定管理者制度』『新しい公民館のあり方に関する調査報告書』など、多くの研究物も発行している。（詳細は、ホームページをご覧いただきたい。）

8—4 今後の課題

公連は今、大きな曲がり角に来ている。予算のほとんどを市町村からの負担金（分担金）に頼っていた県公連が、市町村合併が進むことによって財政が逼迫し、運営に困難をきたしている。また、県庁に事務局のある県公連が、県庁と切り離されて、独立するケースも出てきている。

現在では、市町村の負担金に頼らない県公連運営が求められており、さまざまな工夫を始めている。市町村からの負担金以外からの収入を模索しているのである。

例えば、新潟県公連や佐賀県公連では、県公連で発行するニュースレターや冊子を販売することで、組織の維持を図っている。また、埼玉県公連では、公民館利用者の互助会制度を立ち上げて、財政の安定を図っている。さらに、従来市町村だけに限っていた会員を、公民館に理解のある個人にも広げようという動きなどもある。そのような工夫を凝らしてはいるものの、財政的に充実している県公連は現在のところほとんどないと言ってよい。

今後は、市町村合併により、財政的に公連が苦しくなることは間違いなく、早急な対応が迫られている。そのためには、財政的な基盤の確保が大切なのはもちろんであるが、その一方で、魅力ある公連活動を目指していく必要があるだろう。公連の所属意識を高め、各公連に所属していてよかったと思われるような組織運営が求められている。

（村上英己）

〔参考〕
(1)全国公民館連合会ホームページ
http://www.kominkan.or.jp

4 組織・運営

9. 法人公民館

9—1　法人公民館の設置状況

　公民館は、「市町村その他一定区域内の住民のために、実際生活に即する教育、学術及び文化に関する各種の事業を行い、もって住民の教養の向上、健康の増進、情操の純化を図り、生活文化の振興、社会福祉の増進に寄与すること」（社会教育法第20条）を目的とする教育機関であり、したがって、その設置主体は、国や都道府県ではなく、原則として市町村である（法第21条）。ただし、営利を目的としない法人に限り、主務官庁の許可を得て、公民館すなわち法人公民館を設置することができると規定されている（法第21条）。

　平成14年社会教育調査報告書によると、全国で法人公民館は11館存在し、神奈川県内に3館、岐阜県内に3館、大阪府内に5館設置されている。ここではその一つである岐阜県の財団法人池田町屋公民館をとりあげる。

9—2　財団法人池田町屋公民館の組織

　岐阜県多治見市にある財団法人池田町屋公民館は、社会教育法にいう法人公民館のひとつであり、社会教育法公布・施行以前の1947年に設立されている。「地域の団欒、住民の集う場所が必要」との当時の住民の要望に応える形で、設置の運びとなったという。公民館建設のための土地は、多治見市池田町屋自治会からの寄附により確保し、建物の建設は住民の勤労奉仕によってなされたとのことである。「岐阜県公益法人台帳（社団・財団）」によると、「文化の向上、地域の振興を図ること」を目的として、①民主的公民教育普及、②講習会、懇談会、音楽会及びその他の集会の開催、③多治見市池田小学校後援、④産業振興ならびに助成事業、⑤文化団体への助成事業等を、主な事業として実施している。

　この公民館のある多治見市池田地区は、池田町、前畑町の一部、大平町の一部を含む地域であり、池田校区は人口5,801人、世帯数2,

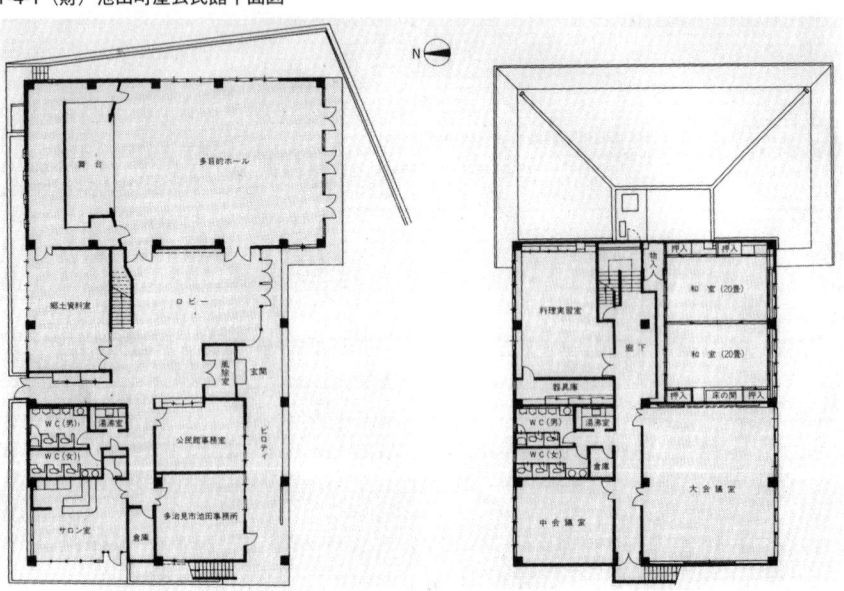

図II-4-1　(財)池田町屋公民館平面図

『財団法人池田町屋公民館』（パンフレット）1988年12月

211戸の地域である。古くは、中仙道の下街道の宿場町として栄え、お伊勢参り・善光寺参りの旅人でにぎわった町である。現在も、古い蔵や家、路地や三叉路が多く、歴史的遺産や自然の豊かな地域である。

公民館の施設は山林を有した財産区によって管理・運営がなされており、敷地面積1,273.08㎡、延床面積1,018.00㎡、建築面積670.65㎡を有する。現在の建物は、1988年に改築された鉄筋2階建で、多目的ホール、ロビー、郷土資料館、事務室、サロン室、大会議室、中会議室、料理実習室、和室研修室、喫茶店等を有している。

公民館には、役員として、顧問1名、監事3名、理事16名が置かれている（2005年）。理事及び監事は、池田地区に10年以上在住している者から選任される。理事については、池田地区内の各町内会から1名ずつ選ばれ、理事の互選で理事長が選出される。理事長は公民館長を兼ね、理事の中から副館長2名が選出されている。顧問をはじめ上記役員は無報酬である。さらに、事務員として女性2名が勤務しており、事業執行、貸し館事務、建物の保守・管理・清掃等の業務にあたっている（2005年現在）。開館時間は、午前9時から午後9時までとなっており（月曜休館日）、夜間には別の事務員（男性）1名が勤務し、業務にあたっている（2005年現在）。役員の選出、事業計画、収支予算、歳入・歳出決算等公民館の管理・運営に関するすべての事項が、理事会における議論をとおして承認・決定される。また、理事会の諮問に応じ、理事長に対し必要と認める事項について助言する評議員会が設置されている。評議員は、理事会で選出され、理事長が任命する。

9—3 財団法人池田町屋公民館の運営

池田町屋公民館には、山林環境部・教養部・広報文化部・体育部の四部が設置され、具体的な事業の執行にあたっている。各部には、理事4名が部員として配置されている。

運営・事業執行等に要する費用のほとんど

表II-4-2　2005年度（財）池田町屋公民館予算（概略）

歳　　入	単位千円	歳　　出	単位千円
積立金収入	2,000	管理費	21,440
財産使用料	31,742	山林等基本財産管理費	6,180
繰越金	8,028	公民館活動費	10,360
雑収入	210	自治振興費	2,000
		予備費	2,000
合　　計	41,980	合　　計	41,980

『池田町屋公民館だより』第50号、2005年5月13日

は、財産区が有する山林からの採石収入でまかなわれており、2005年度の予算として、41,980千円が計上されている。

公民館は、本館の施設のほかに、下街道の宿場町の頃の古い史料や農作業で使用していた古い道具・台所道具を展示した池田町屋資料館や、水田を有しトンボ等の生物群集が生息するビオトープ「トンボの里池田」を建設・整備し、歴史学習、環境学習事業に役立てている。資料館やビオトープの建設・整備、管理・運営は、すべて理事や地元のボランティア団体「池田町屋の自然を育む会」の手によって支えられている。また、資料館には非常勤ではあるが学芸員が配置されている。

9—4 財団法人池田町屋公民館の事業

池田町屋公民館では、地区内で活動するクラブ・サークルに施設・設備を提供するとともに、さまざまな特徴ある取り組み・事業を実施している。

例えば、2004年度には、多治見市の「スローライフ」運動の一環として、池田町屋公民館が主導し、ボランティア、NPO団体等とも協力して、池田地区の「みちくさポイント」をマッピングした「池田みちくさマップ」を作成した。

また、安全で住みよいまちづくりのために地域自主防犯活動を実施するにあたり、青色回転灯を装備した自動車を備え、山林パトロールや小学生児童の登下校時の安全管理に役

立てている。

　さらに、子どもたちが、身近な自然環境と触れあい、農業・農村に親しみを感じる機会を充実するため、水田や農業用排水路、ため池、里山などの水辺環境を遊びの場として活用する地域ぐるみの環境学習活動である「田んぼの学」実践モデル事業（岐阜県の事業）を、ビオトープ「トンボの里」を活用して、岐阜県、多治見市、地域ボランティア、地元小学校（池田小学校）4年生児童とともに進めている。2004年度の本事業においては、①昆虫・植物・水生生物・水質調査・空気調査の5グループに分かれての観察・調査、②地区のボランティアの指導を受けての田植え体験、③かかし作り体験とその設置、④昔ながらの農機具を使っての脱穀作業、⑤育てたもち米を使った餅つきの体験学習等が実施された。こうした事業は、池田町屋の自然を育む会等地区のボランティア団体の協力のもとに実施されている。

（益川浩一・水谷 正）

〔参考文献等〕
(1)「財団法人池田町屋公民館寄附行為」
(2)「池田町屋公民館だより　いけだ理想郷」2005年5月13日号
(3)「岐阜県公益法人台帳」（社団・財団）
(4)その他、前館長・野村勝忠氏へのインタビュー調査（2005年6月2日）による。

写真II-4-1

写真II-4-2

写真II-4-3

写真II-4-4

写真II-4-1、写真II-4-3は、『財団法人池田町屋公民館』（パンフレット）より転載した。

第5章

職員制度

はじめに
1．公民館主事
　―1　あいまいな法的位置づけ
　―2　自治体条例等での位置づけと「次善の策」
　―3　公民館主事論の系譜
　―4　実践が求める「学習を組織する」公民館主事
2．公民館長
　―1　公民館長の法的位置づけ
　―2　市町村における公民館長の位置づけと決裁権限の実態
　―3　自治公民館・町内公民館・字公民館等の館長について
3．嘱託職員
　―1　非常勤・嘱託職員の労働とその立場
　―2　非常勤・嘱託の公民館職員数の推移
　―3　公民館の歴史と非常勤・嘱託職員―岡山市を例に
4．職員会議
　―1　職員会議はなぜ必要か
　―2　職員会議はどう進めるか（いつ、誰が、何を、どうやって）
　―3　職員会議から輪を広げよう（職員から住民への輪）

5．専門職員制度
　―1　誰でもどこでも取り組める事例から
　―2　合併を機に新たな展開を図った君津市
　―3　着実に専門職員の増員を図った木更津市
　―4　君津・木更津の専門職採用と職員制度の教訓
　―5　公民館専門職制度確立への課題
6．養成・研修
　―1　公民館職員と社会教育主事―その養成・研修の位相
　―2　公民館主事の養成―社会教育主事の養成との関連も含めて
　―3　公民館主事の研修の実態とその展開
7．採用
　―1　制度的位置づけ
　―2　専門職採用の実態―統計的実態
　―3　各地での専門職採用への取り組み
　―4　残された課題
8．地区組織（主事会等）
　―1　地区組織の意義と役割
　―2　都道府県レベルの組織の実体―県公連主事部会等
　―3　市町村レベルの組織の実体

5　はじめに

　公民館制度が発足して以来、今日まで、公民館利用者を中心とする公民館関係者の共通の願いは、公民館職員を充実してほしいということであった。
　文部科学省の「公民館の設置及び運営に関する基準」の第8条では、「(1) 公民館に館長を置き、公民館の規模及び活動状況に応じて主事その他必要な職員を置くよう努めるものとする。(2) 公民館の館長及び主事には、社会教育に関する識見と経験を有し、かつ公民館の事業に関する専門的な知識及び技術を有する者をもって充てるよう努めるものとする。(3) 公民館の設置者は、館長、主事その他職員の資質及び能力の向上を図るため、研修の機会の充実に努めるものとする。」と定めている。
　これまで全国の自治体が、この国の基準を守り、基準にもとづく公民館施策を実行してきたなら、今日の公民館職員を取り巻く課題も、現在のような深刻な状況に至らない状態で推移してきたと思われる。
　1960年代から1970年代にかけて、各地で社会教育主事の有資格者を専門職採用する自治体が増加した。高度経済成長政策によって、地域社会が急激に変貌する事態を受け、都市においても、地方においても公民館の必要性と活動の質的向上が必要とされたからである。そして、職員と住民との協同によって、すぐれた公民館実践が各地で取り組まれるようになった。権利としての学びの機運が、公民館活動の中に一気に広がりを見せるようになっていくのである。
　しかし、1960年代後半から専門職採用された職員が相次いで不当転配されるという事態が各地で生起するようになる。社会教育や公民館活動に識見を持った職員が配置されることによって、すぐれた実践が取り組まれる。こんな当たり前のことが、公民館の設置者である自治体に理解されず、逆に、専門職採用された職員を、意図的に実践の場から排除する政策が推し進められるようになっていく。不当配転は、公民館職員問題をさまざまな観点から総合的に捉えていく上で最もわかりやすい事例のひとつである。
　現在、残念なことに専門職採用制度を継続している自治体は、きわめて少数となっている。一方、自治体経営改革の名による指定管理者制度の導入、市町村合併による公民館の廃止と職員体制の後退、公民館を教育委員会の所管から一般行政部局に移管する動きなどによって、公民館職員問題は正念場に立たされている。
　こうした情勢にあるにもかかわらず、公民館職員をめぐる課題を克服するための実践的、研究的蓄積は、まだまだ不十分である。
　公民館職員問題は、「専門職配置の原則」を基本にしながら、課題解決の方策が検討されなければならないのではなかろうか。法制度上でも、公民館職員は、公民館に配置されるべきものとして位置づけられている。さらに、文部科学省の各都道府県教育委員会教育長あての通知『「公民館の設置及び運営に関する基準」の告示について』（平成15年6月6日付）においても、「求められる役割を十分に果たすことができる」適正数の配置、識見と経験・専門的知識と技術を有する者の配置、資質と能力の向上を図るための研修の充実が明確にされ、「専門性のある職員としての資質及び能力の向上を図ることが期待され」ているからである。公民館職員は、公民館活動を支え発展させるための基本的役割を担っている存在なのである。
　厳しい状況の時であるからこそ、各地の教訓に学びながら、現状を正しく分析し、公民館職員を取り巻く課題を整理し、克服していくための原理、原則を打ち立てていくことが急がれなければならないのである。今こそ、原則からの発想が大切にされなければならない。

　　　　　　　　　　　　　　　　　（片野親義）

1. 公民館主事

1—1 あいまいな法的位置づけ

社会教育法では、第27条で「公民館に館長を置き、主事その他必要な職員を置くことができる。2 館長は、公民館の行う各種の事業の企画実施その他の必要な事務を行い、所属職員を監督する。3 主事は、館長の命を受け、公民館の事業の実施にあたる。」と規定している。しかし、公民館長が必置であるのに対して、主事は「置くことができる」にとどまっている。又、法では具体的な公民館職員の専門性・養成課程などについては定めがない。

これを受けて、「公民館の設置及び運営に関する基準」(1959年12月)では、第5条で「公民館には、専任の館長及び主事を置き、公民館の規模及び活動に応じて主事の数を増加するように努めるものとする。2 公民館の館長及び主事は、社会教育に関し見識と経験を有し、かつ公民館の事業に関する専門的な知識と技術を有する者をもって充てるように努めるものとする。」と規定しており、主事の必置を求めているが、ここでも職員の専門性は抽象的な表現にとどまっており、養成課程などについては定めがなく「あいまい」である。

さらに、2003年6月に全面改正された「公民館の設置及び運営に関する基準」では、第8条で「公民館に館長を置き、公民館の規模及び活動状況に応じて主事その他必要な職員を置くよう努めるものとする。2 公民館の館長及び主事には、社会教育に関する識見と経験を有し、かつ公民館の事業に関する専門的な知識及び技術を有する者をもって充てるよう努めるものとする。3 公民館の設置者は、館長、主事その他職員の資質及び能力の向上を図るため、研修の機会の充実に努めるものとする。」とされ、主事は必置ではなくなっている。

このように公民館における専門的職員であるはずの公民館主事の法的位置づけは、社会教育法制定後50年以上経過した今日においても「あいまいな」位置づけのままなのである。

1—2 自治体条例等での位置づけと「次善の策」

このような国による「あいまいな」法的位置づけに対して、現場の市町村の中には自治体条例等の中で公民館主事を専門職として位置づけている例もある。

例えば、長野県松本市では、1976年3月に制定された「松本市教育委員会組織規則」において「法令その他特別の定めがあるもののほか、必要に応じて次の職を置く。」として「公民館主事」を「社会教育主事の有資格者をもって充てる」とした上で位置づけている。さらに「松本市教育委員会職員の職及び職名に関する規則」において、「専門職員」として「公民館主事」を規定している。

また、条例ではないが大阪府貝塚市では、1985年に貝塚市教育委員会が制定した「社会教育部門における専門職員に関する要項」において、社会教育主事・司書・学芸員とともに「公民館主事」を「専門職員」として位置づけている。ここでは、「法令等の資格を有しかつ社会教育業務に三年以上従事した職員のうちから」任命するなどとして、その任用を規定しており、「公民館主事」にはその「法令等の資格」として「社会教育主事資格」を充てている。

さらに、「公民館主事」という職名の位置づけはしていないが、自治体条例や規則、要項等によって公民館職員として社会教育主事又は社会教育主事有資格者を配置している自治体も見られる。このような「あいまいな」法的位置づけである「公民館主事」に社会教育主事を充てる取り組みは、「次善の策」としてその有効性を指摘されている。

しかし、いずれの事例においても「養成・採用・研修」を貫く専門職制度を含んだ位置づけとはなっていない現状である。

5 職員制度

1—3　公民館主事論の系譜

いわゆる『寺中構想』(「公民館の建設」)で公民館に期待されていたのは、「民主主義の思想と実践の訓練の場であり、したがってその運営は住民の自治にゆだねられているという民衆のための教育機関」(1)であるということであった。そこでは、公選制による公民館委員会の設置、公民館館長・主事の設置、専門部の設置などが謳われて、公選制による公民館委員会によって選出された公民館長・主事が、専門部等の住民と協力し住民の立場に立って公民館運営の実際の仕事を担当する姿が描かれていたのである。

このことは、1949年に『社会教育法』が制定され、公民館が法的な裏付けを持つ社会教育施設として位置づけられるようになってからも理念として受け継がれた。そのためすでに見てきたように、公民館主事は「あいまいな」法的位置づけになったともいえる。

しかし、その後の社会教育法の「改正」の中では、教育委員会事務局に置かれ、「指導・助言」を職務とする社会教育主事の規定が1951年に新設され、1959年の「大改正」では必置となっていった。そして、専門職としての養成課程や研修制度も明記され、『教育公務員特例法』でも「専門的教育職員」と位置づけられていったのだった。

それに対して公民館主事は、「あいまいな」まま制度化は進んでいかなかった。それは、「国家の要請する上からの人づくりをめざす生涯教育、そのための各種の機会提供を計画・促進する社会教育主事、その計画の実施者としての公民館主事」(2)というひとつの潮流として指摘されている。

一方、公民館の立場からは、全国公民館連合会（全公連）が「公民館法」制定の提案を含め、公民館主事のあり方について積極的に提言を行っている。中でも1970年の『第2次専門委員会報告書』では、公民館主事の定数、専門職化、資格要件、研修などについて提起している。また、第5次答申「生涯教育時代に即応した公民館のあり方」(1984年)においても、公民館主事の専門性の研修・養成内容を提起している。

さらに、「現場の職員の民主的な実践を通じて、住民から求められる公民館像、職員像を創造していこうという潮流」(3)として、「社会教育の4つのテーゼ」と呼ばれる公民館論・職員論がある。その中の1つである「下伊那テーゼ（公民館主事の性格と役割）」(1964年)では、公民館主事を教育専門職・自治体労働者と性格づけ、その役割として、「働く国民大衆から学んで学習内容を編成する仕事」「社会教育行政の民主化を住民とともにかちとっていく仕事」とした。又、『三多摩テーゼ（新しい公民館像をめざして）』(1974)では、職員必置の原則を打ち出すとともに、公民館職員の役割についてその職務内容、任用、勤務条件、研修、職員集団の形成など、公民館主事制度のあり方について全面的にふれている。

1—4　実践が求める「学習を組織する」公民館主事

それでは、具体的な実践において公民館主事が果たす役割（公民館主事の仕事）とはどんなことであろうか。一般的には、①住民の学習活動のための条件整備、②住民の学習過程への直接の援助、③住民の学習活動を支えるための組織化への援助、④住民の自己教育活動創造への援助、を挙げることができる。つまり、公民館主事の仕事は、実践が求める「学習を組織する」ということがいえよう。

しかし、それは単純な意味で「学習を組織する」ことではない。これまでに多くの現場の公民館主事が自らの社会教育実践を総括し、「実践が求める公民館主事の仕事」の具体的な内容を整理してきた。

たとえば「なによりも住民からのきびしい批判が主事としての自己を問い、その中で悩み、葛藤し、それが期待であり、励ましであると自身で自覚する過程で、主事としての成長の節を乗り越えてきたと実感している。さ

らに、主事自身がもっと、人と人とつながっていく力を獲得していかなければならないと思うのである。とはいえ、その取り組みは、個人の問題にとどまるものではない。一人ひとりの主事の力量には限界もあり、集団化がめざされなければ、今日多様にひろがり展開している、住民の学習・実践を援助していくことにはならない。」(4)、「私たちの労働は、住民の全人格、全生活にかかわりながら、実は、職員としての自らの人格や生活のあり方が問われる労働なのです。社会教育労働が持つこうした総合性は、住民と職員の自己形成を同時に促すことになります。」「公民館職員として頑張り抜ける条件は、地域の学習・文化活動を中心としたさまざまな活動の発展と住民本位の自治体づくりを統一して考え、その延長線上に職員としての自分をきちんと位置づける考え方を持つことだと思います。」(5)等、「学習を組織する」前提として、学習者である住民のみならず公民館主事自身の個人及び集団としての力量形成や全人格・全生活のあり方が問われているのであり、自治体職員としての自治体づくりを自ら統一して捉えることが求められているのである。

(内田和浩)

〔注〕
(1)島田修一編『社会教育の自由』学陽書房、1978年、18-19頁
(2)手塚英男「求められる公民館職員像」福尾武彦・千野陽一編『公民館入門』草土文化、1979年、126頁
(3)前掲・手塚論文、127頁
(4)村田和子「学習を組織する公民館主事」大前哲彦・千葉悦子・鈴木敏正編著『地域住民とともに』北樹出版、1998年、231-232頁
(5)片野親義『社会教育における出会いと学び』ひとなる書房、2002年、158-159頁

2. 公民館長

2—1 公民館長の法的位置づけ

　公民館は教育機関である。それは、教育基本法第7条が社会教育について定め、あわせて地方教育行政の組織および運営に関する法律（以下、地教行法という）第30条が「地方公共団体は、法律で定めるところにより、学校、図書館、博物館、公民館その他の教育機関を設置する」と定めていることからも明かである。したがって公民館が行う教育は、教育基本法第10条1項が要請するように「不当な支配に服することなく」行われなければならない。社会教育法第27条2項が「館長は、公民館の行う各種の事業の企画実施その他必要な事務を行い、所属職員を監督する。」と定めているのはそのためである。この条文の中には「○○の命を受け」という文言はどこにもない。

　このことは、公民館長は誰からも命令されることなく自らの意志に従ってその任務を果たすことが要請されているのである。もちろんそれは、同じく教育専門職員である公民館主事等と十分協議することを前提としているのであるが。公民館長としての職務を自らの意志に従って遂行する権限を「公民館長の決裁権限」と呼ぶとすれば、公民館の発展のためには公民館長の決裁権限の確立はきわめて重要な課題であるといわなければならない。そのためには、公民館長は当然のことながら自ら教育に関する専門的力量を備え、社会教育に関する豊富な経験を有していることが要求されると同時に、それぞれの地方自治体において公民館長の決裁権限の確立・保障のための条例・規則等の整備が要請されるのである。ちなみに学校長（学校教育法第28条3項）も図書館長（図書館法第13条2項）も博物館長（博物館法第4条2項）もおよそ教育機関の長たるものはすべて「○○の命を受け」という制約なしに自らの意志に従ってその任務を遂行することになっているのである。

かつて文部省が、地教行法のいう教育機関とは何を指すのかという地方からの質問に答えて「ここで、教育機関とは、教育、学術、及び文化（以下「教育」という。）に関する事業又は教育に関する専門的、技術的事項の研究若しくは、教育関係職員の研修、保健、福利、厚生等の教育と密接な関係のある事業を行うことを目的とし、専属の物的施設及び人的手段を備え、かつ、管理者の管理の下に自らの意志を持って継続的に事業の運営を行う機関であると解されています。」（昭三二・六・一一文部省初等中等教育局長回答）と答えているが、それは以上の趣旨を敷衍したものと考えられる。

2—2　市町村における公民館長の位置づけと決裁権限の実態

ところで、同じく教育機関といっても学校と公民館・図書館・博物館等の社会教育諸機関とでは長の決裁権限の確立度には大きな差がある。それは任用実態において大きな違いがあるからである。今では学校長が教員免許状を持たないと言うことは普通考えられないが（その意味で、最近の民間校長の登用は重大な問題を孕んでいると言わなければならない。）、社会教育機関の長の任用実態は必ずしも専門職資格を必須の条件とはしておらず、一般職員を配置したり、場合によっては非常勤嘱託をもって充てたりする場合も少なくない。特に、公民館長の場合は全国的に見て常勤職員よりも非常勤職員のほうが多いのが現状である。教育機関としての歴史の違いの反映であろう。特に、図書館にあっては司書、博物館にあっては学芸員というように独自の専門職資格が法定されているのに対し、公民館にあっては公民館主事資格はまだ法定されておらず、社会教育主事資格をもって代替するしかない状況であるから問題はさらに複雑となる。

そこで、全国の自治体では公民館長をどのように配置しているのか、公民館長の決裁権限はどれくらい確立しているのか、が問題となる。文部科学省が三年程度に一度行う『社会教育調査報告書』（指定統計第83号）ではそのことは残念ながらまったく判らない（統計項目がない）ので、少し古くなるが、筆者が行った調査でその実態を見てみる。

まず、「自治体における公民館長の任用形態」についてであるが、1990年7月の全国調査では表Ⅱ-5-1の通りであった。(1) おおざっぱに見て常勤館長が4割、非常勤館長が6割と見てよく、これは1989年の23都府県を対象に行った調査でもほぼ同様（常勤館長42.5%、非常勤館長56.7%）であった。(2) ただ、県によるばらつきは予想以上に大きく、1987年6月の予備調査によれば宮城県は常勤館長が58.0%、非常勤館長が42.0%であり、東京都は常勤館長90.5%、非常勤館長9.5%であった。(3) 最近（2001年度）の例として千葉県では、全体統計で常勤館長が60.6%を占めているが、同じ千葉県でも常勤率が2割に満たない地方公連もある(4) というように細かく見れば地方によって大きな違いがあるのである。

次に、「公民館長が所持する資格・免許」についてであるが、実態は表Ⅱ-5-2の通りであった。(2) 学校長のほぼ100％が教員免許状を保持していることを考えれば公民館長の現状は大変厳しいと言わなければならない。

最後に、「公民館長の決裁権限」について見ておこう。1989年のそれも23都府県のみの統計であるが、実状は表Ⅱ-5-3の通りであった。(2) 上に見た「任用形態」や「保持する資格・免許」の実態からすれば、それでも実際にはかなりの程度の決裁権限を保有していると見るべきであろう。

2—3　自治公民館・町内公民館・字公民館等の館長について

公民館長のことを考えようとする場合、公民館そのものについて考える場合も同じであるが、公設公営のいわゆる条例公民館だけを考えているわけにはいかない。全国には約7

表II-5-1　自治体における公民館長の任用形態（1990年）

あなたの自治体の公民館の館長の待遇（位置づけ）についてお尋ねします。（複数回答可）

	計	割合（％）	
常勤職員の場合		40.1	
1. 部長職	46	1.6	
2. 課長職	850	30.1	31.7％
3. 課長補佐職	151	5.3	
4. 係長職	89	3.1	
非常勤職員の場合		68.9	
5. 非常勤特別職	852	30.1	
6. 嘱託	387	13.7	43.8％
7. その他	710	25.1	
無回答	128	4.5	
総計	3,213	113.7	

割合は回答数（2,827）に対する割合

複数回答の組み合わせ

問6	合計
1	30
2　※1	594
3	67
4	42
5	687
6	262
7	668
1-2	2
1-2-3	2
1-2-3-4	2
1-2-5	1
1-2-6	2
1-3	2
1-5	2
1-6	3
2-3	19
2-3-4	4
2-3-4-5	2
2-3-4-6　※2	2
2-3-5	5
2-3-6	2
2-4	10

問6	合計
2-4-6	2
2-5	119
2-5-6	1
2-5-7	1
2-6	67
2-6-7	1
2-7	12
3-4	9
3-4-6	3
3-5	12
3-6	17
3-7	3
4-5	4
4-6	7
4-7	2
5-6　※3	6
5-6-7	1
5-7	11
6-7	11
無回答	128
総計	2,827

表の読み方（※）
※1 「館長は課長職」とのみ答えた自治体とその数。
※2 「館長は複数配置されており、課長職、課長補佐職、係長職および嘱託の館長がいる。」と答えた自治体とその数。
※3 「非常勤特別職の館長と嘱託館長が複数配置されている。」と答えた自治体とその数。

表II-5-2　公民館長が所持する免許・資格（1989年）

	有効サンプル数	教員	社会教育主事	司書	学芸員	無回答
課長職館長	565	54 (9.6)	82 (14.5)	7 (1.2)	1 (0.2)	442 (78.2)
非常勤館長	1,620	774 (47.8)	101 (6.2)	19 (1.2)	3 (0.2)	815 (50.3)
公民館長全体	2,859	1,021 (35.7)	273 (9.5)	40 (1.4)	6 (0.2)	1,673 (58.5)

※1 （　）内は有効サンプル数に対する比率（％）
※2 表記4つの免許・資格のうちいずれか1つ以上をもつ課長職館長は123人（21.8％）

表II-5-3　公民館長の決裁権限（1989年）
※「ある」「一部ある」「ない」「無回答」のうち、「ある」と答えたもののみ。（　）内は％

	有効サンプル数	主催事業の実施権	公民館報の発行権	公民館施設利用の許可権	公民館の休日・開館時間の変更許可権	公民館職員の勤務の変更許可権	公民館職員の研修の実施許可権	公民館運営審議会委員の研修の実施許可権
公民館長全体	2,859	2,146 (75.1)	2,114 (73.9)	2,210 (77.3)	1,214 (42.5)	1,302 (45.5)	1,238 (43.3)	1,208 (42.3)
課長職館長	565	471 (83.4)	443 (78.4)	501 (88.7)	249 (44.1)	402 (71.2)	391 (69.2)	280 (49.6)
非常勤館長	1,620	1,218 (75.2)	1,157 (71.4)	1,160 (71.6)	699 (43.1)	524 (32.3)	540 (33.3)	668 (41.2)

5 職員制度

万7000館に近い自治公民館等が存在する（全国公民館連合会調べ）からである。戦後初期からしばらくは集落公民館とか部落公民館とか呼ばれてきたこれらの公民館は、現在では地域によって自治公民館・町内公民館・字公民館等と呼ばれることが多いが、数が極端に多い（公立小学校の約3倍）こと、それだけ地域に密着した活動をしていること、さらには最近の地方財政の逼迫状況からこれらの公民館に対する期待がこれまでになく高まってきていることなどから、無視できない存在となってきているのである。自治公民館等そのもののあり方や自治公民館等と条例公民館との関係をどのように考えるべきかについては別の項（第Ⅱ部1章4節）を参照していただくとして、ここでは自治公民館等の館長について、長野県松本市の町内公民館の例を参考にしながら考えていきたい。

『町内公民館の手引き』(5)によれば、松本市には2004年4月現在385の町会（加入世帯数は最大1,290戸、最小8戸、平均185戸位）があり、385館の町内公民館と28館の条例公民館とがある。そして「学習拠点としての町内公民館の機能」として①気軽なたまり場、②団体・グループ活動の場、③学習・話し合いの場、④文化の伝承と創造の場、⑤健康づくりの場、⑥地域福祉活動の拠点、⑦防災の拠点、⑧地域づくりの拠点の8点を挙げている。

これらそれぞれの町内公民館には町内公民館長がいる。これまでは、町会長と町内公民館長を兼務しているところが多かったそうだが、2004年度ではそれは10％にまで減少してきている。「学習拠点として」の機能を持つ町内公民館と町会そのものの機能とは当然異なるので、教育委員会としても兼務を解消するよう呼びかけている。それは、一般行政と教育機関との違いを連想させる。つまり「学習拠点として」の機能を持つ町内公民館の長は、教育機関としての公民館長と同じように町会長とは別の役割を果たすべきであると考えられているのである。

これらの町内公民館長はそれぞれの町会で選出される。385人の町内公民館長は町内公民館長会を組織し、各種の研修（新・町内公民館長研修会、全体研修会、施設見学会、先進地視察研修、女性＜館長＞部視察研修、など）を行うほか「町内公民館長会だより」（年3号発行）の編集をするなど、公民館長としての力量形成に励んでいる。町内公民館主事を置いている町内公民館は「今のところごく少数」だそうだから、町内公民館の活動の善し悪しは町内公民館長の力量にそのまま依存していると考えられるのである。

町内公民館と条例公民館の協働は、そのまちの公民館活動をもり立てる鍵といってもいいであろう。その要のところに両方の公民館長が位置するのである。公民館長の果たす役割の重さが知られるのである。

（奥田泰弘）

〔注〕
(1)奥田泰弘「公民館の条件整備はどこまで進んだか―1990年『公民館の条件整備に関する全国調査』から―」中央大学教育学研究会『教育学論集』第47集、2005年
(2)奥田泰弘「新しい教育機関の創造―公民館長の決裁権限の確立過程に関する研究（その1）―」中央大学教育学研究会『教育学論集』第34集、1992年
(3)奥田泰弘「公民館長の決裁権限」『月刊社会教育』国土社、1988年3月
(4)千葉県公民館連絡協議会『千葉県公民館史Ⅱ』2002年
(5)松本市教育委員会『町内公民館活動のてびき〈第5次改訂版〉』2005年

3. 嘱託職員

　自治体における臨時、非常勤・嘱託など正規職員以外の雇用形態で働く人々は、行財政改革のもとで増加傾向にある。そのため、近年の非正規職員の増加の背景には、正規職員の採用を抑制する代替としての性格がつよい。

　もとより、公民館は、長い間、そのような非正規職員の就業形態で働く人々によって、支えられてきた歴史がある。そして、そのような非正規職員の一般的状況は、不本意ながら非常勤・嘱託で従事しているのであって、「自分のやりたい仕事ゆえ」に、積極的に非常勤・嘱託でも公民館を職場として地域の学習活動を支えてきた人たちがいる。その意味からすれば、非常勤・嘱託職員をめぐる労働のあり方は、住民の学習権の保障にかかわる重大な問題であるといえる。

3―1　非常勤・嘱託職員の労働とその立場

　非常勤・嘱託職員のなかには、正規の職員と同じくらいの時間働いている職員がいる。それでも、「非常勤・嘱託」職員の身分に変わりはない。そういう常勤的非常勤職員は、公民館に限らず、保育園や図書館、児童館など公務労働においても広がっている。それというのも、行政需要の増加にもかかわらず、正規職員を採用しないで、職員不足を非常勤・嘱託職員の雇用で補っていることによるもので、それらの多くは女性によって担われている現状がある。

　こうした事情から、非正規職員が働かなければ、職場は回っていかなくなっている状況もある。仕事は正規職員と同等の責任が求められ、それに応えようと、住民の声に耳を傾け、丁寧に講座を進めていけば、それに伴う仕事の量は必然的に増える。それでいて非常勤・嘱託の立場であるがゆえに、その矛盾や苦悩がにじむ。

　残業しても嘱託の職員だから時間外手当てはない。それゆえ、「そんなにしなくても…」という声が聞こえてきたりする。しかし、市民へのサービスを低下させてはいけないというこだわりは崩せない。それでいて、何年働いても低賃金の報酬は変わらず、継続雇用の保障はなく、いつ首になるかという雇用不安を抱えながら働くことになる。

　また、非常勤・嘱託職員の賃金・労働条件は、自治体間によってまちまちであり、その格差、正規職員との格差、さらには非常勤・嘱託職員間でさえも格差が存在している。

　そもそも、地方公務員法第3条3項において、非常勤職員として採用し、その職務に従事させることができることが定められているが、あくまで常時勤務を要しない業務に従事するものとして採用されることになっている。ところが以上のように、常勤を要する業務に充てるために労働者に低賃金かつ不安定な地位を強いてきたのである。

　そのうえ、公民館などの社会教育施設の職員体制は、週休2日制による土曜、日曜の開館による勤務や夜間開館の勤務にあたる職員などに非常勤・嘱託職員を当て、正規職員のローテーションをささえるためにも非常勤・嘱託職員を当てるようにもなって、さまざまな非常勤・嘱託職員がひろがっている。

　自治労が2000年に行った調査によると、把握できた自治体の非正規職員は約31万人で、過去20年間に約22万人増えた。うち87％が女性。月勤務時間は130―140時間前後で、平均年収は180万4000円。収入の安さに不満を持つ人が45.7％、「雇い止め」に不安を持つ人が37.3％に上った。また、民間の労働契約と違う「任用」と認知している人は4分の1。非常勤・嘱託は原則1年任用なのに対し、勤続年数は平均6.2年という結果が出た。ところで、公民館の正規職員の在職期間はますます短くなってきているなかで、この増え続けている非常勤・嘱託職員のほうが、むしろ在任期間が長いという傾向が生まれている。こういう職場では、非常勤・嘱託職員こそが住民にとって「恒常的かつ専門的職務」を担いつ

5　職員制度

こういうなかで、近年、「短時間勤務公務員」として新たな職制を計画する動きが生まれている。それは、従来の非正規より身分を安定させることを意図した「公務パート」である。従来の1年任用の労働条件を見直し、「3年任用非常勤」雇用である。また非常勤特別職として「公民館推進員」を設定して、公民館職員の任用をすすめるところも出てきた。

3―2 非常勤・嘱託の公民館職員数の推移

そもそも、公民館創設当初、「公民館活動の成果が上ると否とは職員の努力如何にかかわっている」というほど、公民館職員の存在を重視する考えは示されていた。したがって職員はとうぜん専任が求められた。さらに、寺中作雄は、社会教育に熱心な人が必要な働き場所を得て、そこでは教育事業が展開されるものと構想していた。したがって公民館職員の存在は、欠くべからざる本質的要件をなすのである。にもかかわらず、公民館創設当初は、職員不在の、配置されたとしても、教師や役所の職員の兼務者が大半を占めていた。

そこで、専任職員の配置を謳った社会教育法の制定に期待がかけられながらも頓挫し、続く1951年の法改正においても、公民館職員（主事）の専任化は置き去りにされ、「社会教育主事」が登場するところとなった。

1951年5月、公民館職員総数は27,663人、うち専任3,680人、兼任23,983人の専任率13.3％であったが、この兼任者のなかに、非常勤職員も含まれている。また、専任といっても、実質的には地方公務員並の取り扱いをも受けない公民館職員は少なくなかった。

昭和の大合併をつうじて、また1955年に地方教育行政の組織及び運営に関する法律が制定されたことで、専任化がすすみ、兼任が減少していくが、職員全体の減少もめだった。館長が教育長兼務、公民館主事が教育委員会事務局兼務へと変化し、さらに地区公民館長は非常勤ということはいうまでもなく、教育委員会事務局に引き上げられた公民館職員の後に、非常勤・嘱託あるいは臨時の職員が配属されるのであった。

1963年6月、自治省振興課がおこなった「市町村における事務改善の状況」実態調査からもうかがえる。行政内部の事務が機械化による合理化がすすんでいたのにたいし、現業部門では下請化となっており、その一つは病院、保育所などの民営化と、掃除、諸種の料金徴収などの下請化がすすみ、非正規職員化していく。

1960年代半ばには、自治体財政の緊縮を理由とする人件費削減策が登場し、公民館職員にたいする切り捨て・嘱託化の方向は政策の俎上にのせられることになっていった。

1970年代においても、兼任・非常勤の比率は高いままに推移している。特に館長・分館長に兼任・非常勤は87.7％、また専任公民館主事をまったくおいていない公民館は76.9％であることからしても、いかに兼任・非常勤によって運営されているかがわかる。

その後、1980年代前後から、公民館コストの削減が突きつけられて、公民館職員の嘱託化へと進んでいる。1999年、公民館職員総数54,289人の内訳は、専任職員24.8％、兼任職員22.5％、非常勤職員52.7％というように、非常勤職員が半数以上を占める方向が続いていくのである。

こうした非常勤・嘱託職員による公民館職場が運営されている中で、岡山市の公民館嘱託職員の取り組みは、ひとつの嘱託職員の姿と運動のあり方を示してその典型ともいえる。

3―3 公民館の歴史と非常勤・嘱託職員　　　　　―岡山市を例に

岡山市の公民館は、1960年年代に地区公民館を建設する計画を立て、地区公民館の整備をすすめてきた。周辺10市町村との合併後も地区公民館の整備は続けられ、おおむね中学校区を基準とする整備計画がすすんだ。ところが、その体制が確立するようになると、当

初地区館に配置されていた正規職員は徐々に削減され、その補充には嘱託職員をあてることになった。

こうして、地区公民館が嘱託職員によって運営されていた1984年、嘱託職員の異動がきっかけとなって、嘱託職員全員が組合に加入し、「公民館嘱託職員の会」を結成することになった。組合加入をきっかけに待遇改善の取り組みを始めるとともに、社会教育や公民館について学び、仕事の中身を改善、充実させていこうという動きが広まっていった。

それまでは、電話番と受付、簡単な事務でいいと言われていた職員にとって一大転換であり、職員としての責任と自覚を持つ第一歩になっていく。お茶やお花、書道といった趣味的な講座中心の公民館が、しだいに主催講座にはくらしの課題や地域の課題を取り上げていくことになる。なかでも嘱託職員が新たに取り組んだ「女性学講座」は、エンパワーしていく新たな住民の層を生み出し、地域づくりやまちづくりの担い手を広げていくことになった。

それぞれの公民館に配属されると、すぐに1人の「戦力」として、講座の企画や運営に携わらなくてはならない。長期的な展望をもち、安心して仕事をしてこそ、公民館の機能と役割を発揮させることになるという展望をもつところから、嘱託職員自身が主体となって正規職員化の運動をすすめていくことになったのである。あわせて、職員の姿勢や力量によって公民館実践は随分と違ってくることを実感し、学習の援助者としての専門的な仕事を担っているという自覚を深め、力量形成に努めていくのである。

嘱託ゆえ、不安定な状況や、処遇問題を当局に突きつけながら、専門的力量を形成してきた常勤職員化運動は、確実な進歩を遂げていくことになる。

ともすると、非常勤・嘱託の職員は、人事については口出しができないという先入観があるため、人事のことになると引いてしまうという傾向があるなかで、「公民館嘱託職員の会」は、この運動を住民の学習条件を作り出すための要求として位置づけて取り組んできた。

自らの実践を鍛えるべく社会教育主事講習を受講するなどしてその専門的力量を高めている。同時に、市教育委員会との交渉を重ね、岡山市職員労働組合の援助を受けて、正規職員化へむけての粘り強い運動が続けられた結果、嘱託職員が常勤の社会教育主事補として任用されるようになったのである。

2001年から任期付職員として公民館に社会教育主事補を配置することになった。さらに2005年より、あらたに岡山市では、期限付きではなく、正式に社会教育主事補としての発令され、以後すべての公民館に配置された嘱託職員は、常勤専任専門職としての発令が実施されることになったのである。

こうして、非常勤・嘱託職員問題にたいして、自治体労働者としての成長を図る岡山市の公民館嘱託職員の「学び」こそ、ひとつの非常勤・嘱託職員のあり方を示しているものといえよう。

(上田幸夫)

〔参考文献〕
(1)片野親義『社会教育における出会いと学び』ひとなる書房、2002年
(2)社会教育推進全国協議会編『社会教育の仕事』社会教育推進全国協議会、2005年

4．職員会議

4—1　職員会議はなぜ必要か

　公民館には館長、公民館主事、事務職員、庁務作業員、社会教育指導員、図書室職員等々、常勤・非常勤を問わずさまざまな職種の人が勤務をしている。勤務時間や勤務形態も異なり、同じ職場の仲間であっても、なかなか顔を合わす機会のない場合もある。また、職員それぞれの前職もさまざまで、社会教育に関する力量や経験、考え方にも違いがある。しかし、公民館は一つの教育機関であり、教育目標に向かってそれを実現することが求められる。それを成し遂げるためには、職員一人一人の力が充実しているだけでなく、集団としての力量を備え、住民の要望や期待に応えていくことが必要になってくる。職員会議は職員の力を結集する過程の中で、重要な役割を果たす。

1）職員会議は話し合いの場（ともに語れる仲間をつくる）

　公民館に配属になって気づいたことがある。他の役所の職場とちがって、上司であろうが、経験者であろうが、新米であろうが、対等に話し合いの場に加わることができる。普通の職場であれば、上司からの一方的な指示で動くことが多い。しかし、公民館では仕事のやりとりが双方向で行われる。このようなやりとりをスムーズに行うためには、まずコミュニケーションが必要である。

　皆さんの職場にはお互いが何でも話せるコミュニケーションの場があるだろうか。職員会議もこのような背景がないと、効果的にはならない。場合によっては飲み会や仕事外のレクリエーションなどによってお互いを理解しあっていくことも必要かもしれない。お互いを理解し尊重しあうことで、何でも話し合うことのできる信頼関係が生まれ、一つの目標に向かって仲間を作り上げていくことができるようになる。職員会議は本音でやりとりをする話し合いの場であり、仲間を作り上げていく場である。

2）あらゆる情報を共有する場（点の仕事を線に変える）

　公民館は、事業の情報だけでなく、運営に関する情報、地域に関する情報、人に関する情報などさまざまな情報を持っている。しかしそれが一職員の中でとどまってしまい、職員間で共有化していないことが多い。これでは、館の目標があったとしても、それぞれの職員が持っている情報や人脈が充分に活かされない。また自分の仕事も公民館全体の動き、地域全体の動きが見えないと何のためにやっているのか、自分の仕事がどう関わってくるのかがみえなくなってしまう。しかし、職員会議でそれぞれの職員が持っている情報を共有化することによって、全員が課題を理解し、それぞれの役割分担の中で実現に向かって自分の役割の中で何ができるのかを考えることができる。たとえば、公民館を子どもの居場所にしたいという目標があったとする。そのための事業を実施していくことはもちろんであるが、施設管理の部分でも、子どもたちが来やすいようにロビーの椅子や机をレイアウトしたり、受付の仕事であれば子どもたちにわかりやすいパンフレットや表示をしたりすることなどが考えられる。それぞれの仕事が点のようにばらばらでなく、線のようにつながって公民館で働く職員全員が一つの方向に向いていくことができるようになるのである。

3）公民館や地域の理想や目標を創造する場

　さまざまな情報が共有されてくるにしたがって、公民館全体ひいては地域全体の課題が見えてくる。現状を分析し、課題を把握し、どう解決できるのかについて全員で話し合う。まさに公民館や地域がどうなればよいかという理想や目標を創りあげる場である。

　公民館は教育機関である以上、目標を持ち、教育計画を持ち、それに基づき事業を実施し、

評価を行い、その結果をまた次に反映していく。その基礎となるのが職員会議である。

4—2 職員会議はどう進めるか（いつ、誰が、何を、どうやって）

1）いつ

　職員会議は本来であれば定例的に（毎月曜日午後とか）開催するのが好ましいが、変則勤務などの問題があり、なかなか時間調整が難しい。最初は不定期でもまずやることが大切である。職員が集まる時 —— たとえば、大きな事業の前の時間であるとか、運営審議会の前などのちょっとした時間を使う。場合によっては職場の歓送迎会などのある日に設定をする。一番大切なのは職務の一環として職員会議の実施を位置づけることである。

2）だれとどうやって

　職員会議だから、職員がメンバーというのは当たり前の話であるが、どこまでその輪を広げることができるか。常勤・非常勤・職種を問わず、できれば可能な限りすべての職員で行うことが必要である。会議の中では司会、記録、会場係など役割分担を決め、交代で行っていく。最初は慣れている人がリードをとり、徐々に全員ができるようにする。司会はメンバー全員が発言できるように配慮をし、欠席者も情報を共有化できるように記録をとる。また課題などはあらかじめメンバーが調べておき、発表してもらうなどの工夫により会議は効率的になる。

3）何を

　最初は簡単なことから始めて、会議に慣れていく。自分の意見を話すのが苦手な人もいるので、気軽に発言できるような雰囲気作りをしていくことが大切である。たとえば日程の調整や事務連絡的なことなどを議題にする。時には雑談なども交え、お互いのことを理解する時間も必要である。少し慣れてきたら、それぞれの仕事の問題点や悩みなどを話し合う。もう少し進んだら、事業の計画や事業の評価などを議題とし、そこからでた課題などを検討する場とすることができるだろう。さらに進めば、公民館全体の課題や目標、地域課題の分析など公民館の運営に関わる部分や、社会教育の考え方などについても議題とし、実際に行なっている事業が公民館の目標や計画や地域の現状と整合性がとれているのかなどの検証をしていく。またその先には施策を作り出し、実際に事業化していくということもできるようになり、公民館の根幹をなす会議へと変わっていく。

　どんな小さなことでも、一歩ずつ前に進み、達成感や充足感をともなうように評価していけば、職員の結束も固まり、常に前を向いて仕事ができる体制が整っていくであろう。

4—3 職員会議から輪を広げよう（職員から住民への輪）

　職員会議は単なる事務的な会議ではなく、職員を「公民館職員」として育てる場であり、職員集団をつくりあげる場である。話し合い、相互学習することによって、地域を分析する目を養い、実践する力を備え、教育的な感覚を身につけていく。それにつれて、社会教育の本質である「住民主体」「住民自治」の大切さに気づき、自分たちが目標としていることが、職員の力だけではとうてい実現できず、住民とともに力を合わせることが大切だとわかる。運営審議会の場や、地域のさまざまな団体との話し合いの場などでも、職員会議と同じように、まず話し合い、情報を共有化し、その地域のあるべき姿や進む方向をできるだけ多くの人たちと語り合いながら創りあげていく。ここまで到達するには時間がかかるかもしれない。しかし、あなたの職場で職員会議がまだ開かれていないのなら、まずどんな形であれ開いてほしい。千里の道も一歩から、である。

（小林良司・遠藤　誠）

5　職員制度

5．専門職員制度

はじめに

　地方教育行政の組織及び運営に関する法律（以下「地教行法」という。）の第4章教育機関では、教育機関と事務局の違い、両者の事務の分担関係を明定し、必要な一定限度の主体性を保持させ、職員設置は法令又は条例で定め、かつその定数も条例で定めるとしている。その一方で、全国の自治体特に市町村において、どのように教育行政が運用されているかといえば、「文部省の言う教育行政の組織および運営」の水準に達しない、いや考慮すらされていない状況があまりにも多いのである。

　公民館職員制度は、法的には確立されたものではないが、それだけに各自治体が地教行法や社会教育法、地方公務員法等を活用し独自の努力や工夫によって、制度が充実発展する可能性を秘めている性格のものである。ここでは千葉県の地方都市の専門職制度の事例を取り上げることにする。

5—1　誰でもどこでも取り組める事例から

　千葉県君津市（9万2千）と木更津市（同12万3千）は隣り合う人口10万内外の地方都市であり、独立館並立方式で公民館を地域配置し、公民館に社会教育主事資格を有する社会教育専門職員を配置し、その専門職員について専門職採用をしてきた点で共通する経験と積み重ねをもっている。両市とも公民館を中学校区に配置し、公民館の規模を君津市は1,000㎡以上・職員5人以上、木更津市は基準面積を550㎡職員2～3人以上とする基本方針を立てて30年間推進してきた。

　現在君津市は7館（06年4月第8館目開館予定）、木更津市は16館が活動している（表Ⅱ-5-4）。

　両市とも専門職化の動きは1960年代にはじまり、そこで採用された職員を中心に70年代に入り制度化の試みがなされ、公民館の新設とともに新たな職員の必要性から充実と定着をみたのである。

5—2　合併を機に新たな展開を図った君津市

　君津市は、1970年9月、新しい都市づくりを目指し3町2村が合併し、合併後設置された社会教育課は行政方針を決定している。その後の専門職採用制度を中心とする実践事例は、以下のとおり、文部省内社会教育行政研究会編・第一法規発行加除式『社会教育事例集』79年版で紹介されている。なお、社会教育主事となっているが実質は公民館主事が中心である。

資料　設置・増員（社会教育主事）（抜粋）・
　合併後新たにスタートした教育委員会事務局にはじめて社会教育課が設置された。社会教育課は新しい街（市）の社会教育をいかに振興するかという方針策定の必要にせまられたわけである。もちろん社会教育振興の方針といっても、当面は、社会教育の条件整備としての、社会教育施設．職員、予算という「社会教育の三要素」が中心であった。その概要を要約すると次のとおりである。
① 　社会教育施設はまず公民館建設からすすめる。その後図書館，博物館，文化会館等の専門施設を整備してゆく。
② 　公民館は地域配置を原則とし，独立館並立方式とする。公民館は1,000㎡以上を原則とし，常勤職員5人以上を配置する。各公民館ごとに公民館運営審議会を置き，定数は，おのおの10人とする。そして公民館のイメージアップをはかる。
③ 　社会教育施設を教育機関として明確に位置づけ，独立した権能と機能を確立する。
　教育委員会事務局（社会教育課）と教育機関（公民館等）との任務分担を明確にし、双方に決裁権のある課長相当職を配置する。事務局社会教育課は，社会教育の条件整備の事務，とりわけ，施設の建設，整備，職員の研修，社会教育関係団体リーダーの研修，各教育機関の総合調整を分担し，市民一般を対象とする事業は組まない。
　公民館等社会教育機関は，直接市民に接し，市民の要求と地域に根ざした各種の教育活動の展開に専念できるようにする（公民館でいえば，学級講座の開設，文化祭等の行事の実施，公民館だよりの発行等）。
④ 　人事配置は，教育機関を重視した配置に心がける。事務局社会教育課より，教育機関により多くの職員を配置することを原則とする。
　公民館職員の基本的人事配置は次のとおりとし，順次，公民館建設とともに配置してゆくものとする。
⑤ 　社会教育専門職員の別枠採用を中心として，社会

表Ⅱ-5-4　君津・木更津市の公民館職員配置状況

市	面積 Km²	人口 千人	公民館数	常勤職員数	専門職員数	備考
君津	318	92	7	32	8	06年1館開館予定
木更津	110	123	16	42	18	育休職員含

備考　君津市では来年度新設公民館開館にあわせ社会教育専門職員2名と、別途司書1名を専門職採用予定である。事務局の課、図書館、博物館にも専門職員採用の職員が配置されている。

教育関係職員の充実をはかる。

　君津町(市)教育委員会事務局ならびに教育機関の社会教育を担当する社会教育主事その他の職員を採用することを目的として「君津町(市)教育委員会社会教育担当者募集要項」を定め、一般行政職とは別に、選考試験を実施した。応募資格は、社会教育主事任用基礎資格を有する者とし、全国の教育、福祉系大学に募集要項を送付し、応募者を募った。

⑥　社会教育総務費、公民館費ともに、予算編成は、事業費と管理的経費は別立てとし事業費の増大をはかる。公民館費は社会教育課で統一的に予算編成要項をつくり、公民館ごとに編成し、公民館長、副館長が直接財政当局と折衝し、社会教育課が調整し全体のバランスをとる。

図Ⅱ-5-1　公民館の基本的人事配置（基本構想）

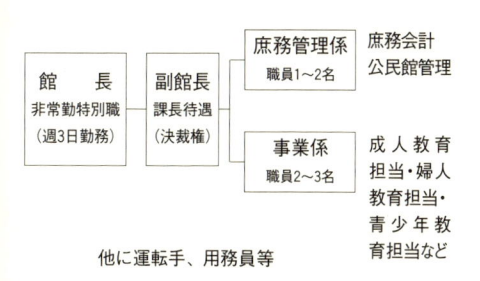

```
館長                  庶務管理係      庶務会計
非常勤特別職   副館長  職員1～2名    公民館管理
(週3日勤務)    課長待遇
              (決裁権)  事業係        成人教育
                       職員2～3名    担当・婦人
                                    教育担当・
                                    青少年教
                                    育担当など
       他に運転手、用務員等
```

　以上の方針は、全体としては、明文化されていないものもあるが、予算の編成手順等のように以後現在まで、実態として継続されている。

　このような方針を出すには、合併前の旧君津町における公民館の活動と経営（昭和46年度全国優良公民館文部大臣表彰受賞）及び、昭和42年、45年4月、2回にわたる、社会教育主事有資格者の別枠採用の例が大いに参考となり、原動力となっていたことは特筆せねばならない。

　また、当時の町長（県社会教育委員、現市長）、教育長は常に「社会教育は、今後極めて重要になる、社会教育の振興は、町(市)政の最重点の一つだ」と発言されており、その方向で、職員に指示していたこと、県教育委員会社会教育課が、県下公民館の建設と職員の増加に極めて熱心であり、強力な指導を行っていたという背景があってこそ出されたものである。(中略)

　社会教育主事等の別枠採用は、本市の職員の任用に関する規則に規定する選考により採用できる職のうち、法令に定める資格を必要とする職の中に社会教育主事が明記してありこの条文を根拠として、教育委員会が、市長部局人事課と協議の上要項を定め、選考試験を実施してきた。現在までは、すべて、大学において資格を取得した者のみが採用されている。募集要項は別記資料のとおりである。(資料略)

　社会教育は、専門的な仕事であるとともに、日曜・祭日の出勤も多く、対人的仕事で、精神的にも苦労の多い仕事として、一般事務職員から敬遠されがちである。社会教育に意欲があり、能力のある者を採用することが、どうしても必要である。しかも、採用した職員がいつまでも、意欲を失わず、安心して仕事に専念できるようにしなければならない。そのためには、社会教育専門職員としての身分の安定と将来の保障がなければならない。そこで、採用要綱に、職務内容を「社会教育主事ならびに社会教育事業担当者」と明記し、配属先も「社会教育課及び公民館等の教育機関とし、社会教育を直接担当する職場と規定したのである。

　給与の格付けについては、上級職とし、社会教育主事のまま、6等級制の3等級（管理職、課長、課長補佐待遇）までゆけるように規則に規定した。(その後一部変更)

　また公民館規則には、公民館主事の設置を行い、補職名として明確にし、職務は「公民館の専門的事業の実施にあたる」とし、その職には「社会教育主事となる資格を有するものをもって充てる」と明記したのである。公民館主事の給与の格付けは6等級から4等級までに位置づけた。（後略）『社会教育事例集』第一法規、1979年発行）

高度経済成長の終焉と職員合理化、そして21世紀の再出発

　高度成長が終焉し二度のオイルショックが見舞う中、地方自治体は行政需要の増大にあわせて職員数を増大させてきた方向を方針転換し、職員合理化を推進するようになった。

　多くの市町村が先ず手がけたのは、施設の職員削減であった。新興都市君津市ではこれ

5　職員制度

が極端な形で現れ、週5日制という大幅な職員増加要素があっても、市全職員数のピークは75年の1,184名であり、30年後の2005年は952名で、232名の大幅減である。

70年以降、君津市では現在までに社会教育主事（公民館主事）20名、司書6名、学芸員2名の専門職採用を行い（文化財主事5名は別途採用）、一般採用者で有資格者の優先的配置を含め専門職員の増員を図ってきたのである。（このうち市長部局に出向しているもの、中途退職したもの、死亡したもの等も相当数いる。）

しかし、この間の流れは平坦ではなく、専門職員採用は文化財担当を除きしばらく途絶えた時期があった。しかし90年代に入り博物館学芸員、図書館司書の採用を復活し、95年から社会教育主事の採用も関係者の地道な努力により復活し、95年1名、96年2名を採用した。また、この間、図書館建設にあわせ司書5名を採用し、05年には社会教育主事2名の採用が実現した。06年4月には社会教育主事2名、司書1名の専門職員採用が決定している。

5—3　着実に専門職員の増員を図った木更津市

木更津市は、63年米軍の返還施設を転用して市立公民館を設置し、60年代後半社会教育専門職員の採用を数度行い、社会教育・公民館活動の活発な推進を図った。その基礎の上に70年代に市の基本計画策定に当たって、中央公民館の建設と地区館の整備を主張し、「市中央部への社会教育センター（中央公民館・都市型青年の家）の建設と50年代以降の数度の編入合併で増加していた地域（旧村＝中学校区）及び人口急増地域に順次公民館建設を推進する」こととし、かつ、「各施設には専門の担当職員を配置し」と方針を明確にしたのである（73年『木更津市基本構想・基本計画』）。75年中央公民館完成以後、現在まで改築も含め実に13館の公民館を建設し、専門職員の新規採用だけで述べ19人を数え、別表に示すように公民館16、常勤職員42うち社会教育専門職員18という公民館体制となっているのである。（85年までの両市の社会教育体制及び専門職員採用状況については『千葉県公民館史』に詳しい。）

5—4　君津・木更津の専門職採用と職員制度の教訓

両市の専門職員採用と職員制度の教訓を整理すれば次のとおりである。

1. 教育機関と教育委員会事務局（社会教育課等）の任務と役割を明確にし、教育実践は教育機関において実施し、事務局は条件整備をするとの明確な方針をもち、市役所全体にもこのことを明確にしていったこと。
2. 公民館を独立館並立方式で地域配置をするとの方針を明確に打ち出したこと。中学校区単位（結局、これは、人口急増地域以外は旧町村単位であった）を基本として順次建設していった。
3. 公民館を教育機関とし、積極的に事業展開を図る施設であり、社会教育の実践機関としてのイメージをはっきりと打ち出したこと。公民館規模の基本を君津市は、1000㎡以上、職員5名以上、木更津市は基準公民館（550㎡）とし人口にあわせ拡大し、職員2～3名以上とした。
4. 地教行法や市の例規をフル活用し、現実的な導入に心がけたこと。当初は教育委員会の専門職員募集要綱（選考）による採用。途中から市合同職員募集要綱（競争試験）に職種として社会教育主事、司書、学芸員を明記することに変化。
5. 公民館規則に「公民館主事」の職名を明記し、「社会教育主事となる資格を有するものをもって充てる」とし、職務を「公民館の専門的事業の実施に当たる」としたうえ、上級職と位置づけ、給与の格付けに関する規則にも複数の等級（号級）に位置づけ職階制の給与制度の中での矛盾にも配慮したこと（君津市）。
6. 専門職採用の枠を公民館主事、社会教育主事だけでなく、司書、学芸員まで広げたこと（君津市）。社会教育実践の共通基盤の醸成をはかる努力。
7. 公民館運営審議会、社会教育委員会議等の理解と具体的な提案要望が後押ししたこと。

5—5　公民館専門職制度確立への課題

1）公民館主事と社会教育主事資格

　現行法では公民館職員は「主事その他所要の職員」であり、公民館にいる主事であって「公民館主事」ではない。さらに「主事は公民館の事業実施に当たる」のである。一方、社会教育主事は任用するには必要な資格が必要であり、教育委員会事務局におかれる職員である。したがって、社会教育について知識と経験とを持った行政職員であり、直接市民を対象とした社会教育活動を実践する職ではないのである。直接市民を対象に社会教育活動を実践する「主事」こそ、教育に関する専門的知識、素養と情熱が必要なのであり、なお且つ教育活動の分野や性格、対象者の年齢等を踏まえ真の専門分野を持つことが求められているのである。したがって公民館にいる「主事」ではなく「公民館主事」とあえて言うのも、「主事」という言葉が一般行政職の中であまりにも使い古された言葉であり、現実に混在することになるので、事務職ではなく専門職であることを強調したものである。さらに、法的に専門職としての資格を証明する手立てが無いので、とりあえず「社会教育主事任用基礎資格」を適用したのである。本来公民館主事と社会教育主事が同じ専門性を持つ職員として論じられることに無理があるのである。

2）公民館主事、司書、学芸員と社会教育主事

　市町村にあっては、教育委員会事務局は当該市町村の学校教育、社会教育のすべての分野にわたって住民の教育学習活動が推進されるよう物的面、人的面、運営的面の全般にわたり教育の実践機関たる学校、公民館、図書館、博物館等の教育機関の実践が豊かに展開できるよう条件整備を行うこととなっている。その中で指導主事、社会教育主事はともに教育の専門職として、教育計画の策定や教育機関の職員の研修、指導者の養成等を担うべき存在として位置づけられる。

　したがって、司書出身、学芸員出身の社会教育主事がいてもよいわけである。社会教育の実践機関の公民館主事、司書、学芸員と社会教育主事は、当該自治体の社会教育の推進について実践と条件整備を任務分担しているのであり、時にはその立場を入れ替えることも必要なのである。

3）公民館主事は職名か職員名か

　公民館主事の位置づけを考えた場合、本来的には、職員名であるべきで、同じ教育機関職員の司書、学芸員も同じことが言える。
　辞令形式を検討してみよう。
　公立小学校教員の場合
　　A　○○市公立小学校教員に任命する
　　　　△△小学校教諭に補する
が一般的である。
　これに対し教育委員会事務局の職員は
　　B　○○市教育委員会事務職（吏）員に任命する
　　　　主事に補する
　　　　△△課勤務を命ずる
など多少の違いがあってもほぼこの形態ある。
　公民館職員の場合は、せめて
　　D　○○市公民館職員に任命する
　　　　公民館主事に補する
　　　　△△公民館勤務を命ずる
でありたいが、多くの場合
　　E　○○市教育委員会事務職（吏）員に任命する
　　　　主事に補する
　　　　△△公民館勤務を命ずる
であり、もっとも隔たりがある。しかしこれが一般的かもしれないが
　　F　○○市教育委員会事務職（吏）員に任命する
　　　　主事に補する
　　　　社会教育課△△公民館勤務を命ずる
であり、本来の

C　〇〇市公民館専門職員に任命する
　　　　公民館主事に補する
　　　　△△公民館勤務を命ずる
からは程遠い辞令が発せられている事例が多いのである。

　DとFの違いは、教育機関の公民館と教育委員会事務局とが未分化であることが辞令上に現れている。Fにいたっては、公民館は事務局社会教育課の一担当係となっており問題は大きい。Cでは身分職とし公民館に専門職員を置き、その補職名として公民館主事を置くことが明瞭ではある。しかし本来といってもこれが理想ではなく、専門職員の部分に職員名として公民館主事があって、補職名の部分に職階制の職名（現在の給与体系で職の格付けが号級に反映することをひとまず是認するとすれば）公民館における各職名が入ることが望ましいのである。公民館主事という職員名の者が補職名として副館長であったり、公民館係長であったり公民館主事であったりしてもよいのである。ただし、もっとも望ましいのは、専門職員の中に職階制を持ち込まず、給料表も経験年数だけが反映するようなものが望ましいのであるが、学校の教員すら当初3等級しかなかったものが5級制になり、自治体ではさらに細分化し9〜11級制が導入されるという時代の中では、望む事はかなり難しいことである。

　　　　　　　　　　　　（新井孝男）

6．養成・研修

6—1　公民館職員と社会教育主事
　　　—その養成・研修の位相

　公民館職員の養成・研修が、「社会教育主事」との関連で深められる経緯が視野にいれられる必要があるものの、それによって、公民館職員固有の養成と研修についての探求を鈍くしたということが、公民館職員養成・研修論にはついて回る。

　社会教育学会において養成と研修についての研究集大成となった年報『社会教育職員の養成と研修』（横山宏編、東洋館出版社、1979年）においても、「社会教育主事」を中心に展開されているばかりか、社会教育主事の養成を検討することは、公民館主事等の施設職員の教育専門職員としての資格要件と養成のあり方を検討するための基礎を築くとの認識があると想定される。

　また、現行の採用の実情からみても、「公民館主事任用要件」を「社会教育主事」資格を基礎としていくようになっていることからも、養成に限っていえば、今日の段階では「社会教育主事」養成は、公民館主事養成と結びつけて考えるところがある。しかしながら、こうした社会教育主事の存在が、どれほど公民館主事制度の進展にとって、妨害となってきたかということも考えつつ、この両者を統一的にとらえる制度的改革と理論構築の必要は、ますます大きいものがある。

　1951年、社会教育法の改正によって、社会教育主事が制度化され、1953年、「大学において修得すべき社会教育に関する科目の単位」（30単位）が決定された。これにより、社会教育主事養成が大学において行われるシステムは確立することになる。同時に緊急に養成の必要から、それに先だつ1951年「社会教育主事講習等規程」が制定されて、一定の研修を受講すれば資格の認定につながっていくことになった。

　さらに1959年の社会教育法改正では、主事

の養成にあたる機関のうちに、「文部大臣の委嘱をうけた大学その他の教育機関」(9条の5)も含められるようになるばかりか、「教育に関する学科又は学部を有する大学」での養成に限らず、単に「大学」であれば養成に着手することができることになった。これによって、その専門的資質が問われることなく、「社会教育に関する科目」の24単位が開設され、履修する学生にはいかなる学部でも可能になっていく。

もちろん、これは社会教育主事のことであるが、同じく公民館の主事においても波及することであり、なかには、理科系の学部卒の公民館主事も生まれている。

1971年、国立社会教育研修所が設置されると、その翌年から同研修所において主事養成に着手されるようになった。こんにちでは、国立教育政策研究所社会教育実践研究センター(以下、社会教育実践研究センターと略す)として再編されたこの研修機関では、後に述べるように、公民館職員向けの独自の研修が計画されている。

そもそも、一般に専門的職の養成にあたっては、大学が受け持ち、長期にわたる教育・訓練を通過していくことでなければならないことからすれば、この講習は一時的に大学での養成を補う必要から設定されたとみるべきであろう。しかしながら、今日なお継続し、いや拡大されて「講習」による取得の道が続いていることは、大きな問題であるといわなくてはならない。

6—2 公民館主事の養成—社会教育主事の養成との関連も含めて

社会教育主事制度が登場する以前の1950年、公民館職員に対する研修会が実施されている。「全国公民館職員講習会」が東京・浴恩館において実施されたのである。おなじころ、文部省とCIEの共催による教育指導者講習会(Institute for Education Leadership, IFEL)が、1948年から1950年にかけて実施されており、アメリカの教育論や、教育方法論の導入に力が注がれた。

こうした講習会への参加層は、主として学校教員であって、初期の専任の公民館職員においては、教員の養成・研修との関連が指摘できる。たしかに、公民館主事がはっきり置かれたのは、1948年の青年学校廃止によって生まれた先生たちが、公民館主事として着任するようになったところがあって、青年期教育に熱心な人が働き場所を得て、社会教育指導者としてスタートを切っているというケースも少なくない。

今日の社会教育主事養成の基礎になったのは、1986年、社会教育審議会成人教育分科会「社会教育主事の養成について」の報告を受けて、1987年に着手された「社会教育主事講習等規程」の改正によるものである。

このとき、改正によって、①国際化、高齢化、成熟化、情報化等の社会的諸条件の急激な変化にともなって生ずる新しい学習課題への的確対処と、②首長部局や民間の教育・学習機関、企業等の社会教育関連事業と社会教育行政との調整・連携・協力性の必要を指摘している。これをうけて主事に求められる能力として、

(1)学習課題の把握と企画立案の能力、
(2)コミュニケーションの能力
(3)組織化援助の能力
(4)調整者としての能力
(5)幅広い視野と探求心

そのための養成には、社会教育が当面する課題を演習・実習などを取り入れて実践的な能力を見につけるようにとの改善案を示しているのである。

この場合、公民館の主事養成としての性格を押し出したものではないが、公民館職員の専門的能力と関連する。このとき、「社会教育実習」があらたに加わり、24単位となった。なお、1996年8月、省令改正により、社会教育法第9条の4の三の「文部省令で定める社会教育に関する科目」の「社会教育の基礎」

5 職員制度

が「生涯学習概論」に変更され、図Ⅱ-5-2のとおりとなっている。

このカリキュラムによって、現在、全国に245校（2005年）、すなわち国公立51私立94の四年生大学に、さらに100の短大において開設され、社会教育主事の有資格者が毎年輩出されていることになる。大学での養成は、社会教育主事と公民館主事と区別して養成していることはないが、社会教育実践研究センターにおいては、公民館主事のコースが開設されている。

図Ⅱ-5-2 大学において修得すべき社会教育に関する科目とその単位
社会教育主事講習等規程（第11条 平成12年最近改正）

生涯学習概論	4
社会教育計画	4
社会教育演習、社会教育実習又は社会教育課題研究のうち一以上の科目	4
社会教育特講Ⅰ（現代社会と社会教育） 社会教育特講Ⅱ（社会教育活動・事業・施設） 社会教育特講Ⅲ（その他必要な科目）	12

総単位数24単位

6―3 公民館主事の研修の実態とその展開

社会教育実践研究センターは、2005年7月4日から8日、「平成17年度公民館職員専門講座」を5日間で実施している。

この研修は文部科学省との共催で、公民館職員等を対象に開催している。内容は、1日ごとにテーマを設定して、講義、ワークショップ、事例研究、シンポジウム、現地研修、研究協議等を実施している。

また、公民館職員の場合は、全国公民館連合会（全公連）による研修や都道府県、またはブロック組織によって、研修プログラムが計画されている。これらの組織が、設立当初から、職員の資質向上を図る研修の実施が基本的な役割になっていることから、じつにさまざまな研修プログラムを計画している。

なかでも石川県や福井県の事例など、独自に公民館研修プログラムを準備しているが、これらには社会教育主事研修とは別の、公民館独自のプログラムづくりにかかわってきている。福井県の場合は、研修そのものの学習のあり方にメスを入れた学習の質を問うための研修計画として、ワークショップや話し合い学習を取り入れている。

石川県公民館職員研修は、「公民館長研修（基礎研修、専門研修）」と、「公民館主事研修（基礎研修、専門研修）」から成り立っている。そしてこの研修を終了したものには、独自に「修了証書」を交付している。これは1990年以後のことであるが、1966年より「石川県公民館職員講習規程」を設けて実施されていた歴史がある。

研修内容及は、公民館経営の基本と公民館経営の実際について、きめ細かい内容が提供とされている。

こうした公的研修とは別に、自主研修が公民館主事集団によって組織されることがある。また、職員の研修の目的である力量の形成は、日々の実践の検証にあるという観点から、学習の援助者としての専門性は、住民とのかかわりにおいて検証する方向で研修づくりを計画しているところもある。

たとえば、岡山市の公民館は、1984年に公民館嘱託職員の会（現在「公民館職員の会」）を結成し、「市民のためにいい仕事をする」という自治体職員としての自覚に目覚め、自分の仕事を見つめ直し、力量を高めていく研修を組織している。具体的には、公民館や職員像を描いた公民館白書を発刊し、初任者研修にあたる職員連続講座を開催して、力量形成を図る研修活動を自治的に作り出している。

（上田幸夫）

7. 採用

7―1 制度的位置づけ

公民館職員の採用は、社会教育法第28条に「市町村の設置する公民館の館長、主事その他必要な職員は、教育長の推薦により、当該市町村の教育委員会が任命する。」と規定されている。

「平成14年度社会教育調査報告書（文部科学省）」によると、全国公民館の専任職員数は12,915人で、内訳は公民館長2,250人、公民館主事6,546人、その他の職員4,119人となっている。さらに兼任職員は12,148人（公民館長3,737人、公民館主事4,259人、その他の職員4,152人）、非常勤職員は29,533人（公民館長11,601人、公民館主事7,294人、その他の職員10,638人）となっている。

本来公民館における専門的職員であるはずの公民館主事は、専門職としての養成課程や研修制度も法的にも「あいまい」な位置づけになっており、その採用にあたっても明確な位置づけがあるわけではない。したがって、文部科学省が定期的に行っている上記調査においても、どんな人々が専任・兼任の公民館主事に採用されているのかについて、知ることはできない。この調査自体も調査項目では、「公民館主事（指導系職員）」と記載されており、回答する側（市町村教育委員会等）がそのことをどう解釈して記入しているかも不明である。

一つの事例として、神奈川県相模原市では、市役所全体の一般事務職の採用の中から公民館主事の採用も行われている。しかし、1984年度以降は新卒採用職員の公民館配属はなくなり、その後の採用は全て市役所職員の人事異動の一環として行われ、他部局→公民館→他部局の異動が定着したという(1)。このように、自治体全体の職員採用の中から定期人事異動によって専任・兼任の公民館主事が採用されることが一般的といえよう。

また、その他の職員や非常勤職員は、その実数において専任の公民館主事を遥かに上回っており、公民館職員として実際の公民館活動において大きな力を発揮している。

しかし、その採用にあたっては、それぞれの自治体や公民館においてさまざまな形態がとられているといえる。たとえば、「公民館主事補」という臨時職員を公募して採用している例もある(2)。本項では、公民館職員の要であり、専門的職員である専任の公民館主事の採用に関してのみ取り扱う。

7―2 専門職採用の実態―統計的実態

公民館主事の採用にあたって、どのような資格要件や専門職採用が為されているのであろうか。一般的には、社会教育主事有資格者を公民館主事として採用することが「次善の策」としての公民館主事専門職採用であるといわれている。しかし、具体的な統計調査等が行われているわけでなく、データ的にその実態を明らかにすることはできない。

ここでは、1990年に中央大学公民館研究会が行った「公民館の条件整備に関する全国調査」結果(3)を基に、その全国的な統計的実態を整理したい。

まず「あなたの自治体では、公民館の職員に社会教育主事有資格者を優先に配置する制度または慣習がありますか」という問いに対して、「ある」は18.5％、「かつてあった」は3.6％、合わせて22.1％であった。これに対して「公民館主事（補）」の職名を条例・規則に定めている自治体は「かつてあった」を含めて41.3％であった。

したがって、これらから少し雑ではあるが以下のことを推測することができる。
①全国の22.1％の自治体には社会教育主事有資格者である公民館主事が配置されている可能性が大きい。②全国の19.2％（41.3％―22.1％）の自治体の公民館主事の職名を持つ職員は、必ずしも資格要件として社会教育主事資格を有していない。③全国の58.7％の自治体では、公民館主事は配置されていない（公民館が設置されていない

場合も含む)。

このように、公民館主事の採用にあたっては、自治体によってその位置づけ・対応にばらつきが多く見られ、その専門性や専門職としての位置づけについても格差が大きいのである。

7—3 各地での専門職採用への取り組み

次に、上記調査の「公民館の職員に社会教育主事有資格者を優先に配置する制度または慣習」を持っている自治体の具体的な取り組みについて紹介したい。

まず、1970年代に先駆的に社会教育職員体制の整備に取り組んだのは、千葉県君津市である。本章5節（新井）において詳しく触れられているが、そこでは社会教育主事と公民館主事とをともに専門職と位置づけ、「公民館には当然、成人教育担当、婦人教育担当などの対象別、内容別の専任職員が必要となり、公民館主事は当然複数配置されなければ(4)」とした。

また、大阪府貝塚市では、本章1節において指摘したように、1985年に「社会教育部門における専門職員に関する要項」が定められ、貝塚市のすべての公民館（三館）に社会教育主事有資格者としての公民館主事が配置されるようになり、その後数名が公民館主事として採用されている。

その他、1990年代から今日までの取り組みとして、岡山県岡山市での公民館嘱託職員の正規職員化の動きがある（詳しくは、本章3節を参照）。そこには、嘱託職員として公民館に採用された職員たちが、「岡山市公民館嘱託職員の会」を結成し、集団的に「公民館とは何か」「公民館職員の仕事とは何か」を学び合い、住民とともに積極的に公民館実践を発展させ、さらに職員労働組合とともに労働条件の改善と市民の期待に応える自治研活動を展開していくという20年余りの取り組みがあった。その成果として、2001年度から嘱託職員の中から12名が社会教育主事補（公民館主事）として公民館に採用されたのである。

7—4 残された課題

上記のように一部に自治体における公民館主事の専門職採用の制度化が行われる中、全国的にはすでに1970年代以降、社会教育施設の「合理化」（コミセン化や財団化等）が進められ、公民館では専任職員の引き上げや嘱託職員化、財団職員化等が行われてきた。財団化の中では、財団職員としての専門職化も一部では見られるが、財政難の中では「安上がり」がめざされてきた。

一方、2003年度より「公の施設」に対して指定管理者制度が導入され、公民館においても今後民間企業やNPOなどが指定管理者となっていくことが予想される。その際、専門職としての養成課程や研修制度のみならず、採用においても自治体によって格差があり、その専門職採用が「次善の策」としての社会教育主事有資格者の採用という現状である限り、指定管理者において採用される公民館主事は、はたしてどんな専門性や資格要件等を求められていくであろうか。これまでも教育行政職員である社会教育主事の専門性と地域における教育機関の職員である公民館主事の専門性の違いは指摘されてきたが、指定管理者の性格によっても公民館主事が担い求められる仕事の質は違ってくるだろう。また、「市町村の設置する公民館の館長、主事その他必要な職員は、教育長の推薦により、当該市町村の教育委員会が任命する。」という採用の原則すら、大きく変わってくることも予想される。

(内田和浩)

〔注〕
(1)拙稿「公民館主事の現状と労働内容—神奈川県相模原市を例に—」（山田定市・鈴木敏正編著『社会教育労働と住民自治』筑波書房、1992年）を参照。
(2)たとえば、山口県防府市では2005年度に

「公民館主事補の募集」を実施している。内容は、職種＝公民館等の事務補助。採用人員＝2人程度。応募資格＝満20才以上50才未満。生涯学習に熱意があり、パソコンが使える人。勤務地＝防府市内公民館。期間＝平成17年4月1日～平成18年3月31日。勤務時間＝原則午前8時15分～午後5時（月15日程度の勤務）。月額報酬＝122,800円。などとなっている。
(3)奥田泰弘「公民館の条件整備はどこまで進んだか―1990年『公民館の条件整備に関する全国調査』から―」（中央大学教育学研究会『教育学論集』第47集、2005年3月）を参照。
(4)君津市教育委員会「君津市における社会教育体制の整備について―職員体制を中心にして―」（1971年11月26日）より。

8. 地区組織（主事会等）

8―1　地区組織の意義と役割

　「私達の主事会は五回の会合をもってこの問題について討論しました。それは、どのような公民館のイメージをもち、どんな仕事をしているのかを出し合うことからはじめられました。」これは長野県の飯田・下伊那主事会が1965年にまとめた『公民館主事の性格と役割』の一文である。

　互いの仕事ぶりを交換する事で、公民館職員としての疑問や錯誤を乗り越えて、どのような仕事をすることが公民館の展望を切り開くことになるのか、主事相互の研究会での検証がより自信を確かなものにしてくれる。

　行政単位の研究会はそれぞれの行政課題や行政方針などをどう実現するかということに陥りやすい。そのこと自体は新たな活力を生み出すけれど、行政単位を超えた研究会はその先にある普遍的な教育活動としての視点を養ってくれる。

　どのような仕事であれ、経験の蓄積と技術の伝承を重ねていかないと良い仕事はできない。公民館の仕事にしても主事どうしの真剣な切磋琢磨が良い仕事人を育てる。

1）近畿公民館主事会の始まり

　「近畿圏の都市の公民館は、当時農村的地域を基盤とした全国的な動向とは異なり、都市型の公民館活動を生み出していた。そこで働く公民館主事は、「近畿公民館主事会」を結成し意欲的に新しい社会教育施設、新しい社会教育専門職の確立のために発言を続けた。

　57年、松末三男（当時、豊中中央公民館主事）は、都市公民館主事のあり方を求めて、貝塚公民館主事であった荒木正三と相談し、都市公民館においてすぐれた活動を行なっていた公民館主事を誘い「近畿公民館主事会」の結成を呼びかけた。（中略）近畿公民館主事会が戦後の社会教育史上深くその名をとどめることになったのは、59年社会教育法改正

にさいして「パンを求めて石を与えられた」とする批判と抗議の見解『社会教育法改正問題討議報告』を公表（58年12月26日）し、会の論客の一人であった渡邊英男（当時、尼崎市公民館主事）が、参議院文教委員会公聴会に公述人として出席し堂々たる論陣をはった（59年3月3日）からである。それは公民館関係者の中でも数少ない、組織的な批判と抗議の声であった。(1)

2) 下伊那テーゼ

冒頭の飯田・下伊那主事会による「公民館主事の性格と役割」は地域の中での公民館主事の積極的役割を明らかにし、提言したものであるが、それが全国的にも広く浸透し一つの理念として「テーゼ」と呼ばれるようになった。

下伊那・飯田の公民館設置はかなり早く、松尾（1947年4月）、三穂（1947年5月）、座光寺・千代（1947年10月）など初期公民館の実践がいち早く取り組まれた。1956年の町村合併の時、飯田市の公民館は旧村単位に独立館として残し、専任主事を置くという独自な体制がとられた。1961年の天竜川氾濫の災害は社会経済環境の激変も関連して、生活の中で公民館や公民館主事がなぜ必要なのか、などを真摯に討議させていく契機になった。このことにより下伊那テーゼと称される下伊那の公民館主事集団の共同討議報告文書が生み出されていく。

飯田市の公民館は1952年に始まる県公民館大会に刺激されて、1962年に市公民館大会を開催し、公民館事業の検討を行なっていくようになった。それが「公民館運営基準の研究」となった。そこには公民館主事会の学習の蓄積、市行政の姿勢、自治会の意思などが反映していた。(2)

8—2 都道府県レベルの組織の実体 —県公連主事部会等

1) 県公民館連合会

各都道府県には県公民館連合会（連絡協議会の名称のところもある）があり、都道府県ごとに年に1回の「公民館研究大会」を開催している。

都道府県公民館連合会（連絡協議会）のもとに各地区公民館連絡協議会の組織がある。兵庫県の場合は阪神南、阪神北、東播磨、北播磨、中播磨、西播磨、但馬、丹波、淡路の9地区に分かれている。

会則を見ると1960年に全面改正を行なっているが、1953年6月に兵庫県都市公民館運営協議会を加古川市公民館で開催し、1954年4月に兵庫県都市公民館長会議を伊丹市で開催している。8月に兵庫県公民館連盟公民館運営研究集会打ち合わせ会を開催し、10月に県下都市公民館長会議を西宮市鳴尾公民館で開催している。兵庫県教育委員会と兵庫県公民館連盟主催の「公民館関係者講習会」を1954年10月に宝塚市の中山寺で開催している。(3)

兵庫県公民館連盟の時代から公民館活動研究部会を持っており、1982年に全面改訂を行い、兵庫県公民館連合会の規程により、公民館活動研究部会を設けるとなっている。

その目的は市町立公民館関係職員相互の連絡調整を図るとともに、公民館活動についての諸問題を調査研究、討議し、県下公民館活動推進の中核的役割を果たすものとするとしている。組織については地区研究部会を基にして、県の研究部会は各地区の部会長・副部会長による構成としているのみである。

2) 地区公民館連絡協議会

兵庫県公民館連合会のもとにある地区公民館連絡協議会は、ここが公民館職員相互の研究の場である。阪神地区連絡協議会も現在は、4回の連絡会と県公連の定め基づいた研究部会に分かれて開催している。研究部会では、

それぞれに研究テーマを検討し、それを県公民館大会の分科会のテーマとしている。年間9回程度の開催を行なっている。

3）ブロック連絡協議会
近畿地区公民館連絡協議会は1952年に設立している。現在の規約は1961年に制定したもので運営しており、年1回の近畿公民館大会を開催している。1953に第1回公民館近畿協議会を開催し、1955年に近畿公民館連絡協議会を開催している。(4)

8―3　市町村レベルの組織の実体

1）飯田市公民館主事会
現在の飯田市は人口約10万5千人、3万6千世帯、飯田市公民館ほか、18地区公民館に19人の公民館主事会が発令されている。月1回の主事会で事務連絡と共に市の部長クラスから行政課題などについて講義を受ける形で研修を行なっている。規約などはなく、昭和40年代から公民館主事会は続いており、自発的な研究会という形をとっている。公民館のカルチャー化への対応など自分達の課題を語り合う研修会となっている。

2）松本市公民館主事会
松本市は1947年に公会堂を転用して松本市公民館を設置したという古い歴史を有しており、人口約22万8千人、9万世帯において、32の条例公民館と453の町内公民館（自治公民館）があり、市民生活に根付いた活動をしている。

松本市では小学校区程度の日常生活圏に条例公民館が配置され、コミュニティづくりが市政の重要な柱となっている。改訂版「町内公民館活動のてびき」を発行しながら、町内公民館の支援と連携のネットワーク化を模索している。

42人の公民館主事は月に2回、教育長名で招集される主事研修会を持ち、自らの研鑽と公民館の在りかた等を論議しながら、地域づくりの中核としての自覚を高めあっている。

3）相模原市の公民館職員集団
相模原市には23の公民館があり、1975年以降「公民館職員研修会」を勤務時間内に保障させ、職員の意思統一を図りながら公民館活動を推し進めてきた。これとあわせて、公民館活動に熱意を持つ職員は、1972年に職員と住民により結成された「相模原市社会教育研究会」という自主的な研究会で学習を深めていった。

1974年策定の「相模原市公民館整備基本計画」の実施計画において「館長、公民館主事、事務職員については、常勤・専任の職員を逐次配置する。特に公民館主事は、社会教育専門職として位置付ける必要があるが、当面は社会教育主事またはその有資格者を配置する」とし、公民館に社会教育主事を配置してきた。

現在の公民館には地域選出の非常勤の館長、課長級職員である館長代理、非常勤嘱託職員の公民館活動推進員の3人で構成されている。活動推進員による研究会も開催されていた。2005年からミニ公職研のような実務研修が6班にわかれて開催されている。

4）奈良市生涯学習財団職員の研修会
奈良市は2001年度から市内22館（生涯学習センター＋公民館21館）の管理運営を奈良市生涯学習財団に委託した。市町村合併により2005年度から月ヶ瀬、都祁公民館の2館が加わり、現在24館をこの財団が管理・運営している。

財団設立にあたっては社会教育主事補の任用資格があること、公民館活動にふさわしい特技を備えていること等を条件に職員が公募され、現在72名（館長19名、正規職員50名、非常勤職員3名）の財団職員が奈良市の公民館の運営に携っている。

2002年11月に「なら生涯学習研究会」が組織された。この研究会は、主に財団職員の

スキルアップを目的として奈良教育大学の教授らが企画したもので、月に1回、休館日である月曜日に奈良教育大学において開催されている。メンバーは大学教授、公民館職員（財団職員を含む）、市民、学生等で構成されており、毎回10名前後で活動している。

5）入間地区公民館連絡協議会

埼玉県入間地区は14市町（川越市・所沢市・飯能市・狭山市・入間市・富士見市・上福岡市・坂戸市・鶴ヶ島市・日高市・大井町・三芳町・毛呂山町・越生町）に102の公民館があり、370人の職員が勤務している。

1949年の社会教育法の制定後、ブロックごとに公民館設置促進協議会が組織され、これまで未設置であった町村も公民館設置を進めることとなった。1950年には入間郡市公民館連絡協議会準備会が13公民館の参加により結成された。1955年には40館を越える加盟をえて、入間地区公民館協議会と改称された。

入間公連では、県外派遣研修（1969年から）、研究紀要の発刊（1970年から）、体育実技研修会（1971年から）と新しい研修システムをつぎつぎとつくりだし、公民館職員の意欲と能力の向上に大きな役割を果たすことになった。(5)

6）東京都公民館主事会

1958年東京都公民館連絡協議会の内部組織として公民館主事会が結成された。各館の情報交換を含みながら、主として公民館職員の研修、資質の向上を当面の目標とした。20館に満たない館数、館長もほとんど兼任といった状況の中で、以後、60年代から70年代初頭にかけて主事会が都公連をリードしていくのである。（中略）

都公連主事会は1973年に職員部会となり1976年には館長部会ができて、公運審部会とともに、三部会制となったが、80年代に向けて職員部会が都公連をリードしていくのである。また、三多摩では同志的連帯をめざした「北多摩新人会」が1965年に結成された。三多摩社会教育懇談会にも参加していた大卒の若い職員達の連帯である。三多摩社懇がやや研究者中心に片寄る中で、そうではない第一線の職員の悩みや労働条件の改善等を、職務の専門性と共に語り合い、実現していこうというものであり、「職務の自律性とともに職人的社会教育職員をこえる専門性をめざし、民主的職場づくりを当初からめざしていた。この新人会は中心メンバーが社会教育推進全国協議会事務局を引き受けるとともに、三多摩社会教育研究会へと発展的解消をした。こうした専門職員の充実や集団の形成は、住民との連帯を深め、都市公民館を定着させていく原動力になったのである。(6)

(竹内正巳)

［参考文献］
(1)松岡伸也・村田和子・山本健慈「地域の課題、住民の要求に応える公民館実践の歩み―大阪府貝塚市」小林文人・佐藤一子編著『世界の社会教育施設と公民館－草の根の参加と学び』エイデル研究所、2001年、457-458頁
(2)桜井毅「飯田市における公民館活動の特徴と課題」姉崎洋一・鈴木敏正編著『公民館実践と「地域をつくる学び」』北樹出版、2002年、8-12頁
(3)『兵庫県公民館連盟書類綴』西宮市鳴尾公民館所蔵資料
(4)『兵庫県公民館連盟書類綴』西宮市所蔵資料
(5)太田政男・沖山勗・金田光正「教育機関としての公民館活動―埼玉県入間地域」小林文人・佐藤一子編著『世界の社会教育施設と公民館－草の根の参加と学び』エイデル研究所、2001年、398-399頁
(6)進藤文夫・山本健慈・沖山勗「都市化と新しい公民館像の模索」日本社会教育学会特別年報編集委員会編『現代公民館の創造』東洋館出版社、1999年、179-186頁

第6章 利用者・住民

はじめに
1. 子どもと公民館
    1 子どもの歓声が聞こえる公民館／2 公民館の"子ども講座"などの事業／3 子どもを真ん中においた地域づくり―市民センターを拠点に学びあい・育ちあう―
2. 若者と公民館
    1 公民館と青少年教育施設の狭間で／2 青年学級と公民館／3 青年団の活動拠点としての公民館
3. 女性と公民館
    1 戦後の女性たちの学習活動／2 国際婦人年以降の学習活動／3 女性問題学習とその課題／4 学習課題の設定と支援方法
4. 高齢者と公民館
    1 高齢者と公民館を考えるということ／2 表現しはじめた高齢者たち／3 健康に生きること・老いや死をどう学ぶか／4 高齢期の暮らしをデザインする―スローな価値と自由な場をとりもどすために―
5. グループ・サークル活動と公民館
    1 インフォーマルな自主的活動集団／2 多様な活動領域、活動目的／3 グループ・サークル活動の意義／4 支援する側（公民館等）の役割と視点／5 グループ・サークルが直面する今日的状況
6. 社会教育関係団体
    1 社会教育法第10条／2 社会教育関係団体と行政機関の関係／3 社会教育関係団体の認定をめぐる問題／4 社会教育関係団体と公民館の活動支援／5 社会教育関係団体と団体登録制度／6 生涯学習行政と社会教育関係団体の課題
7. 住民参加と公民館（利用者懇談会・利用者連絡会を含む）
    1 住民参加の法的根拠／2 住民参加の方法と形態／3 町内公民館・自治公民館と住民参加／4 委託・指定管理者制度との関係
8 公民館はなぜ無料か（公民館無料の論理）
    1 公民館を有料化している自治体は全国で2.4％しかない。／2 なぜ、公民館は無料なのか。（その1／その法的根拠）／3 公民館設置の目的を考えても公民館は有料化できない。（公民館はなぜ無料か／その2）／4 公民館の有料化は公民館の質を低下させる。／5 どんな場合に公民館有料化論が出てくるか。／6 自治公民館・町内公民館の場合を考える。
9. 教育文化産業と公民館
    1 「教育文化産業」というイメージ／2 「教育文化産業」と社会教育の関係史／3 「教育文化産業」論に残された課題／4 「教育文化産業」と公民館

6　はじめに

1) 第6章の章名を「利用者・住民」としたことについて、正直なところ若干の違和感がないわけではない。特に「利用者」という言い方がそうである。公民館の利用者には違いないのであるが、できれば他にいい表現がないものかと思う。何故なら、「利用者」という言い方は、公民館が思考の中心にあってその利用者という「公民館中心」主義の考え方についなってしまうおそれがあるからである。公民館は、本来、住民・市民・国民が幸せになるための施設であって、それは「住民の、住民による、住民のための公民館」であるべきであり「住民を中心において公民館のあり方を考える」という筋道が大切だと考えるからである。

しかしただ、この考え方を強調しすぎると、逆に、それでは公民館には職員はいらないのですねと「職員不要論」にすっとすり替えられてしまう危険性もある。しかし、それは違う。日本国憲法第26条が「すべて国民は、法律の定めるところにより、その能力に応じて、ひとしく教育を受ける権利を有する。」と宣言している趣旨は、「あらゆる教育の手だてを得る権利」としての学習権（ユネスコ「学習権宣言」1985年）をすべての人に保障するというところにある。すべての国民の中には、NPOや市民活動を主体的に組織して活動する自覚的市民から、いままさに自覚的市民に成長しようと努力している市民まで、いろいろ存在しており、その「すべての」市民に対して、必要な「教育の手だて」を提供しようとするのが公民館なのである。

なお、「住民」という表現を併せて用いたのは、社会教育法第20条が「公民館は、市町村その他一定区域内の住民のために、実際生活に即する教育、学術及び文化に関する各種の事業を行」うと定めていることに拠ったものである。

2) 章の構成は、大きく4つに分けた。

第1部は、利用者・住民を年齢、性、その他の特徴等によって分けて並列した。これは、公民館の側からいえば、公民館がいわゆる対象としなければならない人々を便宜上分類したということになろう。その精神は、公民館が仕事をするときは、常に、すべての国民をいつも視野の中に入れておくべきである、ということにある。「1. 子どもと公民館」「2. 若者と公民館」「3. 女性と公民館」「4. 高齢者と公民館」がそれである。（「障害者と公民館」については第14章3節、「外国籍市民・マイノリティ・路上生活者と公民館」については第14章6節7節9節を参照。）

第2部は、公民館がその誕生の時から特に関係の深かった2種類の団体を取りあげた。「5. グループ・サークル活動と公民館」と「6. 社会教育関係団体」とである。これは、いわば利用者・住民が集団として公民館に関わるときの公民館側の対応の仕方を論じたものであるといってよい。

第3部は、利用者・住民と公民館の関係のうちで最も基本的でかつ重要な問題を取りあげている。これらは、いずれも公民館の本質論の一部を形成するものであるといってよいであろう。「7. 住民参加と公民館（利用者懇談会・利用者連絡会を含む）」「8. 公民館はなぜ無料か（公民館無料の論理）」がそれである。（「公民館運営審議会」については第4章4節を参照。）

第4部は、公民館が比較的最近になって対応を迫られることになった「9. 教育文化産業と公民館」の問題について取りあげている。（「NPOと公民館」の関係については、第Ⅰ部4章、第13章1節を参照。）

総じて、利用者・住民が主権者としての主体形成をする上で、公民館は何ができ、何をしなければならないかを、各方面から考える章でありたいと考えている。

（奥田泰弘）

1．子どもと公民館

1－1　子どもの歓声が聞こえる公民館

　公民館と子どもの利用について、枚方市の渡辺義彦は著書『公民館取扱説明書』の中で、子どもが公民館を活発に利用できるようにするには「子どもを特別扱いせず、大人と同じように、何の条件もつけずに、権利と責任ある主体として、当たり前に受け入れることである」(1)とし、子どもを社会を構成する一員、即ち、権利主体として認めることであると述べている。

　子どもが日常的に公民館やコミュニティ施設を積極的に利用し、絶えず子どもたちの歓声が聞こえる施設にするためには、渡辺氏が言うように、子どもを権利主体として扱い、差別、排除しないことが大切である。同時に子どもにとって魅力のある施設、行きたくなるような施設にすることが重要ではなかろうか。筆者が北九州市の穴生公民館で、住民や職員と共に実践した、子どもにとって「なくてはならない公民館」づくりは次のようなものであった。

　――玄関を入ったらロビーにベビーベッドがあり／若いお母さんが気楽に来れる雰囲気で／絵本や子ども向きの文庫がいつでも自由に利用でき／育児ボランティア養成講座を卒業したボランティアがおり／育児サークルが活動し／絵本の読みきかせや影絵などのサークルが活発に活動し／児童文化の出前にいつでも応じられるボランティアサークルがあって／幼児向けに「絵本とお楽しみ会」があり／小学生向けに「あそびの学校」／それをお世話する中高校生ボランティアの育成と社会参加に力を注ぎ／地区内の家庭教育学校（4校）が共同で「クローバー通信」を発行して全保護者に配布し／「おやじの会」が出番待ちしていて／子ども劇場等と共催で「地域舞台公演」を定期的に実施する公民館。

　これらの活動の多くが、10年を経過した現在も継続されている。

1－2　公民館の"子ども講座"などの事業

　今日、公民館の子どもを対象にした講座・学級・教室・クラブ等は全国各地で様々に展開されているにちがいない。

　社会教育を子どもとの関係において、学校外教育・学校外活動と位置づけた時代から、現在は特に社会教育・生涯学習の中核施設である公民館が学校教育との連携・融合を含めて、学校・家庭・地域をつなぐ役割が求められている。

　学校週5日制、総合的な学習の時間と生活科の創設、全国子どもプラン、新子どもプラン、子どもの居場所づくり新プラン、学社連携・融合などの諸施策との関係からも、公民館が子どもの教育に果たす役割は増大し、それにかかる事業も多岐にわたってきている。

　ここでは、多種・多様な子ども関連の講座・事業や活動事例を紹介することはできないが、これらの事業を企画運営するに当たっての公民館等、施設側の視点や留意点についていくつかをあげておこう。

○　子どもを事業の対象としてだけではなく、主人公（主体者）として位置づける。そのために、子ども自身が事業の企画・立案・運営に参画できるように配慮する。
○　併せて、企画・運営には親や地域の大人の支援・役割を忘れない。
○　親や大人の押しつけ、動員型にならない。
○　参加にあたっては、子どもだけではなく親への働きかけも同時に行われる必要がある。
○　対象は同一年齢に偏らず、例えば乳幼児期から学童期につなげていく活動の編成や、異年齢のネットワーク化を意識したタテの関係も重視して編成する。
○　単発的でなく、プログラムを通じて参加する子どもたちが螺旋状に発展・成長していくことを念頭においた学習計画を立てる。(2)
○　子どもの学習意欲、活動意欲を高め、創造力の涵養に結び付くようなものにする。

6　利用者・住民

161

○ 地域の自然や人材、教育資源の有効活用を図る。
○ 実践的な生きる力——生きる技（生活力）、生かす心（社会性）、生き抜く夢（創造性）を培う内容に。
○ 「遊び」「体験」「労働」「自立」といったキーワードを重視する。
○ 時には、子どもを学習者から「教える側」に回すことも考えてみては・・・
　例えば、年長者パソコン教室の講師役など。

1—3　子どもを真ん中においた地域づくり—市民センターを拠点に学びあい・育ちあう—

　公民館が全廃された北九州市では、市民が学び・集い・結び合う拠点として、今、小学校区単位に設置されている「市民センター」（北九州市では2005年1月から公民館が市民センターと改称され所管も教育委員会から首長部局に移管された）の役割が重要になっている。公民館50年の蓄積を生かし、学びを基礎に子どもから高齢者までに愛され、親しまれるセンターづくりをめざす館も萌芽しつつあるなか、子どもを真ん中においた各種事業の展開を軸に、新たなコミュニティの構築に取り組む「北小倉市民センター」の事例を紹介し、"子どもと公民館"というテーマのもつ今日的課題領域の一端を探ってみることにしたい。

1 事業のコンセプト

　6項目からなる事業のコンセプトは、①毎日子どもの歓声が聞こえるセンターづくり　②子どもたちが自由に、気軽に出入りでき、居場所になれるセンターづくり　③子どもが主人公として参画する行事や体験が満喫できるセンターづくり　④子どもの遊びをサポートするボランティアが自主的に、のび伸びと活動しているセンターづくり　⑤職員とボランティア、地域の大人たちが子どものために共に汗を流せるセンターづくり　⑥子どもと大人が日常的に交流し、声をかけ合える地域づくり→＜地域で子どもを育てる＞＝教育力のある地域づくり

2 事業の組み立て
○ いつでも行ける居場所がある～毎日がフリースペース
○ 「遊び」と「体験」がテーマ～生き生き子ども講座＜きたっ子ランド＞
○ 親子で行ける「場とイベント」がある～乳幼児フリースペース＜ぷよぷよ＞
○ 「地域で子育て」を支援できる体制づくり
○ 子どもも地域づくりの担い手に～ぼくらは町の＜おたすけマン＞

3 子ども関連の主な事業

　①2002年度から始めたもの・・・フリースペース常時開設、生き生き子ども講座＜きたっ子ランド＞、まちづくりリーダー「結び手」講座、おたすけマザー養成講座、読みきかせボランティア養成講座、中高校生ボランティア養成講座、中高校生ワークショップ、子ども文化祭、夏休み体験講座（お菓子づくり、大正琴、俳句）　②2003年度から始めた事業・・・まちづくり講座「人情下町・北小倉」開設、生活体験通学合宿、きたっ子アンビシャス広場　③2004年度から始めた事業・・・小学校のクラブ活動とセンターのクラブをつなぐ「じょいんと倶楽部」、食育をテーマに親子で参加する「家庭教育学級」、ボランティアの会「アンテナ・ドット・来い」発足

4 成果と課題
○ 3年間の取り組みは、人間関係の希薄化が子どもたちにも大きな影を落としているといわれる昨今、子どもを真ん中におき、地域が子どもの育ちに目を向け、関わることを通して人のつながりを取り戻し、安全で安心な地域づくりを進めようという目標を持ったものであった。地域づくりは地域活動を通じた人づくりが、そして、人が育つためにはそこには

必ず「学び」があるという関係、「地域をつくる学び」が、ようやくにして軌道に乗りはじめた。
○ 地域の子どもの身近かにある居場所として定着し、異年齢交流や中高校生を含む青少年の育ちの場となりつつあることを大切にしたい。今後とも、学校の持っている教育力と地域の人材をうまくマッチングして、住民と共に歩みつづける活動にしなければならない。(3)

（山下厚生）

〔注〕
(1) 渡辺義彦著『公民館取扱説明書』ふきのとう書房、1998年
(2) 恒吉紀寿著「子どもの学校外教育」末本誠・松田武雄編著『生涯学習と地域社会教育』春風社、2004年
(3) 北九州市教育委員会『公民館・市民福祉センターの特色ある生涯学習活動』平成14・15年度、佐藤八代江「子どもを真ん中にした地域づくり」『月刊社会教育』2005年7月号、及び北小倉市民センター・佐藤八代江館長からの聞き取り取材による。

2. 若者と公民館

2—1 公民館と青少年教育施設の狭間で

「若者と公民館」は、戦後社会教育において古くて新しい課題の一つである。終戦の年の秋頃から各地で新しく結成された地域青年団は、翌年1946年7月の公民館に関する設置・運営についての文部次官通牒を契機に、公民館建設運動を担ってきた。なかには、青年団の施設を公民館に再編するなど、郷土復興の館設置に若者が尽力した例が各地でみられる。一方、1947年の学制改革により勤労青年の学習の場であった青年学校が廃止されたが、多くの若者は自主的な学習集団をつくり、それが公民館の定期講座と結びつき青年学級として普及・発展していった経緯がある。つまり公民館の萌芽期には、若者が公民館の普及を支え、公民館が青年学級を重要な領域としながら伸長していったことが確認される。

若者と公民館は、戦後社会教育の胎動として位置づきながらも、その後の高度経済成長に伴う離村、過疎、都市化による社会構造の変化や、後期中等教育への進学率の増加と高学歴化等によって、その関係に衰退傾向を示すようになる。その大きな変化の一つは、1953年10月の町村合併促進法による公民館の統廃合によって、これまで自治的であった公民館が減少し、代わって公民館の広域化が断行されるようになったことである。公民館を活用していた地域青年団も次第に町村青年団に統合され、また彼らの自主的な青年学級は、同年8月に制定された青年学級振興法によって公的に担われるようになった。

そして二つには、1955年以降に国庫補助によって推し進められた「勤労青少年教育施設」や「青少年野外訓練施設」、いわゆる「青年の家」が各地につくられるようになり、その結果青少年の教育が地域社会の役割から、青少年専門施設へと変化したことにある。

今日の公民館では、若者の利用促進を図る

ために、音楽室やホールを設置することが一般化しはじめているが、それでも若者の利用率は他世代と比較して少なく、同様に青年の家についても、勤労青年の利用の割合が落ち、在学青年の占める割合が圧倒的に大きく、国庫補助の要件が現実的でなくなっていることも指摘される。また若者の自主的な活動に、居場所・たまり場としての公民館の役割が模索される一方で、無関心層の存在も等閑視し得ない。公民館事業に多くの若者が参画していない現代的状況をどのように考え、公民館と若者の関係はどうあるべきか。それが今日的な新しい課題である。

以下では、若者と公民館の関係が地域生活の場を背景にして展開してきた歴史的経緯を重視した上で、現代に生き続ける両者の相互関連的発展について青年の学習の視点から探究したい。

2—2　青年学級と公民館

若者の学習は、社会変動に伴い若者の意識が変化し、若者の要求も多様化したことによって、一律の青年学級では対応できなくなったとされている。1999年に青年学級振興法が廃止され、同時に改正された社会教育法からも、青年学級の関連条項が削除された。しかし法令が廃止されたとはいえ、全国各地で活発に行われている青年学級・講座は、今日においても青年教育の重要な位置を占めている。

1992年度の文部科学省の統計によれば、青年を対象とした学級・講座数、受講生数は、公民館で5,557件・169,065人、青少年教育施設では7,050件・166,240人となっている。青少年教育施設では、数多くの講座を開講している一方、受講生は公民館の方が若干上回っている。しかし対象別にみると、青年の受講生は他の世代に比較してかなり少ないとはいえ、公民館事業における青年対象の学級は、青年の学習を保障するために、その公的役割を免れない。残念ながら青年学級振興法廃止以降の青年学級に関する統計が見あたらないが、公民館の青年教育に対する理念は変わることはない。

新潟県十日町市公民館は、1948年に十日町青年講座を開講して以来、青年学級として定着し、また青年学級振興法が廃止以降も今日まで青年学級を主軸とした活動を行っている公民館である。同公民館では、年間を通した学習活動が職員と学級生の共同関係において実施されてきた。その学習内容は、「コース別学習」「全体学習」「自治会活動」によって編成され、なかでも中軸となる「コース別学習」では、教養の向上をめざした「焼き物」、「シネマ＆ビジュアル」、「パソコン」、「英会話」、「手話」（2005年度）が開設され、年間約40回の講義、実習・実技が用意されている。

十日町青年学級の実践は、時代とともに変化する青年の学習要求に、担当職員が試行錯誤しながらも青年たちと真摯に向き合い、そして地域生活と結びついた学習活動を公民館を拠点に展開してきた。そのことが、毎年数多くの学級生を生み出してきた要因と考えられる。

このような若者を地域生活・公民館から切り離さず、地域のなかで学習を保障する実践は、全国各地に確認される。たとえば福岡市城南区長尾公民館では、1977年から24年間、青年学級で学んだ若者たちが中心となって、自主サークル「ウハウハ長尾」が結成され、地域づくりや子どもたちとの野外活動を展開している。ウハウハの実践は、学級・講座の枠組みを超えた子どもたちとの自然・地域学習を通して、若者自身が成長する学習活動となっている。また、滋賀県秦荘町公民館では、「町づくりを考えたとき将来を担う若者を育むのは町の責任」であるとして、青年団活動が停滞しても、公民館の青年団室を閉鎖せずに、青年団の復活を支援した。今では公民館が青年団活動の拠点になっているが、公民館が若者の仲間づくり・居場所として機能するためには、長期的な公的支援も欠かせない。

2—3　青年団の活動拠点としての公民館

　若者と公民館を結びつける最たるものとして、青年学級に言及してきたが、もう一つの視点として、地域文化との関係からとらえてみたい。なぜならば青年の学習は、学級・講座にとどまらず、地域の担い手形成としての意義も持ち合わせているからである。

　地域文化や祭り行事、郷土芸能の継承者として期待されてきた地域青年団の役割は、青年団が衰微し、継承する集団が多様化したにしても、現代青年へ課されていることには変わりはない。そのような地域文化の継承者である若者が、地域の拠点である公民館——その多くは自治公民館であるが——を自らの活動拠点にもしている事例、その典型が沖縄の公民館と青年会である。

　日本本土では、戦後に生まれた多くの自治公民館が統廃合されて、広域的な公立公民館・地区館が設置された。またその活用者である地域青年団が町村青年団へと再編されて、地域という最小の生活単位における自主的な活動・学習が公的施設における公的社会教育に代わっていった。そのような時代変革のときに、沖縄は異民族統治下にあって、自治体行政の未整備などから、自らの生命・生活・生産を守るためには、自治的で自立的な地域組織が必然的であった。その自治活動の中心に自治公民館が位置づき、そして青年会もその組織の一翼を担ってきたのである。その後1972年の本土復帰によって、本土法の適用をうけたものの、沖縄の社会教育は、歴史的基盤にたった自治公民館制度によって成立しているといえる。

　沖縄の自治公民館は、地域青年会の活動拠点としての意味づけをされ、地域によっては青年会室を併せ持つ公民館もある。青年会の中軸となる活動は、地域行事である旧盆のエイサーや豊年祭の郷土芸能であるが、その練習場所、道具置き場も当然ながら公民館となる。しかし、若者がこのように自由に公民館が使えるのも、地域文化を継承し、かつ地域の看板・名前を背負って活動しているからであり、そこには地域の一員としての自覚と認識の形成が見られる。また、若者たちは、自らの活動のみならず、子ども会や婦人会、老人クラブとの交流や地域清掃、自治会活動への参加など、地域文化に関わるあらゆる場面への参画が求められる。地域認識の深化は、このような地域という最小の生活単位において、若者も切り離されずに支え合える関係に結びついていることにあると考えられる。

　青年会と自治公民館の関係は、社会教育的には学習論を持たない、土着的な自治組織でしかないとの指摘を受けてきたが、学習を地域文化伝承のなかに見出すことによって、これまでの否定的な観点を覆し、青年の学習を多角的にとらえることが必要である。

　若者が公民館に集い、学習活動を展開する様は、その学習内容や目的によって様々である。しかし、若者が主体的に地域づくりや子どもの健全育成に貢献していこうとするグループや集団も増えてきており、今後公民館が果たす役割は大きくなりつつあるといえよう。

（山城千秋）

〔参考文献〕
(1)「秦荘町(滋賀県)、公民館に生まれる仲間と居場所」日本青年団協議会『Willy Times』1999年2月号
(2)越村康英・田村達夫「青年学級を推進した公民館—新潟県十日町市—」小林文人・佐藤一子『世界の社会教育施設と公民館』エイデル研究所、2001年
(3)上野景三「青少年施設の変遷と課題」日本社会教育学会『子ども・若者と社会教育—自己形成の場と関係性の変容—』東洋館出版社、2002年

3. 女性と公民館

3—1 戦後の女性たちの学習活動

　戦後の民主化への改革の一つである女性解放は戦前の国家体制を支えた家父長制家族制度からの解放をめざすものであった。日本国憲法における男女平等（第24条）や教育基本法での男女共学（第5条）の条文はそれらを具体化したものである。しかし戦後初期の社会教育には戦前の特質である官府的民衆教化性、農村地域性、団体依存性、青年中心性が残存していた。

　やがて公民館が活動を開始すると、女性たちはまず親学級、両親学級、社会学級等に参加する。当時使用されたナトコ映写機や8ミリ映写機などの視聴覚教材は女性たちの意識や生活改善に影響を及ぼした。静岡県稲取の婦人学級〔1955（昭和30）開設〕を代表例とする婦人学級や、新生活運動協会の生活学校〔1964（昭和39）年開設〕でも、女性たちは公民館主事や社会教育主事、生活学校推進員らの支援のもとに自分の生き方や子どもの教育、家族のあり方、女性史、さらに生活改善から安全な食品の開発や平和の問題などを学習した。この時期の代表的な学習として農村部では新潟県妻有地域の生活記録や長野県松川町の健康学習、都市部では福岡県八幡市戸畑（現北九州市）の公害学習、東京都杉並区の平和学習に端を発する原水禁運動や草の実会等の活動をあげることができる。

　育児期の女性たちに学習権を保障するために1965（昭和40）年に公民館保育室を併設した東京都国立市の試みは、女性の学習に新たな視点を提供した。育児期の女性の学習権保障は母と子にとって有意義であることから、「共育」（共に育つ）の価値が共有され、多くの公民館に保育室が併設されはじめた。それは育児期の女性たちが公民館の講座へ参加することを可能にし、女性問題への気づきをも促した。また、東京の区部では女性社会教育主事の学習支援による婦人学級が開設されていた。

3—2 国際婦人年以降の学習活動

　1975（昭和50）年から国際婦人年を契機とした国内行動計画に基づいた女性（婦人）問題学習が全国的に展開された。日常の生活上におこる具体的問題を取り上げ、精神的、経済的自立をめざす主体の形成を軸とした学習は、家父長制家族制度イデオロギーに付随したジェンダーの縛りを解き、女性たちの新たな生き方をさぐるものであった。なお「女性（婦人）問題」の言葉の使用については女性に固有な問題として「婦人問題」が妥当とする見解もあるが、現在はおおむね「女性問題」が一般的に使用されている。

　公民館の主催事業として取り組まれた講座からは多くの自主グループが生まれ、主体的な学習活動が展開された。学習の成果を記録した文集が綴られ、生活記録運動と結びつくものもあった。就労を目指す女性たちも増加し、育児期の問題（保育施設の増設等）や介護問題の解決に向けての運動にも発展した。国立女性（旧婦人）教育会館の主催する研修や集会には全国各地から女性たちが集まり、学習の成果が報告された。公民館のみならず女性センターなども含めて女性問題を男性問題として学ぶ動きが出てきたのもこの時期である。新生活運動協会では生活学校や生活者会議などにより中央行政官庁へ要望書を提出する等の活動や、福祉を中核とした地域づくりなど行政と協働の活動を繰り広げていた。

　趣味的な学習も増加し、民間のカルチャーセンターと競合する中で、学習者のネットワークも組まれるようになった。学習者の運営委員会のもとに子どもの発達過程に応じたグループの学習支援や他の機関や施設とのコーディネートを公民館が行った貝塚市子育てネットワーク等は80年代に開始された試みである。

　現在公民館では中高年女性たちの健康づくりや趣味のグループ活動が多いが、育児期の女性の利用も増加している。しかし託児サー

ビスを実施した学級、講座は文部科学省『平成14年度　社会教育調査報告書』によれば全講座の1.2％であり、対応が不十分であることが指摘できる。また、女性問題（女性史、職業に関する知識などを含む）の学習内容の比率が低いことも同時に懸念される。

　2000年以降の女性や子どもや公民館に関係する法整備を振り返ると、2001（平成13）年の「社会教育法改正」においてボランティア活動の奨励や家庭教育が重視され、「公民館の設置および運営に関する基準」の見直しでは公民館と児童館や保健センターなどの施設との協力が示されている。さらに、2003（平成15）年の「次世代育成支援対策推進法」や同年成立の「児童福祉法（一部改正）」ではすべての家庭に対する子育て支援を市町村の責務とし、「少子化社会対策基本法」に基づき昨年6月に閣議決定された「少子化社会対策大綱」で行政サービスの一元化が示され、2005（平成17）年4月には都道府県と各市町村ごとの「次世代育成支援行動計画」が策定されている。行政横断的な試みが示される中で学習環境の早急な整備が求められよう。

　すでにみたように公民館では女性問題学習の取り組みが成果を収めている。1999（平成11）年に「男女共同参画社会基本法」が制定され、各自治体の行動計画が策定されていることを踏まえれば、今後は子育て支援を含めた女性の自立や地域の学習が今まで以上に求められよう。

3—3　女性問題学習とその課題

　女性たちの人生は平均寿命の伸びとともに大きな変化を遂げている。就労形態も多様化し、M字型曲線のカーブは緩やかになったが、離職理由は依然として結婚や育児が多い。また、女性の場合新規学卒者と再雇用者が共に非常勤、嘱託、臨時職員等、非正規職員として雇用される者が大多数を占めている。さらに婚姻率や出生率の低下、離婚率の上昇、セクシャル・ハラスメントやジェンダーバッシングも多い。男女平等とはいえ、女性の人生にはまだまだ未解決の問題が多い。こうした点からも公民館職員に女性が多く配属され｜前述の『社会教育調査報告書』によれば2002（平成14）年度の全国公民館専任職員は男性8,073人に対し女性職員は4,842人である｜、利用者の不安や疑問を女性の立場で受け止めて学習し、課題を設定することが求められる。

　職員が女性問題学習を企画立案する際にライフサイクル上の課題と共に、社会制度や慣行をはじめとしてメディア、労働、社会保障、健康や教育等の現代の問題や女性史、国際的な動向等広範囲の知識が必要となる。また、生活課題をジェンダーの視点から捉え返すことや、地域自治体の男女共同参画推進条例及び実施計画などを知ることも当然不可欠である。

　子育て期の学習に対しては子どもの発達や育児期についての知識、子どもの権利条約をはじめとする各種法制や各自治体の次世代育成支援行動計画等の内容を把握しておくことが大切である。また、気楽に相談ができる場や人材の確保、さらに親子がともに遊びながら仲間を作れる場を周知しておくことも必要である。児童館や保育園、保健センターなどの福祉や環境行政との連携や、子育てネットワーク等の情報提供や協働もできると良いであろう。

3—4　学習課題の設定と支援方法

　前述の『社会教育調査報告書』によれば2001（平成13）年度の全国の公民館における学級、講座の受講総数10,634,061人のうち、女性は7,131,895人で約7割を占めている。学習内容別の参加者数は教養の向上3,783,965人、家庭教育、家庭生活977,124人、体育レクリエーション927,874人、市民生活、社会連帯意識614,439人である。

　これら多くの女性たちが求める学習をライフサイクル上に具体的な学習課題として設定すると次のようになるだろう。

すべての年齢層……人生で遭遇する問題を総論的に扱う。
1　独身、未婚者向け……多様な人生をどう生きるかを考える。
2　育児期の女性向け……子どもにとらわれすぎない子育てについて考える。地域の子育て情報を知る。
3　就労を望む女性向け……家庭や地域、職場での、ジェンダー意識の克服と自立、社会参画を考える。
4　就労中の女性向け……職場で起こる問題の解決策をさぐる。労働をめぐる法制等を知る。
5　向老期の女性向け……介護保険や年金、医療の現状を知り、健康を維持するための方法を知る。
6　終末期を考える女性向け……終末期を医療、福祉、教育、家族のあり方から考える。

女性向け講座を組む場合はすべての年齢層に総論的な問題を提示したあとで、個々の年代の課題設定が必要であろう。そして学習の深まりを予測し、地域の特性や課題を考慮した上で助言者や講師の選定を行うことが大切である。

学習方法は講義のほかに、参加型学習のワークショップ、ハズ・セッション、ラウンドテーブル、シンポジュウムやパネル・ディスカッション等をあげることができる。こうした事業の企画にはその事業の目的、講師や会場の選定、おおよその参加人数や時間配分はもとより、教材や配布物等準備から開催にいたるまでの詳細な計画表が必要である。それは社会的な課題（問題）や要請、参加者のニーズや年齢、職業、家族構成や地域性を把握した上での企画であることはいうまでもない。また、自主グループやサークルの学習活動へは学習者がもっとも必要とする情報を、求めに応じて提供することが大切であり、自主的、民主的な運営、社会貢献を明らかにした運営や会計、講師斡旋等の支援が必要である。

さらに付け加えるならば、社会的に弱い立場にある人々への配慮をも忘れてはならない。暴力や虐待といった被害を受けた女性や子どもへの理解と支援も大切なことである。それは長いこと恩賜の対象であった福祉の概念を人権の視点から捉えなおすことでもある。地域に生活する人々が、問題を同一テーブルに載せて解決策を模索するとき教育や福祉の原点が確認され、個人が主体的に生きる力のみならず住民の自治能力が育ち、それに基づいたコミュニティの形成が可能になる。

女性がもつ母性機能が国策に操られ、主体形成を「らしさ」の枠内に閉じ込めた時代を脱却し、今日的課題に対応した学習支援活動の探求と研修や研鑽、女性や子ども、障がい者や高齢者に対する暖かなまなざしがこれからの職員たちに求められている。

（井上恵子）

〔参考文献〕
(1)伊藤雅子『子どもからの自立－おとなの女が学ぶこと』未来社、1975年
(2)妻有の婦人教育を考える集団編『豪雪と過疎と』未来社、1976年
(3)原輝恵・野々村恵子『学びつつ生きる女性』国土社、1988年
(4)堀尾輝久・河内徳子『平和・人権・環境　教育国際資料集』青木書店、1998年
(5)国立婦人教育会館女性学・ジェンダー研究会『女性学教育／学習ハンドブック』有斐閣、1999年
(6)生活情報センター編集部『2005年　男女共同参画社会データ集』生活情報センター、2005年

4. 高齢者と公民館

4-1 高齢者と公民館を考えるということ

「高齢者を集めるのは簡単」…公民館職員にとって、高齢者の学習は頭を悩ませずにすむ事業だといわれる。集客率の高さのみを事業目標におくならば、まさに優良事業になりがちだからである。だが本来、高齢者の学習の目的や課題はどう考えられるべきなのだろうか。

1996年から2000年までの5年間にわたり、都立多摩社会教育会館は高齢者事業担当者セミナーを設け、主体的に集まった都内市町村の社会教育・公民館職員たちが高齢者事業の新しい展開を模索していた。そこでは、高齢者事業はある面で形式も出来上がり参加者も安定しているため問題がみえにくい一方、高齢社会の進展にあって地域参加を見通した新たな展開を模索することによって、今後の公民館をきりひらく可能性をもつという視点がうち出されていた。(1)

たしかに高齢者自身、講座を承ることそのものを有難いと感じ、講座に意見や要望をあげる発想をもたない場合も多い。そのため、担当職員が一定の参加者を満たすことのみで満足すれば、旧態依然の講座があきもせずに続くことになる。しかし一方で地域デビューのとりかかりに公民館の門をたたく退職者層も益々増えつつある。これから定年を迎える団塊世代（1947～1949生）は683万人に達し、前世代（1944～1946生）より217万人も多いという。（総務省「人口推計年報」）

超高齢社会を前に「高齢者」という存在自体が大きくかわりつつある今、高齢者と公民館の関係を考えることは、単に高齢者の居場所づくりや介護予防対策にとどまるものではない。それは地域で高齢者の自己実現を多面的に支援することであり、それによって高齢期を生きるからこそ可能な新しい時代への暮らしや文化のありようへの発信を促すことでもあるだろう。本稿はそうした視点から地域の公民館・地域センターでとりくまれてきた高齢者の学習の先進的な事例の一端を、〈表現〉〈健康・老い・死〉〈社会参加〉の視点からみていきたいと思う。

4-2 表現しはじめた高齢者たち

高齢者にとって「表現する」ということは、集積された経験を総合的にふりかえり次につなぐためにも、高齢者だからこそ固定的になりがちな考えや身体をひらくためにも、有効な学習の方法といえるだろう。

高齢者の表現活動として早くからとりくまれてきたのは、高齢者文集づくりや、自分史学習であった。静岡県稲取町の実験婦人学級（1959～）や新潟県十日町市妻有地区での実践など早くから「自分史・生活記録」の世界にかかわってきた横山宏は、自分史学習において、社会や歴史・時代とのかかわりから自己をとらえなおしていくことを重視していたが、その一典型は、戦争体験を通して個々人が昭和史との対話を迫られる高齢者の学習にあった。自分史を綴ることは、単に個々人の歴史を綴るのではなく、集団による学習を通して経験を交流させ、「私たち集団の歴史」へと昇華させていくこと…。こうした考え方や実践がまとめられた『成人の学習としての自分史』(1987)に紹介されている東京都昭島市公民館の高齢者教室文集『ほた火』は、27集におよんで今なお継続されている。(2)

一方、高齢者の表現学習としてあらたに注目されるものとして、ことばにとどまらない身体による表現＝「演じる」という表現学習がある。高齢者の演劇活動としては「ぷりてぃ・ウーマン」として映画化された静岡県藤枝市のNPO「ほのお」が早くから有名になった。北海道穂別町の町民センターを核にとりくまれた『田んぼdeミュージカル』映画製作事業は、映画監督崔洋一氏が総合指導にあたり故郷・農のまちに生きる思いを葛藤も含めてまちの高齢者役者・ダンサーたちがユーモラスかつ感動的に表現したもので、2003年に

NHK人間ドキュメントでも放映されて反響をよんだ。公民館活動としても東京都日野市中央公民館の「ごった煮劇団」、埼玉県富士見市水谷東公民館の「極楽とんぼ」など、各地にひろがってきている。

　公民館で高齢者の表現学習を考えるにあたって大事なことは、"表現とはその人の生き様に即して個性的なもの"という視点だろう。「表現」を一定の文化の型やレベルの獲得としてとらえると層も表現の幅もごく限られるが、多種多様な自分らしい表現をはぐくむ視点にたてば、表現学習の可能性は元気な高齢者のみならず、障害をもつ要援護高齢者の活動にも広がってゆく。埼玉県所沢市の「地域リハビリ講座」では地域保健師と連携し、中途障害者と地域ボランティアが公民館でともに学んでいる。小手指公民館では、運営会議にも当事者が参加する基盤づくりのなかで、障害をもつ利用者が全戸配布の通信に連載で文章をよせるといった表現活動が生まれている。「できること」が徐々に減りゆく高齢者が自らの心身の現実を受けいれ、自らの老いとともに歩む——そこに「表現」は活きてくるのではないだろうか。

4—3　健康に生きること／老いや死をどう学ぶか

　高齢化の急速な進展と医療費の高騰を背景に、高齢者の健康づくりは介護予防の観点もあいまって、いまや政策重点課題となりつつある。2000－2010年度を期間にすすめられている「健康日本21」では地方計画の策定も強力にすすめられており、とくに高齢者には外出や地域活動への参加が目標として重視されている。しかし健康という個人的な事柄を集団的にすすめるには、公民館に典型をみるような、個を重んじつつまちをコーディネートする力が不可欠となる。2002年まで中野区でコミュニティワーカーをつとめた佐谷けい子氏が地域の高齢者福祉センターで行った実践では、住民自らが自分たちの健康だけではだめだと気づき、他のグループづくり・学校との連携・会食会やミニデイ活動を展開するなど受身でないまちの主体としての高齢者をともに育み、まちが大きく動き出してゆく。(3)北九州市穴生公民館では、健康ボランティア養成講座から健康・仲間づくり・地域活動への参加を意図する「散歩クラブ」が生まれた。その背後では公民館こそが健康福祉や高齢者関連の機関や団体が連携する中軸的役割を果たしており、推進にあたった担当者は「21世紀型公民館の試行だった」（山下厚生元館長）とも語っている。

　一方、高齢期においては「老い」や「死」という現実にどう向き合うかも問われる。「ピンピンコロリ」が推奨される風潮のなかで、暗いイメージのつきまとう現実としての老いや死を、公民館で正面にとりあげるのは簡単ではない。そのなかでも「死を考える」講座やいのちと向き合う講座が各地で少しずつ積み重ねられてきた。『月刊社会教育』1998年5月号「特集"いのち"と向き合う」ではいのちや死を正面にかかげた実践として、国立市公民館、芦屋市立公民館、春日部市富春第二公民館の事例が紹介されている。(4)ネットワークの核のひとり西村文夫医師は老いや死に向き合うことを、生や死の「自己決定」、重要な基本的人権にかかわるものという視点から講師活動をすすめてきたが、同時にこうしたテーマが公民館で受け入れられることの難しさもあるという。

　えてして"元気な高齢者の学習"と高齢社会における福祉や死についての学習は、まったく別物ととらえられがちである。それは元気であるべき、健康であるべきといった、一元的な高齢者像が根強い一方で、時間をおうごとに突然の事態も変化もおこりうる、多面的な存在としての高齢者像がいまだ社会に受容されないまま、高齢社会が構築されようとしていることを示唆しているではないかと思う。

4―4　高齢期の暮らしをデザインする―スローな価値と自由な場をとりもどすために―

　いわゆる「2007年問題」は就業構造の問題であるとともに、退職高齢者大量地域デビューの問題でもある。2003年、全国公民館連合会が文科省委託事業として行った公民館における高齢者の社会参加促進についての調査では、子どもとの交流事業や生きがいを目的とした事業は多いものの、講座への主体的参加や高齢者の培ったものを伝える講座など参加型の事業はいまだ少ないと、まとめられている。(5)しかしこの全公連報告のなかにも、学び・実践・学びの提供へと循環型の事業展開を行っている佐倉市立中央公民館の4年生大学「佐倉市民カレッジ」、学習活動と社会貢献活動とのカリキュラムにおける接続を積極的にはかっている北海道美深町公民館のCOMカレッジ110美深大学など、あらたな展開の胎動がうかがえる。高齢者像の転換を前に、〈高齢者の学習＝余暇・生きがい〉から、学習から地域参加の新しいスタイルを創造する模索が求められているといえる。

　一方、高齢者自身の関心や特技をひきだし自由な自己表現の場を得るタイプの事業もある。学習を方法とした、あらたな「居場所」づくりともいえそうである。各地にうまれつつある手弁当方式の市民大学はその一種であるし、東京都日野市中央公民館「うたもたサロン」では料理・美術鑑賞・お花見etc.高齢者の多彩な才が、担当者の絶妙なコーディネートのもとに発揮されている。

　退職を迎える高齢者には、モデルのない退職後の人生が目前に広がっている。長きにわたる第二のステージを、どうデザインするのか。高齢者の社会参加にこだわるということは、個人として「私と社会の接点」を再構築するという課題であり、同時に企業社会の中にいるときにはとらえにくかったオルタナティヴでスローな価値を、市民としてとりもどし発信するという課題でもあるだろう。いわば、公民館と高齢者を考えるということは、単に高齢者が余生をおくる場としての「居場所」を設けることではない。高齢期を生きる一人一人が表現者かつ市民としての自分自身をとり戻し、地域や社会に「私らしく」参加していくことを互いに促し育むことに他ならないのだといえるだろう。

(岡　幸江)

〔注〕
(1)東京都立多摩社会教育会館「高齢者事業担当者セミナーのまとめ」1996～2000年
(2)横山宏編『成人の学習としての自分史』国土社、1987年
(3)佐谷けい子「連載・しんやまの家ストーリー」『保健婦雑誌』1999年1月～12月
(4)「〈特集〉"いのち"と向き合う」『月刊社会教育』1998年5月号
(5)社団法人全国公民館連合会『公民館を活用した高齢者の社会参加促進について』2003年

6　利用者・住民

5．グループ・サークル活動と公民館

5—1 インフォーマルな自主的活動集団

　公民館やコミュニティ施設を拠点に活動するグループ・サークルについては、その数の多さや活動内容・領域の多様さから、また、比較的短い期間での発生・消滅の反復という特徴もあって、正確に把握することは困難であるが、本項では、いわゆる代表的な社会教育関係団体としての地縁組織（婦人会・青年団・子ども会等）や全国組織を持つような団体を除き、ごくインフォーマルな、どちらかといえば「小集団」といわれるような利用者組織について取り上げることにする。

　近年公民館はもとより、生涯学習機能を併せ持ったコミュニティ施設でも、住民の自主的・主体的な地域づくり・まちづくり活動が奨励されている。これらの中には、表向きは住民主体を標榜しながら、その実、行政主導による啓発型の事業や住民組織再編を目指す動きも少なくない。「主人公はあなた方です」と言われても、ワクづくりも組織形態も、方向性も決まっていたのでは、主人公になりたくてもなりようがない。

　ここでいうグループ・サークルとは、共通の目的や趣味、関心等で結ばれ、運営や活動にかかる意思決定がその成員にゆだねられているということが最大の条件となる。

　公民館等の生涯学習施設は、多様な学習機会や活動の場の提供など、地域における住民の学習需要に総合的に応えなければならない役割をもっている。しかし、これまではどちらかというと館側の主導による事業体系の中で、学習機会の提供に対する、市民・住民を「受け手」とする流れが中心であったといえよう。今後求められるのは、事業の企画・立案段階からの学習者自身の参画と、学習主体としての市民・住民主導の学習活動、社会活動、文化運動に対して、公民館等がその主体性を尊重しつつ支援をどのようにしていくことができるかではないだろうか。この場合、自主的学習・活動集団としてのグループ・サークルはきわめて重要な存在意義をもつことになる。

5—2 多様な活動領域、活動目的

　グループ・サークルの構成員は、属性、経歴、技能・能力等きわめて多様であることからグループ内での相互学習、役割分担や学習そのものの発展性を有しており、無限の可能性を秘めている。同時に、その活動領域も多岐・多様に亘っている。文化・芸術、教養、趣味・娯楽、スポーツ・レクリエーション、健康・リフレッシュ、資格・免許取得、ボランティア、現代的課題への挑戦等々が代表的なものであるといえよう。

　活動領域によって、活動目的や内容、学習方法なども成員のニーズと合意を基本として組み立てられることから、多種多様である。

5—3 グループ・サークル活動の意義

　グループ・サークル活動の今日的な意義について列挙してみよう。
1. 生きがいづくりに貢献
　　生きがいづくりの三要素といわれる①目標がある　②対象がある　③自己の存在感（帰属意識や役割意識）が得られる。
2. 仲間とともに共同学習を通じて、コミュニケーションの拡がりをつくることができる。
3. コミュニティの形成に貢献
　　活動を通じて地域参加を促し、学習成果の有効活用が図られる。結果的には学習社会形成の裾野を広げ、地域づくり・まちづくりの土台形成に貢献することになる。
4. 学習方法としての有効性 (1)
　　本来、個人的なものである学習活動を集団で行うことにより、継続性や相互補完が生まれ、学習をより楽しいものにすることができる。例えば、①月刊〇〇を読む会　②通信教育の共同学習班等
5. 学習内容に幅と多様性を生み出す

成員の構成やニーズが多様なことから、活動内容も自ずから幅のあるものになってくる。ワークショップ方式の学習手法導入や、時にはレクリエーション、他グループとの交流なども取り入れることになる。

5—4　支援する側（公民館等）の役割と視点

　グループ・サークル活動の拠点であり、活動が支障なく展開できるように条件を整えていく役割をもっている公民館等の支援の視点についてはいろいろとあるが、紙面の都合上、ここでは次の三点に絞って述べておこう。
　一つは、公民館におけるグループ・サークル等の活動を支援することの当然性は創生期以来、例えば『公民館の建設』(2)（1946年・寺中作雄）をはじめ、1968年の全国公民館連合会による『公民館のあるべき姿と今日的指標』の中でも次のように記されており、このことは時代の変化を経た今日でも何ら変わるものではない。
　――同時に、自主的な団体やグループが自由に集会をもつことができる拠点としても、広く開放されていなければならない。それは、むしろ小集団にとっても自由に、気兼ねなく、だれかれの区別なく利用できるような配慮の上で、管理・運営されることが大切である。(3)――
　二つは、主に1960年～70年代はじめにかけて公民館をめぐる動きのなかで、公民館主事等の職員像や公民館そのものの"あり様"が論議される。この中でグループ・サークルに関連するものとして、「公民館三階建論」（1965年・東京三多摩社会教育懇談会）と「三多摩テーゼ」（1974年・東京都教育庁社会教育部『新しい公民館像をめざして』）がある。(4)
　公民館三階建論では、公民館を三階建ての建物になぞらえ、1階で体育・レクリエーションや社交を主とした諸活動が、2階に相当する部分ではグループ・サークルの集団的学習・文化活動が行われ、3階では社会・自然科学や現代史の講座など系統的・専門的学びが行われるとしている。この「三階建論」を基礎にした「三多摩テーゼ」は、公民館の四つの役割（住民の自由なたまり場、集団活動の拠点、「私の大学」、文化創造のひろば）を規定し、そのなかで公民館がグループ・サークル活動の拠点であるとするとともに、その施設使用を「無料が原則」など、7つの原則に沿って支援していくことの重要性を強調している。
　三つは、具体的な対応として、筆者が公民館長時代に試みた、「公民館クラブ」（公民館講座終了後に受講者が自主サークルとして継続する場合と、同好の士が集ってサークルをつくる場合とがある）と呼んでいた学習サークルの活性化策の事例を引用しよう。
　1館で70余を数える「クラブ」の中には活動のマンネリ化や会員の減少により停滞気味のサークルもあった。そんな「クラブ」に年1回、クラブ連絡協議会とも相談しながら希望を募り、一定期間（約3ヶ月間）その「クラブ」の学習科目を「初心者大歓迎講座」という体験型の公民館講座として実施し、新しい学習者の加入を促す機会に充てていた。期間中「クラブ」は活動を休止し、講師はボランティアで講座を指導、クラブ員はアシスタント役として受講した初心者の学習をサポートするという方式である。3ヶ月が終わったとき、新しい仲間を加えて再び「クラブ」として活動を再開するときには、人数やマンネリ化の課題を克服した、新たな活力に満ちた学習サークルとして再生される。

5—5　グループ・サークルが直面する今日的状況

　引き続き、北九州市の「公民館クラブ」についてであるが、2005年1月から従来の公民館が廃止され、小学校区ごとに配置された128館の拠点施設がすべて教育委員会から離れ、首長部局の所管するコミュニティセンター＝「市民センター」となった。これにより全市で5,252サークルを数える「クラブ」に対する減免適用

はおろか、定期的・継続的な施設の使用すら危うくなっているという状況に直面している。このような動きは北九州市に限ったことではなく、背景として国や自治体の生涯学習・コミュニティ施策にかかる次のような基本問題の存在を指摘しておく必要がある。
・公民館など、教育施設の非教育施設化（首長部局移管）
・学びの序列化（地域振興、ボランティア、現代的課題以外の切り捨て）
・生涯学習が学校教育と家庭教育と奉仕・体験「教育」に限定化の傾向

　2004年3月の中央教育審議会生涯学習分科会の答申によると、今後の生涯学習を振興していく上での基本方向として、「生涯学習における新しい『公共』の視点の重視」(5)が強調されている。生涯学習における新しい『公共の視点』が何なのかが今後問われることになるであろう。本来、公民館等で行われる学習活動とカルチャーセンター等民間教育機関で行われるそれとの違いは「公民館での学習が住民の実際の生活や地域の課題と結びついていること、及びその学習によって実際に問題に直面している学習者である市民や住民が、個人又は集団でそれらの問題を解決する当事者になっていくことが期待されていることなどに固有の特質が見出される」(6)（小林文人編・『これからの公民館』国土社）のであり、受動的な学習から自己決定的に学習するという学習態度形成の方向性は、小集団で相互学習しながら個人を活性化すると同時に、集団や地域を活性化していくというグループ・サークルによる新しい「公共」の創出を支援していくことがこれまで以上に求められることになろう。

　そのために、公民館などは、グループ・サークルがいつでも、自由に活動できる場の提供はもちろん、活動上の悩みや運営に関する相談や助言に対応できる態勢の確立、グループ・サークル間の交流やネットワーク化、各種関係機関・学習資源が活用できるように学習情報提供など、支援や条件整備が求められる。

（山下厚生）

〔注〕
(1)福留強著「団体・グループへの支援」社団法人全国公民館連合会『月刊公民館』1995年1月号
(2)寺中作雄著『公民館の建設』国土社、1995年
(3)全国公民館連合会編『公民館のあるべき姿と今日的指標・総集編』1982年
(4)横山宏・小林文人編著『公民館史資料集成』エイデル研究所、1986年
(5)中央教育審議会生涯学習分科会報告「今後の生涯学習の振興方策について」1994年3月
(6)末本誠著「公民館―その魅力と未来―」小林文人編『これからの公民館』国土社、1999年

6．社会教育関係団体

6—1　社会教育法第10条

　社会教育関係団体は、社会教育法第3章（第10条～第14条）に定められている。法制定時には第2章であったが、1951年に「社会教育主事および主事補」の規定が第2章として加えられたため第3章となった。法律上の定義は第10条に述べられているが、その要点は「社会教育に関する事業をおこなうことを主たる目的とする」「公の支配に属しない」団体である。

　戦前日本の社会教育における「団体」は、「非施設・団体中心性」（碓井正久「社会教育の概念」長田新監修『社会教育』お茶の水書房、1961年37頁）と指摘されるように内務・文部行政の社会教育施策を実施するために統制・利用されてきた。敗戦後においても、同様の目的をもって再組織化が文部省によって促されたが、1948年の社会教育局長通達「地方における社会教育団体の組織について」において転換され、団体の独立と自主性を守り、人事、財政への介入、事務的便宜の供与等を禁止して行政が統制しないよう通達した。社会教育法の規定はこの流れに沿っており、「公の支配に属しない」という点にまず社会教育関係団体の自主性が表されている。

6—2　社会教育関係団体と行政機関の関係

　従って、国・地方自治体およびその教育行政機関との関係も団体の自主性を損なわないよう限定的なものとなっている。第11条において、教育行政機関は「求めに応じ」て「専門的技術的指導または助言を与えることができる」と述べられ、団体からの求めがあって初めて指導助言できること、しかもその内容は専門的技術的な内容に限られているのである。さらに、第12条において「国および地方公共団体は、社会教育関係団体に対し、いかなる方法によっても、不当に統制的支配を及ぼし、またはその事業に干渉を加えてはならない」と、強い表現で統制・干渉を禁じ、法文の上では社会教育関係団体の自主性は保障されたのである。また、法制定時第13条では「国及び地方公共団体は社会教育関係団体に対し補助金を与えてはならない」と定められ、第12条の規定と合わせて「ノーサポート・ノーコントロール」の原則が明記された。

　社会教育法制定時からしばらくの間は、労働組合や商工関係団体、農業関係団体等広範囲な団体が社会教育関係団体となっていた。それらの団体は「社会教育に関する事業を行うことを主たる目的とする」団体ではないが、構成員に対して、時には構成員以外の市民に対しても教育学習活動を行っていたからであり、社会教育行政機関や社会教育施設が生活課題に即した学習を進めるとき、それらの団体の問題意識をとらえることは重要であった。しかし、「民主化」への枠付けとそれらの団体自身の学習教育活動への軽視が進む中で社会教育関係団体は教育・文化・レクリエーション・スポーツ関係の団体と地域を基盤にした青年団や婦人会に占められることとなった。

　1959年の社会教育法改正によって、社会教育関係団体への補助金支出が可能となったが、法改正をめぐる議論の中で補助金による団体統制が懸念され、社会教育行政と社会教育関係団体の「依存」関係の指摘や、「共催」や「後援」の取り消しによる社会教育関係団体への「圧力」の事例もあげられた。（日本社会教育学会の宿題研究「社会教育と関係団体」の議論のまとめが『日本の社会教育第5集』（1960年国土社）と『同第6集』（1961年国土社）に載せられている。また、『日本の社会教育第8集』（1964年東洋館出版社）は社会教育関係団体についての特集となっている）

6—3　社会教育関係団体の認定をめぐる問題

　このように行政機関による社会教育関係団体への「統制」とかかわってくるのが社会教

育関係団体の「認定」の問題である。社会教育関係団体に対して、自治体によっては公民館の使用料の減免措置が定められている。また、1959年法改正後は、社会教育関係団体の行う事業に補助金の交付が可能になった。このようなメリットを得るためには、教育行政機関に社会教育関係団体と認められなければならない。団体の名称、目的、事業予定、責任者の氏名・連絡先、予算・決算、さらには団体会員全員の氏名・住所の提出を求めたうえで、社会教育関係団体としてふさわしいかどうかを教育行政機関が「審査」するところから、名称・目的・責任者とその連絡先、会員数程度の内容を届け出るだけで社会教育関係団体と「認定」するところまでと、この認定の方法は自治体によって様々である。前者のように教育行政機関の価値判断が入る場合には、その選別を通して統制や介入が行われやすく、団体は教育行政機関と対等の立場ではなくなってしまう。社会教育関係団体としてふさわしい活動をしているかどうかは、広く住民の判断によるべきである。住民によって組織されている団体であるから、その団体が発展していくか衰退していくかは住民の支持の有無に依っている。そもそも、広く住民の社会教育活動を保障するために設置された社会教育施設の使用は本来無料であるべきであり、補助金の支出についても、団体の自立を弱め行政との依存関係をもたらすものであるという指摘を忘れてはならない。

6—4 社会教育関係団体と公民館の活動支援

社会教育関係団体にとって何よりも大切なことは、その社会教育活動を発展させていくことである。団体がぶつかる問題には団体自身の集団としての運営の問題、活動の企画をめぐる問題、活動の場所・拠り所の問題等がある。これらの問題解決に直接の援助を期待されているのが公民館である。もちろんそれは認定されている社会教育関係団体だけではなく学習・文化・スポーツ・レクリエーションにかかわる地域の団体・サークルにとっても同じであるし、広く市民活動を進めている団体に対しても公民館は開かれていなければならない。

多くの団体がその活動場所として公民館を利用している。会場としての利用をはじめ、チラシや広報の製作の場所として公民館に用意されている印刷機や視聴覚機器の利用、市民へのPRや活動の発表の場所としても期待されている。そのような要求は公民館を利用しようとするあらゆる団体に保障されなければならない。留意されるべきは、公平な利用をどう実現するかということである。公民館運営審議会や公民館利用者の懇談会等市民の意見を反映する組織を利用しながら、公平な利用のためのルールを利用者を中心に市民自身で作る努力がなされなければならない。団体の運営の問題や活動の企画の問題に対しては、社会教育の専門的知識と技術、さらに地域の状況に詳しい公民館主事の存在が不可欠である。団体は、公民館主事の助言を得ながら自立した集団としての力量を高め、活動していくべきであり、活動資金の問題であっても、行政や一般企業が用意している各種の補助金の情報を得たり、市民からの金銭的な支援を得たりする方法についての助言を得るなどして自前で解決していく力をつけていく必要がある。

6—5 社会教育関係団体と団体登録制度

ところで、公民館を利用している団体は認定された社会教育関係団体だけではもちろんない。前述したように社会教育関係団体は、もともと、行政による「認定」とは無縁の概念であったのであり、1959年の法改正によって社会教育関係団体に補助金を支給してもよいということになってやむを得ず社会教育委員の会議がその可否を認定することになったのであるから、不幸にしてその認定からはずれた団体もいわゆるグループ・サークル活動

を行う団体も公民館を利用するためには「認定」は関係なかったはずなのである。ところが、公民館の使用料を「原則有料」とし、例外規定として減免措置をとっているところでは、その例外規定をなるべく厳しく適用しようとして、社会教育関係団体の認定制度に倣って独自に団体登録制度を導入する自治体が増えることとなった。

　補助金の支給は普通規模の大きな団体のみに限られるが、公民館の使用料となるとこれは規模の大小を問わず全ての団体の関心事となる。そして、それがさらにエスカレートして、団体登録の条件を作り、その条件を強化することですべてのグループ・サークル団体をも統制しかねない状況が生まれてくるのである。団体登録のための条件をどのように定めるかは利用団体にとっては大きな関心事をなっている。一つの参考資料として、東京・三多摩の公民館の団体登録制度の条件一覧表を示しておきたい（表Ⅱ-6-1）。

　公民館の使用料が無料であれば、団体登録制度は本来必要のない制度である。しかし現況では団体登録制度を全廃することが難しいとすれば、その条件はできるだけ簡略化することが望まれる。はじめて公民館にやってきた二人以上の利用者が公民館を利用しようとするとき、公民館利用申込用紙にグループ名を書き責任者が署名しさえすればそれで団体登録をしたことにしている公民館があることを参考にすべきであろう。

6—6　生涯学習行政と社会教育関係団体の課題

　生涯学習行政の展開の中で、行政と民間の役割分担と協働ということが強調されている。民間には営利を目的とする企業も含まれ、その産業化を見通しながら、行政サービスの枠を超えた多様なまた高度な学習機会を提供できるという。また指定管理者制度の導入により、事業団や公社などの外郭団体に委託していた社会教育施設が、入札の結果民間会社やNPO法人に委託される場合もある。このような状況に対応して、社会教育関係団体も自己の社会教育活動の充足のみに関心を向けていたのでは不十分となっている。地域の社会教育施設の在り方がどうなっているのか、社会教育専門職員はどのような状況にあるのか、その状況を常に明らかにしながら、場合によっては管理運営を主体的に担うことが必要になってくる。そこまで見通して団体の力量形成をしていく必要があるのである。1999年の社会教育法の改正により相対的に社会教育関係団体の占める位置が低くなっていることもあり社会教育関係団体のみでなく、広く地域づくりにかかわる団体と交流・連携しながら、住民の求める学習条件が実現されるような「地域生涯学習計画」づくりを進めていくべきであろう。

（荒井邦昭）

〔参考文献〕
(1)寺中作雄『社会教育法解説・公民館の建設』国土社、1995年
(2)井内慶次郎・山本恒夫・浅井経子『改訂 社会教育法解説』全日本社会教育連合会、2001年
(3)社会教育推進全国協議会編『社会教育法を読む』2003年

表II-6-1　東京都公民館連絡協議会職員部会調査集計表　（団体登録）（2005年10月中間集計）

	団体登録のための要件							提出書類										
	有無	根拠法令	登録の要件	団体の構成員	市民の数の要件	構成員範囲	代表者住所	その他	団体名	代表者氏名	住所	電話番号	活動内容	活動計画	構成員数	構成員名簿	規約	予算	決算	その他
立川市	有	要綱	別紙	8	有	市内、在勤在学	市内のみ	別紙	有	有	有	有	有	有	有	有	有	無	無	別紙
三鷹市	有	要綱	別紙	3.分館5	無、有	市内、在勤在学	市内のみ		有	有	有	有	有	有	有	無	無	無	無	
昭島市	有	その他	別紙	5	無	市内、在勤在学	市外も可	別紙	有	有	有	有	有	有	有	無	有	無	無	別紙
町田市	有	規則	別紙	5	有	市内、在勤在学	市内のみ		有	有	有	有	有	有	有	無	有	無	無	
小金井市	無																			
小平市	有	規則その他	別紙	5	有	市内、在勤在学	原則市内		有	有	有	有	有	無	有	有	無	無	無	別紙
日野市	有	申し合せ	別紙	5	有	市内、在勤在学	市内のみ	別紙	有	有	有	有	有	無	無	無	無	無	無	別紙
東村山市	有	条例規則	別紙	7	有	市内、在勤在学	市内のみ	別紙	有	有	有	有	有	無	無	無	無	無	無	別紙
国分寺市	無																			
国立市	無																			
福生市	有	合意	別紙	3	有	市内、在勤在学	市内のみ		有	有	有	有	有	無	有	無	無	無	無	別紙
狛江市	有	要綱	別紙	5	有	市内、在勤在学	市内のみ		有	有	有	有	有	有無	有	有	有無	無	無	
東大和市	無																			
東久留米市	無																			
多摩市	有	申し合せ	別紙	2	有	市内、在勤在学	市外も可	別紙	有	有	有	有	有	無	有	無	無	無	無	別紙
稲城市	無	その他	別紙	5	有	市内、在勤在学	原則市内		有	有	有	有	有	有	有	無	有	有	有	別紙
西東京市	有	条例	別紙	3	有		市内のみ		有	有	有	有	有	無	有	無	無	無	無	

6 利用者・住民

会場使用の有無、有料・無料について

自治会・町内会	マンション管理組合	習い事の教室	社会福祉団体	会社	各種父母会	NPO法人	労働組合	生活協同組合	政党	営利、宗教団体、市外サークル	医院、農協、商店会	JC	大学OB	その他	登録有効期限	PC
可	無	可	有不	可	有無	可	有	可	有無	可	無	不可	有	不可	有					3	無
可	不	不	不	不	不	不	不	不	不						3	
可	減免	可	有	可	有	可	可	可	有	可	可	可	有			別紙	2	
可	無	可	無	可	無	可	無	可	無	可	不				別紙	3	
可	無	可	無	可	無	可	無	可	無	不							無
可	減免	可	有	可	有	可	無	減免	可	有	可	有	可	有			1	無
可	実績無		不	可	不	可		実績無	実績無		不						無	無
可	無	可	不	可	減免	有	可	減免	不	不	有	不		有			2	
可	無	可	無	可	無	可	無	可	無	可	無							無
可	無	可	無	可	無	可	無	可	無			不						無
可	無	可	有	可	無	可	無	可	無	可	有	不		不		可	有		無
可	無	可	無	可	無	可	無	可	無	可	有無	可不						
可	無	可	無	可	無	可	無	可	無	可	有	有	不	可	有			無
可	無	可	有	可	無	可	無	可	無	可	無							無
可	無	可	無	可	無	可	無	可	無	可	有無	可	無			別紙	不定	
可	無	可	不	可	無	可	無	可	無	可	無	可	有	可	無	可	別紙	1	無
可	無	可	不	可	無	不	可	無	不	無			不					

7．住民参加と公民館（利用者懇談会・利用者連絡会を含む）

7−1　住民参加の法的根拠

　そもそも公民館は、住民の幸せのためにある「住民の、住民による、住民のための施設」である。したがって、公民館の運営に住民が参加するのは本来当たり前のことなのであって、それは公民館の運営への「参加」ではなく言葉はきついが「統治」というべき性質のものであるといってよい。イギリスでは、すべての教育機関に日本の公民館運営審議会などよりもずっと強い権限を持つGoverning Bodyを設置することを義務づけているが、それは直訳すれば「統治機関」なのである。

　日本でも、それに近いことを法的に規定してはいる。教育基本法第7条、地方教育行政の組織および運営に関する法律第30条ならびに社会教育法によれば公民館は教育機関であり、したがってそこで行われる教育は「不当な支配に服することなく、国民全体に対し直接に責任を負って行われるべきものである。」と教育基本法第10条は規定しているのである。2000年3月31日までの社会教育法（翌4月1日から大改正された社会教育法が施行された）が法制定以来一貫して、公民館運営審議会を必置制とし、公民館長の任命に当たっては教育委員会はあらかじめ公民館運営審議会の意見を聞かなければならないと定め（旧社会教育法第28条2項）、公民館運営審議会の2号委員の選出に当たっては「選挙その他の方法によって」選出するよう求めていた（旧社会教育法第30条2項）のも、さらに、もっと遡れば旧教育委員会法（第7条2項）が教育委員の公選制を定めていたことや、制定時の社会教育法がすべての公民館に、つまり1自治体に複数の公民館がある場合にもそのすべての公民館に、公民館運営審議会を置くことを要求していたのも、すべてその精神の表れであったのである。公民館運営審議会の前身は公民館委員会であるが、文部次官通牒（1946年7月5日）はこの公民館委員会の委員の選出を町村会議員の選挙と同じ方法で選挙で選ぶよう求めていたことも同様の精神の表れであった（文部次官通牒「公民館の設置運営について」〈1946.7.5〉四−（三））。

7−2　住民参加の方法と形態

　公民館に対する住民参加の方法と形態はいろいろにある。

　まず第1は、公民館運営審議会であろう。1949年社会教育法制定時には「公民館に公民館運営審議会を置く。」（第29条）とし、前述の通り複数の公民館がある場合もそのすべてに公民館運営審議会を置くこととしていた。それが、1959年の法改正で複数館を設置する自治体においては公民館運営審議会を一つ設置するだけでもよいとし、2000年の改正では公民館運営審議会自体を任意設置としたのである。日本では長い間教育機関への住民参加を法律で具体的に保障しているのは公民館運営審議会だけであることを考えると、この明かな後退は看過できない問題である。なお、公民館運営審議会については別に項目が立てられているので、詳しくはそちらを参照して欲しい（第4章4節）。

　法律には規定されていないけれども、先人は公民館への住民参加の方法を様々な形で開発してきた。その第1は、公民館事業の一つとして行われる公民館利用者懇談会（以下、利用者懇談会という。）である。公民館の判断で公民館が、随時、公民館の運営および事業について利用者である市民・住民の意見を聞く会を開くのが利用者懇談会であるが、年に2回から6回開催されるというケースが多く、そこでは公民館に対する要望を自由に述べてもらうと同時に、場合によっては公民館とは何か、社会教育とは何かという学習会を併せて開催し公民館に対する認識を高めてもらうことも多い。また、公民館保育室連絡会議とか、「印刷・コピー・団体活動室の利用について」とか、公民館事業の一つ一つを特に取りあげて利用者懇談会を開く場合もある。

第2は、学級・講座の準備会である。東京・国分寺市の公民館では、「公民館の講座を公民館職員だけが一方的に企画実施するのはおかしい。」という一青年の投書をきっかけにして職員集団で話し合った結果、講座準備会を開催することにした。1971年のことである。以来、この方式は全国に流布し、公民館職員と講座参加者と講師予定者との三者で講座の内容を検討する三者方式も生まれた。1980年代に東京・東村山市公民館で行われた企画会員方式は、一時期東村山市公民館が行うすべての学級・講座を市民から公募した企画員と職員とが合同で企画・実施したのであるが、これも「学級・講座の準備会」方式の発展形態といってよいであろう。そう考えれば、公民館の発足当初から現在に至るまで各地で続いている専門部制度(教養部や広報部等)のほか、公民館事業を実際に企画・実施する公民館運営委員会等や、東京・小金井市の企画実行委員会方式もその典型的な例である。

　第3は、公民館利用者連絡会(以下、利用者連絡会という。)である。これは、第1に挙げた利用者懇談会と名称が似ているが、こちらは公民館が主催する事業ではなく、公民館の利用者が自主的に作った市民団体である。したがって会長などの代表者が市民から選出されており、会長名で会が招集される。集会の内容は利用者懇談会のそれとほとんど変わらないことが多いが、公民館から直接呼びかけられた利用者懇談会と違って、面倒なことはごめんだという考えが先行して出席が少なくなることもあり、かえってそれだけに参加の姿勢がより自主的ともいえる。場合によっては、当面している公民館の問題をめぐって館長と交渉することもある。最も注目に値するのは、利用者連絡会から選出された代表が公民館運営審議会の委員になるというルートが確立している場合であり、筆者の経験からいえばこれらの委員が多いほど公民館運営審議会は活発になる。これらの委員が定期的に利用者連絡会で公民館運営審議会の審議の模様を報告をするという慣行ができればなおさら公民館への住民参加は進むのである。

　第4は、「社会教育を考える会」等の存在である。名称からだけでは公民館への住民参加とは思えないように見えるが、この会は文字通りわがまちの社会教育のあり方(それには当然のことながら社会教育の中核施設である公民館のことも含まれる)を全体的に市民の立場から考えようとするのであって、その果たす役割はきわめて大きい。かつて1980年代に「川崎の社会教育を考える会」が活躍したことがあったが、月刊で出された「考える会」の機関紙『南武線』は川崎市の社会教育の発展に大きなインパクトを与えた。当時、隠れた第1の愛読者は市長や教育長ではないかとさえいわれた『南武線』は毎年5月号には市の社会教育予算の解説を載せるなど、市民や市当局への働きかけには大きなものがあった。現在7館ある市民館(公民館)にすべて運営審議会を設置させたのもこの会の運動の成果であった。

　一方、東京・三多摩では多くの市に「社会教育を考える会」等がある。表Ⅱ-6-2は1984

表Ⅱ-6-2：三多摩地域の社会教育を考える会・公民館を考える会

	団体名
1	東村山の社会教育をすすめる会
2	小平の社会教育を考える会
3	東大和の社会教育を考える会
4	八王子の社会教育を考える会
5	立川の公民館を考えるための連絡会
6	小金井の公民館を考える会
7	くにたち公民館を考える会
8	社会教育を考える保谷市民のつどい実行委
9	昭島の社会教育を考える会
10	東久留米に社会教育施設をつくる会
11	東村山青葉町地区に公民館をつくる会
12	田無・保谷どんぐり
13	恋ヶ窪公民館増改築をすすめる会
14	小平公民館の教育の自由を守り沼賀さん浅沼さんを公民館に復帰させる会
15	調布市公民館利用者会議運営委員会

※資料の一部を割愛した。

年に東大和市で開催された第22回東京都公民館大会において第1分科会「自主グループと公民館」の世話人集団が大会準備の過程で作成したものである。それから10年後の1993年の秋にはこれらの「社会教育を考える会」等が「公民館を考える三多摩市民の会」を結成し、以後ほとんど毎月「市民の会」を開催し、学習会を開催したり、「会報」（2005年9月現在第13号）を発行したりしていることは特筆に値するであろう。その会で中核的な役割を果たしている「国分寺市・社会教育の会」は機関紙『国分寺・社会教育の会』を月刊で出し、2005年9月現在205号を数える。これらの地道な活動が三多摩の公民館を下から支えているのである。

7—3 町内公民館・自治公民館と住民参加

公民館への住民参加を考えるとき、町内公民館・自治公民館（以下、町内公民館という。）の場合を考えれば問題はさらにはっきりする。町内公民館の場合その建物も職員も事業費もすべて町内会からの支出でまかなわれる。（建物については、公費補助をしている市町村が多いが。）町内公民館の活動は町内会の活動の一環として行われることが多いが、長野県松本市や山形県朝日町あるいは沖縄の字公民館のように町内公民館長ならびに町内公民館主事を町内会長等とは別に選出するところもふえている。このような町内公民館では公民館の運営は町民自身の手によってなされるのであり、まさしく「参加」の域を超えて「統治」の様相を示す。いわば公民館の原点はここにあるといってよいのかもしれない。

7—4 委託・指定管理者制度との関係

最後に、住民参加と委託・指定管理者制度との関係について触れておきたい。委託・指定管理者制度については別に項目が立てられているので詳しくはそちらを参照していただきたいが（第Ⅰ部3章など）、公民館等を住民

協議会やNPO等に委託したほうが住民参加の実が上がるのではないか、という論議がある。これをどう考えるかということはこれからの重要な問題であるが、この議論が自治体財政の逼迫を理由に起こされ、住民参加の美名の下に行政側から住民協議会やNPOを組織してそれに公民館等を委託するという形になる場合が往々にしてあるので十分に注意する必要がある。

（奥田泰弘）

〔参考文献〕
(1)寺中作雄『公民館の建設―新しい町村の文化施設―』公民館協会、1946年。寺中作雄『社会教育法解説・公民館の建設』（現代教育101選55）国土社、1995年に所収。
(2)小林文人編『これからの公民館―新しい時代への挑戦―』国土社、1999年
(3)松本市教育委員会『町内公民館の手引き〈第5次改訂版〉―学習と参加による誰もが暮らしやすいまちをめざして―』2005年
(4)南里悦史・松田武雄編著『校区公民館の再構築―福岡の校区公民館の歴史と実践―』北樹出版、2005年

8．公民館はなぜ無料か
（公民館無料の論理）

8—1 公民館を有料化している自治体は全国で2.4％しかない。

　公民館を無料にするか有料にするかは、自治体が条例で決めることになっている。(社会教育法第24条)1990年の全国調査によれば(1)、公民館の使用料が「原則有料（無料規定なし）」である自治体はわずかに2.4％に過ぎなかった。(表Ⅱ-6-3参照) 表の「1.原則無料（有料の例外規定あり）」の場合も「3 原則有料（無料の例外規定あり）」の場合も、いずれも各自治体が条例で「社会教育法第20条の目的で公民館を使用する場合は無料とする。」と規定して、一般市民が公民館を利用する場合は、いわゆる社会教育関係団体に限らず、使用料を無料としているのがふつうである。

8—2 なぜ、公民館は無料なのか。（その1／その法的根拠）

　では、なぜ、公民館は無料なのか。それは、根本的には日本国憲法第26条に由来する。26条はいう。「すべて国民は、法律の定めるところにより、その能力に応じて、ひとしく教育を受ける権利を有する。」そして「日本国憲法の精神に則り」（前文）制定された教育基本法は、第2条で「教育の目的は、あらゆる機会に、あらゆる場所において実現されなければならない。」、第7条で「家庭教育及び勤労の場所その他社会において行われる教育は、国及び地方公共団体によって奨励されなければならない。」（第1項）、「国及び地方公共団体は、図書館、博物館、公民館等の施設の設置、学校の施設の利用その他適当な方法によって教育の目的の実現に努めなければならない。」（第2項）と定める。さらに、日本政府も批准しているユネスコ「学習権宣言」（1985年）も学習権とは、「あらゆる教育の手だてを得る権利であり」、「人間の生存にとって不可欠な手段である。」「学習権なくしては、人間的発達はあり得ない。」と宣言する。このように、すべての人にとって教育を受けることは生まれながらの権利なのであり、いかなる理由があろうともこの権利が侵害されることは許されないことなのである。再び、日本国憲法第14条はいう。「すべて国民は、法の下に平等であって、人種、信条、性別、社会的身分又は門地により、政治的、経済的又は社会的関係において、差別されない。」お金がない人は教育を受ける権利が制限される、ということがあってはならないのである。

　公民館は無料である、という法的根拠はもう一つある。それは、公民館の法的位置づけは義務教育諸学校（小・中学校）と同等であるということである。社会教育法第21条は「公民館は、市町村が設置する。」と定めているが、これは、小・中学校は市町村が設置することになっていることと同じである。（学校の場合は国・公立大学付属小・中学校のような例外はあるが、公民館の場合はそのような例外は一切ない。）このことは地方自治法第2条が（1999年に改正されるまでの間ずっと）「第3項 例示」において、市町村の事務は学校、公民館、図書館、博物館を設置すること、都道府県の事務は高等学校、図書館、博物館を設置することとしていたことからも理解することができる。したがって、「国立又は公立の小学校及び中学校、これらに準ずる盲学校、聾学校及び養護学校又は中等教育学校の前期課程における義務教育については、これ（授業料）を徴収することができない。」という学校教育法第6条の規定は公民館にも適用することが法の精神なのである。この場合「授業料の意味」は「いかなる名目をもってよばれるにかかわらず、小学校又は中学校が教育を施すという事実に対する反対給付いっさいを包含するものである。」（昭和26・10・31法意一発八五法務府法制意見第一局長）と解するのであるから、このことからも公民館を有料にすることはできないというべきである。

8—3 公民館設置の目的を考えても公民館は有料化できない。（公民館はなぜ無料か／その2）

公民館に関する最初の解説書ともいえる『公民館の建設』(2)で、公民館の生みの親ともいわれる著者の寺中作雄は「一 何故公民館を作る必要があるか」として、次の3点を挙げている。「第一に民主主義を我がものとし、平和主義を身についた習性とする迄にわれわれ自身を訓練しよう。」「第二に、豊かな教養を身につけ、文化の香り高い人格を作る様に努力しよう。」「第三に身についた教養と民主主義的な方法によって、郷土に産業を興し、郷土の政治を立て直し、郷土の生活を豊かにしょう。」と。平和と民主主義、豊かな教養と人格の完成、地域づくりの3点は、現在も重要な公民館の設置目的である。そうであるならば、片野親義がある講演で述べたように「平和と民主主義を考える人、他人の気持ちを思いやりながら、他人と協調して、いい地域をつくるために頑張る人、地域に産業を興して、政治をよくして、みんなが住みやすい地域社会をつくるために学ぶ人。そういう人たちの学びから、お金は取れないのです。」(3)と言えるであろう。

8—4 公民館の有料化は公民館の質を低下させる。

もしも公民館を有料化したならば公民館はどうなるだろうか。例えば配食ボランティアの活動をする場合で考えてみる。地域のボランティア団体が、公民館の調理室を利用して食事を作り、それを定期的に地域のお年寄りに配って回ろうと計画する。その時公民館は、そのボランティアの人々から公民館の使用料を取るのか。また、こういう場合もある。公民館が主催した講座から人形劇のグループが誕生した。そのグループが子ども達に人形劇を見せようとして公民館で練習をする。いよいよ公演の日、子ども達がいっぱい公民館に集まってくる。そういう場合にも、公民館で練習するボランティアの青年達や人形劇を見るために集まってきた子ども達からもすべて公民館使用料を取るのか。例えばゴミ問題を考えるために集まった市民が、公民館職員と協力して環境問題に関する講座を企画・実施する。その時、相談に集まった人たちからも、自分たちが住む町の環境問題を考えるために学習会に参加した市民からも公民館の使用料を取るのか。これらのことがどんなに不合理なことかは誰にでもすぐに理解されることなのである。

このことを逆に考えれば、公民館が使用料を取るようになった場合は上に挙げたような公民館活動はいっさい行われなくなる、ということではないだろうか。そして、公民館は、お金を払って聴講するようなカルチャーセンターまがいの講座ばかりが行われるか、自分たちの楽しみで歌や踊りをさせてもらうのだから、少々の場所代を支払うのは仕方がない、と考える人たちばかりでにぎわう公民館になるのであろう。だとすれば、こういう公民館を公費で運営する必要はないと考える人が出て来ても何ら不思議なことではないというべきであろう。

もう一つ重要な問題がある。それは、公民館の有料化は市民・利用者と職員の関係を協働の関係から上下の関係に変えてしまう、ということである。公民館の有料化は基本的には公民館を貸館にしてしまうことになるから、上に述べたような市民と職員の協働による公民館活動は姿を消し、職員は貸す側、市民は借りる側という関係になってしまうのである。これでは、もはや公民館とは言えないであろう。

8—5 どんな場合に公民館有料化論が出てくるか。

公民館有料化論が浮上する直接のきっかけはいうまでもなく地方自治体の財政難であろう。しかし、どんなに財政が苦しくとも必要なもの・必要なことにはお金を使わないわけ

表II-6-3　あなたの自治体の公民館は、使用料を取っていますか？　　出典：注(1)

1　原則無料（有料の例外規定あり）
2　原則無料（有料規定なし）
3　原則有料（無料の例外規定あり）
4　原則有料（無料規定なし）
5　有料規定も無料規定もなし
6　その他　具体的に（　　　　　）

	1	2	3	4	5	6	非該当	無回答	計
総数	613	264	1,625	69	59	72	0	125	2,827
割合(%)	21.7	9.3	57.5	2.4	2.1	2.5	0.0	4.4	100.0

にはいかない。つまり、公民館有料化論が出てきたということは、公民館は必要なものだという認識が市民の間で低くなっているか、公民館の必要性が多くの市民に理解されていないか、のどちらかだということになる。

　経験からいえば、公民館有料化論が浮上する条件は二つあると思われる。その第1は、公民館が、もう、すでにカルチャーセンター化しているか、貸館化している場合である。第2は、公民館の数が人口や自治体の面積に比して極端に少ないか、偏在している場合である。このどちらの場合にも、多くの市民にとっては「公民館は一部の利用者に占拠されている」と感じられてしまうのである。受益者負担論が幅を利かすのはこういう場合なのである。多くの市民から公民館はわれわれの生活になくてはならないものと理解されている限り、受益者負担論の入り込む隙はない。それは、日常的には一部の市民しか利用しない市道であっても、そこから通行税を取れという発想が出ないのと同じ理屈である。

8—6　自治公民館・町内公民館の場合を考える。

　公民館の利用料のことを考えようとするとき、自治公民館・町内公民館（以下、自治公民館という）の場合を考えると問題の本質が良く理解できる。ほとんどの場合自治公民館で使用料を取るということは考えられない。それは、自治公民館が自治会・町内会の費用で設置・運営されているからである。仮に町会費の他に公民館費を徴収する自治会があったとしてもそれはいわば公費であって公民館使用料ではない。公立公民館の場合、町会費や公民館費に当たる費用は市税として拠出しているのである。その上に公民館使用料を取るということになるとそれは場合によっては税金の二重取りという批判にもなり得るのである。

（奥田泰弘）

〔注〕
(1)奥田泰弘「公民館の条件整備はどこまで進んだか—1990年『公民館の条件整備に関する全国調査』から—」中央大学教育学研究会『教育学論集』第47集、2005年
(2)寺中作雄『公民館の建設—新しい町村の文化施設—』公民館協会、1946年。寺中作雄『社会教育法解説・公民館の建設』（現代教育101選55）国土社、1995年所収。
(3)片野親義『これからの公民館を考える』（東京都公民館連絡協議会委員部会平成16年度第1回研修会・記録）2004年

9．教育文化産業と公民館

9—1 「教育文化産業」というイメージ

　これまで、社会教育・生涯学習研究領域では、民間の教育事業や文化事業のことを「教育文化産業」と呼んできた。もっとも、今日では「民間教育事業（者）」という用語のほうが一般的であるだろう。

　「教育文化産業」という用語は、「あまりに多くの活動を含みうるはば広い概念」（友田泰正「教育文化産業と自治体社会教育の問題」伊藤三次編『生活構造の変容と社会教育』〈日本の社会教育第28集〉東洋館出版社、1984年）を表わすものであるとされるが、実際には、当時の用例を見る限り、カルチャーセンターの代名詞として用いられる場合が大半であった。

　一方、「民間教育事業（者）」は行政用語でもあり、概念もかなり厳密である。例えば、「教育行政機関と民間教育事業者との連携方策に関する調査研究協力会議」の報告（1998年3月）では、「住民を対象とする学級・講座等を開講するカルチャーセンター（中略）等、教育事業を主たる目的とする事業者」ばかりではなく、「茶道、華道やピアノなどを教授する個人事業者」「書店、楽器店、CDショップ、スポーツ用品店等の教育・文化・スポーツ等学習活動に関連する業務を主たる目的としている事業者」、さらに「地域貢献、企業のイメージアップ、その他の理由により、その事業者の主たる業務ではないが、教育・文化・スポーツ等学習に関連する事業・イベント等の取り組みを行う全ての事業者」も含むものと定義されている。

　ただ、難を言えば、民間教育事業者との「連携」を謳ったその報告の中には、民間教育事業者は「自らが行政との連携の対象となる『民間教育事業者』として生涯学習振興の一翼を担っているという自覚」を持てといった、官と民を峻別する意識がまだ伏在しており、「新しい公共」が言われる今日、すでに「民間教育事業者」という定義自体が陳腐なものと

なる可能性があることは否めないだろう。

　なお、1991年には、文部省に「民間教育事業室」（現：文部科学省民間教育事業推進室）が設置されていることを付記しておく。

9—2 「教育文化産業」と社会教育の関係史

　「教育文化産業」の代表格であるカルチャーセンターの歴史は、1955年の「産経学園」から始まり、1960年代には、全国の都市部に新聞社・放送会社・百貨店が母体となった「文化センター」「文化教室」が開設されるようになり、総合文化教室のはしりである「朝日カルチャーセンター東京」が新宿住友ビルに開業したのは、1974年4月であった。

　先駆者である「産経」から「朝日」による業態の確立までには19年かかったわけだが、それが高度経済成長期と重なっているのは単なる偶然ではない。つまり、高度成長下で所得の増加と余暇時間の増大を享受できる豊かな市民層が拡大するにつれ、カルチャーセンターもその規模を拡大していった訳だが、1960年代の後半に入ると、高度成長から安定成長へと政財界の関心がシフトしていくなかで、カルチャーセンターは今後の成長産業の一つと考えられるようになる。

　例えば、1973年の通商産業省産業構造審議会余暇部会答申には、「おけいこ事産業」「総合技芸教授業」という名称を用いて、新聞社・放送会社・百貨店が兼業する「社会教育系に属する」事業が「教養型余暇関連産業」の有望株として紹介されていた。

　ところが、当時の社会教育界は、一部を除いて「余暇開発」問題にはあまり関心がなく、特に、カルチャーセンターを議論する者はほぼ皆無であった。その状況が変化するのは、1970年代半ばを過ぎてからである。

　その第1の要因には、1970年代の末ごろから、大都市の中心部で事業を展開していたカルチャーセンターが、スーパーと提携して郊外のニュータウン地域にも進出し始め、公民

館や市民センターといった施設で行われていた学級講座事業と競合するようになったことが挙げられる。(渋谷憲明「教育文化産業の地域進出と公民館」『月刊社会教育』282号、1980年10月)

また、2つめの要因としては、1980年代に入って、国が「行政改革」の流れを加速し、「民間活力の導入」や「規制緩和」が盛んに叫ばれるようになり、臨時教育審議会の4次にわたる答申でも、生涯学習体系への移行と民間教育事業の活用が打ち出されたことで、各地の自治体社会教育行政が、再編合理化問題に揺れるようになったことが挙げられる。

つまり、公的社会教育へ導入される「民間活力」としてカルチャーセンターが導入されることが懸念されていたのである。

実際、当時の批判を見ていくと、営利事業であるカルチャーセンターは「人間的権利の十全な発達とその保障を基軸にすえた近代公教育原理がつらぬかれて」(島田修一「『行政改革』と社会教育」島田修一編『行政改革と社会教育』〈日本の社会教育第27集〉東洋館出版社、1983年)おらず、社会教育の公教育性を破壊する存在であると考えられていたことがわかる。

しかし、当時の批判は、公的社会教育では取り上げにくかった宗教や天皇制の問題を「顧客」の要望に応じて事業化したり、様々な理由から社会教育が「役所」の運営であることに我慢がならないという人々にも学習機会を「非公共」的に用意したりしていた、制度的公共の「外部」としてのカルチャーセンターの意義を全く認めておらず、残念ながら正鵠を得ていたとはいえない。(社会教育推進全国協議会研究調査部『理論研究集会の記録と資料 改めて社会教育の公共性を考える─公民館と民間の社会教育事業との関係から─』〈住民の学習と資料№27〉社会教育推進全国協議会、1996年)

9—3 「教育文化産業」論に残された課題

以上のようにカルチャーセンターと社会教育の関係史を見直してみると、社会教育側では、「公共」の担い手は「行政」であり、民間事業者の目的は「営利」であるといった意識があり、結局、民間事業者を教育・文化領域に不可欠な存在と捉えることはなかったという事実が浮かび上がってくる。実際、生活協同組合などの共益事業として行われる教育・文化事業や、公益を意識した市民が立ち上げた「営利事業」としての有限会社など、議論すべき対象はあったのだが、それらは「教育文化産業」論のなかでは全く検討されなかったといってよい。

さらに、今日的課題として、かつては存在しなかったNPO法人や、本年6月に施行されたばかりの新「会社法」の規定に従って「営利」を目的とせずに設立される株式会社など、これまで「教育文化産業」論では想定していなかった対象が多数登場してきたことにも今後は留意する必要があるだろう。

9—4 「教育文化産業」と公民館

1995年9月に出された、文部省生涯学習局長通知「社会教育法における民間営利社会教育事業者に関する解釈について」では、民間教育事業者の公民館利用は、当該公民館がその利用内容を公共的利用とみなすことができ、利用に供しても「営利事業を援助すること」に該当しないと判断できる限り、利用を認めて差し支えないという解釈が示された。

そのような解釈は、カルチャーセンターの業界団体「全国民間カルチャー事業協議会」などから出ていた要望に応えるものでもあり、各地の教育委員会でも行政と民間事業者の連携のあり方が模索されたが、実際に増えたのは、投資信託や株取引や健康食品の説明会であり、カルチャーセンターなど教育文化産業の利用はそれほど増加しなかったといえるだろう。低成長時代に入り、カルチャーセンター業界の業績は長期低落傾向にあり、恐らく

6 利用者・住民

187

今後も施設利用は伸びないものと思われる。
　もっとも、視点を変えれば、今日、公民館・コミュニティ施設と最も関係の深い「教育文化産業」は「指定管理者」であるだろう。
　というのは、公共施設の管理者として指定された民間企業・NPO・自治体の施設管理公社といった事業者が、単なる維持・管理ではなく、施設事業の実施主体にもなる場合が増えることが予想されるからである。
　例えば、所沢市の文化スポーツ施設「ラーク所沢」の場合、市の公共施設管理公社が指定を受け、条例に基づいて、使用許可、料金徴収、施設・器具の維持管理のほか、「運営に関して市長が必要と認める業務」として、年数回の学習事業を実施している。
　もちろん、公社は以前に学習事業の実績がなく、指定を受けるため、事業計画書の中に急遽盛り込んで事業化したのであるが、今後このような形で教育事業に参入した「教育文化産業」が増加する可能性があり、大いに注目していく必要があるだろう。

（岡田 拓）

〔注〕
(1)経済産業省経済産業政策局調査統計部編『特定サービス産業実態調査報告書　平成14年　カルチャーセンター編』経済産業統計協会、2003年
(2)瀬沼克彰他「特集『民間』が創る生涯学習社会」『社会教育』（全日本社会教育連合会）705号、2005年3月
(3)全国民間カルチャー事業協議会白書作成委員会編『民間カルチャー事業白書：生涯学習時代の幕開け』全国民間カルチャー事業協議会、1989年
(4)通商産業省余暇開発室編『余暇総覧（下）』ダイヤモンド社、1974年
(5)佐藤進・山崎功他「朝日カルチャーセンターにみるおとなの学習」『月刊社会教育』236号、1977年4月
(6)宮原誠一・室俊司「朝日カルチャーセンターと生涯教育」『月刊社会教育』246号、1978年1月
(7)全国民間カルチャー事業協議会のURL
http://www.culture-center.gr.jp/

第7章 事業・編成

はじめに

1. **事業論の系譜と事業体系**
   1 文部次官通牒はどのような公民館事業を構想していたか／2 社会教育法による公民館事業の規定／3 社会教育法体制のもとでの事業論創出
2. **学級、講座の編成―主催講座の編成、学習領域（現代的教養、地域課題）**
   1 主催講座・学級の編成―住民・講師・職員の共同の仕事―／2 学習領域の設定／3 自主地域活動への展開／4 自主組織との連帯による学級・講座／5 地域学習ネットワークの構築
3. **文化と表現**
   1 人と表現・文化活動／2 表現・文化活動と公民館／3 絵本の手作り／4 仲間と演じる／5 自分史を綴る／6 表現・文化活動をめぐる課題
4. **各種集会・イベント**
   1 文化事業・公演／2 公民館祭／3 地域集会
5. **健康学習**
   1 健康学習の意義／2 健康学習の歩み／3 これからの課題
6. **社会同和教育と識字**
   1 意義／2 実践の歴史／3 課題
7. **地域福祉事業**
   1 福祉コミュニティの創造／2 福祉コミュニティづくりの事例／3 広義の介護予防事業／4 公民館の介護予防事業／5 介護予防と教育福祉／6 障害者福祉や防災事業
8. **野外活動―公民館で環境学習に取り組むには―**
   1 地域を分析する視点／2 自然かんさつ会／3 野外活動・自然体験活動／4 課題の解決にむけて
9. **団体・機関との連携**
   1 新たな連携の必要性／2 住民自治組織／3 地縁組織／4 民間非営利組織（NPO）／5 グループ・サークル／6 関連行政機関・高等教育機関／7 コミュニティ・ビジネス
10. **相談事業**
    1 住民の主体性を支援する学習相談／2 地域づくりのための学習相談／3 多様化する個人の学習ニーズへの対応と学習の共同化／4 専門機関などとの連携／5 居場所や溜まり場としての公民館
11. **館外事業論**
    1 館外事業の理論と実践／2 「館外事業」の4つの柱／3 地域施設をつなげて地域を面にする
12. **施設提供**
    1 団体利用と個人利用／2 利用の制限／3 有料化の動き／4 最近の動向／5 利用者の参加
13. **地域実態把握・調査活動**
14. **資料の収集・記録・提供**
15. **公民館報（公民館・地域・サークル等活動の周知）**
    1 公民館報／2 ホームページ／3 メールマガジン／4 チラシ・ポスター／5 ミニコミ／6 マスコミ

7　はじめに

　公民館はもともと"総合的"な性格を備えていると同時に、自治体や地域の状況を反映してその果たしている役割は実に多面的である。しかし公民館の特徴は自前の事業に取り組むということである。そのことが地方教育行政法第30条で公民館が学校、図書館、博物館とともに教育機関の一つとされている理由といえよう。つまり公民館は自治体が設置する教育機関の一つとしての社会教育機関なのである。

　1957年の文部省見解によれば、教育機関とは「教育、学術および文化」の事業を行うことを中心の目的とし、「専属の物的施設および人的施設を備え、かつ、管理者の管理の下に自らの意思をもって継続的に事業の運営を行う機関」（初等中等教育局長）とされる。

　現在公民館は施設面では「専属の物的施設」がある程度整備されているとはいえ専属の「人的施設」という点ではまだまだ貧弱な実態である。社会教育法で館長は必置となっているものの、「主事その他必要な職員を置くことができる」との規定にとどまっており、館長を含めて職員の養成制度を持たない。個別自治体の努力の結果公民館主事を専門職員と位置づけるなど一定の到達段階にある例も見られるが、教育機関として必須の職員体制の整備はこれからの課題といわなければならない。

　1951年に文部省は社会教育法第22条（公民館の事業）の解釈に関する照会への回答で次のような見解を示した。「『事業』とは一定の目的の下に同種の行為を反覆継続的に行い、その行為が権力の行使を本体としない場合を指す」、「社会教育法第22条は同法第20条の公民館の目的を達成するために公民館が反覆継続的に行うべき行為を例示したものであるから事業という字句を用いた」（社会教育局長）と。つまり公民館は「権力の行使を本体としない」教育事業を実施する機関なのであり、そのために制度的に教育機関として首長部局から一定の独立性を保持する教育委員会の所管となっているのである。

　近年多発する自然災害などにおいては住民の避難場所として活用される場合も多く、社会的に公民館の認知度は高まっている。しかし災害避難所・集会場所としての公民館は他のコミュニティ施設と重なる機能を持つのであり、事業面で公民館ならではの役割を果たせるかどうかが今後の公民館の存在意義を決するといってもよい。

　上杉孝實は、国際的に見た日本の公民館の特色は「さまざまな教育事業を主催するとともに、その施設を住民の利用に供することを重視しているところにある」という。しかしその役割に対しては1980年代後半日本国内で「行政の関与する教育事業は不要」、住民活動の場は「コミュニティセンターがあればよい」、「成人に対する教育事業はスタッフの整った学校開放でやればよい」との疑義が出されたと指摘する。（日本社会教育学会編『現代公民館の創造』1999年、東洋館出版社）

　多様な学習機会の増大と自治体財政逼迫の事情もあり、公費を使って実施される公民館事業については、地域に「役立つ」こと、成果を「還元する」ことが求められる一方、「遊び」は「受益者負担」でという考えも広まっている。

　それだけに公民館がどのような事業をどのように実施するかは公民館の根幹に位置づく課題でありそのアイデンティティを左右する意味を持つといえよう。

　本領域においては公民館の事業と編成について、実践の到達点と今後の課題を見極めて15項目にわたって論じている。公民館60年の歴史のなかでどのような境地が開かれてきたのか、その内容と方法について明らかにしている。ただ、公民館事業の全領域を扱う関係で非常に広範囲にわたる事情から「スポーツ・レクリエーション」及び「自治公民館・身近な地域活動への支援」については他領域の記述によって補うこととした。

（佐藤　進）

1．事業論の系譜と事業体系

1—1 文部次官通牒はどのような公民館事業を構想していたか

　公民館創設を呼びかけた文部次官通牒は、専門部制を持つことに特徴があった。
　「教養部」には成人学級（①時事問題・公民常識・社会道徳、②産業指導の基礎的科学教育）、婦人学級（上記①のほか、家庭生活の科学化、家政・育児・家庭衛生・裁縫）。「産業部」では各種産業の科学的指導、生活の科学化・合理化。「集会部」は講演会、講習会、討論会、懇談会、文化講座、映写会、演劇会、音楽会、ラヂオ聴取会、運動競技会、町村政懇談会、各種展覧会・展示会・博覧会。「その他の事業」としては学生・一般青壮年の研究修養、農村実態調査及研究、啓蒙的新聞・パンフレット作成頒布、託児所・共同炊事場・共同作業場経営指導、簡易な医療・衛生事業及指導、青年団・女子青年団・婦人団体・少年団体その他文化団体本部を置き事業の企画指導及団体相互の事業調整、町村又は社会事業・慈善事業団体の委託事業又はこれらへの協力、冠婚葬祭設備の充実と利用奨励、中央の各種文化団体・産業関係団体との連絡と協力。
　以上のように地域における万能的役割が期待されていたのである。
　職員は嘱託館長と嘱託主事、兼任・非常勤を中心に構想していたことから考えて、事業の担い手の中心は住民であったといえよう。敗戦直後でまだ憲法も定まらない、教育行政体制も未整備の占領下に出された「通牒」であるため、施設や職員面において貧弱であったことは否めない。しかしこの呼びかけが全国に与えた影響は大きかった。青空公民館、看板公民館などと呼ばれつつ全国に普及し、「通牒」後約1年の1947年8月には全町村に対し19.76パーセントの設置率であった。そのことが社会教育法に先駆けて1947年3月に制定された教育基本法第7条に「公民館」が規定された背景といってよい。

1—2 社会教育法による公民館事業の規定

　1949年6月制定の社会教育法は第22条で公民館の事業を規定した。その後1953年の改正によって「青年学級を実施すること」が挿入されたが、1999年の青年学級振興法廃止に伴って削除された。したがって条文を見る限り制定時の社会教育法第22条と現在の22条はまったく同じ文言であり変化がなかったかのように見えるが、40数年間の青年学級実施の歴史が隠されている。それはともかく、社会教育法は公民館の事業として次の6点を規定した。
1　定期講座　2　討論会・講習会・講演会・実習会・展示会　3　図書・記録・模型・資料を備え、利用を図る　4　体育・レクリエーション集会　5　各種団体・機関の連絡　6　施設を住民の集会その他公共的利用に供する
　これは、文部次官通牒の描いた公民館事業とは大きく異なるものであり、基本的に社会教育機関としての事業像である。

1—3 社会教育法体制のもとでの事業論創出

1）自治体・研究集団・公民館全国組織による事業論の提起

　社会教育法のもとで社会教育・公民館事業はどうあるべきか。1963年枚方市教育委員会「枚方市における社会教育今後のあり方」は社会教育について、主体は市民・国民の権利・憲法学習・住民自治の力となるもの・大衆運動の教育的側面・民主主義を育て、培い、守るもの、と定式化した。また1965年長野県飯田・下伊那主事会「公民館主事の性格と役割」は公民館の仕事を「民主的な社会教育を守るもの」とおさえ、「国民の生活要求、文化要求、政治要求、その他さまざまな要求に根ざして行われる教育・学習活動が、それを

事業・編成

阻むものをのりこえる実践を伴いつつ自由に発展していくこと」と提起した。

自治体や有志研究組織の提起とは別に全国公民館連合会（全公連）を挙げて取り組んだ成果が『公民館のあるべき姿と今日的指標』（1968年）である。

公民館の役割を、集会と活用・学習と創造・総合と調整とし、標準的事業として1. 地域生活に根ざす事業（いこいの場と機会、集会の場、住民相談、年中行事、調査と資料収集、広報活動）　2. 生活文化を高める事業（学級・講座、講演会、学習・創造活動助長、教具・学習資料供与、学習方法・技術開発）　3. 地域連帯を強める事業（機関・団体等の連絡・調整・援助、機関・施設・団体との連携、人材開発・活用、世論形成）としている。

これは全国的に市民会館等が出現する中で、多様な公民館の存在を踏まえて定式化された「あるべき姿」である。実態を踏まえてまさに総合的な公民館事業論となっている。全公連は1970年に『第2次専門委員会報告書』をまとめたが、都市化の進行を踏まえて教育機関としての性格をより強く求めるものであった。

2）70年代都市公民館活動が生み出した事業論―『新しい公民館像をめざして』

1973・74年に東京都教育庁より発行された標記構想は、その後の公民館のあり方に大きな影響を与えた。そこでは公民館の役割として次の4つを挙げている。

1. 住民の自由なたまり場（都市化の中で孤独な市民が一人でも足を向けられる、そして学習やサークル活動に参加するきっかけを）

2. 集団活動の拠点（とりわけ幼い子を持つ母親が集える公民館に）

3. 住民にとっての「私の大学」（身近な問題をふまえながら根源的問題を学習できる場。市民に開かれていない大学に代わる役割を）

4. 文化創造のひろば（生活の中から生み出され発展する文化創造の場に）

ここで目指された公民館事業論は、都市地域における一定の職員体制を持つ公民館で住民参加による事業運営という、社会教育法下の一つの到達目標を掲げたものといえる。

3）行革・生涯学習政策・分権改革下の事業論の提起―「岡山市公民館検討委員会答申」

1980年代以降の公民館は、行財政改革の対象とされてきた。そのような中でも全国には意欲的に公民館像構築の取組みを行っている自治体がある。ここでは職員の実践を通じて行政当局にも公民館の存在意義を認めさせ、公民館職員体制充実の取組みを進めている岡山市の例を挙げることとする。

標記答申は公民館の基本機能を①集いの場　②学びの場　③活躍の場とし、活動の三つの柱として①主催事業の実施による学習機会の提供と文化交流活動の活発化　②施設の開放と利用の促進による市民の自主活動の支援　③学習相談や情報提供等による市民の学習活動の支援をあげている。その上で21世紀に公民館が果たすべき提言がなされているが、特に「自分自身と地域の未来を切り拓く力（課題解決の力）を身につける場」「共生のまちづくりの拠点となる」「地域づくりの多様なネットワークのかなめとなる」という提起は、公民館事業として今後追求すべき方向性といえよう。

（佐藤　進）

〔参考文献〕
(1)横山宏・小林文人編著『公民館史資料集成』エイデル研究所、1986年
(2)全国公民館連合会編『公民館のあるべき姿と今日的指標・解説』1968年
(3)岡山市職員労働組合公民館職員の会編『市民が輝き、地域が輝く公民館』エイデル研究所、2002年

2．学級、講座の編成
—主催講座の編成、学習領域（現代的教養、地域課題）

2—1 主催講座・学級の編成—住民・講師・職員の共同の仕事—

　公民館は社会教育法第20条で「実際生活に即する教育・学術及び文化に関する事業」をおこなう教育機関であり、22条「公民館の事業」の第1に「定期講座の実施」が挙げられている。学級・講座は公民館活動の中心に位置づくものである。「生活者とは人間らしい社会とはなにかを問い、それを実現する人間のことだ」（暉峻淑子著『格差社会をこえて』岩波ブックレットNo.650、3頁）という。そのために人は自らを教育し、学術の成果を学びとるのである。

　一つの講座や学級或いは職員との出会いが、参加者の人生を大きく変える力を持つこともある。学級・講座編成の中心的課題は、何に向けて学ぶかということを、明確にしていくことである。そして、講座等は住民・講師・職員の三者が協働で学習を創っていくことである。この、講座・学級の目標や到達目標を協働で作っていくためには、その学習内容編成過程に直接住民（学習の当事者）が参加するシステムが用意されなければならない。それが「準備会」「企画実行委員会」などの名称で呼ばれているものである。学級・講座編成は、簡単に言えば、①学習課題の設定、必要性、②学級・講座を通しての目標、③その目標達成に必要な学習内容、学習方法の想定（具体的プログラム展開、学習方法の設定）、④その目標達成に必要な援助者の選定（講師、チューター）、⑤学級・講座の総括・評価ということになる。学級・講座の今日的課題を職員集団で討議し、共有しておくことは、公民館の職員集団の形成にとっても必要なことである。

2—2 学習領域の設定

1）現代的教養

　今日の社会が市場原理と競争原理の「新自由主義社会」と呼ばれる社会であり、この社会構造の矛盾がさまざまな形で人々の生活を脅かしている。こうした課題を解決するのに必要な知を獲得することが求められている。その知として、1．日本国憲法・教育基本法の学習を改めて生活者としての視点で捉え返し、より深く日常の生活を支える生活の智まで鍛えることこそが、今日最も重要な教養であろう。2．人類もふくめ生物の生存をも危うくしている環境破壊の問題に対する智は必要とされるであろう。3．富の配分の偏りが拡大している中で、貧困、南北問題、基本的人権保障、平和、教育の保障、社会保障、社会福祉、医療、経済等、生命を日常的に支える社会制度を生活者の知として獲得する。4．多様な文化的価値の理解と共存、表現の問題や自由な文化創造の課題。5．過去の歴史的事実から現在、未来の歴史を読み取る力や現実の世界的視野でものを見る力、である。

2）地域課題とは

　地域課題は、具体的に掘り起こしていくものである。そのために、1．足で歩いて、話を聞き、人々の生活の中に入り込んで地域で起きている現実をつかみ取っていく。2．地域を科学的に認識していく。こうした作業を通して、課題が明確になってくる。今日、高齢者や、障害者福祉計画の策定、商店の活性化計画、再開発計画、農村再開発事業、環境基本計画など様々な行政施策が作られている。こうした問題についても、住民との共同の学習の中で、それぞれの地域特質を科学的資料と生活者としての住民のケース研究を重ねていけば、質の高い情報や課題をつかめる。地域の中に、現代社会の矛盾がどのように現われているのか、国や自治体の政策が、直接自分たちの生活にどのような影響をもたらす

かという視点を共有しながら、解決への方法を共同して探しあっていくことだ。地域から日本、世界を突き通して観ることが重要となる。

2―3　自主地域活動への展開

公民館の学級・講座がカルチャーセンターや大学開放と異なる点は、生活している地域の中に活動がある・学級や講座から巣立った学習者は、サークルやグループを作って、新たに学びを発展させていく・それは、学びによって知った真実が、次への事実の探究活動を生み出していくからである。その学びが具体的に自分たちの生活に深くかかわっているからである。子育て講座から地域の子育てサークルを結成し、或いは公民館における老後問題の学習をきっかけに、地域での高齢者福祉政策策定にかかわるグループや、実際に学んだ仲間と介護センターをNPO法人で立ち上げた人々もいる。

文化活動を通して獲得した技術をつかって、ボランティアに参加して学校や老人ホームで活躍の場を見つけた人もいる。公民館の職員は、仲間と自主的に学ぶ力を講座の中で組織する力や援助する力が求められる。そこで問われるのが職員の専門性であろう。

2―4　自主組織との連帯による学級・講座

サークル・グループを含めて生協、農協、町会、労働組合、NPOなど地域にはさまざまな組織がある。それらの組織の要求を受け止め、あるいは公民館から働きかけて、連携して、講座や学級を開催することも重要な活動であろう。それぞれがもっている特性を活かしながら、準備段階で、学級や講座の目的や目標を相互に明確にし、それぞれの役割を大事にしたい。中学校のPTAと一緒の教育講座が組まれたり、町会と地域福祉の講座を共催したり、商工会と地域経済の講座を等、NPOや学校も含めて自主的組織との提携による事業の展開を積極的に進めることで、学習領域の広がりと自主的組織と人々の関係を新たに生み出していくことができる。

2―5　地域学習ネットワークの構築

公民館で活動するグループ等全体の連絡組織である利用者交流会が組織され、そこで、「公民館の集い」等が開かれ、テーマ別分科会が開催され、地域で活動している人と団体がレポーターや参加者として参加してくる。こうした具対的事業を通して、地域の人と人をつないでいく。公民館が積極的に地域と係わることで、地域の学習組織との交流が作られてくる。地域学習ネットワークの仲立ちとして公民館が機能していく展望が開かれる。

(加藤有孝)

〔参考文献〕
(1) 小林文人編『これからの公民館―新しい時代への挑戦―』国土社、1999年
(2) 島田修一編著『知を拓く学びを創る―新・社会教育入門―』つなん出版、2004年
(3) 月刊社会教育編集部編『生涯学習の時代を開く』国土社、1989年
(4) 社会教育推進全国協議会編『社会教育・生涯学習ハンドブック』エイデル研究所
(5) 暉峻淑子『格差社会をこえて』（岩波ブックレットNo.650）岩波書店、2005年

3. 文化と表現

3—1 人と表現・文化活動

　表現・文化活動は、個性的である自己自身の内面に深く関わることに特性があり、その特性を真に生かすならば、表現・文化活動は、自分と他者を再発見していくことにつながり、自分らしく生きる方法ともなっていく。その表現・文化活動は、孤立して捉えられてはならないのであって、人は、観察し、表現し、想像・共感し、学習し、思考し、行為することによって共通の「人類」なのである。これらの諸活動はいずれも人間として欠かせぬものであり、相互に浸透する＝分かちがたいものなのである。

　このような考え方は、たとえば1985年・パリ第四回ユネスコ国際会議の「学習権宣言」の学習権規定に見られるように、世界常識の根幹に位置づいているというべきだろう。

　したがって、もし表現・文化活動が制約されると、私たちは人間として閉ざされることになる。たとえば私たちは、戦前の公権力による「民衆娯楽の統制」というものを忘れるわけにはいかないが、表現・文化活動の創造・享受・交流の自由をめぐる問題は、消えることのない鋭利な現代的テーマであり続けている。

3—2 表現・文化活動と公民館

　敗戦による「解放」は、人びとを読書会や演劇活動などに向かわせたが、その戦後初期に示された公民館構想では、公民館の機能の一つとして「社交娯楽」を挙げており、「…共に楽しみ、共に喜び、共に歌ひ、共に踊り、共に遊び、共に談ずる。しかも楽しみの中に教養があり、社交の中に文化がある」、そういう「娯楽」・「社交」を思い描いている。そして、そのような「社交」＝交流を通して「真の民主主義への道」が開かれると洞察している（寺中作雄『公民館の建設』1946年）。社会教育法も、公民館の総合的な事業の一つとして「体育、レクリエーション」を位置づけている（第22条）。東京都教育庁社会教育部の『新しい公民館像をめざして』（1974年）も、公民館の欠かせぬ役割として、「公民館は住民による文化創造のひろばです」という項目を掲げている。

　今日、公民館事業としての表現・文化活動は、合唱・バンド、演劇、人形劇、ダンス、絵画・版画、映像、陶芸、詩・文芸、読書、自分史など、多種多様に行われている。それらが、さまざまな状況に縛られている人を生かし、人と人との交流を促すものとして取り組まれていくならば、表現・文化活動は地域社会再生のキー（鍵）となるだろう(1)。表現・文化活動の方法や価値について、以下に、三つの事例から学んでみよう。

3—3 絵本の手作り

　さいたま市（旧浦和市）の領家公民館で、木版画による手作り絵本の講座（保育つき）が開かれたが（1976年）、その講座参加者には、育児や舅姑との同居など、それぞれのとらわれがあり、＜自分というものを取り戻したい＞という思いがあった。講座終了後は、「手作り絵本の会」という自主グループ活動を始め（今日に及ぶ）、共同制作を開始し、浦和の民話を自分たちで発掘し、その文・画の表現のために調査・聞き取りなどを行なっていく。この共同制作とその発表の活動経験は、小学校の「ゆとりの時間」や他市町村での公民館講座などでの講師の役割としても生かされていく。同時にこうした表現活動は、住民が「地域の景観」や「自然環境」を見つめ直す、その契機ともなっていく。

　この美的表現の魅力に惹かれたメンバーは、「絵本づくりを通して、ものを丁寧に見るようになった」と言い、「子どもに戻る」とも語っている。このように、人が美的表現方法をもつことは、微細なものを感じ取っていく修練になり、また通俗的な価値尺度を相対化できる「自分」を見出していくことにつ

ながる。そういう経験を経ながら会のメンバーは、若い命の成長を守ること、「平和」のために関わることを考えようとしている。

なお、この活動ではプロからも技術的助言を受けているが、創作の基本的姿勢として、自分たちの判断を「優先」している（高下雅美氏の聞き書きによる）(2)。

3―4　仲間と演じる

日野市（東京都）の公民館では、公民館職員の「自己表現をテーマにした講座」をつくろうという着想のもとに「演劇体操」という講座を開き、さらに「ごったに劇団・旗揚げ」講座、「ごったに劇団、どさまわり」講座へと展開させ、単なる「入門」講座に止めず高齢者の素人による劇団活動を生み出している。この劇団は、人生経験を重ねてきた高齢者の味わいを生かし、その心身の全能力を活用し、練習を重ねることによって、「セミプロ」として公演している。さらに、自分たちの役者としての資質を生かし、地域の平和事業に関わるなど、地域活動の幅を広げている。

この一連の実践には、市民こそ文化の主役であり、演劇活動をとおして「地域文化」を育て、「地域」をつくろうと考える大田和勇氏（演劇企画くすのき代表）の協力がある。その大田和氏は、演劇活動について、自己の主張をもち、また他者の声に耳を澄ますという意味で「演劇は民主主義の学校だ」とも述べている。なお、表現活動の「セミプロ」を目指すということは、働きながら地域で自分のやりたい＜もう一つの世界＞をもっていくという、若者の生き方の方法としても示唆に富む。（『月刊社会教育』1998年11月号による）

3―5　自分史を綴る

昭島市では、福祉・健康・仲間作り・生きがいといった高齢者がかかえる諸課題を学習したり、フォークダンスや版画教室などを楽しんだりする「高齢者教室」が開かれ（1977年）、その教室の後半で＜多摩の歴史を考える＞＜歩んできた歴史をふりかえり次世代に語り継ぐ＞という学習活動が行なわれる。そこでの話し合いから、「書いてみよう」ということになり、「仲間づくり」「共同学習」としての手作りの高齢者教室文集『ほた火』の制作が始まる（『ほた火』は現在、第26号を数える）。自らの歴史を書き綴るということは、ほとんどの人にとって容易なことではないが、お互いの信頼関係が生まれたとき、はじめて人びとは秘めていたことを書き始めるのである。この教室を担当した佐直昭芳氏は、このようにして綴られた生活史は、「現在の子どもと大人・地域のかかわり」のありようを考えさせるものがあると述べ、また（基地の歴史と切り離せない）「昭島の地域史を語る」ことに通じるとも指摘し、世代を超えた「共同の＜語りの場＞」を拓いていくという課題を提起している（佐直昭芳「草の根の語り手たち」による）(3)。

3―6　表現・文化活動をめぐる課題

表現・文化活動における修練は、自分の感じ方を意識させ、自主的な観察力を育て、人を偏見や俗的欲望から解き放ち、お互いを人間としてつなぐ可能性をもつ。公民館の役割は、地域に生きるすべての人が表現・文化の主体となっていくことを考え、誰もが自由に表現し交流していけるような文化的環境をつくることにある。また、それぞれの表現・文化活動のジャンルの素地と可能性は本来非常に広いものであり、公民館実践においては多様な交流を志すことが求められる。

（畑　潤）

〔注〕
(1)北田耕也・朝田泰編『社会教育における地域文化の創造』国土社、1990年
(2)北田耕也他編著『地域と社会教育―伝統と創造―』学文社、1998年
(3)横山宏編『成人の学習としての自分史』国土社、1987年

4. 各種集会・イベント

公民館の事業として、学級・講座のほかに1）討論会・講習会・講演会・実習会・展示会・体育やレクリエーションなどの集会を行なうこと、そして2）住民の集会に施設を提供することが、社会教育法に定められている。1）は公民館が主催なり共催で行なう諸集会の例示であり、2）は地域住民が自主的に行なう各種集会に関することである。

文部科学省が三年に一度実施している社会教育調査の報告書には、全国の公民館における主催・共催の諸集会、団体の施設利用の状況が掲げられている。報告書から、公民館における諸集会への参加人数、施設利用人数を集計した。次の表のとおりである。主催・共催をあわせると2千430万人ほどになる。この数値から相当数の国民が公民館主催・共催の諸集会に参加していることがわかる。また、地域住民が自主的に行なう各種集会（団体利用）は、1億8千万人を超える。(1)

4―1 文化事業・公演

文化事業は、芸術文化に関する事業ということであるが、これには幾つかの意義を指摘することができる。芸術文化にふれること、個々の具体的な領域、たとえば音楽・舞踊・演劇・絵画などにかかわることで感動をおぼえたり、それ自体に習熟することで人としての感性を養ったり磨いたりする機会となる。これは、社会的な問題を発見したり、社会科学的な認識を深めたりする学習とはひと味違うものといってよい。芸術文化を習うにしても、専門の芸術家・文化人の公演を鑑賞するにしても同様である。

市民の趣味の教室として始めた公民館の書道教室、コーラス教室などが発端となり、そのことに取り組むことがその人の生き甲斐となり、日々の暮しや職業生活からくる疲労を癒す力ともなる。また習ったことを舞台で、あるいは展示会で発表する機会をもつことも市民生活に大きな潤いをもたらす。

子どものための、または親子の演劇鑑賞の例会を中心とした団体・子ども劇場が、子どもまつり、親子キャンプなどを行ないながら、自分の意見がもてなかったり、自分の気持ちを素直に表現しにくい子たちの表現あそびの一環として、公民館を会場にドラマスクールを開催している例がある。(2) そして日ごろのけいこの成果を公民館の舞台で公演している。これは市民が自主的に行なっている、すぐれた文化事業の一つといえよう。

4―2 公民館祭

祭は、本来は祭祀・祭礼・祭典の意味である。祭典には多くの人々が繰り出す。集まる。その日、その場は非日常的な雰囲気につつまれる。皆がいつもと違った面持ちで、にこやかに集う。祭とはそんな心象の行事である。

もちろん、公民館祭には祭礼という面はな

表Ⅱ-7-1　全国の公民館における諸集会および団体施設利用の人数
2001（平成13）年度統計　　　（人）

主催行事	講習会・講演会・実習会	2,564,492
	体育事業	3,645,788
	文化事業	7,318,370
	（小計）	13,528,650
共催行事	講習会・講演会・実習会	1,285,435
	体育事業	3,787,606
	文化事業	5,692,873
	（小計）	10,765,914
団体利用	青少年・女性・成人・高齢者・その他の団体	182,960,077

※公民館の個人利用者数はこの表には含まれていない。また、団体利用の内容（講習会・体育・文化事業という分類）の詳細は、報告書にはみられない。

い。日ごろ公民館で学んだことや、公民館を拠点にして活動してきたことを発表しあい、交流しあう行事が、わが国古来の祭に近似することからこの名称が用いられるようになったのであろう。ところによっては公民館文化祭ともいっている。

　音楽や芸能の発表、記念講演、地域課題をテーマとしたシンポジウム、展示会、演劇公演などが行なわれる。模擬店が出たり、料理サークルによる減塩食の試食会が開かれたりもする。公民館によって、思い思いの出しものが見られる。住民・公民館利用者による実行委員会形式で行なわれることが多い。

　日々、文学を学び、絵画にいそしみ、環境問題に取り組んでいる人々が、日ごろは自らのテーマにそれぞれ専念しているため接触することの少なかった人々の出会いの場ともなる。また、公民館に縁遠かった人々が発表会・展示会に足を運び、触発されて学習・文化活動との新たな出会いの機会ともなるのである。

4―3　地域集会

　公民館制度の出発点ともいうべき「公民館の設置運営について」（文部次官通牒、1946年7月）に、公民館事業として4つの部制があげられている。教養部・図書部・産業部そして集会部である。集会部には講演会をはじめ12ほどの行事名があげられていて、特に討論会は重視されていた。

　寺中作雄はその著書『公民館の経営』（1947年6月）で、従来日本人は会議をするとき何事も懇談的にすることをよしとしてきた、しかし、これでは民主的な会議とはいえず、むしろ「『激論的』な討論の中にも『対立はあるが敵対はない』というようなさっぱりとした公風霽月の心境が討論者を支配していることが大切であって、表面は『懇談的』で、『対立はないが敵対がある』ようでは会議の目的は達せられない。」と述べている。(3)

　公民館の集会機能には、その地域住民にとって自治をはぐくむ場として、制度発足当初から期待されていた。年の初めには地域住民の年賀の会、夏には盆踊り大会、秋には運動会が行なわれるなど、年中行事がある。また、ときには近隣住区に発生した問題にとりくむために幅広い住民に呼びかけて行なう集会もある。

　これまで、集落ごとの生活改善、女性の地位向上、人権問題解決のための地域座談会が全国各地の公民館で数限りなく行なわれてきた。(4)

　きめこまやかで、目的意識をしっかりもった集会運営が地域づくり（コミュニティ形成）に与える影響は大きいといえる。

（植原孝行）

〔注〕
(1) 文部科学省「平成14年度 社会教育調査報告書」2004年3月、77,87頁
(2) 小木美代子ほか編著『子どもの豊かな育ちと地域支援』学文社、2002年、183頁
(3) 横山宏・小林文人編『公民館史資料集成』エイデル研究所、1986年、175頁
(4) この種の活動は全国各地で行なわれてきた。今も行なわれている。その一例として、群馬県藤岡市の公民館の例を紹介したい。公民館主事・新井義之と住民との実践を描いた16ミリ映画フィルム、『教育手帳　公民館レポート』群馬県教育委員会企画、中日映画社製作、1974年。

5. 健康学習

5—1　健康学習の意義

　健康学習をいかに定着させるかは、現代状況の中での人々の生き方において最も重要な課題である。予防の可能性が高いといわれている生活習慣病の増加や、年間3万人を超える自殺者の増加は、人々の生き方における深刻な課題である。

　健康とは身体的にも精神的にもそして社会的にも安定した良好な状態であるというWHOの定義に視点をおいて現代の状況を見ると、疾病という個別的なからだ（心身）における問題から、いじめ虐待という人間関係の断絶的な状態や身体的精神的障害者の社会参加を余儀無くさせている地域社会の人々の偏見の問題も不健康なる状態であり、そこに健康問題があるということを確認しなければならない。

　健康問題は現象的には個別的ではあるが、その問題の背景にある社会的要因は共通していて、根深い。健康問題は各人が働き、生活して生きていることと同時的に進行し存在する。したがってその現象に対しての単なる処方的な解決策のみで解決されるものではない。それは社会構造、特に経済中心的な政策のあり方を視野において個別的で社会的な生き方の中で考えなければならない。それは健康問題を個人の心身の状態にとどめるのみではなく、現代の社会構造と社会政策を結びつけ、更に自分自身の労働や、生活……生き方を結びつけて考えるような、認識をもつことである。そこに健康学習の必要性とその定着を実現させようとすることの目的と意義がある。

5—2　健康学習の歩み

　農業や労働や生活・子育て・教育・福祉等の諸問題はそれぞれ課題としてとりこまれ、一定の深まりを生み出してはいるが、それらの課題を横断して健康の視点で各課題をとらえかえすような学習の体系化は不十分であった。

　従来の健康学習（行政保健においては健康教育といわれて来た）は、からだを生理学的な視点でとらえ、その人の状態を管理しようとする発想で考え、その教育はからだのことを科学的に知っている専門家が、管理方法を指示し、それを生活の中でいかに守り、回復と予防を実現するのかという視点での学習に収斂されて来た。そこでの学習は知識と方法を教えてもらい、それを受けて実施するという受動的なものであった。自ら主体的に学ぶというその内容と学び方を、素人の住民は自分のものにできずに、学習の主体になりきれないままに、問題を現象的にとらえ、それを自己責任の範疇にとどめて来た。そして現在の財政重視の視点からの医療制度改革の中で、自己責任論を強調する考え方の中で住民をつき離そうとしている。

　ふりかえってみると、1960年代からの経済成長をめざす生産構造の中から「公害」を生み出し「いのち」が否定されて行く現実の中で公衆衛生を重視する立場から健康阻害の状態を注視して、「いのちを守る」思想と運動の台頭があった。(1) ここでは新たな「健康学習」の課題が提起されたが、その学習が普遍化され、行政の中に定着されることなく、経済成長をめざす論理の中で、それは特定な地域の或いは特定な人々の問題として受けとめられ「補償」でけりをつけるという流れにおさえられていった。しかしこの提起と運動は公害対策基本法をはじめ環境保全等公衆衛生としての法の制定を生み出すことになり、その動きは評価すべきことではあるが、この理念を各自の生き方における現状認識の視点としてすえるような主体形成をめざす学習の展開とその実践としての健康学習の定着化については不十分であった。

　80年代から意識され始めた少子高齢の進行状態の中で、特に高齢化に伴う福祉の課題と結びついて生活習慣病予防が重視され、行政改革の中で自己責任論が提唱されて来た動向の中で保健師たちは、日常業務の中で本人の

事業・編成 7

問題を指摘しても「住民がのってくれない」という現実に直面し、そこから本人自身が問題に気づき主体的に考えようとすることを可能にする「学習」のあり方を考えはじめた。

初めはのって来ない住民に問題をおいて「意識が低い」と評価していたが、その中から「のる」とはどういうことか、関心をもつとはどういうことか、と住民の立場でその意識を考えることの重要性に気づき、自分たちのかかわり方（従来からの健康教育発想の踏襲）における専門職としての意識と、学習支援の力量の問題に気づき始め、あらためて「住民主体」ということの具体的な意味を考えると同時に、住民の人たちの「理解して思考する」ことを支援する力のなさに気づき、「学習とは何か」という課題がすえられるようになって来た。

それは主体的に自らの健康を考えるようになる、その意識の流れを軸にしてその内容をどのように組み立てるかという学習支援としての教育のあり方を考えることになり、職場で最も身近な協働者としての栄養士との連携と一体化を呼びおこし始めている。

このような住民主体の学習観をもつことによって、健康増進法や健康日本21や介護保険とその予防における行政対策発想の問題点をも考え、まず住民個々にとっての切実感としてのからだの状態を具体的に理解することによって、健康を主体的に考えるような意識化への働きかけの必要性をもって実践をきりひらこうとする動きを生み、そこから住民自身が、生活と地域の実態を考え、健康問題の背景への認識にせまる見通しをもとうとしている。自治体における公務労働としての、住民学習の支援のあり方を社会教育担当者と共に考えることが望まれるが、その協働の芽は未だ多くみることはできない。それは可能なのか、可能ならばその条件は何かが問われることになる。

5—3 これからの課題

1) 学習を主体的に進め深めるためには、まず個別の悩みや課題を自由に表明することである。それは承認し合い各自を自由に出しあって考えあうことから、学習の主体化を感知することである。そのような活動ができる相棒となるような仲間との関係が重要な条件となる。住民の要求を満たしきれなくなっている既存の組織を超えた、新たな学習の組織化が必要である。

2) その話しあい（自由で感性的な）の中で、問題の確認ができるような、科学的なうらづけを、学習主体の必要（求め）に応じて提起し、主体的な認識と思考が前進されるようなかかわり（支援）が必要となってくる。

3) このような過程を継続させて、個別的で共通的なものとしての健康問題が共有されるような活動が、生活や地域や職場で地道に展開されるようなことを期待したい。

自らのからだの状態を認識し、からだ（心身）の状態における問題をとらえることを、更にその現象を生んでいる、自らの行動のあり方と、その背景にあって自らの存在と行動を規定している実態への認識をどのようにするかについての学習のあり方は、更に実践的に明らかにされなければならない。

経済的物質の生産における効率性の論理での「評価」が健康増進へのとりくみに導入されて、合理化とあせりと生んでいるが、そのような評価の発想は学習の主体化を抑圧するものである。

4) 以上のような地道なとりくみを、意識化されている人々のみでなく関心をもたない、ごく普通の人々の活動として底深く進められるようになるために、公民館はどのような機能を発揮すべきかを考えなければならない。

(松下 拡)

〔注〕
(1)四日市ぜんそく(61年)サリドマイド(62年)水俣(64年)白ろう病(65年)スモン(66年)森永ミルク(69年)有害食品(70年)等々

6. 社会同和教育と識字

6-1 意義

　社会同和教育とは、部落差別をはじめあらゆる差別の解消を目指して行われる社会教育活動である。これを大きく分けると、被差別側に集中して現れる不利益状況を解消するための活動と、社会にみられる差別意識や差別構造を解消するための教育活動になる。後者の活動は、人権啓発などとも呼ばれる。

　部落差別に限らず、アメリカの人種差別など世界各地にみられるカースト的な差別に関わっては、「差別と全般的不利益の悪循環」が作用してきた。第一に、社会的な排除により被差別集団に属する人たちの教育機会・就労機会・居住機会などが制約される。第二に、子どもが、親を否定し、自分の属する集団を否定し、差別する友人を否定し、ひいては自らを否定的に見ることがある。社会による制約に加えて、自分で自分を否定するという「二重の拘束」を強いられることがあるのだ。第三に、被差別者以外を含めた多くの人たちの人間観をゆがめたり、人の才能や能力を十分に生かせなかったり、社会に対立を広げて資源を浪費したりして、社会全般に不利益を発生させる。これらすべてが「悪循環」の内容を構成する。

　識字活動は、この悪循環とそれを乗り越える方向を象徴する。識字活動とは、おもに成人が読み書きを学ぶ活動を指す。被差別部落の成人の中には、子どもの頃に家庭を支えるために働かなければならなかったり、また学校に対する不信があったりしたために、義務教育を受けられなかった人がいる。それらの人たちは、読み書き能力を持たない分を他の面での努力によってカバーして生きている。労働者や親としては自信を持ちつつも、文字の読み書きができないために困難な生活を強いられたり、肩身の狭い思いを余儀なくされたりする。識字活動は、その人が本来持っていた自信を取り戻し、人生を広げる活動である。「文字を覚えて夕焼けが美しい」「文字を覚えて花を美しいと思うようになった」という言葉は、彼ら・彼女らが蓄えた感性を解き放つ手段を得たことを示している。

6-2 実践の歴史

　現代の社会同和教育につながる教育実践は、第二次大戦前には融和教育と呼ばれていた。第二次大戦後は、地域での生産活動に関わる教育活動や、権利学習が重要な位置を占めるようになった。

　1960年頃から、福岡県の炭鉱地帯で識字活動が始まった。教員が家庭訪問をして、保護者が読み書きできないことを知る。部落解放運動家が機関紙を読みあわせる活動をしようとして、地域に読み書きできない人がいることが明らかになってくる。識字活動はそこから始まり、全国に広がっていった。

　1960年代の終わり頃からは、地域住民が力を合わせて地域総合計画づくりが展開された。内閣同和対策審議会答申（1965年）は、同和問題の早急な解決は「国の責務であり、同時に国民的課題である」とした。1969年には同和対策事業特別措置法が制定されて、同和地区に住環境の改善事業などが行われるようになった。これらと連動しつつ、住民のさまざまな願いを調査し、交通量を測定し、公園の配置を検討し、病院の建設を進め、住宅計画を策定するなど、同和地区住民によるまちづくりが進んだのである。

　1980年ごろから重視されるようになったのが人権啓発である。同和事業が進む一方で市民の間で部落問題や同和事業についての疑問や批判が解決されていないことが問題となり、社会教育の面でも部落問題学習の機会がふえていった。企業においても、部落地名総鑑事件をきっかけとして「企業内同和問題研修推進員」が置かれるようになり、企業内の部落問題研修が行われるようになった。市民の意識調査が行われ、それを参考に市民啓発のプログラムが組まれるようになった。

　1995年から2004年までの「人権教育のため

の国連の10年」により、この傾向は促進された。日本政府は1997年には「人権教育のための国連10年国内行動計画」を策定し、2000年に「人権教育・啓発推進法」を制定した。同法に基づいて2002年3月には「人権教育・啓発の推進に関する基本計画」が発表された。この「基本計画」では、女性・子ども・高齢者・障害者・同和問題・アイヌの人々・外国人・HIV感染者・ハンセン病元患者・刑を終えて出所した人たち・インターネットでの人権侵害・同性愛者など人権に関わる課題をとくにとりあげ、これらに取り組むことが人権教育だと印象づけた。

1990年は国連の定めた「国際識字年」であった。これをきっかけに国内の識字運動が盛り上がり、西日本各地の自治体では「識字推進指針」などが策定された。大阪などでは、部落の識字運動と、夜間中学校（中学校夜間学級）、渡日外国人の日本語学習、障害者の識字運動などが連携するようになり、識字・日本語学習運動として展開される。ただ、これらの動きが明確に出たのは西日本の一部の自治体に限られ、日本政府がほとんど動きを見せなかったことは忘れてはならない。

6—3 課題

2003年から2012年を国際連合は「国連識字の10年」と定めて各国に国内行動計画作りを求めている。大阪に事務局を持つ「識字・日本語連絡会」は、これを機に「識字・日本語学習推進法」を制定する運動を展開している。読み書きに困っている人は部落外にも数多くいると推測される。識字運動と日本語教育運動が結びつくことによって、幅広い運動に広がることが期待されている。

人権啓発という面では、さまざまな人権課題を横につなぐ論理が未整理で、各課題がバラバラに取り組まれる傾向が克服されていない。部落問題への取り組みが弱まっているのではないかという指摘もある。差別自然解消論・逆差別論・実質的平等観・偏見・特権など、共通する概念を土台に据えることによって一貫した枠組みで人権啓発が進められるようになることが求められよう。

2002年3月を持って、同和対策事業の裏付けとなる法律が失効した。しかし、「差別と全般的不利益の悪循環」そのものが解消したわけではない。その後は、一般的施策の中に同和行政を位置づけて一般施策を活用することが求められている。

同和事業はなくなったが、部落問題以外で特別措置はさまざまに行われており、不平等是正策についての啓発は必要である。たとえば2000年に大阪府で行われた府民意識調査によると、5割の府民が「同和地区への事業」に批判的である。これは、政府や自治体が、同和事業の根拠について十分な情報提供をしてこなかったことも影響しているであろう。日本では平等についての議論が未成熟で、部落問題に限らず実質的平等観に根ざした施策が進められているにもかかわらず、市民の間でそれについて考える機会が少ない。

部落問題に関わる自然解消論も根強い。1993年に政府が実施した全国の意識調査によると、37％の人たちが「そっとしておけば部落差別はなくなる」と答えている。また、2000年に大阪府で行われた府民意識調査によっても37％の人がこの考えを肯定している。そして、それにもかかわらず、自然解消論の問題点について学習したことがある人は、回答者の3％程度にとどまるのである。

2005年からは「持続可能な開発のための教育の10年」が始まっている。そこで挙がっている課題は、社会同和教育に重なる。今後は、連携した取りくみが求められよう。

（森 実）

〔参考文献〕
(1)森実『知っていますか？ 同和教育1問1答』解放出版社、2004年
(2)中野陸夫他『同和教育への招待』解放出版社、2000年

7. 地域福祉事業

7—1　福祉コミュニティの創造

　社会福祉に対する関心が高まり、高齢者や障害者に対する社会の意識が向上してきている。誰もが安心していきいきと暮らせる地域づくりを目指し、住民自身が自分たちで考え自ら行動しよう、という「福祉コミュニティ」づくりの取り組みが各地で進められている。

　福祉コミュニティとは、単に福祉サービスが充実しているコミュニティではない。福祉を共通の理念としながら、住民が参加して共に支えあう地域社会をいう。

　福祉コミュニティを創造していくためには、「学習」と「住民参加」が保障された「住民自治」と「地域連帯」の地域基盤が欠かせないため、社会教育の理念や手法が重要である。

　そして、住民が「どんな地域を目指すか」という理念を共有していることが大切だ。たとえ意識の高いボランティアが大勢活動していたとしても、それが個人の活動にとどまっていては地域の依存体質を改善することはできず、住民自治と地域連帯の基盤を強固にしていく地域づくりにはならない。

7—2　福祉コミュニティづくりの事例

　先進的な自治体では既に10年以上前から学習と福祉をつなぐ新たな福祉コミュニティづくりが進められてきた。

　北九州市（福岡県）では、公民館・生涯学習機能と保健福祉、コミュニティづくりの3つの機能を融合した「市民センター」（平成17年1月から市民福祉センターを改称）を小学校区に設置している。ここでは「散歩クラブ」「見守りボランティアの訪問活動」「ふれあい交流会」「高齢者と児童の交流会」「健康ボランティアの養成」等の事業を地域の住民と保健・福祉・医療の地域機関等とが連携しながら進めている。

　松本市（長野県）では、公民館とは別に「地区福祉ひろば」を小学校程度の地区へ設置し、「ふれあい健康教室」「地区の福祉を語る集い」「介護者の集い」「訪問給食サービス」「福祉施設との交流」等の活動を住民主体で進めている。最近ではより身近な町会（町内会）を単位とした「町会福祉」へと活動がひろがっている。ちなみに各地域では公民館と福祉ひろばが概ね連携を図っている。

7—3　広義の介護予防事業

　福祉コミュニティでは、安心していきいきと暮らすことが大切な価値観となる。そのため「介護予防」の取り組みが進められている。

　介護予防とは、要介護状態にならないために健康増進を図ることである。介護予防は定期的な健康診断をはじめ、外出による人との交流、仲間づくり、体操や運動、生きがいづくり、バランスの取れた食事の摂取等、幅の広い健康づくりが必要とされる。さらに、介護が必要になった場合でも心配ないように、いつでも相談できる人がいること、介護保険の内容や手続き方法を知っていること、どんなサービスを希望するか決めておくこと等が大切である。

　最近では、身近な地域にセーフティネットを構築していく取り組みも盛んである。セーフティネットは日常的な住民同士のつながりを元にお互い様の気持ちで支え合うネットワークである。福祉サービスに頼るだけでなく、自分たちでセーフティネットを構築していくことは福祉コミュニティづくりの一環であり、社会的な介護予防として重要である。

　また、遺産相続の仕方、遺言状の書き方、年金の制度、死の準備教育等も広義の介護予防である。介護予防は保健や福祉等の関係者と連携しながら公民館の事業として進めることが充分可能である。

7—4　公民館の介護予防事業

　公民館で取り組んでいる介護予防の事例を紹介したい。

所沢市（埼玉県）では、公民館主事と保健師が連携し、脳血管障害で身体機能が低下した本人と家族を対象に、公民館を会場とした「リハビリ教室」を開いている。所沢市では保健師が社会教育の理念や手法を学び、住民ととことん議論しながら健康日本21の地域計画の策定を進めていることも注目される。

　富士見市（埼玉県）では、保健師と連携しながら公民館を使った「リハビリ健康づくりのつどい」を月3回開いている。つどいは虚弱な高齢者を対象に軽いリハビリ体操とレクリエーション、参加者同士の語り合いが主な内容となっている。富士見市では、地域のお年寄りが集う場として公民館を開放した「ふれあいサロン」も人気だ。サロンではボランティアがお茶出しや話し相手、歌やゲーム等の世話係をしている。

　介護予防事業は、今ある暮らしや行動をより健康的に変えていくために、住民一人ひとりが自律し、共に支え合う地域づくりの主体となることが求められる。そのため公民館は具体的な実践に向け、関係機関と連携しながら体験型、参加型の学習を進めていくことが大切だ。介護予防を単に専門家によるサービス提供で終わらせてしまうと、福祉コミュニティづくりにつなげることは困難である。

7―5　介護予防と教育福祉

　介護予防の学習は、本来は高齢者になる以前から学習することが望ましいが、現実にはなかなか厳しい。例えば、自分の住む地域を省みずに必死で仕事をしてきた人は、定年を迎えるまで介護予防について学ぶ機会を失っていた場合が多い。介護予防は、歳を重ねても地域でいきいきと暮らしていくための大切な学習であるため、失われた学習機会を保障していくことは「教育福祉」である。定年を迎えたので、そろそろ地域で活動しようと思い立ったものの、地域の状況も人も知らないために参加の切っ掛けがつかめない、という悩みを抱えている人は少なくない。

　公民館は、これまで何らかの理由により地域でいきいきと暮らす権利を阻害されてきた人びとの悩みをじっくりと受け止め、要介護状態になっても困らないための情報や、地域の活動に参加する機会の提供を大切な仕事と

図II-7-1：住民自治と地域連帯を基盤とする福祉コミュニティの三層構造

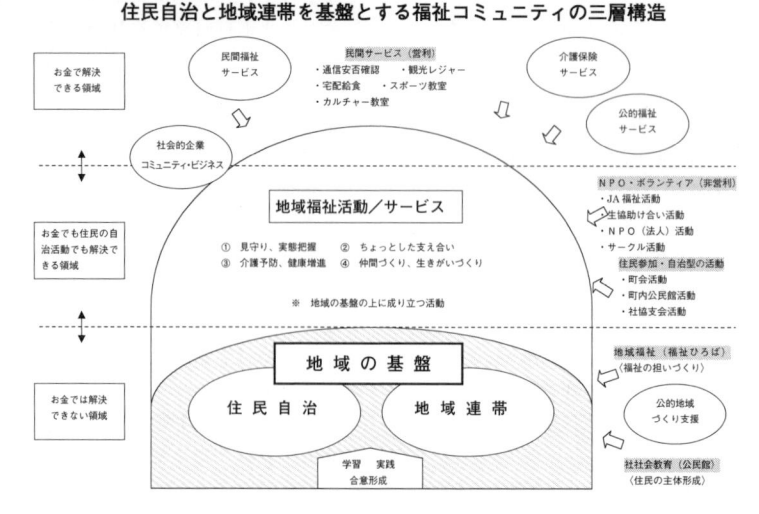

して考えたい。教育福祉の視点から公民館やコミュニティ施設を「地域参加に向けたリハビリ教育機関」としての位置付け、具体的な活動を検討してみてはどうだろうか。

戦後のベビーブームに生まれた、いわゆる団塊の世代が大定年時代を迎えようとしている。この世代の人びとが定年後に地域を顧みず自分の趣味や生きがいづくりに奔走するか、地域づくりに関心をもって地域活動に参加するか、これは日本にとって大きな曲がり角といえるだろう。趣味や生きがいは民間のサービス産業にとって大きなマーケットであり、官民入り乱れた大きな競争になることが予想される。その結果、高齢者が福祉サービスの単なる受け手になるか、福祉コミュニティを支える主体となるか、の大きな違いとなって表れる。この行き先を誤ると超高齢社会は暗いものにならざるを得ないだろう。

7—6 障害者福祉や防災事業

公民館の地域福祉事業への取り組みは残念ながら遅れているのが実態である。本稿では高齢者福祉が中心の事例を紹介したが、学校の長期休業の際に公民館で知的障害児とボランティアが一緒に過ごす活動や精神障害者の生活支援を考える取り組み等の障害者福祉事業や災害時に助け合って避難するためのマップ作成等の防災事業も福祉コミュニティづくりには必要である。まずは地域のリアルな実態を把握し、地域でよく話し合うことである。そこから「何に向けて」「何をやればいいのか」の方向性が見えてくるはずである。

(矢久保 学)

〔参考文献〕
(1) 大森彌・菅原弘子編『市町村が挑む高齢者ケア—未来モデル事例集—』ぎょうせい、2001年
(2) 辻浩『住民参加型福祉と生涯学習—福祉のまちづくりへの主体形成を求めて—』ミネルヴァ書房、2003年

8. 野外活動
―公民館で環境学習に取り組むには―

はじめに

2003（平成15）年7月、「環境の保全のための意欲の増進及び環境教育の推進に関する法律」が成立し、環境教育の重要さや官民共に推進する必要性が明らかになった。

しかし、実際にこれから環境学習の事業を始めようという公民館職員にとっては、対象年齢によって何をどのくらいやったらよいのか、またどのような準備をだれとすればよいのか？といった不安もあり、実際に公民館で環境学習を始め継続的に行うには、いくつかの解決・解消しなければならない課題がある。

ここでは、福生市公民館の行った環境学習事業の概要を紹介し、課題の解決のための手段、今後の環境学習の方向性を模索する機会の1つとして紹介したい。

なお、この文中で使用している「環境学習」の内容については、自然観察会、野外活動・自然体験活動のように、自然環境を主な対象とする学習とする。

8—1 地域を分析する視点

公民館では、「地域学習」「地域課題」という言葉がよく使われるが、ほとんどの場合は日常生活空間や行政域内の「地域」を指していることが多いと思われる。

私が知る限りの公民館では、地域の自然や歴史を学術調査研究するレベルまで事業を深めることが少なかったと思う。もちろん、博物館や他の機関がそのような事業を行っているケースも多々あると思われる。

しかし、公民館が地域の自然・歴史・人・文化を対象とした学習を通して、地域の成り立ち・現在の課題を理解し、新たな地域創造に向けて継続的な学習を積み重ね、地域の課題に対し責任ある行動をとれる人格・集団を生み出すことができれば、必然的に住民自治に至る学習や、市民自治に至るより複雑な学

習のきっかけとなると思われる。

　身近な自然環境に関心を持つ学習は、自然の仕組みや働きの学習だけに終わるのではなく、歴史や文化など地域全般へ関心を広げる重要なきっかけとなる事業といえる。

　それは、地域の成り立ちや現状を理解する上では、地域を継続的に観察・調査し科学的な視点をもとに定量化する学習が必要である。そして、説得力のある主張をするためには当該地域で蓄積したデーターから変化量を示すことが重要で、そのデーターを蓄積することが、実は科学的な視点で多角的に分析する学習手法を身につけることになるからである。

　地域の自然環境を私たちの世代が利用したように、次の世代も同じように利用できるように伝える責任がある。では、その学習はどのような学習をどのような対象・方法で行えばよいのだろうか。

8—2　自然かんさつ会

　一般的なのが、子どもから高齢者までを対象とし、日常生活圏内での植物・野鳥・昆虫などの自然かんさつ会ではないだろうか。

　自然かんさつ会は「日本自然保護協会」をはじめ、「(財)日本野鳥の会」など、様々な団体がノウハウを持ち、対象地域の観察をしている実績もあるが、公民館が行う自然かんさつ会は、以下の視点を持つ必要があると考えている。

(1) 地域の人間が地域の変化を記録することの大切さ
(2) 参加する地域住民同士が交流する大切さ
(3) 継続的な学習とするために、自然かんさつに隣接する学習も実施する

　実際の進め方としては、年間を通して身近な河川や丘陵地、公園などでテーマを決めて観察を継続し、記録を残すことである。

　最大の課題が講師の選択だと思われるが、地元の学校教員、地元に生活する小・中学校の理科の教員、生物に詳しい人や地元で活動している団体に講師を依頼することも考えられる。

　重要なのは、様々な関心をもつ住民の一人ひとりの関心を、地域住民の共有すべき関心なのだと気付くような、細かい学習のステップを用意することではないだろうか。そして、そのためには講師と綿密な打ち合わせを行うことが重要である。

8—3　野外活動・自然体験活動

　野外活動という言葉から連想されるのは、自然の仕組みや働きを知るための自然かんさつもあれば、藪の中に分け入りわくわくどきどきする新しい感覚の発見、ストーンペインティング、木登りも考えられるだろう。

　与えられ用意された「定型」の学習ではない「不定形」の学習は、発見する喜び、制作物が完成した充実感、仕組みが納得し理解する喜び、そして、仲間と共同して成功した達成感など、「感性」というべきものが主に小学生や中学生の年齢に体験を通して獲得することが需要であるとの指摘もある。

　そして、「環境行動につながる重要な体験」(Significant Life Experience)として、環境への感性、野外、家族、自然の仕組み学習が重要であると指摘されている。(1)

　福生市公民館では、22年間に亘り小・中学生を対象に年間約20回の事業を通して、身近な自然環境の中で遊び、地域の歴史的建造物

写真II-7-1　子どもの自然体験活動

を見て歩き、郷土としての福生を知る事業（自然たんけん隊）を実践してきた。

実際には、高校生・大学生・社会人のたんけん隊OBで構成するスタッフと、そのスタッフを育成・教育する市内在住の植物・野鳥・昆虫の各専門家による講師陣の綿密な打ち合わせと協力によって、事業が実践された。

20年以上前に小学生として参加した子どもが、継続して学習を重ねた結果、現在では「自然環境アカデミー」というNPO法人を生み出し、地域の自然環境学習に責任をもって実践する集団になっている。

8—4　課題の解決にむけて

2004年に示された「環境保全の意欲の増進および環境教育の推進に関する基本方針」では、環境教育行動を関心の喚起から理解の深化、参加する態度や問題解決能力の育成を通じて具体的な行動を促し、知識や理解を行動に結びつけるため、自然や暮らしの中での体験活動や実践体験を環境教育の中心に位置づけることや、遊びを通して学ぶ観点が大切など、体験から行動までを一連のプロセスとして捉える学習が求められている。

公民館で環境学習を系統的・継続的に行うには、まず一人の公民館職員が少なくとも10年という単位で事業に関われる職員体制が必要であること、そして、学術調査が行えるレベルまで事業の内容を深化させる視点が必要だと思われる。

そのことが、地域をしっかりとした視点で分析し、新たな持続可能な地域を創造する市民が生まれると思われる。

(伊東静一)

〔注〕
(1) 朝岡幸彦編著『新しい環境教育の実践』高文堂出版社、2005年、93頁

9.　団体・機関との連携

9—1　新たな連携の必要性

公民館は「総合的な地域づくりの拠点」として期待されている。これは地域づくりを一手に引き受けることではなく、公民館が人と人をつなぎ、関係する団体・機関と連携しながら、地域づくりをコーディネートしていくことを意味する。

これまで公民館は、「社会教育関係団体」（社教法第10条）との連携、求めに応じた指導助言が中心であった。しかし、増加し複雑化する地域課題を解決していくためには、地域づくりに関係するさまざまな団体と関係を構築し、連携していくことが不可欠だ。

どんな団体がどのような活動をしているか、日頃から新聞やチラシをチェックし、団体の活動に顔を出すことが大切である。貝塚市（大阪府）の子育てネットワークや松川町（長野県）の健康づくりの取り組み、松本市（長野県）の公民館研究集会などを通じて団体と交流の場を設けることは有効な手段となる。

次に団体・機関別に連携や支援のあり方を考えてみたい。

9—2　住民自治組織

住民自治組織とは、同一地域の住民が、お互いに共通する利益の実現と生活の質の向上を目的として作る組織である。その代表は「町内会」「自治会」「町会」「区」等の自治組織だ。いくつかの町内会が一緒になって「地区町内会」「連合自治会」を結成し、町内会の中に「常会」や「隣組」、「班」といったさらに小さな自治組織があるのが一般的である。また、町内会とは別に「自治公民館」「字公民館」「町内公民館」「分館」等といった自治型の集落公民館組織も住民自治組織に分類できる。

町内会は歴史的に行政の補完組織としての役割を果たしてきたが、現在は防災や福祉の面から自治組織としての役割が期待されてい

る。そのため町内会は、住民の意見を取り入れ、民主的に運営されていることが重要である。町内会の運営に公民館が直接口を挟むことはできないが、防災や福祉等の具体的な活動を通じて、住民自治や地域づくりを学び合うことにより、住民や役員自身が町内会のあり方を模索するように変わっていく。

9—3　地縁組織

　地縁組織とは、一定の地域に居住する住民が特定の目的をもって組織する団体である。住民自治組織は地縁組織の一部だが、ここではそれ以外の地縁組織を指すこととする。

　地縁組織には、女性部会（婦人会）、青年団、高齢者クラブ（老人クラブ）といった、年齢や性別による住民団体がある。これらの団体の多くは明確な活動目標を見出せないまま縮小・廃止の傾向にある。地縁組織として「庚申仲間」（元々は信仰仲間だが現在はむじんの仲間）や「結」（昔ながらの助け合い）が残っている地域もある。

　さらに、公民館専門部、保健補導員会、体育協会、食生活改善推進協議会、子ども会育成会、民生児童委員協議会、社会福祉協議会地域支部、地域ボランティア組織等の地縁団体がある。これらの団体は地域の役員的な性格をもち、上部団体等から依頼される活動の他に地域で自主的な活動をもつ場合が多い。

　また、同じ地域に住む仲間が集まって結成した趣味のグループ・サークルは、広義の地縁組織に分類することができる。これらの団体はテーマ性や技術の向上よりも地域性や住民同士の仲間づくりを重視することが多い。

　住民自身が構成員である地縁組織には、地域をよくしたい、地域に貢献したい、という思いが根底にある。公民館が地域づくりを進める場合には、まず、どんな地縁組織があるかを把握することが不可欠だ。地縁組織は地域づくりの大きな力となることは間違いない。

9—4　民間非営利組織（NPO）

　NPOとは、利潤追求を目的としない公共の福祉向上を使命とする民間非営利組織である。広義のNPOには、町内会・自治会をはじめ生活協同組合や農業協同組合も含まれるが、わが国ではボランティア団体や市民活動団体を指すことが一般的である。

　NPOは法人格の有無に関わらず、特定の分野における専門的な知識と実践力をもっている。既に多くの公民館では、里山の環境保全、ゴミの減量化、子育て支援、障害者の自立支援、国際交流等で、NPOとの共催、体験プログラムの検討、講師の派遣、資料の作成等の連携が図られている。

　地域とNPOが連携した地域づくりが各地で進められているが、NPOは独自の理念をもつため住民と考え方が合わず、摩擦を生じることも少なくない。そのため、公民館には、地域とNPOの関係を調整し、地域の状況や課題を共有しながら住民の合意を踏まえた地域づくりを進めるコーディネータ役が期待されている。公民館は日頃からNPO活動に関心を払い、NPOの理念や力量、地域との相性等について情報を入手しておくことが大切である。また連携の際、住民がNPOに頼りすぎると自治意識が停滞する恐れがあるため役割分担には注意する必要がある。

9—5　グループ・サークル

　公民館を利用するグループ・サークルは、活動を通じて個人の人間的な成長を促し、やがてボランティアや地域づくり活動に参加する主体の形成へと発展する場合も少なくない。公民館は事務的に貸館業務をしているだけはなく、窓口で情報を提供し、課題を投げかけながら、しなやかにグループ・サークル活動との関係を構築している。最初は自分のための技術の向上しか考えていなかった人も公民館と関わることによって、地域づくりへの参加や地域へ貢献する意識が育まれてくる。公民館がグループ・サークルの活動を支援する

ことには高度な公共性があると考えられる。

9―6　関連行政機関・高等教育機関

　地域づくりは公民館だけでできるものではないため、公民館は関連行政機関や高等教育機関とこれまで以上に連携する必要がある。

　地域づくりは、さらに専門的な質の高さが求められており、地域づくりの会議には、関連行政機関や高等教育機関の関係者にも声を掛け、地域づくりの計画化を図っていくことが大切である。

9―7　コミュニティ・ビジネス

　コミュニティ・ビジネスとは、地域社会やコミュニティを活性化するため、継続性、信頼性のあるビジネスの手法を取り入れた住民主体の地域事業である。コミュニティ・ビジネスには生活が生産をコントロールする「新しい経済システム」を目指した地域づくりという明確な理念が存在する。

　公民館は「特定の営利事業に公民館の名称を利用させその他営利事業を援助すること」が禁止されているため（社教法第23条）、直接的にコミュニティ・ビジネスに関わることはできない。しかし、コミュニティ・ビジネスのねらいが地域づくりにあることから、公民館が地域づくりの学習をすることがそのままコミュニティ・ビジネスの学習的な側面を支援していくことになる。

　松本市（長野県）の新村地区では、公民館・松本大学と連携し、地元の「ものぐさ太郎」伝説の学習会を開催したことが切っ掛けで、ものぐさ太郎の特製陶器入り日本酒、饅頭、携帯ストラップ等を作成し販売している。現在でも新村地区の女性団体が柿の葉茶や干し柿等の商品開発を進めている。

　以上のように公民館はさまざまな団体・機関と連携しながら地域づくりを進めていくことになる。公民館職員は「総合的な地域づくりの拠点」にふさわしい専門的な力量を向上

していかなくてはならない。

（矢久保 学）

〔参考文献〕
(1)山崎丈夫著『地域コミュニティ論―地域住民自治組織とNPO、行政の協同―』自治体研究社、2003年
(2)佐藤一子編『NPOの教育力―生涯学習と市民的公共性―』東京大学出版会、2004年
(3)細内信孝編著『地域を元気にするコミュニティ・ビジネス』ぎょうせい、2001年

写真Ⅱ-7-2：防災についての話し合い（松本市南松本1丁目町会）

写真Ⅱ-7-3：地域福祉計画づくりに向けた話し合い（松本市松南地区）

10. 相談事業

10—1　住民の主体性を支援する学習相談

　学習相談は、単に学習情報を提供することではなく、学習者が主体的に学ぶための助言や対話として定義される。より分かりやすく言えば、何かやりたいが何をやったらいいのか分からない住民と話し合い、そのきっかけを提供して、やる気にさせることである。

　戦後の創生期の公民館においては、地域や社会を創造するための学習が盛んに展開されていた。特に、日々の生活に結びついた地域の住民の活動が公民館活動の中核となり、そこでは、公民館は住民が自らの生きかたを創造する学びの場、地域づくりの場であり、そのための情報が必要とされ、職員はコーディネーターであると同時に、学習を共に進める仲間でもあった。したがって、そこでの相談は日常的な会話そのものであり、あるいは実践を通じたやりとりであった。

　しかし、高度経済成長がもたらした豊かさの中で、暮らしに結びついた学習から趣味や教養を高める学習の場として、時には「カルチャーセンター化」あるいは「貸し館化」などと表現されるような公民館の役割の変化が起こった。その結果、相談事業は、地域づくりの視点からではなく、住民の個別のニーズに個々に対応する、学習機会や情報の提供を主な内容とする公民館の「サービス」として位置づけられるようになった。

　しかし、「市場の失敗」と「行政の失敗」を背景に、住民主体の地域づくりが求められる現在、公民館は現代的な生活課題や地域課題をテーマとして、その解決に向けた学習や実践を組織し、人材の発掘・ネットワークづくりをしていくことが期待されている。したがって、地域づくりという視点から、公民館の相談事業を捉え直すことが求められている。

10—2　地域づくりのための学習相談

　地域で何かを企てる時に、頼りになるのは公民館である。住民が地域の中で「課題を解決したい」、あるいは「こんなことを興してみたい」、「一緒に取り組む仲間が欲しい」、「そのためにこんなことを学びたい」と考えたとき、最初の相談相手が公民館であれば、その公民館は地域づくりのセンターとして機能しているということになる。逆に「あてにならない」と住民が考えるならば、公民館は地域の中であまり信頼されていないと考えられる。すなわち、「相談」とは、公民館の地域で果たしている役割や地域からの信頼度をはかるバロメーターなのである。

　公民館に持ち込まれる相談には、求めることが明確になっている場合もあれば、「なんだか分からないがとにかくまずは相談してみよう」という漠然とした、相談者自身もよく分かっていない場合もある。しかし、住民が持ちかける相談には、地域づくりや学習の大切な「種」がある。その「種」を見つけ出して芽を出していくか、あるいは埋もれさせてしまうのかは、いかに住民のニーズや思いに気づき、引き出していくかという公民館の力量にかかっている。その意味では相談事業は、公民館にとって重要な仕事のひとつである。

10—3　多様化する個人の学習ニーズへの対応と学習の共同化

　様々な住民のニーズに対応して学習内容が多様化することは、「ともに学ぶ」という意識を薄れさせ、学習の個別化、あるいは孤立化を招く。すなわち、個人の個別的なニーズを充たすことに終始し、学習を通じた仲間づくりやネットワークづくりにまで発展せず、地域づくりの実践に結びつきにくい。

　したがって、公民館における相談事業も、個々の住民の学習ニーズを大事にしながらも、それが個別の学習にとどまらず、個人の教養や知識を高めるだけにとどまることなく、個々の住民をつなぎ、ともに自らの暮らす地域を創造していくための学習につなげる努力が必要である。すなわち、個々のニーズ

から共通点を探し出し、人と人をつないで共同学習を組織するきっかけとして相談事業を捉える必要がある。

10—4　専門機関などとの連携

　地域づくりは様々な分野に関わり、学習のニーズも多様となる。したがって、相談事業において、適切なアドバイスや情報の提供を行なうためには、公民館のできること、あるいは分かることという範囲にこだわらず、公民館が他の専門機関や大学、学校、研究機関、NPO、市民団体と連携し、的確な情報の提供や学習の支援を行なう必要がある。そのためには、公民館は、様々な専門機関や団体と連携し、共同で事業を展開し、職員の人的な交流を図るなど、日頃から関係を構築していかなければならない。とかくこれまで公民館は、「教育機関」あるいは「行政機関」の枠にとらわれ、「セクショナリズム」や「縦割り行政」に組み込まれて、他分野の地域づくりに関わる機関・団体との連携に消極的であった。しかし、公民館が他の機関・団体として連携して相談事業を展開することによって、学習や実践も企画段階から、公民館と他の機関・団体との連携が図られ、より総合的な地域づくりに関わる学習事業が展開されることが可能となる。

10—5　居場所や溜まり場としての公民館

　松本市は公民館が配置されている30の地区毎に10年前から地域福祉の拠点として地区福祉ひろばを設置してきた。福祉ひろばには、地域から推薦されたコーディネーターが置かれ、住民による主体的な運営を支えている。福祉ひろばでは、「健康づくり教室」や「高齢者の囲碁教室」などの様々な事業が毎日開かれているが、それ以上に大切なのは、いつでも、誰でも、気軽に福祉ひろばにやってきて、コーディネーターとお茶を飲みながらゆっくりと話しができるということである。その福祉ひろばについて「いいなあ、福祉ひろばのコーディネーターは。住民とお茶を飲んでいても怒られないのだから・・・。公民館でお茶を飲んでいたら『サボっている』と『市長への手紙』に書かれてしまう」とある公民館職員が羨ましがったことがある。かつて公民館は用事がなくても行くことができた場所であった。しかし今は、「とてもみんな忙しそうで、邪魔しちゃいけないから行きたくても行けない」という声が多い。用件がなければ行きにくい公民館は、住民の居場所や溜まり場にはなることができないのである。

　しかし、住民の相談というには、決められた相談日に、相手は誰でもよいというものではない。あるいは質問票のフォームに記入し、予約をとって順番待ちをしてまで訊きたいとは思わない。むしろ顔見知りの信頼できる職員に、それでも「こんなこと言ってもいいのかな」とか「どう言ったらいいのかな」と躊躇しながら、折りを見て、やっと勇気を出して訊いてみるという場合が多いのではないか。

　近年生涯学習の振興のために、インターネットなどの環境整備がなされ、専門の相談員がカウンターの向こう側から親切丁寧に、学習の相談に応じてくれることが多い。しかし、もしカウンターの間に人と人との日常的な関係性がなければ、そこで提供される情報は、本やコンピューターのサイトで調べた情報と変わらない、冷たい無機的な情報になってしまう。人の温かみを通した双方向のやりとりとして相談事業を展開するためには、日常的な住民と職員との関係や住民同士の関係が育まれているような場として、公民館がなければいけない。すなわち地域の中で公民館が居場所や溜まり場としての役割を果たすことが、住民の相談を地域づくりの種として活かしていくための大事な条件となる。

（白戸　洋）

〔参考文献〕
(1)松本市教育委員会『松本市公民館活動50年史』2000年

11. 館外事業論

はじめに

　館内事業といった場合、公民館の建物を使って行なわれる事業をさしている。例えば、会議室を使う学級講座の開設や和室を使うお茶会、あるいは体育室を使用した健康づくり体操教室、さらに公民館の庭も使って行なわれる公民館まつりなどなどである。公民館に地域の人を呼び寄せることを目的にした事業の展開である。

　そこで、館外事業といった場合には公民館の建物を使用しないで行なわれる事業をさすことになる。

11—1　館外事業の理論と実践

　小林文人は「東京の公民館の現状と課題Ⅱ—公民館事業論の構築をめざして—」の中で館外事業を次のように整理している。

　「公民館の立地・配置状況によっては、公民館になかなか来れない住民も数多く存在するはずであろう。すべての住民にたいして実質的に機会均等に公民館の事業サービスを普及・拡大するという視点に立てば、公民館から外に出る形態の事業論を組たてなければなるまい。公民館を拠点に、そこに住民を『あつめる』かたちの事業だけでなく、住民自らの必要においてそこに住民が『あつまる』活動を公民館事業論としてどのように編成するかという視点が問われている。と同時に、それだけでなく、地域の生活のはざまのなかで住民自らが『あつまる』『おこなう』活動それ自体の発展に、公民館がどのようにかかわるかというところに『館外事業』の課題があるのである。」と述べた上で、以下のような4項目を挙げている。

　そこで、この4項目を指針にして、横浜市磯子区で行なわれている社会教育事業の実践を分析してみたい。横浜市には「公民館」はないが、住民による学習活動は盛んで、その活動内容は公民館の「館外事業」に匹敵する物である。

11—2　「館外事業」の4つの柱

　小林文人が掲げる4つの柱は
1) 館内事業の「館外」化、例えば出張講座、講師派遣、移動公民館など。
2) 地域組織、地域活動への援助。
3) 分館、分室あるいは地域集会施設とのネットワーク。
4) 公民館主事の「地域主事」的な役割。

である。

　①磯子区役所の会議室を会場にして行なわれてきた学級講座を、磯子区内にある地区センターやコミュニティハウスあるいは地域ケアプラザなどで開設するようになった。これは「出張講座」である。

　②自治会町内会と協力して学級講座を開設するようになった。これは「地域組織への援助」である。

　③2005年の2月に杉田劇場（区民文化ホール）の柿落し事業として行った「学び合いと仲間づくりフェスタ」を開催することによって、地域施設をつなぎ合わせるという発想が生まれた。これは「分館、分室あるいは地域集会施設とのネットワーク」作りである。

　④磯子区役所の社会教育主事は公民館の公民館主事になぞらえることができるが、③の「フェスタ」の時には、実行委員の中に溶け込んで地域の社会教育活動を一緒に担う役割を果たした。区役所の社会教育主事が公民館主事として「地域（社会教育）主事」の役割を果たしたことになろう。

11—3　地域施設をつなげて地域を面にする

　③で述べた「学び合いと仲間づくりフェスタ」は自主的に学習活動を続けているグループが、日頃の成果を展示したり、日頃行なっている学習会を再現することにより、発表の機会と仲間を募るための宣伝の機会を設けるために行った事業である。

　特筆すべきは、杉田劇場（区民文化ホール）

写真Ⅱ-7-4

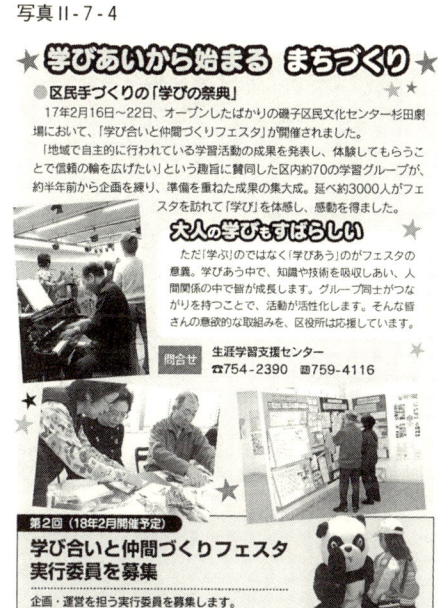

2005年2月「学び合いと仲間づくりフェスタ」の様子（「広報横浜いそご区版2005年9月号」より）

　の柿落とし事業ではあったが、区内にある20余りの地域施設をフェスタの実行委員が訪れて、地域施設の自主事業の話を職員から聞き、「フェスタ」への協力と地域施設を活用している学習グループ・サークルの参加をお願いしたことであった。

　実際に足を運んで地域施設で働く職員と話をすることによって、実行委員と職員との関係は親密なものになった。地域ケアプラザは区内の5施設が、連携をして展示部門に参加してきた。老人介護施設というイメージが強い施設であるが、学びの要素を濃くしようと職員たちは工夫を凝らしており、イメージが変わりつつある。

　さらに、「フェスタ」の会場となった杉田劇場と新杉田地域ケアプラザとは屋根のある陸橋によって結ばれている。雨の降った日でも傘をささないで2つの施設の間の移動が可能である。新杉田地域ケアプラザからは車椅子の人たちがフェスタ会場を「気軽」に訪れてくれた。

　性格を異にする別々の施設が繋がりあうことにより、発想が豊になりつつある。次回の「フェスタ」の準備がすすんでいるが、杉田劇場と新杉田地域ケアプラザは当然のことながら、さらに杉田周辺にある地区センターや磯子スポーツセンター、障害者施設や小学校を結びつける構想が現実化しつつある。さらに地域通貨を利用して、商店街を巻き込む準備も始まっている。地域施設のネットワークを使って地域を面にしていく「館外事業」が現実化しつつある。

まとめ

　以上に見てきたとおり、公民館の館外活動と公民館の設置されていない自治体における社会教育事業とは類似していることが分かる。

　これからは、公民館の館外事業と公民館を持たない自治体の社会教育事業を関連づけて研究していく機会を増やしたい。

（伊東秀明）

〔参考文献〕
(1) 東京都教育委員会「東京の公民館の現状と課題Ⅱ—公民館事業論の構築をめざして—」1973年
(2) 小林文人編『公民館の再発見—その新しい実践—』国土社、1988年
(3) 小林文人編『これからの公民館—新しい時代への挑戦—』国土社、1999年

12. 施設提供

社会教育法は公民館事業の一つとして「施設を住民の集会その他の公共的利用に供する」（第22条6）ことを位置づけている。住民活動の場を公的に保障することは公民館の目的達成のための重要な事業である。

12—1 団体利用と個人利用

公民館は、住民一人ひとりの学びや活動が結びあい、集団による学習の場が提供され、その成果が地域に生かされる、また広がることを目的とした教育機関である。

そのために、不特定多数が出合うロビー、図書室などの個人利用、学習室や講座室、ホールや体育館などで集団による教養、学習、スポーツ、文化活動が行われている。また、都市部を中心に乳幼児を持つ親の活動を保障するための保育室も設置されている。

12—2 利用の制限

公民館事業には公共性を保つために一定の制限がある。社会教育法第23条がそれであり、これは施設提供の場合も該当する。

1)「営利事業」に関する制限

法は「もっぱら営利を目的」とする事業等を禁じている。これは現実的には判断が難しい問題も多い。任意団体によるバザーやチャリティなどが収益事業に当たるか、企業が行う研修や技能講習を許可するか、勤労者、生活協同組合の会議はどう扱うかなど、窓口では具体的な活動内容によって判断することになる。民間事業者に関しては、「民間営利社会教育事業者に関する解釈」（1995年文部省）が示され、現場に混乱を生む要因ともなっている。

2) 特定政党・公私選挙に関する制限

これは「特定政党の利害に関する事業」、「公私の選挙」で「特定の候補者を支持」することを禁じているものである。これについては文部省回答「社会教育法第23条の解釈について」（1955年）がある。抑制的条件を付しながらも「特定政党に貸すという事実のみをもって直ちに社会教育法第23条第1項第2号に該当するとはいえない」としている。つまり政党に施設を貸すことは法は禁じていない。そして「公私の選挙」とは、首長や議会議員の選挙に限らず町内会などの選挙を含めて公民館が特定候補を支持してはならないということである。

教育基本法第8条は「政治的教養」の尊重を求め、憲法は基本的人権として参政権を保障している。したがって公平性の確保に留意して施設提供することが必要である。

3) 特定の宗教等に関する制限

1) 2) と異なり、本項は「市町村の設置する公民館」のみが対象である。

市町村立公民館は「特定の宗教を支持し、又は特定の教派、宗派若しくは教団を支援してはならない」。趣旨は法人立公民館はこの制限の対象外ということである。教育基本法が「特定の宗教のための宗教教育その他宗教的活動」の制限から私立学校を除外していることに対応している。さらに同法第9条は「宗教に関する寛容の態度及び宗教の社会生活における地位」は教育上尊重すべきとし、憲法第89条は次のように規定している。「公金その他の公の財産は、宗教上の組織若しくは団体の使用、便益若しくは維持のため」（中略）「これを支出し、又はその利用に供してはならない」。

宗教に関しては、憲法・教育基本法・社会教育法の規定を総合的に捉える努力が必要となる。とりわけ憲法の規定は「公の財産」＝公民館の使用を禁じていると読むべきではないだろうか。

以上、社会教育法第23条に焦点を当てて論じてきたが、「営利」「政党」「宗教」のいずれも公民館現場の扱いは多様である。社会教

育法第40条・41条は23条の規定に触れる事業の「停止」「罰則」を持つ。これが公民館に"あたらずさわらず"の対応を生んでいる面も否定できない。

12—3　有料化の動き

　地方行財政改革の動きの中で、公民館の有料化が進んでいる。その論拠として受益者負担論が唱えられる。しかし「受益者負担」の本来の意味は「特定の公益事業に必要な経費に充てるため、その事業により特別の利益を受ける者に負わせる負担」（有斐閣『法律用語辞典』2000年）である。公民館活動にこの論を適用するのは用語の乱用というべきである。社会教育法には公民館の使用料規定はないが、第3条で「すべての国民があらゆる機会、あらゆる場所を利用して、自ら実際生活に即する文化的教養を高め得るような環境を醸成する」という国・自治体の任務に照らせば公民館は無料であるべきものである。

　現実に有料化されていても、多くの自治体では社会教育活動、公共の福祉につながる市民の利用に対しては、減額や免除の規定を持っている。この問題は、社会教育委員会議、公民館運営審議会等での審議や答申を経るべき内容である。

　印刷機の使用料も一般化しているが、「印刷機管理委員会」等利用者による組織を作ってインク代と原紙代を実費徴収することも多い。併せて著作権保護の観点からのコピー機利用制限の問題も発生している。集会活動や活動資料、チラシなどサークルや団体の学習、活動支援としてできる限り利便を図りたい。

12—4　最近の動向

　最近、予約・申し込みのIT化がすすんでいる。しかし、公民館の特徴を考えるとき、学習やスポーツ、芸術文化活動の効果や成果の維持にどう応えるかが課題となる。

　たとえば週一回の安定した学習や練習の必要も、全庁的な公共施設提供の中では、申し込み機会の均等という建前から無視されてしまう。単なる「抽選」や「早いもの勝ち」ではなく、部屋や時間帯を調整したり、曜日を都合するなどしながら、「公平の原則」と「教育効果への配慮」に基づいた、「調整会議」などによる民主的な話し合いを通して、納得できる学習・活動機会を提供する努力をしている公民館の現状を反映させることは難しい。ITによる予約システムを導入する場合、教育機関である公民館利用の特徴を生かしたものになることが求められる。

12—5　利用者の参加

　公民館は、事業の展開や館の利用、運営を住民本位にすすめるために、「利用者連絡会（協議会）」などを組織しているところが多い。

　定期的に学習・文化活動をする団体・サークルを主体に構成するところと、利用サークルのほか、自治会、子ども会、地区社会福祉協議会などの組織や青少年指導員、民生児童委員等の住区（行政区）既存組織の代表を加え、専門部や部会を構成するところがある。その多くは、施設の利用方法についてのルールづくりや、「文化祭」などを行うときの受け皿的な性格が強いが、活動的なところでは専門部などの組織が、職員とともに事業を企画、運営している。

　活動や館運営について話し合い、主体性をもって地域の学習、文化活動に関わることを通して、民主的で自治的な意識を高め、地域づくりの主人公となることが期待される。

（植松賢也）

〔参考文献〕
(1) 社会教育推進全国協議会編『社会教育・生涯学習ハンドブック第7版』エイデル研究所、2005年
(2) 社会教育推進全国協議会編『社会教育法を読む』2003年
(3) 小林孝輔・芹沢斉編『基本法コンメンタール第4版　憲法』（別冊法学セミナー）日本評論社、1997年

13. 地域実態把握・調査活動

　1988年9月、「長野県老後をしあわせにする会」（当時、会員400人の高齢者団体）は、『65歳からのいきいきにんげん宣言－わたしたちの老人白書』（銀河書房、341頁）を発刊した。わが家で寝たきりの高齢者を介護していた信州の「嫁」たちが、日々の介護の悩みを語り合ったり、地域福祉づくりに取り組もうと、71年に結成した会であった。

　その「嫁」たちが、17年後には高齢者になった。介護する立場から見ていた高齢期と自ら体験する高齢期とは、大きくちがった。高齢まっさかりの自分たちが直面している問題を、広く県民に知ってもらおうと、会の20周年記念をかねて「わたしたちの老人白書」づくりに取り組むことになった。会員のなかから10人の編集委員が決まり、社会教育職員が一緒に討議してまとめることになった。

　会は、まず会員から、「老後の心配事」を寄せてもらった。寄せられた150項目ほどの心配事を、健康・くらし・所得・仕事・福祉・孤独の6つのテーマに分類した。高齢化時代を迎えて、高齢者自らがこの6つの心配事の解決をめざし、地域福祉づくりや生きがいづくりに取り組む。「与えられた老後」でなく「自ら築く老後」を生きる。そのために、地域にくらす高齢者の実態、福祉行政や施設の現状・先進的な事例、高齢者の地域活動などを調査して明らかにし、解決の道を住民や行政に伝えていくことが、「わたしたちの老人白書」の目的であった。

　編集委員は、まず、共通の思いや視点で調査に取り組めるよう、社会問題としての老人問題の歴史や世界と日本の福祉の現状を学び合った。委員は、6つのテーマを担当する班に分かれ、さらに個別の学習を重ねた。その上で、病気や健康づくり、衣食住や住宅事情・生活環境、年金や収入と生活費、職場や農業での仕事、在宅介護の苦労や施設の体験、生涯学習や社会参加活動などの実際を、各テーマ毎に、会員や身近な高齢者からじっくり語ってもらった。同時に『厚生白書』や市町村の『福祉要覧』などの行政資料を読み合った。

　それだけの積み重ねができると、県内各地の市町村、施設、地域活動に取り組む高齢者のグループ、老人大学などを訪ねて廻った。県内で、一人当りの老人医療費が一番少ない村、一番高い町、在宅福祉に力を入れる村、の診療所活動、生まれたばかりの老人保健施設、高齢者から評判の高い特別養護老人ホームなどなどであった。訪ねる折りには、保健師、医師、ケースワーカー、ヘルパー、福祉行政担当職員、民生委員など専門家から、直接話を聞くこともできた。

　こうした調査活動をしながら、各班で明らかになったことを持ち寄って、討議を重ねた。そして、原稿を何度も読み合せ、書き直して、「わたしたちの老人白書」が発刊された。計画を立ててから、2年ごしの作業だった。編集委員の平均年齢は、72.6歳だった。

　内容は、○まえがき　○老人問題って、なに？　○くらしと年金　○仕事と賃金　○家族と住居　○健康と医療　○福祉と施設　○学習と社会参加　○小さな声（投稿）　○資料編（憲法・老人福祉法など）　○あとがき、となっている。

　高齢者自身がまとめた本書の反響は大きかった。老人クラブ、公民館、病院、社会福祉協議会などの学習会や大学の福祉講座のテキストに使用され、NHKの「明日の福祉」の番組や朝日新聞の福祉欄、関係雑誌の書評で紹介され、第4刷まで増刷された。

　「長野県老後をしあわせにする会」は、翌年、県下の市町村のアンケート調査をし、また会員が訪問して聞き取りをして、『わたしの市町村（まち・むら）の老人福祉は？－長野県の市町村の老人福祉実態調査』の報告書をまとめた。高齢者の視点から、県下の市町村の老人福祉の実態や制度の現状が明らかになった。会は、この資料をもとにして、各地で高齢者の集いや読み合わせをおこない、行

政や施設への要望・提言をおこなった。

　地域に根ざす住民の学習、地域課題の学び合いに取り組み公民館は、さまざまな調査や話し合いを通じて、地域の実態をきっちりと把握しなければならない。「調査（実態把握）なくして学習なし」である。「わたしたちの老人白書」づくりの経験から、公民館の調査や地域実態把握に必要な条件が見えてくる。

1. 問題意識をもった住民が調査の主体になる
2. 住民と職員が共同討議をしながら、調査に当たる
3. 調査者自身が、まず学習をおこない、共通の問題意識を確認する
4. 地域の住民から、なまの声や体験を聞く（アンケート調査も必要だが、なまの声に勝る実際把握はない）
5. 国の省庁や市町村が発行している行政資料をきちんと読みこなす
6. 調査者は地域に出歩き、また行政を訪ねて事例をていねいに集める
7. 専門家の意見に耳を傾ける
8. 調査のまとめ（報告書）は、住民だれにもわかるように平易にまとめる
9. 報告書は学習資料として活用する（これが調査の目的）
10. 調査して明らかになったことを、次の調査につなげる

　こうした点に留意しながら、公民館と地域住民が協働して「〇〇白書」づくりなどに取り組めば、地域に根ざした学習は、もっと活発にもっと確かなものになるであろう。

（手塚英男）

〔参考文献〕
(1) 長野県老後をしあわせにする会・手塚英男共編『65歳からのいきいきにんげん宣言―わたしたちの老人白書』銀河書房、1988年
(2) 手塚英男「生涯学習と福祉が出会うとき」島田修一編『生涯学習のあらたな地平（教育への挑戦）』国土社、1996年

14. 資料の収集・記録・提供

　松本市中央公民館の4階の一室に、「公民館資料室」がある。『松本市公民館活動史―住民とともに歩んで50年』（松本市公民館活動史編集委員会編、松本市中央公民館刊、2000年1月、657頁）を編集・発刊した時に収集・整理した資料が、部屋中にぎっしり保管されている。

　第一の棚は、市の基本計画や教育要覧・社会教育要覧など行政資料。

　第二の棚は、各地区公民館の「公民館報」の綴りや縮刷版、『長野県公民館活動史』を始め県内各市町村の「公民館史」。

　第三の棚は、社会教育に関する全国的な諸文献。

　第四の棚は、これまで松本市民や職員がつくってきたさまざまな調査報告書、レポート、冊子、書籍、主会公活動や住民運動資料。

　第五の棚は、『月刊社会教育』のバックナンバー、長野県公民館大会の資料集、社会教育全国集会のレポート集（その多くに松本市からのレポートが掲載されている）。

　第六以下の棚は、「子ども」「青年」「女性」「町内公民館」「福祉」「平和」「同和教育・人権」「環境」「公民館研究集会」「市民芸術祭」・・・などのテーマ別に、これまで公民館が実施してきた諸事業の学習記録や事務文書の綴り。

　『松本市公民館活動史』の巻末には、そのなかから40項目・361点の資料が「基本文献刊行物一覧」としてリストアップされている。資料は、整然と整理され、分類されているとは言い難いが、これらの膨大な資料群が存在したからこそ、『松本市公民館活動史』は編纂できた。歴代の公民館活動を記録した資料がきちんと残され保存されていなければ、関係者の記憶や想い出だけでは、「公民館活動史」など編纂できないであろう。

　戦後公民館が発足して60年、20世紀の公民館を21世紀に引き継ぐために、「公民館活動史」を発刊することのできた公民館は、資料

がきちんと収集され、保存され、引き継がれてきた公民館である。

公民館が住民の学習活動に取り組む時、また公民館の条件整備行政が進められたり逆に切り捨てられたりする時、それなりにかなりの資料が創られ、提供され、活用される。また地域には、公民館事業に直接の関係がなくても、さまざまな地域資料や住民運動、地域づくり活動の資料が存在する。

公民館主事は、広く国際的・全国的動向に目を配りつつ、アンテナを高く張って足元の地域の状況を把握し、情報を収集し、記録し、資料を創り出したり発信したりする役割を負う。それが、公民館主事の専門性の一つである。

資料は、文字・活字によるペーパーの資料ばかりではない。テープや写真やビデオに記録されたAV資料もある。最近では、行政文書そのものがパソコンのCDに記録されている。そうした資料の比重が、ますます高まっている。

また、公民館活動の記録化に、熱心に取り組む住民もいる。「公民館報編集委員会」「視聴覚委員会」など公民館の専門部を担っている住民は、それぞれの技術や力量を生かして、地域の住民活動や公民館事業の記録に当たっている。住民と職員が協働して、記録・収集に力を入れることも大切だろう。

さて、せっかく記録され収集し創り出された資料も、活用され用済みとなれば、散逸しやすい。特に行政文書の場合、「〇年保存」などの期間が過ぎれば、簡単に機械的に廃棄されてしまう。市町村合併や施設の改築によって、廃棄の憂き目に遇った文書も多い。公民館の担当者が代わって、「保存する価値がない」として捨てられてしまった文書もある。

収集された資料は、過去を語るものである。公民館が収集し創り出した記録や資料は、公民館のこれまでを今に伝えるだけでなく、それ自身、住民の学習史・住民運動史・地域史である。過去を振り返らなければ、現在を見つめ、未来を築くことができないとしたら、公民館主事は、資料の保存に収集と同じように、力を入れるべきである。

保存された資料は、ただ公民館の倉庫の暗闇に鍵をかけて保管するのでなく、いつでも誰でもひもとき利用できるように、一室を確保して公開したいものである。その資料室は、住民や職員が地域の公民館を自由に語り合えるサロンを兼ねてもよい。資料室の片隅に、パソコンの一台でも配備されれば、申し分ない。

真剣な公民館活動があるところには、きちんとした記録や資料づくり、資料収集の活動がある。資料収集は、保存や活用を含むものである。公民館主事の専門性や熱意は、この面でも発揮されなければならない。同時に、資料室の確保などの条件整備も、配慮されなければならないだろう。

（手塚英男）

〔参考文献〕
(1)松本市公民館活動史編集委員会編『松本市公民館活動史―住民とともに歩んで50年』松本市中央公民館、2000年
(2)「〈特集〉公民館50年―松本からの発進」『月刊社会教育』2000年6月号

15. 公民館報
(公民館・地域・サークル等活動の周知)

　広報活動によって自らの活動や存在自体をアピールすることなしに活動の発展はない。NPOはもちろん、公民館など公共セクターにおいても、自らの活動のプレゼンテーションはますます重要になっている。大切なことは、これを重要な事業の一つとして位置づけ、それにふさわしい体制をとって取り組むことである。

15−1　公民館報

　公民館が発行する広報紙を「公民館報」と呼ぶ。自治体が発行する広報紙だけでなく、独自に公民館報を発行することが大切であり、重要な公民館事業の一つである。

　公民館報は公民館と住民をつなぎ、住民の関心を高めて公民館事業への参加に結びつけることはもちろん、住民の目線から地域の問題を提起し、課題の掘り起こしや学習への動機付け、住民と地域、住民同士をつなぐ機能も発揮することができる。

　そのためには、職員だけで作るのでなく、住民が参画する広報（編集）委員会を組織し、そこに多くの人の知恵や力を結集することが大切である。その際、編集方針をよく論議して決定し、そのもとで内容を検討し、委員の手で取材し、記事を書き、編集し、発行していくことが大切である。

　公民館報は誰でも読めるメリットがある一方、予算的な制約や紙媒体の特性から記事の量に限界がある。発行回数によっては速報性も弱いことから、近年活性化しているホームページなどと内容を連動させていくことも課題となっている。

15−2　ホームページ

　ホームページは即時性、情報量の大きさ、カラー写真や動画・音声等の掲載も可能なことから、以下のような多様な可能性を持つ。

①即時性を持った事業の案内や報告　②作品の展示や発表など活動成果の周知宣伝　③学習機会の提供（動画と資料を使ったインターネット講座の開設。掲示板やメーリングリストによる参加者同士の交流も可能。公民館自体を考えたり学んだりするための情報を提供している飯田市公民館の例もある。）　④地域の情報の発信による地域の交流や新たなコミュニティづくり。　⑤実際に講座に参加している人の情報交換や学習を深めるための場としての活用。　⑥ホームページづくり自体がボランティアの活躍の場となる。

　このような機能を発揮させるためには、ボランティアの協力が不可欠であり、そのための意識的な取り組みが求められる。

　配慮すべきこととしては次のようなことが上げられる。①バリアフリー化を図り、視覚障害者も含めてすべての人にとって利用しやすくすること。　②作成や管理についての方針（内容、更新体制などの考え方）を文章化して掲載すること。　③著作権や肖像権、プライバシーを侵害しないよう注意をはらうこと。　④更新回数を増やして内容が古くならないように管理すること。また掲示板等を設置する場合は不適切な書き込みなどへの対応を怠らないこと。

15−3　メールマガジン

　Eメールを活用したニュース等で継続的に発行されているものをメールマガジン（「メルマガ」と略称）と呼ぶ。Eメールとして送信するのでほとんど経費をかけずに発行することができる。記事の量も自在で、記事に関連するホームページへのリンクも張れることから、効果も大きい。メールマガジンのためのソフトもあるほか、情報交流のための場としてのメーリングリストの活用、携帯電話メール用のマガジンの発行など、今後発展が期待される分野となっている。ただし、インターネット環境にある人しか読むことができないことに留意する必要がある。

15—4 チラシ・ポスター

ポスターは人目につく場所に掲示することで、多くの人の関心を呼ぶ効果を狙う。遠くからでも見え、目を引くデザインやポイントを絞った打ち出しが大切な要素となる。施設以外の街頭に掲示する場合、掲示場所や期間等、関係機関の許可が必要な場合があることに留意する必要がある。

チラシは活動への参加を呼びかけるとともに、人々の課題意識を呼び覚ます効果を持つ。内容やデザインの工夫が必要となり、そのためのスキルを身につけることが大切になる。また、組織の内外にチラシづくりを担う人材を確保することも大切である。

15—5 ミニコミ

地域で活動する様々な団体やグループによるミニコミは、組織の活動を知らせ、組織と会員や地域をつなぐ役割を持つが、同時にこうしたミニコミの発行自体がその地域の文化を高め、まちづくりの取り組みになる。それだけに定期的・継続的に発行することが大切である。内容はそれぞれの発行主体の活動方針にそって編集されるべきものだが、活動の紹介や案内はもちろん、読んだ人たちの中で話題になるような記事が大切である。

現在ではパソコンで作ったものが多くなっており、新聞づくりの基本的な技術の上に、ワープロソフトの使い方に習熟する必要がある。また、逆に手書きの良さも見直されて良い。

15—6 マスコミ

マスコミに報道されることは、より多くの人々に知ってもらう上で大変大きな力になる。大きなインパクトがあり世論作りにつながることから、行政や関係する団体・組織等に対する強いアピールにもなる。ただし、取材を受けても必ず報道されるとは限らず、意図と違う報道のされ方をすることもあるなど、マスコミの特性と限界を知って活用することが大切となる。

マスコミを活用する際には積極的に情報を提供して取材を求めることが第一で、一定以上の規模の自治体の庁舎等に設置されている「記者クラブ」を活用することも有効である。そこに資料を届け、特に依頼して記者発表を行うと、報道される可能性が高まる。資料を提供する場合は、事業の要項やチラシだけでなく、主催者の紹介や代表の氏名、何回目のイベントかなど、記者が必要とするデータをそろえ、記事にしやすいような説明資料を作成して持参することが大切である。

(内田光俊)

写真Ⅱ-7-5：飯田市公民館のホームページ

第8章

方法・技術

はじめに

1．共同学習
　—1　共同学習とは
　—2　共同学習の今日的な意義
　—3　共同学習の今日的な展開—名青大における生活史学習—

2．系統的学習
　—1　系統的学習とは
　—2　系統的学習の実際
　—3　学習の系統性と構造化の課題

3．参加型学習・ワークショップ
　—1　参加型学習とワークショップ
　—2　ワークショップのひろがりと社会教育
　—3　「参加・体験・グループ」と公民館の学び
　—4　ファシリテーターと公民館主事

4．フィールドワーク
　—1　フィールドワークの意義
　—2　フィールドワークの流れと方法
　—3　フィールドワークの陥る危険性
　—4　フィールドワークを活かすために
　—5　地域づくりの営みとして

5．IT環境とニューメディア
　—1　IT機器の普及と公民館
　—2　IT機器利用による今後の期待される職員像
　—3　一般行政をリードできる公民館職員

6．コミュニティワーカー
　—1　コミュニティワーカーって
　—2　公民館とコミニティワーカーの関係
　—3　コミュニティワーカーの課題

7．ネットワークづくり
　—1　ネットワーク型の学習の必要性
　—2　「子育て」ネットワークの会
　—3　ネットワークづくりにおける職員のかかわり

8 はじめに

　中野民夫の『ワークショップ―新しい学びと創造の場―』(岩波新書、2001年) によれば、ワークショップとは、「先生や講師から一方的に話を聞くのでなく、参加者が主体的に論議に参加したり、言葉だけでなくからだやこころを使って体験したり、相互に刺激しあい学びあう、グループによる学びと創造の方法」であるという。

　なるほど、公民館事業の中で、講師から一方的に話を聞くという事業は多いという予測はできるが、はたして、講師から「一方的に話を聞く」ことだけが、これまでの公民館の標準的な学習方法であったといえるだろうか。

　例えば、寺中作雄の『公民館建設』(1946年) によれば、公民館の「教育の手段は講義や読書のみではない」といい、「楽しい談論、活発な討議、なごやかな懇談の中に自ら教育作用が媒介されることが望ましい。互に体験を交換し、見識を示し合ひ、和気あいあいあたる雰囲気の中にお互いの教養を高め合ひ、智識を向上し合うのである。公民館の中では町村民のすべてが先生であり、すべてが生徒である」といっている。

　公民館の学習方法は、その当初から、「講師から一方的な話を聞く」ことではなく「互に体験を交換」する相互学習が基本にあったのである。

　こうしてみると、中野のいう「新しい学びと創造の場」を、60年前に、寺中は「新しい教育方法」として構想していたことになるのではないか。

　はたして、寺中は公民館での学習を「ワークショップ」と考えていたであろうか。

　中野によれば、「ワークショップ」の前身は、1946年のアメリカのコネティカット州ニューブリデン市「人種差別をなくすために働くソーシャルワーカーのワークショップ」であり、グループ・ダイナミックス (集団力学) の創始者であるクルト・レヴィンがリーダーとなって体験的参加学習方法を発明したという。

　グループ・ワークはイギリスの産業革命に起因する社会問題におけるセツルメントやYMCAの救済の方策として発展し、また、アメリカでは、心理学やグループ・ダイナミックス、教育学その他の社会科学の成果を吸収した、すぐれた青少年教育の方法であったともいわれる。

　戦後、1946年3月に、アメリカ教育使節団が来訪し、日本に進歩主義の教育がもたらされた。そして1948年以降、文部省は、民主主義の普及と同時に、「グループ・ワーク」を青少年教育の方法として全国にひろめた、という。ディスカッションとレクリエーションがその主な手法である。この手法が青年学級や婦人学級の運営に取り入れられ、その伝統が今日の公民館に伝えられていると考えられる。

　寺中がアメリカの教育使節団の影響をどう受けとめたのかわからないが、こうしてみると「ワークショップ」という考え方は、もともと公民館の学習方法に近いところにあったといえるのではないだろうか。

　さらに、その後、日本青年団協議会が提唱した「共同学習」論は日本の社会教育実践の中で生み出された「貴重な財産と呼ぶことのできる固有の学習方法論」(矢口悦子) であるといわれる。

　第8章では、このような学習方法が今日の公民館でどのように継承されているか、あるいは、今日の新しい学習方法は公民館にどのような可能性をもたらしているか、7項目にしぼって学習の「方法・技術」の現状と課題を論じてみたい。

　また、本稿では方法と技術を明確に区別しているわけではない。ここでは、「技術」を含む「学習方法」を「方法・技術」として論じている。また、第7章の「事業・編成」との関連では、まだまだ整理し切れていないが、小林文人が指摘するように、これまでの公民館研究は、「事業・経営論、方法・技術論、施設・設備論などの具体的な研究領域については相対的に蓄積が弱い」(『現代公民館の創造』東洋館出版社、1999年) のであり、まさに「方法・技術」論は、今後に期待される研究領域といえよう。

(細山俊男)

1. 共同学習

1—1 共同学習とは

　共同学習とは、1950年代の日本において成立した、身近な生活課題を共同の力で解決することを目指す、小集団による学習の方法であり運動である。それは、「生活教育という基本概念と、グループワークという方法概念の結びつきの中に成立してきたもの」（福尾武彦）、「アメリカに発達したグループ・ワークの理論をかり、新中国の集団主義に学び、戦前日本の戦後への遺産である『生活綴り方』を軸として」生まれたもの（碓井正久）と評価されている。しかし、共同学習についてのイメージや社会教育における位置づけは論者によって異なり、概念において明確な定義が必ずしもあるわけではない（片岡了）。ここでは、まず、歴史的概念としての共同学習の成り立ちについて整理しておこう。

　1950年代の中頃、青年の自己教育運動の歩みの中で、自らの学習を自覚的に共同学習と呼ぶ学習実践が成立する契機となったのは、青年学級法制化問題であった。

　1948年の新制高等学校設置に伴って、20歳までの男子義務制が実現していた青年学校が廃止された。すべての青年に開かれた教育機関として新制高等学校制度は創出され、各都道府県に2校の中学校・高等学校通信教育が設置され、地域自治体の努力によって定時制課程・分校が設置された。しかし、交通機関が整わず、また労働に従事する必要があった多くの青年たちにとって通学は適わないことであった。青年自身にとっても、地域自治体にとっても、青年教育の必要性は広範に認知されていた。こうした中で、公民館建設・経営と地域青年団との密接な関係を基盤として公民館等を拠点とする青年の自主的な学習会が誕生する。それが「青年学級」と総称されるようになり、都道府県・市町村行政による助成策が始まる。この助成を国費から支出するために青年学級振興法が構想された。

　日本青年団協議会は1951年1月の臨時大会において青年学級法制化の要望を決議するが、翌年5月第二回大会において、法制化によって青年の自主性が阻害され、青年団の活動が圧迫されること等を理由として、一転して法制化反対を決議した。1953年8月、青年学級振興法が成立し、日青協はこれに対抗して、翌年1月『共同学習の手引き』（日青協・青年団研究所）を発行して、自主的な学習実践・運動としての共同学習を提唱した。これが自覚的な共同学習実践・運動の始まりである。さらに日青協は、「勤労青年教育基本要項・解説」（日青協、1954）をまとめ、『共同学習のまとめ』（日青協勤労青年教育特別委員会、1955）、『共同学習をさらに発展させるために』（日青協、1956）を刊行して、共同学習の普及と発展に努めた。

　日青協によって提唱された共同学習は、「既成の文化財の習得ということよりも、自分達の地域社会の問題に共同してとりくんで行く共同学習」（吉田昇）であり、①学習者の要求に根ざし、②共通の問題の発見と解決を目指し、③学習主体と教育主体とが上下関係ではなく対等平等の関係を作り出す、小集団の形態をとることとされた。

　共同学習は、地域青年団の学習活動にとどまらず、女性、工場労働者の団体・サークル活動にも広がった。特に生活記録学習と深く結びつく中で、紡績工場のサークル活動から生まれた生活記録学習の実践記録『母の歴史』（木下順二・鶴見和子編、1954）、農村サークルでの生活記録学習の実践記録『農村のサークル活動』（大田堯編、1956）、『村の生活記録運動』（高橋昭、1956）等の実践が生み出されていった。

　共同学習運動は、1954～56年にかけて高揚するが、1950年代末には急速に停滞し、状況を打開するために共同学習論の検討が始まる。「高度成長」政策が開始され、農業経営の矛盾の激化と労働力の社会移動による社会構造の変化、生活の変化、共同学習の基盤で

ある地域組織の崩壊が始まる中で、共同学習の有効性が問われたのである。この検討の中で、社会科学の系統的学習の必要性、講師・助言者の役割の重要性、問題解決をはかる大衆運動との結合が指摘され、より「高次の」共同学習が提起されてきた。これらを具体化した実践として、日青協を中心とした青年問題研究集会（1955～現在）、サークル、セミナー、農民大学（理論学習）の三重構造からなる信濃生産大学（1960～66年）、名古屋サークル連絡協議会（名サ連）を中心として展開されている生活史学習などがある。

1—2　共同学習の今日的な意義

必ずしも共同学習として自覚的に取り組まれているわけではなくとも、生活と要求に根ざした学習内容編成、仲間作り、学習内容編成・運営への参加、学習集団・グループへの組織化等を指向する学級・講座実践の中に、共同学習方式の継承を見ることができる。

しかし、今日、その実践理念と、学習の個別化・個人化を求める意識傾向との間で、せめぎあいが生じている。論点の一つは、教育の目的である人格形成のとらえ方に関わっている。すなわち、人格形成を、知識と技能など人間的諸能力の獲得に限定するのか、それとも相互理解と相互承認を通した社会的諸関係の形成獲得まで人格形成の視野を広げ、統合的人格の形成を目指すのか。さらに、個人の主体形成に限定するのか、それとも個人の枠を超えて、家庭・学校・職場・地域などの生活領域において生活を創造する集団的主体形成や、集団における自治能力の形成を援助することまで含めるのか。ここに共同学習が選択される根拠がある。

一方で、多様な学習形態がある中で、共同学習の果たす役割を明らかにするには、定型教育（formal education）、不定型教育（non-formal education）、非定型教育（informal education）という教育の3類型による構造的把握が有効である（鈴木敏正『学校型教育を超えて』北樹出版、1997）。この整理を用いると、共同学習は、学習主体と教育主体（講師・助言者・ファシリテーター等）とが協働でカリキュラムを編成する不定型教育（non-formal education）に相当する。たまり場や会合など、生活の様々な場において自由で主体的な生活と意識の交流を行う（非定型教育）中で、相互理解・相互承認を深めて共同学習の基盤を醸成し、生活課題を交流して学習内容編成へとつなげることで、共同学習へと発展する。共同学習によって発見され、共通の課題として認識された生活課題の解決・克服を追求するために、系統的学習（定型教育）が接続される。同時に、共同学習や系統的学習の成果として、新しい生活創造＝地域づくりが進められる中で、交流・活動の場（非定型教育）が広がっていく。このような生活と学習の循環を引き起こす心臓部にあたるのが、共同学習（不定型教育）である。

なお、今日、多様な学習・教育実践において、「共同学習」という用語が散見されるようになっている。

たとえば、2004年6月に改正された障害者基本法では、第14条3項「国及び地方公共団体は、障害のある児童及び生徒と障害のない児童及び生徒との交流及び共同学習を積極的に進めることによって、その相互理解を促進しなければならない」という条項が加えられた。これを受けて、障害の有無を越えて相互理解を促進するための学習実践が、「共同学習」として取り組まれている。また、小・中・高校における総合的な学習等において、地域・国家・学校種別を越えて、インターネット等を利用して学習することを、「共同学習」（co-study）と呼んで取り組む例も増えている。とくに遠距離間で行われる場合には「遠隔共同学習」とも呼ばれている。

新しく用いられ始めた「共同学習」には、「異質な他者と共に学ぶ」という意味が付与されてきている。そこに新たな「共同性」創造の可能性を見ることもできるが、とりあえ

ず、戦後社会教育史における共同学習とは、区別しておく必要があるだろう。

1―3 共同学習の今日的な展開―名青大における生活史学習―

最後に、共同学習の今日的な事例の一つとして、1974年から2004年まで開催された名古屋市青年大学講座（名青大）の生活史学習を紹介しておこう。

1) 名青大の概要 ―準備・実施・総括―

名青大は、名古屋市教育委員会青少年室の主催講座であるが、行政職員、青年、講師・助言者の3者の共同作業によって取り組まれる。3者の代表による2～3ヵ月の準備期間の中で、学習の目的、内容・方法、受講対象者、日程、講師・助言者、グループ編成等の決定と、開催要項の作成や受講者の組織化、および開催準備に必要な学習を行なう。

講座では、グループと運営学習会が組織される。グループは、10人前後の受講者と助言者によって構成される基礎的な学習集団である。運営学習会は、講座全体の内容に責任を持つ。講座日程は、週1回と土日の合宿をあわせて10数回、期間にして2～3ヵ月である。講座は、Ⅰ～Ⅲ期に区分され、各期の目標は例えば次のように設定される。

Ⅰ期；今までの自分の青年活動や生活の現状を見つめ直す。一人一人の個別の問題と共通の問題を明らかにする。自分たちのめざす生活集団について理解し、現状との違いを知る。

Ⅱ期；あらわれてきた問題の本質を探り、一人ひとりの課題を明らかにする。生活集団をつくるために生活史学習がなぜ必要か、双方のつながりと共に学ぶ。

Ⅲ期；実践課題と学習課題を明確にし、すぐ実践に移せることと、じっくり考えていくことに分け、すぐにやれることをやっていく。生活集団をつくる上でのたまり場学習の役割を学ぶ。生活史学習を展開する上で何を大切にするのかを理解する。生涯学習の中での青年活動の占める位置・役割を理解する。

閉講後は、1～2カ月かけて講座の総括を行い、その内容は受講者の卒業レポートとともに「卒業レポート集」としてまとめられる。

2) 学習の展開

受講者は開講までに「課題レポート」を作成する。いわゆる自己紹介カードであるが、家族、仕事、青年活動、地域、性格、恋愛、一日および一週間の生活サイクル、経済状態、受講にあたっての問題意識などについて記述する。

グループ活動では、まず課題レポートを発表し、その検討を行なう。その中で浮かび上がってきた生活課題を掘り下げるために、学習課題（生活史レポートの作成・発表・検討と講義・文献学習）と、青年活動・家庭・職場・地域における実践課題に取り組む。

受講者個人の検討と並行して、運営委員は受講者全体に関わって、①生活と意識、必要と要求の共通性と個別性を明らかにし、②グループ・名青大全体に共通する学習課題・実践課題を発見し、③講義の内容や、④生活史レポート検討の視点を設定する。

3) 生活集団形成と生活史学習

名青大は、図Ⅱ-8-1のように、生活集団の形成と生活史学習を車の両輪として展開することを目指してきた。本音で語り合える集団を作りだすことと、一人ひとりの成長と自立を追求することとが不可分であるという理念は、共同学習に貫かれてきた理念でもある。集団形成と学習という課題は、今後さらに検討が必要であろう。

（大村 惠）

〔参考文献〕
(1)片岡了・辻智子「共同学習・生活記録」『講座現代社会教育の理論Ⅲ 成人の学習と生涯学習の組織化』日本社会教育学会、2005年
(2)斉藤秀平「青年学級論―名古屋市青年大学

を事例として―」『現代社会と青年教育　日本の社会教育第29集』日本社会教育学会、1985年
(3)大村惠「青年活動リーダーのための学習構想―1992年度名古屋市青年大学講座より―」『あいち県民教育研究所年報 創刊号』あいち県民教育研究所、1993年

図II-8-1

<table>
<tr><th colspan="2" rowspan="2"></th><th colspan="3">生活史学習の3部門</th><th rowspan="2"></th></tr>
<tr><th>自己紹介</th><th>講義学習</th><th>自主活動</th></tr>
<tr><th rowspan="3">生活史学習の3段階</th><th>準備段階</th><td>①さしあたり、各人各様の自己紹介から出発。
②折にふれて、自己の問い直し、外面的な自己認識から内面的な自己認識への深化、主観的な自己表現から客観的な自己表現への転換。</td><td>①現代勤労青年（期）の生活様式。
②要求と必要に応じて、歴史学習および社会学習の開始。</td><td>①生活集団活動における〈であい〉の段階。語源「出る」＝「行く」「来る」。したがって〈であい〉とは、行く人と来る人との弁証法的統合、「人間」関係の準備段階。
②要求と必要に応じて、〈たまり場〉の設置と〈宿泊活動〉の実施。</td><th rowspan="3">であい</th></tr>
<tr><th>開始段階</th><td>①自己紹介から生活史発表への発展。内面的な自己認識とその客観的な自己表現とを可能ならしめるため、「語る」生活史から「書く」生活史への発表形態の転換。
②折にふれて、歴史的・社会的な背景との関連において、自己認識の内容の深化。</td><td>①生活史学習。
②生活集団論学習。
③要求と必要におうじて、系統学習・集中学習の開始。</td><td>①生活集団活動における〈ふれあい〉の段階。語源「触れる」＝「親しく接する」「広く知らせる」。したがって〈ふれあい〉とは、親しく接することと広く知らせることとの弁証法的統合、「人間」関係の開始段階。
②自由な精神交流のために、〈たまり場〉の活用＝「問わず語りのよもやま話」、〈宿泊活動〉の重視＝「寝床分科会」。</td><th rowspan="3">ふれあい</th></tr>
<tr><th>飛躍段階</th><td>①生活史発表から歴史的・社会的な自己認識への発展。生活史発表と系統学習との統合により、歴史的・社会的な存在としての自己確立。
②自己紹介＝〈生活と人格のまるごと〉の紹介＝生活（生存・活動）の人格的（主体的）表現。</td><td>①系統学習（長期系統学習）＝自然・社会・人間の統合的認識。
②集中学習（短期集中学習）＝労働・生活・文化の統合的認識。
③要求と必要に応じて、生活様式学習・生活史学習・生活集団論学習などへの環流。</td><td>①生活集団活動における〈わかちあい〉の段階。したがって〈わかちあい〉とは、分配（分業）することと共有（協業）することとの弁証法的統合、「人間」関係の飛躍段階。
②要求と必要に応じて、〈であい〉や〈ふれあい〉への環流＝生活集団の量的拡大と質的深化。</td><th rowspan="3">わかちあい</th></tr>
<tr><th colspan="2"></th><td>自己紹介</td><td>（学習）</td><td>自主活動</td></tr>
<tr><th colspan="2"></th><td colspan="3">生活集団活動</td></tr>
</table>

注）那須野隆一「生活史学習の理論的検討のために」（社会教育推進全国協議会研究調査部編『自分史・生活史学習の検討―実践と理論―』社会教育推進全国協議会、1986年8月23日）をもとに大村が作成した。

2. 系統的学習

2—1 系統的学習とは

社会教育法第22条は公民館事業の第1に「定期講座を開設すること」を挙げている。文部科学省「平成14年度社会教育調査」の公民館調査説明書では学級・講座を「一定期間にわたって組織的、継続的に行われる学習形態」としている。

学級と講座の違いはそれほどないといってよいが、講座は主として講師の指導を受けながら学び、学級は婦人学級・家庭教育学級に見るように指導者が助言者的役割の場合が多く、指導者をよばない自主活動の比重も高い。要するに一つの課題について時間をかけて継続学習する学習形態を大まかに学級・講座とくくっているといってよい。

現在自治体関係でどれだけの学級・講座（以下講座と記す）が開かれているかを示したのが下の表である。「社会教育調査」が対象としている施設・機関だけでもこれだけの講座が実施されている。平成13（2001）年度間をみると、自治体関係の講座総件数は828,362件であり、そのうち公民館・公民館類似施設（以下基本的に公民館と記す）の講座は354,120で42.7パーセントを占めている。平成元（1989）年度間から一貫して増加し10数年で倍増しており、平成7（1995）年度間以降は1位を占めている。

2—2 系統的学習の実際

平成14（2002）年10月1日時点の公民館は17,947館、公民館類似施設は872館である。平成13（2001）年度間の講座実施公民館は12,929館で公民館総数の72パーセント、同じく講座実施公民館類似施設は502館で57.6パーセントという比率である。

次に次頁の表をもとに公民館における講座の特徴点を挙げてみたい。

対象別では成人一般が54.1パーセントで過半数を占め、青少年・女性のみ・高齢者のみなど対象をしぼっての実施はそれぞれ10パーセント台である。学習内容別に見ると、講座全体の58.8パーセントが「教養の向上」でありその中の62.9パーセントが「趣味・けいこごと」となっている。

表II-8-1 施設等別の学級・講座数（文部科学省「平成14年度 社会教育調査報告書」）
（件数。カッコ内は年度間合計に占める％）

区分	教育委員会（都道府県・市町村）	公民館（類似施設含む）	青少年教育施設	女性教育施設	文化会館	都道府県知事部局・市町村長部局	合計
平成元年度間	74,006	164,185	10,588	3,267	29,703	170,728	452,477
(1989)	(16.4)	(36.3)	(2.3)	(0.7)	(6.6)	(37.7)	
平成4年度間	81,681	187,053	11,312	3,545	42,059	188,220	513,870
(1992)	(15.9)	(36.4)	(2.2)	(0.7)	(8.2)	(36.6)	
平成7年度間	85,507	188,133	9,148	4,237	39,555	180,709	507,289
(1995)	(16.9)	(37.1)	(1.8)	(0.8)	(7.8)	(35.6)	
平成10年度間	106,688	273,719	10,857	7,957	36,208	240,852	676,281
(1998)	(15.8)	(40.5)	(1.6)	(1.2)	(5.4)	(35.6)	
平成13年度間	167,400	354,120	14,392	7,151	54,880	230,419	828,362
(2001)	(20.2)	(42.7)	(1.7)	(0.9)	(6.6)	(27.8)	

注） 公民館類似施設とは「公民館と同様の事業を行うことを目的に掲げる社会教育会館、社会教育センター等」である。

表Ⅱ-8-2 公民館及び公民館類似施設における学級・講座（平成13(2001)年度間）
①対象別（件数。カッコ内は％）

	青少年	成人一般	女性のみ	高齢者のみ	その他	合計
公民館	40,415	183,973	44,544	34,816	37,464	341,212
公民館類似施設	1,426	7,698	1,620	710	1,454	12,908
合計	41,841 (11.8)	191,671 (54.1)	46,164 (13)	35,526 (10)	38,918 (11)	354,120

②学習内容別（件数。カッコ内は％）

	教養の向上 <うち趣味・けいこごと>	体育・レクリエーション	家庭教育・家庭生活	職業知識・技術の向上	市民意識・社会連帯意識	その他	合計
公民館	200,623 <126,688>	49,415	34,679	18,379	19,936	18,180	341212
公民館類似施設	7,690 <4,275>	1,415	1,042	1,698	486	577	12908
合計	208,313 (58.8) <130,963>	50,830 -14.4	35,721 -10.1	20,077 -5.7	20,422 -5.8	18,757 -5.3	354,120

2—3 学習の系統性と構造化の課題

1）学習方法

さて、講座だからといって常に講義を聴くというイメージだけではない。講義中心の場合でも質問から始まって話し合い・資料の読み合わせ・ワークショップ・記録作成、あるいはビデオの活用等学習方法は多様である。環境学習であればフィールドワーク等の調査は欠かせないし、料理講座であれば当然実習が伴う。学習方法は学習内容とつながっているのであり、内容ときりはなして方法を論じることはできない。施設・設備の条件や公民館をとりまく環境を総合的に活用して、学習目的達成にふさわしい学習方法を検討することが必要である。

2）企画のあり方

それでは学習内容はどのようにして決めればよいだろうか。これはその公民館の歴史や活動の蓄積によって異なると思うが、基本的には公民館の長期的方針（目標）・年度計画を踏まえて、個別の課題が浮かび上がってくる。昨今政策的には「現代的課題」なるものが提起されているが、要は住民の生活課題・地域課題を踏まえた学習課題として意識されるもの、様々な場面で公民館に要望される課題を取り上げることである。

公民館主催の講座で職員が企画するという場合でも、できるだけ学びたい人・集団と協力して具体化することが望まれる。まさに住民参加、住民と公民館との協同で具体化する努力を積み重ねる必要がある。

次に住民の自主活動と連携して講座を企画

する場合は、住民の様々な活動の跳躍台としての学習という性格を持つことになろう。

3）構造化の課題

かつて公民館の講座にはだれでも・いつでも・どこまでも学習を続ける、それを保障する役割が求められた。いまでも基本的にその役割を担う必要があるが、現在地域には多様な学習機会が存在する状況があり、公民館としてどのように役割を果たすべきかはその地域、住民の状況との関係で決められるべきであろう。政策的には大学開放講座を通信衛星等を利用して公民館で聴講することも推奨されているし、放送大学を含む大学及び小中高等学校の開放講座が実施されている。また平成14年度「社会教育調査」では民間カルチャーセンターが全国に693事業所、138,534講座を開設しているともいわれる。これらの状況を全体として認識した上で住民の学習権をどう具体化するかが問われるのである。

社会教育法は学級・講座のほかに「討論会、講習会」、「資料」等の利用、「体育・レクリエーション」、「各種の団体、機関等の連絡」、住民による公民館施設の「公共的利用」を挙げている。つまり公民館はこれらの多面的な事業をとおして独自の役割を果たすという体系性・系統性が求められる。系統学習としての講座も、他の事業との有機的つながりを展望しながら計画され実施されることが望まれる。

子どもの入学を機に地域に目が向いた、現役時代はねぐらでしかなかったがリタイアしたのをきっかけに地域とのかかわりを持ちたい、たまたま住宅を購入して住み始めた、転勤で住み始めた、……など、それまで地域とつながりのなかった人が、公民館の講座に参加することをとおして地域とのつながりができるという例はいたるところで見られる。まさに講座は、住民が学び地域とつながる窓口の可能性を秘めているのである。そのためにも公民館の講座は入りやすさがまず第一の条件であり、講座から生まれた自主学習活動など住民の次なる課題に応える柔軟な対応が求められる。自主活動を始めた住民はどんどん人と人のネットワークを広げ、それにつれて活動の幅も広がる。そこから新たな要求が公民館に持ち込まれる。その時どれだけそれに応えられるかが公民館に問われることになる。頼りになれば期待は膨らむが、逆の場合はしぼんでしまう。その場合、住民活動そのものがしぼむこともあれば、公民館をあてにせず住民は別の場で活動を展開することもあり得る。公民館は住民活動を主として学習面から支えることを通じて住民によって支えられる存在なのである。

（佐藤　進）

〔参考文献〕
(1)小川利夫編『生涯学習と公民館』亜紀書房、1987年
(2)日本社会教育学会特別年報編集委員会編『現代公民館の創造―公民館50年の歩みと展望』東洋館出版社、1999年
(3)沼田裕之ほか著『教養の復権』東信堂、1996年

8　方法・技術

3. 参加型学習・ワークショップ

3—1 参加型学習とワークショップ

「参加型学習」や「ワークショップ」と呼ばれる学習方法がさまざまな分野で取り入れられ、賑わいを見せている。学習がさまざまに楽しく行なわれているということだろうか。公民館事業のなかでも、「○○のためのワークショップ」とネーミングする事業も多い。しかし、公民館の「ワークショップ」は、これまでの公民館事業とどこがどう違うのだろうか。もちろん、公民館がいい加減なネーミングをしているということではない。むしろ、公民館の事業のあり方そのものが、参加型学習やワークショップに共通したものがあるのではないかと思う。このことは、後で詳しく述べてみたい。

まず、参加型学習とワークショップについてであるが、そこにはどんな違いがあるのだろうか。参加型学習というのは、主として人権教育、環境教育、国際理解教育の分野で使われている用語であり、社会教育では一般的にあまり使われてはいない。

廣瀬隆人によれば、参加型学習は「使う人によって多少意味やニュアンスが異なっており、『このように使わなければならない』という厳密なものではない」とし、参加型学習に「ワークショップ」とルビをふっている。また、中野民夫は、ワークショップは「参加体験型のグループによる学び方」としているが、これらの違いや関係は明確ではないので、ここでは、参加型学習も含めて「ワークショップ」ということばに統一して考えてみたい。

3—2 ワークショップのひろがりと社会教育

今日、ワークショップという手法がその活動に取り入れられ、大きくひろがったのは、社会教育や公民館の場ではなかった。例えば、中野によれば、ワークショップは次のように分類される。

(1) アート系—演劇、ダンス、美術、音楽、工芸、博物館、自己表現など
(2) まちづくり系—住民参加のまちづくり、コミュニティづくり、政策づくりなど
(3) 社会変革系—平和教育、人権教育、開発教育、国際理解教育など
(4) 自然・環境系—環境教育、野外教育、自然体験学習など
(5) 教育・学習系—学校教育、社会教育、企業研修、国際会議など
(6) 精神世界系—自己成長・自己変容、こころとからだ、人間関係、心理学、癒しなど
(7) 統合系—精神世界と社会変革の統合、個人と社会の癒しと変革など

とくに、ワークショップの取り組みが、もっとも多いのは「まちづくり系」であるという。その理由を中野は、「単なる形式的な「住民説明会」などでなく、住民と一緒に計画」し、住民も「主体的に責任をもって関わる。行政や専門家はそれを踏まえて専門的な見地から計画を具体化する。そんなプロセスの中でいろいろな立場の人の心が通うコミュニティを再生し、明るく豊かな地域社会を構築しなおそう。そんな動きが全国で広がっている」からだというのである。

このように、今日、あらゆる行政分野で住民参加はあたりまえの状況になってきた。まちづくりや地域づくりにおいて、傘木宏夫は、住民の「参加や協働により、行政の透明性が高まり、住民のチェックが働くと共に、行政と住民がお互いに学びあい、より地域の課題に即した施策の展開が期待され」る。しかし、「参加や協働では各主体の力関係が問題になるので、自治という観点からは、住民の側が学習を通じて主体的な力量を高めることが重要になり」、「社会教育の観点が必要」なのだと指摘する。

すなわち、傘木は、ワークショップの最大の役割は「地域の課題に積極的に関わり」、「学習することを通じて、自治の担い手を育

てる手法としてある」のだというのである。
　このことは、見方を変えれば、まちづくり、地域づくりにおいても、ワークショップの広がりを通じて、「自治を育てる」社会教育がいかに大事になってきているかということではないだろうか。

3—3 「参加・体験・グループ」と公民館の学び

　中野によれば、ワークショップはひとことでいえば「参加体験型のグループ学習」であり、その構成要素を「参加」「体験」「グループ」の3つに分けている。
　ここでは、この3つの要素に即して、ワークショップが、いかに公民館の学びに共通しているかということを考えてみたい。そして、ワークショップの基本を押えながら、現代の公民館が忘れてはならないことも確認しておきたいと思う。
　まず、「参加」について、ワークショップは、「受け身型」から「参加型」への学びであるという。なぜなら、中野によれば、「ワークショップの中で、自分の率直な言動がその場の状況を変えていくのだ、という体験を」積み重ね、「実際の社会の状況もそうなのだということを、学ばなければならない」からだという。ワークショップへの参加の体験が、現実の社会への参加意欲を学ぶことになるというのだ。
　では、公民館における「参加」について考えてみよう。例えば、公民館運営審議会は、公民館における住民参加の法制度であり、各学級講座の企画準備会や運営委員会、あるいはイベントにおける実行委員会などは住民の主体的参加を制度化したものに他ならない。学びの主体が住民であることを一貫して実践的に追求してきたのが公民館ではないだろうか。「参加」の内実は、「一方的に話を聞く」ことの是非よりも、何のために学ぶのか、何を学ぶのか、そしてどのように学ぶのか、が参加者の中でどれだけ語られているかを問題にすべきではないだろうか。
　しかし、公民館運営審議会の必置規制が緩和され、公民館運営審議会の廃止や縮小が各自治体で行われたり、講座の参加者を顧客とみなすようなNPM（New Public Management）の考え方は、公民館運営に指定管理者制度なども容易に導入させる恐れがある。いま公民館の住民参加システムは、自治体「構造改革」のなかで、住民と職員との新しい協働のありようが問われてくる。だからこそ「参加」は改めて公民館の学びの原則であることを確認しなければならない。
　次にワークショップの特徴である「体験」について、中野は「言葉だけの理解よりも、身体を使ってやってみること、感じてみること」が大事であり、体験学習は「①いろんな体験をしたあとに、②まず個人でふりかえり、③それを他者と分かちあい、④さらに自由に学びを深めていく」という。
　確かに、公民館の学びも「言葉だけの理解」に終わってはいない。現代的課題などから、あらゆる分野のさまざまなテーマのもとに、実際にものをつくったり、出かけて行ったり、演じたり、表現したり、さまざまな体験の学びが展開されている。そして、学んだことをどう実践していくか、学びをどう生かしていくかがいつも課題になっている。
　体験学習は、学びに活気をもたらすことが多い。しかし、青少年の社会奉仕活動・体験活動の重視という政策のねらいにも注意しなければならない。ボランティア経験がその人の人生を変えるほどのきっかけとなることがあっても、強制されたボランティア経験ではその人の人生を必ず変えるわけではないし、変えられては困るのであり、さらに、学習者のためのボランティア活動であっては本末転倒であろう。
　3つ目のワークショップの特徴は「グループ」（学びあい）である。このことは、公民館の学びが、集団の学びであることと共通している。グループワークこそ、戦後の公民館

8 方法・技術

の学びの始まりであった。

そして、社会教育法では、第3章に「社会教育関係団体」（グループを含む）が、社会教育を行う主体となり、行政は援助を行うことと規定している。また、公民館の歴史的には、「小集団学習」「共同学習」などグループの学びの伝統とその成果は多い。

しかし、現代のグローバルな開発と商品経済発展において、個人主義の増大、人間関係の希薄化と孤立化がすすみ、地域の自治会活動の低迷、公民館のサークル活動の停滞、あるいは若者の社会不信・組織不信などもあって、さまざまな組織・グループ形成がむずかしくなっている。

だからこそ、今日では「地域づくり」と「人間関係づくり」が重大な課題になっている。人と人とがつながることのむずかしさのなかで、中野は「深く聴く＝傾聴」の大事さを指摘する。「言葉の奥にある気持ちまで含めて、真に共感的に理解しようとして人に耳を傾けることはなかなか難しい。本当に深く聴きあうことができたら、どんなにお互いの理解が深まるだろう。世界はどんなに平和になるだろう」と。このことは、鷲田清一（臨床哲学者）が「聴くことが、ことばを受けとめることが、他者の自己理解の場を劈（ひら）く」ことがあり、これが「聴く」ことの力であると述べていることも参考にしたい。（鷲田清一『「聴く」ことの力』阪急コミュニケーションズ、1999年）

3―4　ファシリテーターと公民館主事

ワークショップの進行役がファシリテーターである。ファシリテーターは「支援し、促進する。場をつくり、つなぎ、取り持つ。そそのかし、引き出し、待つ。共にあり、問いかけ、まとめる」（中野民夫『ファシリテーション革命』岩波書店、2003年）という役割をもつという。

かつて、公民館主事は「黒子である」「人と人とをつなぐ」「なんでもや」「仕掛け人」「学習の支援者」などと呼ばれてきたが、これらはファシリテーターとどこか似てはいないだろうか。

もう少し具体的な比較をするならば、ファシリテーターについて環境学習では次のように捉えている。

A．コンセプトを持っている
　①バックグラウンドを持っている
　②目標が明確になっている
B．参加型学習を行う
　①気づきを促す
　②主体的な参加を促す
　③プロセスを大切にする
C．ファシリテーターの技術
　①積極的受容態度
　②雰囲気づくり（参加しやすい）
　③ユーモアがある
　④ハッキリ指示する
　⑤時間配分がうまい
　⑥参加者に感動を与える
D．一般化への促しをする
　①社会的関心に結びつける
　②参加者自身の態度の変容を促す
　③地球市民としての行動につながる

（『新版ファシリテーター入門』エコ・コミュニケーションセンター、2000年）

また、これは、直接的な比較にはならないが、埼玉県入間地区公民館連絡協議会では、事業づくりにおける公民館職員の展開法を次のようにまとめている。

1．準備
　(1)　テーマの設定およびプログラムの作成
　(2)　講師依頼
　(3)　学習方法
　(4)　参加者を募る
　(5)　前日までの準備
2．開講

```
  (1) 当日の準備
  (2) 導入部として
  (3) 質問やグループでの討議の時間を設
      ける場合
  (4) 開講中に配慮したいこと
3. 講座終了後
  (1) 事業の「まとめ＝記録」作成
  (2) サークル化する場合
  (3) 講座の継続をのぞむ場合
```

(『事業づくりの手びき』入間地区公民館連絡協議会研究・調査・情報委員会、1995年)

準備の段階で「テーマの設定およびプログラムの作成」(⇒A) で職員は、
①担当者として、事業意図を明確にしておくこと
②テーマに関する知識を得ておくこと
③事業のねらいと地域住民の要望や現実とつきあわせること
とある。
また、「学習方法」(⇒B) では、
①受講者が"楽しく"学べ、事業の主人公である意識や状況をつくるために学習方法に工夫がほしい
②例えば、話し合い学習、共同による調査活動、見学会、視聴覚教材の活用、ワークショップ等々の多様な展開方法について研修していく必要がある
とある。
そして「開講中」(⇒C) における職員は、
①参加者同士のふれあいや意思の疎通をはかるための自己紹介の工夫
②質問を出しやすくするための配慮
③定刻にはじめ、定刻に終わること
④受講者の理解度の手助けとなるような『通信』の発行
⑤講座の進め方の参考になるようにアンケートや感想を聞く
などに努力するのである。
さらに、講座終了後に「サークル化をする場合」(⇒D) には、
①参加者の事業への反応をみながら、サークル化への働きかけをする
②サークル化を決して押し付けたりはしないこと
③サークルをつくって活動を続ける希望がでたときは、自主的な運営ができるように、側面的な援助に徹すること
とある。

このようにみてくると、まさに、公民館職員はファシリテーターと共通した役割を担っているといえるのではないだろうか。

しかし、ファシリテーターは学習場面で学習者に即時的に対応する学習援助者という側面が強く、公民館主事はもう少し長期的な観点から、地域活動場面で学習者にいつでも対応しなければならない学習援助者ということになるであろう。

そして、ワークショップは非日常的な学習体験である。公民館主事は、地域の現実の中で学び、地域をつくる住民の学びの援助者であることを忘れてはならない。

(細山俊男)

〔参考文献〕
(1)中野民夫『ワークショップ―新しい学びと創造の場―（岩波新書）』岩波書店、2001年
(2)廣瀬隆人・澤田実・林芳樹・小野三津子『生涯学習支援のための参加型学習のすすめ方―「参加」から「参画」へ―』ぎょうせい、2000年
(3)傘木宏夫『地域づくりワークショップ入門』自治体研究社、2004年

4. フィールドワーク

4—1 フィールドワークの意義

　川をきれいにする最も有効な方法は、できるだけ多くの人々が水辺まで近づいて、川に散乱するゴミや悪臭を、自らの目や鼻で実感することである。ゴミを捨てないようにと高いフェンスを張り巡らせば、かえってフェンス越しにゴミを投げ込む人がでてくる。しかし、川の汚さ、臭さを実感した人は、必ずきれいにしようという行動をおこす。

　五感を通じた体験は地域を良くしていくための出発点である。地域に出て、人々と直接出会い、五感を活用して学ぶ方法のひとつとして、フィールドワーク（field work）がある。もともとフィールドワークは、社会学、民俗学、文化人類学、生態学、人類学などの学術研究をする際に、実際にテーマに即した場所を訪れ、聞き取り・アンケート調査・諸資料の採集などを行い、文献からでは確認できない、現地ならではの客観的な成果を求めるもので、文献研究や座学などに対する概念として認識されていることが多い。(1) したがってフィールドワークとは、「研究対象となっている人びとと共に生活をしたり、そのような人びとと対話したり、インタビューをしたりする社会調査活動のこと」(2) として定義されるが、公民館の事業においても、フィールドワークは様々な講座や実践活動において取り入れられている。

　例えば、身近な地域の環境問題を学ぶために、地域を歩きゴミの不法投棄や排水の状況を調べたり、河川の水質を科学的に調査する、あるいは動植物の調査を行なうなど、地域の環境を具体的に把握するフィールドワークがよく公民館の事業として展開されている。またボランティアに関する学習の一環として地域の高齢者や障がい者のニーズをインタビューで把握する、あるいは、青少年育成機関が子ども向けに行う自然観察行事などもフィールドワークの事例である。

4—2 フィールドワークの流れと方法

　フィールドワークは、事前学習、現地調査、成果の分析と検討、まとめとプレゼンテーションという流れに沿って進められる。

　事前学習では、対象となる地域やテーマに関する情報を収集し学習するとともに、フィールドワークの実施計画の策定や手法の検討など、フィールドワークそのものについても参加者自身が準備することが重要である。特に事前学習では、できるだけ対象となる地域のイメージやフィールドワークの目的を参加者が共有することも大切である。

　現地調査は、実際に対象となる地域を歩く現地踏査、水質調査などの科学的な調査によるデータの収集、住民に対するインタビューやアンケートなど様々な方法によって行なわれる。さらに関係する人たちとのディスカッションやヒアリング、資料収集によっても様々な情報が得られる。フィールドワークでは、記録も重要な作業である。フィールドワークの成果を多くの人々に伝えていくことを考え、映像や音声などの活用が望ましい。さらに収集した情報やデータを分析したり、その結果をまとめるために、ワークショップやディスカッション、マップづくりなどを行なう。結果をまとめる作業もできるだけ多くの参加者によって行なうことが大切である。最後に報告書の作成や報告会、シンポジウムの開催などによって成果をより多くの人々と共有することも重要である。

　フィールドワークのいずれの段階においても、「ふつう」の市民が中心となり、誰もが参加できる方法をとることが望ましい。したがって、フィールドワークの方法は、参加者が無理なく実施できるように計画するとともに、使用する機材などもできるだけ誰もが使えるように配慮しなければならない。一部の専門家による調査ではなく、自らが主体となることで、フィールドワークが単なる調査に終わることなく、地域づくりの実践活動に発展して行くことができるからである。

しかし、フィールドワークは、あくまでも地域を知り、学ぶひとつの方法・手段であり、目的ではない。ともすれば手段と目的を取り違えて、フィールドワークを実施することそのものが目的となってしまいがちである。テーマや講座の対象者に関係なく、とにかくフィールドワークに結びつけようとするフィールドワークの「オタク」が、しばしば見うけられる。たしかに地域について理解を深めたり、地域の課題を把握して行く上で、フィールドワークは有意義な方法ではあるが、決して「青い鳥」ではない。フィールドワークを行なうことに一生懸命になりすぎるあまり、その目的を見失ってしまっては、フィールドワークの成果を活かすことができない。

4―3 フィールドワークの陥る危険性

フィールドワークにおいて重要なのは、ありのままを受け入れる、すなわち「学ぶ」という姿勢である。地域には様々な人々が住み、地域そのものも様々な「顔」を持っている。したがって、先入観を持って地域を歩いても、自分の思い込みに合致した都合のよい情報しか見つけられず、本当の姿に気づかないまま終わってしまうことが多い。筆者の体験から言えば、フィールドワークで困るのは、教材づくりや論文の材料探しを目的にする学校の先生や学生である。もちろん一部の人たちではあるが、質問は自分が訊きたい事を訊くだけで人の話を最後まで聞かない。一方的で不躾け、時には相手の了解も得ずにすぐに写真を撮りたがり、数字の入ったデータを持ち帰ることにこだわる。そのような人たちに限って一番重要な地域の問題を見落としたり、人々の大切な「言葉」を聞き逃していたりする。地域に出る前から勝手にストーリーを作ってそれに合致する情報のみ切り取って、貼り付けていく。「結論ありき」では、地域の本当の姿を捉えることはできない。

さらにフィールドワークにおいては、地域に暮らす人々への最大限の思いやりと謙虚さが求められる。フィールドワークは地域の中に出て、そこに住む人々との出会いを通じた学びである。したがって、そこに暮らす人たちへの尊敬と気遣いは欠かせない。ある市において、地域の福祉づくりの活動が高齢者の課題をどう改善したかという調査をインタビューで行なったことがある。その中に「あなたは最近、物忘れをするなど自分が呆けたと感じることがあるか」という質問項目があった。質問者は、活動の成果を数値で把握する上で必要だと主張したが、自分の衰えを突きつけられる高齢者への配慮が欠けていることは明らかである。またある村に大学の先生と学生がやってきて住民の頭の大きさを測定していった。ところが、その後断りもないまま、その村の住民の頭蓋骨は「○○原人」に近いという調査結果を論文として公表してしまった。地域の住民は「モルモット」ではない。データを収集することに夢中になるあまり人を傷つける危険性があることを肝に銘じる必要がある。地域に暮らす人々と直接触れ合うフィールドワークだからこそ、自覚と慎重さをもって取り組むことが求められる。

4―4 フィールドワークを活かすために

松本市新村地区公民館は、公民館の活動の柱として「新村の宝を見つけ磨く」ことを掲げている。公民館で企画する講座には、実際に地区内を歩き、様々な「新村の宝」を探すフィールドワークが取り入れられている。例えば、歴史を学ぶ講座では、地区のあちこちにある道祖神などの石像をひとつひとつ調査して写真に記録して報告書を作成し、その写真を活用して石仏カレンダーを製作・販売し、活動資金に充てている。また、地区のシンボルである新村山の登山や地区内を流れる梓川の水棲昆虫の調査、自然観察会などを通じて、地区の自然環境を把握する事業を実施している。これらの講座のフィールドワークをもとに、地域に賦存する様々な自然環境や社会資源、文化遺産などを整理して、新村地

8 方法・技術

区のウォーキングマップを作成した。ウォーキングマップは地区の福祉ひろばや健康づくり事業の一環である「ウォーキング講座」において活用され、フィールドワークの成果を活かし、より多くの人が地域づくりの輪に加わっている。さらにこれらの活動の中から公民館活動や地域づくりを担うリーダーが生まれ、地域の人的資源の発掘にもつながっている。このようにフィールドワークは、単に地域の現状や様々な資源を見出すだけではなく、その成果を活用して地域づくりの輪を拡げることに発展する可能性がある。

　フィールドワークを活かすために必要なのは、成果を伝える努力と、成果を活かす、より多くの人が参加する事業の展開である。フィールドワークの成果について、できるだけ多くの人が参加して議論し、様々な観点から検討することが重要である。例えば新村地区では、成果をウォーキングマップとして活用し、講座の参加者にとどまらず、より多くの人が地域についての認識を深めることができた。また、フィールドワークの成果を寸劇などによって発表することも効果的である。

　また地域づくりの観点から、何かしらの客観的な見地においての成果を求める活動であるフィールドワークは、公民館職員や一部の人の想いだけでなく、より「みんな」の想いを把握する重要な方法ということができる。すなわち、フィールドワークを通じて地域の多くの人々の様々な考え方や意見を把握し、それを議論しながらまとめることで、地域の様々な想いを受け止めつつ、「みんな」の想いとして地域の中で共有化を図ることができる。学習が一人ひとりの想いと課題を持ち寄って共有し、「みんな」の課題と想いにしていく営みであるとすれば、フィールドワークはまさにそのプロセスそのものである。フィールドワークは、地域のニーズや課題を発見し、地域づくりにつなげていく手がかりである。

4―5　地域づくりの営みとして

　片野親義は、社会教育は人間が自分自身を自分の力で自己形成して行く営みであり、その条件として、いろいろな人と物事に出会うこと、その出会いの中から新しい発見をすること、そして感動すること、さらにそれを人と語り合い、人に伝えて行くことの5つを提起している。(3) 公民館におけるフィールドワークにおいても、地域の中で様々な「出会い」、「発見」、「感動」を得るだけでなく、それをどう人と語り合い、人に伝えて行くか、すなわちどう活かしていくかが重要である。

　松本市中央公民館の「まちなか再発見！」事業は、「地域の人々の暮らしや、それを取り巻く自然・街なみ・生活の移り変わりをもう一度見つめ直し、地域の人々との出会いのなかから自分たちの街を再発見することにより、歴史・自然・暮らしを次世代へ継承する」ことを目的とした事業である。具体的には、主に小中学生を対象とし、例えば城下町の散策や、地図づくり、旧町名カルタで遊びその場所を訪ねる、ホタルの観察など、街中を歩きながらの様々なフィールドワークを通じて、地域を再発見していくという活動を行っている。この事業は単に地域を歩いて調査することにとどまらず、フィールドワークを通じて参加者が学びあうことが特徴である。そして、この事業の参加者が中心となって、市街地の活性化を図る様々な活動が生まれている。

　このように公民館において求められるフィールドワークは、単なる調査や野外実習ではなく、地域に出て、人と出会い、地域の様々な宝物を見出す地域における学びであるとともに、参加者がともに学びあい、それを通して人と人との信頼関係や人的なネットワークを構築し、さらに具体的な実践活動に結び付けていく、一連の地域づくりの営みである。

（白戸　洋）

〔注〕
(1)フリー百科事典『ウィキペディア(Wikipedia)』
http://ja.wikipedia.org/wiki/
(2)池田光穂(大阪大学コミュニケーションデザイン・センター教授)の定義
出典:http://www.let.kumamoto-u.ac.jp/cs/cu/000606field.html
(3)片野親義『社会教育における出会いと学び』
2002年、ひとなる書房、29-31頁

〔参考文献〕
(1) 松本市公民館活動実例集「学びを創り未来をひらく」松本市教育委員会、2000年

5. IT環境とニューメディア

はじめに

　今から20年ほど前、公民館には16ミリ映写機やスライド映写機、OHPといった当時の「最先端視聴覚機材」が配備されていて、地域住民の利用はもちろん、行政各部局からも期待されていたのではないかと思う。
　しかし最近ではどうだろうか。他の部局ではノート型パソコンとプレゼンテーション用ソフト、そしてプロジェクターによって住民への説明会などを行えるのに、公民館ではこの十年ほど財政難という理由を背景に、イスや机も含め様々な備品の購入が制限されていて、結果として古い視聴覚機材だけが残り、いつの間にか住民や他の部局からも期待や要求が減少し、"取り残されている"公民館という感覚があるのではないだろうか。
　また、三多摩各市(1) の公民館職員も高齢化している実態(2) があり、「IT」機器利用を前提とする職場環境の変化と機器の進化に対応できず、「IT」に関しては「浦島太郎状態」職員がいるといった話を見聞することがある。
　公民館の管理運営はコンピューター中心か、利用者の利益を中心にした管理運営のどちらがよいのかと聞かれたら、どこの公民館職員でも後者であると答えるだろう。しかし、その「利用者の利益」とは何か？と聞かれたら、時代とともに変質・変容している部分もあり、今日のコンピューターを利用しない管理・運営は考えられないことも明らかである。
　公民館・公民館職員にとって、今後は「IT環境」について論議と対応は避けて通れない部分であることは明らかだが、現実的な課題はいくつか考えられる。
　ここでは、公民館職員側からみた「IT環境」について、課題と考えられる部分を明らかにしていきたいと思う。なお、この文章の中で「IT」、「IT環境」と記述している部分は、具体的には公民館でコンピューターを利用している実務全般を対象とする。

5—1　IT機器の普及と公民館

1）三多摩各市公民館のIT環境の現状（事務機器配備などの実態）

東京都公民館連絡協議会に加盟している17市の公民館に問合せをしたところ、公民館に管理運営などでコンピューターが配備されている実態は、表Ⅱ-8-3のような状況である。（2005年1月現在。施設予約専用端末機器は含まれていない）

この表Ⅱ-8-3によると、17自治体の職員は常勤・非常勤合わせて353人で、設置されているコンピューターは253台である。また、レーザープリンターとインクジェットプリンターの合計設置台数は89台であるが、A3サイズのモノクロプリンターが一番多いこと、利用しているソフトウエアは、ワープロと表計算がほとんどであることが判明した。また、インターネットに接続できるコンピューターは113台となっているが、自治体によってはばらつきが大きいこともわかる。そして、施設予約システムを実施しているのは、7自治体のみである。

公民館職員としては、コンピューターというツールを利用しない公民館運営は考えられないが、具体的な使い方は案外限られていることがわかった。それは、ほとんどの自治体で利用されているソフトウエアの種類が限られていて、しかも事務処理的な分野のみと思われること、利用しているプリンターの種類を考えても、カラーでA3サイズ以上のものを印刷する用途が少ないことがわかる。これは自前のポスターなどを作る環境にないと思われる。

インターネット接続や電子メールアドレス取得など、外部情報の収集や情報交換などについては、一人ひとりがメールアドレスを持つ自治体から、全く対応していない自治体まであり、現時点ではかなりばらつきがある。そして、管理運営形態については各自治体の「情報システム課」のような一課が集中管理しているところが多いようである。

2）コンピューター利用の課題

調査の途中、公民館職員から「新聞広告や雑誌などでは、デザイン・配色などのすぐれたポスター、チラシが日常的なのに、公民館職員として質的に対処できない」。「各市や各市公民館では、インターネットホームページによる事業案内や紹介が日常化しつつあるが、ホームページ作成などは負担が重いと感じている。」という声を聞いた。

事業の紹介や記録・配布などについても、家庭ではCD・DVDによる制作・記録保存・配布は普及しつつあっても、職場では機器や技術が対応できていない実態がある。

施設予約利用については、現行のシステム上不正とは言い切れないまでも、特定の利用団体による集中的利用、申請の段階で利用者の顔が見えず活動実態が把握しきれないサークルの利用、サークル同士のコミュニケーションを促進する機会が減少するなど、いくつかの課題があることが分かってきた。

現時点では、公民館職員の仕事の中ではコンピューターの操作が時間的にも質的にも大きな比重を占めているが、現段階ではすべての職員が使いこなしている状態ではなく、しかもやや誇張気味に言えば今までのワードプロセッサーや電卓の延長としてしか使われていないという実態もあり、機器環境・使用する側の技術レベルがあまり高くないという現実も見える。

5—2　IT機器利用による今後の期待される職員像

1）ポスター・チラシデザインでの圧倒的パフォーマンス

プロのコンピューターデザイナーから聞いた話だが、現在、私たちの身の回りに氾濫している文字は、90％以上が活字だそうだ。

人目を引くデザイン・配色など、日常的に

表II-8-3　都公連加盟公民館ＩＴ機器設置実態調査記録（2005年1月現在）

	自治体名	館数	常勤	非常勤	Desktop 数	Desktop Type	Note 数	Note Type	Laser Printer B/w A4	Laser Printer B/w A3	Laser Printer Color A3	Inkjet Printer A4	Inkjet Printer A3	Inkjet Printer A3ノビ	使用ソフトウェア 代表的なソフト	Internet 接続数	施設予約 システム導入
1	A市	6	27	0	2	Win	13	Win				6			ワード・エクセル	1	実施予定なし
2	B市	3	12	2	11	Win	1	Win	5					1	ワード・エクセル	11	実施している（1998年3月から）
3	C市	1	6	6	4	Win	2	Win		1	1				ワード・エクセル	6	実施している（2005年1月から）
4	D市	1	11	1	6	Win	6	Win		2					ワード・エクセル	8	実施している（2002年12月から）
5	E市	5	17	5	10	Win				5					ワード・エクセル	10	実施予定（2006年から）
6	F市	11	23	45	1	Win	20	Win		11					ワード・エクセル	4	実施予定なし
7	G市	1(分室1)	8	1	2	Win	8	Win	1					1	ワード・エクセル	1	実施予定なし
8	H市	5	17	35	4	Win	22	Win		4	1					22	実施している(2004年1月15日から)
9	I市	5	19	3	4	Win	21	Win		5		5			ワード、エクセル	6	
10	J市	1	9	0	4	Win	11	Win				1	1		ワード・エクセル・一太郎	13	実施予定なし
11	K市	6	24	0	24	Win	0	Win	6						ワード・エクセル	0	実施している（2002年10月から）
12	L市	3	12	2	9	Win5, Mac8	5	Win	1	2	1			3	ファイルメーカー・イラストレーター・フォトショップ・インデザイン	4	予定あるが日時未定
13	M市	2	8	2	0		4	Win		2					実施している（2002年3月から）	2	
14	N市	5	14	9	9	Win	3	Win		5					ワード・エクセル	1	実施予定なし
15	O市	1	5	0			5	Win		1		2			ワード・エクセル	5	実施予定なし
16	P市	2	18	0	13	Win	18	Win		5	(A4)1				ワード・エクセル	18	実施している（H9～）
17	Q市	5	9	3	5	Win	6	Win		5					ワード・エクセル		実施予定なし
	合計	62	239	114	108		145		13	48	4	14	1	4		113	

8　方法・技術

239

はプロのデザイナーによる創意工夫された説得力のあるチラシを十分見ている割には、文字の羅列だけの"味も素っ気もない"チラシしか作れない自分に気づく。

　人目を引くチラシには、デザイン上の法則というか約束事があり、そのあたりを理解しコンピューターソフトウエアによって制作しようと思えば、驚くほど簡単に効果的なものが"素人"の私たちでも作成可能となってはいる。読みやすくわかりやすいポスターやチラシづくりに、コンピューターのパフォーマンスは活かされると思う。

2）記録の集約保存と情報共有・配布方法の多様性に応える

　私たち公民館職員の仕事は、大枠でいえば主催事業を企画・実践し記録を残すことと、公民館利用者に対する学習支援と管理運営などである。

　それらの仕事を、個々の職員が頭の中に溜め込んでいた"職人的職員"時代は終わり、現在では各職員は当該地域の住民全般に説明責任を負って仕事をしているわけであるから、各職員が自分の仕事の経過や成果をしっかりと把握し整理しておくことはもちろん、将来的にも情報の再利用の準備をしていなければならない。

　また、言うまでもないことであるが、インターネットによる情報の提供を求められている状況下では、自治体として統一した情報管理をしていないと、複次的利用ができない。現時点では過渡期とはいえ、早急にデーターの集約化と共有の準備が必要である。

　私たち職員は、「情報は私たちが作り求めに応じて公開するもの」という考え方ではなく、地域を構成する住民と有用な情報を共有するために、多様な情報を収集し付加価値のある情報に加工し発信するという考えを持つ必要があると思う。そのために、IT機器を必須のツール（道具）と位置づけ、熟練することが求められているのではないだろうか。

3）様々な要求に迅速に応えるために必要不可欠な機器

　ポスター・チラシ作りではデザイン感覚を問われ、情報の集約化と複次的利用の準備をこなし、なおかつ一般行政職員と同等以上の業務をこなせる。このような「期待される公民館職員」になれないと感じている職員にとっては、IT機器は自らの職を奪う悪者（物）と映るかもしれない。

　公民館職員は、不定型な学習（住民個々人の生活課題を解決するための学習など）に対する支援をするために、本来の設置目的を理解し、学習権の保障を具体的な形にする人権感覚をもち、教育の原理をはずさずに対応できるという根本的な力量が求められ、結果的に教育的専門性を高く問われることは明らかである。

　住民にとって必要で求められる職員は、有用な情報の収集と整理、付加価値をつけて発信といった一連の作業に、コンピューターは必須なツール（道具）であることは間違いない。しかもそのような作業は住民にとっては見えない作業領域であり、職員としてはより効率的に短時間に処理できる能力も求められる。

5—3　一般行政をリードできる公民館職員

　かつては書籍を中心に、そして一年に一度全国大会などに参加することで獲得した知識や情報等に比べ、今日ではインターネットなどを利用することで、比較にならないほど情報収集力が向上をしていることは明らかである。

　地方自治や地方財政が新たな局面を迎えている中、教育機関の公民館職員は住民の学習権を保障する義務があり、そのためには、住民自身と対等かそれ以上にIT環境についても理解を深める必要がある。また期待されていることを自覚すべきだと思われる。

　避けて通れないインターネット環境の中でのメディアリテラシー（情報を読み解く力）教育、直接相対しない相手とのコミュニケーション創

造、住民の学習要求からみえてくる行政課題を集約し一般行政へ発信することなど、住民からも一般行政職員からも新たな対応や教育力を求められていることは明らかである。

その意味で、だれからもなんでも要求され、それに応えなければならないというのがこれからの公民館職員像ではないだろうか。

(伊東静一)

〔注〕
(1)島嶼と23区を除く東京都内の26市3町1村
(2)東京都公民館連絡協議会職員部会が実施した職員実態調査報告書（1998年3月）より

6. コミュニティワーカー

6—1 コミュニティワーカーって

『前略、ご無沙汰のことと存じます。さて、このたび、「エッセイを楽しむ会」で刊行した文集「沈丁花」にのせたKさんの作品が、文藝春秋社の「年間ベスト・エッセイ集」に掲載されることになりました。ベスト・エッセイ集はプロ・アマいっしょに、その年の一番良いエッセイを収める本なので、Kさんはもちろんのこと、会の皆さん、K氏（講師）も大いに喜んでいるところです。20人のエッセイの会ではありますが、全国区になった、会のレベルが認められたといっても良いのではないかと思います。思えば4年前、公民館講座から立ち上げた会ですので、朗報をお伝えして感謝の意を申し上げました。』

えっ、何これ。すごい。

素直な感想。講師からのはがき通信、再び、読み直す。

公民館のサークルから、このような「こと」が生まれてくるのか、と驚いた。うれしいというより、驚き。プロでさえ、受賞しにくいのに、一市民が受賞してしまった。公民館ってとんでもない「所」だ。改めて、見直してしまった。まだまだ想像しえない可能性が隠れている、持っているんだ。公民館を見くびっていた。地域に根ざしてあるべき公民館が、ある日、突然、全国的になるんだなあ、と。

特別すばらしい講師を探し、特別すばらしいサークル会員がいた。いや、そうではない。「市井」の人たち。どちらの方も。

エッセイ講座を立ち上げたかった。K氏は、文芸誌の編集者だった。一応、退職。時間ができた年配の男性。高齢者講座「男の生活百科～料理編」に応募し料理を作っている最中に、「以前、何をしてたの？」とそれとなく尋ね、「編集」との答えをインプットした。「ん、エッセイの講師を頼める」。できあがった高齢者講座は『やさしいエッセイの楽しみ』（2001年・2002年2月～3月、2回実施）

方法・技術

241

実は「男の生活百科」も高齢者講座。そして高齢者市民企画の一つ。一線を退いた男性が集まってワイワイしている（もう、13年になる）。この料理教室も市民の方に講師をお願いしている。あるとき、私が「講師料がほとんどないんです。でも講座は作らなければならないのですが」と話すと、ならば市民から講師を応募すればよい、とアイデアをいただいた。「普通のおばさんでいい。ご飯が食べられればよい、だから、きちんとした講師（経歴）でなくとも良い」と。料理は毎日作っている。なるほど。

コミュニティワーカーという肩書きを持つ一年契約の嘱託職員。コミュニティーということは、ある限られた共同の社会＝エリア＝日野市が、私のフィールドになる。そして、1年間だけ。そこで何ができるのか、一般職ではない。嘱託にできることは、何か、と自問する。そう思って、14年過ぎた。やっと、地域とともに過ぎた、といえるようになった。

市民に助けられ、14年とちょっと、過ぎた。はじめの講師選びは外からだったが、今は、講座の内容によっては、内から探せるようになった。講師は、あなたの身近にいる、そして、今まで会えなかった自分を発見でき、多くの人に出会え、多くの場〈講座〉を作ることができた。14年の嘱託職員の醍醐味。

行政と市民の間を取り持つ公民館職員として、いま、あらためて思うといくつかは、うまく提案できた、と思う。講座終了後、自主サークル活動として、ふるさと博物館の古文書の解読（「やさしい古文書講座」から自主活動に…以下同）、地名の調査（「日野の昭和史を綴る」）、民俗調査（「日野の歴史と民俗」）をし、サークル自ら冊子を刊行、活動を続けている。ある意味、行政サポートという役割の中で活動しているサークルともいえる。

また、「市民がつくる財政白書」の参加者は、まさに財政白書を作りあげた。

地域にどのような人がいるのか、という「情報」とともに、公民館で活動する市民との会話（コミュニケーション）は、おおきな財産といえる。つまり「人と人とのつながり」を、どれほど蓄えられるかは、年月の長短に大いに影響されることは当然。個人差があったとしても、それを引き出す力〈経験〉を養うには誰でもできる。

1990年の広報の『公民館嘱託職員募集』に、内容＝講座・事業の企画運営など、資格＝公民館活動に理解があるおおむね45歳まで、勤務時間＝午前8時30分〜午後5時（週4日…現在は8時30分〜午後9時30分のうち7時間30分・日〜土のうち月を除く週4日）、募集人員＝1人、賃金＝7230円という募集記事に応募し、講座の企画運営を担ってきた。こうして始まった、コミュニティワーカーの仕事が14年以上続くと、先のような、びっくりするような事件に出くわすことがわかった。

正規職員とただひとつちがうものは、たとえ、1年契約としても、長期に、やれた。ということ。この「年月」は、私自身の向上と、公民館という仕事を理解していくうえで意味があるといえる。先にのべた、エッセイサークルの驚愕する「事件」（私にとっては驚きの事件である）がそれを示しているし、公民館嘱託職員冥利といえよう。

6—2　公民館とコミニティワーカーの関係

公民館とコミュニティワーカーの関係って何か、と考えあぐんでいたとき、そうか、やっぱり市民（住民）といっしょに歩む、ということだ、市民のためにあるんだ、というあたり前を思いついた。そのために、私はいるのだ、と。

専従性を持つことが、とても大切だ。公民館に社会教育主事の資格をもつ職員がどれほどいるのだろうか。極端に少なくなった。チームを組んで、社会教育環境を整えていこうという向上心と探究心と競争心が生まれてこない。一般の正規職員が公民館職員になってくる。3〜5年して次の職場へ異動。1年で異動する職員もいる。1年目は、まず公民館が

方法・技術

どんなことをしているのかを知る期間。当然、前任者の仕事をそのまま引き継いでいる。2年目で、少し自分がやってみたいと思う講座を恐る恐る企画し運営。3年目で、やっと慣れ、自分のカラーを出してやってみる。市民との会話もぎこちなくできるようになってくる。4年目、異動を気にしながらも面白さが実感でき、楽しくなってくる。市民との関係がよくも悪くも深まってくる。5年目、異動が離れず、落ち着いて仕事はできないが、市民との関係はとても良好。もちろん、相性が合わない市民とも、なんとかうまく付き合えるようになる。6年目、もう異動。もし、異動でなければ、行政から見捨てられたのかなあと。仕事の意欲もやや失せ……。

楽しく仕事をしてきた。だから、長続きした。長く続いたからこそ、できる仕事もあるし、プランもたてられ、ステップアップも考えられる。

「みんなと作る環境講座」。はじめは野外コンサートからスタート。市内の自然公園の落ち葉がすばらしい、何とか多くの市民に知ってほしいと、ある自然団体の方が話してくれた。この方も環境講座の一員になっている。

じゃあ、コンサートをやろう、公民館のサークルに頼み込んで、12月の初旬、落ち葉がみごと、でもとても寒い中を歌ってもらった。歌ったのは公民館のサークルのみ。しかし、それでも自然団体の方は感動。「こんなことをやりたかったんです」、と。

その後、この自然公園で野外映画と年2回のコンサートを開催している。隣が都立高校。音楽部と美術部の生徒さんにも参加をお願いした。美術部の作品を野外展示。3年目の今年も自然観察会とコンサート。市内の幼稚園の保護者と小学校のPTAコーラス、都立高校男性合唱、歌が大好きな一般コーラス（といっても年配の方たち）、そして公民館サークルの6団体が参加。合唱連盟にも協力していただいた。もう大丈夫だろう。大きく育った。

このときの都立高校の音楽部顧問の先生が地学教諭。市内都立高校の自然科学の先生たちと青少年講座を組み立てることもできた。会場はもちろん、都立高校。東京薬科大学里山復元サークルの学生も参加している今、彼らが企画運営する環境シンポジウムの2回目を準備中。市在住の大学教授には1年目から助言をお願いした。自然科学が苦手な私一人では無理、環境を担当する部とともに作っている。

今回、高校生を講師に星空観察の講座を、「小・中・高校・大学生のごみシンポジウム」、そして「第3回みんなでつくる環境講座シンポジウム」は隣の市で開催したいと大学生が張り切っている。私としては、近い将来、小中学生を講師に市民が教えていただく側に、そんな環境講座をつくりたいと考えている。若者が社会の主人公にできるコミュニティーは生き生きとしているから。

「コミュニティワーカー」（嘱託）ゆえ、やれることがある、と考えている。

6—3　コミュニティワーカーの課題

課題は働く環境＝労働条件。ひとつは、一年契約ということ。やはり身分が保障されているかどうか、だろう。『コミュニティワーカー設置要綱』（平成5年11月制定）第7条(3)「予算の減少その他（日野市教育）委員会の都合により、設置の必要がなくなった場合」、私は「その職を免ずる」つまり、お払い箱。

「年月」のもつ重みを述べた。それを保障する文言はない。

「社会教育における住民サービスは一夜にしては決してできない。ゆえに、たとえ嘱託職員とはいえ、否、嘱託職員ゆえのコミュニティワーカーは、予算の減少が生じた場合といえども（多少、給料の減額があります〜事実、あった）、住民サービスの一端を担う職ゆえ、できうる限り＝本人の申し出があるまで、働けるように努力いたします」夢のような文言かな？

公民館は、住民サービスに大きくかかわっている。その面白さがわかるには、どうしても「年月」がいる。
　「バラエティサロン」なる音楽・演劇・語りなどを公演する文化事業がある。原則月1回、現在182回（2005年10月現在）を数えた。公民館に入って次の月から係わっている。いまでは、この場で公演していただいた方で、新しい組み合わせをつくっている。ちょっとしたプロデュース。市民も公演者も新しい組み合わせを楽しんでいる。このサービスもやはり、「年月」がポイント。
　人と人とをつなげることでも新しい発見ができる。環境で参加した男性合唱団は、今年の「平和公演」の「語り部」になった。
　公民館は市民も講師も公演者もそして職員も「今まで知らなかった自分を発見」できる場だ。
　面白いな、と思えるようになるのも、やはり「年月」がいる。熟年、時に渋い（こだわり…平和事業など）が、でも、味がある。この味が、やっと、わかりかけてきた。そんな場で、豊かに楽しく過ごすことができるなんて、なんとすばらしい。

　　　　　　　　　　　　　（佐藤章夫）

〔参考〕
日野市コミュニティワーカー設置要綱（平成5年11月25日制定）
（目的）第1条　この要綱は、公民館活動の進行を図るため、日野市中央公民館にコミュニティワーカーを置き、その職務等について必要な事項を定めることを目的とする。
第2条　コミュニティワーカーは非常勤とする。
（職務）第3条　コミュニティワーカーは、市内における公民館活動の進行を図るため事業の企画運営を行う。
（任命）第4条　コミュニティワーカーは、次の各号の1に該当するもののうちから日野市教育委員会（以下委員会という）が任命する。

(1) 社会教育主事講習の修了証書を有し、又は教育職員の普通免許書状を有するもので、3年以上教育に関係ある職にあった者
(2) 文部科学大臣の指定する社会教育に関係ある職又は事業に3年以上あった者
(3) 前2号に掲げる者のほか、社会教育に関する知識経験を有する者
（服務）第5条…略
（任期）第6条　コミュニティワーカーの任期は、1年とする。ただし、再任することができる。
（以下略）

〔参考文献〕
(1)「平均年齢70歳、役者してます―日野『ごったに劇団』誕生の記」『月刊社会教育』1998年11月(516号)
(2)「高齢者の社会参加はその人の知恵と経験を生かすことからはじまる―日野市中央公民館の高齢者事業の展開―」『平成13年度調査研究事業報告書　高齢者の社会参加と社会教育行政の支援のあり方』東京都多摩社会教育会館、2002年3月
(3)社会教育推進全国協議会編『社会教育・生涯学習ハンドブック第6版』エイデル研究所、2000年
(4)「全国でただ1人?!のコミュニティワーカーです」『月刊社会教育』2004年2月（580号）

7. ネットワークづくり

7—1 ネットワーク型の学習の必要性

　生活のなかでのさまざまな疑問、悩み、こうありたいという願いから学びへの要求は生まれる。学ぶことは事実を知り、気づくことである。学ぶことで気がついた問題の解決のためには、自分自身の生き方が問われ、生活の場である地域を意識せざるをえない。

　地域という際、問題意識を同じくする人どうしのグループ化にとどまらず、学びを自覚しない人を巻き込んで学びが展開される必要が生じる。

　貝塚市では、1980年代後半公民館講座終了後にテーマ別の自主グループが誕生した。さらに「子育て」「老い」などの共通する課題を解決していくためにネットワークをつくりながら、さまざまな学習実践がすすめられた。

　課題別ネットワークは、普段は日常的に活動しつつ、課題解決をめざして時に連携し、活動のなかでみえてきた安心と共同の地域づくりをともに実践する主体となっていった。そのなかで、公民館・職員は、ネットワーク形成のコーディネーターとして、結び目のつなぎ役としての役割を果たしている。

　とりわけ、1995年の阪神淡路大震災は、「支えあい、助け合いの地域をどうつくるか」という地域コミュニティ再生の課題を鋭く提起した。

　そこでさらに、公民館は、「子育て」「老い」の会さらに、他のグループや地域の人々に呼びかけて「支えあい、助け合いの地域社会を語るつどい」という名称のシンポジウムを実行委員会形式で立ち上げ、「子育て」の取組みと「老い」の活動との出会いと交流をしかけてきた。(図Ⅱ-8-2)

7—2 「子育て」ネットワークの会

　1988年、公民館記念事業で子育てグループ等が交流したことをきっかけに、「貝塚子育てネットワークの会」が誕生した。ひとりぼっちのおかあさんのいない地域をつくろう、おとうさんも子育ての担い手に、子どもも輝ける地域をつくろうを目的に17年間活動を継続している。当初は公民館の強い働きかけで発足したが、現在では、自主的に活動を担う人が育ち、公民館と協働しながら地域での子育てネットワークが繰り広げられている。その活動は、図Ⅱ-8-3のとおりである。

　公民館は、場所や学習機会の提供にとどまらず、市民の主体性を引き出し、育むということを念頭において職員が関わってきた。その実際をみてみたい。

7—3 ネットワークづくりにおける職員のかかわり

　職員のかかわりのポイントをまとめると、つぎのようになる。第1に、親と親がふれあい、本音を話すことができる場を積極的につくりだしてきた。保育もふくめた市民企画・運営・評価による「共催講座」の実施。

　第2に、生活のなかで感じる不安や疑問について、科学的に学ぶ。そのことによって自分の生活をみつめ、改善できることをやってみようという、つまり、自分の問題に自分で気づいて、問題解決していけるような力を獲得していくことを重視したプログラム作り、講座運営を推進。

　第3に、親が人間関係を訓練できる場をつくりだした。それも親の異年齢集団が大事であり、そのためのグループ子育て、子育てのサークル作りを奨励し、仲間を、地域にたくさんつくりだしていくこに努めてきた。

　また、「今の親の思い」を受けとめながら、サークルづくりの意義をいくどとなく確かめあうということを大切にしてきた。「親が心をひらいて悩んだり、苦しんだり、仲間とともに喜びをわかちあったりする人との関係づくりの過程こそ、早期教育としてもっともっと、子どもたちにみせてほしいんだよ」と親たちを励まし、働きかけてきた。

　第4に協働の取り組みを通じて、「共感しあ

図II-8-2

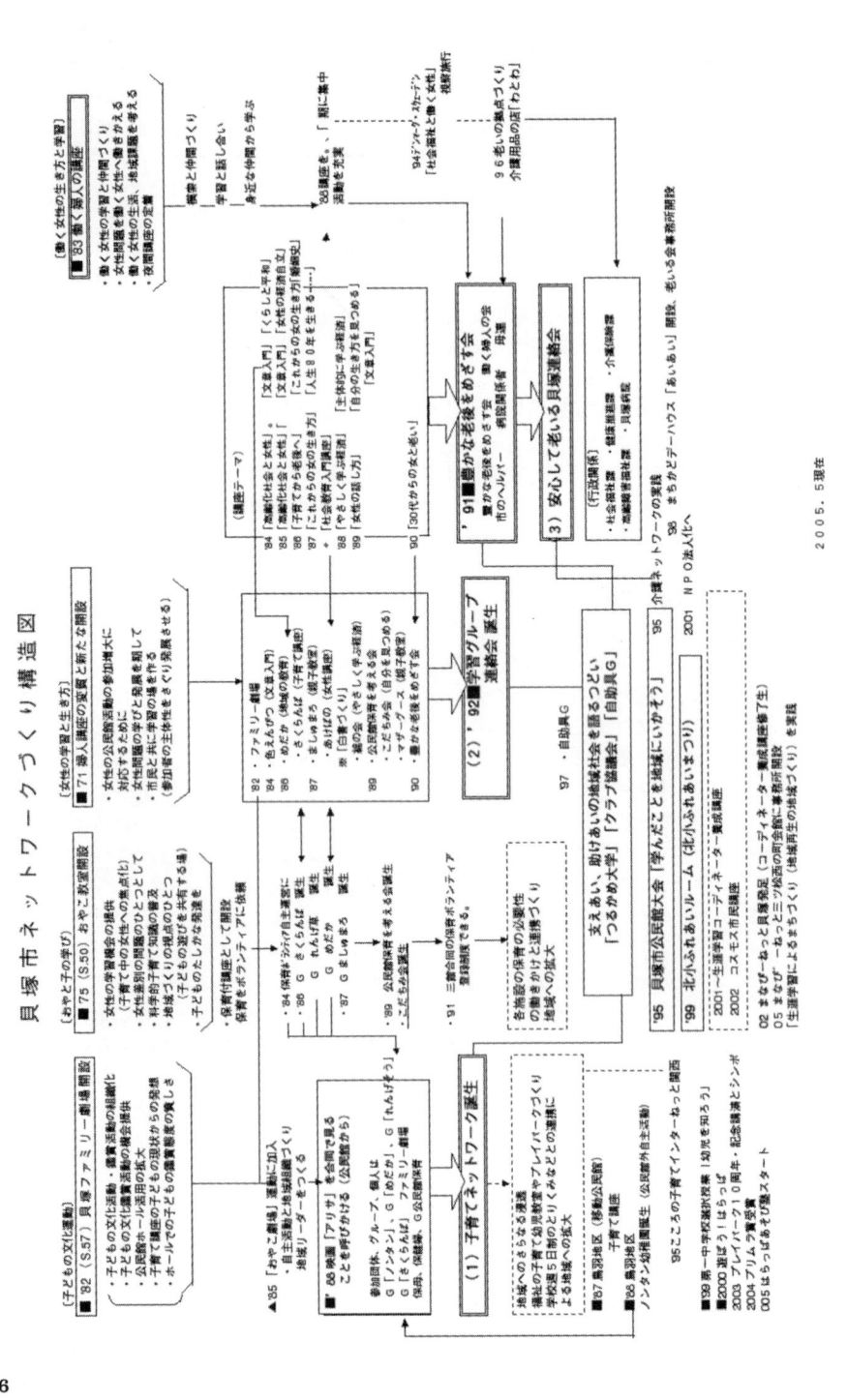

貝塚市ネットワークづくり構造図

2005.5現在

図II-8-3

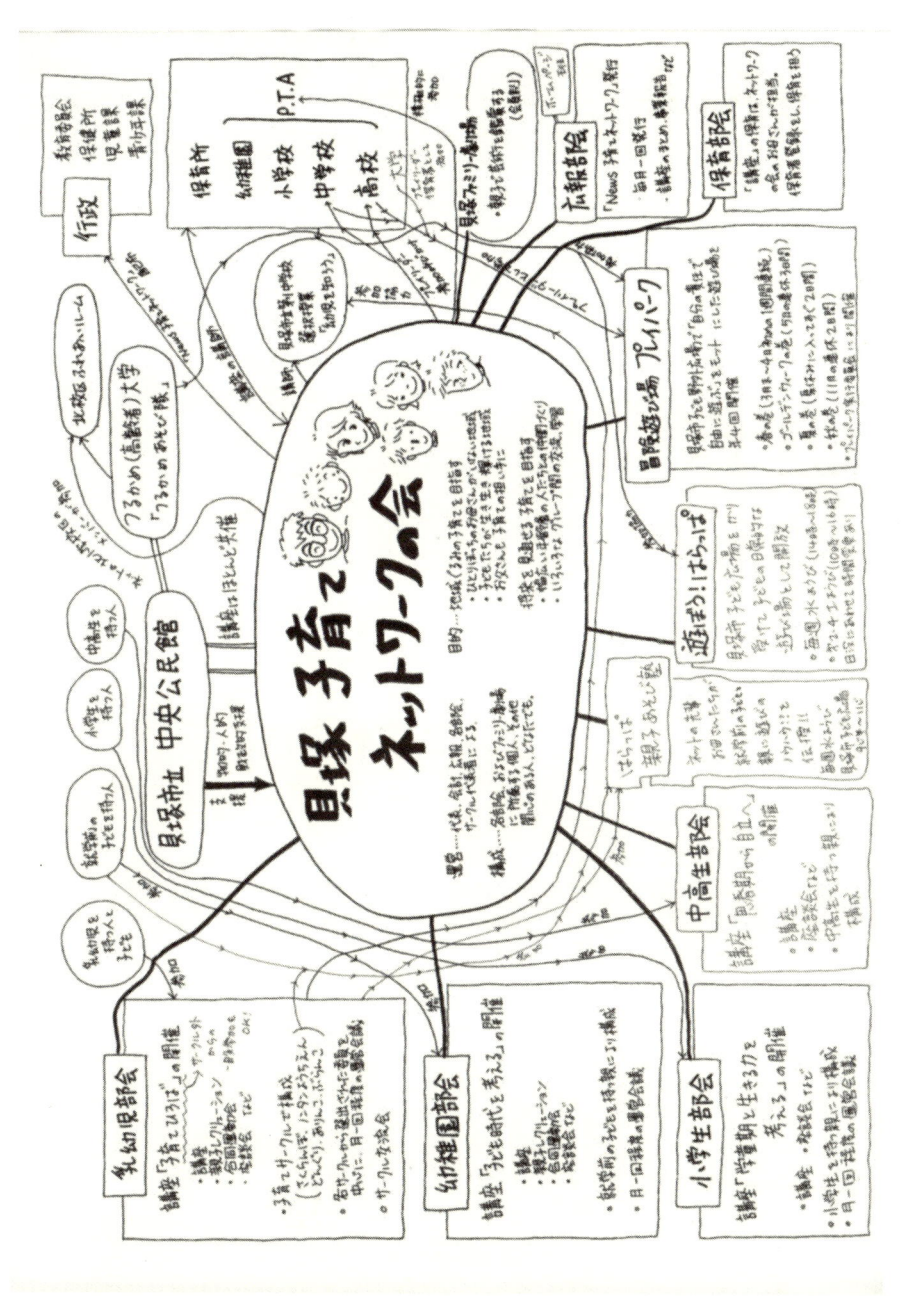

える」関係を育むということである。これは、親同士の関係のみならず、住民と行政・専門職との関係においても課題である。

第5に子どもたちに親以外のいろいろな大人に出会わせることである。親以外とのおとなとの交流、体験の場をつくりだすということを意識的に行っている。冒険遊び場づくり「プレイパーク」の取り組み、さらに、体験、交流の場は、子どもたちの日常的な遊び場づくりを求めた「遊ぼう、はらっぱ」に発展した。さらに、中学校での選択授業「幼児を知ろう」、学校や地域社会と融合した「北小ふれあいルーム」などの取り組みへと地域に広がっている。

第6におとなも子どもも地域のなかでの出番と居場所をつくりだす、そのためのネットワークを広げることである。地域のなかでは能力をもった人がうもれていて、ちょっとしたきっかけと出番をつくることによって、だれもがリーダーになりえるということを実践のなかで獲得してきた。

以上の6点は、「子育て」に限ったことではない。高齢社会の進行にともなう地域、家庭の激変のなかで、地域で「老い」をネットワークしていこうと組織されたNPO「安心して老いるための会」などでも同じことである。

こうした市民活動の動きの中心には、子育てネットワークの初期のリーダーが、コーディネーターとして重要な役割を果たしている。彼女は、いつも目の前にある生と死の問題に目をそらさずに、自分のできることからできることをと、地域に活動をつくりだしていく大切さを身をもって示してくれている。このような働きかけとつながりのなかで、子育て世代の人たちが人生の課題と出会い、それぞれの生きざまにふれるなかで、自分を律しながらも人を受け入れ、人とむすびついて生きることを学んでいる。

貝塚子育てネットワークの取り組みは、貝塚の外へとひろがり、他地域、他職種の人たちから注目されることとなり、1995年、子育て支援のNPO「こころの子育てインターねっと関西」の設立、発展へと貢献した。さらに、現在貝塚をモデルとしつつ、地域の独自性を発揮しながら、北海道から沖縄まで全国各地でさまざまな子育てネットワークが取り組まれている。

(村田和子)

〔参考文献〕
(1)小林文人・佐藤一子編著『世界の社会教育施設と公民館』エイデル研究所、2001年
(2)「月刊社会教育」編集委員会編『公民館60年人と地域を結ぶ「社会教育」』国土社、2005年

第9章 施設空間

はじめに

1．公民館建築の移り変わり
　―1　施設像の展開過程
　―2　公民館の建築モデル
　―3　多様性の中の普遍性

2．地域を育むコミュニティづくりと公民館
　―1　これからの施設計画のあり方と技術
　―2　集団の議論による創造の場
　―3　地域に広がる公民館の施設空間

3．施設空間の全体計画
　―1　公民館機能の構成
　―2　室空間の連結と集約

4．室空間利用の工夫
　―1　市民交流ロビー
　―2　公民館図書室
　―3　公民館保育室
　―4　団体活動室
　―5　大ホール
　―6　ギャラリー
　―7　学習室
　―8　和室
　―9　美術工芸アトリエ
　―10　音楽室
　―11　調理室
　―12　多用途・多目的室
　―13　事務室（宿直室、休憩室）

5．施設の安全計画
　―1　安全計画上の特徴と課題
　―2　安全計画の基本原理

6．施設建物の長寿命化をめざして
　―1　建物の維持管理
　―2　公民館の用途変更

9 はじめに

1）施設空間の定義

ここでの施設の定義は、空間と事業の設置をともなう機関とする。この定義に従えば施設＝制度ということにもなる。そこでは施設空間とは、機関が設置する事業を行う空間ということである。

このような解釈は1960年代からみられる。施設建築、公民館建築という表記である。ただし、設置する事業の中に、住民が自由に活動できる空間の提供や、機関が直接運営管理しない空間での事業が含まれると、公民館の施設空間の概念は拡散してしまう。

施設空間には建物の内部空間と外部空間がある。さらに施設空間には特定事業が主目的となる空間とそれに付属する空間とがある。

したがって、これらを包括して施設空間として見るマクロな指標と、個別に室空間の問題をみるミクロな指標が混在する。

2）公民館の施設空間計画

「公民館の設置及び運営に関する基準」（文科省告知）がある。当初1959年では、施設の項で建物の規模と必要な室名称が示されている。以後、公民館建築の設計に関わる部署では、この基準が指標となって施設計画が展開する。法令基準は最低の基準を示しているにもかかわらず、この基準が到達目標となり、工夫の少ない施設が蓄積されてきたことは否めない。

2003年、この基準は全面的に改正された。具体的定量指標が削除され、弾力的な施設計画が求められるようになった。周到な計画による地域的個別解となる公民館建築の可能性が高まると共に、ずさんな建築計画の歯止めもなくなったことになる。

3）施設空間の展開

施設空間の主要な部分は建築空間である。つまり、建物の内部ということになる。建物をつくる営為のことを建築という。建築には定性的な領域と定量的な領域がある。定量的領域は建築専門技術に関わるところが多く、専門家集団の営為となる。そこで関連領域との協働が求められるのは定性的領域ということになる。公民館建築にあっては、施設の理念や目的の認識、役割や機能の設定などが定性的領域である。本章では公民館建築の技術的指標は主題としない。おもに公民館の施設空間に関わる定性的指標を取り上げる。

草創期の公民館では、自由な発想から架空の建築設計案がモデルとして提示されている。(1) 池辺陽「公民館試案」(『生活と住居』、1948年1月号) (2) 遠藤新「村の家」(『婦人之友』、1948年6月号) (3) 宇田川忠弘「積雪地の公民館案」(『新建築』、1949年7月号) など提案者それぞれの思いと共に、社会教育の振興に関わる空間の提示がされている。

以後60年の経緯のなかで数々の公民館像が展開されてきた。

公民館建築の移り変わりをみると、既存木造建築の転用、小規模な新規施設、近代的な都市建築、関連施設との複合と連携、既存施設の再編成に伴う移転移築という流れがある。

また、現代社会のコミュニティづくりに関連させて施設空間を位置づけることが求められている。施設づくりへの利用者の参画が恒常化してきている。

そこでは地域課題に取り組む戦略的機能設定や、施設利用者が主体となって使い方を決定する室空間の工夫が求められている。公民館研究と建築研究の協働が成立するところである。

しかし肝心なことは、施設空間があらゆる意味で安全であること。そして建築物として存在する限りは、長寿命化をめざして施設空間の維持管理を適切に行い、用途変更を繰り返して、地域の拠点施設として存続することである。

施設空間づくりのさまざまな手法は公民館の歴史のなかから学び取ることが出来る。

（浅野平八）

1. 公民館建築の移り変わり

1—1 施設像の展開過程

　建築物は形態と空間を備えている。空間を利用して公民館事業が展開される。公民館の施設像は公民館建築の形態だけでなく、その場所のイメージということで、そこで営まれる人間活動と建物のイメージでかたどられる。
　施設像の展開過程を時系列でたどると以下の資料がみられる。

1) 公民の家

　1946年、当初の公民館は、社会教育、社交娯楽、町村自治振興、産業振興、青年養成の機関を設置するまちづくりの総合施設である。ここに示された整備すべき施設等は「一つのイメージに過ぎない」とされている。(1)

2) 青空公民館

　1947年、福井県殿下村公民館は最初の最優良公民館表彰を受けた。「村全体が公民館」「姿なき公民館」すなわち「青空公民館」である。小学校講堂での円卓会議、村内各所での婦人公民学校、青年団、文化会活動が公民館活動の母体となった。(2)

3) 都市型公民館—八幡公民館

　1951年、工業都市八幡市（現北九州市）に鉄筋コンクリート造3階建ての中央公民館ができ、中学校区に1館の地区公民館を網羅する公民館計画が実施された。モデル工業都市基本構想を背景にしたこの公民館は、都市型公民館の発祥とされている。(3)

4) 近代的公民館

　1960年代前半の都市公民館は、建築的にみれば集会中心の講堂からプロの演奏会や演劇、古典芸能の鑑賞が可能なデラックス大ホールへの移行として現れる。新築公民館が紹介される折りには、「明るいガラス張りの近代的建物」という画一的表現がなされている。また各家庭にみられない調度品や衛生設備を整えている豪華な建物ということが宣伝された。公民館の近代化は都市化とともにある。昭和30年代に多くの市部で独立本館が、大ホールを併設した独立本館が出現している。

5) 自治公民館

　1960年代に地域共同体と一体となった小規模公民館が注目された。集落公民館・部落公民館・町内公民館・字公民館などとも呼称されている。集落を基盤に自治意識を育てる、集落の地域組織と結びついて事業展開する公民館像である。

6) 公民館市民大学方式

　1960年代後半、都市化とともに都市内を均等に分割し配置された公民館は、設置基準や条例のもとで、均質な規模、室数となって建築的個性を失っていった。
　大半が流入人口である都市住民には、住民に均等に開かれた施設が必要であった。それは「公民館三階建論」「市民の大学」「私の大学」へと発展していった。

7) コミュニティセンター

　1971年、「急激な社会構造の変化に対処する社会教育のあり方について」（社会教育審議会答申）において、公民館の新しい役割として、「新しいコミュニティの形成と人間の伸長」のための施設整備が掲げられた。自治省等の助成によるコミュニティセンター整備と競合し、公民館のコミュニティセンター化が進められた地域もある。学びの場より出会いの場、交流の場を優先した施設像である。(4)

8) 公民館のあるべき姿

　『公民館のあるべき姿と今日的指標』が1965年より全国公民館連合会で検討されている。1982年にその総集編が出された。
　そこでは市町村が設置する公立施設を
　　一般施設＝大集会、広域利用者

分化施設＝公民館の分身
　専門施設＝社会教育関連法規に定められた施設
に分類して位置づけ、公民館はこれらを連携する社会教育の公立機関施設であるとしている。

　さらに特質として施設性を挙げ、機関であり営造物であること、特定の者や階層の為に設置されるのではなく、社会公共のために設置運営される、機会均等・非営利・独立性といった公共性をもつことが示されている。(5)

9）大都市大規模施設

　1980年、神奈川県川崎市では、政令指定都市化とともに公民館を市民館に名称変更し、千人規模の大ホールを含む延べ床面積5000m²に及ぶ大規模施設に建て替える。7行政区各区に1館の配置である。

　1988年、大阪市ではターミナルにおける一般的総合的社会教育施設として、市民学習センターを開設した。生涯学習推進組織として地域・ターミナル・広域の3つの学習圏を設定したものである。

10）複合施設

　1996年、国土庁「異なる事業主の連携による複合的公共施設を活用した地域活性化方策に関する調査報告書」が出されている。新たな公共施設整備のあり方と地域づくりを示したもので、世代間等の交流の促進と利用者の増大を目的とした。公民館・児童館・老人憩いの家の合築、人材活性化センター事業への公民館の支援活動などが示されている。

　多様な名称・呼称をもつ地域施設の中に公民館機能を複合させた事例が紹介されている。(6)

1—2　公民館の建築モデル

　公民館建築のあり方については、それぞれの時代背景の中で検討されている。イメージからさらに具体化した形態を提示し、公的機関によって広報された誘導モデルがある。

1）初期公民館

　1947年、『公民館シリーズ③　公民館の経営』で寺中作雄は「農村公民館設計の一試案」を示している。人口5000～10000人程度の農村を想定した木造2階建て181坪のものが平面図を添えて示されている。1階に事務室・陳列室・座談室・娯楽室・作業室等を置き、2階に250～300人収容の講堂と40～50人収容の講習室がある。(7)

2）小都市用木造と中都市用鉄筋コンクリート造

　1952年に日本建築学会編集の『建築設計資料集成』ではじめて公民館が掲載されている。担当主査は文部省教育施設部建築指導室長、中尾龍彦である。

　「公民館は歩いて20～30分の通館距離のところに配置される」、「平面計画は大きく静（教育部・図書部）、動（管理部・産業部）、騒（集会部）の3つの要素に分けられる」などの記述とともに、望ましい公民館例として、

　　（1）小都市用木造公民館
　　（2）イ型木造公民館
　　（3）ハ型木造公民館
　　（4）中都市鉄筋コンクリート造

の平面図が添えられている。

　なお、望ましい公民館例としては、文部省社会教育官小和田武紀による『公民館図説』がある。そこには優良公民館建築設計図とともに、モデル設計図7事例がある。

　また、1954年の『月刊公民館』第1巻1号に、「新市町村計画による新築公民館設計の一般原則」として、大平定雄「公民館設計に関する12章」がある。

　いずれにも各種要素が綜合的、有機的に利用できるよう配慮した工夫がみられる。(8)

3）公民館の設置及び運営に関する基準

　1959年公布の「公民館の設置及び運営に関する基準」では、公民館事業の主たる対象となる区域を定めること、最低基準の施設規模、

最低限備えるべき施設機能と室名称などが示されている。施設の物的環境に関わる定量的基準を法律で定めたものである。(9)

4）社会教育施設建築の手引き

1963年3月『社会教育施設建築の手引き―公民館と青少年教育施設―』が出されている。主査は前掲の文部省管理局教育施設部長、中尾龍彦で、編集委員として建築専門家の河野通祐、川添智利、佐藤平、三輪泰司、社会教育専門家の中島俊教の名前がある。主な項目として以下がある。

①公民館とはどういうものか

　一定地域住民のための教育文化の拠点で、施設内容として（展示場・展覧会場・図書室・相談室・講義室・実習室・会議室・談話室・休憩室・講堂）があげられ、専門的整備は不要で専門的設備補完のために関連施設機関との連携強化が必要としている。

②公民館建築設計上の要点

　平面計画はホール型と廊下型の併用で、静・動・騒のブロックに分離する。移動公民館についても述べている。

③公民館建築の設計の条件

　地域社会の住民の生活の伝統を基礎とした住民の造形で、すぐれた民主主義的な民衆の建築家によって、近代建築の思潮のもとに造形されなければならない。

　公民館の機能としては、施設の開放と利用の指導助言（個人利用・集団利用）、学習の機会提供（個別的・集団的）が示されている。

　1963年『進展する社会と公民館の運営』では、10の機能について具体的なへや（あえて平仮名表記としている）の整備事項が述べられている。(10)

①需要の多い参考図書、ある程度の図書資料を安全かつ利用に便利なように、運営と管理のできるへや

②他から借り入れた資料を保管できるへや

③日常生活に必要な実習（たとえば、家事、家庭工作、機械器具の分解など）に適するへや

④趣味、レクリエーションのための実習（例えば踊り、演劇、音楽、スポーツ、美術、工芸など）にふさわしいへや

⑤講義や討議に便利なへや

⑥常設的に展示が出来る場所と、臨時的に少々規模の大きい展示ができる場

⑦数十人ないし三百人の集会のできるへや

⑧個々の人の相談に応ずるときに使うへや

⑨入館者が気軽に休憩を楽しみうるへや

⑩職員や入館者が自由に事務のとれるへや

5）公民館建築の計画と設計

1967年3月から『月刊公民館』で「公民館建築の計画と設計」が連載された。前掲の『建築設計資料集成』『社会教育施設の手引き』にかかわった河野通祐によるものである。主な項目として下記がある。

①建築計画の前提
②基本設計について
③基本設計―実施設計―工事監理
④平面設計（ブロックプラン）
⑤各室の設計
⑥標準設計へのアプローチ
（他に、中央公民館面積表とプランタイプ5案）(11)

6）『公民館のあるべき姿と今日的指標』

『公民館のあるべき姿と今日的指標』として1965年より全公連で検討されてきたもので1982年に集大成としての解説書が発行されている。(5)

　そこでは公民館の役割（要求される機能）として、

①集会の場、憩いの場、茶の間など、集会と施設空間を活用する基本的役割

②学級、講座、自主学習、各種図書資料の整備など学習と創造の活動をする中核的役割

③諸団、諸機関の調節により、組織的継続的住民活動の総合と調節を行う高次的役割

以上の3点が挙げられている。

施設および設備としては、「公民館設置及び運営に関する基準」を補強して、
①本館には少なくとも集会の施設として、設置基準に加えて集会室、談話室（ロビー）、相談室を置く。学習の施設は設置基準による。管理の施設は設置基準に館長室（応接室兼）と車庫を加える。
②本館の面積は、1,000㎡程度とする。各室所有面積合計の全国平均が660㎡（12室）であることから、これに管理施設、付帯施設を加えて1,000㎡程度としている。
③本館には、区域内の実態に応じ、体育、託児および宿泊等の施設を設ける。構造を開放的にし、設備の様式を近代的にすること、お役所風閉鎖的建築構造から開放的構造にする。その他、本館・分館に置かれる設備器具、資料、用具が示されている。
が挙げられている。

7）新しい公民館像をめざして

1974年に東京都公民館資料作成委員会から標題の報告書が出されている。「公民館の施設」の項では、市民交流ロビー・ギャラリー・集会室・和室・団体活動室・青年室・ホール・保育室・学習室・図書室・美術室・音楽室・実験・実習室・視聴覚室、その他についての、室数・面積・用途・設備が示されている。

これは国立市公民館（1979年竣工）として具現しており、小林文人による「三多摩の公民館づくり」などで紹介されている。(12)

8）建築界における公民館

前掲の日本建築学会編集による建築設計資料集成では、公民館は1952年に始めて第4集として登場する。その後1960年改訂で29の実例と主要室、設備備品の解説が14頁掲載されている。

その後、1978年改訂で4頁、2001年改訂では1頁に減少し、公民館建築は建物種別としては認知されていないに等しい。

2005年現在までに、優秀な建築として全国的レベルで表彰を受けた例は、1977年沖縄県今帰仁中央公民館が芸術選奨文部大臣新人賞（美術部門）を、また1989年には長野県浪合学校が建築学会作品賞を受賞している。

写真II-9-1　浪合学校（長野県浪合村）設計：湯澤正信・長澤悟（『建築雑誌』1991年8月号）

1—3　多様性の中の普遍性

建築は表現行為であり創造行為である。先例があるにしろ基準があるにしろ、その土地固有の条件のもとで具現化する。従って多様である。

多様な公民館60年の展開からあえて普遍的な事項をあげてみると、
① 地域社会形成の思想と論理を踏まえた拠点施設であること。そのため地域単位の配置計画やまちづくりに密接に関わること。
② 多目的・多用途に利用される施設空間であること。そのことを前提とした空間設計が必要なこと。
③ 学びの空間であること。その空間にふさわしい精神性が求められること。
などが挙げられる。

（浅野平八）

〔注〕
(1) 寺中作雄『公民館の建設』公民館協会、1946年
(2) 『戦後社会教育実践史（第1巻）占領と戦後社会教育の台頭』民衆社、1974年

(3)横山宏・小林文人編著『公民館史資料集成』エイデル研究所、1986年。上野景三・恒吉紀寿『岐路にたつ大都市生涯学習―都市公民館発祥の地から―』北樹出版、2003年
(4)社会教育審議会答申「急激な社会構造の変化に対処する社会教育のあり方について」、1971年
(5)「公民館のあるべき姿と今日的指標・総集編」全国公民館連合会、1982年
(6)国土庁「異なる事業主の連携による複合的公共施設を活用した地域活性化方策に関する調査報告書」、1996年
(7)寺中作雄『公民館シリーズ③　公民館の経営』、1947年
(8)日本建築学会編『建築設計資料集成』、1952年。寺中作雄監修『公民館図説』岩崎書店、1954年。大平定雄「公民館設計に関する12章」『月刊公民館』第1巻1号、1954年
(9)「公民館の設置及び運営に関する基準」、1959年
(10)文部省社会教育局編『社会教育施設建築の手引き―公民館と青少年教育施設―』、1963年3月。文部省社会教育局編『進展する社会と公民館の運営』、1963年
(11)「公民館建築の計画と設計」『月刊公民館』、1967年3月号
(12)小林文人「三多摩の公民館づくり」『建築知識』（特集〈地域センター〉づくり再考）、1983年5月号

2. 地域を育むコミュニティづくりと公民館

2―1　これからの施設計画のあり方と技術

　公民館には、地域住民の誰もが利用し、また地域の個性や街のイメージを醸し出している施設空間がある。さらには施設の計画段階から、公民館への住民ニーズを計画に組み込み、完成後も地域住民に愛される施設となる可能性を持っている。こうした観点から「コミュニティづくりと公民館」について重要と考えられる事項を以下に示す。

1）住民の身近な地区のまちづくりのなかで公民館を考える

　わが国の都市計画は「道路、河川、橋梁は本ナリ、家屋、上水・下水ハ末ナリ」と東京市区改正条例の討論の過程で、東京府知事芳川顕正が述べているように(1)、都市の骨格形成を中心とする時代が長く続いた。しかしながら、1971～73年に全国で実施された「モデルコミュニティ事業」（旧自治省　行政局）(2)や、住民の日常生活の場である「地区」を対象に「建築物の建築形態、公共施設の配置などから、それぞれの地区にふさわしい良好な環境を整備、保全するための計画」として地区計画(3)が1980年に法制度化された。
　これらの実績の影響も加わり、住民の身近な生活空間も都市計画の重要な対象として位置付けられた。生活空間においてコミュニティ施設の役割は大きく、地区レベルの中で整備方針を定めていく必要がある。
　地区計画を立てる方法や原則について、森村道美氏、石田頼房氏の示唆に富む定義づけがなされている。

【地区整備計画の方法（森村道美氏による）】
①既存の「いいもの」を保全する
②「いやなもの」を除去する
③既存の「ストック」を十分に利用する
④「必要なもの」を建設する
【地区計画の原則（石田頼房氏による）】

> ①住民が良く知っている範囲の小地域を対象／《住民スケールの原則》
> ②住民の切実な生活要求に根ざして／《住民本意の原則》
> ③住民の直接的関与のもとに策定／《住民参加の原則》
> ④実現のためのプログラムをもっている総合的計画／《実現性、総合性の原則》

2）コミュニティ施設の適正配置を考える

公民館やコミュニティ施設の配置にあたって、近隣住区という空間概念がある。近隣住区は1929年に C.A.Perry が提示した計画論であり、小学校区約一万人の人口を基礎単位として小学校、近隣公園、日常の生活用品を販売する地区商業施設や集会施設を集めた近隣センターを配置しようという考え方である。わが国でも1970～75年から多くの自治体で実施した都市の基本計画において、都市域を対象としてコミュニティ圏域とコミュニティ施設の配置計画がなされた。東京都世田谷区、文京区、武蔵野市などは、その代表的な事例である。中でも、武蔵野市の計画では、コミュニティ区分は「住民自らが定めるもの」とし、確定的表現を避けた例も見られる。

近年は高齢者、障害者など社会的弱者の施設利用、身の周りの生活環境の豊かさへの希求、災害時の避難施設としての利用など「歩いて暮らせるまちづくり」の基礎単位としての生活空間が再認識されている。公民館やコミュニティ施設の適正配置としては近隣住区を基本としながらも以下の点に考慮すべきである。
① 居住者の属性、地域社会の性格によって異なる施設需要。
② コミュニティ施設への移動距離。農村地域の場合、人口密度が低く、人口規模に見合う施設を配置したとしても移動距離が長くなることから、施設の計画的な分散も必要となる。
③ 鉄道、幹線道路など生活空間の分断要素。
④ 歩行系動線（歩行、自転車利用）でのネットワークを形成する、施設相互の適正な位置関係。
⑤ 地域の特性をふまえた、地域の生活コアづくり（公園・学校や駅などとの一体的配置）

3）住民参画の公民館づくり

近年では、まちづくりや公園、公共施設のデザインにおいて市民参加、住民参画による計画づくりが潮流になっている。この背景には、従来は行政がモノを作り、住民はモノを使うといった、作る側と使う側の関係ではなく、公民連携、公民協働、公と民とのパートナーシップにより、より使いやすい計画や事業にしていきたいという意図が見られる。また、従来、公共＝行政のイメージが強かったが、地域住民のまちづくりや施設へのニーズを公共性の枠組みの中に積極的に組み入れていくといった「新しい公共」という概念も生まれている。

コミュニティ施設を代表する公民館の計画における住民参画の背景として以下の点がある。
① 地域住民の価値観や活動内容の変化や多様化により、地域住民が公民館に何を求めているのか、把握しにくくなってきている。
② 行政や施設の計画・設計者が住民の活動要望を含め地域について熟知することにより、「活動」や「地域のこと」を知るソフトが先となり、「建築物」というハードは、活動や地域のデザインの結果において導かれる。つまり、地域や使い手のニーズに合ったデザインが生まれる可能性がある。
③ 「作り手」と「使い手」とのニーズに対応した施設計画を創造する協議を通じて、従来型・規格型の施設でなく、新しい公民館の空間やアイデアの創造がなされる。
④ 計画への住民参画の過程が地域学習、住

民交流の契機となる。計画への参画により「住民相互の会話」「地域の問題課題への気づき」などが芽生え、こうした活動そのものが、地域学習や住民間交流を生み出す。

⑤ 住民が参画し、完成した建物には愛着が生まれ、住民による管理運営や、施設の老朽化に伴う再整備やコンバージョン（建物の用途変更）等についても関心が生じる。

2—2 集団の議論による創造の場

1）ワークショップとは

住民参画によるコミュニティ施設の計画の手段として、近年、住民と行政や施設整備主体の参画によるワークショップへの取組みがなされている。ワークショップとは「複数の人々が特定の活動目的を目指し、自分達の考えや創意工夫を基本に何らかの成果を出す集まり、また、その機会」である。コミュニティ施設に関する使い手の意見を組み込むことによって、より地域や住民の潜在的なニーズを捉えた施設空間の創造を行うことをねらいとしている。

そのため集団による空間創造を行う上で、総合的な技術能力をもった建築家や建築設計者などの専門家、コンサルタントの存在を欠くことは出来ない。

2）ワークショップ実施にあたっての留意点

① 「何故、ワークショップ方式で検討を行うのか」その背景、目的を主催者が住民に明確に伝えることが重要である。

② 「ワークショップへの参画を呼びかける対象をどの範囲にするか」を事前に検討しておく必要がある。だだし、対象圏域外の住民の参画も容認するような弾力的な対応が望ましい。

③ ワークショップの過程において、住民の学習の機会を設けることが効果的である。先進施設の見学やワークショップの時間内に

9 施設空間

図II-9-1 みんなでつくる三愛ホームのワークショップで作成した平面図

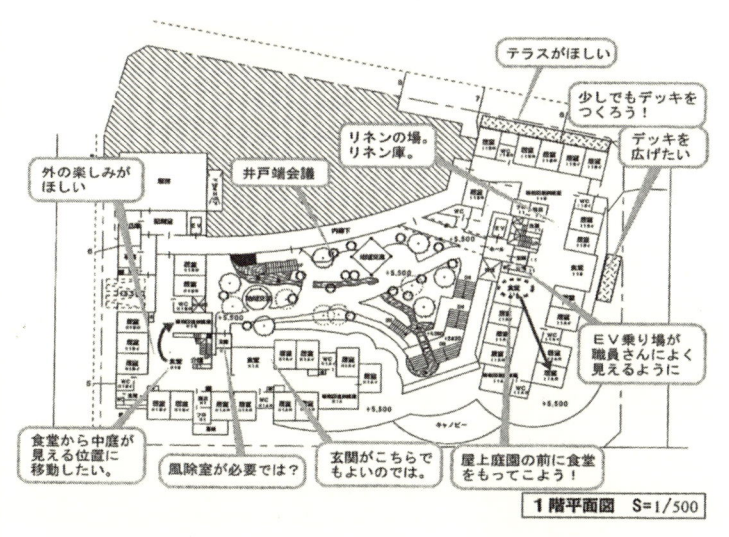

（日本建築学会編『参加による公共施設のデザイン』丸善、2004年）

「ミニ勉強会」と称して、専門家による講演などを組み入れる。ワークショップは「集団での議論による創造の場」であり、個々の意見を結合し、意見を発展させていくことに価値を見出していくべきである。そのため、ワークショップ参加者が踏まえるべき「ルールづくり」や自由な意見を出せる「場の雰囲気づくり」など、主催者やリーダーの役割は大きい。
④ ワークショップでの結果はドキュメントとして記録するとともに、意見の体系化を試み、途中段階からの参加者でも、これまでの討議の過程がわかるように整理しておくことが大切である。

3）ファシリテーターとは

計画案の作成を助け、発展させる役割をもつ人のことをファシリテーターという。ファシリテーターには「公民館の建設を総合的にプロデュースする機能」、「住民からの意見を引き出し、場の雰囲気を盛り上げる機能」、「住民意向を反映した計画設計を展開する機能」の3つの機能が要求される。これらの機能を複数の専門家が共同して対応することが望ましい。また意見集約において（i）主催者側にとって都合のよい成果を誘導しないこと（ii）異なる意見がある場合、複数の

写真Ⅱ-9-2　ワークショップによる計画づくり事例（（称）大和市宇都宮公園の計画づくり）

代替案として整理し、代替案の選択の段階での議論がしやすいように準備しておくことが大切である。

4）計画立案プロセス

基本構想段階、基本計画段階、成果の取りまとめ段階の3つのプロセスでワークショップの進めかたの一例を表Ⅱ-9-1に示す。なお、ここでは9回のワークショップを設定しているが、参加者数や目的達成のため回数が増えることも想定される。

2−3　地域に広がる公民館の施設空間

1）地域の風土や生活形態に合った施設づくり

わが国のこれまでの公共スペースには画一的な施設が多く見られた。しかし、これからは地域住民が主体となり、地域の個性を醸し出すような提案が求められる時代になっている。沖縄県の今帰仁村にある中央公民館は沖縄の風土に合った公民館として有名であり、ありきたりの公民館へのアンチテーゼともなった建築である。

同じ沖縄県で地域の風土を活かした公民館事例として名護市にある数久田公民館がある。旧公民館は1965年に建てられ老朽化したため、新しい地区会館が建設された。建設にあたっては、住民の施設利用の促進と地域社会の活性化のため、地域住民のニーズに即した計画を実施している。

設計の基本コンセプトは以下の3点である。
①地域の伝統文化（豊年祭の時の踊りなど）を後世に継承できる環境の具現化
②各諸室を集落の家屋に置き換えた分棟型計画（「すーじぐぁー」で各室を連結。「すーじぐぁー」とは集落においてコミュニケーションの場であったり個々のプライベートを確保する"間合い"であったり光、風、木陰などの人に潤いを与える重要な役目を果たす）
③沖縄の原風景のなかにある素材の活用（赤

表II-9-1　ワークショップの進め方の一例

	ワークショップのテーマ	ワークショップの内容
プロセス1 (基本構想段階)	◆地域におけるコミュニティ施設のコンセプト、ビジョンづくり ◇ワークショップの目的の伝達(協働による計画づくりの意義) ◇コミュニティ施設の建設(建替えも含む)の経緯の説明 ◇事前調査結果の説明(地区の社会教育活動の実態、地域住民の社会教育活動の実態、施設ニーズなど) ◇先進地視察等参加者募集	◆ワークショップによる基本構想づくり ◇第1回ワークショップ(敷地および周辺を把握し、宝物を発見しよう!) ◇第2回ワークショップ(こんなコミュニティ施設で活動したい!) ◇第3回ワークショップ(提案リストから敷地計画、施設の空間配置を考えよう!) ◇第4回ワークショップ(立体模型を作ってみよう!) ◇第5回ワークショップ(基本構想のとりまとめを行おう!) (この段階では代替案があってもよい)
プロセス2 (基本計画段階)	◆コミュニティ施設の基本計画づくり ◇この段階では使う人達との対話を繰り返し、基本構想の充実化を図ることが目的 ◇施設計画とあわせて施設の運営のシナリオまで考えておく必要がある(社会教育活動の経験者の参画が必要)	◆ワークショップによる基本計画づくり ◇第6回ワークショップ(住民のそれぞれの立場で施設づかいを考えよう!／小中学生等の立場で、勤労者の立場で、乳幼児をもつ主婦の立場で、高齢者の立場で、障害者の立場で) ◇第7回ワークショップ(どのような維持管理を行うか、考えよう!) ◇第8回ワークショップ(基本構想の内容の点検、代替案の評価も含め基本計画を決定しよう!)
プロセス3 (計画の確認段階)	◆コミュニティ施設の基本計画を確認する	◇第9回ワークショップ(今までのワークショップの成果を振り返ろう!基本計画の修正点を確認しよう!残された課題を検討しよう!)

9

施設空間

瓦、石積み、木材)

2)施設建設と合わせて、コミュニティ運営のソフトを充実させる

　福岡県宗像市では、小学校を基本とした12のコミュニティ地区を設定し、各地区の自治会などの既存団体を再編成したコミュニティ運営協議会が設立されている。このうち、4地区は準備委員会の段階であるが、既に5地区にはコミュニティ活動の拠点施設としてコミュニティセンターが整備されており、この管理運営業務を運営委員会が受託している。そして、3つのコミュニティセンターには市職員が常駐してお

写真II-9-3　沖縄県名護市の数久田公民館の「すーじぐぁー」

259

り、まちづくりへのアドバイスを行っている。なお、市では協働のまちづくりを推進するため「市民参画条例」を予定している。(4)

この事例からもわかるように公民館の建設においても、住民参画による公民館づくりから始まり、さらに公民館活動から他の住民自治活動や、地域のまちづくり、コミュニティ醸成へと進化していくことが望まれる。

ワークショップ方式による公民館づくりは、住民自治活動、社会教育活動の訓練の場となり、こうした活動成果が、さらに公民館を超えた地域づくりへと広がっていくことになる。

3）関連施設との複合化による相乗効果

神奈川県大和市のコミュニティセンターの建設は1989年から防衛庁の補助により始まり、現在、大和市内には20ケ所のコミュニティセンターがある。これらのコミュニティセンターは自治会館の代替施設として作られた経緯もあるが、施設は1小学校区に1施設が配置されている。コミュニティセンターは防衛庁の補助メニューの中で「学習等共用施設」に該当するものであり、社会教育法にもとづかない施設であるが、地域住民の交流の場、各種学習の場として利用されている。このコミュニティセンターと（財）大和市みどりのまちづくり振興財団が管理運営を行い、地域の緑化推進の拠点となっているグリーンアップセンター、や大和市に残る大規模緑地（泉の森、ふれあいの森）の機能が複合化し、

① 「ふれあいの森」を訪れる住民が施設を利用する。
② コミュニティセンターを訪れる住民がグリーンアップセンターの活動を知る。
③ グリーンアップセンターの活動を行っている住民がコミュニティセンターの施設を利用する。

等の相乗効果を生み出している。

4）まちづくりと一体的施設づくり

公民館の建設を契機とし、建物だけでなく、住民の安全で快適な歩行空間の整備や、地区内道路の再編成、敷地内の貴重な緑地の保全と活用など、まちづくりと一体的に整備を行っていく必要がある。そのためには行政内部の横断的な協議が不可欠であるし、また近年、国土交通省が窓口になり関係各省連携による国のまちづくり支援事業として「まちづくり交付金事業」なども生まれており、まちづくり計画に基づく、国の財政支援の活用も念頭に入れておく必要がある。

(杉浦 宇)

〔注〕
(1) 東京市区改正条例とは、道路・河川・橋梁・鉄道などの交通運輸を中心とする市街地改良を目的とした条例であり、1888年に公布された。なお、東京市区改正条例は我が国における都市計画の始まりであり近代都市に作り変えようとするものであった。
(2) 1965〜75年にコミュニティ行政・コミュニティ計画に対する関心の高まりの中で、当時の自治省行政局は1971年から「モデルコミュニティ事業」を発足させた。1971〜73年にかけて全国で83の地区指定を行い事業が実施された。
(3) 地区計画とは、都市計画法第十二条の四第一項第一号に定められている、住民の合意に基づいて、それぞれの地区の特性にふさわしいまちづくりを誘導するための計画。

地区計画制度は、ドイツの地区詳細計画（Bebauungsplan, Bプラン）制度などを参考に、昭和55年の都市計画法及び建築基準法の改正により創設された。都市計画法では、地区計画と「集落地区計画」、「沿道整備計画」、「防災街区整備地区計画」を合わせて地区計画等と定めている。
(4) 「NPOとの協働推進に関する基本方針（たたき台）」2004年4月、宗像市より

3. 施設空間の全体計画

3—1 公民館機能の構成

公民館に設置すべき室としては、これまで本章1節でみたような指標がある。

1959年公布の公民館設置基準を補正した、全公連の1967年『公民館のあるべき姿と今日的指標』では「本館には、少なくともつぎの施設を備えること」とある。つぎの施設とは以下の通りである。

ア　集会の施設：会議室、集会室、談話室、児童室、相談室、講堂等
イ　学習の施設：講義室、実験・実習室、図書室、展示室等
ウ　管理の施設：館長室、事務室、宿直室、倉庫、車庫等

そこでは"やむなく共用を認め…"とあり、設置室数や室面積の関係上、集会室で学習講座を開催したり、講堂で展示会を行ったりすることがあることを示唆している。公民館の設置目的に対応する行為・活動の成立が可能な室空間の設置が施設計画の重要な事項となる。1974年の「三多摩テーゼ」（本章1節1-2-7）ではさらに市民ロビー等の新しい室名が加わっている。

これ以外の室名称を2004年現在の中核市公民館で調べてみると、次のような室名が存在している。

ア　集会の施設
　　会議室、談話室、児童室、相談室、講堂、ロビー、ギャラリー、休憩室、食堂、和室、保育室、展示ホール、町民ホール、多目的ホール、フレンドシップホール、サザンアリーナ、軽運動室、レクリエーション室、体験交流室、多目的集会室、コミュニティ室、団体室、クラブ室、円卓会議室、日本間、洋室、遊戯室、幼児室、ふれあい室、老人憩い室

イ　管理の施設
　　新規室名なし
ウ　学習の施設
　　講義室、実験室、図書館、展示室、団体活動室、準備室、作業室、（趣味・伝統工芸・茶華道）教室、（青年一般成人・婦人児童・老人婦人・成人婦人・高齢者・宿泊・企画）研修室、セミナー室、婦人室、（共同・放送利用・母と子の）学習室、（生活・調理・美術絵画・パソコン）実習室、教養室、礼法室、茶室、農業研修室、普及推進室、音楽室、音楽練習室、リハーサル室、栄養指導室、健康管理室、料理準備室、食品加工室、食工房、織の部屋、体育室、さわらび練習室、天体観測室、創作室、農家郷土民芸創作室、展示創作室、美術工芸室、陶芸工作室、陶芸作業所、視聴覚室、ＡＶルーム、ＯＡ室、コンピュータルーム

1) 学習諸室の構成比率

近年の公民館学習機能に限定してみると、建築延床面積に対する学習諸室の構成比は5〜30％の間に収束している。これは公民館建築の特性である。学習諸室は行為内容から次の7つに分類される。
①研修・会議室、小集会室　　②視聴覚室
③図書室　　　　　　　　　　④実習室
⑤郷土資料・展示室　　　　　⑥和室
⑦講堂・ホール

これらの分類項目の内、②視聴覚室、⑤郷土資料・展示室、⑦講堂・ホール、の設置率に施設間でばらつきがある。これらの機能の設置方法が、各施設の特徴となり、かつ規模の増減につながっている。

2) 施設内オープンスペースの構成比率

施設空間を利用方法によって分けると、Ⓐ施設職員の空間、Ⓑ利用の際に予約申請を要する空間、Ⓒ自由利用の空間、となる。この3分類と設置目的の違いで施設空間を分類し

たのが下表である。

Ⓐ—①：事務管理（事務室・機械室等）
Ⓑ—②：集団活動（集会室・会議室・研修室等）
Ⓑ—③：技術習得（料理室・実習室・陶芸室等）
Ⓑ—④：多目的利用（和室・ホール等）
Ⓒ—④：多目的利用（体育室・娯楽室・和室等）
Ⓒ—⑤：個人利用（図書室・プレイルーム等）
Ⓒ—⑥：交流（ロビー・ホール・ラウンジ等）
Ⓒ—⑦：共同利用（廊下・階段・便所・湯沸室等）

Ⓒの合計を施設内オープンスペースと定義して、その建築延床面積に対する構成比を指標にすると、次のような施設類型が設定できる。
　小室分化型：70％以下
　要求機能網羅型：70％～85％
　大ホール主体型：85％以上

3—2　室空間の連結と集約

公民館に設置する室空間をその属性ごとに分類すると、「集会機能・学習機能・施設管理機能」、「施設管理者の空間・利用予約の必要な空間・自由利用の空間」、「集団利用の空間・個人利用の空間」にわけられる。この属性を配慮して施設空間の構成がなされている。

1）ハキカエ線による空間区分

施設空間においては、床仕上げが'畳'か'板の間'かによって、室機能や利用主体・利用方法などに違いが存在している。外履き・内履き（スリッパ）・素足が一施設内に混在し、ハキカエ行為を必要とすることがある。前項の"公民館のあるべき姿と今日的指標"では、「和室以外は、ハキモノをはきかえさせるような不便がないこと」とあるが、現在でも、ハキカエを必要とする事例は少なくない。また、小規模施設においては、住宅的に玄関ハキカエの事例もある。

そこで、近年の事例でハキカエ行為を必要としている空間をみると、ホール・体育室・和室等の空間と、調理室・音楽室・工芸室・視聴覚室等の"実習室"に多く、ハキカエ行為は空間の機能性を高めるために行われているといえる。

ハキカエ空間には、①「踏み込み」有り、②室外に下足棚有り、③室内に下足棚有り、④ハキカエ位置のみ指定、の4形式がある。いくつかの室空間で、下足棚を共有している事例もある。④の形式に使用上の問題が多く発生しており、新しい事例ほど「踏み込み」などのハキカエ専用スペースが整っている傾向にある。

2）「主室」と「付属室」の関係

室空間には、単一目的を持つ主室と、それを支援する付属室がある。公民館の関わる「付属室」は、単一の「主室」に限定しているとは限らず、2室以上の「主室」が一つの「付属室」を共用することもある。

「付属室」の役割は、「主室」で使う備品・家具の収納、「主室」の設備的補完、「主室」の準備作業に大別できる。さらに、「付属室」を「主室」との所属関係でみると、一室専用に設置された専用「付属室」、2つ以上の「主室」が共用する「付属室」、本来は「主室」として設置された室が、一時的に他の「主室」の「付属室」として機能するように計画された転用「付属室」の3種類に分類できる。専用「付属室」は設備的補完の役割を担い、共用「付属室」は収納の役割、転用「付属室」は準備作業の役割を持つ。

3）室空間のグルーピング

限られた広さの中に必要な諸室を配置するためには、関連する室をグルーピングし、さらに室群相互の関係を考慮して、包括したブロック単位に空間を構成する、ゾーニングと呼ばれる手法が必要である。

1950年代には、「静・動・騒」というブロックにわけたゾーニングがみられる。1960年代には、「社交・交流の場，集団活動の拠点，学習・教育活動の場」という公民館三階建論がある。

　このようなゾーン区分をしながら、室の転用、共用を前提にして全体の空間構成を検討する。ホールで『公民館結婚披露宴』を開催する際、調理実習室が料理や飲み物の配膳室となる。また、和室は両家の控え室や、衣装替えの更衣室となるように計画している。さらに、ホールが地域の中学校の『文化祭会場』として利用されるときは、和室が出番待ちの楽屋にも使われる。図Ⅱ-9-2～5は、北海道江別市中央公民館の事例である。

4）屋外空間整備

　公民館の敷地内は、いつでも、誰もが自由に使える公共空間であり、地域住民の居場所となるところである。敷地面積に制約がある場合は、建物の屋上やバルコニー、ピロティー部分などを工夫して、施設利用者の休憩の場、あるいは地域住民の憩いの場として利用を図る。

　また、駐車場は、イベント開催時に、内部空間と連続して一体的な利用を可能とする。
（広田直行）

図Ⅱ-9-2　ゾーニング例

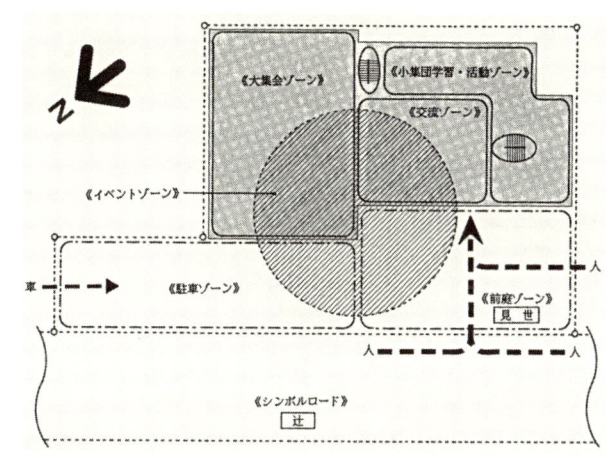

図Ⅱ-9-3　江別市中央公民館1階平面図

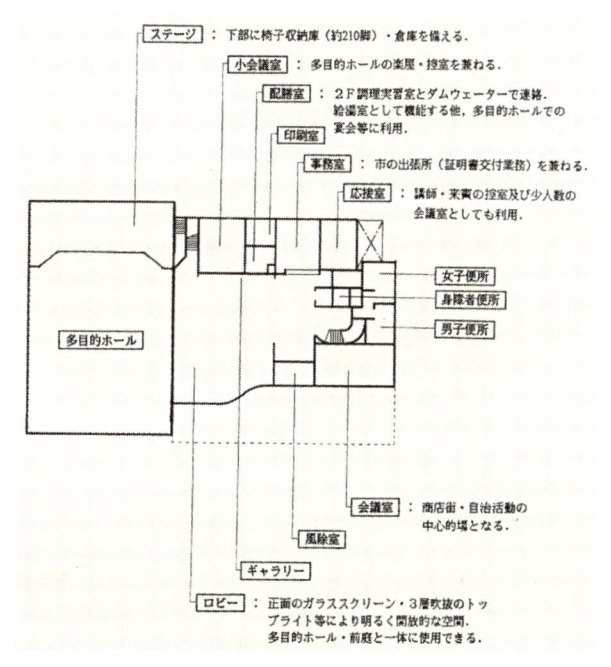

ステージ：下部に椅子収納庫（約210脚）・倉庫を備える。
小会議室：多目的ホールの楽屋・控室を兼ねる。
配膳室：2F調理実習室とダムウェーターで連絡。給湯室として機能する他，多目的ホールでの宴会等に利用。
印刷室
事務室：市の出張所（証明書交付業務）を兼ねる。
応接室：講師・来賓の控室及び少人数の会議室としても利用。
女子便所
身障者便所
男子便所
会議室：商店街・自治活動の中心的場となる。
風除室
ギャラリー
ロビー：正面のガラススクリーン・3層吹抜のトップライト等により明るく開放的な空間。多目的ホール・前庭と一体に使用できる。

9　施設空間

図II-9-4　江別市中央公民館2階平面図

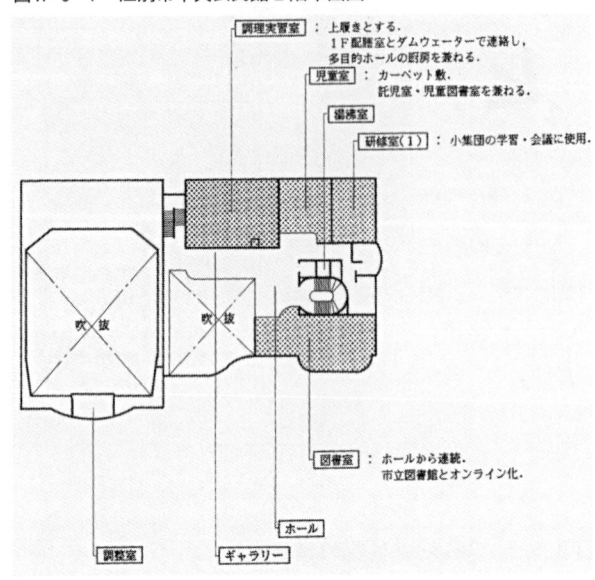

調理実習室：上履きとする．
　　　　　　1F配膳室とダムウェーターで連絡し，
　　　　　　多目的ホールの厨房を兼ねる．
児童室：カーペット敷．
　　　　託児室・児童図書室を兼ねる．
授乳室
研修室(1)：小集団の学習・会議に使用．

図書室：ホールから連続．
　　　　市立図書館とオンライン化．
ホール
調整室　　ギャラリー

図II-9-5　江別市中央公民館3階平面図

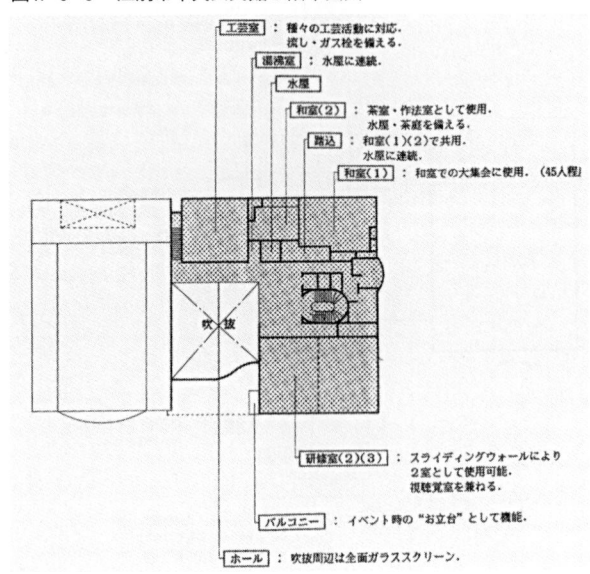

工芸室：種々の工芸活動に対応．
　　　　流し・ガス栓を備える．
授乳室：水屋に連続．
水屋
和室(2)：茶室・作法室として使用．
　　　　水屋・茶庭を備える．
踏込：和室(1)(2)で共用．
　　　水屋に連続．
和室(1)：和室での大集会に使用．(45人程)

研修室(2)(3)：スライディングウォールにより
　　　　　　2室として使用可能．
　　　　　　視聴覚室を兼ねる．
バルコニー：イベント時の"お立台"として機能．
ホール：吹抜周辺は全面ガラススクリーン．

〔参考文献〕
(1)日本建築学会編『地域施設の計画』丸善、1995年
(2)日本建築学会編『建築設計資料集成（総合編）』丸善、2001年

4. 室空間利用の工夫

はじめに

　十分に施設空間や設備が整っていない中でも、職員や利用者による工夫や協力、施設間・地域の連携などが施設の利用に大きく影響する。

　たとえば、ロビー、スロープ、階段壁面の利用工夫がある。パネルや手作りの掲示板を置き、作品展示やサークル活動案内等に活用できる。各サークルの手作り案内板もある。また、地域の施設として大切に愛情を注ぐ利用がある。利用者による環境美化・緑化の協力、用途が決まっている調理室・工作室・和室などのゴキブリ退治、大掃除、障子張替え、公民館前を地域の子ども達や高齢者とともに花や草木を植えたり、手入れをする。さらに、関連施設や地域との協力がある。公民館祭りや作品発表会時では、備品などの貸借だけでなく、公共施設の隣の小学校体育館や地域内の集会場などを借り、地域の協力のもとに1年間の祭典をする。

　このような施設空間が地域に必要な市民生活を引き出す例は子どもに関することで顕著である。

　千葉県八千代市では、保育室や幼児室を備えている館は、9館中1館である。ところが、これらの館の主催講座の中で一番需要が多いのが、1・2・3歳児の親子学級である。

　この講座は、農村地域と接する国道沿い団地内の公民館で「1歳児親子学級」として昭和54年（1978年）にスタートした。1歳児とその親を対象に、親子で一緒に遊ぶことを通して親に育児を実践から学んでもらうのがねらいであった。

　乳幼児期の子育てを身近に学びたい、乳幼児期の子ども同士の遊び相手が近くにいないため遊び仲間が欲しい、親同士のつながりが欲しいという住民の要望や、各館に保育室が設置されていないことから講座として結実し、少子化が進行する八千代市においても人気の講座になっていると考えられる。

　市民の需要を受けて始まった講座が今や人気講座となり、館によって対象年齢の違いはあるが、毎年5月頃開講し、全館で実施されている。参加者は各館で募集するが、地域により応募の格差があるため、第2希望までとり、各館担当職員が打ち合わせをしてできるだけ希望者に参加してもらえる工夫をしている。講座で利用される室は、講習室・会議室・体育室・視聴覚室がある。カリキュラムでは、近くの公園にいくこともある。主催講座後は、各館で親達が自主サークル活動を運営し、子育ての力をつけ、親同士の連携も広がり、父親参加の機会も作られている。講座やサークルの指導者も育っているこの講座は、市の施設整備状況を積極的に活用し、市民生活の必要に結び付けた室空間利用を工夫している。

　これらはその地域に公民館やコミュニティ施設があることで、人々の生活に必要な活動が展開されることを示している。小規模でも、十分な施設設備が完備されていなくても、さまざまな活動が可能である。

　設置されている施設空間を「地域に必要な市民生活を引き出す」すなわち「豊かにする」学びや活動に結び付けることで、施設空間が活かされる。

4—1　市民交流ロビー

　「ちょっと行ってみよう！」「どんなことが行われているのかしら？」「待ち合わせするなら公民館のロビーでね。」「子どもたちの平和の作文や絵の展示があるみたいよ。」と、地域の住民が公民館自体に用はないけど訪れてみよう、と思わせるスペースが公民館のロビーである。いわば公民館活動への入り口となる大切なスペースである。

　加えて、学習活動の準備やまとめ等の打ち合わせや簡単な作業、指導者やボランティア団体との打ち合わせ、講座や地域・自主活動で外に出かける時の集合や事前学習の場、学習室を借りずに少人数でする話し合い、ギャ

ラリーがなくとも作品発表の場になる等さまざまな使われ方ができるのもロビーである。

室内環境：開放的で採光により明るく、ゆったりとした広さがあり、くつろげる雰囲気が必要である。地域住民が子どもから大人まで気軽に立ち寄れて、一人でもグループでも、学習情報の収集や活動、交流ができる。玄関（入り口）は段差が無く、ベビーカーや車椅子のための自動ドア付きが望ましい。荷物搬入可能な広さも必要である。天井、床、壁面に展示用金具を取付けるような、柔軟な展示空間を設ける。手作り案内パネル製作を利用者側が工夫できる。（学習成果の実践、活用のための）案内板や掲示板の設置、活動作品の陳列のためのガラス張り戸棚や陳列棚（机）

図II-9-6　フリーアクセス床による設備対応（IT）

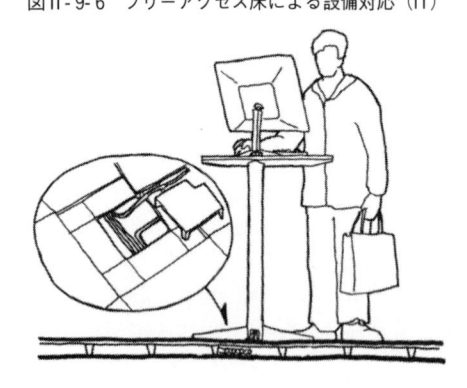

図II-9-7　情報提供型ロビー空間によって利用者が増加する

等を設置する。娯楽・地域情報・施設情報収集や予約、インターネット等活用のためのテレビやパソコンを設置した情報コーナーがある。

設備・備品：入り口の案内板（掲示板）、傘たて、貸し出し用の車椅子、ソファー、学習活動用机、椅子、新聞・雑誌・情報誌コーナー（棚）、囲碁・将棋道具等

4-2　公民館図書室

千葉県浦安市のように市の図書館運営方針に公民館図書室を移動図書館や分館と同等に位置づけて、専門職配置をし、市域17km²中で、市民だれでもが利用できるように半径1km内に各館を配置し、図書館サービスネットワークを構築している地域もある。（浦安市立図書館概要平成16年度）公民館図書室も本来ならば、このように地域の運営方針に位置づけされて、住民の学習需要に応えられるシステムや職員配置が必要である。

公民館図書室の目的は次のようなことである。
①講座・学級・自主学習活動のための資料（図書、雑誌、絵本など）が利用でき、利用者や住民が自由に閲覧できること。ここで入手できない資料は、職員の対応により、団体貸し出しや公民館と図書館の連携で活用できること。
②その館の開館以来の講座や自主活動の記録資料、文集、その地域にまつわる資料（町会誌など）、講座で作られた学習活動の作品（手作り絵本や大判紙芝居など）を収集し保管する。これも随時利用者が利用可能であること。
③本や資料を使い、作業や講座・自主活動や利用者協議会役員の打ち合わせなどに使用可能であること。

集会室等申請手続きが必要な室が予約済みで使用できない時も、利用内容によってはこの公民館図書室が活用できる。施設規模が小さい館ほどこのような補完的利用がなされることになる。地域内の公民館図書室に十分な

図書を備えていなくても情報通信により、資料検索ができ、貸し出しやリクエスト予約ができる。これが、公民館の学習活動と情報資料との結びつきを増すことになる。

　設備・備品：書架、ロッカー、備品棚、戸棚、学習用机、椅子、コピー機、ファックス機器、印刷機、パソコン等

図II-9-8　資料のマルチメディア化に対応する

4—3　公民館保育室

　昭和50年2月1日付けで国立市公民館保育室運営要綱が制定されている。その後改正されて、平成4年10月27日の要綱では、「公民館施設（集会、会議室）を使用する市民団体および公民館の主催事業に参加する市民の中で乳幼児の保護者が乳幼児を預ける必要がある場合保育することを目的として、国立市公民館保育室（以下「保育室」という）を設置する」とある。そして、乳幼児（零歳から学齢児前まで）の定員は20人、時間は午前・午後の決まった時間（2時間）、保育者は保育する乳幼児3人に対し1人の割合とし、2人以上の職員がそれを援助するとしている。この他、申し込み手続きなどが要綱には定められている。

　主催の家庭教育学級時に保育対応を行っている館もあるが、自主学習の利用者（グループ）が保育者を用意して、学習利用の部屋とは別にもう一部屋を借りてそれにあてていることも多い。このような時、学習室、講習室、和室、大小の集会室を保育室として使用する。

　室内環境：採光や壁を明るい雰囲気とし、窓は廊下側に大きく開いて、カーテンなどで調節する。床はカーペット敷き等で裸足や靴下のままで、遊んだり寝転がったり出来るようにする。

　設備・備品：子ども用の靴箱、持ち物が置ける棚やラック、絵本と本棚、遊具（室内用すべり台、ブロック、積み木、お手玉、人形、画用紙、クレヨン‥）と遊具収納棚、子ども用机と椅子（おやつやお絵かきに使用）、ベビーベッド、簡単な寝具、室の広さによっては、子ども用トイレと洗面台（無理なら、一般トイレに子ども用便器）等

図II-9-9　保育室には幼児用便所を設ける

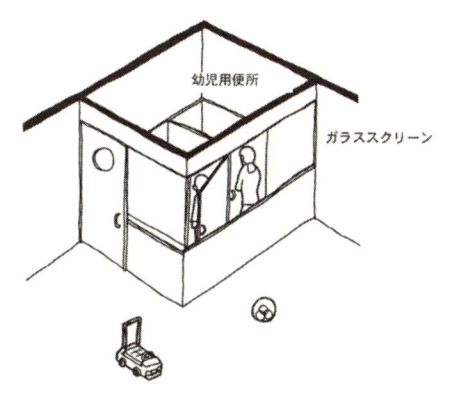

4—4　団体活動室

　サークル・グループや団体活動の準備や交流の場となるところで、施設の広さに応じて、その設備や用途の差がでるが、公民館を利用するサークルや団体が平等に、一定のルールにしたがって自主的に管理運営できるようにする必要がある。団体交流の場として、またサークル協議会役員等の打ち合わせ場としても活用できる。

　各サークルや団体のロッカー、サークル共有の書類や紙・文具などの備品類を備え、伝言板や連絡用ボックスを施設の廊下やロビーに置く。

　設備・備品：コピー機、印刷機、帳合機、紙折り機、机、折りたたみ椅子等

4—5　大ホール

　木製のフローリングやカーペット敷きの平床形式と、固定席を備えた段床形式がある。

施設空間

どちらの場合も、地域住民の全体集会を行える広さがあることが第一条件であるが、平床形式の方が多様な利用に対応しやすい。大集会以外の利用としては、講演会や文化祭、芸能大会、ワークショップなどに使われることがある。また、平床の場合には、可動式の展示パネルを利用した、絵画展や書道展などの展示会場としても転用できる。

図II-9-10　平床として展示や大集会室に対応

このような文化的活動を中心にしながら、軽スポーツにも対応している場合がある。壁面の一部に、鏡を設置し、社交ダンスに使ったり、卓球、バトミントン、バレーに対応しているところもある。軽スポーツに対応する場合は、専用器具庫の他に、更衣室等の付属室を設置することが重要となる。

平床の多様性と段床の固定席の両方を兼ね

図II-9-11　可動席・舞台装置・音響席・映写室を備える

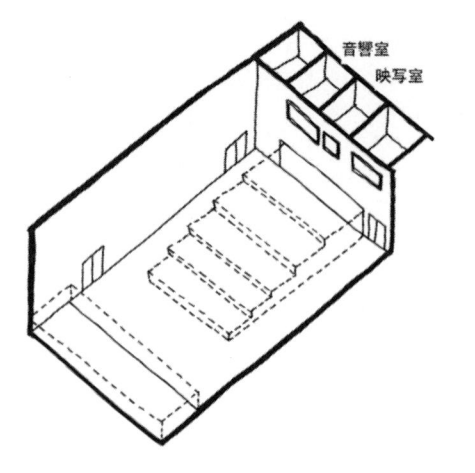

備えたものとして、壁面収納形式の稼働席（ロールバックチェアー）を設置する場合が増えている。舞台の視界条件の向上が目的である。このほか音響調整室や映写室、投光室等を備えることで、質の高い活動行為が可能となる。

固定座席は幅500mm以上奥行き900mm以上を確保する。天井照明は交換しやすい方法とする。

4—6　ギャラリー

住民のサークル活動や、児童会、老人会など地域団体の活動成果の発表の場として、使う空間である。絵画や版画、書道、写真、タペストリー、などの壁面展示の他、華道、彫刻、陶芸品、などのスペースを必要とする空間展示がある。これらの空間を備えることは、自己表現の機会につながり、地域活動を促進することとなる。

施設内の位置としては、多くの来館者の目にとまりやすいところに設置する。

この場合、閉ざされた室空間とする場合と、誰もが自由に入りやすいロビーなどのオープンスペースと連続しておく場合とがある。

また、廊下の一部を袋小路にして、展示空間とすることも有効である。壁面照明器具（ウォールウォッシャー）と、ピクチャーレ

図II-9-12　ピクチャーレールとウォールウォッシャーを設置

図II-9-13　袋小路による対応

ールがあり、この2点は廊下から連続して備える。このため、廊下幅はできるだけ広く取り、立ち止まって見る人がいても支障ないように、予め計画する。また、壁面は仕上げ色に注意し、目が粗い展示用クロス張りにペンキ仕上げにすると、画鋲等のピンホールが目立たない。

4—7　学習室

　学習活動の部屋の呼び名は、講習室、研修室、会議室、講座室と館によってさまざまある。子どもから大人までが集い、主催講座や自主学習活動で利用できる室空間である。

　30〜40人程度の小集団による活動の場所がまず必要である。

　50人から100人程の部屋の場合、ダンス、レクリエーション、卓球、お手玉・凧作りなど日本の伝統的な遊びの体験、演劇などの発表、公民館祭や作品発表会、講演会などの学習や活動が行われる。

　また100人以上の場合、これらの活動の定員を大きくした催し、文化祭、子ども祭り、ミニコンサート、映画会等さまざまな集会活動や学習活動が行われている。

　室の定員に合わせての学習用机（固定式または折りたたみ式）と椅子（折りたたみ式）を設ける。ヨーガ体操やダンスのレッスン、子ども会活動の遊びなどで利用する場合はこの机と椅子が収納できる場所が必要となる。この場合は利用者が公民館規則等に応じて、自主的に対応できるようにすることが必要となる。

　設備・備品：固定黒板（ホワイトボード）と移動用黒板、掲示板、天井はめ込みスクリーン、暗幕または暗幕対応シャッター、ビデオプロジェクター、テレビとビデオデッキ（学習用に収録及び映像のため）、マイク設備（テープレコーダー機器は講義などの録音のため）、アップライトのピアノ（視聴覚室や音楽室が施設に無い場合）

図II-9-14　会議室には出入り口を室の前後に設ける

4—8　和室

　少人数の集会や研修活動、着付け・作法教室等に使われる。和室の大きさは8畳〜20畳（20〜40m²）で、1人当たり1.5〜2.5畳必要になる。和室の利用は無限定といっていいほどある。二間続きにして、ふすまを取り外せば大広間として使用することができ、大人数での活動にも対応できるようになる。このような融通性に富んだ部屋が1室あるということは、施設の融通性を高める上で有効である。和室には、下足を脱いで入るため下足箱が必要になる。そのほか座卓・座布団などが押入れに収納される。

　茶室（4.5畳または8畳）を設ける場合がある。茶道・華道実習のほか少人数での集会にも使用できる。本格的茶室には水屋を設け、棚をつり道具一式を収納する。

9　施設空間

4—9 美術工芸アトリエ

　各種の機器を備えて絵画・彫塑・陶芸・木工芸・彫金・籐細工・皮工芸などの創作活動に使用する。住民の美術・工芸サークルの活動場所となる。創作の楽しさ、手作りの喜びが味わえるところである。個別作業・グループ作業のいずれの作業形態にも使用できるように作業台を配置する。多少の損傷にも耐えうる頑丈な作業台を使用する。作業台の周辺に流し台、場合によっては陶芸用の窯などを置く。金槌等の工具を使用する場合、室外まで音や振動がもれやすい。そのため静的環境を必要とする居室群から離した配置にするとともに、発生する騒音や振動に対処するための対策を施す。床、壁材は薬品、衝撃に強く、掃除しやすい材料を選択する。また創作活動には特定の機器、工具、材料を必要とすることもある。そのためこれらを収納・保管する収納空間が必要となってくる。

　室内環境：作業の際の臭いがこもらないように、換気通風のための設備を設ける必要がある。

　設備・備品：工作台、椅子、黒板、焼物用窯、ガス、水道設備、作品補完スペース等

4—10 音楽室

　コーラス・民謡・楽器演奏など、地域住民の音楽サークルが使用する。このようなサークルは地域の中で会場の確保が難しく、活動も制約されるため公民館での設置が望まれる。

　音楽室の大きさは、ピアノの設置、音響等を考慮する。

　室内環境：音響効果を高める設計が求められる。また外部への音の影響を少なくするための吸音設計と、外部の音が入らない遮音設計とが留意点になる。

　設備・備品：ピアノ、音響機器（スピーカー・オーディオ等）机、椅子、黒板等

4—11 調理室

　食生活改善のための調理実習を行う、食生活の学習をする、郷土料理や各種料理を趣味として学ぶなどの目的がある。昨今ではお父さんの料理実習や、料理を通しての海外との文化交流にも使用されている。

　また公民館や地域でのイベントで料理を出す際の厨房としても使われる。災害時の炊き出しの作業場ともなる。

　設備・備品：定員20人（約40㎡）〜30人（約90㎡）の調理室の場合、調理台（大人5〜6人用）4台と、師範台（デモンストレーション用）1台を設置する。調理台は流し台に蓋ができ、試食が可能な広さにする。室の広さがあれば、試食用のテーブルを別に配置する。

　室の隅に重ねて収納できる椅子を用意しておく。

　食器戸棚、戸棚は室の広さにもよるが、全体を余り細かく仕切っていないものがよい。例えば、上段は大きくても軽い竹の蒸し器や普段使わない鍋等の収納用になる。中段はガラス戸で中が見え、2〜3段の仕切りがあり、大小の皿・器・湯のみ・グラス等の収納用に、加えて箸・ナイフ・スプーン・菓子の型・器具等収納の引き出しがあると便利である。下段は普段使われる大小の鍋、やかん、秤、炊飯器等の収納用になる。

　調理台の流し台とは別に、共用の流し台を設け、各調理台にお湯が出ない場合はここに湯沸かし器を置く。その他、ガス台・オーブンを備える。

　電子レンジ・オーブン・冷凍冷蔵庫などの電化製品をおく場合、コンセントの配置や電気量の対応に配慮する。ガスの元栓を各調理台とは別に誰でも分かる所に一箇所設置する。

　室内に臭いがこもらないように、性能のよい換気扇を各調理台の上にもうける。

　付属室：冷蔵庫や棚を設備して、料理のための着替えや手荷物を置く。また定期利用する料理サークル等の洗剤や共用品を置く。実習後使用する清掃用具棚も必要である。

図Ⅱ-9-15　調理室は臭いや熱の換気に配慮する

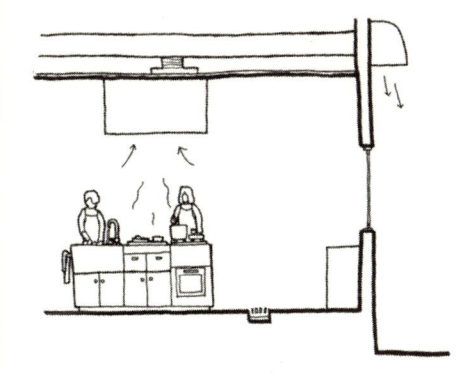

4—12　多用途・多目的室

　室名称に"多用途"や"多目的"という言葉が付けられた場合、利用行為は設備や面積よって大きく影響される。

　多用途室・多目的室で、多く見られる利用行為に、住民集会・行政の説明会など大規模な集会がある。

　そのほか発生する行為として、カラオケ・コーラス・楽器演奏等と、ダンス・エアロビクス・ヨガ等がある。ダンス等にもBGMとして音楽が使われるため、どちらも"音が伴う行為"すなわち音楽と軽スポーツに対応する室空間となる。

　次に多い行為として、映画やビデオ鑑賞といった、視聴覚関係があげられる。また近年は、IT環境の整備に伴い、パーソナルコンピュータをはじめとする情報端末機器の利用に関するリテラシー教室、それらを用いた学習活動などに使われる事例も多くなっている。

　このように、多用途・多目的室の利用行為は、音楽関連・軽スポーツ関連・視聴覚関連・OA関連、の4つに大別できる。

　室内環境：第一に、音楽関連の行為に対応するための音響対策がある。室内壁の吸音仕様、ドアの防音仕様、スピーカー等の設備設置等が必要となる条件である。第二に、軽スポーツに対応する設えとして、床材をフローリング貼りとして、壁内には姿見の収納や、レッスン・バーの設置などがあげられる。第三に、視聴覚・OA対応として、遮光対策があげられる。ブラインドと暗幕の双方を設置している事例が多い。また、照明も反射を考慮して、タスク・アンビエント照明とする事例が増えている。IT環境の整備に伴い、無線LANが普及しつつあるため、フリーアクセス方式は必要ないものの、電気容量の増加分は見込む必要がある。

図Ⅱ-9-16　遮光・遮音に配慮し、面積の可変にも対応

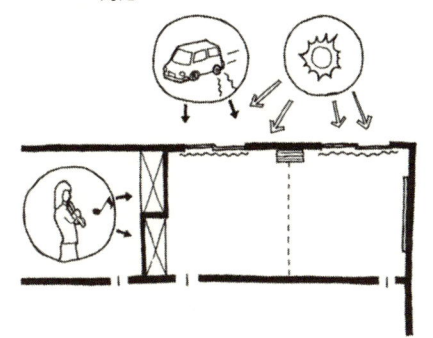

　この他に、室機能を補完するために、収納・編集作業を行える付属室がある。また、室の一部に簡易なステージ機能を持たせておくことや、室面積を調整できるスライディングウォールの設置も有効な方法である。

　以上のような機器備品を備えると、室面積

図Ⅱ-9-17　準備室は大きめにし、機能補完を考慮

9　施設空間

は110m²以上必要となる。室面積80m²を境にして、以下で静的活動、以上で動的活動の傾向が高くなる。

図II-9-18　音響・鏡・スクリーンなどの設置

4—13　事務室（宿直室、休憩室）

事務室は、公民館利用のための手続きや利用者が自分の活動目的のために情報収集や相談に来るところである。

位置は玄関や入り口の正面ではなく、かつロビーから少し離れた位置にある方が来館者には入りやすい施設となる。

受付のカウンターは低く、扉は開かれていて、窓口も大きく、気軽に利用者・来館者が声をかけ易い親しみやすい工夫をする。

設備・備品：事務用机、椅子、応接用ソファー、事務用ロッカー、服用ロッカー、放送設備、防火関係設備、全館対応の機械設備（冷暖房等）、冷蔵庫、食器戸棚、鍵等のロッカー、休憩室や宿直室的機能を持たせる場合は、和室スペース3畳から4畳半と収納戸棚（布団、座布団）、座卓等

（恵 芙久子・広田直行）

〔参考文献〕
(1)「八千代市の公民館のまとめ」（平成14～17年度のまとめ）
(2)「千葉県公民館連絡協議会研究委員会報告 Vol.8（施設の機能と職員体制）」
1994年

5. 施設の安全計画

5—1　安全計画上の特徴と課題

公民館・コミュニティ施設の安全計画を検討する際には、災害のイメージを明確にした上で対策を考える必要がある。災害には、さまざまな原因があり、現象を安易に類型化することは危険であるが、最低限、1）地震・風水害などの自然災害、2）火災、3）建物内での転倒のような日常安全に関するものを考えておくべきであろう。

以下では、自然災害、火災、日常安全に関する公民館・コミュニティ施設の特徴と課題を整理し、その上で安全計画の基本原理を述べることとしたい。

1）自然災害

地震や風水害の被災時での、公民館・コミュニティ施設に期待される機能を考えておこう。市役所などの自治体の窓口から離れた地域にあっては、公民館・コミュニティ施設が災害情報連絡の拠点になることもある。また、地域内の住宅の損傷・倒壊が発生し使用不能になった場合、人々が、公民館・コミュニティ施設に避難してくる。さらに、災害復興段階では、復興作業のセンターとなる。このように、自然災害時に、さまざまな活用が期待されるのが、公民館・コミュニティ施設なのである。

また、地域と密着しているが故に、その役割や機能も地域によって異なってくる。斜面等の多い地域では、豪雨による斜面崩壊の危険の少ない平坦部に施設を立地することが望まれるし、木造密集地域においては、火災延焼の危険を避けるため、施設と隣接建物との距離を十分にとる必要がある。とくに、地域住民の特性によって、災害時の対応に差が生じることに注意したい。たとえば、近隣関係が弱い地域では、災害情報の連絡に支障が生じる場合があり、高価な情報機器の活用が必要となる場合もある。

2）火災安全

　公民館・コミュニティ施設は、火災安全に関して配慮しておくべき特徴がある。
　第1に、施設利用の非定型性が挙げられる。一般の民間企業の事務所と比較すると、事務所では、定時に社員が出社し毎日同一の机で仕事をする。これに対して、公民館・コミュニティ施設の集会室の利用を考えてみると、集会室の利用時間帯は、毎日同一というわけではない。むしろ、曜日によって使用者も使用形態も異なることが多い。この事実は、火災安全上、利用室と空室が混在し、出火パターンが多様であり、火災想定が難しいこと、火災時での在館者把握が難しいというリスクを有することを示している。
　第2に、利用者の不特定性が挙げられる。住宅の場合、住んでいる人は住宅のことをよく知っている。どの経路で避難すべきかが直ぐに判断できる。これに対して、公民館・コミュニティ施設の利用者はさまざまであり、施設空間の認知に大きな差異がある。初めて来館した利用者は、火災時の避難経路を直ぐに分からないことが多い。空間を熟知した避難者は最短経路で避難するが、空間認知が不完全な場合には、来た経路の逆順に避難する傾向があり、避難時間が長くなる。また、利用者がさまざまであることから、避難時の移動能力にばらつきがある。高齢者と若者では避難時の移動速度、とくに階段での移動速度に差がある。
　第3に、利用時間帯の不一致性が問題となる。利用室によって使用時間帯が異なることがある。利用時間の違いから発生する問題として、後に述べるように、居室経由避難に支障が生じる可能性がある。
　第4に、火源管理の問題が挙げられる。裸火が多いわけではないが、料理教室での火の利用等がありうる。むしろ、問題なのは、利用者と管理者とが同一でないため、利用者が不適切な後始末をした後、夜間無人の状態で出火に至ることもある。また、ガスコンロばかりでなく、料理教室で使用した油などが数時間後に発火する例もある。
　第5に、夜間無人という点も、防火上の特徴として指摘できる。出火は、一般的に夜間が多く、とくに近年問題となっている放火は、深夜から明け方にかけての時間帯に多い。無人状態の施設では、夜間の出火と放火に対する対策が必要である。

3）日常安全

　日常安全性に関しても、公民館・コミュニティ施設固有の特徴がある。
　まず、利用者についてみると、高齢者の利用、親に同伴して来館した幼児等、利用階層が広い。このことは、事務所建築と異なり、高齢者の段差での転倒事故、幼児の扉で挟まれる事故などの対応が必要であることを意味している。
　建築内部だけの問題ではないことに注意したい。転倒事故は、道路から建物へのアプローチ上で起きることも多い。外部空間を含めた日常安全対策が必要である。
　さらに、近年では、不審者の侵入への対策や、施設周辺での犯罪発生のおそれのないような建物周辺の計画と管理が求められている。

5—2　安全計画の基本原理

　上述の公民館・コミュニティ施設の特徴と課題に対応した、安全計画の基本原理を整理しておくことにしよう。

1）地域全体からみた安全計画

　最初に、地域の安全を確保するために、公民館・コミュニティ施設はどうあらねばならないかを検討しておかなければならない。この対策は、どの地域でも同じ方法ということにはならない。前述のように地域によって発生しうる災害パターンが異なっているので、地域の実情に則して、災害を想定し地域全体の防災計画を立案した上で、地域全体の安全確保のために何が必要であるかという観点から公民館・コミュニ

ティ施設の立地・建築計画をすることが第一原則であり、既存施設にあっても、同様の観点からの対策が必要である。

2) 利用管理

公民館・コミュニティ施設では、利用実態・在館者把握は、安全上も重要なことである。とくに火災の場合、在館者の情報管理が重要である。まず、狭い部屋で定員を越えた多くの利用者がいるというような利用実態では、もしも火災が発生すると、建築設計時点で想定された避難計画通りにならず死傷者の発生の危険性が高い。また、適切な範囲の人数で使用されていた場合でも、火災時の避難遅れ者の有無を確認するために、正確な利用人数を把握しておく必要がある。

また、調理室などの利用においては、火の使用と後始末の確認体制を明確にしておくことが出火防止上必要なことである。

3) 複数の災害想定による対策

災害の特徴のひとつは、災害の発生を事前に想定しがたいという点である。火災の場合、出火場所が事前にわかれば対策は容易であるが、実際にはどこで出火するかわからない。そのため、建築安全計画ではどこで出火してもその反対方向に避難経路が確保できるように2つ以上の避難経路を持つことを原則的に義務づけており、これを『二方向避難の原則』と呼んでいる（図II-9-19）。この複数の災害想定に対応しうるという考え方は、避難ばかりではなく、災害対策の基本原理である。

とくに、公民館・コミュニティ施設では利用パターンが多様であるので、それぞれの利用パターンを想定し、それに対応した安全計画が検討されなければならない。

そうした安全計画で忘れてならない重要項目として、以下のものがある。

第1に「明快な避難経路の設定」がある。利用者が初めて来館したときには、館内の空間が充分に理解されていないことがある。こうした人でも、火災時には、どのように避難すればよいかが簡単に理解できるような避難経路が事前に想定されていなければならない。このとき、避難経路が長すぎたり複雑であってはいけない。

また、避難時にある部屋を通らないと避難階段に至らないというケースを「居室経由避難」といい一般的には望ましくないとされている（図II-9-20）。避難経路となっていた部屋の使用が終了した段階で施錠されてしまうと避難経路がなくなってしまうことになる。施錠という防犯対策が危険な状態を作ることになる。公民館・コミュニティ施設では室使用の時間帯が異なることがあるため、この危険が発生しやすく居室経由避難の計画は用いるべきではない。

図II-9-19：どこで出火しても避難ルートのある二方向避難

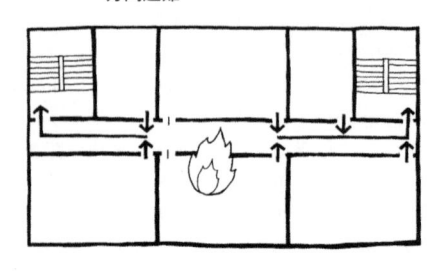

図II-9-20：左方向の居室避難経路は施錠されると危険

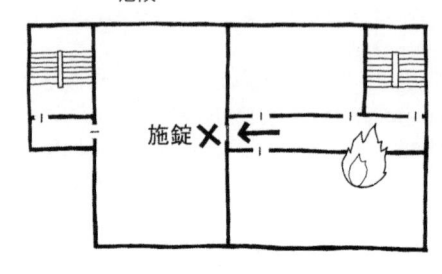

第2に「安全区画の徹底」がある。安全区画というのは、基本的には、そこまで避難したら安心というような場所である。通常、火災が発生した階では、出火室から出て廊下

でられれば大幅に危険性が減じるので廊下は、第1次安全区画とよばれる。さらに、階段の中まで避難できれば、後は降りるだけとなるので階段は一層安全な第2次安全区画である。このため、廊下や階段室には、火煙をシャットアウトするため防火扉という扉を設置する。この防火扉は常時閉鎖式のものと、普段は開いて使用して火災のときに感知器の作動などで閉鎖する方式がある。

問題なのは、建築設計時に検討された安全計画の意図が利用者・管理者に充分伝わらず使用されるケースがあることである。たとえば、常時閉鎖式の扉の場合、いつも開けたまま使用するのが便利という理由で扉下部に楔をはさみ閉まらないようにしているもの、感知器連動閉鎖式の防火扉でも、普段開いているため扉の前に物品を置いて使用しているものがあるが、火災時には閉鎖できず開放扉から火災が急速に拡大し被害を多くする。とくに階段室の防火扉の閉鎖障害は、階段が上階延焼の経路となり大きな火災に発展し、過去の火災事例でも階段室の防火扉の閉鎖障害が大きな死傷災害の原因になっている。

公民館・コミュニティ施設での利用実態を考えると、階段室付近に物品が置かれて防火扉の閉鎖障害が生じることが起きやすい。ひとつは、建築設計時点で収納スペースが充分確保されていなかったり、収納物品が整理されないまま増加した場合に、収納スペース不足による物品の廊下・階段付近への一時放置が生じ、扉の閉鎖障害となる。もうひとつは、案内板や展示物が階段付近に置かれ、扉の閉鎖障害になる。前者の場合、収納スペースの確保および物品整理が必要であり、一見安全とかかわりのなさそうなことが安全と繋がっていることを認識する必要がある。後者においては、設置場所を充分検討することも必要だが扉の開閉部分の床材の色彩を変えるなどの対応をしている例もある。また、展示スペースを建築設計時点で検討しておくとよい。

4) 放火対策

近年の火災統計では、放火（放火および放火の疑い）が出火原因の第1位であり、その対策が必要である。放火には、さまざまな種類があり、すべてのケースにあてはまる対策は考えにくい。無人施設で夜間に放火されるケースが比較的多いことから、夜間無人となる公民館・コミュニティ施設では、以下の放火対策が必要になってくる。

放火対策で、現在一般に考えられているのは、監視による放火防止である。監視つまり人間の視線の妨げとなるものを除去しておくことが必要になる。この観点から、第1に、施設の周辺の街路灯を設置して暗がりをつくらないこと。第2に、放火犯が塀の内側や植え込みに潜むことで通行人からの視線から逃れるので、塀や植え込みをなるべくさけること。第3に、モニターを設置し監視していることを示すことなどが考えられる。

これらの対策が放火防止であることと同時に、防犯の基本対策になっていることからも対策・実行をしておくべきであろう。

5) 細部に配慮したデザイン

公民館・コミュニティ施設では、高齢者や幼児の来館が考えられるので、建築設計時点で転倒防止などの日常安全性に対する配慮が必要であり、既存施設にあっても対応が求められる。

まず、段差による事故防止を考える必要がある。段差があると車椅子使用者にとって障害となるため、ハートビル法施行以降は、公的施設での段差障害が解消されてきたが、不用意に段差がある場合もある。段差での転倒事故は、数段の段差よりも5～10センチ程度の1段の段差で発生しやすい。これは、段差を認知しにくいからである。こうした段差では、段差のある場所の床材や絨毯の色を変えることで段差の存在を分かりやすくする工夫が必要である。また、室内の段差に比べて、施設の外部空間での段差には、建築設計者も

配慮を怠るケースが多いので注意を要する。とくに道路から施設へのアプローチでは、充分チェックすべきであろう。

とくに高齢者の利用の多い施設では、廊下に手すりを設置することが望ましい。しかし、手すり端部に袖口をひっかける事故もあるので、これを防止する端部形状とすることも忘れてはならない。

公共建築の事故で発生しやすいものとして、ガラス面との衝突事故である。近年の開放的な建築空間ではガラスが多用される。ガラスが設置されているにもかかわらず、そこを通過できるものと思い込んだ利用者が衝突して大怪我をする例がある。こうした空間では、ガラス面にガラスがあることをわかるような表示を張るとか、ガラス前方にプランターなどを設置して通路でないことを認識させる等の対応が必要である。

6) 地域の安全を守るミニ拠点の可能性

以上、自然災害や火災の発生を前提として対策を検討してきたが、安全性を維持するためには、積極的な対応もある。とくに、犯罪に対しては、発生後の対策よりも事前の防犯活動が必要である。また、自然災害対策や地域の火災安全対策も、日常からのコミュニティ活動を通じた情報交換や啓蒙活動など、公民館・コミュニティ施設を拠点とした地域防災活動、防犯活動の強化が今後期待されている。こうした活動は、何も安全だけのものではなく、地域の生活を維持するため、コミュニティ施設に課せられた本来の目的でもあったのである。

（青木義次）

〔参考文献〕
(1)青木義次・富松太基・森山修治『やさしい火災安全計画』学芸出版社、1999年
(2)川越邦雄・青木義次ほか『建築安全論（新建築学大系12）』彰国社、1983年

6. 施設建物の長寿命化をめざして

6−1 建物の維持管理

1) 社会的背景

きちんと施工されたコンクリート造建物は100年以上持つというのに、わが国の公共建築は30年あまりで建替えられてきた。しかし現在では、地球環境保護の視点から建物はできるだけ長く使用すべきだと考えが変ってきた。

公民館の年当り施設費は新築工事費を使用年数で割ったものだから、地方財政の面から、より長く使用する方が経済的である。重ねて、短期間で建替えられる安価な建物より長持ちする良質な建物の方が（年当り施設費は同じでも）ずっと豊かな空間になる。公民館は地域の核であり、人々の思い出と結びついた街の財産である。そうした施設が長期間同じ場所に存在することは、景観・環境の安定という面でも望ましい。

以上のような背景から、この節では、公民館の建物をより長く、効果的に使い切るための考え方や方法を述べることとする。

2) 竣工後の建物の維持管理

新築した時の建物の性能（美、用、強）を100％とすると、年々老朽化が進行し、最後は使用に耐えないほど性能が低下する。建物の性能を新築時の状態で保持するためには一定期間毎に維持管理（メンテナンス）しなければならない（図Ⅱ-9-21）。

維持管理には、補修・修繕・更新などの建築工事のほか、清掃や点検・整備などの保全作業も含まれる。維持管理工事には、器具の交換や破損部分の補修など、不具合が発生した時にそのつど行う経常修繕と、外装吹き替えやクロス張り替えなど差し迫った支障がなくとも行う計画修繕がある。

計画修繕には、屋上防水の取り替えやエレベーター、設備機器の交換など工事費の大き

図II-9-21 建築の性能とメンテナンスの効果

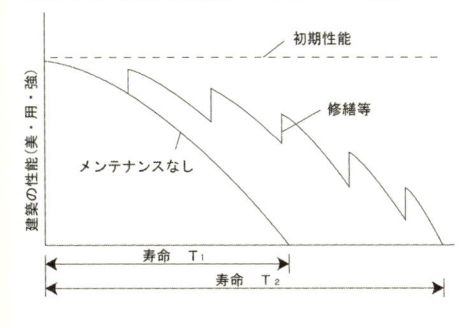

な修繕があり、表面に見えない配管・配線、受水槽、空調、防災諸施設などの修繕・交換もある。工事の種類は数十種に及び、修繕するまでの期間もそれぞれ違っている。

こうした多種多様な修繕工事をバラバラに行うと非常に不経済である。例えば、天井仕上げを更新する時には、照明器具や換気設備、煙感知機、電気配線等々、天井表面や天井裏にあるものを全て撤去し、再取り付けしなければならない。天井をはがすと壁や床の仕上げも痛む。逆に照明や換気設備等の工事をする時には、天井を修理しなければならない。このようにある部分の補修に関連して発生する工事を「道連れ工事」と呼ぶ。「道連れ工事」を避けるには、関連する全部位の修繕・交換時期を合わせなければならない。建物の全部位の修繕工事をリストアップし、時期を合わせられる修繕工事をまとめて実施するのが「長期修繕計画」である。

年度単位で予算が決まっている公共工事では、一斉に大規模修繕が発生したら大変なことになる。それ故、保有の全施設について長期修繕計画を立てて予算を平準化し、順次計画的に工事を行うのが常識となっている。ただ、修繕・補修は高い出費を伴うにも関わらず、新築工事のように住民にアピールしないので、必要に迫られてから行う自治体も少なくない。

一般には、10〜15年位の大規模修繕時に内外装更新と防水層やり替えを行い、その倍の20〜30年位の周期には、外装や防水に加えて給排水電気の設備配管や機器の更新が行われる。

3) 建物機能の見直し

大規模修繕は新築時の性能を保持するために行われる。だが公民館は新築時と同じ性能を持っていても、その時代の地域ニーズに合っていなければ施設として役に立たなくなる。例えば、地域に高齢者が増えれば高齢者向けの余暇活動室を作らなければならないし、コンピューター教育の要請が高ければ、パソコン室が必要になる。部屋の内容だけでなく、建物仕上げの程度、設備のレベルも時代と共に高くなる。30年前なら空調を常時使用している家は少なかったから、空調のない公民館でも文句は出なかった。しかし現在では空調の無い公民館など利用する人はいないだろう。

新築時には地域ニーズに合っていても、しばらくすれば必ず齟齬が生じてくる。施設管理者は常に利用者の動きを観察し、住民ニーズを読み取り、建物の機能チェックを行うことが大切である。そして、その結果を修繕時期に合わせて建物に反映しなければならない。

4) 日常的な建物改良

施設管理者は、利用者の行動や部屋の使用率、収納物などを一番良く知っている。だから、建物を使いやすく安全にするのもその役目である。建築の専門家でなくとも、家具や用具の配置を変え、部屋の使用内容を変更することはできる。人間は少々不便でも、あるいはちょっと危険だなと気付いても、しばらくすると慣れてしまって忘れてしまう。そうした慣れが改善を妨げる。

ロビーにあるテーブルや椅子の配置・向きを変えるだけでも、視線や話し合いの場所は違ってくる。物入れや植物を置けば、視線を遮り、来館者の動線をコントロールすることができる。嵌め殺しガラスの前に植木を置い

9 施設空間

て人や物がぶつからないようにするなど、小さな改良は、簡単にできることが多い（図Ⅱ-9-22）。

図Ⅱ-9-22　植栽のおき場所をかえるだけでもガラスへの衝突防止対策になる

仕上げや設備の破損を修理する日常的な小修繕はかなりの頻度で発生する。その工事の時には、関連する改良工事があるかどうかを考えるようにしたい。高齢者用手摺の欠如（図Ⅱ-9-23）など、日常気付いたことをメモしておいて、補修工事のついでに発注すれば経済的である。

図Ⅱ-9-23　手すりの不足部分など小さな修理工事は日常補修のついでにする

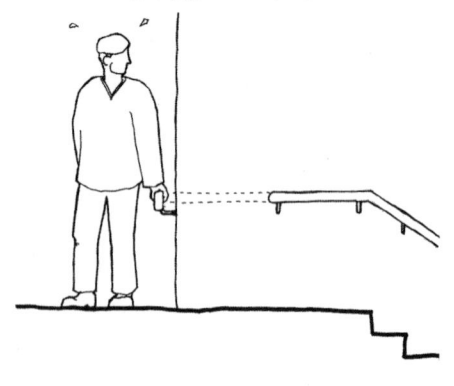

5）大規模修繕と建物改良

10～15年間隔の、防水、内外装などを全面的に手直しする「大規模修繕」の時期には、間仕切壁の移動や部屋仕上げの変更が可能になる。間仕切壁とは構造に関係しない壁のことで、仕上げの下の骨組が木や鉄骨、ブロックになっている。これらは比較的簡単に撤去新設できるので工事費も安い。仕上げについては、色やデザインだけでなく防音性や耐水性などの性能変更もできる。コンクリート壁は構造壁の場合があり、撤去費も高いから移動しない方が無難である。壁がコンクリートかどうかは平面詳細図（間取図ではない）を見れば素人でも判別できるが、早めに建築担当者と打ち合わせし、変更可能な部分を聞いておくと無駄がない。

施設を良い状態で使用するには、修繕工事を建築担当者まかせにしないことである。大規模修繕は計画的に行われるので、施設運営者は計画段階で、次の大規模改修時までのニーズを読み、どのようなスペースが必要か検討する必要がある。設計終了後つまり予定工事費が決定した後の設計変更は難しいし、工事発注後の変更はほとんど不可能になる。

20～30年後の2度目の大規模修繕時は設備機器配管も含めた全面的修繕となる。この時は映像室や調理室、トイレなど設備のある部屋も変更できる。コンクリート壁の移動や増築も可能である。多くの場合、建替えとの比較検討も行われるので、施設管理者にも改善内容等のヒヤリングがあるだろう。

そうした時、施設管理者は、往々にして既存施設の小改善にとらわれがちである。しかし、次の大規模改修の行われる20～30年後までは建物内容を大幅に変更できないのである。他自治体の新しい公民館を見たりして、建築担当者と一緒に新築工事同様の長い目で施設計画を検討すべきである。

なお、昭和56年以前に建てられた公民館が、まだ「耐震補強」されていない場合、近々補強工事が行われるはずである。工事規模は大

規模修繕と同じなので、同程度に改良内容を検討すべきである。

上記の改良工事は既存建物を有効に使用するうえで、必須である。既存施設をグレードアップしても新しい建物より良くなるはずがないという人もいるが、そういう考えが建物を古びさせ、寿命を縮めるのである。

6—2 公民館の用途変更

1）用途変更とは

用途変更（コンバージョン）とは空き部屋や空き建物を従前とは違う用途で再利用することである。近年建物の質が向上して長持ちするようになり、一方で空きオフィスなど床余り現象があって、建築分野では流行語となっている。自治体でも現在では一通りの公共建築が充足されたが、同時に人口の伸び悩みと税収減によって、新築より施設ストックの有効活用が求められるようになってきた。地域のニーズに合わせて、施設の配置や内容、規模を変えるには、用途を固定しない用途変更の考えが必要になる。

2）公民館からの用途変更

公民館は地域の中心となる施設だが、その背景となる人口や生活、地域構造、行政区域、制度、基準も時代と共に変化する。それらの変化によって、既存の公民館建物が空いて他の用途に変更されることもある。

平成の大合併で、多くの自治体が行政区域を変更した。また、1999年に社会教育法が変更され、2001年には国庫補助を受けた公民館の用途変更が社会教育施設の範囲内で認められるようになった。その結果公民館の配置変えや用途変更が生じると予想し、調査した。

平成3年度の「公民館名鑑」（全国公民館連合会発行）から、東京、神奈川、埼玉、千葉の1都3県にある1,027公民館を抽出し、その全てについて平成16年度の実情をホームページと電話で確認した。その結果79館（7.7%）に何らかの変更があった。変更内容は（図Ⅱ-9-24）のとおりである。(1) 公民館と多少性質の異なる用途（例えば複合近隣センター）だが、公民館の補助金を受けた建物であり、名称を実態に近い名称に変更した。(2) は市町村合併に伴い、地区名、中央などという名称を調整した。(3) と (4) はそれぞれ他の場所に公民館あるいは公民館を含む複合施設が新築されて移転し、空いた旧公民館の建物が用途変更された。(5) その他も経緯は様々だが、空いた公民館建物が用途変更されている。

図Ⅱ-9-24　項目別変更割合

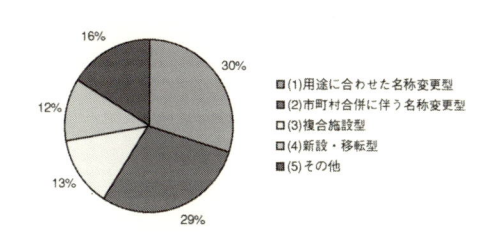

■(1)用途に合わせた名称変更型 30%
■(2)市町村合併に伴う名称変更型 29%
■(3)複合施設型 13%
■(4)新設・移転型 12%
■(5)その他 16%

(3)(4)(5) の変更後新用途には、社会福祉協議会や文化財事務所など事務所として使用されているのが最も多い。福祉作業所、老人センター、子供クラブなどの福祉施設が次いでいる。倉庫的な使用も多く、ほとんどが改装程度で、全面的な改修工事をして再生利用したものは少ない。

その理由は、公民館の建物は国の補助金を受けるために設置義務のある部屋を全て設置しなければならないことにある。基本的に1室1目的使用であるため、小さく区切られた空間が多くなり、転用の形態が制限される。大きな空間を小さく区切ることは容易だが、小さな部屋数室を大きな部屋に変更するのは難しい。そのため大改修がされなくなった。

今後は国庫補助がなくなる一方で、運営が自治体に任され、フレキシブルな設計が可能となる。公民館は今後とも地域の中心的施設

であろう。しかし建物は100年という単位で考えなければならないから、ずっと公民館として使われるとは限らない。従って今後、公民館を新築する時には、地域の資産としてより長く使用できるように、種々の活用が可能なフレキシブルな設計にしなければならない。

3) 公民館への用途変更

全国の10万人以上の自治体対象にした、公共建築の用途変更に関する調査によれば、公民館が他施設に用途変更されるよりも、他施設から公民館へ用途変更される場合の方が圧倒的に多かった。

用途変更されて公民館になった建物の前用途で最も多いのは庁舎・分庁舎である。それは以下のような経緯による。

昭和の「ドーナツ化現象」は、大都市周辺自治体の人口を急速に増した。人口増により職員も増え、庁舎規模も拡大する。どの自治体も庁舎を、木造平屋→低層RC→増築→増築→高層庁舎へと次々に建替えていき、その結果、それほど老朽化していない空き庁舎ができた。人口が増えれば、公民館や図書館などの公共施設も必要になる。空き庁舎はそうした施設に用途変更されたのである。

(写真Ⅱ-9-4)の小平中央公民館はそうした例の一つで、昭和37年に建てられたRC造の地下1階、地上2階の庁舎を中央公民館に用途変更したものである。内外装を全面的に改修し、地下室や中庭も近代的に変えている。ちょっと見ただけでは全く前の用途は分からない。庁舎なので立地条件は良く、前庭もゆったりした立派な公民館である。

庁舎の次に多い前用途は小中学校や幼稚園である。同じ教育委員会の管轄下にあり、学童・幼児人口の減少によって発生した空き建物の再利用である。調査では図書館、郵便局、農協ビルなど、いずれも大きな空間を持った建物が公民館に用途変更されている。

公民館運営の規制緩和によって、今後の公民館は自治体による個性が大きくなり、施設建物も多様化するだろう。そうした変化に対応するには現在ある既存建物の再生利用も重要な選択肢にいれて考えなければならない。

(曽根陽子)

写真Ⅱ-9-4 小平中央公民館の用途変更

変更前

変更後

〔参考文献〕
(1)日本建築学会編『建築設計資料集成3』丸善、1952年
(2)小和田武紀『公民館図集』岩崎書店、1954年
(3)坪郷実編著『新しい公共空間をつくる』日本評論社、2003年
(4)浅野平八『地域集会施設の計画と設計』1995年、理工学社
(5)青木義次・浅野平八・木下芳郎・広田直行・村阪尚徳『一目でわかる建築計画』学芸出版社、2002年

第10章 文化・スポーツ

はじめに

1．地域スポーツ活動
　—1　スポーツフォアオール
　—2　スポーツクラブ
　—3　総合型地域スポーツクラブ
　—4　公共スポーツ施設
　—5　学校開放
　—6　公民館とスポーツ活動
　—7　スポーツ専門職制度

2．図書館・公民館図書室・司書
　—1　公共図書館　Public Library
　—2　図書館サービス　Library Service
　—3　公民館図書室
　—4　図書館司書
　—5　文庫活動

3．地域博物館
　—1　地域博物館の考え方
　—2　地域博物館論―問い直される論点―
　—3　地域社会と拡大する博物館概念―エコミュージアム―

4．地域文化と文化ホール
　—1　自己表現と地域文化創造
　—2　地域文化創造の新たな展開―文化協同と文化の権利保障―
　—3　文化ホール建設の時代
　—4　地域文化の創造と発信
　—5　文化ホールづくりとホール各論

10　はじめに

1）公民館活動と文化・スポーツ

公民館はもともと総合的な社会教育施設として構想された経緯を持つので、ここに取りあげるスポーツ・文化の諸側面に直接、間接の関係を持っている。歴史的にみれば、1950年代にまだ公民館以外の施設があまり普及してなかった頃は、地域におけるスポーツ、文化や祭などの総合的な活動に対応してきた経緯がある。

今日においても公民館図書室は公民館を構成する重要な要素であるし、図書館のサービスネットワークにとっても重要な位置づけをあたえられていることが多い。公民館に郷土資料を展示している公民館も少なくはない。例えば、公民館類似施設ではあるが、鹿児島県山川町大山自治公民館のように、公民館に立派な郷土資料が設置されている事例もある。また、公民館活動としてのスポーツ・レクリエーション等の学級や講座もあり、公民館にテニスコートや卓球場、体育館などが併設されていることも稀ではない。

文化ホールという側面からは、自治体において、公民館に欠かせない公民館ホールと大型の文化ホールとの連携や一体的な施設構想を持っておくことが欠かせない。特に公民館での学習・文化活動の成果を発表する場としては、100〜300席程度の小ホールが求められる場合が多い。これに対して、本格的な芸術文化活動や公民館での学びや文化活動を集大成して開催する文化祭や文化行事の開催は500〜1500席程度の大型文化ホールを不可欠とする。近年は、公民館施設の新築にあたって、むしろ文化ホールを中心とした施設構想を構成し、ここに会議室や学習室、ロビーや調理室などを付設して文化ホールと公民館ないしコミュニティー施設等の複合施設として設置していく事例も多くなってきた。沖縄県読谷村の鳳（おおとり）ホールは、村中央公民館の発展的な継承形態であり、その典型事例の一つである。生涯学習センターなどにおいては、ほとんどが大型文化ホールとの複合施設である。

2）スポーツ施設、図書館、博物館、文化ホールの発展と地域づくり

スポーツ施設は、学習文化施設に比して相対的に独自な発展史を持つが、市町村自治体で多様なスポーツ施設設置を推進していく経緯は、学習文化施設と同様な場合も多い。スポーツ施設や学習文化施設は、歴史的にみると、1970年代、80年代に大きな転機を迎えた。まず1970年代には、自治体による地域スポーツ振興が本格化し、「市民の図書館」論が本格的な展開をみた。次に80年代には、「地域博物館構想」が展開し、文化ホールづくりが各地の自治体で盛んになった。少なくともこれ以降は、それぞれの施設が独自の施設構想を持ち、設置数、事業数、参加数等が大方において増大してきたといっていいだろう。

こうした経緯をふまえてみると、むしろ今日においては、わが国固有の学習文化施設として発展してきた公民館の地域性に着目して、各スポーツ・文化施設の固有性と発展方向を尊重しつつも、学習文化・スポーツ活動における、相互の連携をすすめることに自覚的である必要があろう。特に、近年それぞれの分野で個々の取り組みを、地域づくりへと展開させることが課題とされるようになってきた。そして、生活と文化と学びにおける地域の共同と自治を創造していくことが課題とされるようになってきていることが考慮される必要があろう。特に、自治財政合理化のなかで、進む市町村合併や施設の民間委託、指定管理者制度の導入などによって、地域の再編と自治体社会教育・生涯学習行政の再編が進んでいる。各施設のあり様をめぐっては、地域と人々の生活、文化、学習、そして自治において、その本質的な意義が根底的に問われる歴史段階にあるということなのである。

（小林平造）

1. 地域スポーツ活動

1—1 スポーツフォアオール

　第二次世界大戦後、ヨーロッパ先進国（西側）では工業化の進展とともに、自由時間の増大がもたらされると同時に生活習慣病などの「現代病」も顕在化していった。こうした事態に対して、ドイツスポーツ連盟などによる「ゴールデンプラン」の提唱（1956年）に代表されるように、誰もが日常的にスポーツに親しみ、健康で活力のある社会の実現が目指された。1966年のCE（Council of Europe：ヨーロッパ会議）においてスポーツフォアオールの概念が初めて定式化されたといわれるが、ここでは生涯教育（permanent education）と文化の発展を促進するものとしてスポーツを位置づけ、レクリエーション的な身体活動からトップレベルまでの多様な形態を含む包括概念としてスポーツをとらえている。1975年にCEのスポーツ所管大臣会議が「スポーツフォアオール憲章」を採択し、1978年にはパリで開催された第20回ユネスコ総会において「体育・スポーツ国際憲章」が採択された。どちらの憲章においても、スポーツ権の理念が冒頭に提示されていることをはじめ、国や地方公共団体が、施設整備、プログラム提供、有資格指導者の配置などのスポーツ振興施策を公的財源からの支出によって講ずることが規定されている。

　日本においても、1960年代後半、人々の生活の質をもとめる意識の高まりとともに人々のスポーツ要求、および地域でのスポーツ活動が拡大していった。こうした中、新日本体育連盟（現、新日本スポーツ連盟）の発足の「よびかけ」（1965年11月12日）において「体育・スポーツが少数のひとの独占物であった時代は過ぎました。それは万人の権利でなければなりません」と謳われていたこと見られるように、スポーツ権の理念が先験的に提起され、「いつでも、どこでも、だれでもがスポーツを」のスローガンのもとに実践が胎動していたことは特筆される。

1—2 スポーツクラブ

　1970年代、地域における人々のスポーツ活動が進展する中、住民の手による自主的なスポーツクラブが拡がりを見せていった。これに呼応して自治体による地域スポーツ振興も盛んになってきたが、とくに、東京都三鷹市の「スポーツ教室からクラブづくりへ」をスローガンとしたスポーツクラブ育成の取り組みは行政施策の代表的なものといえる（沢登貞行・村上克己『コミュニティ・スポーツへの挑戦』不昧堂出版、1980年）。

　現在、公共スポーツ施設（学校施設開放を含む）を活動拠点とするスポーツクラブの数は全国で約35万程度と推測されている（日本スポーツクラブ協会『平成11年度地域スポーツクラブ実態調査報告書』、2001年）。これらのクラブの中には30年以上の長い歴史を持つものも数多く、全国各地で特徴的な実践を展開している。

　福岡主婦卓球愛好会は、「誰からも強制されることなく目的をもち／いつでも、誰でも、上手下手なく楽しい仲間づくりを心がけ／勝つ事だけを目標とせず、上手になるための努力もし／技術の格差で人間の価値を判断することなく／ひとり、ひとりの権利を認め、思いやり考え合うことの大事さを話し合い／みんなで決めたことは、みんなで守り／協力して健康で明るいスポーツ活動を地域に広め／人と人との結びつきが豊かに生きる喜びとなるよう願っているスポーツ団体です」とする8か条の理念のもとに、だれもがスポーツ文化を享受することをめざした活動を続けていることに加え、平和運動、障害者スポーツのボランティアなど活動の領域を拡げている（田中理恵子「愛好会の拡がりを求めて」『月刊社会教育』2005年7月号）。

　その他にも、垂水区団地スポーツ協会（神戸市）、秋麗会（東京都多摩地区）など、地域に根ざし、地域に「発信」するなど多面的な実践を展開しているクラブがある（尾崎正峰「総合型地域スポーツクラブの"源流"を

訪ねて」『月刊社会教育』2004年10月号、板橋政子・菊地和子・布施伸子「20歳になった秋麗会」現代社会体育研究会編『スポーツと生きる』、1998年）。

1—3　総合型地域スポーツクラブ

　1995年、旧文部省の「総合型地域スポーツクラブ」モデル事業が開始されたが、これはスポーツクラブのあり方への新しい提起であると同時に、地域スポーツ振興全体にも波及する内容を含むものであった。モデル事業の流れを引き継いだ形で、「スポーツ振興基本計画」（2000年9月）において「できるかぎり早期に、成人の週1回以上のスポーツ実施率が2人に1人（50パーセント）となることを目指す」という政策目標達成のために「2010年（平成22年）までに、全国各市町村において少なくとも1つは総合型地域スポーツクラブを育成する」とされた。これ以後、総合型地域スポーツクラブに関する取り組みが各自治体に拡大していったが、兵庫県教育委員会「スポーツクラブ21ひょうご」のように全県的に推進されている事例がある一方で、なかなか実施に踏み切れないケースもあるなど実態はさまざまである。
　総合型地域スポーツクラブの特徴として、「多種目・多世代型」「拠点施設での定期的・計画的な活動」「有資格指導者の配置」「地域住民全体を視野に入れた多彩なプログラム」などが規定されている（文部科学省『クラブづくりの4つのドア』、2001年）。こうした特徴付けに際してはヨーロッパのスポーツクラブに範を採ったとされるが、ヨーロッパのクラブの形態は多様であり「総合型」に収斂するものではない（G.アンデルス「ドイツにおけるスポーツクラブの現状と課題」『現代スポーツ評論』第2号、創文企画、2000年）。その意味においても、総合型地域スポーツクラブに対してだけではなく、地域に根ざして活動を続けてきた従来のスポーツクラブへの振興施策も継続、発展されなければならない。

1—4　公共スポーツ施設

　公共スポーツ施設の年間利用者数は4億4,000万人を超える（文部科学省『平成14年度社会教育調査報告書』）。施設数はわずかながらも増加している（表Ⅱ-10-1）が、必ずしも十分な水準に達しているとはいえない。1972年の保健体育審議会答申における「日常生活圏域における体育・スポーツ施設の整備基準」（表Ⅱ-10-2）は、自治体（地域）の人口に対して整備すべき施設の数を規定したものであるが、30年以上を経過した現在においてもその達成率は50パーセントに満たない。しかも、この整備基準は週1回以上スポーツをする人の割合を20パーセントと想定して算定されていたが、前述の「スポーツ振興基本計画」がスポーツ参加率の目標を50パーセントとしていることから、必要施設数はさらに増え、その裏返しとして達成率はさらに下がることになる。公共スポーツ施設は人々のスポーツ活動の基盤となるものであり、その建設・整備は焦眉の課題である。
　施設建設という課題の他に、誰に対しても開かれ、より多くの人が利用できるような運営や利用上の工夫も重要である。旧五日市町（現、あきる野市）の五日市ファインプラザにおいては、職員からの投げかけをもとにして利用者相互の話し合いの中でより良い施設運営を追求してきた（一瀬秀和「よりよい施設運営を考える」、山田参生「プールを利用したより良い活動の方向性」現代社会体育研究会編『スポーツと生きる』、1998年）。
　公共スポーツ施設をめぐる問題のもう一つの側面として、1980年代以降の「行政改革」の流れの中で進行した公共スポーツ施設の管理・運営の公社・財団委託がある。そして、公共施設の管理運営をめぐる現段階の焦点は「指定管理者制度」にあるということができる。今後の動向は未知数の部分も多いが、大都市圏など「集客力」「市場規模」の大きい地域に位置するスポーツ施設への民間（企業）の参入が進むことが予測される。「委託」問題以来、利用等に関わる公平性の担保、管理・運営に対する住民参加のルートの確保な

表Ⅱ-10-1：「社会体育施設」の設置数

	計	計のうち主な種類別施設数					
		多目的運動広場	体育館	野球場・ソフトボール場	庭球場（屋外）	水泳プール（屋内）	水泳プール（屋外）
1987年度	32,011	4,660	4,203	5,014	4,185	547	2,876
1993年度	35,930	5,124	5,098	5,083	4,865	956	2,386
1996年度	41,997	6,088	5,877	6,089	5,208	1,203	2,850
1999年度	43,731	6,488	6,203	6,055	5,212	1,370	2,821
2001年度	44,556	6,700	6,391	6,180	5,235	1,471	2,711

文部科学省『社会教育調査報告書』昭和62、平成5、平成8、平成11、平成14の各年度版より作成

表Ⅱ-10-2：日常生活圏域における体育・スポーツ施設の整備基準

		1万人	3万人	5万人	10万人
屋外運動場	運動広場	面積10,000㎡の運動広場　1か所	面積10,000㎡の運動広場　2か所	面積10,000㎡の運動広場　3か所	面積10,000㎡の運動広場　6か所
	コート	面積1,560㎡のコート　2か所	面積1,560㎡のコート　4か所	面積1,560㎡のコート　6か所	面積1,560㎡のコート　10か所
屋内運動場	体育館	床面積720㎡の体育館　1か所	床面積720㎡の体育館　2か所	床面積720㎡の体育館　3か所	床面積720㎡の体育館　5か所
	柔剣道場	床面積200㎡の柔剣道場　1か所	床面積200㎡の柔剣道場　1か所	床面積200㎡の柔剣道場　1か所	床面積200㎡の柔剣道場　1か所
	プール	水面積400㎡のプール　1か所	水面積400㎡のプール　2か所	水面積400㎡のプール　3か所	水面積400㎡のプール　6か所

ど多くの問題点が指摘されてきたように、公共施設の公共性の根幹に関わる事項として慎重な検討がもとめられる。

1—5　学校開放

　学校開放に関わる法的規定には、社会教育法第6章（学校施設の利用）、スポーツ振興法第13条（学校施設の利用）などがある。地域スポーツ政策の面から見ると、1966年、旧文部省予算の「体育施設整備費」に学校体育施設開放に関わる予算が計上されたことに見られるように、当初から公共施設の不足を補完するものとして学校体育施設開放が位置づけられてきた。1976年6月に文部事務次官通達「学校体育施設開放事業の推進について」が各都道府県教育委員会宛に出されたことでいっそう推進されることになった。また、学校開放事業の中で子どもを対象とする最近の政策動向を見ると、学校週5日制時代の公立学校施設に関する調査研究協力者会議報告「子ども達の未来を拓く学校施設—地域の風がいきかう学校」（1999）や文部科学省生涯学習政策局「子どもの居場所づくりプラン」などにおいて、学校を子どもの居場所（活動拠点）として地域に開放し、「地域子ども教室」等を開講することが盛り込まれている。

　現在、ほぼすべての市町村が学校体育施設の開放を実施しているが、屋外運動場や体育館が主となっており、プールやテニスコートの開放率はかなり低くなっている。また、小・中学校に比べて高校の開放率が低い。実際の運用・利用については、クラブハウスや夜間照明の設置など施設・設備面、そして、部活動との利用調整や利用者連絡協議会など

住民組織のあり方等の運営面での課題がある。

　これらの動向と前述の総合型地域スポーツクラブの課題を重ね合わせてみたとき、学校の部活動と地域スポーツの融合を試みている愛知県半田市のソシオ成岩スポーツクラブの実践が注目される（http://www.narawa-sportsclub.gr.jp/socio/）。

1—6　公民館とスポーツ活動

　「寺中構想」の公民館組織のひとつに「体育部」の名称はあげられていたが、必ずしも高い位置づけではなかった。しかし、初期公民館の時代からスポーツ・レクリエーション活動は実態として大きな位置を占めてきている。公民館の学級・講座の件数を学習内容別にみると、「体育・レクリエーション」（約5万件、全体の14.4％）は「教養の向上」（約21万件、同58.8％）に次いで第2位となっている。また、約3分の1の公民館がスポーツ・レクリエーション関連施設を備え、地域住民の活動拠点としての役割を果たしている（前掲『平成14年度社会教育調査報告書』）。身近な生活圏域におけるスポーツ活動の公共的基盤としての公民館の位置づけを再認識する必要がある（畑、草野、尾崎「表現活動と地域文化の創造」『現代公民館の創造』東洋館出版社、1999年）。

1—7　スポーツ専門職制度

　1972年の保健体育審議会答申の中で、「公共社会体育施設が、地域住民にじゅうぶん有効適切に利用されるようにするためには、体育・スポーツの専門の指導者を配置することが望ましい」、また「少なくとも、市には体育または保健体育を担当する機構（相当規模の市においては部課）を設けて、社会体育スポーツ専門の専任職員を置くべきである」と職員の必要性が説かれていた。この指摘を待つまでもなく、専門性を持った職員の存在は地域のスポーツ振興にとって大きな意味を持っている。しかし、1施設あたりの職員数は2.1人と、公民館（3.1人）、図書館（9.9人）、博物館（14.8人）などの社会教育関係施設に比しても低いレベルにとどまっている。さらに、職員数に占める専任の割合は、スポーツ施設は21.4％と社会教育関係施設の中で最も低くなっている（なお、博物館（69.4％）、図書館（59.7％）である。前掲『平成14年度社会教育調査報告書』より）。

　こうした状況の中で、東京都羽村市においては、全国的にも珍しい「羽村市教育委員会事務局庶務規則」において「社会体育主事」の制度的位置づけをはかり、専門職員を配置し、当該の職員は長年にわたってスポーツ振興の重要な役割を果たしている。
「第3条―職の設置　2　事務局に指導主事、社会教育主事、社会体育主事、学芸員及び司書を置くことができる。

　第6条―指導主事等の職務　3　社会教育主事、社会体育主事は、上司の命を受けて、社会教育を行う者に専門的、技術的な助言と指導を与えるとともに、社会教育に関する専門的な事項の指導に従事する。　6　事務局に、社会教育主事補、社会体育主事補、学芸員補及び司書補を置くことができる。」

（尾崎正峰）

〔参考文献〕
(1)関春南『戦後日本のスポーツ政策』大修館書店、1997年
(2)尾崎正峰「『新自由主義改革』と地域スポーツの行方」渡辺治編『変貌する〈企業社会〉日本』旬報社、2005年

2. 図書館・公民館図書室・司書

2—1 公共図書館　Public Library

　公共図書館とは、「公開され、利用者および利用目的を特に限定せずに資料や施設、人的サービスを提供する図書館のことである」（図書館情報学ハンドブック編集委員会編『図書館情報学ハンドブック』1999年、827頁）とされており、地方公共団体が設置する公立図書館と日本赤十字社又は民法第34条法人が設置する私立図書館を合わせたものと考えるのが一般的である。

　公共図書館は、国際的な組織を持っていることや国内においても社団法人日本図書館協会をはじめとする全国的な民間の関連団体を持っていることなど組織的な活動が顕著である。また、「宣言」や「綱領」といった公共性を意識した活動指針や理念を発表するとともに、相互貸出など資料や情報を共有する姿勢を持っている。

　さらに図書館学は、情報社会に敏感に対応し、情報分野を取り込みつつ、図書館情報学（Libraries and Information Sciences）といった研究分野に発展させている。

　さて、公共図書館の概念は、1994年に採択されたユネスコ公共図書館宣言（UNESCO Public Library Manifesto）に顕著に示されている。この宣言は、当初1949年に発表され、すべての人々に平等に公開されていること、だれもが無料で利用できること、主として公費によって運営されていること、民主的な機関であること、法律に基づいて設置運営されることなどの原則が示されている。その後、国際図書年を記念して1972年に改訂され、さらに1994年、国際図書館連盟（International Federation of Library Associations and Institutions 略称IFLA）の協力によって起草され、再度改訂され、生涯学習機関、文化創造機関、情報拠点としての側面を提示し、人権の視点が盛り込まれたものとなっている。

　次に日本の公共図書館のあり方を示した図書館法（1950年）では、①社会教育のための機関とし、教育制度上に位置付けられたこと、②8項目の図書館サービスが具体的に示されていること、③専門的職員（司書）の資格規定を設けたこと、④館長をはじめとする職員の配置を規定したこと、⑤民意を反映するしくみとして図書館協議会の規定を設けたこと、⑥入館料など無料でサービスを受けられること、⑦国庫による補助などが明記されている。

　図書館法は、その健全な発達を促し、図書館としての水準を維持するために、無料の原則、専門的職員としての司書、図書館協議会、国庫補助を受ける場合の図書館長の司書資格要件や最低基準などが示されてきた。これらは日本の公共図書館の水準維持に大きく貢献してきたが、規制緩和の潮流の中で、要件や基準は緩和されるべき「規制」とされ、国庫補助を受ける際の各種の要件は削除されるなど、1999年の地方分権一括法によって改正された。次に日本の公共図書館の現状を社会教育調査などから見ていくことする。

1) 町村立図書館が増加していること。

　公共図書館数の推移（表Ⅱ-10-3）を見ると、都道府県立および法人立は、大きな変化は見られないが、市区町村立の図書館が増加している。昭和56年度間で1,322館であったが、約20年後には2,650館となり倍増していることがわかる。さらに設置率の推移を見ると、町立図書館は、昭和56年度間で15.3％であったが、平成14年で45.4％となっており増加が顕著である。

2) 図書館利用は増加しているが、職員数と予算は停滞していること。

　地方公共団体の財政難に伴い、予算と職員の削減を急速に進めているが、その一方で住民の学習ニーズは高まり、自己教育を支える社会教育機関としての図書館の果たす役割は高まっている。（日本図書館協会図書調査事業委員会

表II-10-3　公共図書館数の推移（昭和50年〜平成14年）

区　分	50	53	56	59	62	H2	5	8	11	14
都道府県立	80 (25)	86 (30)	80 (20)	69 (10)	69 (12)	70 (15)	66 (10)	66 (11)	66 (9)	64 (9)
市（区）町村立	956 (146)	1,080 (162)	1,322 (299)	1,543 (366)	1,699 (440)	1,847 (460)	2,072 (553)	2,297 (591)	2,496 (625)	2,650 (693)
法人立	30 (1)	34	35	30	33	33	34 (2)	33	31	28
合　計	1,066 (171)	1,200 (192)	1,437 (319)	1,642 (376)	1,801 (452)	1,950 (475)	2,172 (565)	2,396 (602)	2,593 (634)	2,742 (702)

文部（科）省『社会教育調査報告書』より作成。（　）は、分館数。

編『日本の図書館　統計と名簿2004』2004年、27頁）

　2003年の地方自治法の改正によって、公の施設の管理運営を広く民間事業者が行えるようになった（指定管理者制度）。その中で、公共図書館の「公共」とは何かを再度検討していく必要がある。薬袋秀樹は、「①一定の地域コミュニティのすべての人々に保証されるアクセスの均等性、②公費ないし公益性の高い財源を主とする運営基盤、③基本的に無料で提供されるサービス、④提供される資料ないしサービスの種類、用途の一般性、汎用性といった要件が存在する。」としている（前掲『図書館情報学ハンドブック』1999年、827頁）。確かに「公共」は政府や地方公共団体だけが担うわけではない。しかし、そこに住む図書館利用者一人一人が図書館の公共性に敏感にならなくてはならないだろう。そのためには、薬袋が示した公共性の意味を利用者自身が学習していく必要があろう。

2—2　図書館サービス　Library Service

　図書館サービスとは図書館が利用者に提供する各種の資料や情報提供である。図書館法では「図書館奉仕」として8項目にわたって、具体的に事業内容を例示している。
　図書館サービスは様々に分類されているが、大きく二つに分類して整理しておこう。「資料提供」は、資料の閲覧、貸出、複写、相互貸借による資料または複写の入手、資料の購入要求、新着資料の展示などが基本的なサービスである。「情報提供」は、情報や情報源を提供する質問回答業務であるレファレンス・サービス（Reference Service）、専門機関や他の図書館に照会するレフェラル・サービス（Referral Service）などがある。このほかに、講演会、講座や教室といった学習機会提供の他、読み聞かせやブックトークなどの事業が行われている。これらが図書館の基本的なサービスである。地域や利用者の状況によって、幼児、児童、ヤングアダルトなど青少年、高齢者、障害者、外国人、仕事や職業を持つ人などに対象別のサービスがある。
　公共図書館のサービスは、前述したユネスコ公共図書館宣言で「年齢、人種、性別、宗教、国籍、言語、あるいは社会的身分を問わず、すべての人が平等に利用できるという原則に基づいて提供される。」（ユネスコ公共図書館宣言、1994年）と明記されている。公共図書館は「すべての人が平等に利用できる」という原則を持つが、この理念をより明確に打ち出したのが、日本図書館協会図書館政策特別委員会による「公立図書館の任務と目標」（1989年確定公表、2004年改訂）である。

また、図書館法第18条に基づき告示された「公立図書館の設置及び運営上の望ましい基準」（2001年）では、対象別サービスの他に「住民の情報活用能力の向上を支援するため、講座等学習機会の提供に努めるものとする。」や「ボランティアの参加の促進」が指摘されている。ボランティアの受入れは、図書館サービスの一つとして位置付けられるべきものである。図書館での様々なボランティア活動を行うという図書館サービス（＝利用形態）であると考えることができよう。

公共図書館へ行くと、比較的よく目にとまる場所に「図書館の自由に関する宣言」（社団法人日本図書館協会1954年、1979年改訂）が掲示されている。図書館の自由宣言は、図書館が「基本的人権のひとつとして知る自由をもつ国民に、資料と施設を提供することをもっとも重要な任務とする」と宣言したものである。戦前の図書館が国民の知る自由を妨げる役割も果たしたという歴史的事実に対する反省に立ち、権力の介入や社会的圧力に左右されることなく、国民の知る自由を保証することに責任を負うことを宣言しているのである。宣言には、国民の知る自由を保障するためには、①資料の収集の自由を有すること、②資料提供の自由を有すること、③利用者の秘密を守ること、④すべての検閲に反対することが盛り込まれている。

公共図書館としての図書館サービスは、「すべての人が平等に利用できる」という理念のもとに行われており、公共図書館の「公共性」を体現するものと考えられる。

2—3 公民館図書室

『平成14年度社会教育調査報告書』（文部科学省、2004年）によれば、17,497館の公民館のうち、図書室を持つ公民館は7,218館で全体の約4割である。公民館図書室は、法的には、社会教育法第22条の事業の例示がみられるが、2003年に大幅に改正された、かつての「公民館の設置及び運営に関する基準」（1959年）には、公民館図書室を根拠づける規準があり整備されてきた。

公民館や図書館の健全な発達を促し、社会教育を支えてきた「基準」や「要件」は「規制」となって「緩和」の対象となったが、40年以上日本の地域社会教育を支えており、今なお7,000を超える公民館図書室として地域で重要な役割を果たしている。

次に公民館図書室の意義をいくつかの先行研究をもとに再度検討してみよう。

社会教育法や旧基準には、公民館に備えるべき施設として図書室を、行うべき事業として図書の利用が例示されているに過ぎず、その意義や目的は、公民館の目的に包含される。公民館の主たる活動は学級・講座・集会である。こうした事業と並列して図書室の活動が位置付けられている。したがって公民館図書室の共有される課題は、「不十分な設備、少ない蔵書と予算、配置されない専門的職員（司書）」などに集約される。

鹿児島県山川町の松下尚明は、「公民館図書室は、公民館と図書館の谷間に忘れられた存在なのである。」（「第7章 公民館図書室の発見」『地域生活と生涯学習』鉱脈社、1992年、168頁）との認識から、公民館図書室の活性化の実践を積み重ね、そこから地域の「図書館」を発見し、図書館設置につなげていく展望を示している。

公民館図書室の意義を中島俊教は、公民館活動に限定することを提案している。つまり、「図書室は、公民館の各種の活動を深化し、教育効果を大ならしめるため、参考資料を提供するということに徹する」（中島俊教「公民館の図書活動（2）」『月刊公民館』1979年6月号、15頁）のである。図書室利用を学習プログラムに組み込んだり、講師が図書を紹介したりといった活動が期待されており、辞書などの参考図書や講座のテーマに関する図書が蔵書の基軸となる。

また友田泰正は、公民館図書室が図書館の配本所化することにやや懐疑的であり、「公

文化・スポーツ

民館活動そのものを助長し、促進する上で必要な図書や資料がそれによって軽視される」危険性を指摘している。その上で図書室には、自治体に関する図書や資料、講座のテーマに関する図書・資料の整備が提案されている。

山本慶裕は、公民館図書室の意義を①公民館の学習活動との連携、②図書館システムとの連動によって非常に大きな書庫、資料提供システムとしての役割を果たすこと、③公民館の集会施設としての機能と連動し、お話会や読書会など、多様な読書活動が展開できるとしている（山本慶裕「公民館図書室の現状と課題」『月刊公民館』2000年7月号、8頁）。

公民図書室には三つの意義があると考えられる。一つは、図書室を利用した学習事業の展開である。学習機会提供と連動させる形で図書室を利用するという考え方である。講座内容に関わる参考図書や学習活動の継続としての意義だけでなく、学級・講座の資源としての図書室と図書資料という考え方が必要である。二つ目は、図書館サービスとしての意義である。これは図書館のブランチとして意義である。山本も指摘するように図書館との連動によって図書館の入り口としての機能を果たしていくことによって自己教育を支えていくことが可能となる。三つ目は、公民館図書室固有の機能として、まちづくり資料室としての意義である。住民自治の推進に関する資料（総合計画など各種の計画、プラン、啓発資料）と当該地域で刊行された方言や歴史調査、学校や団体の定期刊行物や記念誌、刊行物などの地元の出版物を収蔵し、閲覧に供することである。それによって住民の自治能力の形成に寄与していくことが公民館の存在意義をより明確にしていくものと考えられる。

2—4　図書館司書

司書は、図書館法第4条に「図書館に置かれる専門的職員を司書及び司書補と称する。」と規定された公共図書館の専門的職員である。図書館法では、司書及び司書補の業務が規定されている。第5条では、司書の資格に関すること、第6条では、司書講習に関すること、がそれぞれ規定されている。

司書の仕事は、図書館の専門的業務に従事するとなっているが、どの業務が司書が担当すべきなのかという内容は示されていない。主として図書館に収蔵する資料の選択（選書）と購入、分類整理、貸出・返却業務、図書館サービス計画の企画立案、資料に関する問い合わせへの対応、事業の企画立案、実施などをあげることができる。図書館職員は、司書とそれ以外の職員によって構成されているが、館によって体制が異なり、両者の業務の分担は明確に分離されてはいない。

『平成14年度社会教育調査報告書』（文部科学省、2004年）によれば、公共図書館2,742館のうち、館長、分館長を除く司書（司書補を含む）は11,364人となっており、比率は41.6％となっている（表Ⅱ-10-4）。平成8年及び平成11年度間の同調査報告書を比較すると、専任、兼任とも大きな変化は見られなかったが、非常勤が大幅に増加している。平成8年の非常勤数は、合計で5,021人、司書と司書補合計で1,490人、平成11年の合計で7,179人、司書と司書補合計で2,378人となっており急増している。

表Ⅱ-10-4　公共図書館の職員数（平成14年）

区分	専任	兼任	非常勤	合計	
館長・分館長	1,417	895	331	2,643	9.7％
司書	7,317	168	3,492	10,977	40.2％
司書補	253	12	122	387	1.4％
その他の職員	7,303	607	5,359	13,269	48.6％
合計	16,290	1,682	9,304	27,276	

専門的職員としての司書を考える際に、司書のみ該当するようにつくられたものではないが、日本図書館協会が1980年に採択した「図書館員の倫理要綱」にふれておこう。これは、要綱にあるように、「図書館の自由に関する宣言」によって示された図書館の社会

的責任を自覚し、自らの職責を遂行していくための図書館員としての自律的規範である。前文と12か条の条文からなり、図書館員の基本的態度、利用者を差別しないこと、利用者の秘密を漏らさないこと、図書館の自由を守ることなどが示されている。

専門的職員の意義や役割が社会的に了解されていくための条件整備の一つとして自らがこうした行動規範を示すことの意味は大きいと考えられるが、雇用状況の変化や指定管理者制度の運用に伴って必ずしも楽観的な状況ではない。司書の専門性とともに、公共図書館の社会的使命をより広く国民に了解され、公共図書館という自己教育のしくみを発展させていくことが必要である。

2—5　文庫活動

文庫活動とは、主として「子どもたちに読書の喜びを伝えたい」「子どもたちに良い本と出会わせたい」「地域での読書活動を充実させたい」などの目的で、個人あるいはグループで開設している任意の私設図書館活動を指す。1960年代〜1970年代にかけてさかんに開設された。子ども文庫、家庭文庫、成人も対象とした地域文庫などがあり、広域的な連絡会もみられ組織的な活動が展開されている。運営は、ほとんどメンバーの持ち寄りで行われ、自宅や公民館、寺院の一室を開放して活動の場としている例が多い。図書館と同様に本の貸出や読み聞かせの他、ハイキング、観劇など様々な活動が展開され、放課後児童や留守家庭児童に対する援助や非行防止、あるいはまちづくりに大きく貢献している。こうした活動の中から、公立図書館設置運動が展開された事例も見られ、公共図書館の設置促進に貢献している。また、障害を持つ子どものために特化された活動も見られる。図書館とは異なった形で子どもたちの読書活動を支援している。地域の読書を核とした社会教育活動を支えてきた。

（廣瀬隆人）

3.　地域博物館

3—1　地域博物館の考え方

地域博物館は、地方自治体が関わる博物館の設立・運営に関する実践的な理念・考え方として、現在、日本における主要な博物館観の一つとして定着した感がある。

地域博物館は、1976年に開館した平塚市博物館（神奈川県）の準備活動の中で、同館の小島弘義・浜口哲一ら現場の学芸員により提起された考え方である。平塚市博物館に影響を与えた館としては、横須賀市博物館（神奈川県）や大阪市立自然史博物館、東京都立高尾自然科学博物館などがあげられるが、いずれも自然史分野を中心にアマチュアの研究組織や個人が博物館に出入りし、活動を支援し、拡大させていく側面を強く持っている館であった。（浜口哲一『放課後博物館へようこそ』地人書房、2000年）

平塚市博物館が、開館20周年にあたり開催した記念展に際し発行した展示図録『博物館のできるまで　開館20周年記念展』（平塚市博物館、1996年）には、次のように書かれている。

> 博物館の建物に入ると、右手の案内に、この館のテーマが「相模川流域の自然と文化」であることが紹介されています。館のテーマということは、展示室のテーマというだけではありません。調査活動も、相模川流域をフィールドに進められています。普及行事でも流域を広く訪ね歩いています。20年間の館活動全体がこのテーマにそって展開されてきたのです。言い換えれば、地域のことを地域の人と一緒に見聞したり調べたりして、その結果を展示していくというのが、博物館運営の方針だということです。（『博物館のできるまで　開館20周年記念展』、30頁）

ここに、平塚市博物館で実践されてきた地域博物館活動の考え方、その基本がよく示されている。博物館運営の方針として、地域の

人と一緒に調べ、その結果を展示していくという点が強調され、博物館が立脚する地域への強い指向性と、博物館の持つさまざまな機能（調査・研究、資料の収集・保管、展示・教育活動など）を有機的に結び付けようとする姿勢が打ち出されている。

その後この考え方が、博物館学研究者である伊藤寿朗によって「地域博物館論」として博物館学の一理論として整理・紹介されたことにより、博物館職員や社会教育関係者、また博物館設営に看過しえない影響力を持つに至った展示業者などの間にも広く知られることになった。（伊藤寿朗『ひらけ、博物館』岩波書店、1991年）

平塚市博物館や名護博物館（沖縄県）・世田谷美術館（東京都）・宮城県美術館など、伊藤が取り上げた活動事例の他にも、地域博物館の考え方にそって各地で展開された中小規模の公立博物館の活動には、利用者である市民と一体となった博物館活動の展開という点で注目すべき成果を蓄積してきたものが多い。また、地域博物館のキータームにもなっている「参加・体験」や「地域と教育内容の結びつき」などの考え方は、各地の博物館における博物館友の会活動の展開や博学連携（学校教育との連携事業）などの活性化において一定の影響を与えてきている。

3—2　地域博物館論—問い直される論点—

伊藤寿朗は、「地域博物館論」を博物館法の理念に基づく中小規模の公立博物館運営にふさわしい理論として、また、大型中央志向型博物館旧来の博物館のあり方に対する「攻撃性を持つ」カウンター概念として位置づけた。そして理論の中核に、①資料の価値付けに関して総合性を重視し地域課題を軸とする方法論、②自己教育や市民自治の原則を育成し支えていくことを軸に博物館と市民との関係を重視する姿勢などを置いた。（伊藤寿朗『市民のなかの博物館』吉川弘文館、1993年）

しかし、その考え方が広がりを見せ、博物館学などの書物や雑誌などで取り上げられていくにつれ、「地域博物館」という言葉は一人歩きをはじめる。当初から伊藤が「用語としても混乱している」と認めていた通り、地域博物館は中小規模の公立博物館だけのものにはなっていない。現実には、県立クラスの大規模な総合博物館でも援用されるような概念として受け止められている。言い方を換えれば、地域博物館で生み出された考え方や活動は、地域志向を標榜する県立レベルの大規模館や多くの公立博物館に応用され、幅広く実践されている。しかし、そこには伊藤の掲げた理念や活動とは異なる内実も見え隠れしている。

その点でいえば、伊藤が、「参加・体験」に関する議論において、地域の現実を追認していくだけでは教育内容とはならないと指摘していることにはより注意を払う必要があるだろう。「参加・体験」は、生涯学習の要のように言われることが多いが、そのノウハウや方法論・技術論にだけ注目するのではなく、やはり内容とそれを支える理念、そしてそれらの質を見据えた議論が必要であろう。

近年、地域社会に生活する人びとを、「参加」を口実に上から組織化し動員する社会の危険性を指摘する声が出されているが、このような新自由主義的な政策動向の流れに、伊藤の「地域博物館論」や「市民参加」が乗せられてしまっては本末転倒であろう。（中野敏男「ボランティア動員型市民社会論の陥穽」、渋谷望「〈参加〉への封じ込め　ネオリベラリズムと主体化する権力」『現代思想』1999年5月号）地域博物館における「市民参加」は、平塚市博物館の事例を見ても明らかなように「動員型」のものではない。

また、平塚市博物館の浜口哲一は、著書『放課後博物館へようこそ』の中で、これからの地域博物館では、生活を彩り、教養を高め、親睦を深める、状況を変えていこうといった志向が弱い＝「けんかをしない文化」と、環境保護やいろいろな課題に取り組み、活動

を通じて自分も変わり人も変え、地域も変えていこうとするような動き=「けんかをする文化」という二つの考え方とどう向き合うかが大切であり、博物館を舞台にしたさまざまな活動が前者に留まるのか、それとも後者に「踏み出した内容」を持つのかが大きな課題になると指摘している。この視点は地域博物館の「参加・体験」「地域課題」などの内実を考えていく上できわめて重要である。

図II-10-1：朝日町エコミュージアム概念図

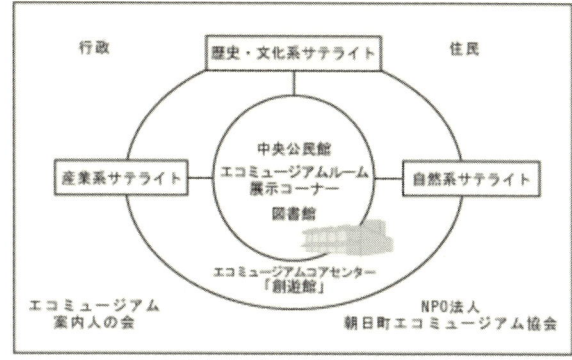

朝日町エコミュージアム概念図

それぞれの博物館によって「地域課題」はさまざまである。しかし、その地域のすばらしさを謳い、展示や教育活動のユニークさなどを売り物にするだけではなく、例えば、環境問題や人権問題などを積極的に取り上げていくような動きを模索し、また同時に、地域住民の「動員」ではない「参加」「参画」のあり方などを実践していくことが重要であろう。

そこに「地域博物館論」を深め、批判的に継承していく際の一つの展望があるのではなかろうか。待ったなしの状況になりつつある環境問題、ますます多文化・多民族化していく日本社会の流れのなかで、その現実を踏まえた「地域課題」の質、地域博物館のあり方と存在意味を市民の視線から問い直すということが必要である。(君塚仁彦「博物館展示論の視座から『地域博物館論』を読み直す」『大阪人権博物館紀要』第7号、2003年)

3—3 地域社会と拡大する博物館概念
　　　—エコミュージアム—

1990年代から現在に至るまでの時期において、地域社会と博物館、自然環境・まちづくりと博物館という観点で、国内的な広がりを見せている考え方の一つにエコミュージアムがある。地域社会を軸に博物館を考えたときに、博物館概念が拡大していく典型的な事例が、このエコミュージアム(Ecomuseum)である。

エコミュージアムは、1960年台後半にフランスの博物館学研究者であるアンリ・リビエールによって提唱された考え方で、エコロジー(生態学)とミュージアム(博物館)とを合わせて生み出された概念である。地方の民族文化の見直しや地方分権政策と関連しながら、フランス各地に広がりを見せる博物館活動であり、現在、世界で多数のエコミュージアムが運営されている。

日本では1986年に博物館学研究者である新井重三によって紹介され、「生活・環境博物館」などと意訳された。そして山形県朝日町が1990年代初頭に基本構想・基本計画に導入したことにより、一挙にその考え方が広がりを見せた。(朝日町エコミュージアム研究会編『国際エコミュージアムシンポジウム報告書—エコミュージアム』1992年、および福田珠己「地域文化再生の場エコミュージアム—新しい博物館づくりをめぐって—」浮田典良編『地域文化を生きる』大明堂、1997年)

1995年に設立された日本エコミュージアム研究会などの考え方によれば、エコミュージアムとは、「固有の文化を有しているひとまとまりの地域全体を博物館と見立て、住民と行政とがパートナーシップを有しながら地

域を学習し交流する施設と活動そのもの」であるという。(日本エコミュージアム研究会編『エコミュージアム理念と活動―世界と日本の最新事例集―』牧野出版、1997年) 日本国内では、その理念を生かしながら、自然環境に恵まれた過疎地域に多くみられ、その多くが地域づくり・まちづくり・グリーンツーリズムなどと絡み合う形で計画され、運営されている。

ところで、ここで紹介する山形県朝日町は、山形県の中西部、最上川とその支流である朝日川の河岸段丘上にある中山間地域の町である。日本の山間地域がおしなべてそうであるように、朝日町も過疎化が進み、その状態を打開するために、1970年代半ばには行政と住民とが町づくりに動き始めていた。その動きの中で朝日町に移住してきた住民により「朝日鉱泉ナチュラリストの家」が設立され、豊かな自然環境や伝統的な文化に対する再認識が住民に浸透していったという。そして1989年、政府が進める「ふるさと創生事業」を契機に、行政と住民とが協力する形でエコミュージアム研究会が設立され、まちづくりとエコミュージアムづくりが重なり合うように進められた。

1991年3月にまとめられた『朝日町エコミュージアム基本構想調査報告書』には、その理念と趣旨が次のように掲げられている。ここでは、その一部を紹介しておこう。

　　朝日町にとってのエコミュージアムとは、「楽しい生活環境観」の具現であり、そのためには町固有の生活を楽しみ、この町について学びながら、よく理解し誇りを持って生活していこうというスタイルの確立です。(中略・以下抜粋)
(定義)
① エコミュージアムは、朝日町の自然と人々の生活そのものです。
② 朝日町の自然環境と人間によって醸成された、自然と人間とのかかわりあいを伝統と産業社会の発展の中でとらえ、それを表現する場です。
③ 時間の中に生きる人間を表現します。
④ 空間を演出し、表現します。わが町の、自然を含めた生活空間を表現する博物館です。
(機能)
① 朝日町が進むべき道を求める研究所です。地域住民の生活と環境(自然環境と社会環境)に関する史的研究を進めるとともに、今後の望ましいあり方を探求し、各分野の専門家を養成する研究所です。
② 自然と文化の保護センターです。地域内に分布する自然遺産と文化遺産を保護し、乱開発からまもる資源・遺産の保護センターです。
③ 地域住民の学校です。朝日町に生活する住民が、生活や仕事のことについて学び、楽しく快適な生活や生産の実をあげる活動を促進する学校です。また、未来予測の知識を得ることができる学校です。

1999年にはNPO法人・朝日町エコミュージアム協会が設立され、概念図(1)に示されたようなシステムが構築、運営されている。最上川やブナ林などの自然遺産、古民家などの重要文化財、りんご畑などが地域内に点在し、中央公民館がコア施設となり、サテライトやディスカバリー・トレイルが周囲に点在するというエコミュージアム独自のシステムを展開させている。地域文化の創造と生活・生産をリンクさせた、拡大する博物館概念・エコミュージアムの実践例として、朝日町エコミュージアムの今後が期待される。

(君塚仁彦)

〔注〕
(1)NPO法人朝日町エコミュージアム協会ホームページ
http://www12.ocn.ne.jp/~a-ecom/

4. 地域文化と文化ホール

4—1　自己表現と地域文化創造

　民衆史を掘り起こし、記述することで、支配者に対して大多数を占める民衆自身の歴史の真実を明らかにし、歴史認識の変革をせまった歴史研究は、社会教育においても歴史社会認識を学ぶ学習方法論として受け止められ、定着してきた。同時に、体験を記述し交流しあうことで、人々に共通する課題や個々人の課題を自覚し、自覚をふまえた実践を展開することで自己を見つめ、自己変革をなしとげていく共同学習論は、わが国固有に生まれた学習論として発展してきた。また、自己の生活の真実と内面を綴り、生き様を見つめる学びとして展開してきた綴り方学習は、多様な形態で継続してきた。

　後になって、後藤総一郎が進めた常民大学の学習運動に学び、高齢者と共に、明治、大正、昭和を語り、そして綴り、『高齢者の語り、ふるさとへの伝言』を誌してきたある町公民館学級の取り組みは、20年の月日を積み重ねることで、すでに他界した人々をも含めて、一人ひとりのかけがえのない存在を記すと共に、「名もない」人々が記したこの地域の分厚い民衆の歴史記録そのものとして光輝く地域の遺産となっている。(1) そこには、生活の知恵や工夫、そしてこの地に生きることの意味が素朴に、率直に語られている。これは、一人ひとりの自己表現が、地域文化を創造していく典型的な事例である。高齢者に寄り添い、この取り組みと共に社会教育主事としての自己形成を遂げてきた若き日の石原照盛氏は、その第1号に、「この町にこんな素敵な人達がいる、なんて素晴らしいことだろうかと共に編集を進めた担当者として希望が湧いてくる思いでした。本気になって関わりをもてば、共にひびきあうし、変わることができることを、この編集を通して強く感じました。」と記している。高齢者の綴りの内実と真摯な学びの姿勢が、若い社会教育主事をも学ばせずにはおかなかったのである。

　1966年に福岡で始まった子ども劇場運動は、生の優れた舞台芸術の感動にふれさせることで子ども達に豊かな感性を育てていこうとした取り組みとして、全国の親たちに受け止められ、発展してきた。この取り組みは、子どもに「時間と空間と仲間を保障する」（鹿児島県子ども劇場協議会）ための地域子育て活動へと発展し、今日では、芸術鑑賞運動だけでなく、自らが演じ、表現し、地域に発表することで自己表現主体へと形成していくアートワークショップのとりくみへと展開している。これに限ったことではなく、合唱、ミュージカル、演劇、バレエ、民話を語る活動、朗読、映画づくり、親子読書活動など、人々の自己表現活動は多様な展開をみせてきた。

4—2　地域文化創造の新たな展開
——文化協同と文化の権利保障——

　すでにみたように、人々の多様な表現活動の広がりは、相互に交流を深め、様々な地域づくりの取り組みとも協同してきている。また、子ども劇場に見られるように、地域における文化運動団体や芸術文化専門家集団の取り組みが、相互にネットワークしながら、地域文化創造の取り組みを具体化している。そうした動向に呼応しながら、ここ10数年来、自治体を中心にして、地域文化ホールづくりの取り組みが本格的な展開を見せている。

　2001年12月に公布施行された「文化芸術振興基本法」は、国民の文化的享受と創造の権利に関わって、国や自治体の課題を規定し、あるべき文化芸術振興の方向を指し示した法律である。これに導かれて、都道府県や市町村において、独自の文化芸術振興の基本的なあり方を条例化していく動向も見られるようになってきた。地域文化創造と、人々の文化権を保障する法律として、その発展的解釈と定着化をすすめていくことが課題とされてきたところである。

4—3　文化ホール建設の時代

　第二次大戦後、文部次官通牒の「初期公民館構想」に応えて公民館づくりが進み、各地の自治体で学校など基本的な公共施設の設置がほぼ整った後、1970年代には図書館と共に社会教育諸施設の建設が飛躍的に進んだ。こうした時代を経て、文化ホール建設が本格的に進展したのは、1980年代であった。この時期になると多くの自治体で地域文化振興が政策課題として意識され、自治体計画の中に文化ホール建設が位置づけられるようになった。これ以後、ホール建設は盛んになり、その勢いは今日まで継続してきたといっていい状況である。ここで文化ホールという場合は、劇場、市民会館、文化センターなどホールを中心とする施設ないし複合施設としての文化会館を中心にして、公民館やコミュニティーセンターなど公共施設とホールとが複合化して設置された文化ホールまでを含んでいる。

　ちなみに、ここ10年間の文化会館の変遷を紹介すれば（表Ⅱ-10-5）、その施設数は1,010館から1,892館と約2倍弱、事業実施数と参加数はほぼ1.5倍に増加している。また2001年の教育委員会や社会教育関係施設が実施した諸集会（講演会、文化・体育事業等）の参加状況

表Ⅱ-10-5：文化会館の変遷

区分	年度	計	公立	私立
施設数	2002年度	1,832	1,677	155
	1990年度	1,010	934	76
事業実施件数（件）	2001年度	159,939	145,079	14,860
	1989年度	115,824	104,585	11,239
参加者数（千人）	2001年度	30,765	19,365	11,400
	1989年度	22,095	17,210	4,885

（注）　1．「施設数」は2002年10月1日と1990年10月1日の数値であり、「事業実施件数」と「参加者」数はそれぞれ、2001年間、1989年度間の数値である。
　　　2．出典は、文部省および文部科学省の各年度『社会教育調査』であり、これを基に筆者が作成した。

をみると、文化会館が2,903万6千人で最も多く、これについで公民館が2,506万2千人、民間体育施設が1,657万3千人である。文化会館での諸集会への参加数は、3年前の調査時点に比して110万5千人増（伸び率4.0％）となっている（いずれも、文部科学省『平成14年度社会教育調査』）。これらは文部科学省が把握した行政関係施設のみの数値である。それでも、これらの数値には、文化ホールの果たす役割がいかに大きくなってきたかが如実に示されている。

4—4　地域文化の創造と発信

　文化ホール建設の時代は到来した。しかし、多くはハコもの建設に対してソフトが欠落してきたと言わざるをえない状況がある。またその稼動実態をみれば、主催事業はごく少なく、ほとんどが貸し館で占められていることが多い。文化ホールが、専門職員を核にして芸術文化専門家集団の協力と住民の参画によって、文化創造の拠点となり、あるいはそれが地域文化を掘り起こし、新たな文化創造の拠点となって、地域を揺り動かしていくような場になっていくことが求められよう。

　文化ホールには、それぞれの地域に即した個性的なホール運営論や文化事業のプログラム論、これを担うことのできる専門スタッフ、住民のボランティア的な参画、主催事業のための財政措置などが不可欠である。文化ホールの取り組みは、地域における人々の生活とそのなかで生み出されていく地域文化創造の営みにどのように関わっていくのか、これが問われているのである。そうした視点で各地の文化センターづくりをとらえてみると、ホールの企画、設計段階から、行政、住民、専門家の三者を交えて住民の要求や地域の文化活動の蓄積を反映した文化ホールづくりを進める事例が徐々に増えてきた。

　事例にはいくつかの特徴がある。①演劇や音楽の鑑賞活動などが住民の文化活動として蓄積を持っており、ホール建設に対する住民

表II-10-6：文化会館におけるボランティア登録制度のある施設数と登録者数

区分	登録制度のある施設数	団体登録制度のある施設数	登録団体数	団体での登録者数	個人登録制度のある施設数	個人での登録者数
計	298	206	479	17,815	112	8,150
都道府県	27	8	12	1,732	21	827
市（区）	107	71	175	5,839	42	5,743
町	151	116	269	9,594	46	1,515
村	6	5	14	391	1	10
組合	3	3	5	131	—	—
私立	4	3	4	128	2	55

文部科学省『平成17年度社会教育調査』から作成した。

側の要求が強く存在しており、これがホール建設を牽引していく場合もあろう。また、②住民の文化活動とホール建設への要求は弱いが、見識と力量のある職員ないしは職員集団が存在し、地域に目を向けたホール建設と運営に取り組むことで、ホール建設を通じて住民参加が展開している場合もあろう。さらには、③日本においては数少ないのであるが、芸術専門家集団がある地域や地域の文化ホールを拠点にして、文化活動を展開することで、ホールが地域に根づき、地域住民の参加が生まれていくような場合もある。いずれの場合にしても、地域文化創造という視点からは、専門職員、芸術文化専門家と共に文化ホールづくりに参画していく住民の存在がポイントになる。表II-10-6は文化会館におけるボランティア活動状況を示しているが、住民と共に文化ホールづくりを進める状況が全国的に広まりつつあることが示されていよう。

4—5　文化ホールづくりとホール各論

　文化ホールづくりの主役は、どの場合においても住民自身であるが、それぞれの地域実情においては、主役としての住民がどの段階から登場してくるかに違いが認められる。ここでは、先に指摘した文化ホールづくりの3つの特徴に即して事例紹介しながら、あるべき文化ホール各論を吟味していくこととする。

1）市民の主導的な参加による文化ホールづくり

　日常の鑑賞活動や市民の文化活動が土台となり「ホールをつくる会」などが組織され、そうした運動の成果として、市民団体と行政とが対話を通じて合意を生み出し、協同のとりくみでホール建設を進めた事例である。大阪府岸和田市立文化会館や吹田市メイシアターなどがある。大阪府下や兵庫県などに多く見られる事例(2)であり、近年では六年間の準備作業を経て実現した茨城県美野里町の四季文化会館(3)なども注目される。吹田市では、メイシアターの建設にあたって、各層の市民や市民団体および専門家の意見を十分に聴き、話し合うことを行なった。そして、ハードからソフト、ソフトからハードへのフィードバックを繰り返しながら検討することで、市民や芸術文化専門家から喜んでもらえる、使いやすく見やすい会館ができたという。この施設は、1,400席の大ホール、600席の中ホール、1,50席の小ホールを持ち、練習室、会議室などを持つ大型施設である。ここでは、地域文化を振興させていくために、職員自身が各団体との連携を密にして数多くのネットワークをつくることでアートマネージメント

を実施してきた。「子ども演劇祭 IN 吹田」では子ども劇場やアマチュア演劇人などと、「人形劇カーニバル・コンクール」では日本人形劇人協会関西ブロックと、「ファミリー・ミュージカル」ではプロの劇人と市内の家族が、音楽コンクールでも市内の音楽家や作曲家との協同で、「吹田創作民話」では市内の民話を次代に伝えるためにその専門家や少年少女合唱団などと、協同のとりくみを地道に進めてきた。これらのとりくみのいずれにおいても、市民が主体となる文化ホールづくりを推進したことが土台となっている。

2）見識と力量ある職員による実践づくりから住民参加へ

沖縄県で最初の音楽専用ホールを持つ施設として設立されたのは佐敷町（人口約1万1千人）のシュガーホールである。1994年6月のことであった。(4) この施設は、ホールと、公民館的機能のコミュニティー施設、そして野外ステージで構成される複合施設である。設立の趣旨は、町当局が「県内外に誇れる個性あるホールをぜひ誕生させたい」という町おこしの拠点施設づくりを意図したことにあったが、ハード先行型の設置であり、沖縄本島の南の端という地理的条件など考慮すると、その運営は困難なことが多く、運営を任されたスタッフにとっては、まさに「背水の陣」の心境で取り組まざるを得なかったという。

町民は「敷居の高いシュガーホールを町民の手に取り戻す会」をつくって反発する動きもあったほどであった。それは、ミュージカルをやりたい青年たちであった。こうした動向を、「町民の主体的力量の芽」として評価し、はたらきかけていった職員がいる。まずは異世代、異業種の青年たちに呼びかけ「ゆんたく会（自由に語り合う会）」を生み出している。ここから、地域での結びつきを失いがちな青年たちが、シュガーホールを「たまり場」として新しい絆を取り戻して行く実践が展開し、町民ミュージカルが取り組まれていく。この取り組みでは、年齢の異なる多様な町民が触れあい、協同し、知恵を伝達し合う場となり、地域文化を再発見する場となり、プロの支援も得て、完成度の高い舞台に完成していった。一方、子ども達に対してはシュガーホールジュニアオーケストラが結成されている。大坂シンホニカー交響楽団の公演のバックステージプログラムや地域に居住する演奏家の協力を生かしての実践である。それは、廃部寸前だった町の吹奏楽部が県内の大会で7年間連続金賞を獲得するという快挙につながり、ホールができる前には考えられなかったことが現実のものになったという。1998年度からは、佐敷文化まつりを開催し、「組踊」や「狂言」など伝統芸能の復活と再生も行われている。先の経緯から、町青年会はホールのオープンと同時に再結成され、シュガーホールの事業と共に地域で活躍する青年会として根づいてきている。

このように佐敷町では、ハードが先行したが、職員の努力が文化ホールを地域文化創造の場とし、地域住民の拠り所へと成長させてきたのである。その職員は図Ⅱ-10-2のような教育委員会組織の中に位置づいている。

3）芸術専門家と地域住民の協同が文化ホールを育てる

同じ沖縄の勝連町（人口約1万6千人）には、2001年5月に開館した「きむたかホール」があり、演出家・舞踊家の平田大一氏が、地域の子ども・高校生250名による新作組踊「肝高の阿麻和利」を実践的に取り組んで、出演者総数150名、上演一回につき観客動員数1500人で、成功させている。(5) これを期に、子ども・高校生の共感と期待が高まり、同氏は「きむたかホール」の館長に就任している。教育委員会と町当局が、当時32歳の芸術文化専門家館長による「子ども主役のホールづくり」を期待したことを背景としている。職員は、同氏を含めて5名。いずれも館長より若い職員で構成されている。結局、子ども達は、

図Ⅱ-10-2：シュガーホール運営組織図

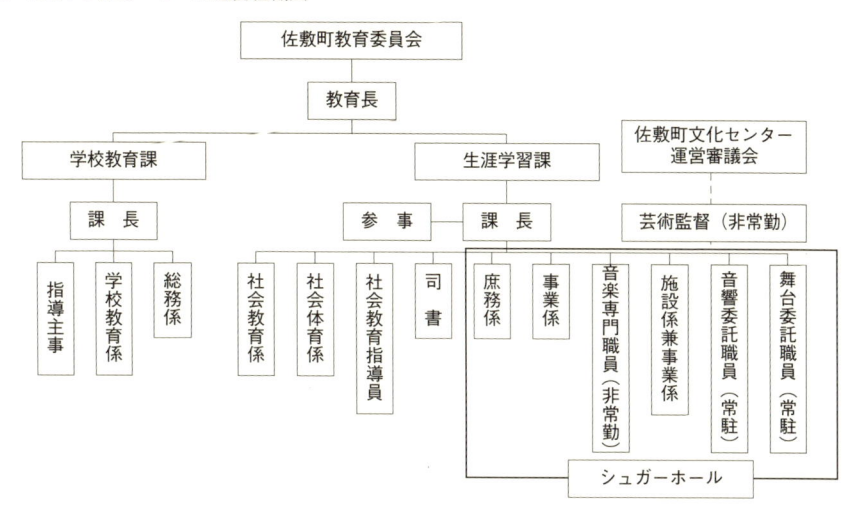

```
                    佐敷町教育委員会
                          │
                        教育長
          ┌───────────────┼───────────────┐
       学校教育課         生涯学習課      佐敷町文化センター
                                           運営審議会
          │         ┌──────┴──────┐
        課長       参事         課長       芸術監督（非常勤）
    ┌────┼────┐    │    ┌────┬────┬────┼────┬────┬────┬────┐
   指導 学校 総務  社会 社会 社会 司 庶務 事業 音楽 施設 音響 舞台
   主事 教育 係    教育 体育 教育 書 係   係   専門 係兼 委託 委託
        係        係   係   指導       職員 事業 職員 職員
                           員         (非常 係   (常駐)(常駐)
                                       勤)
                                    └──────シュガーホール──────┘
```

◆シュガーホール各セクションの業務内容
◎事業係
・自主事業の企画及び実施に関すること
・事業予算の編成に関すること
・音楽文化の振興と育成に関すること
・舞台芸術にかかる資料の収集に関すること
・運営審議会、自主事業実行委員会に関すること
・施設利用の広報、公聴に関すること
◎施設係
・舞台設備、照明設備、音響設備の操作、管理、保守点検に関すること
・貸し館業務の際、公演の打合せに関すること
・照明、音響などの技術指導、相談、サークル育成に関すること
◎庶務係
・施設の管理運営にかかる歳入歳出予算に関すること
・自主企画事業にかかる歳入歳出予算に関すること
・庶務に関すること
・文書の収受に関すること
・使用許可及び使用料徴収に関すること
・施設の利用状況調査、報告に関すること
・チケットの販売管理に関すること
◎音楽専門職員
・シュガーホール自主事業の企画実施に関すること
・音楽をはじめとする舞台芸術に関する情報の収集
・芸術監督の補助業務
◎芸術監督
・シュガーホール自主事業の企画実施に関する助言、指導
・出演団体、個人、音楽事務所等との交渉、打合せに関すること
・シュガーホールのおこなう芸術文化創造活動の育成に関すること

宮城光也「沖縄・佐敷町シュガーホールの実践」『月刊社会教育』2003年11月号、53頁

10 文化・スポーツ

その新作組踊（くみうどぅい）の上演活動に参加しながら、「きむたかホール」を自分達の拠り所とし、学校や部活動を終えた放課後には、自分達で集い、仕事をみつけてはそれをこなし、閉館までに帰っていくのだという。「ダンシング、ドリームス、キムタカ」というダンスのグループ、「キムタカバンド」、「ホールプランナーJR」等の小グループに組織された子ども達を総称して「きむたかキッズリーダーズ」と呼んでいる。子ども達は、文化ホールの自主事業の際は、ボランティアスタッフを積極的に受け持ち、全員が役員として配置に着く。それは「受付」、「ケータリング」、「場内外の整理係」などである。地域の文化ホール業務への役員としての参加は、地元の小学生から憧れの存在として認知されているのだという。地域文化ホールへの子ども・高校生の参加が見事に実現した実践である。

平田氏が取り組んだ新作組踊「肝高の阿麻和利」が大成功し、子ども達の伝統や伝統芸能、そして地域への自負心の獲得があり、子ども達自身の自信や生きがい観が確かに身についている。その自信は、地域の文化ホール活動への参画へと結びついている。その要因を整理しておこう。一つは、平田氏自身の沖縄舞踊と演出の専門家としての力量と子ども達をひきつける琉球の舞踊を通した指導力にあろう。氏は、新作組踊の成功のために、遊びを中心にした練習を50回も継続している。また、館長として、「①地域づくりの震源地であること、②人づくりがテーマの新たなる学びの場であること、③人間交流の一大拠点であること」(6)をめざしていたことである。二つは、氏の実践が、沖縄に伝統的な「あしび（うた、踊り、遊び）」、「ゆんたく（自由に語り合う）」の手法を取り入れていること、それが、「あしびなー（あしびと、ゆんたくの庭）」において展開されていることである。「あしび」と「ゆんたく」は、新作組踊「肝高の阿麻和利」の創造の総ての過程であり、「あしびなー」は、「きむたかホール」そのものであろう。三つは、その新作は、かつての勝連城主であった阿麻和利の悲劇が題材となっており、沖縄の正史においては否定的にとらえられることの多かった人物を、勝連の勇者として再評価して、これを組踊という形式の戯曲に構成したことである。同時に、「平敷屋エイサー」、「浜の京太郎」、「平安名のテンテンブイブイ」、「長者の大王」など、地域の伝統芸能をそのまま生かして構成していることにあろう。かくして、芸術文化専門家と地域の子ども・高校生が地域の文化ホールを拠点として、地域文化創造の典型的な形を生み出したのであった。

4）地域文化ホール各論の創造

以上、ここでは文化ホール論について、ボランティア・住民参加論、専門職員論、芸術専門家論、住民、職員、芸術専門家相互の役割と連携論、地域文化創造に取り組む文化ホールの文化事業プログラム論、そしてホール運営論に着目し、実践分析を通じて検討した。

最後に、今日の課題を指摘しておこう。それは、自治体財政難を乗り越え、市町村合併後のコンセンサスづくりをいかに進めるかという課題である。第一に行政内部における充分な議論とコンセンサスづくりの必要である。第二に、文化ホールを守るために、文化芸術振興条例の制定などを自治体政策として位置づけていくことである。例えば、福岡県杷木町は2004年10月1日に、子どもの文化権を明記した「杷木町文化芸術条例」を制定している。第三に、ホールスタッフ、職員の継承者を養成することである。

(小林平造)

〔注〕

(1) 石原照盛「常民大学の学習運動が築きあげたもの」『月刊社会教育』2003年11月号、邑楽町あすへひとこと編集委員会編『高齢者の語り第一集、あすへひとこと』邑楽町公民館、1986年2月参照。

(2) 三好康夫「行政と市民の新しい関係」『月刊社会教育』1995年2月号、荒起一夫「地域文化を育むホール運営」同前参照。

(3) 深作拓郎「ハードもソフトも住民主役でつくり上げた文化センター」『月刊社会教育』2003年11月号参照。

(4) 渡名喜元久「創造する地域文化空間の最前線にて」小林文人・島袋正敏編著『おきなわの社会教育─自治・文化・地域おこし─』エイデル研究所、2002年7月、173頁～参照。また、宮城光也「沖縄・佐敷町シュガーホールの実践」前掲『月刊社会教育』2003年11月号など参照。

(5) 平田大一「新たな学びの場づくりを目指して─勝連発！新世代人づくりの法則─」前掲『おきなわの社会教育』168頁～など参照。

(6) 平田大一、同前。

第11章

学校・大学

はじめに

1．コミュニティ施設としての学校
　　ー聖籠町の事例を通して
　　―1　住民自らも担う
　　―2　学校応援団「みらいのたね」
　　―3　学校が地域づくりをも担う

2．子どもの活動と学校施設
　　―1　学校週5日制下の子どもたち
　　―2　子どもの居場所としての学校

3．小・中学校の開放と公民館
　　―1　事例A―小学校との連携による取組―
　　―2　事例B―中学校との連携による取組―
　　―3　学校開放の課題と今後への期待

4．高等学校の開放と公民館
　　―1　成人の学びと「高校開放講座」
　　―2　高校制度と地域
　　―3　「総合学習」の導入と公民館の可能性

5．大学開放と公民館
　　―1　大学開放事業の類型
　　―2　大学と公民館による事業連携の諸形態
　　―3　連携事業をめぐる課題

11　はじめに

　公民館を学校との関係で考えようとするとき、誰しもまず想起するのは、1970年代にもてはやされた「学社の連携」であろう。生涯学習論のもとに、学校教育と社会教育の双方がそれぞれの特性を活かしつつ、足らざるところを相互に補完しあおうという意図がこめられていた。だが、学校教育と社会教育の役割分担は明確になったものの、必要な分野での連携がかならずしも十分に実現されたわけではなかった。(1) 10年後に、「学社融合」論が提唱されるのは、そうした理由によるところが大きい。もっとも、学社融合にしても、栃木県では意欲的な取り組みがなされたが、全国的に広く普及し、定着をみたとは言いがたい。これらの事実は、学校教育と社会教育とが連携し、協働するのがいかに容易ならざることかを暗示している。

　かつてノールズは、アメリカの成人教育機関を、(1) 学校や大学などのように、元来青少年教育のために設けられたもの、(2) 図書館、博物館、隣保館、コミュニティ・センターなどのように、地域社会全体に奉仕するために設けられたもの、(3) 労働組合、企業、行政機関、協同組合などのように、教育以外の目的のために設けられた機関で、その目的を遂行する手段として成人教育事業を行うもの、に大別した。(2) これにしたがうと、本章で取り上げる学校と大学は第1の種類に、そして公民館は第2の種類に該当し、もともと成り立ちが異なる。

　そこに、わが国の場合、縦割りの行政機構という旧弊も加わる。すなわち中央にあっては文部科学省、地方自治体にあっても同じく教育委員会の組織内にありながら、学校と公民館を所管する2つの部署は没交渉にひとしい。ちなみに、大学の場合、文部科学省の所管に属するわけであるから、市町村が設置認可する公民館とはさらに疎遠な関係を余儀なくされているのだ。

　近時、地方自治体が断行しつつある社会教育政策の影響も看過するわけにはいかない。ひとつは、教育委員会のもとにあった公民館を首長部局に移管し、コミュニティ・センター化しようとする動向であり、他のひとつは、指定管理者制度の導入である。実態をみるにつけ、懸念されるのは、こうした措置が公民館本来の役割を剥奪し、同時に学校との関係を断ち切ってしまうことである。

　いずれにしても、学校および大学と公民館との間でパートナーシップを構築するのは至難の業である。ひるがえって言うと、しっかりとしたパースペクティブを共有するとともに、よほど意識的な努力をしないかぎり、学校および大学と公民館とが連携、協働する関係を創り出すことはとうてい望めない。そこで本章では、学校・大学と公民館に連携・協働が要請されるようになった今日的背景とともに、その実践や課題について考察する。

　まず第1節では、新潟県聖籠町の、学校を「コミュニティ施設」として捉えなおそうとする運動を紹介する。子どもの学力低下や青少年非行の発生率の高さがとりざたされると、われわれは、その原因をともすれば個人の責任に帰してしまいがちである。しかし聖籠町では、ちがった。青少年問題を社会的な文脈のなかに位置づけることによって、地域住民がこぞって問題の解決に立ち上がる素地が形成されたからである。学校がコミュニティ施設へと生まれかわる契機は、そこにあった。

　続く第2節では、学校週5日制下での子どもたちをめぐる問題状況を概観した後、学校を中心とした居場所づくりを提案する。ここには、学校＝「管理された時空間」とみなす通念に転換を促す大胆な発想が息づいている。

　こうした基本的な視座を提示した後、第3節以降では、小・中学校、高等学校、大学の学校段階別に、公民館との連携・協働のあり方について検討する。

　　　　　　　　　　　　　　　　　　（小池源吾）

〔注〕
(1)草原克豪「『学社融合』について」『社会教育』全日本社会教育連合会、1996年2月
(2)マルカム S. ノールズ著・岸本幸次郎訳『アメリカの社会教育―歴史的展開と現代の動向―』全日本社会教育連合会、1962年、266-267頁

1．コミュニティ施設としての学校
―聖籠町の事例を通して

　聖籠町は新潟市の北隣に位置し、1955年の町村合併促進法により、海岸部の亀代村と内陸部の聖籠村が合併する際、諸課題の合意をみたが、亀代中学校と聖籠中学校の統合だけは積み残されたまま、町教育行政の大きな課題として見え隠れしながら、両中学校で教育活動が進められてきた。

　私は、1977年から17年間、聖籠町公民館主事として勤務、両村合併して約半世紀が経つのに両地区間にある溝を感じていた。例えば、高校がない聖籠町では、子ども達は中学校が最後の学び舎となり、町民として交流のないまま、町外の高校へ。そして、公民館が担当する成人式で再会するのであるが、新成人にある二つの中学校の溝を寂しく感じていた。一般的に学校の統合は少子化や合理化の側面をもつが、聖籠町の場合、まちづくりの視点でとらえられた。

　1994年の町長選挙で各候補が見え隠れしていた両中学校の統合を公約として取り上げ、当選した町長は「統合は住民の合意も大切にしたい」と初議会で述べた。そして、「これからの教育行政は学校教育の発想だけでなく、地域全体を巻き込む発想で、生涯学習の視点と社会教育の手法で進めたい」との思いから、私に教育長職への就任要請があり、その年の12月に就いた。

　1995年、統合に向けて教育委員会主催で全集落を対象に座談会を開催した。会では統合への思いの他に、今の学校への要望や疑問点、そして、「教育委員会は日常の活動として、もっと住民と学校のパイプ役を果たすべきだ」という教育委員会への課題も出された。

1―1　住民自らも担う

　この座談会から統合中学校への合意を受けとめ1996年の第1回町議会において町長の諮問機関として「統合中学校建設推進委員会（以下、委員会）条例」を提出し可決され、本格的に建設に向けて動き出すことになる。

　聖籠町では、それまでの諮問機関を町議会議員・団体長・学識経験者で委員構成し、事務局案を数回審議して答申するケースが大半だった。しかし、今回はその手法をとらなかった。町行政により造って与えられたものと、町民が関わりながら造ったものとでは、出来た後の利用方法や活かし方が大きく違ってくると考え、委員会定数の最大限を直接学校教育に関わりのない一般町民から選出した。20名の内、3人は専門家（教育研究者・元県教育長・建築研究者）で、あとはサラリーマン・農業者・主婦・保護者で平均年齢45歳による教育や建築分野では素人の集団が組織された。

　委員を委嘱する時も委員会がスタートした頃も「おれは素人だから」と自信の無い関わり方だった。私は公民館主事時代、館を住民の学びと交流の場にすることに心がけた。委員会の活動は調査審議と表現すべきだが、実態は公民館主催「学校づくり講座」のようで、学びと交流そのものだった。そのような会の運営を重ねながら委員は変わっていった。

　委員会スタート時、「あんな教育の素人集団で学校がつくれるのか」という声も聞かれた。しかし、専門家と名がついてしまうと人はえてして、これまでの固定観念に縛られてしまい、新しい発想ができないことがある。ゼロからの見方、縛りの無い発想で学校やそこでの生活や学びを創造してほしい思いがあり、素人の人選を考えた。素人であるがゆえに枝葉の部分でなく、学校は何のためにあるのか、子どもは何のために学校へ行くのか、というかつては自明と思われていたことを今一度見直して、「学校は変わらなければいけないのか。そうだとすれば、21世紀に向けてどんな方向に変わるべきか」といった根の学習を進めていった。

　委員会の代表の横井正さんは会社員。当時、自身の子どもは中学校を卒業。その横井さんは「私はとくに教育熱心というわけでもあり

ませんでしたし、何かの役に立てるのならと委員を引き受けました。最初は2つの学校が一緒になって大きくなるだけかと思っていました。だけど勉強するうちに、だんだん考えが変わってきました。これまでのやり方のまま一緒にするだけなら、統合させる必要もないのではないか。新しくつくるなら子どものための学校。21世紀の学校をつくろうと思うようになりました」と語る。

建築研究者の立場で委員を受けていただいた村尾欣一さんは「統合学校づくりは単なる施設の計画でなく、教育と文化づくりであり、まちづくり運動の中心にもなり、その最終仕上がりや質は『住民自らも担う』という行政側の姿勢と情熱がうかがわれた。委員の回を追うごとの真剣な発言にその強い意志が育ち、町全体への広がりを実感できる」と発言され、改めて『住民自らも担う』学校づくりを考えさせられた。

義務教育の問題点が指摘されている。一斉画一の授業形態が子どもの創造性や考える力を伸ばしきれていない・北側片廊下に同じ型の教室という変化に乏しい校舎は多様な子どもに応じにくくなった・知識伝達中心で、体験学習が十分でない・生徒指導は対症療法的で、積極的自立を深めきれない・国際化情報化の課題に向き合う空間が必要等の課題を整理した。実際に学校で学び生活する生徒へのヒアリングから、現実の校舎とのギャップがあり、課題と向き合いにくいことが分かった。

委員会の校舎構想答申は、すべての教科に特別教室がある教科教室型を基本とした。教科教室型を採用する公立中学校は全国に少なく、新潟県内では初めての採用であった。そして、委員会は「保護者も積極的に学習活動に参加でき、地域・家庭と連携協力し豊かな教育を推進できる、開かれた学校であること」の発想から、校舎内に「地域交流棟」を設けた。

それは聖籠町が抱える大きな課題があったからである。青少年問題である。私が聖籠町に関わって以来、青少年補導件数が近隣の同じ規模の自治体は毎年数人の1桁なのに、聖籠町は2桁であった。このことは、学校の責任もあるかもしれないが、やはりそこでずっと暮らす人の文化とか生き様とかが子どもに影響すると考えたほうが自然だ。

長い間、青少年非行の発生率が高い。そのスパンで学校をみると確かに空間は変わらないが、そこで大きなウエイトを占める教職員はすべて入れ替わっている。だから入れ替わりのない、異動の無い住民あるいは地域が子どもの成長に大きなウエイトを占めているのではないか。大人が良い姿・良い思い・良い楽しさを伝えるべきであり、見せるべきではないか。

子どもの学力低下が話題になっている。学力は個人に属すると考えがちだが、そうでなくまず社会に属すると考えるべきではないか。子どもは、親の意識・マスコミ・地域社会の大人を通じて学力の基礎となる知的態度を取り入れている。子どもが学校でどんな学習テーマに関心をもち、どんな態度で学習に臨むかは学校の中だけで決まるものではない。学力低下という現象が子どもに生じているとしたら、それは子どもだけに生じているのではなく、社会の側に低下が生じていると考えるべきである。大人社会の雰囲気や態度に低下が生じないで、子どもの世界だけに生じていることは無いと考える。

聖籠町の青少年問題の根も大人社会の雰囲気や態度のあり方の同一線上にあると思えてならなかった。統合中学校づくりを通して、そのことと向き合いたかった。

そして、学校はいつから学校教育を「学校の先生」だけで行い、他を寄せ付けない方向になったのだろうか。体育館やグランド開放という形で地域に開いてはいたが、あくまでも学校教育法第85条の「学校教育上支障のない限り」で「利用させることができる」という発想では、学校と地域の交流を生むものではない。聖籠町に建つ学校である。聖籠町全体の応援が不可欠と考えた。

これからの学校は、教職員だけで運営できるものとは思えない。学校と地域はサポートする側とされる側でなく、お互いよきパートナーとして存在する必要があるが、教職員は異動で替わってしまう。異動の無い地域住民が「聖籠中学校はこんな願いで建てられた」と伝えることが求められる。

1—2　学校応援団「みらいのたね」

　そこで統合中学校内に「地域交流棟」を設けた。住民専用の玄関をもっている。住民が気軽に学校に入ってもらい、学校教育に関わってもらうことで、生徒・教職員と住民の交流につながり、町全体で子どもを自然なかたちで見守ることになると考えた。

　このような考えの背景には、答申を出した素人集団の学校の第一印象が「学校は敷居が高い」であったことがある。学校の敷居を低くさせた具体的なかたちが「地域交流棟」であった。この棟が地域と学校の両者にとって有益な場にしないと新校舎を建てた意味がない。よく言われる「地域に開かれた学校」ではない。「地域に開かれた」だと、学校が地域に開くという意味になり、学校中心になる。しかし、「地域の中の学校」という言い方をすれば、地域が主体でその中にある学校になる。

　学校のハード面の準備が整った後、この棟を拠点に地域が学校とどう関わっていくかが課題であった。1999年1月、次のような呼びかけを行った。

　「『学校』は誰のものでしょうか。もちろん子どものものではありますが、それだけでなく、すべて町民のみなさんのものでもあります。公立学校は住民の税金によって運営されているのですから、すべて町民は学校について知る権利があり、意見をのべることができます。

　日本の学校にはいろいろな問題や課題があります。そのことを学校のせいだ、教育委員会や文部省のせいだと責任を求めることも大事ですが、もっと積極的に学校と関わりながら、みんなで学校を育てる発想が大切ではないでしょうか。

　どなたでも参加できます。『統合中学校を育てる会』へ参加しませんか」
と呼びかけた。

　この育てる会を立ち上げて、地域交流棟での活動内容について地域住民が考えていくこが大切と考えた。地域住民が使う棟だからである。2年間、民間の地域づくりアドバイザーからワークショップ等の支援（教育委員会で予算化）を受け、基本理念や運営方針の計画づくりのプロセスをふまえた。

　この育てる会は行政主導で進めてきたが、持続可能な会にするために地域住民主導にシフトを変える課題があった。2000年7月、育てる会は発展解消し、『せいろう共育ひろば・みらいのたね』（以下、みらいのたね）と名称を変えた。

　私は「みらいのたね」を純粋な学校応援団ととらえている。それはメンバーがPTA会員であることにとらわれず、町内外から聖籠町の子どもの未来を考える地域応援団として活動していることによる。

　「親は学校に人質として子どもをとられている」と言われてきた。子どもが学校に通うことは変更したり、止めたりするわけにいかないから、保護者は学校の教育内容等に関して言いたいことがあっても、学校には言いづらいという趣旨である。

　教職員は学区外からの通勤者が多く、地域のことは表面的な理解にとどまってしまいがちである。保護者との会話はどうしても子どもの生活や学習のことが中心になってしまい、地域の情報交換まで踏み込めない。よって保護者と教職員は相互に理解しあえるという関係にまでいかないまま、子どもの卒業とともにその関係を終えてしまうことが一般的ではないだろうか。

　その点、「みらいのたね」は子どもが在学中でなくても会員になれる。また、地域住民としては卒業がないので、長い間にわたり学

校と関わりをもつことができる。つまり、PTA会員にはできない学校と関わり方をできるのが、「みらいのたね」といえる。

1—3 学校が地域づくりをも担う

聖籠町の統合中学校は少子化や過疎化ではなく、地域づくりが目的であった。農業の地域であったが、社会変化により地域社会のコミュニティとしての性格が薄れてきている。私は地域との関わりをもたせた統合中学校がそのコミュニティの再生につながっていくことを期待している。

社会の流れは地方（地域）の時代である。そこに生活する住民の自己決定の拡充と住民参画の拡大のためにも、新しいコミュニティの創造が求められている。その舞台をも担う。

子どもは大人を映す鏡である、という。子どもを変えようと思ったら、まず大人が変わらなければならない。新生・聖籠中学校が今のような姿でできあがったのも、町や地域住民、教職員たちの学びが背景にあった。

21世紀最初の年の春、新生・聖籠中学校が竣工した。設計をされた香山壽夫先生は「建築の設計とは、今目の前にいる相手に対して応えているだけでなく、その外側にいる人、そして、いつの日か現れるであろう人に対しても応えるべく力をつくさねばならない」と考える。その香山先生は竣工式で「この学校は聖籠町の一つのまちです。多くの出会いと交流が生まれることを期待しています」と生徒や地域住民に話された。

未来のたねである子どもたちが、地域との豊かな関わりに出会い、交流しながら、時には大変であろうが、大きく変わってほしい。

(手島勇平)

〔参考文献〕
(1)坂口眞生・玉井康之・手島勇平編著『学校という"まち"が創る学び』ぎょうせい、2003年

2．子どもの活動と学校施設

2—1 学校週5日制下の子どもたち

学校週5日制は、子どもを家庭・地域に返し、学校ではできない様々な体験活動や人間関係をつくることが目的である。一方で子どもの生活の現実は、テレビ・コンピュータゲームの浸透のみならず、携帯電話の普及によって、ますます体験活動の減少や人間関係の希薄化を加速させている。

NHK放送文化研究所の調査では、小学生・中学生のテレビ視聴時間は、いずれも平均で1日3時間以上である。テレビを長時間見る子どもは、コンピュータゲームに費やす時間も長い。読書では、1ヶ月に1冊の本・雑誌も読まない子どもは、2000年代から急増している。これは携帯電話が普及し、雑誌が携帯電話に取って代わったものである。携帯電話の機能には、メール・ゲーム・インターネット・写真・音楽・テレビ・GPSなどの機能が付随しており、この1台で通常の生活情報を入手することができる。

携帯電話のメール会話の特徴は、いつでもどこでも連絡を取り合うことができる手軽さはあるが、一方で顔の見えない文字・絵文字のみの会話は、正確な意味や微妙なニュアンスが伝わりにくく、常に誤解や希薄な人間関係を生み出す条件にもなる。希薄な人間関係の中での寂しさが、メル友やチャットなどに友人関係をいっそう求めていく条件ともなる。

子どもの体力では、新体力テストの結果は、1990年代以降、足・腰・腕・背筋・腹筋・握力・持久力など、全ての体力が低下しており、子ども達が日常的に体を使った遊びや家事労働をしていないことが分かる。かつて多くの地域で存在していた、虫取り・野山探索などの自然体験や、草野球・大縄などの屋外遊びも、日常的にはほとんど見られない遊びとなった。子どもの家事労働の時間も、1日平均10分程度となり、労働で体を動かすことも少なくなっている。子どもの体力の低下は、

単に筋力だけの問題ではなく、あらゆる物事に対する忍耐力や持続力が低下するなど、教育的な問題になっている。

小・中学生の少年団・クラブ・部活動への参加率も年々減少しており、放課後はすぐに帰宅する児童生徒が増えている。中学生で部活動に参加している生徒は、全国平均で約60％強となっている。早く帰宅する生徒の中には、塾通いをする生徒も存在するが、一方自宅で何もすることがない生徒も少なくない。

また家庭学習の時間も、学校週5日制が開始された1992年の中学生の1日の学習時間は105分であるが、10年後の2002年の1日の学習時間は73分であり、10年間で1日32分減少している。このことからも、子ども達の生活が体験や学習など目的性のある時間に使われていないことが分かる。

このような子どもの生活時間の変化は、基本的には生活の豊かさがもたらすものであるが、土日の時間に余裕がある学校週5日制下においては、いっそう進行していると言える。それは土曜日の休み中に、携帯電話・テレビ・コンピュータゲーム等の遊びに代わりうる活動が必ずしも十分に提供されていないことによる。新たな体験的な活動や社会活動よりは、テレビ・コンピュータゲーム・携帯通信など、楽に過ごせる生活に流されるために生じるものである。

2—2　子どもの居場所としての学校

1）意識的な子どもどうしの関係作りと学校・家庭・地域の連携

現代の子どもどうしの希薄な関係からすると、自然発生的に子どもどうしが結びついていく条件はあまりない。子どもどうしの関係が希薄になればなるほど、子どもは自分の居場所がないと感じるようになる。子どもの居場所は、単にスペースとしての"場所"だけではなく、密接かつ良好な人間関係がある居心地のいい場所のことである。そのため、子どもが集まる場所を提供するとともに、楽しい人間関係づくりとその機会の提供を意識的に追求していく必要がある。

その場合、居場所づくりは、家庭・地域だけで担うものではなく、逆に学校だけで担うものでもない。学校・家庭・地域が連携して、それぞれの場所と役割を出し合うことで、より多様な居場所を豊富に作ることができる。とりわけ近年の課題としては、地域での子どもの人間関係が希薄である現状をかんがみるならば、これまであまり居場所としては活用されてこなかった学校において、子どもの居場所づくりを進めていく必要がある。

このような居心地の良い子どもの居場所づくりのためには、様々な体験活動メニューが必要になる。しかしそれは、単に公民館や社会教育行政が「受け皿」として機能するだけではなく、学校も家庭・地域とネットワークを結び、多様な団体・個人が持つメニューを集約・組織化しなければならない。

2）学校を中心とした子どもの居場所づくり

学校を中心とした子どもの居場所づくりを進めるためには、第一に、学校施設の開放を進めることである。学校の中にも、土日・放課後を含めて日常的に子ども達がたまって活動できる空間が必要である。安全確保などの学校の管理責任体制としては、学校から子どもを早く返すことが求められるが、保護者・地域住民が学校内の子どもにも多く関わるようにすることで、学校を安全な居場所にすることもできる。

第二に、学校の年間行事計画と公民館・社会教育行政の年間行事計画をすり合わせ、相互に乗り入れできる部分については、行事の連携を図ることである。学校が体験活動や地域活動を教育課程に導入するならば、家庭・地域の組織活動とその情報集約に果たす公民館・社会教育行政の役割は大きい。例えば、各学校区内の社会教育団体やサークルや保護者有志に、体験的な活動・指導の協力を依頼

11　学校・大学

し、各団体が一つずつ体験活動メニューを提供すれば、年間を通じて相当数の体験的な機会を教育課程として提供できる。

第三に、総合的な学習を充実し、学校の教育課程として子どもどうしの関係づくりを高める協働活動や体験活動を充実させることである。総合的な学習を軽視する傾向があるが、総合的な学習が場当たり的活動に終始すれば、それによる教育効果も低いが、内容的に子どもが実感をもてる活動にしていくことで、より学校生活が楽しく感じるようになる。

第四に、保護者や学校支援ボランティアなど、子ども・学校の活動に積極的に関われる地域住民の活動部屋やスペースを学校内に設けることである。このような場所があり、日常的に保護者・地域住民が学校内に出入りするようになると、子どもたちは地域の人から見守られているという安心感を潜在的に持つようになる。例えば、いじめ・校内暴力・学級崩壊なども、保護者・地域住民が見守る中では、子どもたちも逸脱的な行動は起こしにくい。また一般的に保護者・地域住民が学校内に出入りしていれば、学校と家庭・地域の距離は密接なものとなり、子どもの発達環境を連携して高められる条件ができる。

以上のように、学校ができない活動を家庭・地域と連携して進めるとともに、学校を子どもの居場所にすることによって、学校週5日制施行以降に乱れてきた子どもの生活習慣を立て直し、目的性のある活動や心の居場所づくりを進めることができる。

(玉井康之)

〔参考文献〕
(1)日本子ども家庭総合研究所編『日本子ども資料年鑑2005』KTC中央出版社、2005年
(2)佐藤一子『子どもが育つ地域社会』東京大学出版会、2002年
(3)手島勇平・坂口眞生・玉井康之編『学校という"まち"がつくる学び』ぎょうせい、2003年

3．小・中学校の開放と公民館

はじめに

平成14年8月～9月に文部科学省が行った「完全学校週5日制の実施に伴う事業の実施・子どもたちの参加状況に関する調査」によると、子ども・家族を対象に学校開放を行っている割合は、小学校の約79％、中学校の約55％であり、これを施設別に実施率を見ると小学校の場合、教室17.5％、体育施設68.2％、図書室10.6％、校庭67.1％であり、中学校の場合は教室11.3％、体育施設47.8％、図書室6.0％、校庭43.3％であった。多くの場合、施設の開放が学校開放としてとらえられがちであるが、学校のもつ機能を地域に向けて開放すること、さらに地域のもつ教育機能を学校に取り入れるという側面を持ったものとして学校開放がとらえられてきている。

地域に開かれた学校の比較的先進的な取組としてよく取り上げられる習志野市立秋津小学校と秋津コミュニティの実践（『学校を基地にお父さんのまちづくり』太郎次郎社）や新潟県聖籠町の町立聖籠中学校（『学校という"まち"が創る学び』ぎょうせい）の地域交流ゾーンなどは、学校と地域との連携・協力・協同のあり方を考える上で新しい「開放」の例ということができよう。

なお、本稿では、公民館の事業を地域の小学校や中学校と連携して進めながら学校開放を一層推進した取組事例を紹介することとしたい。

3—1　事例A—小学校との連携による取組—

福井市岡保公民館は、福井市東部の世帯数約630、人口約2,800人（2004.4.1現在）の農村地帯に位置している。地域には、岡保小学校がある。

1）家庭教育や少年教育に係る事業

小学校の開放と関わる公民館の主たる事業として、家庭教育事業や少年教育事業を行っ

ているが、これらは子育てや子どもの健全育成を家庭・地域・学校が一体となって推進することを意図している事業である。講演会への参加、授業参観などは保護者や地域の住民に、子どもたちが学ぶ学校への愛着を深めることにつながっている。また教職員にとっては公民館活動へ協力することで社会教育への理解を深め、地域住民と接することが学校への期待を直接感じる機会ともなっている。

　また、地域子ども教室事業の運営委員に小学校長が加わっていることは、子どもたちや地域に対する学校の願いを事業に反映するとともに、学校や子どもたちへの地域住民の願いを直接学校に伝える機会となっている。

2）ふるさとまつり（公民館まつり）事業

　学級や講座での学習成果の発表の場としての公民館まつりを、「ふるさとまつり」として実施している。従来、開催場所は公民館であったが、平成12年から、学校の体育館や教室を全面的に利用し、事業の拡充を図った。

　まつり当日、学校は担任による授業だけでなく、「あったか先生」として人材登録した地域住民らによる岡保地区の歴史・文化・伝統など子どもたちにふるさとを伝える授業の参観を設定するなど、保護者のみならず地域の一般住民へも開かれ、参観者数の拡大にもつながっている。授業参観後、子どもたちは、社会教育の場、つまり、公民館での講座や学級で学んだ地域の方々の日舞・大正琴の発表や級友らの作品展示、さらには自分たちの企画であるフリーマーケット（おかぼっこの店）などが行われる会場へと移動する。

　公民館が小学校に隣接しているという好条件を活かし、学校と社会教育との違和感のない架橋的な機能を持つ「ふるさとまつり」は、地域住民・子どもたち・教職員相互の理解や協調を深める機会ともなり、結果的には地域の子どもたちの学びを地域住民が応援し、地域の子どもを地域ぐるみで温かく見守り育てるという意識の形成につながっているものと思われる。

3）「あったかノート」事業

　福井市では、平成6年から市民参加型のまちづくり事業が推進され、平成13年から平成15年は、「21世紀わがまち夢プラン事業」として公民館を中心に事業が推進されてきた。元々この事業は、首長部局所管であるが、社会教育機関として住民に様々な学習機会・教育機会を提供して公民館が培ってきたノウハウが活かされた事業と見ることができよう。

　この事業を進めるにあたり、地区では、3つの部会を立ち上げ、そのなかの「ひとづくり」部会では、「あたたかい気持ちを交換できるひと」づくりを目標とし、特に子どもたちが、家庭や地域で人に何かしてあげたり、してもらったりしてあったかい気持ちになったふれあいを記録するものとして「あったかノート」を考案し、子どもたちに配付した。

　子どもたちの心温まる出来事は、地区の有線放送を通して地域の中でも共有しあうようにした。さらに学校は、子どもたちの「あったか」経験や地域への願いを「あったかだより」として月1回発行し、これを公民館が全戸配布している。こうした取組を通して、次代を主体的に担う子どもたちを育てるために、学校の考え・方針が地域住民に知らされるなど、まさに「あったかい風が地域に学校に行き交う」雰囲気づくりが進んでいる。

4）小学校の開放と地域づくり・まちづくり

　上述したふるさとまつりのテーマが、「ゆったり・しっかり・おかぼんち―あったかおかぼ安心宣言」（平成16年）、「ほんわか　おかぼ結いのさと」（平成15年）であるように、子どもたちが学ぶ学校の取組を地域ぐるみで支えるとともに、生活の基盤である地域を、安心安全で住みよい「あったかい」ふるさととして、子どもと大人が助け合いながら一緒になって創ろうとする雰囲気づくり、さらに学校教育と社会教育など互いが他方に対して開かれるという意

学校・大学

識や具体的な取組が、それこそ、あったかい雰囲気を醸し出す地域づくりやまちづくりへ導くのではないかと思われる。

3—2　事例B—中学校との連携による取組—

石川県七尾市の矢田郷公民館は、市の南東に位置し、住民約12,000人、約3,800世帯で構成される規模の大きな地区の公民館である。この地区には、「光澄む城山の月」を校歌の一節にする市立東部中学校がある。

矢田郷公民館では、民謡、書道、生け花などの講座を開催するとともに、地域住民ぐるみの参加による七尾城山花見の会（開山祭）、ソフトボールやグラウンドゴルフの大会、大谷川や七尾城山のクリーン作戦、七尾城まつり、大運動会、地区はたちの集いなどを行っている。こうした事業だけでなく地域の小、中、高校や保育園、児童センターなどの行事も「マンスリーやたごう」として毎月各戸配付し、ホームページでも紹介している。

1）七尾城まつりとシンポジウム

七尾城は室町時代の畠山氏から分かれた能登畠山氏の居城で天正5年（1577年）上杉謙信の攻略により落城した山岳城とされる。その城址は、矢田郷地区にあり、矢田郷公民館は「七尾のシンボル城山の歴史・文化を大切にし、活力ある『ふるさと創り』を推進する」を館の重点目標の一つに掲げ、城址を活かした事業を長きにわたり展開している。

七尾城まつりは、平成16年度で63回を数えた。16年度は、初めて地元の中学生らをもパネリストとして招き、「七尾城シンポジウム」を開催した。七尾城という身近にある歴史・文化遺産に目を向け、その価値を見直してみようと意図した企画で、子どもたちからは、「七尾城の復元を、大河ドラマの制作を、多くの若者が参加する七尾城まつりの企画を」などという提案が出されるなど、子どもたちなりの視点で、地区の歴史的文化遺産、ふるさと七尾を象徴する七尾城（址）を改めて見つめ直し、実感し直す契機になった。

こうした子どもたちの意識形成の背景には、公民館を中心に進めてきた「七尾城まつり」の取組の成果があるとともに、地区住民の授業参観や「城山」等の読み聞かせなどを中学校が受け入れていることも大きな影響を与えるものとなっている。

2）地区クリーン大作戦・地区大運動会

地区では、水に親しみ　ふるさと「矢田郷」を愛する気持ちを育むことをめざし、大谷川クリーン作戦を展開している。また、七尾城まつりの開催を前に、「七尾城山クリーン大作戦」を行っているが、これらの美化活動に中学生が積極的に参加し、地域住民とも声を交わし合いながら作業をしている。大谷川クリーン作戦の場合、作業後行われるメダカや鯉の稚魚の放流にも中学生が保育園児や小学生の作業を手伝う姿が見受けられるようになっている。さらに、東部中学校グラウンドで開催する地区大運動会は社会体育大会であり、この運営に中学校の運動部所属の生徒らが補助役員として参加している。

3）地域における青少年の健全育成

地区には、小学校2校、中学校1校、高校3校、幼稚園・保育園が6園ある。これらの場で子どもたちが安心して学びや遊びなどの活動ができるよう矢田郷地区青少年健全育成推進協議会を組織している。

会は、地域の高齢者団体の協力で登下校時の見回り等にあたる「ひまわりパトロール隊」、さらには声かけやあいさつ運動等を通して子どもたちを健全に育成しようと「健全パトロール隊」を組織するなど、子どもたちと地域住民との間に顔の見える関係づくりを進めている。地域の子どもを地域で守るという活動が、中学校での地域住民による読み聞かせや高校の推薦入試に向けた面接練習の面接者としての協力などの取組に連鎖していると思われる。

4）開かれた学校つくりと地域・公民館

　地域の行事や公民館の事業に生徒が参加し、地域住民と一緒に喜びや苦労を共有し合う体験が、学校の教育目標の「粘り強い心と体を持」ち、「思いやりのある」「自主的に行動する」生徒の育成につながり、さらには、東部中さわやか憲章の、「最後までやり抜く、分かち合う気持ちのある、優しい心を持つ生徒」育てに結びつくものと思われる。地域からの働きかけだけではなしに、そうした働きかけに対する学校の対応が、生徒をも地域住民をも変え、それが公民館が運営方針とする「人権を尊重し、自然を愛するさわやかで住みよい『まちづくり、ひとづくり』」の具現化にさらに近づくことになると思われる。

3—3　学校開放の課題と今後への期待

　小・中学校の開放を進める上での課題は、児童生徒の安全の確保、施設や設備・教材等の教育財産の保全、教職員の負担増などへの懸念などかもしれないが、地域住民が参加する管理体制の確立や開放事業のための支援ボランティアの協力などにより課題を克服することができるのではないかと考える。

　教職員が地域住民を対象に講座や事業を行ったり、地域住民を招き児童生徒との交流の機会を設けたりする取組は、学校をより一層地域に対して開放することになるとともに、このことが地域住民の学習活動の支援や住民の学びの成果を生かす機会を学校が提供することにもなるのではないか。

　もちろんその場合、公民館が蓄積してきた講座や事業の企画立案に関するノウハウや公民館が有する人材情報を活用するなど、公民館と協働して事業を行う意義を視野に入れておくことは重要である。公民館もこうした取組に積極的に協力するなど、地域の公民館と学校が人的にも事業の実施においても連携することが開かれた学校づくりや地域づくり・まちづくりの推進に寄与すると考える。

　　　　　　　　　　　　　　　（浅野秀重）

4．高等学校の開放と公民館

はじめに

　1947（昭和22）年に制定された教育基本法第7条には、公民館や博物館・図書館等の社会教育施設と同様に、社会教育のための学校施設の利用が謳われ、それを受け同年に制定された学校教育法第85条にも、はやくも「学校施設の利用」が明記されている。

　さらに、学校教育法に遅れること2年後の1949（昭和24）年に制定された社会教育法でも、成人等への「学校施設を社会教育のために利用に供するよう」努めることが謳われた。この「学校施設の利用」は「学校の組織・機能を広く社会に開放する」機能開放の側面と、「学校施設を社会教育の場に提供する」施設開放の側面の両面からとらえられていた。これらは、社会教育法第44条（学校施設の利用）第48条（社会教育の講座）学校教育法69条（公開講座）第85条（社会教育への利用）にそれぞれに根拠づけられた。

　画期的なこととして学校の管理機関に対して積極的に社会教育のための講座の開催を位置づけ求めることとなった。社教法48条では、「学校の管理機関は、それぞれの管理に属する学校に対し、その教育組織及び学校の施設の状況に応じ、文化講座、専門講座、夏期講座、社会学級講座等学校施設の利用による社会教育のための講座の開設を求めることができる。」とし、とりわけ高等学校に対しては、同条2項で「文化講座は、成人の一般的教養に関し、専門講座は、成人の専門的学術知識に関し、夏期講座は、夏期休暇中、成人の一般的教養又は専門的学術知識に関し、開設する。」ことが、大学、高等専門学校とならんで明記された。この学校開放は、アメリカ教育使節団により奨励されたことに起因するが、戦後の一時期には、アメリカのコミュニティスクールの実践に学んだ地域教育計画の実践の動きもあったが、アメリカからの直輸入ということもあり定着するには至らなっ

た。その後、同法の規定にかかわらず、教育政策の変化や、学力競争的システムに学校が組み込まれる等々の理由で、次第に地域と学校が遊離し、今日まで定着したという状況には至っていない。

　従来、学校教育は、ややもすると子ども及び青少年を対象とする教育機関として考えられ、成人・社会人には対象外と考えられてきた。しかし生涯学習時代が強調されるなかで、生涯にわたって学び続けたいと願う成人にとり、学びの場としての学校のあり方に再び注目が集まってきている。成人にとって、学校の持つ意味を吟味することが必要となっている。

4—1　成人の学びと「高校開放講座」

　1971（昭和46）年社会教育審議会答申において、公的にはじめて「生涯教育」の視点が導入され、学社連携論が強調されることとなる。これらの動向を受けて、すでに1955年度より「教育委員会委嘱文化講座」として先行的に開設されていた岡山県などを除き、文部省（当時）でも、1977年より「高等学校開放講座」補助事業が開始される。この補助要綱では「高等学校が有する専門的な教育機能を、地域社会に開放し、人々の生活上、職業上に必要な知識、技術及び一般的な教養に関する学習機会を提供する」ことを目的に、都道府県を対象に1997年度まで継続された。補助制度が廃止された後も、殆どの都道府県が継続して単独で「高校開放講座」を実施している。しかし、それらの多くは、公民館との連携という面では課題を有しており、その事例も限られている。その殆どが学校内部での取り組みに終始しており、内容面でも必ずしも地域課題と切り結んだ講座となっていないのが現状である。

　そのような中で、次に紹介する事例は、地域と共に歩む高校の実践として多くの示唆を与えている。

○京都府立北桑田高校開放講座の取組み

　京都市内からバスで2時間半、杉で有名な北山を過ぎ、峠を越えた山間に、赤い屋根のモダンな建物が杉木立をバックにそびえている。それが府立北桑田高校美山分校である。この分校は、高度成長期に過疎化が進み、北桑田郡内の昼間定時制6分校が当廃合され、地域破壊をくい止める最後の砦として、1975年に住民の熱い願いと運動の力で創立された。その立役者は、1軒1軒雪の中を署名を集めて歩いた当時の生徒達であり、「間借りでなく、後輩には立派な校舎でのびのび学ばせてやりたい。」といういわば住民と生徒達の願いによって建てられた学校である。

　生徒は週2日、農村工場、地場産業など様々な事業所で働き、週4日学校で学ぶという、少人数の僻地の昼間定時制高校で、定員は1学年1クラス40人であり、学校の教育目標も、設立の経過と相俟って地域の後継者づくりが大きな目標となっている。

　この分校で、「地域と学校を結ぶ」ことをねらいに高校開放講座が1977年から、途中8年間の中断も含め、取り組まれてきた。

　この分校で、比較的早い時期から、高校開放講座が取り組まれることとなった背景には、多くの教職員自身が、地域での社会教育活動や公民館活動にかかわり、そこでのすぐれた社会教育実践をつくりだしている、地域の教育力に着目し、そこから学びながら、定時制教育を活性化させようとしたことにある。同時に、社会教育の側が、高校の持つ教育機能や研究機能に着目し、それを活用することにより地域づくりや青年、成人の学習を一層活発化させ、系統的な学習の場を創設しょうとしたことにあった。

　北桑田郡は、住民の社会教育に寄せる熱意がもともと非常に強いところであり、幾つかのすぐれた特色が浮かび上がる。

　その一つは、昭和22年に結成された会員制組織である「北桑田郡社会教育協会」の活動である。これは、戦前からの北桑田郡教育会

を発展的解消して青年団等の社会教育関係者を中心に組織されたもので、現在も約1000名の会員（郡外150名含む）を有し、隔月刊の「北桑時報」の発行や、郡史の編集、地域振興論文の募集などを行っている。また、夏期大学の開催、地区単位の社会教育研究会の開催など、さまざまな活動を行ってきている。

1960年代後半頃からの急激な過疎の進行とともに、町内の生徒数が減少し、最後に残っていた2分校の統合案が行政から出されてきた。

地域の中で「定時制高校を守り育てる会」（PTA、同窓会、生徒及び教職員）が組織され、当時、この問題をめぐって大きな議論が巻き起こされた。『ふるさとは、過疎でさびれていく。若者のいない村で年をとっていくわしらに、せめてもの心の憩いの場を与えてくれるのは、地域と学校が結び付いた学習の場ではないだろうか。定時制分校はそのためにも必要な、わしらの財産だと思う。』という、住民の切実な声は「守り育てる会」でも大きく支持され、地域と高校が結び付いた、学習の場の開設こそ、地域ぐるみで定時制教育を守り育てる道だとの話し合いも行われている。

北桑田の定時制高校の歩みはまさに、学校統廃合の歴史そのものでもあった。それだけに、その現状を打開したいという願いは強く、学習の機会に恵まれなかった世代の学習要求とも相俟って、その目は当然、定時制高校の公開に向けられた。地域の人々の、高校への期待と学習要求はいかに根強いものであったかが、実際の高校開放講座に、50歳代の人々の受講が圧倒的に多かったことからも明らかであり、講座運営にも、その人達が大きな役割を果たしている。

ちょうど、そのころ、京都府教委では、府立高校の開放講座が計画されていた。急な呼びかけではあったが、地元はそれに積極的にこたえ、「定時制を守り育てる会」を中心に、早速準備会がもたれ、京都府下に先駆けて1977年度から開放講座開設へと動き出すこととなった。この準備会では、この講座が単なる教養講座で終わるのでなく、定時制を中心として、地域の住民たちが自分たちの共通の財産として守り発展させていくことが確認されている。

この講座は、最初の3年間は京都府教委主催・美山分校主管として開催され、毎回金曜日に行なおうということから「金曜講座」と名づけられ、その運営は地域の様々な団体の代表が中心となって行われた。

この講座の開催要項では次のように述べている。「地域に根ざし、地域とともに育つ北桑田高校美山分校と住民との結び付きを、社会教育活動を通して一層強め、北桑田の産業や文化を考え、くらしや地域の課題についてお互いに学びあい、地域の発展を考えあう学習講座として開設する。」

全国的に、定時制教育の見直し、職業高校の再編が進んでいるが、なぜ、そのような状況の中で開放講座が開設されたのか、そして、そのことによって何がこの地域で切り拓かれていくのか、そのことの教訓を明らかにしておく必要がある。

この講座は多様な年齢層の男女、様々な職業をもった人達を一つの学習集団に組織したのであり講師が受講者になり、受講者が即講師となる、まさに相互学習に徹した講座であったといえよう。講師はすべて、地元の実践家であり、具体的でわかりやすく、身近な人で、悩みも共通するので、共感をもって学ぶことができ、また、分校に在籍する高校生達が講師となって、成人の受講者の前で発表し、地域から共感と激励を得ていくのも、この講座の大きな特徴である。特に、当時この分校の生徒たちが受講者を前に、スライドを中心に発表した「マルタニシの人口養殖」は大きな感銘を与えた一つであった。スライドは、美山の静かな風物をたどりつつ、山あいの廃屋をうつし、荒れた休耕田をうつす。生徒たちは、この廃屋と休耕田に挑んだ結果をこの場で発表したのである。試験田づくり、水温

11

学校・大学

313

測定、生殖の生理学的研究など、生徒たちの実験研究のあとを淡々とうつしだした。そして、ある日、玉のように美しく愛らしいタニシの子どもを見いだしたのであった。そして、分校生たちは、「このタニシをなんとか地域産業として育てたい」と語ったのであった。

この若者たちに接した受講者は、あらためて、地域づくりと学校づくりということに思い至ったものだった。受講者からは、「生徒たちの力量に感心した。」と生徒の発表は感動をもって受けとめられた。生徒たちの小・中学校時代を知る教師や地域の人々は、その成長ぶりに目を見張り、美山分校の教育に信頼を寄せたものである。ところが、この「金曜講座」も、地域住民の期待に反して、3年間の府教委の指定期間が終わり、後は、町中央公民館に成人講座が開設されるに及んで、この講座は中断してしまうこととなる。

先進的な取り組みであったにもかかわらず、なぜ、一時中断を余儀なくされたのであろうか。おそらく、その背景には、学校の教職員集団においても、受講者や地域住民の中においても、学校で社会教育の講座を開設する意義と、学習権のとらえなおしが不十分なままに推移し、その意義が目的意識的に追求されなかったのではないかということである。

美山分校教育は、「少人数の、働きながら学ぶ、地域に根ざす定時制教育」を標榜してきている。1975年の開校以来、今日までに多くの卒業生を送り出し、過疎化が進行する中でも半数が地域の後継者として、地元で活躍している。ところが、分校をめぐる状況は日増しに厳しくなって来ている。「働きながら学ぶ定時制教育」の理念が大きく変わろうとしている。全国的に普通科重視の学科再編統合が進む中、美山分校が生き残るには、全日制普通高校とは異なるすぐれた教育が行われることで実際に生徒を確保する以外に道はない。

そういった状況の中で、教職員の論議の中でも様々な問題点や課題が出されることとなった。例えば、『地域に根ざす教育を標榜しながら地域との結び付きが弱くなっている』こともその一つであるし『取り組みも様々に行われているが、どうしてもスケールが小さくなり内にこもりがちとなってしまう。』その原因は、『やはり金曜講座が開催されなくなったことにより地域が見えにくくなっていることに求められるのでないか。』『かつて、生徒たちが講座で、地域の人々を前に発表し、激励されることにより自信をつけ、地域を認識し、自己の変革を遂げていったような機会がなくなっている』し、『開校以来、過疎化が進行する中でも卒業生の半数が地域の後継者として、さらには青年団のリーダーとして、地元で活躍している。このこと自体、今日の社会状況から言って常識では図り知れない数字である。この力は何であったのか。』『「高校生にあるまじき行為をすれば、住民の方に申し訳なくはないのか」という論理も通用しなくなっていきている。』

そのような論議が分校で進められ、その中から「美山分校の将来構想と学校づくり（一次案）」がまとめあげられた。この「将来構想」をもとに、懇談会が、高校関係者と地域の人々とにより開催されることとなった。この懇談会には、公民館、農協、地元自治会、老人会、婦人会、青年団、おもしろ農民クラブ、生徒のアルバイト雇用主、商工会、生活改善グループ、同窓会、PTAなど多彩なメンバーが出席し、分校と地域の在り方について率直な意見がかわされ、開放講座の再開が強い要望として出された。

学校も地域の期待に応えるべく、開放講座再開の道を模索しているおり、ちょうどタイミング良く、1988年度になって「生涯学習まちづくり」モデル事業の指定を美山町が受けることとなり、その事業の一環として再び高校開放講座が開催されることとなった。この背景には、日常的な地域や公民館との連携による、分校の熱意と、町公民館の「地域にねざした生涯学習」のねらいが常日頃から伝わりあっていた所産であるといえよう。

この講座は、前回の教訓を引き継ぐ形で進められているが、異なるところは、学習者主体の運営委員会の機能を高めようとしているところにある。

　具体的には、地域づくりの実践を積極的に進めているバイタリティ溢れる若手メンバーが積極的に参加していることである。その中には分校の卒業生や、おもしろ農民クラブ・青年団のリーダーとして活躍している若手が中心となっている。講座の内容や学習方法についても、基本的には前回を踏襲しつつ、問題解決型の学習を主眼として、出来る限り論議の場を重視している。第1講の記念講演を除き、全講座をパネルディスカッションと話し合い学習を基本においている。パネラーは報告だけでなく議論全体をリードする役割も担っている。講座全体のねらいは運営委員会の論議を踏まえ、テーマを「ふるさと美山再発見」と設定しながら、前回の受講者全員に事前にアンケートを取り、希望の多かった「分校生の体験、意見発表」や「農林業実践者の発表」を重視したパネラーが選ばれている。

　参加については、夜間中心の講座にもかかわらず、新聞折り込みのチラシと口コミぐらいだが開講式の84名をはじめ、常に60名程度の参加があり、当初の予想をはるかに上回り、住民の関心の高さが伺える。

　美山分校の教職員も積極的にかかわり、毎回の講座に殆ど全員が出席している。その結果、新規採用であれば2〜3年で異動していくケースが常であるが、「ここには、10年は勤めたい」との発言も聞かれるようになっている。

　具体的な講座の展開については、特徴的な点だけを述べると、講座の中での、分校生の発表には、全受講者が感激することもしばしばであった。I君は、父の後を継いで造園業をしたいという内容であったが、「何が、そのような気持ちにさせたのか」という質問に「中学時代は、何もやらなくても人がやってくれ、こんな機会もなかったが、こういう意見発表に取り組んで、自分もできるという自信がつき、学校がおもしろくなってきた。」と積極的に答え、分校の教職員も自分達の学校の存在の大きさと彼の成長に驚かされている。また、この講座の翌日には、受講者のひとり（専業農家）から早速、「分校生にアルバイトをお願いしたい。併せて他の人にも紹介したいから、資料がほしい。」との依頼があり、開放講座の影響力の強さに改めて驚かされる結果ともなっている。このように、学校が地域を支え、青年を育てる。地域が学校を支え、次代の担い手を援助し、育てながら、自らの生涯学習の場として学校をとらえ双方が活性化するという関係は、生涯学習や地域づくりの中で、学校教育が果たすべき役割について、豊かな可能性を秘めていることをこの取組は改めて示している。

4—2　高校制度と地域

　戦後の「教育刷新委員会」の建議にもとづき、「教育基本法」と同時に「学校教育法」が制定され、いわゆる単線型の「6・3・3・4制」という新学制が成立した。新学制を規定した「学校教育法」は、内容的にも画期的な制度上の特性を有したとされている。すなわち、国民の教育を受ける権利を平等に保障するという立場から教育の機会均等の実現をめざし、従来の社会階層差による複雑な学校体系を廃止し、小学校（6年）に続く中等教育を、中学校（3年）と高等学校（3年）、高等教育を大学（4年）として、民主的な学校教育体系に単純化した。さらに、義務教育年限を6年から9年に延長し、前期中等教育をすべての国民に開放し、又、「小学区制」「男女共学制」「総合制」のいわゆる高校3原則の理念のもと新制高等学校が出発し、地域と歩む高等学校の姿が明確にされた。さらに1951（昭和26）年の「学習指導要領」では「各学校はその地域の事情や、児童生徒の興味や能力に応じて、それぞれの学校に最も適した学習指導計画をもつべきである」とされ、地域と結びついた学校の方向が示された。

ところが1963（昭和38）年、経済企画庁経済審議会は、答申「経済発展における人的能力開発の課題と対策」を発表した。このなかで「今後の高度な科学技術の進展のなか、経済成長を恒常化させるためには、能力主義的な教育による優秀な人材の養成が、不可欠である」という考え方が強調され、労働力としての人間能力を開発することを目的とした「人的能力開発」政策が採用され、少数のエリート選抜と中堅技術者の養成を目的に、高等専門学校の設置、高校の多様化、学力テストの実施など、受験体制、偏差値教育体制の学力競争の方向が強化された。経済発展により一層の科学技術の急激な進歩がもたらした社会の変化に対応するために、1967（昭和42）年、「中教審」に対し、「今後における学校教育の総合的拡充整備のための基本的施策について」を諮問した。この諮問に対し、「中教審」は、1971（昭和46）年6月、その答申を提出した。この答申で目指されたのは「義務教育以後の学校教育では、個人の特性の分化に応じて効率的な教育が行われるよう、教育内容・教育課程の多様性を進める」という制度上の多様化であった。具体的には、高校のコース制の強化や大学の種別化であり、多様化は効率化と結びつけて考えられていた。その結果、高校進学率も、1950（昭和25）年に43％だったのが、1960（昭和35）年には58％、1967（昭和42）年には82％と、急激に上昇していくことになった。1970年代に入り、高校進学率は、ますます上昇し、1975（昭和50）年には、90％を超え、今日では96％にも達している。

　「高校3原則」はすべての府県で撤廃され、今日では、「規制緩和」論の中で、「学校通学区」や「学校選択」の自由化が強調されることとなっている。筆者の調査では、高校生が約100名住んでいる、ある自治体では、通っている高校が30校以上にもまたがっている。このように高校は地域と実際生活から遊離する方向が一層顕著となってきている。その結果、この状況のなかで、偏差値により序列化された高校・大学の受験競争の激化が問題にされ、それとともに校内暴力や、「いじめ」問題、「不登校」及び少年非行等の学校を巡る荒廃現象を、「偏差値教育」が起因であるとの見方が社会一般に強まっていった。

　大部分の子どもたちは、中学までを地域の学校で過ごす。ところが高校進学を境に子どもたちは地域から断ち切られ、遠距離通学を余儀なくされ、偏差値や進路によって選別された同質の集団のなかに置かれる。地域社会の中でつちかわれた人間関係は寸断され、高校入試を契機に、地域社会からの離脱が進行する。中学校教育のあり方を抜本的に改善し、高校生たちが、地域での生活空間を取り戻すためにも、さらに住民と高校とを結びつけ、地域社会が高校を支え、高校は地域社会の発展に貢献する。このような関係を構築するためにも高校と公民館のあり方をあらためて問い直す今日的意義は大きい。

4—3 「総合学習」の導入と公民館の可能性

　1998（平成10）年7月、「教課審」答申に基づき2002（平成14）年度の小学校、中学校に続き、高等学校でも2003（平成15）年度から「総合的な学習の時間」が導入され、すでに学校で様々な取組みが始まっている。

　この「教課審」答申では「ゆとり」のなかで「生きる力」を育成するには、学力を知識の量として捉えるのではなく、その後の人生を切り開くいわゆる「自己実現」に必要な基礎的・基本的な内容に厳選することの必要性が説かれ、また評価に関しても、学習の結果だけでなく、そのプロセスを重視し、子どもの進歩や可能性をより積極的に評価することを主張している。

　また、ねらいとして「各学校の創意工夫を生かした横断的・総合的な学習や児童生徒の興味・関心等に基づく学習などを通じて、自ら課題を見つけ、自ら学び、自ら考え、主体的に判断し、よりよく問題を解決する資質や能力を育てることである。」と述べ、さらに

その学習活動については、「(前略)例えば国際理解、情報、環境、福祉・健康などの横断的・総合的な課題、児童生徒の興味・関心に基づく課題、地域や学校の特色に応じた課題などについて、適宜学習課題や活動を設定して展開するようにすることが考えられる。その際、自然体験やボランティアなどの社会体験、観察・実験、見学や調査、発表や討論、ものづくりや生産活動など体験的な学習、問題解決的な学習が積極的に展開されることが望まれる。」と具体的に述べている。さらに高等学校学習指導要領(平成11年文部省告示第58号)では、「総合的な学習の時間」の学習活動を行うに当たっては、次の事項に配慮するもの。」とすることが述べられている。

すなわち「グループ学習や個人研究などの多様な学習形態、地域の人々の協力も得つつ全教師が一体となって指導に当たるなどの指導体制について工夫すること。」「学校図書館の活用、他の学校との連携、公民館、図書館、博物館等の社会教育施設や社会教育関係団体等の各種団体との連携、地域の教材や学習環境の積極的な活用などについて工夫すること。」を強調している。これらの記述から見ても、今後、学校教育に関わる公民館や社会教育の役割が増大することは容易に察せられる。筆者が知多半島の各学校に対して行った「総合学習に関する調査」でも、各学校からは、「それまでの教科教育の中で行われてきた学習方法では通用しない場合がある。その際に参考になるのは社会教育において行われてきたワークショップやアクティビティを主にした方法である。」「公民館の主事や社会教育主事等との交流会や研修会が必要である。」等々の声が多数寄せられている。

(中川晴夫)

〔参考文献〕
(1)北桑田出版実行委員会『京都・北桑田地域ぐるみの教育運動』北桑田教職員組合、1979年11月

5．大学開放と公民館

5—1 大学開放事業の類型

大学開放は、1873年にケンブリッジ大学によって創始された大学拡張に淵源をもつ。その意図は、大学への入学資格をもたず、そのため大学教育の機会に恵まれぬ人びとに高等教育を提供することにあった。やがて大学拡張は、大学の民主化をめざす運動として、イギリス国内のみならず、ヨーロッパ諸国およびアメリカ合衆国に伝播していく。今日への影響という意味からとりわけ興味深いのは、アメリカ大学におけるその理念の受容のしかたである。すなわちシカゴ大学の試みは、大学拡張事業の一環として正規の大学教育そのものを学外者に拡張しようとした点で画期的であった。これに対して、ウィスコンシン大学は、大学拡張を大学が担うべき「社会へのサービス」機能と位置づけることによって、大学に集積された知的資源でもって、地域社会のあらゆるニーズに応えようとした。

こうして、慈恵的な発想から学外者に高等教育の機会を提供しようとした初期の大学拡張は、大学が担うべき本務と捉え直され、それにともなって、教育、研究と相並ぶ「第三の機能」として大学に定着をみることになる。社会へのサービスという理念に照らせば、事業内容の多様化は当然の帰結であった。実際、ウィスコンシンの大学拡張事業は、教養のみならず職業や日常生活までのあらゆる分野を含み、正規の大学教育からノンクレジットのコース、短期の講習や研修、果ては大学教師による専門的や指導助言にまで及ぶ。

このような大学拡張の歴史的概念をふまえると、今日、大学開放という呼称が包摂する事業はじつに多様である。それらはおよそ5つの事業タイプに類型化することができるだろう。

そもそも大学が教育活動の対象にしてきたのは、正規に入学してきた若者たちであった。伝統的な学生しか享受することができなかった教

育の機会を学外者にも広く開放しようというのが第1の事業タイプであるから、「正課教育の開放」と呼ぶのがふさわしい。ただし、教育の対象が成人となると、彼らは生活者であるだけに、時間や場所にかかわる学習阻害要因への配慮が欠かせない。そのため、門戸を開放して社会人学生を構内に受け入れる方法と、正規の教育を構外に運び出し、社会人学生のところに届ける方法とがある。具体的には、学部課程への社会人入学、大学院課程への社会人受入、学部課程の昼夜開講制、大学院課程の昼夜開講制、科目等履修生、学部課程の夜間主コース、夜間大学院、学部課程の通信課程、大学院課程の通信課程などである。

第2のタイプは、大学が有する知的資源と地域社会もしくは学外者のニーズとが交叉するところに成立する。第1のタイプでは、事業はあくまで学問の論理にもとづいて組み立てられていたのと対照的である。そのため、シャノンは「機能的開放（functional extension）」とよんで、「大学教育の開放（extension of university teaching）」と区別した。(1) その意味では、大学公開講座は、「機能的開放」の代表的な事例といってよい。

第3には、地域の求めに応じて、研究成果などの有用な情報や人的資源を提供することも大学開放事業の一環をなす。後者の「人材提供事業」には、大学職員が学外の審議会や委員会等に委員として参加し、専門性を発揮する場合と、他のひとつには、学外の諸機関・団体が主催する講演会や講習会、研修会などに講師として、大学が職員を派遣する場合とがある。

大学開放事業の第4のタイプは、「施設開放」である。これには、体育施設や教室等をはじめ、大学図書館などの一般市民への開放が含まれる。

以上のものに、近年進展めざましい受託・共同研究を加えると、今日言われるところの大学開放事業の全体像がようやく立ち現れてくる。

5—2 大学と公民館による事業連携の諸形態

大学が有する資源を学外に運び出し、公民館の事業に反映させようという試みで、すぐに思い浮かぶのは、「大学と自治体の共催」方式である。そのうちもっとも原初的な形態は、1大学と1自治体による共催で、たとえば、島根大学と匹見町による「しまねコミュニティ・カレッジ」、北海道大学と士幌町による「士幌町生涯学習講座」、大分大学と米水津村による「米水津塾」や、大野町との「おおの夢魅塾」などがある。しかし、大学と自治体が共催しても、つねに1対1とはかぎらない。なかには、1大学が複数の自治体と共催する例もあれば、複数の大学が1自治体と共催する場合もある。久留米大学が福岡県朝倉地域6町村と共催した事業や福岡県立大学と福岡県田川地域10市町村とによる共催事業などは、前者に該当する。後者の例としては、相模原市内の8高等教育機関（6大学、1大学校、1専門学校）が同市と共催して実施する市民大学をはじめ、品川シルバー大学、よこはまアーバンカレッジ、高等教育ネットワーク・仙台などが挙げられる。

他方、1990年代に入って着手された広域的学習サービス網の整備、つまり「県民カレッジ」をめぐる政策もまた、大学の資源を広く地域社会に開放しようという気運を醸成するのに与って大いに力があった。

戦後、公的社会教育が市町村を単位として展開されてきたことは周知の通りである。しかし、多様化し、高度化する学習需要に対しようとしても、個々の市町村の限界は自明であった。それを打破しようとしたのが、県民カレッジの試みである。したがって、この時期相次いで創始された県民カレッジは、これまで市町村単位で完結していた社会教育事業を他地域の住民にも開放するとともに、県内のあらゆる教育・学習資源を網羅し活用することによって、公的、民間の双方を包摂した全県的な学習環境の整備を志向していた。

福井ライフ・アカデミーを例にとると、事業は実施主体別に主催、共催、連携に区分されている。そのうち、「主催」とは、アカデミー本部が企画、運営を担当する場合を指し、本部と県内の他機関と共同で事業を実施する場合を「共催」と呼ぶ。これらに対して、本部以外の機関が実施している事業のうち、審議委員会の検討を経て、アカデミーの事業として認定された場合、「連携」という。

分野においても、またレベルにおいても、あらゆる学習需要に対応可能な条件を整えようという姿勢は、あおもり県民カレッジの場合も共通している。県内のありとあらゆる学習資源を包括したネットワークシステムの構築が企図されている。連携する県内の機関数は321にのぼり、ちなみにその数は、福井ライフ・アカデミーの場合をはるかにしのぐ。

ところで、大学と自治体との共催方式にしても、県民カレッジにしても、考えてみれば、おなじ地域に所在しながら大学同士の関係は希薄であった。その意味において、近隣の大学同士が横につながって連携協力しようとする大学連合（コンソーシアム）の動向は注目される。2001年10月、埼玉県西部地区に所在する私立大学（短期大学を含む）が彩の国大学コンソーシアムを設立すると、翌年には、南大阪地域の大学および短期大学が集って南大阪地域大学コンソーシアムを立ち上げている。

それでも、この分野での嚆矢は、なんと言っても大学コンソーシアム京都であろう。同コンソーシアムは、1994年に設立された京都・大学センターを前身に、1998年3月に財団法人化を図って成立をみている。設立の趣意書によれば、いまや大学は存在意義を問われていると述べた上で、大学教育に対する社会の期待や学生ニーズの多様化にさらに対応していくには、大学、地域社会および産業界との連携や大学相互の結びつきをより一層強めていることが重要と指摘する。(2) 大学教育改善のための調査研究、情報発信交流、社会人教育に関する企画調整事業など、コンソーシアムが所掌する主要な事業の予算規模は年間4億6千万円を超えた。それらを大学、地域社会、産業界が協力して運営しているのは、教育研究の向上を通して大学同士が共存共栄を図るばかりか、教育研究の成果を地域社会や産業界に還元することで、地元京都の繁栄に貢献しようとしているからにほかならない。

大学と公民館の連携のあり方を示唆する新たな動向として注目されるのが、ひょうご大学連携事業推進機構と学術・文化・産業ネットワーク多摩である。ひょうご大学連携事業推進機構は、1997年に任意団体として設立をみている。その趣旨は、「県内の大学が連携して、貴重な知的資源の蓄積を重ねつつ、学術・文化の振興を図るとともに、新しい社会教育システムを創造することにより、生涯学習の推進に資すること」にある。(3) 同機構は、県内のすべての4年制大学36校、兵庫県、兵庫県市長会、兵庫県商工会議所連合会、兵庫県経営者協会、郷土振興調査会、汎太平洋フォーラム、明石工業専門学校から構成され、兵庫県知事が代表に就任し、神戸大学長と兵庫県部長が理事長と副理事長を務める。

行政でも民間でもない、三セク方式で、大学と地域社会の連携を推進しようとする点では、学術・文化・産業ネットワーク多摩も兵庫県の機構に似ている。ただし、そこでは多摩地域の再生と活性化が最優先課題に設定されている。(4) 会則に示された教育・研究支援、「産公学民」連携、生涯学習支援、大学間連携の4部会による事業は、すべてその目的に収斂する。

5—3　連携事業をめぐる課題

県民カレッジについて言うと、学習圏域を従来の市町村から県に拡大することで多様で高度な学習需要への対応を図ろうとした点では、一面評価できる。とはいえ、それまで個々の大学が主催してきた公開講座等の事業を、要するに全県的な学習情報提供システムに組み込んだだけの例もみられる。それにひ

11　学校・大学

きかえ、複数の大学が連合し、それぞれの大学が有する知的資源を一元的に把握する組織を創出しようとした点で、コンソーシアムに一日の長がある。それによって、地域社会の再生や発展に資する知的資源は飛躍的に増大するはずだからである。しかしながら、そうした知的資源を公民館の事業につなげるという点では、いまだ課題を残したままである。それどころか、加盟大学は自らの生き残りを模索するのに余念がないといった印象すら受ける。こぞって産学官連携を強く志向しているのも、このこととけっして無関係ではないように思われる。成立して間もないという点では、コンソーシアムと第三機関による共同方式はよく似た状況にある。したがって公民館事業の充実改善にどのように資することができるかは、ともに今後を見守るしかないのである。

必然的に、大学と公民館の連携で、目下のところもっとも一般的なのは共催事業ということになる。そこで事業の内実まで立ち入ってみると、どうやら出前講座がおきまりとなっているようだ。しかも、住民の学習需要など顧慮することもなく、大学側が独りよがりに企画した単発の講演や、その種の講演を何等脈絡もなく寄せ集めたにすぎぬものものを一方的に提供している例は枚挙にいとまがないのである。

大学開放事業の類型に照らし合わせるまでもなく、現前する実践はいかにも限定的で狭隘である。この点では、1994年以来、連邦住宅都市開発省（U.S. Department of Housing and Urban Development , HUD）の政策のもとで展開されてきた、荒廃した都市の再生運動は注目に値する。そもそもこの運動は、住宅不足という事態に対処するため、マイノリティやホームレスなど社会的弱者に低廉な住宅を供給する目的で創始されたものである。しかし、実際の活動は、地域住民のための雇用機会の創出、そして職業訓練、高齢者、障害者、子ども、ホームレスなどへの社会サービスの提供、住民企業家に対する少額融資の提供など、多岐にわたる。コミュニティがかかる問題を全体的に解決して、地域づくりをめざす運動で重要な役割を担っているのが、非営利団体CDC（Community-based Development Corporation）である。地域住民はもとより、行政、企業、協会、財団、銀行など地域の諸機関が連携・協働するための中核となる。

いうまでもないことだが、知的、人的資源の提供という面では、大学への期待はこのうえなく大きい。教師は、その専門性を多様な活動で発揮するばかりか、学生もまたスチューデント・サービスやボランティアを通して社会貢献に参加する。こうして地域社会が直面する抜き差しならぬ重要課題の解決に積極果敢に取り組んでいる海外の事例と引き比べると、本邦大学が、地域社会にまなざしを向けることをいかに怠ってきたかをあらためて思い知らされるのである。だが、問題は、大学だけではない。公民館の実践を前記CDCのそれと比較対照してみるとよい。公民館が地域社会の重大かつコントラバーシャルな問題とどれだけ真剣に対峙してきたか問い直しがせまられるはずである。

（小池源吾）

〔注〕
(1)Shannon,Theodore J. and Shoenfeld, Clarence A., *University Extension*, New York: Center for Applied Research in Education, 1965.
(2)「大学コンソーシアム京都について」（2003年2月3日）
http://www.consortium.or.jp/consortium/opinion.html
(3)「ひょうご大学連携事業推進機構資料」
(4)「『学術・文化・産業ネットワーク多摩』（ネットワーク多摩）設立趣意書」

第12章

コミュニティ関連施設

はじめに

1. 若者組の歴史とたまり場論
   - ―1 若者組の役割
   - ―2 若者と若者宿
   - ―3 青年の登場と青年倶楽部
   - ―4 青年団と青年会館
   - ―5 青年活動と公民館
   - ―6 社会教育法改正と青年の家
   - ―7 地域づくりとたまり場

2. 沖縄の字公民館
   - ―1 沖縄の地域多様性―字とシマ社会
   - ―2 歴史的な系譜
   - ―3 字（集落＝シマ社会）組織と字公民館
   - ―4 「ゆいまーる」の思想
   - ―5 字誌（集落誌）づくりの活動
   - ―6 字公民館と公立公民館

3. 社会教育諸（関連）施設
   - ―1 公民館中心の施設体系から多様な施設建設へ（1970年～）
   - ―2 事業内容に見る社会教育関連施設の現状
   - ―3 社会教育関連施設を巡る最近の動向
     ―札幌市を事例に―

4. 生涯学習センター
   - ―1 大阪市の「生涯学習センター」
   - ―2 総合生涯学習センターの特徴
   - ―3 総合生涯学習センターの5つの機能
   - ―4 専門職の配置と職員集団
   - ―5 大学間連携による市民大学講座
   - ―6 NPOや市民グループへの支援

5. 第三セクター委託施設
   - ―1 仙台市における生涯学習
   - ―2 仙台市の公民館とその変遷
   - ―3 仙台ひと・まち交流財団
   - ―4 公民館が市民センターになり、何が変わったのか
   - ―5 大都市の公民館と第三セクター

6. 施設間ネットワーク
   - ―1 施設間ネットワークの意義
   - ―2 施設間ネットワークの実際

12 はじめに

1）コミュニティ関連施設とは

ここでいうコミュニティ関連施設とは、公民館以外の社会教育施設と社会教育施設以外の社会教育関連施設を総称する概念である。

公民館は、公民館という名称をつけて運営はしていなくとも、条例上、実質的には公民館そのものであったり、社会教育法上の公民館でありながら、その名称は「生涯学習センター」であったり、また「市民館」や「市民の家」や「社会教育館」であったりする例が昨今各地で見受けられる。

90年7月1日に施行された、「生涯学習の振興のための施策の推進体制等の整備に関する法律」を受けて、社会教育の行政組織を「社会教育課」から「生涯学習課」に名称変更する自治体が増えており、それにあわせて公民館の名称を「生涯学習センター」などに変える例が目立つようになっている。

また、行政のスリム化をめざした自治体合理化により、それまで行政が直営で運営していた公民館を、民間活力の導入の名のもとに財団法人に管理運営委託をする例が増え、その際、施設名称をおしゃれな「カタカナ」の愛称に変更する例なども出てきている。

大都市で最近設置される大型施設には、こうした「○○プラザ」といったような親近感や文化的イメージを抱かせる名称を用いて、一見公民館とは分かりにくい施設が多様に出現している。

こうした公民館の置かれた今日的な現実を踏まえ、コミュニティ関連施設が市民に果たしている教育的役割を理解するためには、公民館周辺の社会教育施設と社会教育関連施設を把握し、それらの専門的固有な機能を検証する必要がある。このことは、施設間相互の役割分担や、また連携を図る上でも重要なのである。これら施設の性格・機能の共通点は、①「市民の学習活動の支援」であり、②「市民の学習活動の拠点」であると言える。

それらは、第10章4節で記載される大型文化ホールをはじめとして、住民自治組織が設置した比較的小さな地域集会所までと幅広いものがある。今日、公会堂、市民会館、市民センター、区民会館、コミュニティセンター、コミュニティルーム、ボランティアセンター、労働会館、福祉会館、芸術会館、文化会館、などが教育委員会行政とは別の一般行政の所管する施設として、学習文化活動を展開している。農業振興会館、森林開発振興会館、漁業振興会館、といった地域の産業振興・経済振興を目的とした施設も地域づくり・街づくりの観点から市民の学習活動の支援、市民の学習活動の拠点としてコミュニティ関連施設に含めることができる。

2）多様な施設の実態

公民館の運営体制を類型化すると、3つの形態に分類することができる。（1）社会教育法上の公民館、（2）社会教育法上の公民館だが名称は公民館と言わない施設：教育委員会所管、（3）社会教育法上の公民館ではないが、公民館的な機能を有する施設（コミュニティ関連施設）である。

社会教育法上の公民館には、①公設公営（全職員が公務員、館長又は一部職員が嘱託）、②公設民営（地域委託～全員嘱託職員、法人委託～固有職員、嘱託員、派遣職員）、③民設民営（自治公民館：字公民館・町内会館・自治会館、類似公民館）、があげられる。(図Ⅱ-12-1)

もちろん「公民館運営審議会」の設置の有無も大切な指標の一つではある。この類型化のモデルは、コミ

図Ⅱ-12-1

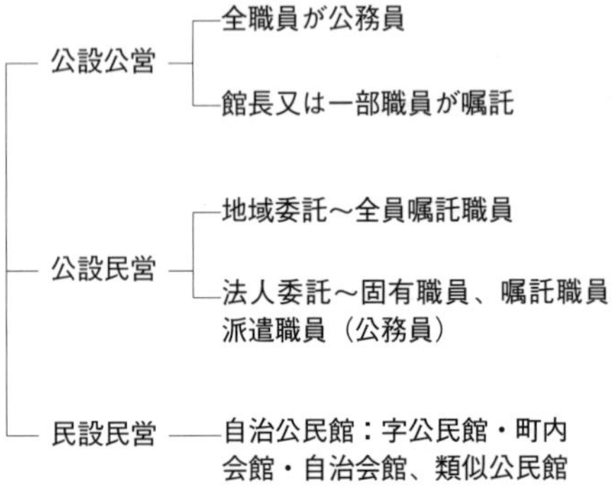

```
            ┌── 全職員が公務員
  ── 公設公営 ┤
            └── 館長又は一部職員が嘱託

            ┌── 地域委託～全員嘱託職員
  ── 公設民営 ┤
            └── 法人委託～固有職員、嘱託職員
                派遣職員（公務員）

  ── 民設民営 ──── 自治公民館：字公民館・町内
                  会館・自治会館、類似公民館
```

ュニティ関連施設にも用いることができる。

多様なコミュニティ関連施設を類型化するためには、所管する行政組織が教育委員会なのか一般行政部局なのかの区分方法と、一般的には、社会教育施設なのか社会教育関連施設なのかによって区分する方法がある。

例えば、児童館や青少年会館などは、国の行政機構では、児童館は児童福祉施設として厚生労働省の所管で、青少年会館は青少年教育施設として文部科学省の所管であるが、地方自治体のレベルでは、青少年行政の所管が教育委員会であったり、一般行政（市民局、民生局など）であったりして、必ずしも一致してはいない。

それゆえ、もっぱら社会教育事業をてがけている社会教育施設ではあっても教育委員会所管の施設ではないことを理由に社会教育施設ではない、というには無理があり、ここでは、コミュニティ関連施設として取り扱うことにした。

昨今の一般行政の所管する施設でも、意図的、系統的な学習事業が展開され、地域文化創造の主体形成を図っていることからも、コミュニティ関連施設を取り上げることに大きな意味がある。その意味では、学社連携と同時に社会教育施設と一般行政の所管する社会教育関連施設との連携・協働のネットワークの必要性が指摘できる。

コミュニティ関連施設は、幼児教育センター、青少年会館、児童館、老人憩いの家、といった①発達段階の対象別に区分される施設、②芸術・文化を基本的な機能とする施設、③地域づくり・街づくり、産業振興・経済振興を目的とした施設、④スポーツ・レクリエーション施設、⑤保健衛生・福祉施設、⑥地域集会施設、などに区分することができる。また、男女共同参画センターのような女性会館や解放会館のような隣保館は、⑦より専門的な施設、といった領域に区分することができる。緑化センター、リサイクルセンター、消費者センター、といった施設は、⑧生活・環境に関する施設に区分できる。

こうした区分に加え、複数の機能を組み合わせた複合施設、併設施設、多目的施設も多く設置されている。在日韓国・朝鮮人をはじめとする外国人市民と日本人がふれあい学びあうために設置された「川崎市ふれあい館」は、公民館と児童館の複合施設である。また、市民文化団体の要望を受けて、公民館機能に大型文化ホール機能を付設した施設が川崎市の「市民館」である。川崎市はこの市民館を都市型大型公民館と称している。

3）多様な施設形態と管理運営体制

用地取得難、建設費の確保難、といった理由からだけでなく、積極的にそれぞれの施設が持つ固有の機能を組み合わせることにより、相乗効果が期待されることから、複合施設・併設施設の設置も増えている。それらは、公民館と出張所、公民館と文化ホール、公民館と図書館、学校と公民館、学校と図書館、学校と児童館、学校とデイサービスセンター、公民館と産業振興施設、などである。

一方、都市部では、用地取得難から、マンションの一隅を買い取り、公民館や図書館を設置したり、民間ビルのフロアーを借りて社会教育施設に充てる例も多く見受けられる。

また、都市再開発による公共施設の誘致により、都市再開発商業ビルの中に社会教育施設が実現する場合もある。

さらに少子化による学校統廃合による社会教育施設への転用や、余裕教室のコミュニティ施設利用、地域福祉施設利用といった形態での学校施設を活用したコミュニティ関連施設が増えているのも現実である。

コミュニティ関連施設の管理運営体制をみると、その設置形態と同様に多様である。民間企業、社会教育関係団体、特定非営利活動法人（NPO）などと様々である。また、都市再開発による施設管理公社、そして財団法人・社会福祉法人など伝統的な公益法人や地元住民が組織した管理運営委員会、などによる管理運営がある。施設の設置状況が管理運営体制を左右していることも指摘できる。

（伊藤長和）

1. 若者組の歴史とたまり場論

1—1　若者組の役割

　若者組は、近代以前のムラや部落単位の青年男子によって組織された自治的な集団のことで、年齢集団の一つである。地域性や存在形態によって呼び方が異なり、若者中、若者仲間、若衆組、若者契約、二才組などとも呼ばれた。内部の規律として、若者条目とか口伝と呼ばれる掟をもっていた。それに対して、未婚女子の集団は、娘組と呼ばれ、ゆるやかな組織形態をとっていた。一般には、成人式を迎える15歳（娘組は13歳）頃に共同体内の若者は、ほとんどが加入した。結婚を機に脱退する場合が多いが、壮年層を含むこともあった。若者組の主な役割は、一つは共同体を維持するために必要な自衛、治安、消防、衛生等を担うことであった。二つには、若者を一人前の村人に育て上げることであった。若者は、若者組・娘組での交流を通じて、村落秩序や生産、家事、婚姻、娯楽などに関する知識や技術を習得した。さらに、若者宿、娘宿と呼ばれる宿泊所をもっていた。

1—2　若者と若者宿

　文化人類学では、世界的視野でみたとき、年齢階梯制をもつ社会集団は、男子集会所（men's house）や青年集会所（meeting house）を持っていたことが指摘されている。これらは、未婚の青年が食事をともにし、労働し、遊戯をなし、夜は寝泊りをする場所であった。
　日本の若者宿（young men's house）も、若者の宿泊及び集会所のことをさし、寝宿と呼ばれる場合もあった。常設的また臨時的な宿や、警防詰め所や夜業宿と結びついたものなど、多様な形態をもっていた。未婚の女性が集まって、手仕事をしたり寝泊りする所を娘宿といった。
　若者は、若者組入りすると、若者宿で寝泊りするようになり、結婚するまで年長の宿親の下で正業や娯楽、婚姻について指導を受けた。若者宿は、近代社会に入ると、青年宿や青年倶楽部に引き継がれていく。

1—3　青年の登場と青年倶楽部

　近代に入り、若者組の担ってきた社会的役割は、新しい行政組織にとって変わられ、若者組の悪弊が指摘されるようになる。代わって、青雲の志を抱く者としての「青年」が登場することになる。明治半ばころから、各地に自主的な青年集団の組織化がみられるようになり、地方改良運動を契機として地域青年会の組織化が国家的に進められるようになる。
　『田舎青年』（1896年）を著した山本瀧之助は、「田舎青年」とは「路傍に棄てられたる青年」と主張し、青年の教育・修養機関としての青年会の設置を提起した。これは、小学校卒業後の青年の教育問題であった。山本は、青年団体に常設の倶楽部を設置し、青年相互の結合を促し、青年団体の維持を図っていこうと考えた（『地方青年団体』1909年）。同時期、小学校教員であった篠原禄次も、青年会を若者組の改廃ととらえ、若者宿にかわる青年集会所の必要性を提起し、施設設備の13項目を掲げていた（『地方青年団体の組織及び事業』1911年）。篠原は、その後1919（大正8）年に岐阜県上宝村で平湯青年会館を設立し、青年会館を拠点に直接青年たちの指導にあたった。
　この時期の青年倶楽部は、学校や教員住宅の一部を借り受けて設置されていた。解体していく若者宿・娘宿のもっていた青年の交際機関を復活させ、青年の修養に資する図書室や娯楽設備が推奨され、あわせて風呂場や共同理髪所等も設けられていた場合もあった。

1—4　青年団と青年会館

　青年会は、大正期に入ると、数度の内務・文部共同訓令を経て、国家的な規模で青年団として育成されていく。青年団の父田澤義鋪は、公民教育の普及を目的として青年団の指導にあたり、青年の共同生活の訓練の場とし

ての青年集会所の必要性を構想した。田澤は、青年団や青年集会所の存在根拠を日本の若者組や若者宿に求め、大日本連合青年団の設立を背景としながら各支部ごとの青年集会所の設置を勧め、公民教育の普及をはかろうとしたのであった。田澤は、「この集会所を中心として、読書会が開かれ、座談会が開かれ、茶話会と遊戯の集まりが開かれる。特に一日半日の暇をつぶさないで、夕食後の一、二時間で、立派に青年団の機能を発揮する。そんな風に経営してもらいたい」(『青年団の使命』1930年)と考えていた。

この田澤の構想は、その後、『青年団の経営』(1928年)を著した熊谷辰次郎の青年倶楽部論、青年指導論としての下村湖人の協同生活訓練(「塾風教育と協同生活訓練」1940年)、田澤自身による壮年団を核とした総合統制機関構想(「政治教育小論」1932年)へと受け継がれていく。

大正期以降、青年倶楽部や青年会館と呼ばれる施設が、全国に設立されていくが、大きくは、二つの系譜として展開をみせた。一つは、日本青年館に代表される大型施設としての系譜である。1925年に日本青年館が開館し、1929年に愛知県昭和塾堂、長野県青年講習所が建設され、1931年には大日本連合青年団は、「各府県ニ修養ノ殿堂タル青年会館建設促進」を大会決定し、新潟県、大阪府、長崎県、山梨県、山口県、佐賀県で府県青年会館が設立された。二つには、全国各地で建設された小規模の青年倶楽部、青年会館、青年集会所の系譜である。明治末期から建設がみられ、昭和に入ると毎年30館程の青年倶楽部・会館が建設されている。1930年段階では、全国に市部530館、郡部18,920館の青年倶楽部・会館が設置されていたことが記録されている(大日本青年団『青年会館・宿泊施設調査』1939年)。これら地域の青年倶楽部・会館は、若者宿を継承する場合、独立の施設をもつ場合もあれば村の集会所と兼ねたり小学校教員住宅や小学校、青年学校に附設される場合など、様々であった。

昭和恐慌期に入ると、青年団の国家主義化が強まり、経済更生運動の拠点としての塾風教育機関が設置されるようになり、青年倶楽部・会館は、精神鍛錬の道場へと変貌を遂げていく。この変貌していく時期に、田澤や下村の施設論や指導論を受け継ぎ、戦後の公民館へとつないでいったのが、大日本連合青年団商工課長であった鈴木健次郎であった。

1—5 青年活動と公民館

第二次世界大戦以前の青年倶楽部・会館は、戦後に入り、下村湖人や鈴木健次郎、日本青年館職員であった横山祐吉らによって公民館や青年の家、ユース・ホステル、青年会館等へと継承されていく。青年活動も、戦後青年団は、民主的な団体として再組織され、1951(昭和26)年に日本青年団協議会が結成される。

1946(昭和21)年の文部次官通牒「公民館の設置運営について」以降、寺中作雄も鈴木健次郎も、公民館建設運動の中核として青年団に期待を寄せ、1953(昭和28)年には全国で34,248館の公民館が設置されるに至った。これらのうちの一定数は、青年たちの手によって戦前の各地域における小型の青年倶楽部が公民館として再編されたものである。全国各地で青年たちは、バザーや演芸会によって益金を生み出したり、「下男奉公」にでたりして公民館の建設資金を捻出したりしていたことが記録されている(鈴木健次郎『青年団と公民館』1948年)。地域によっては、公民館と青年倶楽部・会館の二枚の看板を掲げているところもあった。公民館建設によって、その後公民館を拠点として、青年たちによる共同学習運動が展開されていく。

日本におけるユース・ホステル運動は、1930(昭和5)年に大日本連合青年団によって紹介され、その後青少年徒歩旅行運動が推奨された時期もあったが、自然消滅していった。戦後になり、1951(昭和26)年、日本青年団協議会

12 コミュニティ関連施設

は「ユース・ホステル運動を推進する件」を大会決定し、青年団関係者の手によって運動が広げられていった。

戦前の府県の「修養ノ殿堂」として設置された大型の青年会館は、戦後接収され、青年たちによる返還運動も取り組まれたが、1949（昭和24）年の佐賀県を皮切りに山形県、愛知県等で新たに青年会館建設運動が取り組まれ、1980年代までに、1道1府26県で青（少）年会館が建設をみた。

1—6 社会教育法改正と青年の家

1959（昭和34）年、社会教育法の一部改正がはかられ、新しい社会教育施設として青年の家が登場する。青年の家は、「青年が団体で宿泊し、共同生活をすることにより、規律、協同、友愛等の精神のかん養をはかるとともに、勤労青年のために職業技術教育を行い、あるいは地域活動を振興し、あるいは野外活動を行い、心身ともに健全な青年の育成をはかることを目的とする施設」（国会答弁資料）とされた。1959（昭和34）年に国立青年の家が設置されたことにより、青年の家は青少年対策事業の中で「健全育成施設」として位置づけられた。青年の家は、国立、県立、市町村立ともに、1970年代までに全国各地で建設をみるようになり、量的拡大をみせた。しかし、1990年代に入ると、各自治体において行財政改革や「財政健全化」の名の下で、施設としての役割は終えたとして、統合・廃止、または民間移管がなされるようになった。

1—7 地域づくりとたまり場

青年の家建設にみられるような大型の社会教育施設の建設が進む一方で、地域の青年活動に取り組む青年たちは、一貫して地域における青年活動の拠点を求めていた。大田堯は自由な空間としての「村のたまり場」の大切さを説き（『農村のサークル活動』1956年）、那須野隆一は、若者宿を見直し、青年団活動の中にたまり場を復活させようと提起した（『青年団論』1976年）。

1955（昭和30）年に始まる全国青年問題研究集会のレポートには、「公民館建設運動の促進」「部落青年が建てた青年会館」「若衆の宿」「集会所をもたない悩み」「たまり場を確保するために」「たまり場から生まれる青年団活動」といったテーマが一貫して掲げられている。滋賀県新旭町青年団は、「たまり場とは、青年が寄り合い、心を開き、心を握りあい涙を流したり、口論したりしつつ、未来の担い手として育っていく所である。しかし、心を開いて慰めあう場であってはいけない。友達になる事だけが生命線ではない。今をみつめ、矛盾や人の気づかない事に注目し、真実を見つけ、実践活動で住みよい町をつくっていく城であると思う」とレポートしている。（『第30回全国青年問題研究集会レポート集』1991年）。青年活動にとって、青年活動と地域づくりの拠点としてのたまり場が求められていることがわかる。公民館も、青年たちのたまり場の一つであったと言える。

しかし、残念なことに1990年代以降は、青年活動とたまり場についての議論は少なくなり、子どもの居場所については議論されるものの、青年の居場所についての議論はあまりみられない。

（上野景三）

〔参考文献〕
(1)大日本連合青年団『若者制度の研究』1936年
(2)大日本青年団『青年会館・宿泊施設調査』1939年
(3)上野景三「青年施設の歴史」『財団法人日本青年館七十年史』日本青年館、1991年

2. 沖縄の字公民館

2—1　沖縄の地域多様性－字とシマ社会

　沖縄の字公民館は、集落公民館、部落公民館、自治公民館ともいい、社会教育法上は、公立公民館に対して類似公民館（公民館類似施設）と位置づけられている。字の自治組織と一体化していて、字公民館は字（区・自治会）事務所でもある。沖縄の字とは、行政区、また通称部落ともいい、沖縄の方言では「シマ」と呼ぶ。最小の地域社会である。日本的には、近世藩政村あるいは近代の大字にほぼ対応する。

　日本との対比で見ると、沖縄は個性的な歴史過程を歩み、また社会組織を形成してきた。さらに沖縄において見るならば、沖縄本島と先島（宮古・八重山諸島）とでは近世期を中心に地方制度・社会・文化の地域差（個性）が強く、そのことは現代の地域組織・字運営にも引き継がれているようである。沖縄本島においてさえ、北部と南部の地域差が指摘される。したがって、「沖縄の字公民館」を一概に規定することはかなり無理がある。ここでは、地域差（個性）を視野に入れつつ、やや一般化した形で「沖縄の字公民館」を紹介する。

2—2　歴史的な系譜

　沖縄における地方支配制度は、古琉球後期（16世紀前半）において中央集権システムによる「間切・シマ制度」が確立され、近世期の「間切・村制度」に再編された。近世の間切は、現代の市町村に相当し、地域末端のシマは村（現代の字・区）として行政的（貢租負担）に把握された。村の行政・管理は掟（＝現代の区長に相当）以下の村（＝間切）役人が担当した。村役人の事務所を村屋（ムラヤー）と呼んだ。沖縄本島では間切番所（現代の役所）制であったが、先島では各村に番所が設けられた。村屋・村番所の施設と利用の実態は明らかでない。沖縄における近世王府の地方支配の方針と方法は、貢租負担単位として行政的に村を把握・支配することにあり、「地割制度」とあいまって、村は閉鎖的・内部個性化へと仕向けられた。沖縄で通婚規制慣行や村内法に見られたように、さらにはシマ（村）毎に言葉（方言）が異なるように、あるいは御嶽（祖霊神）をはじめ年中祭祀がシマを単位に営まれるように、シマ社会は個性化へと歩んだ。それが、現代につながる字自治・社会・文化、さらには地域的多様性の背景となっていると理解される。

　近世後期を反映する1880（明治13）年の沖縄の村数は574であった（「明治13年沖縄県統計概表」）。沖縄の近代化は、「旧慣温存政策」により大きく立ち遅れた。1897（明治30）年の「沖縄県間切島吏員規定」の施行に伴い、近世の間切番所は役場に改称され、地方役人が大幅に減員されるとともに、村掟は「村頭」となった。さらに1908（明治41）年の「沖縄県島嶼町村制（特別制）」の施行により、間切・島が町村に、村が字とされ、村頭を区長に改めた。

　村屋が現代の字公民館の直接のルーツである。現代、各字公民館に区（字）の事務所が併置されている。戦前は、ここを倶楽部と称する地域もあった。

　さて戦後、敗戦国日本が、戦前とは異なる「新しい国のかたち」、つまり民主主義・主権在民・平和主義をテーマに国家と国民の再出発を宣言したのは1946年11月の「日本国憲法」の発布においてであった。

　沖縄は1945年3月末から始まる「地上戦」において、日本国の敗戦を待たずアメリカ軍の直接支配下におかれた。米軍統治は27年間続き、「施政権」が日本国に返還されたのは1972年5月であった。

　日本国では敗戦の翌1946年7月、「公民館の設置・運営について」（文部次官通牒＝寺中構想）が全国各地に通達され、日本独自の公民館づくりが展開される。公民館は、社会教育機関、娯楽機関、町村自治振興の機関、産

12　コミュニティ関連施設

業振興の機関、つまり郷土の振興をはかるための中心的な機関として位置づけられた。この「寺中構想」（文書）は、本土日本から切り離された沖縄には、日本国憲法や教科書とともに奄美を経由し、海を渡って沖縄に「密輸入」された。

沖縄においては、遅れて1953年11月の琉球政府中央教育委員会決議「公民館設置奨励について」が出された。それが、沖縄における複数の市町村で構成される教育区単位の公民館設置を促すことになった。しかしその結果は、市町村立の公立公民館ではなく、"類似"とされる「字公民館」の全琉的な設置となった。市町村には財政力がなかった。多くの字では自力で字公民館（村屋）を建設した。また、一時期米軍の高等弁務官資金補助で字公民館を建設するところも多かった。

1953年の公民館設置奨励政策以降、市町村では公立公民館施設のない公民館活動が1972年の日本国復帰まで展開された。沖縄で市町村立による公立「中央公民館」が設置されたのは1970年の読谷村を嚆矢とし、現在までさまざまな補助金制度を活用してほとんどの市町村に中央公民館が設立された。一方、同じく諸省庁の補助金制度を活用して字公民館の新設・建て替えが進んだ。2003年現在、字公民館・集会所等は、沖縄全体で976施設を数える。

2—3　字（集落＝シマ社会）組織と字公民館

沖縄では一般的に字（シマ社会）の自治運営組織が強固である。その強固さは、字の自治と共同性、そして歴史的経験を基盤にしている。字行政・運営の代表責任者は区長で、通常字（区）民の選挙で選ばれ、任期2年のところが多い。社会教育行政の立場から字の区長を「字公民館長」と位置づけ、字公民館施策・事業を提供・展開してきたが、区長において「公民館長」の自覚はほとんどないのが実情であった。

字の財政は、米軍基地を抱える字は地代収入があり潤沢であり、市街地の人口の多い字も字費収入が大きい。しかし、基地のない過疎地の農村の字は字民の字費が基本だが少ない。そこでの区長の給与は、自治体の事務委託費の比重が多く、一部字予算から支給される。したがって、基地のない過疎地の字では、専任区長は成立できない。

戦後、字公民館（事務所）建設は優先課題であった。予算・資材が極端に制約された中で、多くの字では住民たちの自力建設によって字公民館を造った。1959年以降は米軍の高等弁務官資金交付によって字公民館を建設したところも少なくない。

つまり、字の自治組織活動があって、それと＜字公民館＞活動は重なっている（一体）と理解できる。一例を沖縄北部の名護市屋部区にとってみる（『名護市史本編11』）。区長が字（区）の行政執行責任者であり、その下に諸事務を補佐する書記がついている。字の懸案事項は、各団体の代表および班（11班）の代表で構成される「評議員会」で審議され、原案が作成される。評議員会は総務・文化・体育・産業の4部会で構成される。11の班は、2、3組みあわせて教育隣組が編成される。「各団体」とは子供会・青年会・婦人会など系列化された社会教育団体を中心に学事奨励会も含む。屋部区に特徴的な組織は、他に2つの農事実行組合、豊年祭踊団、および字誌編纂委員会がある。これらの組織・団体が屋部区の予算を基礎に区の通常の事業・行事・運営を担っている。予算・事業計画・重要事項は全戸参加の区民総会の場で審議・承認・決定される。各団体固有の事業・活動のほかに、区（字）事業・行事がある。新年・運動会・共同作業・豊年祭（八月踊り）のほかに、伝統的な祭祀行事も神人・区長を中心に毎月のようにある。屋部区は2000年に公民館を旧公民館の近くに新築したが、八月踊りを中心に舞台・ホール・舞台裏・衣装部屋・調理室などを重視した造りである。

字の自治組織・活動を要約すると、字における生産（農業が主体）、次世代の育成、福祉、

各種団体育成、伝統行事、環境・ゴミ問題、納税事務、字誌づくりなど、総じて地域づくりであるが、これは字公民館活動でもある。

2—4 「ゆいまーる」の思想

「ゆいまーる」とは「ゆい（結）」のことで、一般的には「賃金の支払いを伴わない労働交換の慣行」とされる（『沖縄大百科事典』）。沖縄での起源は不祥。沖縄ではサトウキビの刈り取り・製糖、稲作の田植え・稲刈り作業や、家・墓普請においてユイが、普通字を単位に行なわれていた。シマ社会の共同体規制・共同性を基礎にした社会的・経済的慣行である。

現代の字（公民館）運営・活動においても、無意識の思想として「ゆいまーる」の思想・慣行が生きているように思う。沖縄北部の「共同店」もその一環で評価できるであろう。この思想は、現代化していえば「コモンズの思想」に通じるところがあるように思う。

2—5 字誌（集落誌）づくりの活動

字誌づくりを狭義に規定すれば、字の住民グループ（出身者を含む）が、字の公的な事業として字地域のあらゆる事象・経験を総合的に調査研究し記録し（モノグラフ）、多くは冊子の形で編集・出版する、住民の地域文化活動である。沖縄では2003年現在、この狭義の字誌が210点余（全字・自治会の23％）刊行されている。1980年代から顕著に盛んに取り組まれ、毎年5～10点ほどの刊行が続いている。字誌とは別に字住民による地域研究も盛んで、これまで500点余（多くは自費出版）出版されている（『沖縄の字（集落）公民館研究　第3集』）。

沖縄における字公民館事業・活動の一環としての字誌づくりとその成果の出版は、さらに持続・展開すると予想される。現在取り組んでいる字が相当数あり、未着手の字においては、「人＝編集委員会・金＝予算」の目途がたてばぜひ取り組みたいという希望と課題をもっている。自分たちの字に字誌がないのは肩身が狭い、のである。

沖縄において字誌づくりは、現代において字公民館の事業・活動の重要な課題であり、すぐれて社会教育的・生涯学習的意義を持っている。

なお、字誌づくりは沖縄に特長的であるが、鹿児島県奄美地域、滋賀県、群馬県、北海道などにおいても全県的広がりにおいて取り組まれ、成果の刊行が続いているそうである。

2—6 字公民館と公立公民館

1970年に読谷村中央公民館設置が沖縄における公立公民館の嚆矢であり、復帰後諸補助金を活用して公立公民館の設立が相次いだ。しかし、市町村設置率は77％（1999年）で、全国平均91％に較べてまだ低い設置率である。これは、離島・小規模自治体が多いことと、字公民館の実体が強固であることがあいまっての沖縄の特徴といえよう（『沖縄の字（集落）公民館研究　第2集』）。

1972年日本復帰前、公立公民館が設置されなかったのは、1953年の琉球政府中央教育委員会決議が、地方教育区の財政難、政府援助がなく公立公民館設置に展開しなかったことによるが、米軍の文化政策・宣撫工作機関として7地区に琉米文化会館が設けられたこと、字公民館の自力建設、また1959年からは高等弁務官資金援助による字公民館建設が進んだことにもよる。復帰前の沖縄は、公立公民館なき字公民館活動の時代であった。

また、復帰により社会教育法が適用され、公立公民館の設置に伴って字公民館の設置根拠がなくなった。しかし、実体として字公民館は存続し続けている。

復帰後、3次にわたる沖縄振興開発計画の枠内で公民館施設建設が進められた。補助金の系統は文部省から農水省・防衛施設庁などに移行し（特に字公民館）、看板・名称も多様化した。

公立公民館は、中央公民館と地区館（実体は

字公民館）を教育委員会が管轄する。字公民館が実体的存在であるが、米軍基地地代収入のある字以外は財政力が弱く、特に農村地域においては館長（区長）は非常勤兼務である。

　以上概観してきた沖縄の字公民館と公立公民館との関係を、小林平造は「二重性」と理解する。また＜公立公民館の意義と課題＞を次の5項目に集約している（『おきなわの社会教育』）。①相互のネットワーク論を生み出すこと、②公立公民館が、字の伝統的な行事と新しい課題に取り組む動きを積極的に評価・支援すること、③字のリーダー養成のプログラムを開発・実施すること、④公立公民館は、階層別・課題別の個人参加の団体活動にとっての事務所的役割を持つこと、⑤字での取り組みを集約し、自治体の課題へと創造・展開すること。

　　　　　　　　　　　　　（中村誠司）

〔参考文献〕
(1) 沖縄大百科事典刊行事務局編『沖縄大百科事典』沖縄タイムス社、1983年
(2) 小林文人・平良研一編著『民衆と社会教育』エイデル研究所、1988年
(3) 名護市史編纂委員会編『わがまち・わがむら（名護市史本編11）』名護市役所、1988年
(4) 小林文人・島袋正敏編著『おきなわの社会教育』エイデル研究所、2002年
(5) 名護市史編纂委員会編『教育（名護市史本編6）』名護市役所、2003年
(6) 松田武雄編著『沖縄の字（集落）公民館研究（第1集〜第3集）』科研費報告書、2003年〜2005年

3. 社会教育諸（関連）施設

はじめに

　人々は生きている限りさまざまな課題に取り組み、より豊かな生活を目指し学び続ける。学習の契機は生活の中にあり、その展開も多様である。学習の展開を支える施設も当然、その時折の生活、地域課題に対応してその構成や役割を変化させてきている。学びを支える諸（関連）施設を、機能の側面からみると、3つのタイプに分けることができる。ひとつは、いわゆる中核施設（公民館・図書館・博物館）ではないが、社会教育（学習支援）を主目的とした対象別、年齢階層別の施設である女性会館、青少年センター、少年自然の家、青少年科学館等々がそれである。第2に学習・教育活動を主目的とはしていないが、明らかに学習活動支援の機能を持っている施設（勤労青少年センター、働く婦人の家、老人福祉センター、農協施設等）。教育機能を重視しているゆえに、時には教育委員会が所管している施設もある。第3に身近な地域における諸活動の拠点としての地域施設（コミュニティ施設、地域集会所等）があげられる。学習の萌芽が生活の中にあるとすると、これら地域施設は、学習の初期の段階で重要な役割を果たす。

　以上の諸施設は、学習の必要（内容）、あるいは学習の段階に応じて求められてくるものであり、それゆえ学習を支援する施設は、学習展開に即して重層的に存在するといえる。

　新たに位置づけられ、あるいは登場し増加してきたこれら諸施設は、終戦直後焦土と化した日本各地で、地域再生の拠点として総合的な機能を抱え込んでスタートした公民館から、いわば機能分化してきた諸施設ということもできる。1960年代以降急増する施設のうちコミュニティ施設は他の章で何箇所か扱うので、ここでは、対象別施設としての女性教育施設（女性会館ほか）や青少年教育施設に絞って整備過程及び現状を捉えることにする。

3—1 公民館中心の施設体系から多様な施設建設へ（1970年〜）

ここでは『社会教育調査報告書』をもとに、数字が示す70年代以降の青年会館や女性会館の動向を整理してみたい。

55年よりほぼ3年ごとに出版されてきた『社会教育調査報告書』に青少年教育施設や婦人（女性）教育施設が最初に登場するのは、71年版報告書である（表II-12-1）。60年代の高度経済成長と都市化現象が進む中で、青少年問題へ対応する各種施策を背景として、国立や県立の大型施設を中心に青少年教育施設建設がすすめられる。また女性関係施設の建設は国際婦人年（75年）にちなんで各地に建設がすすめられている。

青少年教育施設：全体としては71年統計が始まって以来ほぼ一貫して増加しているといえるが、より細かく見れば施設ごとに若干異なった動向を示している。「青年の家」は87年の267館をピークに減少してきているが、非宿泊型の青年の家は81年をピークに80年代減少傾向であり90年代後半若干増加に転換している。それに対しより低年齢の少年を対象とする「少年自然の家」は一貫して増加傾向にある。

学校教育は、度重なる改革にもかかわらず行き詰まり状況打開の見通しがたたず、学社連携、学社融合が盛んに推進されつつある。家庭、地域など子どもたちの発達環境の問題への対応がより重要となっており、03年度より「子どもの居場所作り」（文部科学省補助事業）なども展開している。学校教育と日常的に連動しうる身近な「児童文化センター」や「その他の施設」が増加し、施設の多様化も進んでいる。

一方青年教育施設に関しては、青年の性格・行動の変化に加え、施設の老朽化などが誘因となって施設の利用率の低下が目立ち、さらに施設合理化のあおりを受け、とくに「青年の家」を中心に施設の廃止の方向が進められてきた。青年の施設の減少傾向に対しては青年たちの間から反対運動も起こっており、新たな模索の取り組みもなされている。(1)

女性教育関連施設：女性関連施設の歴史は古く、当初は、女性自身に教育施設の必要性が自覚され、自ら労力提供し施設を作り上げるといった例もあり、民間主導で施設建設がすすめられた。その後、国際婦人年を契機に公的に整備が進み、「婦人教育会館」は、96年225館とピークをむかえる。最新版2002年統計では196（設置主体は都道府県立8、市66、町18、村2、法人立101館）と若干減少している。ただし、女性の学習機会を提供するのは、女性教育専門施

表II-12-1

	公民館	青年の家（宿泊型）	青年の家（非宿泊型）	少年自然の家	児童文化センター	その他	青少年教育施設計	婦人教育会館等
1955	35283							
1960	20183							
1963	19410							
1968	13785							
1971	14249	186	76	11	32	286	590	62
1975	15752	205	110	75	40	171	601	90
1978	16452	221	109	103	39	224	696	89
1981	17222	253	177	171	56	283	940	119
1984	17520	255	169	206	72	329	1031	100
1987	17440	267	160	246	45	335	1053	199
1990	17347	254	168	278	61	393	1154	213
1993	17562	249	162	294	71	449	1225	224
1996	17819	248	161	304	99	507	1319	225
1999	19063	229	176	311	75	472	1263	207
2002	17947	221	172	325	105	482	1305	196

設のみではなく、厚生労働省所管の「働く婦人の家」や農家婦人を対象とする「農村婦人の家」等が学習機会を提供するなど多様化し、男女雇用機会均等法や男女共同参画社会の推進などが追い風となっている。『女性関連施設に関する総合調査』(全国婦人会館協議会98年)では、女性関連施設772施設(女性センター239、働く婦人の家228、農村婦人の家305)となっている。

ところで施設の機能を支える重要な役割を担っているのが職員である。指導系職員に関しては青少年教育施設では職員に占める割合が36.0％、婦人教育施設では26.7％となっている。職員全体としては、公民館、図書館、博物館ばかりでなく、青少年教育施設や婦人教育施設においても一館あたり職員数が徐々に増加しており、施設としては充実傾向にあることが見られる。しかし、専任職員の比率についてはむしろ比率を低めており、単純には評価できない。

学習支援者として最近統計上現れてきているのが「ボランティア」である。2002年度統計によると青少年施設では2割、女性教育施設では2割5分強で制度化しており、特に「都道府県立」レベルの施設は5割になっている。ボランティアに関しては財政問題とのかかわりで議論がないわけではないが、登録団体数を見ると都道府県より身近な市部ではるかに多く、「住民と行政との協働」の名の下に次第に普及している様子がうかがえる。

3－2 事業内容に見る社会教育関連施設の現状

青少年教育施設：青少年教育施設で主催事業を行っているのは全体の7割で、事業内容で最も多いのは体育レクリエーション、学級・講座が4割強、ついで多いのは講習会・講演会で3割の施設で行っている。青少年団体の研修や指導者研修については1〜2割と余り多くない。

施設ごとにみると、実施施設で特に多いのは「児童文化センター」で、最も低いのは「宿泊型青年の家」である。「少年自然の家」の場合、体育レクについで指導研修が多くなっているところに特徴がある。実施施設で最も高い「児童文化センター」は学級講座が中心で、次いで体育レク、講演会・講習会を行っている施設も比較的多くなっている。その他の諸施設も学級・講座、スポーツレク実施施設の比重が高いのは他と同様である。ただし広域圏をカバーする大規模施設と、市町村レベルにある施設とでは利用者にとって持つ意義は異なる。

1施設あたり利用者数で比較した場合、大規模施設である「少年自然の家」や「宿泊型青年の家」に対し、「非宿泊型青年の家」や「児童文化センター」は倍以上の利用者数で、多様な形態による利用が読み取れる。

女性教育関連施設：開設している学級講座で最も多くなっているのは教養の向上、次いで家庭教育・家庭生活となっている。青少年教育施設で主流を占めていた体育・レクは非常に低く、職業知識・技術の向上や市民意識・社会連帯意識に関するものもさらに少ない。先の調査結果からみても、諸施設のいずれにおいてもやはり学習・研修活動がもっとも盛んに行われている。内容では、「家庭生活」に関するもの「趣味」「家庭問題」に関するものが多いが、中でも「女性センター」の場合は「女性問題」や「家族問題」「男性への啓発」や「自己開発」など女性問題の解決に直結するテーマが多くなっている（男性のための介護実習講座＝男女共同参画社会実現の具体的支援）。それに対し、「働く婦人の家」は、働く女性を支援する「技術習得」や「就業支援」などが多く、「農村婦人の家」では、「家庭生活」や「趣味」「市民生活活動支援」「健康」に関するテーマの事業（あるいは農家女性の経済的自立支援事業）が多いという特徴が現れている。その他「情報収集・提供」事業、「相談」事業、交流・市民活動支援など、女性問題解決のための学習機会として重要な諸活動が見られる。しかし、さらに女性

問題を深め、解決に向けての施策、条件整備へとつなげていくには調査研究活動なども重要であるが、それに関しては「女性センター」に3割程度見られるもののその他の施設はそれぞれ1割をきっているとの指摘がある。また、限られた予算内でより効果的に使命を果たしていくためそれぞれの施設の独自の機能を再検討し、施設間のネットワーク形成が提起されている。以下、札幌市を事例に現状と課題を見てみたい。

3—3 社会教育関連施設を巡る最近の動向 ―札幌市を事例に―

札幌市には、青少年教育関連施設としては「青少年センター」、女性教育関連施設としては「男女共同参画センター」（元女性センター）その他道立の「女性プラザ」がある。いずれも現在複合施設となっているが、市内にある「児童会館」120館とあわせて第三セクターとして、「（財）札幌市青少年女性活動協会」が受託して運営を行っている。予算不足、職員不足等の共通の課題を抱えており、それぞれの本来の目的（与えられた使命）を再検討する必要性も指摘されている。青少年センターのほうは職業的支援に目標の重点を定めてきているが、女性センターのほうは、「女性」から「男女共同」への流れの中で、「企業等への開放」もなされてきている。しかし、まだ女性の日常活動を支援する役割を重視する必要があるのではないかとの指摘もなされている。また複合施設化の方向で整備されてきたが、そのメリット、デメリットも再検討する必要がある。ここではとくに青少年教育施設の事例をとりあげる。

「札幌市青少年センター・札幌市勤労青少年ホーム」（以下「センター」）は、現在「ちえりあ」（4施設＝生涯学習センター、教育センター、リサイクルプラザとの複合施設。2000年建設）内にある。「青少年センター」は、「ちえりあ」内への移設に伴い同地区内にあった「勤労青少年ホーム」と統合し、二つの機能を備えている。さらに市内には5つの「勤労青少年ホーム」（通称「レッツ」）があるが、平成5年より当協会がネットワーク化しており、「センター」はその核となる位置にもある。それ以前から青少年活動に実績のあった方針を受け継ぎ、教育的機能を重視してきた関係で、現在は「勤労青少年ホーム」も教育委員会に所管替えになっている。以前は、「青少年センター」、「勤労青少年ホーム」はそれぞれ独立しており、「青少年センター」は青少年の活動の場としての貸し館中心、「ホーム」のほうは

図II-12-2 勤労青少年ホーム・青少年センター事業の移り変わり

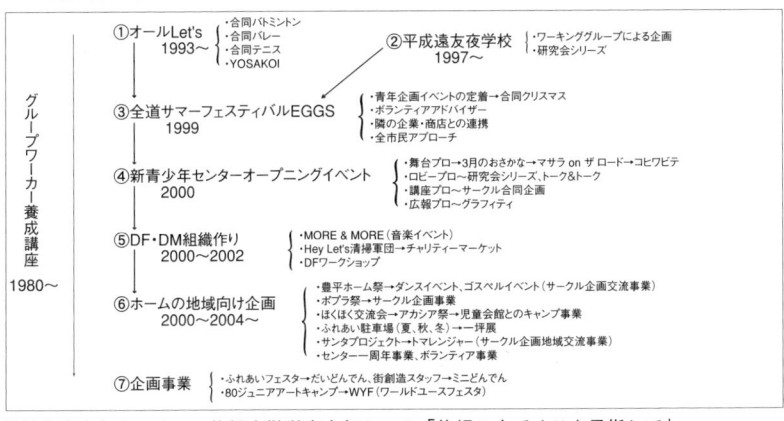

資料 札幌市青少年センター 札幌市勤労青少年ホーム「札幌の人づくりを目指して」

青少年健全育成を中心とする各種主催事業を行っていた。統合することにより、「センター」でも貸し館のほかに主催事業が可能となり、青少年の学習支援が可能になったという。

事業内容の柱は、人材育成事業、ロビー事業、利用者協議会活動の支援、短期事業、イベント、情報、相互学習、事業研究と多彩であるが、中でも青少年の出会い、人間関係作りを目的としたサークル支援（「グループワーカー養成講座」）を重視しており、支援を受けたサークル活動は青年たちの自主的活動へと展開している（図Ⅱ-12-2）。利用者協議会も組織され、DONUTS（協議会の別名）を中心とした各施設の活動は主体的な地域活動からさらにボランティア活動への取り組みへと発展している。現在その中に13のボランティアプロジェクトも組織されており、従来のイベント的活動から福祉施設訪問など、日常的な交流へ発展させようという意見も出てきている。また最近「センター」では、今の青年たちの問題状況（パラサイトやニート）に対応し、人間力の向上、職業的支援に重点を置いている。(2)

施設内容は、音楽スタジオ2室、遊びの森、サークル活動室2室、トレーニングルーム、体育館があり、勤労青少年ホームと統合したこと、あるいは生涯学習センターとの複合施設であることから多様で、青年たちにとっては活動しやすい施設になっているという（休館日は年末年始のみ）。利用率が低迷し、勤労青少年ホームの中には廃館する施設も多い状況下で、札幌市の場合各施設とも利用率が高まってきている。利用料は一般貸し出しに関しては男女共同参画センターと同じ料金が設定（営利目的の場合は利用料の2～3倍）されているが、青年（29歳以下）は半額、とくにサークル登録をしている場合は勤労青少年ホームに準じて大学生も無料となっている。但し、音楽や音響、映像などの機器設備料はその他料金が設定されており、青年の自由な利用には、利用料の負担が大きい。

職員スタッフは、キーステーションとなっているこのセンターは9人（うち専任6人臨時3人）、その他5館のホームは館長と主事のほか非常勤3人の5名体制をとっている。職員たちは積極的に研修活動を行っており、新しいイメージ、青年の新しい要望にこたえうるものを積極的に取り入れ事業に組んでいる。しかし、熱心にとり組めばとり組むほどスタッフ不足は切実であるという。さらに06年度に向けては指定管理者制度が導入されることになるが、不安を抱きつつそれに向かって準備中であるという。

（遠藤知恵子）

〔注〕
(1)一方、『青少年教育施設の経営改革―国立大雪青年の家の挑戦』（森豊吉他著、日常出版、2003年）のように、独立行政法人化の波を受けた現場での新たな取り組みの紹介もされている。
(2)厚労省の委託を受け独立行政法人「雇用・能力開発機構」が委託を受け運営している「ヤングジョブスポットさっぽろ」＝この青少年センターとレッツに着目、提携して事業を展開している。その特徴は、仕事の紹介ではなく職業的意識の掘り起こしにあり、若者自らスタッフとして事業の企画運営を行う参加型の事業を増やしているところにある。

〔参考文献〕
(1)日本社会教育学会編『子ども・若者と社会教育（日本の社会教育　第46集）』東洋館出版社、2002年
(2)鈴木眞理・守井典子編著『生涯学習の計画・施設論』学文社、2003年

4. 生涯学習センター

4—1 大阪市の「生涯学習センター」

1990年以降、全国的に公民館の名称を生涯学習センターに変更する事例が多く見受けられるが、「生涯学習推進の基本指針」を策定して、計画的に「生涯学習センター」を設置している大阪市の事例から、その実際を紹介する。

92年2月に策定した大阪市の「生涯学習大阪計画」は、市民の学習活動を支援するために、「地域」「ターミナル」「広域」の3つの学習圏を設定した。それぞれの学習圏の拠点施設として、「地域」には小学校の特別教室等を活用した生涯学習ルーム、「ターミナル」には市民学習センター、「広域」には総合生涯学習センターの整備を提起している。

「市民学習センター」は、交通の便のよいターミナル周辺において、通勤・通学者や買い物等で行き交う市民を対象に、情報提供や学習相談を行うほか、様々な学習機会や学習・交流の場の提供を行っている。現在までに、弁天町市民学習センター（93年）、阿倍野市民学習センター（94年）、難波市民学習センター（2000年）、城北市民学習センター（02年）の4館が整備されている。

市民の身近な学習圏である地域においては、小学校の特別教室等を活用した「生涯学習ルーム」が開設され、地域諸団体の代表や学校長による運営委員会のもと、市民ボランティアの生涯学習推進員がコーディネーターとしての役割を果たし、市民の自主的な講習・講座事業等が開催されている。「生涯学習ルーム」は、89年に13校でスタートし、以降毎年10～20校が順次開設され、04年度、大阪市内296校のすべての小学校で開設されている。

4—2 総合生涯学習センターの特徴

大阪駅前の市街地再開発ビルの大阪駅前第2ビルに「大阪市立総合生涯学習センター」が02年11月にオープンした。この建物は、梅田の一等地に立地し、地下街に食堂街や娯楽施設などをもつ商業・オフィスビルである。

その管理運営は、「財団法人大阪市教育振興公社」に委託されている。

総合生涯学習センターは、その5階全フロアーと6階の一部（延べ床面積：3,102.99㎡、5階2,821.996、6階281.00）を生涯学習施設として転用したため、数百名規模のホールスペースは確保できなかったが、大小さまざまな研修室・会議室とともに、NPOや市民グループの協働・交流の場であるネットワークコーナー、市民の学習活動の成果を展示・発表できるギャラリー、ビデオや図書、新聞などの視聴・閲覧ができ、1,000種類のチラシを置くことができる情報ロビーなどを備えた中央館施設である。

総合生涯学習センターの事業は、市民の誰もが必要に応じて楽しく学び続けられるようにサポートすることを目指し、これまで教育委員会社会教育課・市民学習振興課や各施設で取り組まれてきた事業や、今後求められる機能を、後述する「5つの機能」に整理し、体系化が図られている。

現在、大阪市の生涯学習推進の中核施設である「総合生涯学習センター」とターミナル拠点施設である4館の「市民学習センター」は、大阪市の生涯学習を推進する基盤施設であり、5館が一体となり市民の自主的な生涯学習活動をサポートしている。

また、大阪市立のその他の対象別・目的別の社会教育・生涯学習施設（こども文化センター、中央青年センター、青少年会館、クラフトパーク、キッズプラザ大阪など）における各種の事業も、総合生涯学習センターを中心とする大阪市の生涯学習事業体系の中に位置づけ、相互に有機的な関連を持ちながら進めている。

さらに、総合生涯学習センターは、博物館や美術館、図書館など教育委員会所管の社会教育施設はもちろん、関係各局、区役所、そ

12 コミュニティ関連施設

の他の生涯学習関連施設、大学・専門学校、NPO、市民活動団体、民間教育事業者など生涯学習を担う多様な関係機関・団体等との連携を生かした事業や施策を進めていくことが、よりいっそう重要となっている。

4—3　総合生涯学習センターの5つの機能

1）情報提供と学習相談

豊富で多様な生涯学習情報を迅速に検索する「生涯学習情報提供システム」の運用、大阪市の唯一の生涯学習に関する専門情報誌「いちょう並木」の発行と学習相談の実施。

2）企画開発とネットワーク

市民グループやNPOなどとネットワークを形成し、モデル事業の協働開発や実践交流を通して新たな生涯学習の創造を行う。同時に新たな現代的・社会的課題の解決に向けたプログラム開発、生涯学習関連施設や機関などと連携した新たな学習機会の創造を行う。

3）人材育成・研修

市民による生涯学習活動の柱となる人材づくりの充実をめざし、ボランティアやリーダーがいきいきと活動できるための支援を行う。生涯学習ルームの運営を担う「生涯学習推進員」、優れた知識、技術、経験をもつ市民ボランティア講師の「生涯学習インストラクター」「高齢者リーダー」の養成、研修、活動支援を行う。また、生涯学習に関する基礎的、専門的な研究調査、社会教育主事や各施設職員等の研修を行う。

4）市民との協働・交流・事業

生涯学習に携わる市民グループやNPO等と協働した事業の実施、交流機会の提供、活動の場の提供などの支援を行うとともに、公益的な課題に継続的、自主的に取り組む市民団体に事業委託を行い、活動を支援する。

5）シティカレッジ事業

市民の学習意欲の高まりに対応し、大学等とのネットワークを形成し高度で体系的な学習機会を提供する。

4—4　専門職の配置と職員集団

総合生涯学習センターの職員構成は、下記のとおり、多様な職種、雇用形態の違う32名の職員で成り立っている。スタートするにあたって一番苦労したのは、要員配置と業務の分担であった。事業についての企画立案は、専門職の社会教育主事が担うのは当然としても、全体の要員状況が厳しいなかで、社会教育についての経験が必要な分野については契約職員（有期契約）を公開公募し、実務補助を担う嘱託職員（有期契約）とあわせて、係のラインを組織するという変則的な形でスタートしている。

総合生涯学習センターの開館時間は午前9時30分～午後9時30分（但し、日曜・祝日は午後5時まで）、休館日は第1・第3火曜日の月2回という勤務体制の中で、4人セットの8班体制でローテーションを組み、夜間勤務は4人、土・日、祝日の出勤体制も4人で行ってきている。

月2回の休館日のうち、第3火曜日を職員会議にあて、職員全体の共通理解を図る場とするともに、適宜、生涯学習に関する研修、市民学習センターの職員もいっしょに参加しての外部講師による研修会を実施するほか、所長会や管理職会、係員連絡会など各レベルでの会議も実施し、課題や情報の共有化を図るよう努めてきている。

総合生涯学習センターの職員構成
〈派遣職員〉
　部長級：事務職員1名
　課長級：社会教育主事1名
　課長代理級：事務職員1名
　係長級：社会教育主事6名
　技術職員1名

司書1名
　　係員：社会教育主事5名
〈公社職員〉
　　係員：固有職員1名
　　　　　嘱託職員8名
　　　　　契約職員7名
〈合計32名〉

4—5　大学間連携による市民大学講座

　大阪市では、これまで大学間連携事業として、大阪市が大学側に市民向け講座の開設を委託するという方式で、大学開放講座（3大学との共催）および幼児教育大学（3大学との共催）を実施している。

　総合生涯学習センターが開設されるにあたり、従来の大学間連携事業の方式を改め、大阪駅前という好立地条件を生かした、新たなシティカレッジ事業を模索することとなった。とき同じくして、関西経済連合会が、都心部に大学を誘致し、学生を取り戻し関西経済の地盤沈下を防ごうという「インテリジェントアレー構想」を打ち出し、関西の経済界と社会人大学院の連合組織「梅田大学院コンソーシアム（準備会）」を立ち上げた。これに総合生涯学習センターもオブザーバーとして参加した。この準備会では、現役の社会人に対し、いま何を勉強したいのか、受講費用はいくらぐらいか等々のアンケートを企業の協力を得て実施し、詳細な分析のもと、経営、ブランドマネジメント、マーケティング等に関する「専門セミナー」を開催することにした。総合生涯学習センターにおける今後のシティカレッジ事業のあり方を考えるモデルの一つとして、「インテリジェントアレー構想」に参画しながら、検討を深めていく考え方である。

　高齢者を対象とした事業の一つに、「大阪市いちょう大学」（学長は三林京子さん）があり、この事業もシティカレッジ事業として位置づけている。これは、歴史・上方芸能・美術など5コース（各コース定員40人）があり、一年間を通して一つのテーマを学ぶという高齢者のための大学で、活発な授業が行われている。卒業生を中心として、いちょう大学同窓会も結成されており、毎年、総会、文化祭とにぎやかに行われている。

　また、現在、大阪府内の48大学を網羅した「大学コンソーシアム大阪（準備会）」が結成され、学生対象の単位互換制度の検討なども始められようとしているが、こうした動きともネットワークを築きながら、市民対象の高度で体系的な学習機会をどのような形で生み出していくかが課題となっている。

　大学や専門学校、民間教育機関とネットワークを形成し、もう一度学び直したい人、資格取得、キャリアアップをめざす人たちのための総合的なサポートとして、シティカレッジ事業の具体化を早急に進める必要がある。

4—6　NPOや市民グループへの支援

　総合生涯学習センターの機能の一つに、「市民との協働・交流・活動支援」がある。総合生涯学習センターには、この機能を生かすために、市民グループやNPOの自主的・自発的活動を支援することを目的とした「ネットワークコーナー」、「ワークステーション」、「ネットワークラボ」などを整備している。

　「ネットワークコーナー」は、登録をすれば自由に使用できる無料スペースで、少人数でのミーティングや資料作成、グループ間の情報交換・交流を行う場として利用されている。

　「ワークステーション」は、資料の作成や印刷・コピーを行うことができる場で、コピー機、印刷機、紙折り機、裁断機、大型パンチ、大型ホッチキスなどを設置している。

　「ネットワークラボ」は、NPOや市民グループの自主的な学習活動や交流を支援する目的で、グループの連絡室としてブース（間仕切りスペース）を整備している。

　「ネットワークスタッフ室」には、市民グループ・団体にとって、「旬の情報」「得する情報」が常に流れる伝言板・掲示板が設置さ

12　コミュニティ関連施設

れ、スタッフの常駐場所としている。
　そのほか、「ロッカー」や「メールボックス」も整備しており、活動に必要な備品等を保管する場所として、また、団体間の連絡・情報交換、団体宛の郵便物の受け取りに利用されている。

(多賀井英夫)

〔参考文献〕
(1)大阪市「生涯学習大阪計画」(平成4年)
(2)中島国博「生涯学習の展開と大阪市教育振興公社」
(3)関西経済連合会「インテリジェントアレー構想」

5. 第三セクター委託施設

5—1　仙台市における生涯学習

　新設の公共施設の管理運営を第三セクターに委託する例は多く見受けられる。しかし仙台市の公民館は設置計画に基づき公設公営で整備されてきた歴史を誇っていたが、組織再編により第三セクターに委託されている。これを紹介し、その実態を検証する。

　仙台市の生涯学習・社会教育の組織は、教育委員会内に生涯学習部があり、その部内に生涯学習課、文化財課、少年自然の家、部外に各社会教育施設(博物館、科学館、図書館、市民センター。※各統括部署が部相当)が設置されている。この体制は平成に入ってから大きな変動はない。各社会教育施設が部相当に位置づけられていることから、それぞれの施設の独自性を尊重する形で各種施策も進められ、毎年の社会教育計画などもそれらを積み上げる形で作られている。

　現在は、01年に策定された仙台市の教育ビジョン「まなびの杜21」を基本として、"市民とのパートナーシップ"をキーワードに、(1)まなぶ力をはぐくむ、(2)まなぶ機会を広げる、(3)まなぶ資源を豊かにする、の3つの柱立てにより、各部署にて推進されている。このビジョンは10年までの10年間を目標年に定めており、その間の取り組むべき基本的な方針としている。これらを受けて市民センターでも「市民参画・協働」に向けた取り組みを進め、「市民企画講座(企画から市民とともに作り上げる講座)」などを実施している。

　社会教育施設の運営形態は、市民センターを除き、各施設とも部分的な業務委託はあるものの概ね直営となっている。部分的業務委託も受付や清掃業務等に限られており、他都市に見られる図書館カウンター業務の委託などは行われていない。特に学校教育と密接な関係にある博物館、科学館については教職員を行政主査(学芸員等)として配置し、学校との連携の強化を図ってきている。他の施設

においても同様の配置があり、学社連携事業を中心として「総合的学習の時間」などへ深く関わってきている。

基本的に社会教育施設が直営の中で、市民センターだけが例外的に財団化されてきた大きな理由は、旧公民館と旧市民センターの統合の際、旧市民センターの管理運営を既に受託していた公社があり、施設の管理業務を財団へ一部業務委託し、事業運営を公民館が行う形で、統合されたことに端を発している。

しかし、昨今の自治体運営危機を背景として、仙台市においても行財政改革は進行しており、その中で社会教育施設の運営のあり方が問われてきている。既に、仙台市の指定管理者導入の方向性なども示され、既存財団化している市民センターはもとより、現在直営の社会教育施設も今後「大きな動きがある」可能性は否定できない。

5—2　仙台市の公民館とその変遷

現在、仙台市においては、「市民センター」が公民館施設として位置づけられている。このことは、市民センター条例「第一条　市民相互の交流と地域活動の振興に資するとともに、市民の文化の向上及び福祉の増進に寄与するため、社会教育法（昭和24年法律第287号）第24条の規定に基づき、市民センター（以下「センター」という）を設置する。」に規定されていることからもうかがえる。

仙台市の公民館の発祥は、1946年（昭和21年）に遡る。その年の10月、戦後の復興のため文化・教育の重要性を感じた仙台医師会が中心となり、医師会館の一部を地域社会の中心文化施設として「仙台公民館」を設置したのが始まりである。そして、49年（昭和24年）の社会教育法の施行とともに仙台市が公民館設置条例を制定し、医師会館にあった公民館機能を仙台市公会堂（現在の市民会館の前身）へ移し、正式な仙台市公民館の誕生となった。

その後、近隣市町村の吸収合併や高等学校の旧校舎などの利用により、86年までに7公民館1分館を設置、88年までには政令市に向けた合併などもあり、20館2分館となる。ただし、その合併により設置密度の地域格差が生じ、その解消のためにそれまで貸館主体の市民利用施設であった「市民センター」の存在がクローズアップされ、当時、中学校区単位に建設が進んでいた市民センターを公民館化することで格差解消を図り、計38館体制となった。その後も旧市民センター建設計画を引き継ぐ形で設置が進み、現在の60館体制になったのである。

職員体制は、88年時の公民館時代の標準は、館長1、主査1、主任又は主事2（以上正職員）、それに非常勤嘱託3の計7名程度で事業と施設管理の双方を行っていた。政令市以降の標準は、教育委員会付が主査クラス以下の正職員1、非常勤嘱託2の3名で事業運営を行い、財団職員に館長1、常勤嘱託2、非常勤嘱託1で施設管理を行う形に変更された。さらに行政改革の流れの中で、02年4月、地区館正職員の引き上げ・区中央館への集中配置（但し半数程度）が起き、地区館運営は全面財団化（館長1、事業職員4、非常勤1）となり、現在へと至っている。そして指定管理者制度の導入が始まり、今後公募導入の原則を打ち出している仙台市では、どのような人員体制になるかは全くわからない状況である。

5—3　仙台ひと・まち交流財団

このような状況で、その対策に追われ大きく揺れているのが、「(財)仙台ひと・まち交流財団」である。この財団は、91年に「地域のコミュニティづくり及びまちづくりに資するための事業の実施、並びに各種市民利用施設の管理運営」を目的に、現財団の前身である「(財)仙台市地域振興公社」として設立されたのが、始まりである。

前記公社は、目的の一つである市民利用施設の管理運営について、設立以前に(財)仙台市建設公社が行ってきた施設管理運営を引き継ぎ、以後に開設された文化センター等の

管理運営業務を含め受託している。

また、ソフト事業の受託も「交通安全教育事業」に始まり、「情報センター事業」、「移動図書館車運行事業」、「生涯学習支援事業（メディアテーク開館準備・開館後の運営）」まで受託し、それまでの街づくり事業に加え、生涯学習支援に関する事業を大幅に加えることになり、現在の「(財)仙台ひと・まち交流財団」に名称を変更している。

さらに、「児童館の管理運営及び児童健全育成支援事業」も受託し、02年には「市民センターにおける生涯学習支援事業」をも受託し、財団設置目的も、それらに応じて変遷している。昨今は、現行の施設管理業務や事業の継続受託を目指して、職員のスキルアップや各種サービスの向上に向けた職員教育の強化などを図り、それぞれの受託業務のスペシャリスト化を進め、民間事業主に負けない財団づくりをしているところである。

5—4 公民館が市民センターになり、何が変わったのか

仙台市が「公民館」という名称から「市民センター」となって17年目に入っているが、大きく変わったことは、一つは職員体制である。そしてもう一つは、"人"である。職員体制は前述したので"人"について述べたい。

"人"は職員と市民の2つに分けられる。

職員の違いとして一例をあげると、公民館時代に在籍した職員の多くは社会教育ということをある程度意識できていたと思われる。かつての職員は、事業を行う時の視点として「教育」の持つ公平性・中立性を重要に考えていた。現在の職員も公平性・中立性を意識しているものの、そこは「教育」としてではなく、あくまでも「行政」としての視点が強い。行政としての視点だけでは、一見公平性・中立性を保っているように見えるものの、様々な弱者に対しては場合によって切捨てをしていることがある。誰もが教育を受ける権利を有しているにも関わらず、実際に行っていることが権利の保障につながっていないとすれば、そこに「教育」的視点はないと思わなければならない。まず、このことが大きな違いである。

次に市民の違いとしては、名称が表すとおり単なる市民利用施設としての捉え方をする市民が多くなり、社会教育事業を行っている施設という認識が薄くなっている。特に、「生涯学習」という言葉が主流になって以降、顕著である。「生涯学習は自ら学ぶことが重要」というように表され、自ら学べばよいのだから、センターが事業を提供しなくとも、市民自身が学習活動を行っていれば、そのための場所の提供さえできれば、市民センターの役目は果たせると考えている"人"が多くなっている。事実これまでの間に市民センター建設時に地域から「市民センターではなく、コミュニティセンターが欲しかった」と言われたケースもある。

5—5 大都市の公民館と第三セクター

現在、全国的に指定管理者制度の社会教育施設への導入が進んでいる。03年の自治法改正から丸2年、全国の多くの自治体は06年度当初からの導入を目指している。

そのような中で、現時点で公民館を第三セクターで運営している政令市は、仙台市と広島市の2都市である。他の政令市においては、生涯学習センターの様な中核施設又は公民館類似施設を第三セクターで運営してはいても、公民館はほとんど直営である。実際には、中小都市の方が財団化されているケースが多い。

広島市は、早くから、公民館の名称のまま「(財)広島市ひと・まちネットワーク」に管理委託を行って財団化している。広島市の公民館は、単に直営か財団運営かの違いだけで、通常の公民館事業を営んでいる。05年9月に改定された広島市の指定管理者導入指針を見ると、公民館については、①指定の単位は62館（但し、公募とする各区1館計8館を除く）一括、②指定期間4年間、③休館日や開館時間等の

変更はなし、④使用許可権限は付与する、⑤利用料金制は取らない等である。一括公募の理由は「複数の施設を一体的・総合的に管理することにより、施設相互の連携が図られ、効率的な管理が期待できる」とし、非公募の理由は「施設の設置経緯や管理・利用実態等に関し固有の事情がある」としている辺りが特徴的な点である。

広島市で気になることとしては、各区1館計8館が公募されることになっている。これらについては、今後残る62館の公募を前提とした試行なのかが気がかりである。62館については06年4月から4年間一括指定され、現行財団が管理者となるが、その後はどうなるのか危惧される。

さて、第三セクターということで、「指定都市生涯学習・社会教育振興財団連絡会」の加盟団体を紹介する。札幌市生涯学習振興財団、千葉市教育振興財団、川崎市生涯学習財団、京都市生涯学習振興財団、大阪市教育振興公社、広島市ひと・まちネットワーク、が加盟している。当初は、北九州市の事業団も加盟していたが、財団が解散して脱退している。

これらの第三セクターは、それぞれ多様な社会教育施設の管理運営を受託しており、今後指定管理者制度をめぐり、問題を抱えている。今日的な政令市の公民館を取り巻く状況は、区役所（首長部局）移管が多くなってきている。近年、全国市長会なども社会教育の首長部局移管に言及している。

しかし、そのことで教育の中立性が失われることに懸念を抱いている。ましてや、首長部局移管後に管理者の指定などがされれば、教育機関としての理念などは無視され、行政施策遂行の場とだけになるのではないかと。できれば各都市とも、社会教育の重要性に理解を示し、単なるコスト論的でない適切な対応が必要であろう。

（今川義博）

6. 施設間ネットワーク

6—1 施設間ネットワークの意義

施設がそれぞれに持つ固有の専門的な機能を施設間でつなげることにより、より高いレベルの機能が発揮できることと、異なった機能を持つ施設間のつながりによって、新たなる価値が創出できることに施設間ネットワークの意義がある。

また、単一施設では不可能なことが、複数の施設のつながりにより可能になることや、施設間のつながりにより、相互に補い合う関係が生まれることが重視される。

施設間ネットワーク論で一般的に理解し易いのは、「学習情報の収集・提供」のシステムであろう。コンピュータ利用によるネットワークによって、端末機から簡単に学習情報に接することができることから、多くの自治体が導入している。市民が知りたい学習事業や各種催し物の情報や、教えたい情報と学びたい情報を瞬時に引き出すことができることから学習社会の創造には欠かすことのできない重要な役割を果たしている。これは、職員の立場からみても学習相談を行うためには大変重要な役割を果たしていると言える。

たとえ、コンピュータを利用しなくとも、施設間のネットワークは様々な情報を生み出し、それを活用することができる。例えば、それは地域に存在する教育（学習）的資源としての、自然、史跡、講師や指導者、ボランティアなどの人物、その他各種情報の交換であり、共有である。その結果、新たな連携事業の展開が推進されている。

最近では、公民館が保健所や保育園と地域の子育てサークルや子育てボランティアと一緒になり、「子育てマップ」づくりや「遊び場マップ」づくりを進め、子育てに悩む人々への学習支援を行っている例が増えている。

このことを通して自治体内の子育てグループのネットワークが形成されている例も多い。施設間のネットワークが情報のネットワ

12 コミュニティ関連施設

ークを生み、情報のネットワークがグループとグループ、人と人を結ぶネットワークを作り出しているのだ。また、公民館が中心となって図書館や博物館と郷土史会や文化団体、あるいはボランティアと協働して、地域の「歴史マップ」づくりや「史跡ガイドボランティア」養成を行うなど、施設間ネットワークの広がりが起きている。

6—2　施設間ネットワークの実際

1) 公民館のネットワーク

　公民館と公民館のつながりによるネットワークを見ると、職員レベルでは、①少ない職員数を補い合い、職員集団として市民の学習支援に取り組むことができる。②地域毎の情報を交換し、把握することができる。③先進的な実践例に学び合うことができる。④多彩な経験を有する職員同士の交流、会議、研修、相談、等が可能になる。といったことがその意義として指摘できる。「社会教育主事会」や「公民館主事会」といった職員レベルのネットワークの形成が各地で行われている。

　これを事業面で見ると、①多様な教育（学習）的資源の情報の把握により、より豊かなプログラムサービスや事業の企画が可能になる。②施設間連携により、大型の大会、集会活動、祭り（フェスティバル）の企画が可能になる。③それぞれの施設の設備・備品の活用が共通にできる。④広報を一元化できる。⑤リーダー養成やボランティア養成を一元化できる。

　これを川崎市の例で見ると、市民に提供する各市民館（公民館）の学習事業の領域毎に各担当者会議が組織され、各館から参加した職員が、新人職員もベテラン職員と一緒に議論に参加し、学習支援者としての職員の力量形成に効果をあげている。それは、平和・人権教育担当者会議、識字教育担当者会議、自主企画事業担当者会議、家庭教育学級担当者会議、などである。

2) 公民館と他の社会教育施設との連携

①公民館と図書館

　公民館と図書館の連携を見る。図書館の資料を用いた講座の開設を公民館と図書館で協働して企画する例が一般的である。また、公民館の講座にあわせて図書館資料を展示するといったことも一般的である。加えて、公民館利用者が帰りに図書館に立寄り、関連する本を借りる、というような相乗効果も生み出されている。公民館の広報紙に図書館の記事を掲載する例も多い。

②公民館と博物館

　公民館と博物館の連携でも同様の指摘をすることができる。博物館が所有する実物の、または複製の資料を活用した、「地域学」の企画である。地域づくり・街づくり、が叫ばれる中で、地域住民のアイデンティティ形成に向けて郷土史や古文書を学習する人々の学習要求は大きい。子ども達が、公民館と博物館との共同企画事業として開催された「少年教室」に参加して、「縄文土器づくり」をしたり、「縄文時代の生活体験」をするというような事例も報告されている。

③公民館と視聴覚センター

　公民館と視聴覚センターの連携により、ビデオ講座やパソコン講座、デジカメ講座を開催して「ビデオ作品コンクール」を実施したり、「映像祭」を企画する例も見受けられる。16ミリ映写機の映写技術講習を公民館と視聴覚センターが共同企画で行ったり、平和フィルムの上映会やビデオフォーラムを実施する例なども報告されている。また、公民館と視聴覚センターの連携は、自治体間の連携と放送局の協力によるテレビの「放送利用学習」といった広域施設間ネットワークも生み出している。これは、小田急沿線や中央線沿線の自治体間やKYY（川崎・横浜・横須賀社会教育放送利用研究協議会：その後生涯学習連絡協議会に改称）といった実践が名高い。

④公民館とスポーツ施設（体育館、等）

　公民館とスポーツ施設との連携では、スポ

ーツに馴染みのない人を対象にした連携事業の「健康促進講座」を通して、受講者が自己の健康状態を把握し、軽スポーツを体験するといった例や、「町の体育祭」や「球技大会」を公民館とスポーツ施設で共催する事例は多い。公民館の体育室を使用した事業に体育館の職員が協力する例も一般的である。

国内外の姉妹友好都市間のスポーツ交流を公民館とスポーツ施設との連携で実施する例も良く知られている事例である。

⑤公民館と学校

最近では学社連携・学社融合の名のもとに積極的に連携が図られている。公民館で活躍する市民が、地域の伝承遊びや、地域の昔話、郷土の歴史や文化財、農業体験、などを学校の依頼で、子ども達に話をするといった事例は各地で行われている。

114ヵ国2万6千人という多くの外国人市民が暮らす川崎市では、市民館（公民館）で活動する外国人市民が、学校の依頼を受けて、「民族文化講師ふれあい事業」の派遣講師として、民族衣装を身に付け学校訪問をして、子ども達に母国の話、音楽、舞踊、などを披露して交流を深め、国際理解教育を展開している。

最近の公民館と学校の連携を眺めると、幼稚園段階では、公民館と幼稚園が連携して「家庭教育学級」を開設したり、「子育てサロン」を公民館保育室で開設する例が多く見受けられる。また、小・中学校段階では、公民館と学校が連携をして、家庭教育学級を開設する例や地域の伝統祭りに学校が公民館とともに協力するといった例が多い。

高等学校段階では、「高校開放講座」を公民館と共同企画して「町民大学」と名づけて実施しているところも各地で見受けられる。

大学と公民館と地域の連携も重要な社会教育実践の一つである。単一の大学と公民館との連携による「大学公開講座」の開設は一般的であるが、大都市に集中する諸大学が連携をして、公民館と大学群が文字通りネットワークを組み、高度で専門的な学習を系統的に市民に提供する、「市民大学」が注目される。大学と公民館が新たなる課題をめぐり、プログラム開発を行った事例としては、日本女子大学と川崎市が行った「ウィメンズライフロングカレッジ」などが代表的な事例である。

⑥複数の施設間連携

また、複数の施設間連携の例も多く見受けられる。公民館と博物館施設の「平和館」と視聴覚センターとが連携して「平和学講座」を開催し、平和館の資料や視聴覚センターの映像フィルムを用いて学習効果をあげている例もある。施設間の多様な組み合わせが見受けられる。

3）公民館と社会教育関連施設との連携

女性会館と公民館との共催による「女性学級」「ジェンダー学入門講座」の開設、音楽ホールと公民館との共催による「モーツァルト講座」の開設、消費者センターと公民館との共催による「安全な食生活講座」の開設、労働会館と公民館との共催による「年金講座」の開設、保健所や健康保健センターと公民館との共催による「健康講座」の開設、保育園と公民館との共催による「子育て支援講座」の開設、とその事例は限りなく広がっている。

川崎市では、市民館（公民館）と国際交流センター、総合教育センターが連携をして、外国人市民の日本語学習支援に向けた「地域日本語教育推進協議会」を設置して、そのあり方、教材の作成、ボランティアの養成などを研究している。

4）公民館以外の施設間ネットワーク

①青少年教育施設間の連携

都市にあって自然の少ない川崎市では、教育委員会所管の「青少年の家」「青少年創作センター」「黒川青少年野外活動センター」「八ヶ岳少年自然の家」の4館の青少年教育施設がネットワークを組み、年間を通して連携事業を共同企画、共同開催をして、「子ども

自然探検隊」と名づけて実施している。青少年の家は、宿泊型の施設で、ここでは合宿をしながら、レクリエーション指導や集団遊びを経験する。青少年創作センターでは、工芸や木工・金工・陶芸・さき織り、などのクラフト体験を行う。川崎市の北部に位置して、比較的自然が残されている地域に設置されている黒川青少年野外活動センターでは、キャンプ体験や農業体験、竹炭づくり体験を、また八ヶ岳少年自然の家では、川遊びや、川魚つり、スキーやスケートなどの体験を行う。都市の子ども達にとって体験することが困難なことを、4館の施設が連携することにより可能にしているのだ。
②スポーツ施設間の連携
　各スポーツ施設がそれぞれにもつ得意とする種目を市民に提供するためにネットワークを組み、「スポーツ教室」を開設している。各館がそれぞれ違った種目を提供できるため、受講者の選択の幅が広がり、スポーツ人口が増加している。
③博物館施設間の連携
　川崎市には、民間の博物館相当施設と公立の博物館施設が25館設置されている。これらの施設間ネットワークを図り、「川崎市博物館等連絡会」が設置されており、情報交換を行っている。
④その他の施設間連携事業
　川崎市の「ふれあい館」と桜本小学校、東桜本小学校、桜本中学校、川崎朝鮮初級学校、とがネットワークを組み、連携して取り組んだ「人権教育」実践研究の積み重ねが高い評価を受けている。ふれあい館の開設により、小・中学校、民族学校、との連携が図られ、人権教育の実践研究が深まり、その成果が全市的に広がり、定着を見ているのである。

5）目的別・機能別ネットワークを育てる
　行政によるネットワークは、これまで地縁型のネットワークが主流であった。伝統的な町内会・自治会、子ども会、青年団、婦人会、老人クラブ、消防団、社会福祉協議会、などが地域網羅型にネットワーク化されてきた。これらの団体は、行政主導によって組織され、地域の意志決定に深く関わっており、行政施策の協力団体、下請け団体としての役割を果たしてきている。
　こうした地縁型のネットワークに対して、公民館の学習活動を通して生まれた自主的なグループ・サークル（小集団）や各種NPOによるネットワークを目的別・機能別ネットワークという。この特徴は、目的別につながるため、課題解決や目的達成に向けて、迅速にきめ細かく取組むことができることと、構成員の共通理解と活動の自主・自律性の高いことが指摘できる。それは、組織目標に賛同した構成員の自主的な参加による団体だからである。施設間ネットワークは、こうした社会教育実践による様々な組織をつなげ、行政と市民との協働を生み出す。また、地縁型組織と目的別・機能別組織をつなげ、新たな地域活動を生み出す。
　川崎市高津区の「子育てフェスタ」では、高津市民館の呼びかけに、保健福祉センター（保健所）、子ども夢パーク、図書館、公・私立保育園、こども文化センター（児童館）、児童相談所、幼児教育センター、地域医療センター、私立幼稚園、地域子育て支援センター、PTA協議会、区子ども総合支援担当、そして地域教育会議、主任児童委員、社会福祉協議会、に加え様々なボランティアグループや子育てサークルがネットワークを組み実行委員会を組織して、子育ての集いを企画している。当日の子育てグループのポスターセッションには45団体が参加した。こうした取組みは、外国人市民の交流の場である「多文化フェスタ」も同様に展開している。

（伊藤長和）

〔注〕民間教育機関との連携と施設のネットワークシステムで成り立つ図書館施設間の連携については、ここでは触れない。

第13章

NPO・市民運動

はじめに

1. **NPOと公民館**
   - —1　おしゃべりサラダと公民館
   - —2　市民運動から市民活動へ
   - —3　非営利から公益へ
   - —4　認証のとらえ方
   - —5　NPOの変化
   - —6　NPOと公民館

2. **コミュニティ再建と市民経営学**
   - —1　企業経営からの転換
   - —2　市民的組織・経営論
   - —3　市民的実務・経営能力
   - —4　コミュニティ再建の経営学

3. **NPOにおける学習**
   　―市民参加＝自己組織的学習の諸形態―
   - —1　NPOと学習
   - —2　サービス提供における学習
     　　―ミッションに関する学習―
   - —3　動機づけの学習
     　　―ボランティアによる学習―
   - —4　市民的専門性を形成する学習
     　　―スタッフによる学習―
   - —5　集合的な声を形成する学習
     　　―ネットワーク形成の学習―

13　はじめに

　特定非営利活動促進法（NPO法）（1998年）が成立して7年が経過した現在、認証された団体だけでも22,000を超え、さまざまな分野で活動している。欧米諸国の水準にはまだ及ばないとはいえ、新しい「公共性」、新しい「市民社会」形成の担い手としてのNPO、市民運動への期待は大きい。

　NPOの台頭は社会教育にも大きな影響を与えるだろう。上記NPOのうち、47％が社会教育の推進を定款に掲げているという。公共施設を利用した学習講座などをかなりの規模で実施しているNPOもある。指定管理者制度の導入により、公民館等の施設運営も進むだろう。こうして、社会教育行政と協力・競合する非営利市民セクターの確立・拡大が予想される。さらに重要なのはNPO活動それ自体が、市民による「自己組織的な学習」の過程、すなわち実践を通じて多様な専門知識、組織経営能力、社会的能力、さらには自らの活動が担う新しい公共性を学習していく過程だということである。このような学習過程の研究と支援が今後の社会教育の大きな課題となろう。

　1960年代末から先進諸国において「新しい社会運動」といわれる平和、フェミニズム、環境などの問題を掲げる市民運動が展開してきた。これは経済システムと政治システムが発展・拡張し続けることにより、社会文化的な市民生活の領域を侵食し、脆弱化していることにたいする抗議・抵抗運動であり、経済社会（貨幣）と政治社会（国家権力）に拮抗する力をもつ市民社会（連帯）を確立し、3者間の新しい「権力分立」（J・ハーバーマス）を樹立するという課題を提起した。日本においても「新しい市民的公共」の創出というかたちで、この課題へのチャレンジが始められているのだ。

　とはいえ、「市民社会」論やNPO論が、民営化を推進する新自由主義の立場からも期待を込めて語られることに注意しなければならない。市民NPOが公共サービスの無責任な市場化の口実として、安上がりの補完装置あるいは参加型動員の手段として利用される危険性は常に存在している。これを克服するための鍵となるのは、NPO事業のための市民的経営能力の習得、国家的「公共」に代わる市民的公共圏の形成、そしてなによりも権力の人権蹂躙・生活破壊に抵抗できる市民運動の力量である。

　近年、市民活動ということばが市民運動に代わって用いられるようになってきた。この場合、単なる批判・要求・抵抗主体から対案提起・責任・実行主体への市民社会の力量の発展・成熟という側面が肯定的に語られている。だがその反面で、現代の日本社会における抗議・抵抗運動の沈静化・弱体化といえる事態を軽視することはできない。職場での長時間労働、教育現場における日の丸・君が代の強制、地域や街頭における自由な政治・言論活動の禁圧といった基本的人権を蹂躙する暴挙に対する抵抗力が低下し、国家や企業の主導する「改革」に屈従・同調を余儀なくされており、いまや「抵抗（勢力）」という言葉じたいが守旧やエゴの類義語として嘲笑的に用いられることすらある。その意味では、むしろ市民の抵抗を支える市民運動の再生という課題に直面しているのではないだろうか。運動という概念は集合的な人間活動の発揮する力——ハーバーマスのいう「連帯の権力」——を表している。この「連帯の権力」の形成を抜きにして市民活動の発展を語ることはできないだろう。

　市民運動の「連帯の権力」は活動する市民や団体のネットワークとして組織され、相互理解、共同学習、共同行動の積み重ねを通じて強化される。この過程において、市民・団体が顔を会わせて活動の準備をし、情報・経験を交流し、相互援助の関係を形成していく場として、公民館のような地域センター型施設は大きな可能性を孕んでいる。換言すれば、そのようなネットワークのセンターとして機能できる「館」への発展が問われているといえよう。

（谷 和明）

1. NPOと公民館

1—1　おしゃべりサラダと公民館

　飯田市の中心市街地にある蔵の中から子どもたちの笑い声が聞こえる。ここは入園前の子どもを持つ親子の交流スペース「おしゃべりサラダ」。中心市街地活性化の方策として飯田市が、まちに人が集う仕掛けとして蔵の利用を公募、公開審査の結果採用された。

　中心的存在の松村由美子さんは子育てネットワーク「トライアングル」の代表もつとめる。トライアングルは市内30の子育てグループや子育て中の親と子をつなげる活動を進めている。隔月刊の情報誌「おひさま」は発行部数1,500部。子育てに役立つ情報が満載。子育て講座や交流目的のバザー、グループリーダー交流会など多彩な活動を進めている。

　トライアングルは公民館の乳幼児学級から出発し、自主運営を基調としながらも必要なときは公民館も支援する関係。いつでも使える自分たちのたまり場がほしい、そんな気持ちを聞いていた公民館の職員が、蔵の利用を提案。カウンセリングのグループや個人有志など、参加の輪を広げて運営に至る。

　家賃は不要。しかし水光熱費や電話料金などの維持経費は利用者からの負担によるなど、独立採算でまかなっている。

　公民館で学んだことを力に、自立した市民として巣立っていく。公民館のねらいとするところである。

1—2　市民運動から市民活動へ

　公害問題から環境問題。このことに象徴されるように、市民の組織的活動に変化があらわれている。公害問題は発生元の企業が加害者で市民が被害者。企業に対し、公害発生の責任を求めたり、政府に対して公的責任を求める市民の組織的活動。責任を相手に求め、相手に非を認めさせるために組織的に取り組む市民運動。

　地球資源の有限性が具体的に明らかになるにつれ、政府、企業、市民が立場を超え、自らの具体的な実践を通して環境破壊を食い止める動きが広がっている。活動を通して自らの行動変容を進める組織的な市民の動き。自らの変容を伴う主体的な活動。それまでの市民運動と区別するために市民活動といわれることが多い。

　市民の組織的な活動の多くは、市民運動から市民活動へと変容しつつある。

　かつて公民館は市民運動の学習側面と言われたこともあった。これは運動を進める主体の力をつける活動を担うという意味。しかしこのことはまた、運動自体と距離を置くという傾向にもつながっている。社会教育法23条で「特定の政党の利害に関する事業を」行うことが禁止されている。時としてこの条項が行政や企業に対し非を認めさせる運動に、踏み込めない理由として使われている。

　市民活動といわれるようになってきた今日。主体自身の変容を専らとする組織的活動。23条の制約と活動が結びにくくなっている。その意味を積極的にとらえ、公民館はこれまで以上に市民活動と結びつく活動を模索したい。

1—3　非営利から公益へ

　社会教育法第23条で公民館は、「専ら営利を目的とする活動」を禁止されている。NPOはNon＝非、Profit＝営利、Organization＝組織であり、文字通り営利を目的としない組織である。しかし多くのNPOは経済活動を伴っている。営利非営利の判断は、収益部分を分配するかどうかにある。

　知人がスタッフである環境系NPOナマケモノ倶楽部では、非電化製品の開発・販売など、商品売買も積極的に進めている。しかしそういう経済活動の収益は、専従スタッフの人件費や、ナマケモノの生息するエクアドルの森林保護のために使われる。

　従来の公民館は、商品売買自体を営利目的と見なしており、そういう判断基準からはNPOといえども距離を置いてきた。

しかし何らかの公益的な目的を実現するために営む経済活動は他にも存在する。

コミュニティ・ビジネスという言葉が使われるようになってきた。その地域が元気になるための仕事。おやきと手作り品の店「和楽」。高齢者がいつまでも元気で居続けられるようなことを仕事としたい。そんな思いから仕事を始めた座光寺良子さん。老夫の介護の合間に作った手作り品を店頭で販売。厨房をお年寄りの仕事場に。昼をはさんだ集いのために高齢者向けのお弁当づくり。仕事が広がることで元気なお年寄りが増えていく。皆のためになる仕事。60歳で起業。13年目を迎える和楽はこの地域のコミュニティ・ビジネスの草分けといえる。

リサイクルシステム研究会。伊那谷21社が加入する異業種のつながり。1992年発足。諏訪湖を源流に遠州に続く天竜川。1997年から毎年支流を含めた50ヵ所。24時間かけた水質調査を続け、生活系、事業系、農業系の汚れを分析。家族そろった河川のゴミ拾い、環境ピクニックも毎年の恒例行事。起業益よりも地球益、そういう志を行動につなげる企業家も増えている。2005年4月からは共同でオフィス用紙を回収し、100％オフィス用紙に再生するという試みを始める。

営利非営利という判断基準よりも、むしろ活動の公益性を尺度として協働の在り方を考えることが求められている。組織の主目的が営利であっても、個別の活動テーマが営利よりも公益を重視するものであれば、積極的に協働関係を結んでいく。そういう視点が必要である。

1—4　認証のとらえ方

NPOとして法人格を取得する方法は認証制度。一定の書類整備がなされれば、公権力による許認可よりも簡便に取得できる。これはNPOの活動に公権力がむやみに介入できないためのしくみである。しかし逆手にとれば、自由に法人格を取得し、公益をかくれみのに

することも可能である。

法人格を持ったNPOであればすべて信頼関係を結ぶことができる、というわけではない。しかし大多数のNPOは高い志を持った公益的な活動を進めようとしている。

NPOとの関わり方はまずは協働を前提とするものだろう。そして協働事業を進める過程で相手の志や公益性に対する疑義が生ずれば一線を画す、そういう関わり方をしていきたい。この場合、今まで以上に緊張感を持ちつつ、柔軟な対応を進める姿勢が求められる。

1—5　NPOの変化

私は飯田市職員労働組合自治研活動の立場で2000年から全国規模のNPOフォーラムに参加している。そこで感じるのは、参加者の主流が元気な女性たちから、寡黙でスーツ姿の男性たちに移りつつあること。フォーラムの内容も活発な意見交換は次第に消えていき、登壇者の一方的な講義調の感。

スーツ姿の原因の一つは自治体職員の参加。プラスにとらえると、自治体が担ってきた分野への参入する地盤づくりのチャンス。マイナスでとらえると、財政負担を軽減しようという行政の都合。

シビルミニマムまでも市場経済の中に委ねていく。そういう新自由主義の路線の上でNPOとの協働を模索する。そうではなく、あくまで市民の主体形成の過程や結果としての公益的活動であること。これもNPOとの協働の尺度としたい。

1—6　NPOと公民館

NPOの活動分野は既存の公益ではなく、必要でありながら取り組まれていなかった新たな公益的分野に見出したい。そして公民館の学習活動が新たな公益の内容と担い手を生み出すきっかけとなるような場所でありたい。

1995年戦後50年を記念して、飯田市公民館で平和フォーラムを開催。テーマは「飯田発、地球市民への道」。飯田周辺は満蒙開拓に多

くの人々を送り出した過去を持つことから、多くの残留孤児婦人、呼び寄せの家族が暮らしている。あわせて外国人労働者の急増により人口10万7,000人のうち3％、3,000人の母語が日本語以外という状況。その人たちが地域社会でどのようにしたら幸せに暮らすことができるか考えるという主旨。

　このフォーラムをきっかけに、多文化共生の取り組みが始まる。公民館日本語教室。日本福祉大と公民館が協働した在日フィリピン人女性の生活実態調査。市役所職員有志と在日外国人支援のNPO活動を進める市民とともに行った、足元からの国際化研究会。その延長で2005年4月から専任の多文化共生担当職員が配置される。

　「国やぶれ、山河荒れた」戦後復興の拠点として誕生した公民館。「国は富み、しかし山河荒れた」今日。私たちの暮らしを脅かす課題は山積している。そういう課題を掘り起こし、公益的な活動として日の光を当てるとともに担い手につなげていく。その水先案内人として、またよきパートナーとしてNPOとよい関係づくりを築く。

　そういうまちづくりの核として公民館とNPOが存在し、良好な関係づくりの上にまちづくりが実効をあげる道を展望したい。

(木下巨一)

〔参考文献〕
(1) 佐藤一子編著『NPOの教育力—生涯学習と市民的公共性—』東京大学出版会、2004年
(2) 佐藤一子編著『NPOと参画型社会の学び—21世紀の社会教育—』エイデル研究所、2001年

2. コミュニティ再建と市民経営学

2—1　企業経営からの転換

1) 経営概念の拡張

「経営とは何か」と問われれば、まず企業が連想される。しかし、経営とは、近代管理論における一般的理解としては、「組織を形成し運営することであり、また意思決定すること」を意味している。従って、経営概念を企業に限定する必要はない。むしろ、今日、日本における企業経営のあり様、とりわけ不祥事の多発、リストラ（解雇）の横行、過労死・過労自殺の激増などを考える時、経営概念は、企業のみならず学校、病院、福祉、文化、地域、スポーツ、家庭へと広がる概念として拡張しなければならない。つまり、このそれぞれの分野における経営を包括して経営概念を捉え、その内容を豊富化していく必要性である。それは、経営を、経済性という狭い閉ざされた場・空間（競争的・市場的空間）から、公共性という場・空間（共生的・市民的空間）において捉え返す必要性を意味している。例えば、学校組織も病院組織も経営体である。今、大学経営は量・質の両面でかなり難しい局面にきている。研究・教育は国家プロジェクトの中に組み込まれ、特定の分野・内容に多額の予算が配分されている。このことは、歴史的にみても、戦争の一時期を除けば、これほど大手を振って国家が研究・教育に介入してきた時期はない。さらに今日的な特異性は、そこに経済（ビジネス）の論理（経済目的）が先行し、それに貢献できる研究・教育が優先されているということである。学術体制、学問体系、教育制度は、経済の論理に従属しつつある。病院経営についてもまた難しい状況にある。病院でトラブルがあって医師・看護師が起訴されるといったニュースがよく流される。病院経営のあり様が今厳しく問われている。ここここでの医師も看護師も個人としては優秀な人だろうと思う。

以前に比べたら高度なことを多く学んでいるし、性能のいい医療機器が導入されており、関連設備および施設全体も以前に比べればかなり立派になっている。しかし、一人一人に能力があっても、すばらしい機器・設備・施設にめぐまれていても、病院経営がうまくいってないのは何故なのか。それはこの変化に見合うシステムが機能していないからである。つまり、いかに管理し組織するのかということが求められる。すばらしい機器・設備・施設があっても、有能な医師、看護師が自らの能力を発揮できないのである。病院を経営（構造と機能、管理と組織）の問題として考えていかなければならない。それは単に経済の論理で病院を経営することではない。しかし、公益法人の枠（規制）がはずされ公共性の場に株式会社が参入するという状況が出てきている。株式会社による病院経営が議論され、株式会社による大学経営という現実も進行している。難しい問題が山積すると、一番手っ取り早く分かりやすいのが経済の論理あるいは市場の論理である。それは基本的に数字（お金）の世界である。そこでは多様で多元的な人間的思考はほとんど停止状態となる。経済の論理に従属するだけとなる。「生き残り」のために、どのように経営するかといった論理だけが至上命令とされ、すべてを支配する。今日の多発する企業の不祥事もその多くのケースに多元的・人間的思考の停止がみられ、初歩的な誤りが繰り返されている。経営概念の多元的な拡張は今日的な課題である。

2）公共性と経営

こうした中で、あらためて公共と経営の相互の関係性を論じる必要が出てきている。21世紀の経営学というのは、企業経営の担い手のみならず、それ以外の病院、学校、地域、文化などの担い手を育てる必要がある。21世紀に入って公共経営学科が創設されたり、大学院に公共経営研究科が開設されたりしている。

公共と経営がつながり始めていると共にその概念と学問体系の中身が問われ始めている。今後この両概念の関係を理論化し具体化する必要性が高まってくると言えよう。公共的な分野としての地域、福祉、宗教、スポーツ、文化、その他さまざまな活動を、経営として捉えていくことの必要性である。企業も国家も本来なら公共性をベースにした存在であり公共経営の対象であるが、現在、一層、公共性と離れたところで営まれようとしている。それは日本社会における市民社会の未成熟という問題でもある。市民社会が成熟しているドイツでは、一つの事例として、社会文化センターがドイツ国内の各地域に開設されている（重本直利・谷和明「ドイツにおける社会文化および社会文化センターに関する総合研究序説」龍谷大学国際社会文化研究所紀要第3号、2000年参照）。センターは地域文化の担い手として20年以上の歴史をもっている。日本と比べれば、うまく地域文化をマネジメント（自主管理）している。このマネジメントの担い手を育てる文化管理学（文化経営学）というものがドイツの大学では存在している。そういう人たちが社会文化センターの職員となって地域文化、地域活動のマネジメントをやっている。理念の共有と高い専門的な実務能力をもって積極的に活動をしている。また、社会文化センターは、国家セクター、企業セクターと対抗しうる力を備えている。決して国家と企業セクターのニッチ（隙間）を担っているのでも「下請け」でもない。市民セクターは、国家あるいは企業セクターとの緊張・矛盾・対立の関係性の中にある。それによってドイツ市民社会の健全性が確保されていると言える。残念ながら日本のNPOも市民運動もこうした力をもちえていない。NPOは決して「仲良しの集まり」のボランタリー組織ではない。市民社会の成立のためには、経営の中身を公共あるいは市民という視点からあらためて捉え返す必要がある。

2—2　市民的組織・経営論

1）コミュニティと経営

　地域の町内会・自治会もまた公共経営である。単なる人の集まりというわけにはいかない。また、スポーツ経営、サッカーチームであるとか、リトルリーグも公共経営である。小学生あるいは中学生を対象にして公共的な関係性をマネジメントしている。この経営は非常に難しいと言わざるを得ない。つまり、スポーツを通して子どもたちをどう育てていくのかということは、ただ単に試合に勝てばいいということではない。楽しく、やりがいがあり、子どもの未来につながっていかなければいけない。大学で言えば、クラブ、サークルをマネジメントする場合も同様に難しい。学生たちの話を聞くと、サークル、クラブに部員が集まらないとか、旧態依然とした「組織体質」と嘆く学生もいる。また、単なる「仲良しの集まり」と揶揄する学生もいる。多くの学生サークルの体質が、封建的秩序あるいは旧来の共同体的秩序から脱却した公共性を伴った民主的な意思反映の場および時空間性をもちえていないということである。さらに、現在、公共性の基本組織体（単位）としての家庭の経営が難しくなってきている。「家族崩壊・解体」とも言われる。多発するドメスティック・バイオレンス問題、児童虐待問題もある。家庭経営の場合、それは企業経営より難しい。例えば、企業がシェアを拡大するために商品開発、営業戦略、販売戦略を考えることは、家庭経営に比べてさほど難しい問題ではない。2〜3年かけて調査し商品を開発する。年数はかかるが成功してよく売れる。また、大規模なリストラ（解雇）を行って収益性を大幅に改善する。それに比べると家庭経営の方は数段難しい。短期間で解決する問題でもない。家族を「リストラ」するわけにもいかない。家族一人一人あるいはその全体を考えながらいろいろな場面に遭遇する。経済問題から教育、医療・介護、精神的・心理的な問題などすべてのものに遭遇する。どこに住むかの選択というのも非常に難しい。さらに、子どもの進学の時、中学・高校どうするのかといったこともある。家庭経営は実に多様な問題に遭遇する。今日では家庭経営は単純で誰にでも出来るとはとうてい考えらない。また「親はなくても子は育つ」とはいかない。家庭経営を誤ると「家族崩壊・解体」に至ることになる。それは、社会的な様々な影響の中で、家族というものの維持することの難しさである。そういう意味では「家族社会学」があり「家庭経営学」が登場し、また家族関係の本がたくさん売れたりする。家庭もやはり経営である。いかに管理しいかに組織するか。それを意識的にやっていかざるをえない。かつて大家族制あるいは家父長制のもとで一定の家族コミュニティがあって、あるいはたくさんの兄弟姉妹がいて、また地域共同体とか自然の中で育っていくという状況があった。今はそういう状況ではなくなってきている。コミュニティそのものが地域においても社会においても家庭においても維持できにくくなっている問題を抱えている。パソコン、携帯電話という便利なものもある。子どもたちが外で具体的人間関係の中で遊ぶ以外に、またいろいろと工夫して遊ぶ以外に遊びようがないという時代と違って、ほとんどのものがお金で買える時代となり、いろいろな商品・サービス・情報が溢れ、またマスコミが非常に多様な情報を流している。そういう中で家庭というものがコミュニティとして自律的に機能するということは非常にむずかしくなっている。そういう意味で経営という言葉を企業だけに限らず、家庭も含めた多様な分野で捉える必要がある。

2）企業経営から市民経営へ

　こうした中、企業経営から市民経営へのシフトがおこりつつある。日本社会は「企業中心」としてこれまでやってきて、ここにきていろいろな問題・不祥事を噴出させている。

国連の「国際ボランティア年」(2001年)とも関わるが、この21世紀、「自発性」と「自由意志」をもった市民の立場での経営という視点をあらためて考えていく必要がある。それは、日本においては管理社会から市民社会へのシフトでもある。これまで、「企業中心社会日本」では消費者という視点にポイントが置かれ、かなり以前から「消費者の立場に立つ経営」という言い方があった。そういう消費者としての市民ではなく、生活者としての市民、その存在は企業との関係性のみならず学校、病院、福祉、文化、地域、スポーツ、家庭、様々な側面における豊富な関係性を背負って生活している市民という存在である。この関係性においては、ボランティア(自発性と自由意志)を基本にした市民の参加が求められている。こうした多様な分野に参加する自発的な生活者という広くかつ豊富な概念で市民を捉えていこうということである。ヨーロッパは既に市民社会としての伝統がある。日本は、今、この市民社会へのシフトをしなければならない局面であり、この転換点でいろいろな問題が噴出してきている。つまり、日本では、一方で管理社会としての一元性を強めながら、他方で一人一人が分断されている状況の中、管理された一元性の場での自己責任とか「自発性」が要求され、これに「競争(市場)の原理」が強く作用している。同時に、かつての「日本的経営」も「日本的集団主義」も解体されようとしている。そこでは、個人レベルでの物質的・精神的両面での不安定性の増大、組織と企業レベルでの不祥事の多発という深刻な問題群が横たわっている。日本社会は今、この問題群に立ち向かうため、「関係性をいかにマネジメント(経営)するか」、その中身が問われている。「関係性をいかにマネジメント(経営)するか」の課題は、個々人の自発性と自由意志を前提にしたコミュニティ(人間関係性)およびネットワークの形成という課題である。そこでより広い概念として経営を捉えるために、経済合理性に基づく企業経営から社会合理性に基づく市民に視点を据えた社会経営という概念、市民経営学が必要になる。

3) 社会合理性と各経営体の等価性

企業から家庭まで含めた各組織体の経営という内容を包括(総括)した概念として社会経営を捉える。今、日本の社会全体が社会合理性において関係性を上手くマネジメントしているのかという問題を考えていく必要がある。それは社会合理性の中に経済合理性を限定づける方法の模索でもある。また、経営概念の単なる外延的な拡張ではなく内包的な拡張である。この内包的拡張はそれぞれの経営体相互の関係性の中で成立する。その重要な中身は、経営体相互の緊張、矛盾、対立の関係性である。例えば、企業経営における単身赴任の問題は、家庭経営の論理からみれば、子どもが中学・高校に通っている、配偶者が仕事をもっている、要介護の家族をかかえているとなると、簡単には家族全体が移動するわけにはいかない。両者の経営は対立した関係性となる。日本では転勤を拒否すると解雇されるという判例もあり、そういう「企業中心社会」として動いている。家族がばらばらになるということは、家庭経営の論理からは非合理的となる。しかし、企業経営の論理から言えば、そういうことを容易にできるようにしておくことが、企業にとっての活性化あるいは利益につながるということになる。そうすると、そこに当然、経営体相互の矛盾・対立の関係性が生じる。経営体としてみれば、互いには少なくとも等価(等しい価値)ではあるが、日本社会ではこうした場合はほとんどが家庭経営の論理を犠牲にしている。現在でも何十万人の単身赴任があると言われている。また、長時間労働で夜遅くまで働くということ、これは企業経営としては利益が上がるが、家庭経営とは激しく矛盾・対立する関係性にある。さらには地域経営の論理とも文化経営の論理とも対立するし、家で病人を抱

えておれば当然病人の介護という家庭経営もあるので、こうした企業中心経営の現実とは激しく対立する。実際上は介護するためには企業を辞めなくてはいけないということになっている。そういうことでは社会経営としては非合理的であり、企業経営を変えていかざるをえない。つまり、家庭経営との関係をふまえた企業経営の質の変化である。既存の企業経営の質をそのままにして、その与件としての家庭経営との関係性を捉えることではない。しかし、今、企業経営の質を変えようとしているがなかなか変わらない。さらに不況の中でますます経済合理性を追求してきてもいる。こうした経済合理性の追求は社会非合理性を結果している。社会合理性の中でどのように経済合理性を追求するのか、企業あるいは経営者団体はあらためて考えなければならない。例えば、雇用の多様化を労働者の立場で確立したオランダ・モデル（ワーク・シェアリング）は、その具体化の一つと言える。しかし、日本の場合は、政府も経営者団体も、社会政策としてのオランダ的なワーク・シェアリングに対し、個別企業の努力において具体化すべきであるとするだけで、社会政策のレベルで議論し具体化しようとはしていない。ここでも、経営概念における公共性を、経営外部の延長線上において拡張するのではなく、経営内部に包み込む内包的拡張が求められている。今日、経営者団体も多用する「企業の社会的責任（Corporate Social Responsibility）論」も、このことが求められている。

2—3 市民的実務・経営能力

1）関係性のマネジメント能力

　社会経営という概念は、社会全体としての視点から、個々の経営体の論理を捉えるということを前提としている。個々の経営体の主たる論理としては、企業経営は「経済」の論理で動く、家庭経営は「愛情」の論理で動く、学校は「人格」の論理で動くということである。個々の経営体の主たる論理が互いに尊重され、かつ互いにその緊張感（他の論理との関係性の中で生じる緊張感）の中で社会全体をマネジメントしていくというのが社会経営という方法である。「企業中心社会」は、企業経営の論理が、学校経営も家庭経営も支配する社会の経営を意味している。家庭経営も企業の論理に翻弄され、病院経営も収益性に翻弄される。大学経営も多くの受験生の獲得に翻弄され、企業の即戦力になる「人材教育」が求められ、経済合理性に適う教育・研究が推進される。ここでは病院および大学の本来目的（あるいは社会的使命）というものが損なわれていく。あらためて企業をも含めて学校、病院、福祉、地域、家庭のそれぞれの経営体の論理を明確にする必要がある。しかし実際は明確になっていない場合が多い。いったい学校とは何か、地域とは何か、家庭とは何か、福祉とは何か、病院とは何かという理念（あるいは社会的使命）を確立する必要がある。「企業とは何か」（例えば「会社は誰のものか」など）も明確になっていないのが現状と言える。企業は社会内の一経営体であり経済性を主に担当する部分組織に過ぎない。それ以上でもそれ以下でもない。こうしたことを明確にした上で、互いの経営体が緊張した関係性を持つことが重要と言える。また、経営概念の中身が企業経営（営利経営）のみを意味するのではなく、他の経営体との多様な関係性の中で経営概念を豊富化する必要がある。これまで歴史的に蓄積されてきた経営学説における豊富な内容の「経営」という用語が、単なる経済性・収益性として、ここまで貶められてきたのは、日本社会（＝「企業中心社会」）の現実の反映である。先述したように、文化という概念において、「文化管理学」、「文化経営学」という科目がドイツの大学にあるが、文化における単なる経済性（＝金儲け）の学問では決してない。今後、日本における公共セクターにおいても経営と

いう概念および用語を積極的に使用すべきである。

2）市民に視点を据えた経営能力

社会経営の事例として、スウェーデンは「学び中心社会」になっているし、オランダは「労働中心社会」になっている。それはそれぞれの国の選択の結果である。日本の選択の結果としての「企業中心社会」は、今、不祥事を多発させている。また、長時間労働、過密労働、さらに過労死、過労自殺も引き続き拡大している。この企業および社会の諸問題は、他の分野の経営体の論理との緊張した関係性をもたず、ただ経済（市場）の論理だけで動いてしまうと、人間から基本的な感情と理性さえも奪っていくということを示している。企業が経済組織として経済（市場）の論理で動くのは当然としても、他の経営体の論理との緊張した関係性の中で、企業が動いていく必要性がある。経営者も含めて企業に働く人々が、地域も、学校も、福祉も、ボランティア活動とも関わらないで、24時間、経済（市場）の論理だけ考え・動いていると、不祥事を起すことになるのは当然である。社会経営（＝様々な経営体相互の緊張した関係性によって成立する社会合理性に基づく経営）という事を考えていかないと日本社会はこの先うまくいかない。「リストラ」を追求すれば企業としては収益は上がるが、失業者が増え、社会不安にもつながっていく。社会の合理性をどう確保していくのか。つまり、実際に社会における諸関係性をいかにマネジメントしていくのかということをあらためて考えていく必要がある。その場合、それぞれ経営体の論理を明確にし、それら相互の緊張した関係性ということを大事して、社会としてのトータルな合理性をもって運営していくことである。つまり、どのように経営体相互の緊張した関係性を確立し維持し発展させるのかということである。しかし、例えば、大学の研究・教育は、現在、産学協同から「産学融合」などと言われているが、「産」と「学」の緊張・矛盾・対立した関係性を消滅させている。これでは、産学「癒着」となり、「産」の発展にとっても「学」の発展にとっても大きな障害となる。今、日本の社会を、どこにポイントを置いて社会経営していくのかが問われている。オランダの「労働中心」、スウェーデンの「学び中心」の社会経営モデル、そしてドイツ社会経営モデル、隣国の韓国社会経営モデルなども含めて各国モデルを勉強し直し、日本的社会経営モデルをあらためて考えていく必要がある。しかし、どの国の場合も、21世紀の社会経営を考える際に共通している中身は、「市民に視点を据えた経営の構築」を目指し、異質な経営体相互のあらたな緊張・矛盾・対立した関係性を模索し議論し、そして社会経営を創造しようとしていることである。特に、企業経営のみならず公共セクターの経営のあり様は重要な課題となるだろう。それは、各国の社会文化を前提としたものでなければならないが、他方で、世界を一元的に席巻しようとしているアメリカの市場中心の社会経営モデルがあり、それはグローバリゼーションの大きな潮流として各国社会経営モデルを呑み込もうとしている現実の中におかれてもいる。

2—4　コミュニティ再建の経営学

現在の焦眉の課題は、「個別性のつながりとしてのネットワーク」こそが、今日における経営体の現実的・機能的な関係性のあり様になりつつあるということである。このネットワークが、アメリカを中心とした市場経済のグローバル展開の中で個々人の知的・精神的能力をも含めてとりこみ人間的共同性を解体しはじめているのに対して、この同じネットワークを民主的・多元的・多文化的に展開させ、新たな人間的共同性を築くという課題である。つまり、個々人が多様な知的・精神的能力をもって積極的にコミュニティを築く（個別性のつながりを重視したネットワーク

の形成)という点にある。この人間的共同性は、かつての前近代性(個人の自由を束縛する身分的、地縁的、血縁的関係性の共同性)でもなく、統合性を前提とした近代システム(産業官僚制)でもなく、個々の地域性(実在性)をあくまで基本としつつ、地域の外にもグローバルにも開かれた人間的共同性である。グローバル市場経済を支える営利組織および国民国家を支える行政組織のウエイトが後退するであろう21世紀社会は、地域のコミュニティを支える非営利組織(NPO)のウエイトを増大させることが重要となってくる。それは、企業視点からの経営のあり様ではなく、市民視点からの経営のあり様の重要性を意味している。それは各経営体における公共性(具体的にはパブリック・セクター)の獲得・拡充という課題である。この課題に、大量生産・大量消費およびその帰結としての地球環境問題そして大量破壊・殺戮、地域紛争・民族紛争の20世紀を実質的に超えうるか否か、また今後予想されるグローバル化に伴う貧富の差の拡大を回避できうるか否かがかかっている。経営の市民性をめぐる問題の性格はこのような広がりをもって、今日、提起されている。

(重本直利)

〔参考文献〕
(1)社会経営学研究会編『関係性と経営―経営概念の拡張と豊富化―』晃洋書房、2005年
(2)中村共一編著『市民にとっての管理論―公共性の再構築―』八千代出版、2005年

3. NPOにおける学習
―市民参加=自己組織的学習の諸形態―

3―1　NPOと学習

　今日のNPOは、教育・福祉・環境などの様々な分野でサービスを提供する事業体として大きな役割を果たしている。また、アドボカシー(政策提案・提言活動)を通じて、行政的・政治的決定に影響力を与えるとともに、既存の社会意識や生活スタイルを変えていくことをも志向する運動体としての役割も果す存在である。こうしたNPOは、生活者として、あるいは市民としての立場から、特定の地域的または社会的な課題を解決していくというミッション(社会的使命)を持ち、活動しているものである。そして、ミッションにもとづいたNPOは、その課題の当事者である人々の思いや考えを受けとめ、彼ら／彼女らのニーズを掘り起こしながら、サービスを提供していくという特徴を持つ。また、NPOの活動は、ミッションを共有していく人々がボランタリーに提供する知識・技術、労力、お金などによって支えられている。そのため、提供するサービスの利用者を含め、年齢、職業、国籍など社会的背景の異なる多様な人々がNPOにかかわるという特徴がみられる。

　では、このような特徴を持つNPOの学習はどのような意味を持つのであろうか。そのひとつに、組織の存続があげられる。NPOは多様な市民の自発的な参加を可能にする組織であるがゆえに、外部に開かれたゆるやかな関係からなる。そうした組織は、新しい発想や枠組みを創り出していく点では強みをもたらすが、組織の維持という点では、脆弱である。例えば、NPOの組織が外部に開かれれば、新たな人とのつながりが生まれやすくなる。しかし、個々人の自発的な参加が前提であるため、つながりを維持する拘束力は弱くなる。加えて、多様な人々・団体を含みこみつつ、それらがつながることは、地域的・社会的な課題や解決に向けた実践において新たな考え

方や価値観を創り出すが、その一方で、課題に対する認識の違いや活動に向けた熱意における温度差を生じさせる。さらにいえば、NPOがサービスを利用・活用する社会的課題の当事者である人々の声を反映した活動を行うためには、その組織は当事者の声に柔軟に対応できる、ゆるやかな構造が求められる。当事者の声が反映されなければ、NPOは当事者から信頼を得ることができず、活動が失敗に終わるという危険性をもつ。当事者の声を反映するためには、組織に実践の自省（reflection）が求められ、組織それ自体も変わっていかなければならない状況が生ずることもある。このように、NPOは、組織としてのゆらぎを常に抱えているといえる。このゆらぎを内包しつつ、組織を維持するには、NPOに関わる人々との対話を通じた自らの実践に対する自省が求められる。

　この自省と深い関係にあるのがNPOにおける学習である。ゆらぎを組織内に取り込みながら、絶えず自らを組織化（自己組織化）していくために、NPO内では、自らが学習の場をつくり、NPOに関わる人々に学習を促す力が働くと考えられる。学習は組織の中に自省を促すと同時に、実践の振り返りが学習を促す関係にあるといえる。そこで、ここでは、こうした働きを自己組織的な学習と呼ぶことにする。NPOにおける自己組織的な学習には、サービス提供における学習、ボランティアによる学習、スタッフによる学習、ネットワーク形成における学習の、4つの学習があげられる。以下では、それぞれについてみていくことにする。

　なお、ここではNPOを、原則的として、地域的または地域を越えた社会的な特定課題の解決に向けて活動している特定非営利活動法人格をもつ組織のみならず、草の根のボランタリーな任意団体の総称として用いる。

3―2　サービス提供における学習
　　　　　―ミッションに関する学習―

　まず、サービス提供における学習を見ていくことにする。NPOの活動の中心は、課題を抱えている人々に対する直接的、間接的なサービスの提供である。そのサービスの提供では、NPOが生活者として、市民としての立場から、社会的課題を解決するのであれば、また、個々の状況に対応できるというNPOならではの利点を生かすのであれば、課題を抱えている当事者とのやりとりが重要になってくる。というのは、同じ貧困問題であっても、地域の特性や社会的な状況などにより、そこに住む人々がおかれている状況は異なってくるためである。環境問題であれ、高齢者問題であれ、子育て支援であれ、同様である。だからこそ、当該の当事者である人々と話し合いながら、ニーズを掘り起こし、サービスを提供していくことが求められる。

　このサービスの利用・活用者である人々とのやりとりが、NPOにおける学習の場となりうる。その場を通じて、NPOは、どのような状況のなかでその問題が起こるのか、当事者が生活をしていく上で、何を問題と考え、何を大切しているのか、どのような活動が必要とされるのかなどを、学び取ることになる。この点で、サービス提供の活動それ自体が、社会的課題の現状やその解決策など、ミッションに関する学習の場であるといえる。また、そうした場を通じて、NPOが掲げるミッション及びそれを達成するための活動が問い直されることにもなると考えられる。

3―3　動機づけの学習
　　　　　―ボランティアによる学習―

　NPOにおける自己組織的な学習のもうひとつは、ボランティアによる学習である。NPOの活動は、NPOの運営全般に関わり、活動を中心的に担うスタッフの他に、多くのボランティアに支えられている。ここでのボランティアとは、NPOの活動に部分的に関わり、スタッフに協

力をしている人々のことである。ボランティアは個々人の状況に応じて自由に参加するため、その都度参加の度合いが変わり、いつでも活動をやめられる。そのため、NPOでは、活動するための意義（動機づけ）を、ボランティアに与えることが重要になる。それゆえ、NPOは、活動することの意義を与えるための学習の場を設定する。つまり、ボランティアによる学習は、動機づけの学習であるといえる。ちなみに、この動機には、自己実現が満たされること、社会的意義があること、感謝が得られるなど利得が得られることの、3つがある（田尾1999）。ボランティアによる学習は、このうち、自己実現と社会的意義に関する動機を引き出すといえる。

次のような例がある。あるNGOにおいて、ボランティアがその団体の活動にボランティアとして取り組む中で、連続講座を企画した（石川1997）。ボランティアはそれぞれ、いろいろな形でその団体に関わっている7名である。この7名は、「国内でボランティアとして取り組んでいる自分たちの活動は海外の現場とどうつながっているのか」「団体の中で様々な活動に取り組み、自分なりにその意義を感じているのに、そういうことを人に伝えようとすると、なかなかうまく伝えられない」といったジレンマを感じていた人々である。このジレンマを解消するために、表Ⅱ-13-1のような講座が企画された。企画の段階では、「南北問題とは何か」「何を知れば、南北問題を知ることになるのか」ということが議論になり、それ自体がひとつの学びの場となっていた。また、講座の受講者が聞きっぱなしにならない方法はないかと、講座の形式についても議論の対象となった。その結果、講師による講義の後、グループ・ディスカッションを取り入れるという工夫がなされた。このグループ・ディスカッションは、ワークシート（「講義を聴いて、印象に残ったキーワード」、「わからなかったこと・疑問に思ったこと」が書き込めるもの）に記入した後、各人が選んだキーワードとそのキーワードを選んだ理由を発表しあうというものである。さらに、グループでの話し合った内容を全体で共有し、講師に意見や感想を返すということも併せて、行われた。

このように、活動を続けていく中でボランティア自身が感じたジレンマを解消するために、NPOでは、動機づけの学習の場が設定される。この学習は、何のために活動をするのか、このままのやり方でよいのか、活動を続けていくために必要なモノは何か、など自らの実践について振り返る（reflection）学習であるといえる。そして、ボランティアとしての自らの実践について振り返ることを通じて、活動を続けていくことの意義を見出していく契機になる。加えて、上記の講座のように、学習の場において全員が対話できる参加型の形式は、講座の内容と結びつけてボランティア自身の活動経験を振り返り、活動の意義を深めることを促していくと考えられる。

3―4　市民的専門性を形成する学習
　　　　―スタッフによる学習―

次に、スタッフによる学習について見ていくことにする。スタッフは、組織や事業をマネジメントしていく。そのため、スタッフの学習では、課題の当事者や支援者、提携先との対話を通じて、市民的専門性の形成することが重要になる。では、この市民的専門性とは何であろうか。ひとつには、スタッフを含め、事業・活動の利用者、支援者、提携先の人々をつなげ、特定の課題解決に向けてエンパワーメントしていくことである。もうひとつは、活動を通じて、社会的諸条件に合わせて、実践的な知識・技術を加工したり、新たに創り出したりしていくことである。具体的に言えば、専門的な器具や学術的な知識を必要とする手法ではなく、当事者である人々がもつ知識や技術を引き出しながら、その地域の資源を活用していく方法を編み出すことである。三つめは、集合的ボイスを創り出すことである（高橋2004）。集合的な声は、NPO

表II-13-1　ボランティア企画の連続講座ー「開発を考える入門講座」ー

	日程	題名　　　　　　　　　　　　　講師
第1回	1997年4月26日	「南北問題とは何か」　　　　　　佐藤　幸男（富山大学） よく聞く南北問題という言葉。いつ頃から、こうした言葉が使われるようになったのでしょう。その歴史を振り返りながら、もう一度この言葉の持つ意味を考えます。そもそも世界を南と北に分類することは可能なのでしょうか？
第2回	1997年5月17日	「第3世界を苦しめる貿易の仕組み」　　井上　礼子（PARC） 我々の周りに溢れているモノ。その多くは第3世界から輸入されている。しかし、一向に縮まらない経済格差。第3世界は、なぜ今も途上国と呼ばれているのか？先進国の仕掛ける貿易のからくりに迫ります。
第3回	1997年5月31日	「これからの開発援助の試み」　　高柳　彰夫（北九州大学） これまで、どのような開発・援助が行われてきたのでしょうか？年代、団体別にアプローチの違いなどを見、これからの開発の在り方を「持続可能な開発」「参加型開発」という言葉に着目しながら考えます。
第4回	1997年6月7日	JVCプロジェクト「NGOの挑戦」　　清水　俊彦（JVC） NGOが考える地域開発、参加型開発、持続可能な開発とは？今でも内戦からの復興過程で情勢不安が続くカンボジアでの実践をベースに、JVCが取り組む開発援助のアプローチを考えます。
第5回	1997年6月21日	「南北問題と日本を考える」　　有村　純子（地球の木） 今、日本は世界で最も豊かな国と考えられています。その豊かさは世界中の多くの国々との関係によって成り立っています。私たちの過剰消費型の生活と、南北問題の中での日本の位置づけを考えます。

※講師の所属は1997年当時。

に関わる人々・団体が活動を通して直面する課題を対話・議論するなかで、様々な考え方や価値観がぶつかり合い、前提としているものが問い直されて、できあがってくるものである。例えば、アドボカシーを行う際には、個々人の声では社会を変えていく力になりにくいが、多数の声が集合することで、大きな力となりうる。

　では、スタッフはどのように市民的専門性を形成していくのであろうか。次の国際協力を行っているNPOのスタッフの活動記録（赤坂1997）を例にしてみていこう。

　ラオスの村での森林保全プロジェクトを担当したスタッフは、このプロジェクトを実施する際に、住民が具体的な行動計画に参加し、自主的な運営を行えるには、どのようにしたらよいかを考えたという。この考えのもと、住民のエンパワーメントを促すために、「参加型」のトレーニングの手法が取り入れられた。参加型トレーニングを通じて、提携先である行政に対して、これまで声を出すことができなかった住民たちは、自らの現状や課題を知ってもらうための声をあげられるようになった。また、タイの実際に森林破壊されている地域や住民が森林保全をしている地域などを訪れ、直接タイの村人から話を聞くことを通じて、自分たちの状況と重ね合わせ、森林破壊や森林保全についてのより深い認識を得ていった。さらに、こうした学習を重ねた後、住民たち自身から「森の所有権を村に保障する」という行動計画が提案されたという。

　このように、参加型によって、スタッフー提携先ー当事者間の対話が促され、それは当事者を受動的な立場にとどめず、当事者自らがおかれた状況を変えようとする力を高めることにつながっている。そして、スタッフ自身も、この過程で、試行錯誤しながら、エンパワーメントを促すという市民的専門性を形成している。当事者や提携先の人々との対話を通じて、スタッフは、自らの行為を振り返

りながら、どのようなやり方の「参加型」がよいのかを学びとっている。また、実践から生じた課題を、専門家や他の実践者との対話から学び、実践に活かす力を身につけている。他にも、やり方を学ぶために、自分の担当以外で同様の実践している場を訪れ、研修する機会を設けるNPOもある。このように、当事者らのリアクションを通じた実践のなかでの振り返りがスタッフの学習を促すことになる。また、学習が実践の振り返りにつながり、実践に対する構えやスキルを向上させる。いずれにしても、スタッフの市民的専門性の形成は、実践とその振り返りを通じて行われる学習により促されていくと考えられる。

3—5 集合的な声を形成する学習
―ネットワーク形成の学習―

　NPOにおける自己組織的な学習として、最後に、ネットワーク形成における学習をみていこう。ネットワーキングとは、ある特定の目的に対して、市民の自発性を前提とした横のつながりを形成していくことである。NPOの活動のひとつに、地域的または社会的な課題の解決に向けた運動を進めていく上で、人と人、人と団体、団体と団体をつなげていくこと、すなわちネットワークを形成していくことがあげられる。このネットワークを形成する際に、NPOは学習の場を設定することが多い。ここでの学習は、対話をしつつ、NPOに集う人々や団体が抱えている課題または目標の中に共通性を創り出すためのものである。

　つくば市において、子育て支援ネットワークの形成の際に実施された学習がそうである。つくば市では、地域子育て支援センターと有志の子育て支援グループが子育て支援ネットワークをつくることを考え、「子育て支援を考える」というワークショップを企画している。ワークショップでは、各団体・グループまたは個人が子育てをする際に感じてい

写真II-13-1　グループでワーク中

写真II-13-2　ワークの結果

た不満や問題点、子育て支援の事業・活動の中で直面した課題などをお互いに出し合うことが目的とされていた。当日は、地域子育て支援センター、保育園、主任児童委員、社会教育指導員、子育て支援グループや子育てサークルなど、子育て支援の専門家からボランティア、子育て当事者まで様々な人々が40名程度参加して行われ、様々な団体・グループがつくば市で活動していることを互いに発見し合った。また、このワークを通じて、同じような課題を抱えて活動していること、自分とは異なる考え方があること、個々人の問題を越えて地域特性から引き起こる課題があること、個々の団体やグループの対応では限界があることなどが、参加した人々の間で相互に確認されていった。最後には、お互いに連携していく必要があるのではないかという考

えを共有するに至ったのである。

　このように、NPOが特定の課題の解決に向けて運動・活動していく上で、多様な人々・団体とのつながりをつくるための学習の場が設定される。学習の場では、そこに集まってきた人々の間で、特定の課題に対する認識やその解決の方向性に共通する部分を見出すことが行われる。この課題や目的の共有化が、自発的に集う人々をつなぐものであり、NPOの活動を支えるものである。言い換えれば、NPOが学習の場を設定するのは、そうした学習を通じて、新たに加わる人々を含め、NPOに集う多様な多くの人々の間で、課題に対する認識や活動の目的・目標を、繰り返し確認または修正し、共有化していくためである。

　加えて、こうした学習は、市民的専門性の3つ目にあげた、集合的なボイスの形成に該当するであろう。個人間のネットワークを形成していくのであれば、当事者の声を集約していくことが可能になる。機関・団体間のネットワークを形成していくのであれば、それぞれのNPOが活動を通して得られたオルタナティブなやり方や当事者の声を集約し、アドボカシーに反映させることができる。こうしたアドボカシーは、実践の成果にもとづいたものであり、それゆえ、行政や社会に働きかけていく際の大きな力となりうる。であるからこそ、NPOの活動が運動の要素が強まれば、ネットワークづくりの学習が重要になってくると考えられる。

（渡辺　恵）

〔参考文献〕
(1)赤坂むつみ『自分たちの未来は自分たちで決めたい―JVCラオス森林保全プロジェクトの記録―』日本国際ボランティアセンター、1997年
(2)石川朋子「ボランティアによるボランティアのための連続講座」『Trial & Error』（日本国際ボランティアセンター機関紙）、1997年9月号、16-17頁
(3)今田高俊『自己組織性と社会』東京大学出版会、2005年
(4)櫻井常矢「NPOにおけるエンパワーメントと学び―『市民的専門性』をめぐって―」日本社会教育学会『日本社会教育学会紀要』36巻、東洋館出版社、2000年
(5)白石克己・田中雅文・廣瀬隆人編『生涯学習の新しいステージを拓く（第5巻）「民」が広げる学習世界』ぎょうせい、2001年
(6)高橋満「NPOにおける学びの公共性」佐藤一子編『NPOの教育力―生涯学習と市民的公共性―』東京大学出版会、2004年、23-44頁
(7)田尾雅夫『ボランタリー組織の経営管理』有斐閣、1999年

第14章

福祉・労働

はじめに
1. 児童
　—1　児童をとりまく環境の変化
　—2　地域の支え
　—3　国や自治体の対応と課題（教育・保育・社会福祉）
2. 高齢者
　—1　高齢者のくらしと環境の変化
　—2　地域の支えと社会参加・学習活動
　—3　国や自治体の対応と課題（教育・福祉・介護・労働）
3. 障害者
　—1　障害者のくらしと環境の変化
　—2　社会参加と学習活動
　—3　国や自治体の対応と地域での課題
4. 職業能力開発（施設）
　—1　現代社会における職業能力開発の意義
　—2　国や自治体の対応と課題
　—3　若者・女性らへの支援
　—4　技能の開発
5. 農業改良普及事業
　—1　農林水産に関わる普及事業
　—2　農業改良助長法
　—3　普及事業の施設と重点指導の変遷
　—4　協同農業普及事業の課題と可能性
6. 外国籍市民
　—1　「外国籍市民」の定義
　—2　外国人登録者数と国籍
　—3　外国籍市民のくらし
　—4　日本語の習得状況とニーズ
　—5　日本語学習支援の取り組み
　—6　国と自治体の対応と課題
　—7　国際的動向
7. マイノリティ
　—1　日本のマイノリティ問題
　—2　アイヌとアイヌ語教室
　—3　在日韓国・朝鮮人と識字学級・民族教育
　—4　マイノリティに対する差別・偏見の克服
　—5　国と自治体の対応と課題
8. アウトリーチ
　—1　アウトリーチ活動
　—2　アウトリーチプログラム
　—3　教育普及啓蒙活動
　—4　アウトリーチ事業
9. ホームレス（路上生活者）
　—1　社会的背景と実態
　—2　国や自治体の対応と課題
　—3　人権擁護と公民館の役割

14　はじめに

1) 生活不安の増大と国民の意識

我が国の社会的現実は、1990年代以降、とりわけ90年代半ば以降の新自由主義政策、すなわち弱肉強食政策のもとで貧富の差が一層拡大し、国民の間が少数の勝ち組と大多数の負け組とに分断されつつあり、多くの国民にとっては生活不安をつねに意識せざるを得ない社会となっている。

それ故、大多数の国民諸階層にとっては、生命と暮らしをめぐって、現状に対してだけでなく将来に対しても不安を増大させているという現実がある。それは、2002年に実施されたNHK放送文化研究所の「中学生・高校生の生活と意識」調査からも首肯できる。

調査によれば、中・高生の父母は「今の日本はよい社会だ」という捉え方に対して、「そうは思わない」と回答した比率がいずれも70％台で、特に父親の場合は10年前（1992年調査）に39％だったものが77％と、ほぼ倍増している状況にある。また、「日本の将来は明るい」という捉え方に対しては、「そうは思わない」と回答した父母がともに92％と極めて高い比率を示しており、特に父親の場合は10年前と比べると23％も増加している（母親は10％の増加）。中・高生の父母の年齢構成が40歳代前半が中心であることを考えれば、まさに働き盛りの世代の多くが社会の現状に対して失望感を抱き、社会の未来に対しては希望を失っているということになる。

それでは社会の現状に失望し、社会の未来に絶望せざるを得ない社会的現実とはどのような現実なのか。それは一言で言えば、それだけ国民の生命と暮らしを脅かす現実が広がっているということであり、またそうした現実を打開し、国民の生活を持続可能なものとしていくための手だてが見出せないでいることの証左でもある。

2) 国民の生命と暮らしをめぐる現実――労働と福祉の視点から――

以下ではまず、国民の生命と暮らしに直結している社会保障（福祉）と労働の社会的現実が何故に国民の不安を増大させているのかについて見ておくことにする。

現在の社会保障と労働の現実を形づくったのは言うまでもなく、90年代の半ば以降本格化した「構造改革」である。「構造改革」の最大のねらいは「国際競争力強化」のための「高コスト構造の是正」であり、「規制緩和」・「規制改革」がその主要な手段として位置づけられている。「聖域なき構造改革（規制緩和）」と謳われているように、労働も社会保障も例外ではないとされているが、政府・財界にすればこれらの領域こそ規制緩和の重点領域になっているのである。なぜならば、「高コスト構造の是正」は、第一に「国際競争力」に打ち勝つための企業の体質強化を目的に行われる「高コスト構造の是正」に他ならないからである。これによって起こっている労働問題が、産業空洞化、失業、賃下げ、サービス残業、中小企業の倒産、派遣労働やパート・アルバイトの増加、成果主義の導入等々であり、まさに枚挙に暇がないほどに噴出しているのが現実となっている。

第二の「高コスト構造の是正」は国民の生活保障の仕組みである社会保障制度の改悪であり、具体的には社会保障の削減を柱とした社会的「高コスト構造の是正」である。このことによって生じている問題が、社会福祉分野での「措置から契約」への動き（公的責任の後退、利用者負担の増大）であり、社会保障給付の削減、社会保険料の増大、保険原理の強化（保険料滞納者に対する制裁措置の強化）等々、国民の負担増や給付の切り下げによって、社会保障が本来の社会保障の役割（憲法25条）を果たせなくなっているという問題である。

本来、失業や不安定就業・低賃金労働などの増大は、当事者や家族の生活基盤を揺るがし、社会保障制度に頼らざるをえない人々を増加させることになるのであるが、その社会保障制度が後退しているということは、まさに国民の生命と暮らしがますます脅かされ、危機に陥っていることを物語っている。とするならば、「構造改革」が目的とした「高コスト

構造の是正」は、小泉内閣の「骨太の方針」(2001年)の言葉を借りるならば、国民に対して「自己責任」を押しつけ、加えて「痛みを分かち合う」どころか一方的に痛みを押しつけることに成功しているかのようにも見える。

こうした現実のなかで、国民が生命と暮らしの危機を打開し、持続可能な生活を取り戻す手だてはあるのであろうか。またあるとすれば、それを実現する条件は如何なるものであり、担い手は誰なのか等々検討すべき課題は山積している。

3) 生活支援活動の意義と課題

既に述べたように、「構造改革」は大多数の国民に耐え難い痛みを強いるものとなっている。なかでも高齢者や障害者、外国籍市民や路上生活者などは、労働や社会保障の領域における「高コスト構造の是正」のあおりをもっとも受けている国民階層と言わなければならない。とりわけ外国籍市民や路上生活者等はもともと労働からも社会保障からも疎外されてきた階層であり、それが「高コスト構造の是正」政策のなかでますます疎外される層となっている。その意味で、これらの層は持続可能な生活を送ることがもっとも厳しい層ということになり、それ故にこそ、これらの層に対する生活支援の在り方がもっとも問われなければならないのである。

また、生活支援活動の一環として、生命と暮らしの危機の正体を確かめ、その解決を図り、未来を切り開いていくための英知を獲得していく営み、すなわち学習が位置づけられる必要がある。なぜならば、現状を打開し未来を切り開いていく英知の獲得がなければ、既に述べたような現状への失望感や未来への絶望感を払拭することが極めて難しいだけでなく、「自己責任原則」に絡め取られる危険性もそれだけ高くなることが危惧されるからである。

さらに、こうした生活支援活動の取り組みは、国民諸階層の生活の場を基盤にして営まれることに意味があることを考えれば、取り組みは主として市町村自治体や生活の場としての地域ということになるが、そこにおける福祉や教育等に関わる専門職員や支援機関・団体の役割は特に大きいと言わなければならないであろう。と同時に、福祉と教育の連携・共同などを含めて、生活支援の取り組みの内実を豊かにするための課題をどのように実現していくのか等、生活支援の担い手、内容、方法などをめぐる様々な課題が山積していることも事実である。

とは言え、生命や暮らしの危機が深まれば深まるほど、それを切り開くための英知や営みも国民諸階層のなかに育まれ、蓄積されているのも事実であり、そうした取り組みが今どのような展開を見せているのか。なかでも、未来を切り開く英知の獲得に、学習施設としての公民館は如何なる役割を果たしているのか等々、以下において具体的な取り組みの諸相を見ていくことにしたい。

(新妻二男)

1. 児童

1—1 児童をとりまく環境の変化

　児童の問題は、生活環境、社会環境の変化と大きく関係して変遷を遂げてきた。1947年に児童福祉法が成立し、戦災孤児や浮浪児の保護、非行児の援助など戦後処理として国を挙げてこの問題に取り組んだ。次いで、1951年に定められた児童憲章では、児童を社会の一員として重んじ、よい環境で育てるべきと明文化し、この2本柱を持って、日本の児童福祉はスタートした。そして、戦後この60年の間、めまぐるしい社会の変化は子どもたちに多くの問題を課してきた。

　経済成長とともに豊かな時代を迎え、児童の問題は経済的な貧しさに伴う非行問題から、落ちこぼれ、いじめ、不登校、校内暴力、家庭内暴力などの心理的な問題がクローズアップされてきた。物やお金に恵まれているため、我慢や忍耐力に欠ける傾向や、薬物や犯罪に遊びや興味本位で手を染める子どもたちが増えていると指摘されている。

　また、進み続ける少子化は、親の過干渉、過期待をもたらし、甘やかしや放任主義という名の下の教育放棄を生んでいるとも言われる。学歴社会の拡大も、親子を圧迫している。少子化と対比して進む高齢化社会は、来るべき子どもたちへの負担を物語っており、将来展望は決して明るいものではないだろう。子どもにとっては、大人になることが魅力的なことではなくなってきているかもしれない。

　情報機器・サービスの一般化は、生活に便利さをもたらしたが、情報があらゆるところに氾濫し、仮想と現実を判断する力、情報を取捨選択する力が現代人には求められるようになった。もちろん子どももその例外ではない。

　経済的な豊かさは多様な生き方を生み、価値を多様化させた。今や伝統的な道徳観や倫理観は崩壊し、常識と呼ばれたものが無くなってきているため、児童の問題もひとくくりには論じられない多様性を持っている。個人の自由、プライバシーの保護は、個人生活を守る一方、それぞれの価値観のもと、ばらばらに存在する社会を招いている。お互いが関心を抱き合い、共同体であった地域社会も崩壊しつつある。核家族化も子どもたちが成長する過程で関わる人の数が減少することに拍車をかけており、その分学校が大きな負担を背負っている。

　現代の子どもの親世代がすでにそのような社会変化の中で育ち、大人になり、次に自分の子どもをどう育ててよいかわからなくなっている。このような養育不安は近年、児童虐待増加の原因になっている。児童福祉では全国的に注目されている虐待防止の問題が現在急務であり、「子育て支援」という名称で福祉と教育その他機関が協働して子どもと家庭を支援する施策が進められている。

　子どもが成長過程に関わる人の数が少ないことは、多様な価値に直接触れ、自分自身の判断力、価値観、人生観を形成していくプロセスを貧しいものにしている。多様化、自由化時代には、違っていても共にいられる社会をつくる必要があり、家庭であれ地域の中であれ、お互いを理解し認め合う関係づくりが課題となっている。

1—2 地域の支え

　2002年から完全学校週5日制が始まった。賛否両論の中、10年の歳月をかけ導入に至ったのであるが、『青少年白書　平成11年版』によるとその目的は、「学校、家庭および地域社会が一体となってそれぞれの教育機能を発揮する中で、子どもたちが自然体験や社会体験などを行う場や機会を増やし、豊かな心やたくましさを育てよう」とするものである。これは崩壊した地域社会の再生と子どもたちをつなぎ、人の中で育成していこうという方向性を示しており、地域をつくる人を育て、新たに再生しようという試みが各地で展開されている。

　児童館や児童遊園などの安心して自由に遊

べる施設は、大都市を除き、十分ではないが子どもたちの地域の拠点となっている。そういった施設でのプログラムや放課後の学校開放事業、プレーパーク事業などには子どもたちだけが集まるのではなく、地域の大人が子どもたちに関わる姿も見られる。一方、子ども会などの青少年団体では参加者は年々減少しており、人間関係や仲間関係が希薄化している子どもたちの様相を浮き彫りにしているが、「子どもの手による子ども会」を新たなスローガンにした子ども会のように、活動内容を魅力的なものにし参加者を増やそうと取り組んでいる。大人たちは子どもの援助者として活動に関わる中で、自らも地域社会の中で関係を作り、失われた物を再生しようとしている。児童向けの施設や学校だけでなく、公民館などの社会教育施設の取り組みやNPOの活動も子どもと大人、地域をつなぐ役目を果たしている。

また、子育て支援の観点から、子どもを抱える家庭の孤立化を防ぎ育児不安を和らげるために、乳幼児とその親が集まる「つどいの広場」「子育てサロン」の開設や地域子育てセンターの設置が進められている。新しく施設を開設する場合もあるが、乳幼児を連れて出かけやすい身近な場所、児童館、幼稚園、保育所、公民館や集会所など地域既存の公共施設で開設されているものも多い。設定された場に集まることからそれぞれ関係ができ、参加者同士で子育てグループを作り自主活動に発展していく例は多い。近年、そういった子育てサークルや子育て支援グループが、地域の中で、公民館や行政、保健センター、幼稚園・保育所などとネットワークを作り、連携しながら活動を展開する動きが全国的に広がっている。この子育てネットワークの活動では、地域で子育てをする親たちの実際のニーズから生まれる課題を扱ったり、行政のように縦割りでない動きができたり、と機動力に富んだ市民参画や協働が実現されている。

子育て中の親たちが地域でつながりを持ち活動を展開することで、子どもたちは地域の子ども同士、大人たちとのつながりを幼い頃から自動的に持つことができる。また、親の同世代だけでなく、先輩の親世代の人たちも彼らをサポートすることで、関係ができる。子どもの活動が育つ地域社会を子どもの暮らしの中で再構成することによって、子どもは育っていくのである。

1—3 国や自治体の対応と課題（教育・保育・社会福祉）

1990年代以降家族と児童の問題は深刻化し、複雑化してきた。そのため子育てプライベートなものだけにするのではなく、国や自治体、企業や地域社会の役割が強く求められている。子ども自身が健やかに育っていける社会、子育てに喜びや楽しみを持ち、安心して子どもを生み育てる社会を形成するために、「子育て支援社会」の構築を目指すことが急務であり、現在も国や自治体は児童の問題に対して、まず子どもが育つ環境をどのように条件整備していくかが課題となっているである。

1994年、文部・厚生・建設・労働の4省が合意し「今後の子育て支援のための施策の基本的方向について（エンゼルプラン）」が策定され、社会全体による子育て支援の機運は高まった。児童の問題は縦割り行政では解決できず、教育・保育・社会福祉を中心に関係機関が連携することが不可欠となっている。そのため、各自治体で作成された「地方版エンゼルプラン」でも全庁あげて取り組まれ、各分野でさまざまな施策を打ち出したが、この中心は緊急保育対策にあった。また、これより少し前の1990年「子どもの権利条約」が国際的に発効したが、1994年に日本も批准・発効した。これを受け子ども政策を行政計画として打ち出した自治体もあるが、地方版エンゼルプランに権利条約の具体化と子育て支援のための総合的な施策を盛り込む自治体が多くあった。1997年の児童福祉法改正でも、

「子育て相談機能・環境の整備」は大きな柱となっている。なお、1999年の「重点的に推進すべき少子化対策の具体的実施計画（新エンゼルプラン）」では、従来プランの見直し、多様な需要に応える保育サービスの整備、子育てに関する相談支援体制の整備、母子保健医療体制の整備を図った。

しかし、歯止めがかからない少子化傾向に対して、2003年7月、次世代育成支援対策推進法が成立・公布された。全国的に各自治体で地域行動計画が策定され、従業員301名以上の企業も行動計画が義務づけられた。さらに、国は2004年12月「少子化対策大綱に基づく重点施策の具体的実施計画（子ども・子育て応援プラン：新新エンゼルプラン）」を策定している。行動計画づくりは「『きっかけ』であり、ここで『他人事じゃない。これは結局自分たちのまちの、あるいは従業員の子どものためなんだ、自分たちのための行動計画なんだ』ということに誰が一番に気づいて、動くかが鍵」と子育て環境研究所の杉山千佳所長は、述べている。

児童虐待防止法（2000年成立）は2004年、国や自治体から市町村に役割と責任を移行した。児童・子育ての問題は、最も身近な地域社会の単位で解決していくことが望まれている。

（杉野聖子）

〔参考文献〕
(1)総務庁青少年対策本部編『青少年白書　平成11年版』大蔵省印刷局、2000年
(2)宮本和彦編『現代の児童福祉』福村出版、2000年
(3)加藤俊二編著『現代児童福祉論』ミネルヴァ書房、2005年
(4)日本社会教育学会編『日本の社会教育第46集　子ども・若者と社会教育－自己形成の場と関係性の変容－』東洋館出版社、2002年
(5)独立行政法人国立女性教育会館『ヌエック・ブックレット2　次世代育成と公民館－これからの家庭教育・子育て支援をすすめるために－』独立行政法人国立印刷局、2004年
(6)「特集　今後の次世代育成支援の展開」厚生労働問題研究会編『厚生労働』中央法規出版、2004年9月号

2. 高齢者

2—1　高齢者のくらしと環境の変化

　一般的にいわれる高齢期に起きる心身の変化は、生理機能の低下、感覚・知覚低下による外界の情報把握の不十分、非言語的・言語的な情報を処理する流動性知能・結晶性知能の低下や鈍化など、多様で個別的である。そしてこの変化は、引退、身体的健康、死を身近に感じ、取り巻く環境の変化を自覚する時期と重なる。世帯構成の変化は高齢化の急速な進展の中に顕著に現れ、{高齢者世帯・単独世帯にみる総世帯：高齢者世帯}の割合比較は、1980年 {4.8%・18.1%：0.5%}、2000年 {13.7%・24.1%：2.7%} と高齢者世帯の伸びが著しい。この傾向は高齢者だけの夫婦世帯にも当てはまる。(1)

　戦後60年を経て、わが国の経済社会の変化は著しく、地域コミュニティの崩壊や脆弱化、家族形態や機能、環境は激変した。高齢化社会（1970年）に入ると、高齢者には、健康、介護、経済、住まい、生きがいの問題やニーズが焦点となった。政策面では「長寿社会対策大綱」（1986年）や「今後の高齢者対策の基本的方向について」老人問題懇談会（1987年）が出されたが、これ以降、福祉・教育・労働・経済等の行政が連携し、健康・介護・住まい、経済・就労・生きがいを軸にしたさまざまな仕組みが作られてくることになる。

　このことは、これまでの貧困対策の殻から抜け出し、介護や生きがい対策などを軸に、高齢者は社会の先輩として敬愛される存在となった。高齢者の学習施策は1965年から取組まれたが、中心は自立高齢者で、これらは老人クラブ活動の展開とも連動した。福祉領域では、自立高齢者向けの他に要支援・要介護者向け、家族介護者や関係者向けの取組みが行われた。(2) 一方で、高齢者の生きがい対策は、「国民皆年金」時代を背景に就労やレクリエーション活動などを取り入れながら進められるが、高齢社会（1994年）をむかえ、健康・生涯学習を中心に社会参加をキーワードに展開される。社会教育調査によると、高齢者の学級講座の傾向はレクリエーション、教養・情操、家庭生活・職業知識に関する事業が伸び、市民意識・社会連帯に関する事業が減り、実施主体は首長部局が公民館等に匹敵するようになった。(3) このような中で、高齢者はどのように高齢期を主体的に家族、近隣、社会との関係を築いて過ごしていくのか、またその組み立て方が課題となっている。

2—2　地域の支えと社会参加・学習活動

　1970年代にコミュニティ重視の政策や実践が影響力をもちはじめたが、施設福祉に並んで在宅福祉サービスが1980年代になって全国的に展開するようになった。老人福祉法等の社会福祉関係八法改正（1990年）によって地域住民の理解と合意の下で施策の推進がなされることが明記され（社会福祉事業法・現社会福祉法）、またノーマライゼーションの理念（2000年法改正）に基づいて住民が地域の福祉計画などへ参画する道が拡がった。この流れを受けて、地方自治体の新しい福祉コミュニティづくりの過程でも、公民館が果たす役割が積極的に加えられる事例を散見するようになった。介護問題が顕在化した1980年代の後半からは公的な社会教育事業や活動でも介護問題を軸に学習活動が頻繁に行われるようになるが、同時に地域に根ざした民間の在宅生活支援活動団体の働きが草の根的に拡がり、直接介護サービスを行う傍ら、相談・学習事業を行う等の活動に取組むなど、地域全体に重層的な社会参加や学習活動がみられるようになった。

　一方、全国老人問題研究会、高齢者年金組合、高齢者協同組合等の研究、運動及び活動団体を通じた学習活動が取組まれ、直接サービス事業に活動の幅を広げたことも見逃せない。また老人クラブの友愛訪問やボランティア活動など、多種多様な地域を拠点とする住民の諸活動が、公民館やコミュニティ施設と連携を保ちながら

推進されている。これを実施主体別にみると、老人福祉センター、シルバー大学校、大学の生涯学習教育研究センターや公開講座、老人クラブ連合会、シルバー人材センター、カルチャーセンター、公民館などが主催・共催しながら事業を展開している。

また高齢者の課題は、こうした事業の展開とは別に、次世代の向老期の生活者心理とこの世代が抱える不安の延長線上の課題と同軸にあるともいえる。たとえばサラリーマンならば定年前後・地域関係・再就職・心の支え、である。商工自営業者ならば引退の時期・後継者・年齢による変化・配偶者が倒れたとき・支え・地位活動・趣味や友人、である。農業従事者ならば引退のない農業・家族・地域交流・心の支え・趣味、であり、専業主婦ならば家族・地域・介護・年齢を感じたとき・友人、等々である。これらの諸階層の抱える課題を支えることのできるネットワークづくりに取り組む地域の民間団体などを散見することもできる。(4)

2—3 国や自治体の対応と課題（教育・福祉・介護・労働）

政府は、高齢社会対策基本法（1997年）によって政府に義務づけた高齢社会対策大綱（1998）を2001年に見直し、健康面でも経済面でも恵まれないという従来の画一的な高齢者像にとらわれず、予防・準備を重視し地域社会機能の活性化や男女共同参画の視点に立ち、医療・福祉、情報通信等に係る科学技術の活用を基本姿勢とした。すでに学習施策は、「高齢者学級の開設の委嘱」（1965年）、「高齢者学習活動促進方策の開発」（1971年）、「高齢者教室の開設に対する助成」（1973年）、「高齢者人材活用事業に対する助成」（1979年）、「高齢者の生きがい促進総合事業に対する助成」（1984年）、「長寿学園開設事業に対する助成」（1989年）などがあった。なかでも高齢者の生きがい促進総合事業は「高齢者教育促進会議」「高齢者生きがいセミナー（高齢者教室、ボランティア養成講座、高齢者国際セミナー）」「高齢者人材活用」「世代間交流事業」「長寿シンポジウム」「相談事業」と各学習施策の総合化を可能とし、長寿学園開設事業に対する助成は、大学や短大の他に民間教育事業との連携に道を開いた。

こうした施策の背景には、生活習慣病に対する早期発見・治療から発病の予防、家族機能や意識の変化などを要因とした社会的介護の充実、国民皆年金時代とはいえ年間所得金額には数百万円の開き、生産年齢人口の減少下で高齢者の就労意欲が高い、介護の側面を考慮した住宅構造や近隣との関係の充足、就労、クラブ活動、学習活動などの充実といった多様な側面がある。方向性は学習と社会参加の保障であるが、「心豊かで活力ある長寿社会づくりに関する懇談会」（1997年）は高齢者を余生ではない地域社会に参加し貢献する第二の現役世代とした。高齢者の社会参加には「定年退職後」の就業の意味合いが色濃く、ここでは厚生年金の支給開始年齢まで継続的に活躍できる仕組みが急務となっている。

一方、社会参加の前提としては健康であることが求められる。このことから、壮年期からの生活習慣病予防に重点を置いた保健事業第4次計画（2000年度から5ヵ年）で、40歳以上に健康教育、健康相談、健康診査等を設置した。また地方自治体は軽度生活援助事業や転倒骨折予防教室、2003年度からは高齢者筋力向上トレーニング事業などを行って、高齢者の介護予防に力を入れている。

少子高齢社会の生活課題は多様化し、公的社会教育や公民館に集まる高齢者層以外にも、コミュニティ・ソーシャルワークなどを通じて学習活動の場は拡がりをみせている。また学校の教育設備、教室、講座などの開放や使用、地域福祉センターや生涯学習センターの建設や活用、生涯学習講師の募集、シルバーボランティアの育成なども広まっている。しかし社会参加活動や学習活動と社会参加活動の接続をスムーズにするための施策に対して、教育を本務とする行政や施

設の場合、教育領域を超えた社会参加の支援までは施策対象になりにくく、(5) 現状も一部の自治体にとどまっており十分とは言いがたい。こうした中で、教育委員会や公民館の学級・講座数は45,501である。このうち、教養の向上を目的とする講座数は、全体の55.2％の25,215を占めているものの、同様のものと単純比較すると、各種個人教授所数の142,115（2001年）およびカルチャーセンター数の693（2002年）の合計数に対して圧倒的に少ない。(6)

このような量的な問題に加えて、基本的な視点として重視すべき点がある。それは、社会福祉の学習はボランティア活動や体験学習を中心として、困難を抱えていない人が学んでいるということが多いために、生活問題や人権が抽象的にしか扱われないという結果に陥ってしまうことである。(7) たとえば介護問題では、高齢者世帯の増加傾向によって高齢者が高齢者を看る「老老介護」が一般化してきたために、介護する側の高齢者の生きがいを充実させる諸々のプログラム開発が急がれるものの、これ自体が学習の対象としてとどまっているといわれる。しかも社会参加活動との関係性でいえば、生きがい対策の重点に就労が位置し続けているという現実がある。このことは社会参加活動の文化・技術の伝承という側面を除けば、健康問題への対応もさることながら年金をはじめとする経済問題の解決に向けた施設の貧困さが垣間見える。

地球規模の認識では、高齢者の人権保障の基本的視点は、問題が高齢者にあるのではなく社会の側にあるとされ、高齢者観も保護される側から参加し行動する主体へと転換したといわれる。(8) しかしわが国の場合、まだ十分に転換しきれているとは言い難く、このことに応えることのできる公民館、コミュニティ施設等々の総合的な施策や事業の確立が喫緊の課題である。

（宮島　敏）

〔注〕
(1) 厚生労働省監修『平成16年版　厚生労働白書』ぎょうせい、2004年
(2) 新井茂光「高齢者の福祉と教育」日本社会教育学会編『高齢社会における社会教育の課題』（日本の社会教育第43集）東洋館出版社、1999年
(3) 宮島敏「高齢者の学習」『日本教育年鑑』ぎょうせい、1993年
(4) 『多摩地域における高齢者のネットワークづくり調査報告書』財団法人東京都市町村自治調査会、1999年
(5) 『高齢者の学習・社会参加活動の国際比較』国立教育会館社会教育研修所、1997年
(6) 内閣府『平成16年版　高齢社会白書』ぎょうせい、2004年
(7) 辻浩『住民参加型福祉と生涯学習』ミネルヴァ書房、2003年
(8) 井上英夫『高齢化への人類の挑戦―国連・高齢化国際行動計画2002―』萌文社、2003年

〔参考文献〕
(1) 大橋謙策・千葉和夫・手島陸久・辻浩編『コミュニティソーシャルワークと自己実現サービス』万葉舎、2000年
(2) 石川治江『介護はプロに、家族は愛を。』ユーリーグ、2000年

3. 障害者

3—1 障害者のくらしと環境の変化

　1981年の国際障害者年とその後の障害者の10年の取り組みの中で、ノーマライゼーションをキイコンセプトに、障害をもつ人の生活の向上と社会参加の促進をめざす取り組みが着実に進められてきている。とりわけ1993年に成立した障害者基本法によって、障害者基礎年金の創設や各自治体での障害者福祉に関する計画づくりが行われており、それは、在宅を基本としながらできるだけ普通の生活形態を維持していくことが本来の障害者福祉のあり方であるという理解にもとづくものである。また1995年に発表された「障害者プラン」では、「地域で共に生活するために」と「社会的自立を促進するために」、そして「生活の質（QOL）の向上」と「心のバリアを取り除く」取り組み等の必要性が強調されている。それにともなって、この間作業所などの働く場の確保とあわせて障害をもつ人の地域での生活を具体的に援助するための生活支援センター等の設置が進められてきており、生活上の様々な問題や就労保障、職場でのトラブルへの迅速な対応などといった点で大きな役割を果たしている。

　そのような中で、障害別の在宅者の割合は、身体障害児・者が94.6％（2001年）、知的障害児・者が71.7％（2000年）、精神障害者が87％（2002年）となっており、あわせてホームヘルプ、デイサービス、ショートステイ、グループホームなどのほか就労支援および各種の施設サービスが提供されるようになってきている。そしてさらに、とりわけ後述するような支援費制度の開始によって、例えばホームヘルプサービスの利用者が2003年から2004年にかけて10万人から16万人へと大幅に増えてきているのである。(1)

　以上のような流れは、障害をもつ人の社会参加と余暇や学習活動を必然的に求めていく。QOLを向上させるには、地域での生活や就労と並んで余暇の充実が不可欠となるからである。しかしながら、この分野での取り組みは相対的に遅れているのが現実であり、筆者らの調査でも、休日等に友達と遊びに出かけたり、地域での学習・文化活動に参加するなどの例はほとんどないことが示されていた。(2) また仕事や学校等を終えてからの自由時間の過ごし方では「まっすぐ家に帰る」が多く、そこから家の中でテレビなどを見ながら一人で過ごす状況がうかがえる。(3) 様々な問題を含みながらも、先のような障害者福祉の施策が進められる中にあって、余暇や学習・文化の保障が重要な課題となっているのである。

3—2 社会参加と学習活動

　障害をもつ人の学習・文化活動を公的に保障する取り組みのひとつとして重要な役割を担っているのが、一般に障害者青年学級（教室）と総称される社会教育事業である。この事業は、東京都内のほとんどの自治体で実施されているが、なかでも三多摩地域では町田市や国立市などを先駆に公民館を中心にしながら、地域とつながった多面的な性格と機能を生かした活動を展開している点が特筆される。東京23区でも葛飾区や渋谷区などでは、社会教育館（センター）で同じように社会教育施設としての特性を生かした取り組みを行っている。また埼玉県では15余りの市町村において、さらに千葉県でも野田市や浦安市などいくつかの自治体で公民館を拠点に取り組まれているほか、神奈川県の川崎市ではすべての市民館で青年教室が開催されている。

　それに加え、学校週5日制が定着する中で障害をもつ子どもの地域での活動を支える公民館も見られるようになっている。例えば神奈川県の座間養護学校では、地元の公民館との交流事業を通して、障害をもつ子ども達が公民館の事業に参加してきており、そこからさらに公民館を利用している地域の人々の協力を得ながら子どもたちの地域での活動を支援していく可能性が拓かれてきている。(4)

　しかしながら、こうしたとり組みを展開し

ている市町村自治体は、全国的に見れば一部に限られており、先の調査結果に示されているように学習・文化の機会が少ないことから、青年学級のような事業の広がりとともに、ノーマライゼーションの理念にそって地域の障害をもつ人が既存の公民館等で行われている事業やサークル活動などにも参加できるようにしていくことが求められるのである。

一方、障害をもつ人の社会参加と学習活動および就労の機会を提供する最近の取り組みとして注目されるのが、障害をもつ人が働く喫茶コーナーの活動である。(5) 筆者の最近の調査でも全国に400箇所以上あり、特に1990年以降に急速に増えてきているのである。その意味で、喫茶コーナーの機能に着目する時、この取り組みが国立市公民館での、しかも障害をもつ青年ともたない青年たちのアイディアによる交流やたまり場として始まったことの意義が想起される。当時公民館職員として喫茶コーナー立ち上げに関わった平林正夫は、それを次のように表現している。公民館という「社会に開かれた場で障害者と健常者が共に気づき、学び、交流し、なおかつ給料を得ることで評価を得、いろいろな面で自立へと繋がっていく。喫茶コーナーが学習の動機づけの場であり、学習・実習の場であり、評価の場になる。なんと社会教育的なプログラムではないか。」(6) 地域福祉さらには福祉教育の面からも公民館の特性が見てとれる事例であり、このような視点からあらためて公民館の役割をとらえ返していくことが必要とされている。

3—3 国や自治体の対応と地域での課題

先の障害者計画の策定状況を見ると、特に町村での策定割合は極めて低いことから、2003年から新たに出発した障害者基本計画では、2012年までにこれまでの取り組みをさらに充実するとしている。しかし個別の施策に対して十分な財政措置が明示されていないほか、差別禁止の取り組みの弱さなどの問題が指摘されていた。その点で2004年の障害者基本法の改正は、差別禁止の条項も含めより総合的な障害者福祉法という点で一定の前進があったものの、差別禁止での罰則規定がないなどの課題も残されることとなった。

こうした施策と同時に、福祉のあり方に対する根本的な見直しが行われてくる点を強調しなければならない。それが、2000年6月に成立した「社会福祉の増進のための社会福祉事業法等の一部を改正する等の法律」、すなわち社会福祉基礎構造改革の一環として出された障害をもつ人の「支援費制度」であり、障害者福祉サービスを従来の「措置制度」から大きく転換し、障害をもつ人の自己決定の尊重と利用者本位のサービスを基本理念として2003年度より実施されている。

しかしながらこの制度は、その理念に反して具体的なサービスのあり方については、社会福祉の市場化と「地方分権」の名による公的責任の放棄につながりかねないという批判が多くの障害者関係団体から出されてきている。とりわけ在宅サービスが市町村自治体の管轄となったことによって、自治体の対応に違いが生じ、それが地域格差となってあらわれてきている。すなわち、2004年段階でホームヘルプサービスを実施している市町村の割合は、身体障害、知的障害、精神障害でそれぞれ73％、47％、39％となっており、特に知的障害と精神障害での格差が目立っているからである。(7)

このような中で2005年2月に閣議決定された「障害者自立支援法」案は、当事者の原則1割の自己負担（応益負担）および給食費の実費負担などが盛り込まれているため大きな問題となっている。そのことは、当事者や関係者6,600人が参加して2005年5月12日に行われた「障害者自立支援法」を考えるみんなのフォーラムで採択された次のようなアピールに端的に表現されているだろう。「応益負担の導入は余りに乱暴です。とりわけ本人が負担できない場合に家族に負担が及びますが、

14 福祉・労働

これは障害者にとって心苦しく大きな屈辱です。また、働きに行った場で費用負担が生じるのは納得できません。」そしてさらに障害者福祉の窓口を生活圏である市町村に移すことは、自治体に対し自己決定権にもとづく福祉サービスを提供するという課題を提起していることも強調しなければならない。それゆえ、先のアピールでも「自分の人生や生活は自分で決めたいのです。個々のサービスの決定にあたっては、障害当事者の自己決定を尊重してください。」という要望が付け加えられている。

こうした状況のもとで市町村レベルでのサービスのあり方問われてきており、社会教育においては先の青年学級のような取り組みに加え、自己決定と権利保障を支える学習保障の取り組みが求められているのである。

(小林 繁)

〔注〕
(1) http://www.mhlw.go.jp/topics/2005/02/tp0214-1f.html
(2)『世田谷区「障害者等の学習援助制度構想づくり（案）」の委託調査研究報告書』世田谷区教育委員会、1996年
(3)『つどう・でかける・あそぶ・ハマる（余暇活動研究事業報告書）』全日本手をつなぐ育成会、2003年
(4)これらの取り組みについては、小林繁編著『この街がフィールド』（れんが書房新社、1998年）、および同編著『学びあう「障害」』（クレイン、2001年）などを参照。
(5)の取り組みについて詳しくは、障害をもつ市民の生涯学習研究会編『障害をもつ人たちが主役の喫茶コーナーが拓く人　まち　くらし』（ゆじょんと、2001年）を参照。
(6)小林文人編『公民館の再発見』国土社、1988年、97頁
(7)厚生労働省『平成16年版　障害者白書』2005年

4. 職業能力開発（施設）

4—1 現代社会における職業能力開発の意義

バブル崩壊後、この10年間わが国の景気低迷が続いている。2000年以降徐々に回復の兆しがみえるとはいうものの、未だ全国的には雇用失業情勢も厳しい感がある。自らの意志によらない離職者は2003年8月以降減少が続いているが、ここ30年の少子化の影響もあり労働力人口の減少傾向、若年層の失業率の高水準推移を考慮すると、労働対策には課題が多い。

めまぐるしく変化する社会環境の中で、人々の生活は多様化するとともに労働も大きく変わってきた。第3次産業が増加し職種が多岐にわたること、ワークシェアリングやパート・アルバイト労働の増加など働き方が多様化する今日、職業能力開発（キャリア形成）は、労働者自身が自分がどういう職業に就きたいのか、見合った能力を持っているのか、身につけることができるのか、そしてその職業に雇用はあるのかという点について自発的に考えることと併せて促進されなければならない。

4—2 国や自治体の対応と課題

労働行政における職業能力開発については、1969年に制定された職業能力開発促進法を基本として行政計画が展開されてきた。この法律の目的は、「職業訓練及び職業能力検定の内容の充実強化及びその実施の円滑化のための施策並びに労働者が自ら職業に関する教育訓練又は職業能力検定を受ける機会を確保するための施策等を総合的かつ計画的に講ずることにより、職業に必要な労働者の能力を開発し、及び向上させることを促進」（第1条）することである。社会変化に伴ってこの法律は2001年に改正され、キャリア形成の重要性を事業主にも理解させ、講ずべき措置を明確化した。現在、第7次職業能力開発基

本計画（2001年度～2005年度）を元に施策が進められている。平成16年版『厚生労働白書』によると第7次基本計画では、①キャリア形成の促進のための支援システムの整備②職業能力開発に関する情報収集・提供体制の充実強化③職業能力を適正に評価するための基準、仕組みの整備④職業能力開発に必要な多様な教育訓練機会の確保などの基盤整備を推進している。

職業能力開発支援には、労働者の主体的なキャリア形成を図ること、求人と求職の効果的なマッチングを促進することが必要であるという観点から、きめ細やかな相談を行う「キャリア・コンサルタント」の養成が急務となっている。2002年度以降5年間で官民合わせ、5万人を養成することを目標としており、2003年度末で約1,500人が都道府県ごとに設置されている「キャリア形成支援コーナー」（独立行政法人雇用・能力開発機構都道府県センター内）やハローワークに配置されている。

施設としては、職業を転換したり、現在の能力を高め新たに開発するために援助を必要とする人々のニーズに即した、多様な職業訓練を実施する公共職業能力開発施設を全国301カ所設置している（表II-14-1）。キャリア・コンサルティングを行った上で、それぞれに最も適したコースを選定するのだが、公共施設で必ずしも全ての職業が網羅されているわけではない。その場合、専修学校、大学・大学院、NPO、求人企業等の民間教育訓練機関等の機関を利用し、委託訓練という形をとっている。教育訓練給付制度も委託同様、厚生労働大臣の指定を受けた講座を受講する場合、一定の給付金が受け取れる制度である。今後労働の分野はますます

表II-14-1　公共職業能力開発施設【301校】

区分	職業訓練の種類	設置主体	施設数
職業能力開発大学校	高卒者等に対する高度な職業訓練を実施（専門課程）専門課程修了者等に対する高度で専門的かつ応用的な職業訓練を実施（応用課程）	国（独立行政法人雇用・能力開発機構）	10
職業能力開発短期大学校	高卒者等に対する高度な職業訓練を実施（専門課程）	国（独立行政法人雇用・能力開発機構）	1
		都道府県	7
職業能力開発促進センター	離職者及び在職者に対する短期間の職業訓練を実施	国（独立行政法人雇用・能力開発機構）	62
生涯職業能力開発促進センター（アビリティガーデン）	ホワイトカラーに対する先導的・モデル的な職業訓練コースの開発と実施	国（独立行政法人雇用・能力開発機構）	1（併設）
高度職業能力開発促進センター	中堅技術者を対象としたハイテク関連の高度な職業訓練を実施	国（独立行政法人雇用・能力開発機構）	1（併設）
職業能力開発校	中卒・高卒、離職者及び在職者に対する職業訓練を実施	都道府県	201
		市町村	1
障害者職業能力開発校	障害者の能力、適性等に応じた職業訓練を実施	国	13
		都道府県	6

（『平成16年版　厚生労働白書』374頁）

多様化、高度化すると予測される中で、個人のニーズと提供される教育機会をどうマッチさせるかが大きな課題である。

4—3 若者・女性らへの支援

労働の問題で、深刻化しているのが、若者の問題である。失業率の高水準推移、早期の離職者、フリーターの増加には、企業の非正規雇用や柔軟型雇用への需要、スペシャリストへの需要が高まっていることも原因の一つであろう。政府はこれに対し、2003年「若者・自立挑戦プラン」を策定し、産業、教育、労働の分野が連携して打開策を考案した。教育段階（早くは小学校段階から）から職業意識を形成するよう、職業に関する取材活動、職業体験、ボランティア体験等を行う「中高生仕事ふれあい活動支援事業」はその代表格であるが、その他企業人との交流授業、インターンシップの積極的導入なども挙げられている。あまり現実感のないままでも学校を卒業すれば就職できる、という時代では無くなり、現代の若者には「職業を選び取る」力が必要となっている。

2004年から厚生労働省と文部科学省は、若年者のための新しい職業訓練制度として「日本版デュアルシステム」をスタートさせた。企業の需要する人材と教育機関が養成し供給する人材のミスマッチを解消するべく、「働きながら学ぶ、学びながら働く」ことを主眼に置いている。このシステムは、35歳未満で、就職活動を続けているが安定的な就業につながらず、就職に向けて職業訓練を受ける意欲があるものを対象としている。1〜3年間にわたって座学と実習（OJTも含む）を平行して実施するもので、教育訓練機関主導型と企業主導型の二つに分けられている。

就業意欲のない「ニート（NEET：Not in Education, Employment or Training）」や、フリーター等にはまず職業意識を高める必要があり、「ヤングジョブスポット」（通称ジョブカフェ）が全国14カ所に設置され、仕事に関する情報提供、相談、セミナーなどが行われている。また、学校、企業、地域社会や他の若年者支援施設・機関と連携しながら若年者のキャリア形成を総合的に支援するに設置された「私のしごと館」（関西学術研究都市：京都府精華・西木津地区）では、11種類の職業体験、ワークショップなどが開催されている。実際に見て聞いて体験する場の提供が、仕事への現実感を生むキャリア形成への第一歩として期待される。

若者と同様、近年女性の労働も変化してきている。女性の年齢別労働力人口の構成は結婚・出産・育児期を底辺としたM字型カーブを描いているが、人口自体は増加傾向にある。特に45歳以上の有配偶女性の労働人口が増加しており、その多くはパートタイム・アルバイト、派遣労働に従事している。改正男女雇用機会均等法が1999年に施行され、積極的に取り入れている企業は増加しているが、非正社員の雇用が増え、女性たちの就業先となっていることが多い。「女性と仕事の未来館」（東京都港区）では女性が職場や社会において、能力を発揮していくためのセミナーや、キャリア形成のための相談、国内外のネットワークづくりを行っている。

4—4 技能の開発

高度情報化時代の中、さまざまな分野で技術の発展は著しい。労働者がそういった流れの中で新しい技能を修得していくための能力開発が、官民連携のもと進められている。その一方で、伝統産業などに代表される、優れた技能の維持・継承が技能の振興という点で重要視されて久しい。若者を中心としたものづくり離れや熟練技能者が高齢化する中で、ものづくりに対する技能の必要性、重要性についての理解が広く国民に求められている。

青年技能者がその技を磨き、挑戦する場として1963年から年1回「技能五輪全国大会」が開催されている。このような場は、熟練技能の後継者育成・確保の意味を含んでいる。

また、障害者の職業的自立を喚起することを目的とし、その技能を競う「アビリンピック（全国障害者技能競技大会）」も1972年から開催されている。これらは技能を披露し審査を受ける機会として、今後の労働の励みになる場となっている。なお、2007年11月には静岡で第39回技能五輪国際大会と第7回国際アビリンピックが「2007年ユニバーサル技能五輪国際大会」として世界で初めて同時開催された。技術・技能教育は知識の伝達のような教育のようにたやすくはできない。組織的・体系的に取り組まねばならず、さまざまな工夫が必要となっている。

(杉野聖子)

〔参考文献〕
(1)厚生労働省監修『平成16年版　厚生労働白書』ぎょうせい、2004年
(2)「座談会　日本版デュアルシステムの導入について」『厚生労働』中央法規出版、2004年5月号
(3)小杉礼子「日本型ニートの現状」『青少年問題』財団法人青少年問題研究会、2005年6月号
(4)厚生労働省『平成16年版　女性労働白書―働く女の実情―』財団法人21世紀職業財団、2004年
(5)森和夫「ものづくり技術・技能伝承の方法」『労働の科学』労働科学研究所、2003年5月号

5. 農業改良普及事業

5―1　農林水産に関わる普及事業

現在、国（農林水産省）と協同で都道府県が実施している普及事業は3事業ある。森林法に基づく林業普及指導事業、水産基本法に基づく水産業改良普及事業と、ここで取り上げる協同農業普及事業である。本項目の農業改良普及事業は一般名称であり、正式には協同農業普及事業という。この事業には農業・農村の技術改良や生活改良を目指した地域農業普及センターと農業後継者の育成を目指した農業者研修教育施設（農業大学校）が含まれる。

ここでは協同農業普及事業の法的根拠、施設、事業内容等の変遷および現在の課題について述べる。

5―2　農業改良助長法

農業改良普及事業は農業改良助長法に法的根拠をおいた事業である。この法律は1948年に当時の農林省と連合国軍総司令部（GHQ）との協議によって、農村の近代化と農業の再編を図るために成立した。この法律のモデルはアメリカ合衆国で1914年に制定されたスミス・レーバー法とされ、この法律は連邦政府と州政府が協同で農業研究・普及・教育を推進することを特色としている。普及事業は、戦後日本農業の三大改革（農地改革、農業団体の再編、協同農業普及事業の創設）の1つである。

農業改良助長法は、第1章を総則、第2章を農業に関する試験研究の助長、第3章を農業に関する普及事業の助長という、章構成になっている。農業改良助長法の目的は、「能率的な農法の発達、農業生産の増大及び農民生活の改善のために、農民が農業に関する諸問題につき有益、適切、且つ実用的な知識を得、これを普及交換して公共の福祉を増進すること」とされており、国と都道府県が協同し、農業者が新しい時代に即応して農業経営及び

農民生活を自主的に改善していくことを助長する（人づくり）ために普及事業が展開されることになっている。現在、この事業を担っているのは普及指導員であり、以前は改良普及員と専門技術員（普及に関する調査研究と改良普及員の指導を行う）に分かれていた。

この普及事業は、スミス・レーバー法をモデルとしながらも、いくつかの違いがある。アメリカでは州立大学との連携において普及員の活動が展開されているのに対し、日本では各都道府県の農業関連の試験研究機関との連携の中で農業改良普及センター（普及部）が設置され、普及指導員が活動する体制になっている。

これは日本の普及体制が、明治期からの活動実績を持っているためである。明治政府は当初、勧農政策の一環として老農（豪農的耕作地主）を農事通信員として活用し、その後農事巡回教師制度を導入、農会の設立などをとおして各府県に農事試験場を設置し、試験研究成果を普及指導する体制を整備・拡充してきた。

よって、この戦前の農業指導と戦後の協同農業普及事業との違いは以下の3点になる。
①普及活動の対象として農家（人）を前面に出したこと。
②農家に対する施策を農村青少年にまで拡げたこと。
③農業技術の向上と農業経営の改善だけでなく、生活改善の問題を取り上げたこと。

5—3　普及事業の施設と重点指導の変遷

普及事業は国との協同によって展開されてきたことから、農政といっしょになって重点活動や体制を変遷させてきた。

戦後～1955年代は体制としては小地区体制と呼ばれる市町村駐在方式によって、普及事業を展開した。改良普及員には、4Hクラブの指導や保温折衷苗代の普及を行った農業改良普及員、家庭での栄養改善を行う生活改良普及員がおり、重点課題に取り組んだ。

1956～1965年代になると旧農業基本法が制定され、農業改良普及所を全国に1,632ヶ所設置し、中地区体制とした。この時期は作業の機械化や共同化を推進し、部門的には畜産や園芸に関する技術指導が強化された。また農業改良資金の導入促進や農業構造改善事業を推進させた。

1966～1975年代には農業改良普及所は広域体制をとり、全国で630ヶ所に統合された。この時期、需要に即した農業生産体制を確立するため行政施策と普及事業の一体化が進んだ。このため農業普及は専門分野担当と地域担当の普及員に機能分担する体制をとり、農業団地育成や健康維持、労働の適正化、農業団地の育成が推進された。米の生産調整が推進されるのもこの時期である。

1976～1985年代には、農業改良普及所は617ヶ所となり、改良普及員はチームで総合的に指導することを目的として地域分担方式を導入した。この時期、転作の推進と定着化、後継者等の農業の担い手育成や農村婦人、高齢者の役割向上が推進された。

1986～1989年代には、農業改良普及所は606ヶ所になり、この時期には農産物の内外価格差や農産物自由化が進展し、農業技術自体は高度化、多様化していった。これに対して普及事業は自立的な農業の確立、生産性の高い水田農業の確立や活力ある農村社会の形成を推進した。

1990～2000年代には、蚕業改良普及事業と統合して591ヶ所になり、名称を農業改良普及センターに改めた。この時期、国際化対応、低コスト、環境保全型農業の確立が推進され、新規・青年農業者の育成確保と農村生活環境の快適化が進められた。

2001～現在まで、食料・農業・農村基本法が制定された。また、農業改良助長法が改正されたことに伴って、センター必置規制が廃止され、都道府県が独自に普及指導センターを設置できるようになった。2004年現在447ヶ所になっている。更に普及職員の一元化が

進められ、農業改良普及員や専門技術員は普及指導員に改称された。現在の普及指導員と農業者研修教育施設職員数の総数は9,365人になっている。主な活動は、環境と調和した農業生産、食に対する安全・安心の確保、農村地域の振興、農業の担い手の確保が推進されている。(1)

5—4 協同農業普及事業の課題と可能性

現在の多様な農業・農村の現状に即して普及事業の担うべき領域が不明確になっていることが指摘されている。杉本は農業普及事業が公的な事業としての存在理由を、農業改良助長法の基本的な考え方をふまえて、「農業・農村の発展は新技術にある。技術開発は農業の持つ特殊性から主として公的事業として行われてきており、その成果を地域の実情に即して普及し、地域農業や個々の農業経営の発展に繋げる役割を持つ普及事業も公的事業として必要」とし、この中で普及事業の基本的な役割を再確認することを提起している。(2)農業普及学会においても、農業普及を「農業・農村における普及の機能・役割について追究すること」であるとしながらも、農業普及と協同農業普及事業を同一のものとして捉える姿勢をとっている。(3)

しかし、新技術や公的事業だけから現在の農業普及を見定めるには限界がある。藤田はE.M.Rogersによる普及の分類（中央集権型普及と市民主導型普及）(4)をふまえて普及概念の発展の可能性を指摘している。(5)現在の多様な都市・農村交流の実態や地域づくりにおける農業普及の役割を考えるとき、市民による農業普及の可能性を検討する時期に来ている。これらは公的社会教育の現代的意義等で行われている議論との共通性を有している。

更に、普及事業を社会教育の一領域として取り上げるとなれば、教育的機能について論じる必要性がある。

杉本は食料・農業・農村基本法（新農基法）の施行に伴い、農業基本法（旧農基法）における普及事業の位置づけの変化について指摘している。(2)農業基本法では、普及事業が教育事業、研究事業を合わせて三位一体のものとして捉えられ、普及事業を教育事業であるとした根拠になっていた。これが食料・農業・農村基本法になると「教育」という字句が消えた。これは農林水産省の権限で行う教育は「研修教育」を指し、一般の教育ではないとする。しかし一般の教育ではない教育については、定かではない。都道府県の普及指導の現場において、これまで普及方法や内容としていたものは何だったのか改めて検討する必要がある。そもそも普及事業は、時に地域農業を対象とし、時に農業地域（農村）というように、多様な普及対象を捉えてきた。結果として、財政サイドから「普及事業が見えない」と指摘される一因になった。

よって協同農業普及事業の現代的意義について考えるとき、教育的機能の再定義をとおした根本的な検討が待たれる。

(野村 卓)

〔注〕
(1)農林水産省『協同農業普及事業関係資料』農林水産省経営局、2005年。川俣茂『新普及指導活動論』全国農業改良普及協会、1997年
(2)杉本忠利『岐路に立つ普及事業』全国農業改良普及協会、2002年
(3)日本農業普及学会編『農業普及研究50年の軌跡』日本農業普及学会、2002年
(4)E.M.Rogers著・宇野善康監訳『普及学入門』産業能率大学出版部、1981年
(5)藤田康樹『農業指導と技術革新』農山漁村文化協会、1987年

6. 外国籍市民

6—1 「外国籍市民」の定義

　1980年代後半から急増した外国人労働者が地域に定住し、各地方自治体において外国人住民向けガイドブックの作成や多言語相談窓口の開設などが始まった頃から、「外国籍市民」「外国人市民」「外国籍住民」「外国人住民」などの用語が使われるようになった。国籍にこだわるか、住民にこだわるかで異なるが、一般に、「外国籍市民」を使う場合、外国籍を有することによる不利益や困難を意識すると同時に、それらを克服して外国籍を持つ人も同じ住民として平等に社会参加できる共生の社会づくりを展望する文脈で使われる。本項目の「外国籍市民」は、上記の文脈で使用するが、必ずしも外国籍を有する人に限定せず、言語的・文化的背景が日本人とは異なる人々を含む幅広い概念として捉える。

6—2 外国人登録者数と国籍

　2004（平成16）年末現在、全国の外国人登録者数は、197万3,747人で、総人口の1.55％を占める。未登録（いわゆる「不法滞在」「不法残留」）の外国人が20万7,299人（2005年1月1日現在）いることから、約220万人の外国人が居住していることとなる。

　登録外国人の国籍別人数は、表Ⅱ-14-2の通りである。

　これらの外国人を大別すると、日本の過去の植民地支配の結果として日本に定住するようになった在日韓国・朝鮮人や中国人などのいわゆるオールドカマーと1980年代後半から急増している外国人労働者などのニューカマーに分けられ、居住の状況や抱えている課題が異なる。

　オールドカマーは、ニューカマーが増加するまで、ほとんどの地方自治体で外国籍市民の第一位を占めていたが、現在では、ニューカマーがオールドカマーの数を上回る自治体が増えている。自動車関連の工場が多い静岡県浜松市や群馬県太田市など「外国人集住都市会議」に参加する都市には、日系ブラジル人が集住しており、第一位を占めている。

6—3 外国籍市民のくらし

　ニューカマーには、出かせぎ、技術研修生、就学生・留学生、農村の外国人花嫁など、多様な来日の背景を持った人々が含まれており、くらしの課題も多様であるが、日本の外国人受け入れの社会システムが確立されていないことに起因する共通の課題をもつ。外国人を対象とした多言語による情報提供のシステムが確立されておらず、日常生活に不可欠な情報から疎外された状況にある。通訳・翻訳については、司法や医療現場でのコミュニケーションに困難を感じている外国人は多い。さらに、小中学校において外国人児童・生徒に対する母語教育を実施していないため、子どもの言語発達やアイデンティティーに不安を抱える保護者も少なくない。

　オールドカマーは日本滞在が長く、すでに多くの人が日本語を自然習得していることから、言語やコミュニケーションによる困難は少ないが、国民年金制度への加入が認められなかったために年金受給の資格が得られない問題や、永住権を持っていても、またいくら納税しても政治参加への道が閉ざされているという参政権問題もある。

表Ⅱ-14-2

国籍	登録者数	構成比(%)
韓国・朝鮮	607,419	30.8
中　国	487,570	24.7
ブラジル	286,557	14.5
フィリピン	199,394	10.1
ペルー	55,750	2.8
米　国	48,844	2.5
その他	288,213	14.6
総　数	1,973,747	100

2004年末現在　（法務省ホームページより）

とりわけ大きな問題は民族差別である。オールドカマーの子どもたちが通名で公立小中学校に通わなくてはならないことに見られるように、朝鮮民族に対する差別は今日でも存在する。

6—4　日本語の習得状況とニーズ

ニューカマーの抱える最大の困難は日本語である。一般に、職場や地域で日本人との接触があれば日本語の自然習得が進むが、外国人の多い職場であったり、地域でも日本人との交流がほとんどない人も多く、滞在年数が長くても日常生活に必要な最低限度の日本語力を持たない人が多い。とりわけ、日本語の読み書き能力については深刻な状況にある。

日系ブラジル人が集住する地域での識字調査（被調査者528人）を事例に見ると、表Ⅱ-14-3の通りである。(1)

この調査で、工場で働く約7割が「危険」を読めないし意味もわからないという状態にあることも明らかとなっている。

日本語文字によるコミュニケーションが成立していないなど、外国籍市民の日本語力が不十分な状況にあることは、外国籍市民と日本人の地域での共生に様々な困難をもたらしている。

表Ⅱ-14-3　読む力

新聞が読めるほど漢字を読める。	0.95%
漢字をいくつか読める。	8.52%
漢字をいくつか読めて、ひらがな・カタカナを読める。	12.50%
ひらがなとカタカナは読める。	39.77%
読めない。	36.74%
無回答	1.52%
計	100.00%

書く力

漢字まじりのほとんどの書類を書ける。	11.93%
いくつかの漢字まじりの簡単なものは書ける。	24.81%
いくつかの漢字とひらがな・カタカナは書ける。	47.35%
ひらがなとカタカナは書ける。	14.58%
書けない。	1.33%
無回答	1.33%
計	100.00%

6—5　日本語学習支援の取り組み

日本語によるコミュニケーションに困難を抱える外国人に対して、日本語教室・識字教室が開設され、日本語学習支援の取り組みが行われている。主として、公民館や国際交流協会などの公的機関を利用して、ボランティアベースで行われているところが多い。

1990年代に入ってから、こうした教室が多数開設されるようになり、現在、全国各地で日本語ボランティアや教室のネットワークがつくられ、情報交換や研修などが活発に行なわれている。(2)

そのなかでの新しい動きとして注目されるのが、国や地方自治体に日本語学習の公的な保障を求める運動である。(3) 経験の長いボランティアを中心に、さらに増加する移住労働者の日本語保障のためには法的な整備などが必要であると考え、全国的な運動が始められている。

公民館・コミュニティー施設での日本語学習支援の取り組みの特徴は、学習者が抱える生活課題や、まちづくりの課題と結びつけて日本語学習支援が行われていることである。民間の日本語学校などでは、日本語検定試験の合格が目標とされるのに対して、共生やまちづくり、共に生きることが重視され、日本語ボランティアにも、ともに学ぶ姿勢が求められる。

6—6　国と自治体の対応と課題

　多くの自治体が、多言語で広報を作成するなど、外国人市民のための施策を展開してきている。教育委員会においても、外国人教育方針・指針を策定したり、外国人児童・生徒を多数受け入れる学校に日本語教育などの特別指導のための加配教員を配置する取り組みを行っているが、教育分野における施策は十分ではない。

　残念ながら、社会教育においても、日本語学習を重要な課題として位置づける自治体は少なく、ボランティア依存の日本語教室運営を行っているところが多い。

　欧米では成人基礎教育や識字教育として、外国人住民に言語学習の機会が公的に保障されているのと比べると、日本は遅れており、本格的な制度化が不可欠である。少なくとも、市町村単位で、公的機関が日本語教室を開設し、週1回ではなく毎日でも日本語の学習が行える場を保障することが必要となろう。

6—7　国際的動向

　外国籍市民との共生は、移民受け入れの歴史が長い欧米諸国においても必ずしもうまくいっているわけではない。グローバリゼーションの波により、階層格差が広がるなかで、多くの移住労働者が困難を抱える一方、移住労働者に対する排斥の動きも見られる。

　とはいえ、外国籍市民の権利保護や教育への参加の保障などで、一定の国際的なコンセンサスが広まり、制度化が進んでいることも事実である。

　日本政府は批准していないがすでに発効している「すべての移住労働者とその家族の権利保護に関する条約」は、不正規滞在の外国人も含め、すべての外国籍市民の基本的権利が保障されなくてはならないこと、とりわけ合法的に滞在する人は、内外人平等の原則で、教育・福祉・医療・文化などへのアクセスが保障されることが示されている。

　世界教育フォーラム「ダカール行動の枠組み」や第5回国際成人教育会議「ハンブルグ宣言」および「未来へのアジェンダ」は、移民・難民・マイノリティが成人教育から排除されることなく、教育権を保障されるよう求めている。

　今後さらに多くの外国人労働者が来日し、同じ市民として地域でともに生活することが予想される。地域で交流し、コミュニケーションをとりながら外国籍市民と共生していくために、公民館における日本語教育の充実がさらに重要となろう。

（野元弘幸）

〔注〕
(1)野元弘幸『外国人住民の日本語読み書き能力の調査と日本語教育プログラムの開発』（平成11—13年度科学研究費助成金　基盤（C）研究成果報告書）2002年3月
(2)千葉県の事例は次を参照。長澤成次編著『多文化・多民族共生のまちづくり』エイデル研究所、2000年
(3)日本語フォーラム全国ネット『東京宣言—多文化・多言語社会の実現とそのための教育に対する公的保障を目指す東京宣言および行動計画—』2003年3月

〔参考文献〕
日本社会教育学会『多文化・民族共生社会と生涯学習』東洋館出版社、1995年

7. マイノリティ

7—1 日本のマイノリティ問題

日本政府はマイノリティの公定訳を、「少数民族」としているが、数の問題や民族的少数者という視点からのみマイノリティを捉えるのは適切ではない。国際機関での議論の中でも、アイヌや在日韓国・朝鮮人をマイノリティと認めるか否かで、政府の見解も変遷してきているのが実態で、被抑圧・被差別の視点を含む歴史的な概念として捉えることが必要である。

今日、日本のマイノリティとして、女性や障害者、同性愛者などを含めるか否かは議論が分かれるが、民族的、種族的、言語的、宗教的少数者であることを理由に差別的処遇などを受けているアイヌ、在日韓国・朝鮮人、インドシナ難民、中国帰国者、外国人労働者（イスラム文化圏出身者を含む）などを含めることはできる。とりわけ、アイヌや在日韓国・朝鮮人は、民族集団として長期にわたり抑圧・差別されてきた歴史をもち、日本のマイノリティ問題の中核に位置づく。

これらの日本のマイノリティは、言語や文化、アイデンティティの保持や民族的権利主張のための運動を行なっており、社会教育機関がそうした教育・文化運動をどのように支えるのか、また、マイノリティの存在と諸権利の保護について、マジョリティを対象にした教育・文化活動をどのように展開するのかが問われている。

7—2 アイヌとアイヌ語教室

約2万5千人（実際は約5万人と推計する研究者もいる）いると言われるアイヌは先住民族としての共有財産の権利や一定の自治権を求める運動を展開するなど、他のマイノリティとは異なった課題をもつ「民族的マイノリティ」（national minority）である。

日本政府は、1899年に「北海道旧土人保護法」を制定して以来、アイヌ民族を「先住民族」として認めることなく、逆に差別的な扱いを行い、その文化・言語を奪ってきた。漸く、1997年の「アイヌ文化の振興並びにアイヌの伝統等に関する知識の普及及び啓発に関する法律」（略称：アイヌ文化振興法）が施行されて、「北海道旧土人保護法」が廃止されるが、依然として差別は残り、言語や文化の継承も困難を極めているのが実情である。

しかし、1980年代に入ってから「アイヌ民族に関する法律案」が北海道ウタリ協会の総会で議決されたり、平取町や旭川でアイヌ語教室が開設されるなど、奪われた言葉や文化を取り戻し、民族自治まで展望する運動が生まれてきている。1983年に萱野茂氏により開設された「二風谷アイヌ語教室」に始まり、北海道や文化庁による助成（1987年より現在まで）も得て、今日では道内に14のアイヌ語教室があり、主にアイヌの生活改善・福祉のために地域に建設された「生活館」で行われている。

そうした新しい動きの背景には、1993年の国際先住民年を契機に世界の少数民族と連帯する運動や、アイヌ文化振興法を積極的に活用しアイヌ語やアイヌ文化を復興しようとする取り組みがある。

一方、マジョリティである日本人にアイヌの存在を示し、アイヌ問題やアイヌ文化への理解を深めてもらうための講座や文化事業が行われてきている。従来、アイヌに関心のある人々の手で培われてきた活動が、「アイヌ文化振興法」の後押しを得て、急速に広がりつつある。

ところで、アイヌ文化やアイヌ語の継承、アイヌ文化理解の事業が展開される一方で、アイヌの民族自決権やそれを保障する経済的自立など、先住民族としての政治的・経済的権利保護に取り組む動きがあることにも注目すべきである。社会教育の実践や研究は、文化・教育以外のアイヌの問題には十分に目を向けてこなかった。今あらためて、民族代表の議席の確保など、国政や地方自治において

アイヌ民族をどう位置づけるのか、アイヌの民族教育のあり様を決める仕組をどうつくるのかなど、より困難な課題に取り組む必要がある。

7—3　在日韓国・朝鮮人と識字学級・民族教育

現在、日本には、約60万人の在日韓国・朝鮮人が居住する。日本の植民地支配の結果として日本に定住することとなった朝鮮半島出身者であるが、きびしい差別と貧困のためにとりわけ1世が教育を受ける機会を奪われた。現在、そうした在日韓国・朝鮮1世の高齢者が、公民館やコミュニティー施設などで開かれる識字学級で読み書きを学んだり、公立中学校の夜間学級（通称：夜間中学校）や自主夜間中学で「学校」に通うことの喜びを享受している。

識字学級に通うオモニ（お母さん）やハルモニ（おばあさん）にとって、識字学級は単なる読み書きを学ぶ場ではなく、被差別の自分史を語り、歴史を取り戻し、仲間と共感する場となっている。識字活動を支援する若い世代のボランティアに差別の歴史や実態を伝える交流や共同学習の場ともなっている。

また、人数は少ないが、夜間中学に通い、日本人だけではなく多様な国籍や言語・文化的背景をもった青年・成人との豊かな人間関係を築き、学ぶということの本来の意味を実感している在日の高齢者もいる。

在日韓国・朝鮮人の教育・文化運動で見逃せないのが、朝鮮学校などの民族学校を核とした民族的アイデンティティを保持する営みである。現在、全国には、90校近くの朝鮮学校と4校の韓国学園があり、約1万2千人の子どもたちが通っている。これらの学校を支えているのは、マイノリティとしての誇りや伝統、民族文化を次世代に伝えようとする保護者や民族団体の運動である。

残念ながら、日本人拉致事件など北朝鮮との緊張関係が高まるにつれて、朝鮮学校児童生徒や民族団体に対する嫌がらせが起きているが、他方で、これら民族教育を支援する日本人の活動も起きている。

公民館との関わりで注目されるのが、2005年4月21日に熊本地裁判決が、熊本朝鮮会館への熊本市の免税措置を違法とする訴えを退けたことである。朝鮮総連などの民族団体の事務所が入っている朝鮮会館で、朝鮮語学習やサークル活動が行われていることを、公益性があると認め、「公民館類似施設」として免税措置をとっている熊本市を適法と認めたものであった。

拉致問題以降、従来は免税措置をとっていた朝鮮関係団体施設への課税を始める自治体が増えるなかで、「公益性がある」と認めたことはマイノリティの教育・文化活動にとって大きな意味をもつ。熊本市が「在日朝鮮人の公民館」と表現していることは興味深い。

7—4　マイノリティに対する差別・偏見の克服

マイノリティに対する差別や偏見を克服し、マイノリティ独自の諸権利を保障していくためには、マイノリティの教育・文化運動を支援すると同時に、マジョリティである日本人を対象として、マイノリティの被差別の歴史を学んだり、異文化に触れて価値観や世界観の違いを理解する学習の場を提供することが重要である。

例えば、東京都葛飾区の水元社会教育館では、2002年に人権セミナーとして次のようなプログラムで「イスラーム世界を知ろう」が開かれた。（一部略）

モスリムの日常世界／イスラームの基礎知識／長倉洋海の見たアフガニスタン／アラブの子どもたち／作って食べてみよう、アラブの料理／アラブ・中東現代史

一方で、日本国内のマイノリティ問題だけではなく、海外のマイノリティ問題への理解を深めていくことも必要である。グローバリゼーションが進み、国境を越える人の移動が

活発になり、海外のマイノリティ問題が国内に持ち込まれることもある。

例えば、中国少数民族出身の青年が、マイノリティであるがゆえの差別と貧困から逃れるために日本に来日し、日本国内での異文化間交流活動を通じて自らの民族的アイデンティティを取り戻すということが起きている。

7—5　国と自治体の対応と課題

日本政府は、1991年に国際人権規約（B規約）に基づいて国連に提出された政府報告書で、はじめてアイヌ民族をマイノリティであると公式に認めたが、在日韓国・朝鮮人は依然としてマイノリティであると認めていない。

マイノリティの認定に消極的な日本政府のマイノリティに対する政策は、その文化や伝統、アイデンティティの保持、民族的諸権利の保護を目指すものとはなっておらず、むしろ、同化を促すものとなっている。「アイヌ文化振興法」は、先住民としての権利に触れることなく、アイヌ問題を文化の継承の問題に矮小化しているという批判がある。また、インターナショナルスクール卒業生には国立大学の受験資格を一括して認めるのに、朝鮮学校卒業者には認めないという差別的な扱いを依然として行っている。

これに対して、地方自治体の施策においては、柔軟な対応を行っている自治体も少なくない。一般に、在日韓国・朝鮮人の民族差別などの問題解決に積極的に取り組んでいる関西圏の自治体で、マイノリティの権利保護がすすんでいる。

（野元弘幸）

〔参考文献〕
(1) W. キムリッカ『多文化時代の市民権―マイノリティの権利と自由主義―』晃洋書房、1998年
(2) 「特集　マイノリティの生活と学習―多様な文化との共存を求めて―」『月刊社会教育』2003年5月号

8.　アウトリーチ

8—1　アウトリーチ活動

「アウトリーチ（outreach）」とはその語の示すとおり、「手を差し伸べる」ということである。社会福祉の分野では、積極的ケースワークの具体的な手法として位置づけられている。重く複雑な生活問題があり、周囲の通報や来所の促しがあるにも関わらず、社会機関などへの援助は求めず、ケースワーカーなどの訪問に対しても拒否的、攻撃的であることから、問題解決が困難となっている人がいる。そういった人に対して、要請が無くてもワーカーのほうから積極的に出向いていく援助のことをいう。ソーシャルワークの実践は、対象によってミクロレベル（小領域）メゾレベル（中領域）マクロレベル（大領域）に分けられている。ミクロレベル実践は、個人や家族などを対象にして行われる援助全般を表し、個人面接、家族面接、エンパワーメントなどが含まれる。メゾレベル実践は個人や家族、小グループの活動する地域と社会福祉サービスを提供する機関などにおいて行われる。メゾ領域で用いられる介入技術、実践方法には、地域住民の組織化の支援、利益や関心を同じくする人々のコミュニティ形成、地域計画の立案、実施、評価、社会福祉機関の管理運営などが含まれる。そしてマクロ領域には自治体の調査、計画立案、実施と評価、国の政策立案、実施、評価、社会サービスの管理運営などが含まれる。

この手法は、福祉の分野にとどまらず、医療や教育、文化芸術の分野でも取り入れられており、地域づくりと関連しているために全国で広がっている。広義的にアウトリーチ活動を分類すると、個人や小さなグループを対象としたミクロレベル、コミュニティ全体を対象としたマクロレベルに分けられる。ミクロレベルでの活動は、対象者数の多少が活動の成否ではなく、教育・普及・啓蒙ができるということ、そのため、問題が起こってから対処するのではなく事前に予防できるという側面がある。また、マク

ロレベルでの活動は、電波・文字を用いた公共教育、相談、アドボカシー（弁護）などを含み、政策、手続き、立法、サービス機関、コミュニティの態度や行動に影響を与えることもある。コミュニティの住民が協力して参加したり、一緒に問題解決していく必要があるので、住民の間で社会的つながりやサポートネットワークを確立することができるのである。

8—2 アウトリーチプログラム

アウトリーチプログラムは、そういったアウトリーチ活動をプログラムとして位置づけたものである。福祉分野では、介護保険法が1997年に公布、2000年に施行されてから、介護サービスの一つとして「訪問系サービス」（訪問介護、訪問リハビリテーションなど）が一般的になった。「アウトリーチ」＝「知らせる・届ける」＝「訪問」というとイメージしやすい。早くから取り組まれてきたものには、ケースワーカーの個人・家庭訪問の他、保健師による訪問指導（衛生・健康指導など）が挙げられる。最近では、福祉分野のケアマネージャーによる認定のための訪問調査、デイサービス、ホームヘルプサービス他、医療の分野でも医師による訪問健康診査、歯科医療、看護師による訪問看護、管理栄養士による訪問栄養指導など、多岐に渡っている。特に高齢者介護におけるホームヘルプサービスの普及は、「家庭の中にまで他人に入られたくない」という人々の意識を大きく変えた。施設に行けない人々にとって、家に来てもらうことの便利さ、安全性、安心感といったものが、個人の問題の解決や事態の好転に寄与するところは大きい。また、来訪を待つのではなく訪問することは、新たなケース（本人が問題に気づいていない潜在的問題保有者など）を早期に発見することができる。

8—3 教育普及啓蒙活動

教育の分野でアウトリーチは、1960年代から70年代にかけて注目されるようになってきた活動である。その背景には教育の機会が拡充されてもそれを利用する人たちは、これまで教育の機会に恵まれ、社会経済的にも恵まれた人が多く、教育の生涯化を目指すものであっても、実質的な機会均等化につながっていないという事実が各種の調査から明らかになったからである。生涯学習は地域住民の全てに保障されなければならず、全ての人がその外的条件に関わらず、まったく平等な学習機会を提供されなければならない。そのため既存の教育プログラムでは参加しない人たち、参加できない人たちを引きつける革新的な手法としてアウトリーチが開発されたのであった。これは、それまで何らかの理由で正規の学習機会に恵まれなかった人たちに対して、直接的な接触や電波などの媒体を利用した間接的な手法などにより、学習機会の活用度を高め、ひいては教育の実質的な機会均等化を図ろうとするものであった。

社会教育の分野では、「集める社会教育から届ける社会教育へ」というキャッチフレーズがある。発想は、福祉分野の「アウトリーチ」と似ており、ターゲットがいる場所、集まっている場所に出向いて実施しようというものである。アウトリーチは、施設に対象者を呼び集めるのではなく、「移動」して届けるものと考えれば、「移動図書館」「移動動物園」「移動遊園地」など多くの例がある。図書館では、アウトリーチサービスを積極的に展開しており、病院の入院患者、刑務所の受刑者など、あるいは乳幼児、高齢者、障害者など気軽に外出のできない人々に対して、図書資料の宅配や定期的な貸し出しを行っている。また、博物館では、足を運ぶことが困難な小学生のために、博物館員が近隣の小学校に出かけていくことなどがある。

芸術振興の分野では、特にアウトリーチ活動が注目されている。演劇や音楽などは「文化ホール」などの施設の中で繰り広げられることが多く、それに関心を持つ人が、足を運ぶスタイルが主であるが、より広い層に芸術に触れてもらい創造を深めることを目的に、

生活領域に出ていくことで多くの人々が芸術文化に触れる機会を提供している。学校の授業の時間に出向いていって、子どもたちに芸術に直接触れてもらったり、病院や高齢者施設、障害者施設、刑務所などの施設訪問(慰問とも呼ばれる)などがそれである。美術館では、従来型の教育普及事業に対比させ、アウトリーチ活動というと特に「館外」で実施する事業に限定して使用することもあるが、劇場・ホールでは芸術普及活動全般を指すことが多い。特に音楽や演劇分野では、ワークショップなどの体験型や地域交流プログラムを導入している例が多い。これは、参加型を取り入れることで対象者それぞれの興味や関心に近づくことができ、アーティストと観客の間に一体感や臨場感を高めることができるからである。それにより、本格的な芝居や演奏をより身近なものにし、感動や味わいを深め、公演内容の理解を促すこともできる。身近に触れること、自分自身で体験することは、新たな興味を生み出し、すでに持っている人の興味をさらに高めるであろうし、ひいては他の芸術全般への興味の高まりが期待できる。

これらの例からすると今後も教育の普及、啓蒙活動にアウトリーチという手法は、不可欠であり、大きく貢献していくであろう。

8—4 アウトリーチ事業

アウトリーチ事業の効果は、数字として即座に出てくるものではないが、
① これまで関係が持てなかった層にアプローチし、関係を構築し、継続することができる。
② 人々の生活の実状についての情報を得ることができ、真のニーズ、新たなニーズを発見することができる。

などの面で、広がりの可能性を秘めている。アウトリーチ事業は、「移動」や「出張」という形で施設を飛び出して、プログラムを提供するだけではない。プログラムを軸に人々の信頼を得、相談を受ける中で、その人の持つ要求や課題を発見し、その解決のための働きかけを行うことをとおして、ネットワークづくり、コミュニティづくりを総合的に行うことも視野に含める必要がある。また、アウトリーチは社会的正義の実現という側面を強く持っている。というのも教育への接近、文化活動への接近、福祉活動、サービスの活用などを考えれば、そこには社会階層や人種的背景、あるいは障害によるバイアスがあるからである。その社会的バリアを超えるための一つの方法がアウトリーチという発想なのである。新しいコミュニケーションを作り、新しい人間関係、地域社会を創造することがアウトリーチ事業の大きなテーマといえるであろう。つまりアウトリーチは、文化、教育、福祉、医療など様々な分野にまたがり、地域と住民を紡ぐ活動であり、コミュニティワークを進める上で、重要なものなのである。そして、その観点を取り入れた事業の普及には、フットワークの軽さ、豊富な社会資源や専門知識、受容力、柔軟性、判断力などを持つコミュニティ・ワーカー的な動きができるスタッフの必要性は欠かせないと考えられる。

(杉野聖子)

〔参考文献〕
(1)『現代社会福祉用語辞典』有斐閣、2003年
(2)佐々木正治「生涯学習教育政策の展開とアウトリーチ」『日本社会教育学会紀要』東洋館出版社、1982年
(3)大橋謙策「21世紀ゆとり型社会システムづくりと地域福祉実践」『社会福祉構造改革と地域福祉の実践』東洋堂企画出版社、1998年
(4)『地域文化施設における芸術普及活動に関する調査研究報告書―アウトリーチ活動のすすめ―』地域創造、2001年
(5)深作琢郎「表現活動による地域の再生―アウトリーチ活動にみる可能性―」『月刊社会教育』2002年10月号

9. ホームレス（路上生活者）

9―1 社会的背景と実態

1) 定義と社会的背景

ホームレスについて、2002年8月に制定された「ホームレスの自立の支援等に関する特別措置法」（以下「特措法」という。）は、「都市公園、河川、道路、駅舎その他の施設を故なく起居の場所とし、日常生活を営んでいる者」とした。これに対しては、福祉施策対象者としての定義としては限定的すぎるとして、安い簡易ホテルに滞在している人や、一時的に知人宅に宿泊している人、アパートを解約された長期入院患者、社会福祉法に規定する宿泊所入所者なども含むべきだとする意見がある。

ホームレスは、古今東西を問わず発生してきた。古くは浮浪児・者と呼ばれ、ほとんどが飢饉などの自然災害や戦争などが原因であった。これに対し、今のホームレス問題は、物品が溢れる消費社会の中で、しかも生存権が憲法で明記されている福祉社会において発生していることに特徴がある。91年のバブル崩壊後に、主に都市部で急激に増加してきた。厚生労働省は「現下の厳しい経済情勢の下、ホームレスの数は今後も増加傾向が続くと思われ、ホームレスに関する様々な問題は、今後、より一層深刻さを増すもの」（ホームレスの自立の支援等に関する基本方針（2003年7月31日　厚生労働省・国土交通省告示第1号）（以下「基本方針」という。））と考えている。

2) 実態

厚生労働省は、2003年1~2月に実質的に我が国で初めてとなるホームレスの数に関する全国調査を実施し、「ホームレスの実態に関する全国調査報告書（2003年3月）（以下「全国調査」という。）」としてまとめられた。

この報告書によれば、ホームレスが確認できた自治体数は581市区町村で、すべての都道府県で確認された。人数は、25,296人で、男性が20,661人、女性が749人、性別不明の者が3,886人であった。都道府県別では大阪府が、7,757人で最も多く、次いで東京都が6,361人で、いわゆる5大都市（東京都23区、横浜市、川崎市、名古屋市、大阪市）で合計15,617人、全体の61.7%を占めている。調査地域別では、都市公園が10,310人（40.8%）、次いで河川5,906人（23.3%）、道路4,360人（17.2%）、その他施設3,466人（13.7%）、駅舎1,254人（5.0%）の順であった。

路上（野宿）生活になる直前に就いていた仕事については、「建設作業従事者」が733人（34.9%）、「建設技能従事者」が426人（20.3%）と建設業関係が約5割を占め、続いて、「生産工程・製造作業者」が221人（10.5%）、「サービス従事者」が187人（8.9%）、「販売従事者」が90人（4.3%）となっている。次に、路上（野宿）生活になった主な理由は、「仕事が減った」が768人（35.6%）と最も多く、次いで「倒産・失業」が708人（32.9%）、「収入が減った」が354人（16.4%）、「家賃が払えなくなった」が327人（15.2%）、「ホテル代、ドヤ代が払えなくなった」が177人（8.2%）となっている。

ホームレスになった理由のほとんどが倒産・失業などによる収入減や家賃が払えないなどの経済的理由である。このため必然的に多重債務問題が絡んでいる。大阪弁護士会が、2002年8月から、大阪市内の3つの自立支援センターで無料法律相談事業を始めたところ、一年間の相談者129名のうち116件が多重債務問題に関する相談であり、受任件数45件のうち40件が多重債務問題（破産・任意整理）であった。この多重債務問題の解決には専門家の支援が不可欠である。

9—2　国や自治体の対応と課題

1) 生活保護とホームレス

憲法25条が規定する生存権を保障するのが生活保護法である。この法律が適切に機能すればホームレス問題は、ほとんどが解決するといっても過言ではない。今の実情は生活保護法が生存権を保障するセーフティネットとして機能していないことを証明している。

生活保護法は「国が生活に困窮するすべての国民に対し、その困窮の程度に応じ、必要な保護を行い、その最低限度の生活を保障するとともに、その自立を助長することを目的」としている。経済的給付とケースワーカーの個別援助で自立を図る制度である。このため、従来から住所不定者は個別援助が出来ないとの理由から、この制度になじまないとの考えが国にはあった。また、保護の補足性の原理から、例えばリストラにより失業した場合に預貯金がなくても稼働能力があれば生活保護は受給できなかった。ただし、急迫した事由がある場合の例外事項として、傷病等による入院期間に限り生活保護を適用していた。退院と同時に廃止されていたが、法の趣旨からは退院時に住宅を確保、療養継続し、求職活動を支援し、自立を援助すべきである。

国はホームレス問題が大きく社会問題化するなかで、2003年7月に、ホームレスに対する生活保護の適用に関し、厚生労働省本課長通知で次のように基本的な考え方を示した。「ホームレスに対する生活保護の適用に当たっては、居住地がないことや稼働能力があることのみをもって保護の要件に欠けるものではないことに留意し、生活保護を適正に実施する」。しかし、現在も、生活保護受給者が増加中で、生活保護費の25％は自治体負担のため、自治体財政が圧迫され、生活保護の適正実施を阻害する要因となっている。国民的な監視と新たなセーフティネットづくりが課題となっている。

2) 自立支援方策・特措法と基本方針について

1999年2月に、国は関係省庁及び関係地方公共団体（厚生省、労働省、東京都、大阪市等）で構成する「ホームレス問題連絡会議」が設置され、5月に「ホームレス問題に対する当面の対応策について」をまとめた。全国で8ケ所、①宿泊・食事提供　②健康管理　③生活相談等各種相談　④生活指導　⑤街頭相談　⑥職業相談・斡旋を内容とするホームレス自立支援事業を実施するというものだった。同年7月には「ホームレスの動向、ニーズ等の詳細な分析を行うとともに、効果的、具体的な自立支援方策について、学術的な研究を行う」ことを目的に、有識者による「ホームレスの自立支援方策に関する研究会」を設置した。この研究会は、2000年3月に「ホームレスの自立支援方策について」をまとめた。この報告書は、その後のホームレス対策の基本となった。

特措法は、国の責務について、「安定した雇用の場の確保、職業能力の開発等による就業の機会の確保、住宅への入居の支援等による安定した居住の場所の確保並びに健康診断、医療の提供等による保健及び医療の確保に関する施策並びに生活に関する相談及び指導につき、総合的な施策を策定し、及びこれを実施するものとする。」と規定した。さらに、地方公共団体の責務について、「当該地方公共団体におけるホームレスに関する問題の実情に応じた施策を策定し、及びこれを実施するものとする。」とした。

特措法は10年間の時限立法である。この法律が有効に機能するかは今後の国の施策とともに各自治体で策定する実施計画の内容とその実施にかかっている。すなわち地域住民のホームレス問題に対する理解と協力・援助が必要不可欠な課題である。

9—3　人権擁護と公民館の役割

ホームレス問題は重大な人権問題である。

憲法13条（個人の尊重・幸福追求権）、同25条（生存権）の侵害問題である。また、基本方針の中で「ホームレスとなるに至った要因」の一つとして「社会生活を拒否していること」が挙げられているが、それは自己決定というより、これまでの生育歴・生活経験等からそのような態度をとらざるをえなかったと考えるほうが自然で、カウンセリングなどの心のケアが継続的に必要な者と捉える視点が大事である。

　03年の全国調査では、法務省の人権擁護機関に対し、全体の約4分の1に当たる人から、「通行人からの暴力」（189件）、「近隣住民等からの嫌がらせ」（158件）等の人権問題について、相談したいとの回答があった。この結果を受けて国の基本方針では、ホームレスの人権の擁護に関して、ホームレス及び近隣住民の双方の人権に配慮しながら、①ホームレスに対する偏見や差別意識を解消し、人権尊重思想の普及高揚を図るための啓発広報活動を実施すること、②人権相談等を通じて、ホームレスに関し、通行人からの暴力、近隣住民等からの嫌がらせ等の事案を認知した場合には、関係機関と連携・協力して当該事案に即した適切な解決を図ることなどが示された。これらは公民館が本来的に取り組まなければならない課題である。個人が尊重され、差別・偏見のない基本的人権が保障された社会の実現こそ公民館活動の目的である。

　公民館は地域づくりの拠点としての役割も期待されている。地域の「教育力」「福祉力」「犯罪抑止力」等の向上が目的となっている。ホームレスの問題は福祉、健康、住居、就労、安全対策など多面的であり、行政部署では横断的な取り組みが必要である。また、ボランティア、NPOなどの支援団体との協働の取り組みも不可欠となっている。公民館は地域づくりという視点で各行政部署との共同の取り組み、社会福祉協議会などと連携したボランティア養成、支援者のネットワーク作り講座など様々な取り組みが可能である。

（酒井哲男）

〔参考文献〕
(1)尾藤廣喜・木下秀雄・中川健太朗編著『生活保護法の挑戦―介護保険・ホームレスの時代を迎えて』高菅出版、2000年
(2)寺久保光良・中川健太朗・日比野正興編著『大失業時代の生活保護法』かもがわ出版、2002年
(3)尾藤廣喜・木下秀雄・中川健太朗編著『生活保護法のルネッサンス』法律文化社、1996年

第15章 世界の社会教育施設

はじめに
1. **韓国**
    1　地方自治体と教育自治／2　平生学習館／3　住民自治センター／4　地域における文化施設
2. **中国**
    1　社区教育形成の背景／2　社区教育の展開／3　社区教育の施設とネットワーク／4　社区学院の機能
3. **台湾**
    1　社区大学の設立／2　社区大学の組織と運営／3　社区大学の授業／4　今後の方向
4. **東南アジア**
    1　シンガポール／2　インドネシア
5. **中東**
    1　エジプト／2　トルコ／3　レバノン
6. **オーストラリア**
    1　生涯学習機関としての大学／2　地域の学習活動の拠点としての近隣館／3　非英語系移民のための成人多文化教育サービス
7. **イギリス**
    1　成人教育センター／2　コミュニティスクール／カレッジ／3　継続教育カレッジ／4　コミュニティセンター
8. **フランス**
    1　歴史と概要／2　多様な活動と運営形態／3　社会文化施設の諸事例
9. **ドイツ**
    1　市民大学／2　社会文化センター
10. **イタリア**
    1　成人教育・社会文化アソシエーションの固有施設／2　成人教育のための学校施設の利用／3　コムーネ（基礎自治体）のコミュニティ施設／4　その他の文化施設
11. **北欧——フィンランドの場合——**
    1　成人教育センターの沿革／2　今日の成人教育センターと課題
12. **ロシア**
    1　「補充教育」とは何か／2　「補充教育施設」の分類
13. **東欧**
    1　人民大学（フォーク・ハイスクール）／2　青少年センター／3　新しいタイプの地域生涯学習センター
14. **アメリカ合衆国**
    1　フォーク・スクール／2　公立学校／3　コミュニティ・カレッジ
15. **ブラジル**
    1　地域活動の拠点施設／2　職業訓練機関
16. **アフリカ——サハラ以南の場合——**
    1　インフォーマル教育の公民館関連施設／2　ノンフォーマル教育の公民館関連施設／3　現在的課題

15 はじめに

　日本の公民館は、教育機関であり、地域の社会教育施設として、教育事業を行うほか、施設の供用によって住民の学習を中心とした諸活動を支えている。これに類似した海外の施設を探るとき、地域の成人教育機関とコミュニティ施設をあげることができる。成人教育機関でも広域的な機関があり、地域施設でも青少年など対象を限定するものがあるが、公民館との関連において、ここでは主として比較的身近な地域に設置され、広く一般の人々を対象とする施設に焦点を当てて考察した。

　社会教育と成人教育の概念の差異もあって、概して欧米の成人教育機関は学校的形態をとり、学級・講座など教育事業の主催に力を入れてきた。イギリスや、かつてその影響下にあった国々では大学構外教育部（成人教育部）があり、北欧諸国やドイツ・オーストリアなどでは民衆大学（市民大学）があって、整った教育機関による成人教育が展開されてきた。しかし、施設の供用が副次的になっているものが少なくなく、また身近な地域の成人教育センターの中には、教育事業は主催されていても、固有施設を欠くものも見られた。その一方、欧米も含め世界各地で、地域の人々が集う場として、教会、小学校が用いられるほか、独自の集会所が設置されているところは多く、そこでは教育・文化活動以上に諸種の社交的・社会的活動が行われてきた。また、アジア・アフリカ諸国などでは、地域開発と関連して、地域の産業施設が教育的機能を果たしてきた。

　しかし、近年は、伝統的な学校型の成人教育では、参加層に中流階級などへの偏りが生じやすいことが問題とされるとともに、教育を生活の課題と結びつけ、問題解決への取り組みと重ねた学習の重要性が強調されるようになって、労働者、移民、失業者の多い地域を中心に、住宅、就業、福祉などの問題をとりあげて学習を進めるコミュニティ教育が多くの国で盛んになっている。コミュニティ教育は、地域をベースとした教育を意味するとともに地域の課題をとりあげ、住民全体で取り組む教育を意味することも多い。その際、学習グループの結成のきっかけとなり、その活動を支える地域施設の重要性が認識され、学校のコミュニティスクール化や社会教育機能の強化、集会施設としての活用が進むことになる。それには、多くは学校を用いながら一般の人々を対象に社区教育を推進している中国等の例があり、アメリカ合衆国ではもともと公立小中学校の成人教育機能には大きいものがあった。また、地域にある施設を活用して社会文化センターとするフランスやドイツなどの例があり、韓国では図書館を利用しての平生学習館が発展しつつある。

　1974年には国際コミュニティ教育協会（ICEA＝International Community Education Association）が結成され、アフリカ、アジア、カリブ海地域、ヨーロッパ・地中海地域、ラテンアメリカ、北アメリカ、太平洋地域の各地域組織を構成している。その使命は、コミュニティの決定、コミュニティの行動に向けての人々のエンパワーメントにあるとし、地域産業振興、育児・教育の発展、識字問題、地域文化の保持、平和、人口問題、健康、家族、環境問題、女性問題などの課題をとりあげての世界各地の教育実践と理論の交流を図ってきた。多くの人々が学習に参加する機会の拡充ということだけではなく、住民自治を実現していく上で、コミュニティ教育の重要性が意識され、そのための地域施設の意味が追究されるようになっている。そのような施設の運営に関わること自体が、自治能力を高める教育としての機能を持つのであり、それを支える施設職員のあり方が問われているのである。この点で、社会教育のための独自施設を持つ機関として数も多い日本の公民館が注目を集めることになるのである。

（上杉孝實）

1. 韓国

韓国において地域住民が学習・文化活動を行なう施設として、ここでは平生教育法に基づく「平生学習館」と、地域住民に身近な機関であり、文化や余暇、市民教育機能ももつ「住民自治センター」などをとりあげたい。

1—1 地方自治体と教育自治

まず、韓国の地方自治体と教育自治についてふれておこう。韓国には地方自治体として広域自治体と基礎自治体がある。広域自治体は、特別市・広域市・道で、政府の直轄下におかれている。基礎自治体は広域自治体の管轄区域内におかれ、市・郡・自治区（特別市・広域市のみ）である。また、基礎自治体に邑・面・洞がおかれており、広域自治体（「市・道」）－基礎自治体（「市・郡・区」）－邑・面・洞の3段階の地方行政階層構造をもっている。

また、教育・科学・体育などに関する事務を行なう機関を別におき、一般行政と教育行政が厳格に分かれている。そして教育などに関する事務は広域自治体の事務であり、市・道にのみ、教育監（執行機関）や教育委員会（審議・議決機関）などが設置され、市・郡・区には設置されない。教育監と教育委員は学校運営委員による選挙で選ばれる。

1—2 平生学習館

韓国では生涯教育を「平生教育」と表現する。社会教育法にかわり1999年に制定された平生教育法によって、中央レベルに平生教育センター、市・道には地域平生教育情報センター、市・郡・区水準には平生学習館が設置・運営されるようになった。それらは、図Ⅱ-15-1に示したような主たる機能と関係性をもっている。中央レベルの平生教育センターは、韓国教育開発院が主管機関である。地域平生教育情報センターとして、市・道の既存の機関（大学や図書館など）が指定を受け、市・道によっては、1機関だけでなく複数機関が指定され、2002～06年には26機関（コンソーシアム10機関）が指定されている。

平生学習館は、平生教育法では、「教育監は、管轄区域において地域住民を対象とした平生教育プログラムの運営と、第1項の規定による機能（平生教育に関する研究、平生教育従事者に対する研修、平生教育に関する情報の収集・提供等）を遂行するために、平生

図Ⅱ-15-1 平生教育専担機構の役割

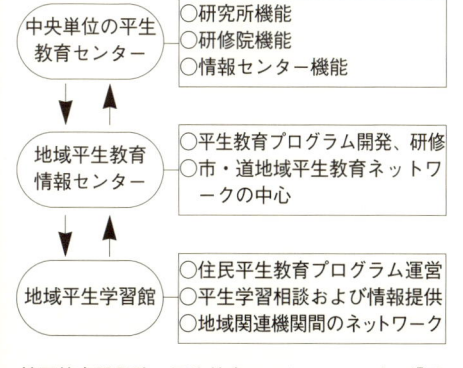

- 中央単位の平生教育センター
  - ○研究所機能
  - ○研修院機能
  - ○情報センター機能
- 地域平生教育情報センター
  - ○平生教育プログラム開発、研修
  - ○市・道地域平生教育ネットワークの中心
- 地域平生学習館
  - ○住民平生教育プログラム運営
  - ○平生学習相談および情報提供
  - ○地域関連機関間のネットワーク

韓国教育開発院　平生教育センター、2001年（『平生学習館運営事例集』韓国教育開発院、2004年12月、8頁所収）

表Ⅱ-15-1 地域別の平生学習館の現況（2005年2月現在）

機関名	機関数	機関名	機関数
ソウル特別市	5	江原道	22
釜山広域市	10	忠清北道	16
大邱広域市	8	忠清南道	18
仁川広域市	16	全羅北道	17
光州広域市	15	全羅南道	24
大田広域市	21	慶尚北道	24
蔚山広域市	4	慶尚南道	22
京畿道	40	済州道	8
合計			270

『平生学習館運営事例集』韓国教育開発院、2004年12月、15頁掲載の表を簡略化した。

表Ⅱ-15-2　平生学習館の名称別現況　（2005年2月現在）

機関名	機関数	百分率(%)	機関名	機関数	百分率(%)
平生学習館（院）	17	6.3	研修院・修練院	5	1.9
図書館	155	57.4	地域社会教育協議会	8	3.0
文化院、文化会館	16	5.9	博物館	1	0.4
学生会館	7	2.6	社会福祉館	15	5.6
大学	14	5.2	研究院	1	0.4
初・中・高等学校	9	3.3	その他	22	8.1
合計				270	100.0

『平生学習館運営事例集』韓国教育開発院、2004年12月、16頁

学習館を運営しなければならない。」（第13条第3項）とされている。

　平生学習館を分類すると、平生学習館として独立した機関か、他機関（教育行政あるいは一般行政所管機関）を平生学習館として指定かで分けられる。また、設立主体の点からでは、教育監主導で平生学習館を設置・運営する類型と、地方自治体（基礎自治体、一般行政）の主導で平生学習館を設置・運営する類型に分けられる。平生学習館は、2005年2月現在では全国に270館あり、地域別の現況を表Ⅱ-15-1に示した。そのうち、独立した機関は17で、半数以上は教育行政所管の図書館を指定したものである（表Ⅱ-15-2参照）。

　また平生教育法では、平生教育の現場の効率性と専門性を強化するために、「平生教育士」の資格制度が規定されている。この資格は、大学や養成機関で平生教育関連科目の単位を一定以上履修した者に付与される。また、平生教育士を配置しなければならない平生教育団体や平生教育施設に関して、配置対象機関の基準が定められている。

1―3　住民自治センター

　行政自治部（部は日本の省にあたる）は、地方行政の階層縮小のために、地域の総合行政機関的な機能をもつ邑・面・洞の事務所を廃止して、住民自治センターに機能転換することとし、その基本計画を1999年2月に出した。しかしながら、4月には邑面洞制度・事務所を維持しながら、事務と人員を整理して、余裕施設・空間を住民自治センターとして活用することに変更された。住民自治センターは99年から設置され、2004年12月31日現在の設置現況は表Ⅱ-15-3に示した。

　行政自治部は、「住民自治センター設置及び運営条例準則」（2002年に改正）を出しており、そこでは住民自治センターは次のようなものとされている。

　住民自治センターとは、地方自治法第8条及び同法施行令第8条に依拠して、住民便宜及び福利増進を図り、住民自治機能を強化して地域共同体形成に寄与するという目的のために、住民が利用できるよう邑・面・洞事務所に設置された各種の文化・福祉・便益施設とプログラムを総称したものである。住民自治センターの機能として、住民自治機能、文化余暇機能、地域福祉機能、住民便益機能、市民教育機能、地域社会振興機能があげられている。

　住民自治センターの施設およびプログラム運営は邑・面・洞長（地方公務員）が行なうが、運営に関する事務は所属公務員、住民自治委員会の委員、ボランティアに遂行させることができる。住民自治センター運営に関する事項を審議・決定するために住民自治委員会がおかれ、25人以内で構成され、別途3人以内の顧問をおくことができ、邑・面・洞長

表II-15-3　住民自治センター設置現況　（2004年12月31日現在）

	市・郡・区数	邑・面・洞数			住民自治センター設置数		
		邑・面	洞	計	邑・面	洞	計
ソウル	25	0	522	522	0	518	518
釜山	16	5	221	226	5	221	226
大邱	8	9	134	139	2	129	131
仁川	10	20	119	139	20	118	138
光州	5	0	90	90	0	90	90
大田	5	0	79	79	0	79	79
蔚山	5	12	46	58	11	46	57
京畿	31	145	371	526	69	356	425
江原	18	119	74	193	23	34	57
忠北	12	103	50	153	50	50	100
忠南	16	170	39	209	49	26	75
全北	14	159	92	251	57	86	143
全南	22	230	69	299	56	65	121
慶北	23	239	99	338	17	23	40
慶南	20	199	115	214	29	88	117
済州	4	12	31	43	2	34	35
計	234	1,422	2,151	3,479	390	1,963	2,353

『邑面洞機能転換推進現況（2004年12月31日基準）』行政自治部より作成

が委員を委嘱する。定例会議を月1回開催し、臨時会議も開催できるとされている。

1-4　地域における文化施設

最後に、地域における文化施設について、「地方文化院」と「文化の家」にふれたい。なお韓国では文化に関しては、教育人的資源部ではなく、文化観光部が所管している。

地方文化院とは、地方文化振興のための地域文化事業を遂行する目的で地方文化院振興法によって設立された法人をいい、同法で国及び地方自治体による地方文化院の支援・育成等が定められている。1950年代より設立され、2004年12月現在の設立数は221である。

文化の家とは、地域住民が生活圏域内で文化芸術を理解し体験して直接参加できるようにするための関連プログラムと知識及び情報を提供する複合文化空間である（文化芸術振興法施行令別表）。運営管理主体は、地方自治体または条例の規定によって非営利文化芸術団体に委託することができる。1996年より設置され、2004年12月31日現在、154ヵ所設置されている。同別表では、地方文化院は「文化普及展示施設」、文化の家は「地域文化福祉施設」に分類されている。

韓国では1990年代後半より、平生学習館、住民自治センター、文化の家といった住民の学習・文化機関が、政策によって拡充されているといえよう。

（浅野かおる）

〔参考文献〕（原文は韓国語）
(1)『2003平生教育白書』教育人的資源部・韓国教育開発院、2003年12月
(2)『平生学習館運営事例集』韓国教育開発院、2004年12月
(3)『住民自治センター設置及び運営条例準則中改正準則』行政自治部、2002年3月

2. 中国

はじめに

　従来、日本において、中国の社会教育相当施設として知られていたものには、図書館・博物館・美術館などの他、人民文化宮・人民文化館を代表とする文化宮・文化館施設がある。近年、中国の市場経済化の急激な進展にともなって新たに形成され、政策的に重視されてきているのが社区教育（コミュニティ教育）とその関連施設である。

2－1　社区教育形成の背景

　職業教育が1990年代前半に、成人教育から切り離されて学校教育の一環へと再編された。社会主義制度の根幹であった就労分配制度が92年に廃止され、自由な労働市場が形成されて、労働力の流動化がもたらされたことを背景として、人材育成の重点が就労後の在職訓練から就労前の職業訓練へと移行したのである。民衆は、従来、就労先の機関や組織によって生活を丸抱え的に保障されてきたが、今や、自由で孤独な市民として、労働力を市場で売買する立場へと位置づけ返されることとなったのである。この新たな状況下で、民衆の離転職を促し、保障するリカレント教育を中心とした生涯学習を、社会的セーフティネットとして形成することが、政策的な視野にとらえられることとなった。この社会的セーフティネットが社区教育であり、そのネットワーク化である。

2－2　社区教育の展開

　社区教育は、1990年代前半より都市部を中心に展開された、学校教育改革を推進する施策が発展したもので、その推移は次の3期に分けられる。

　第1期：学校支援のため地域教育資源ネットワークとしての社区教育……急速な経済発展にともなう労働市場の形成は、厳しい学歴社会を出現させた。各地方政府は、「受験教育から素質教育へ」をスローガンとする、初等中等学校のカリキュラム改革を実施し、子どもたちの探求心・創造力を養うものへと転換することで、子どもたちの学業負担軽減をはかる試みを実施した。この改革を支える人員や施設の確保が大きな課題となった。

　このとき、注目されたのが、学校を取り巻く、地域社会の教育資源の存在とその活用であった。たとえば、企業・大学などの実験室や実験設備そして研究者、さらにはスポーツクラブの施設や指導員が学校に提供されることで、子どもたちに多様な学習機会を保障する連携がとられたのである。こうした地域教育資源の連携を制度化して、教育改革を着実に進めるためにとられた行政的措置が、市－区－街道－校区という行政レベルに対応する非権力組織としての社区教育委員会の設置である。社区教育委員会には、当該行政レベルの責任者・校長・企業代表・労働者代表・保護者代表・大学や研究所の代表などが参加し、学校を支えるための地域教育資源の動員とネットワークの形成が進められた。当時、社区とは学校を中心とした校区の教育資源のネットワークを意味していた。

　第2期：地域社会の教育事業体としての社区教育……社区教育委員会は、1995年前後から、教育事業体としての実質をもち、独自の教育事業を展開し始める。この背景には、人口流動の激化への対処の必要、市民の高学歴志向の急速な強まりに既存の学校体系整備が対応できないこと、および企業の減量経営により、企業内職業訓練施設が社区教育委員会に払い下げられるなど、社区が教育施設の実体を持ち始めたことが存在している。

　社区教育は、次の3つの機能をもつこととなった。①子どもの課外活動のために、学校の代替機能を果たすこと。②急増する普通高級中学（日本の高校に相当）進学要求に対して、区立成人教育学院が社区教育委員会と連携して普通高級中学クラスを設け、高等教育機会へのアクセスを保障すること。③学校を

社区教育に巻き込んで「教育コミュニティ」づくりへと展開し、流動する市民の相互理解と融和を促し、治安を安定させること。

社区教育委員会が独自の教育機関をもち、普通教育・職業教育・成人教育を統合しながら、地域住民の生活安定のための教育サービスを提供する教育事業体へと展開し、教育ネットワークとしての実体をもち始めたのである。

第3期：行政的に再編された社会的セーフティネットとしての社区教育……市場経済化の急激な進展にともない、社会的なリスクを軽減し、かつ経済発展と市民の生活上の利益とを良好な循環関係へと導く必要が、行政的に意識されるようになった。政府の行政行為として、市民にリカレント教育を基本とした学習と離転職の機会を保障することが、社会的な公正と経済的な競争とを両立させる施策であるととらえられたのである。ここに、社区教育の積極的な役割が行政的に認知されることとなった。国家教育部（日本の文科省に相当）は2000年、全国各地に社区教育実験区を設定し、先駆的な社区教育の実践を奨励し始めた。たとえば、実験区に指定された上海市閘北区では、2000年4月に「ラーニング・シティ」構想を提起し、社区教育をあらゆる階層・職種・年齢層の人々に保障し、生活向上を保障するとともに、区民全体の資質の向上を図ることを提唱した。この構想を実質化するために構築が進められているのが、ラーニング・シティ―ラーニング・コミュニティ―ラーニング・オーガニゼーションというネットワークである。

社区教育委員会は社区教育を行政的に推進する母体として位置づけ直され、社区の概念は、区―街道―校区という行政系統に対応する学習組織やそのネットワークであり、行政的な関与を示す概念へと、再規定されることとなった。

2—3　社区教育の施設とネットワーク

上海市閘北区の社区教育を例にとれば、区レベルの教育機関として「社区学院」を設置して、社区教育の「竜頭」と位置づけ、区下8街道と1鎮にそれぞれ「社区学校」を設置して、「骨幹」とし、その下の校区や巷・弄さらには企業や事業体に「学習型組織」を設置して、「基層」となすネットワークが形成されている。

「竜頭」としての社区学院は、全日制高等専門学校に設置され、社区教育のセンターとしての役割を担う機関として整備されている。区民に必要な職業教育の学位授与とリカレント教育を保障するほか、社区教育研究センターと市民活動指導センターを併設しており、社区教育の専門的な指導者養成を行っている。「骨幹」としての社区学校には、専任の講師が任用されるとともに、区民の生活に近いところで、区民の学習を保障するために財政的な措置がとられている。「基層」としての学習型組織は、区政府が主唱して、街道・鎮下の行政区画にある広報や民生を担当する組織＝居民委員会（日本の自治会に近いもの）や企業・事業体・学校などに設置を進める、住民の学習要求に応えて学習機会を提供する場である。学習型組織へは、社区学校から専門的な講師が派遣される他、住民への情報提供や学習ニーズの掘り起こしなどが進められている。

2—4　社区学院の機能

社区教育ネットワークにあって要の役割を果たしているのが、社区学院である。社区学院は、次の6つの機能をもつとされる。①理論研究：社区教育に関する理論研究を進め、カリキュラムを開発する、②人材育成とコンサルティング：社区学校に対する専門的な人材育成と社区教育に関する指導を行う、③指導者養成：社区教育ネットワークの指導者育成のために訓練クラスやセミナーを開講する、④社区学校や学習型組織の機能の拡充：

社区学校の教師を組織して、模範講義や住民対象のセミナーなど啓発活動を展開する、⑤社区学校のための教材編成：社区の実情に応じた教材を編成し、住民の学習要求に応える、⑥区民の学習・活動の拠点：多くの社区学院は図書館や体育館などが併設された複合施設として設置されており、学歴授与のための高度な学習を提供するとともに、区民のさまざまな学習活動の拠点としても活用されること。

社区学院を核として社区教育ネットワークを形成することで、流動性を高める中国都市部社会における、住民のセーフティネットの構築が急がれているのである。

(牧野 篤)

〔参考文献〕
(1)横山宏「中国における社会教育施設—とくに人民文化館を中心に—」古木弘造編『外国の社会教育施設』、光文書院、1965年
(2)牧野篤「『単位』社会主義から個人市場主義へ—中国都市部成人教育変容の背景—」『名古屋大学大学院教育発達科学研究科紀要（教育科学）』第50巻第1号、2003年
(3)牧野篤「中国都市部社会のセーフティネット・「社区」教育に関する一考察」『名古屋大学大学院教育発達科学研究科紀要（教育科学）』第50巻第2号、2004年

3. 台湾

はじめに

台湾における主要な社会教育施設は、社会教育館、文化センター（文化中心）と社区大学の3つである。社会教育行政が依拠する法律は、社会教育法とその施行を定めた社会教育工作綱要である。その内容は成人教育、家庭教育、文化教育、芸術教育、図書館教育、博物館教育、大衆科学教育、交通安全教育、視聴覚教育の9つからなり、社会教育館と文化センターは、それらを実施する場所である。「社会教育法」（1953年制定、1980年第二次改正）は、「全国民教育及び生涯教育の実施を旨」とするもので、改正第4条に「省（市）政府は社会教育館を設置し、各種社会教育事業を推進し、かつ当該地域の社会教育の発展を補導すべきである。直轄市、県（市）は文化センターを設立し、主に図書館とし、各種の社会教育及び文化活動を執り行うべきである」と規定されている。この頃から、各県市単位に文化センターが設立された。施設は、主に図書館、博物館、ホールとギャラリーからなる。所管は文化建設委員会（教育部と共に内閣の行政院下）である。

近年、民衆の生涯学習に対するニーズに応えるため、政府は従来の社会教育施設とは異なる形態、つまり閲覧や講演ではなく、現代知識を教えることを目的とした新たな成人教育施設として、社区大学を提起し、民間の組織・団体に委託して全国各地で開設を進めている。

3—1 社区大学の設立

台湾の経済発展にともなう社会の民主化の機運は、1990年代に教育改革運動を、社会改革運動とともに、推し進めることとなった。教育改革運動の指導者の一人である黄武雄（元台湾大学数学学科教授）が1994年に社区大学の理念を提唱し、98年9月28日（教師記念日）、台湾において初めての社区大学が台北市に設立された。文山社区大学である。社

区はコミュニティを示す概念であり、主に行政区域や民衆の居住地区をさすが、90年代に政府による総合社区営造（総合的まちづくり）という地方・地域の発展を重視する文化政策が実施され、まちづくりに携わる団体が社区大学に関わりを持ち始めたため、社区概念がある種の事業体的なものへと展開し、公益法人によるまちづくりの経営がなされているコミュニティという意味を持ち始めている。社区大学も同様に、新たなまちづくりの拠点となる施設という意味を持っている。黄武雄の構想によると、その目標は「公民社会の実現と知識の普及」にあり、戒厳令解除後の社会において民主の基盤を培う場所とされる。

文山社区大学の開校後、社区大学の数は毎年増え続け、2005年現在、台湾全土25の県市に81か所を数えるまでになった。2002年にできた「終身学習法（生涯学習法）」によると、社区大学は「正規の教育体系以外の、直轄市または県（市）政府によって直営または委託で地域住民に対して生涯学習活動を提供する教育機関をいう」とあり、正規の学校体系の外にある生涯学習機関と定義されている。また、公民大学、郷民大学と称しているところもある。

3―2　社区大学の組織と運営

社区大学の運営は、政府が補助金を資出し、運営権を民間団体に委託して経営管理の責任を負わせる、「公設民営」方式によっている。運営資金は受講者の学費によって賄われているところが多く、また、一部ではあるが完全に公設公営のところもある。設置に関する条例は個々の自治体によって制定されるが、主な準拠法律は、「政府支出基準法」（講師の授業時間＝「労務」に対する校費の支出を規定）である。地方政府は経営条件を提示し（1年か2年ごとに1回）、経営団体による入札を経て、落札した経営団体が契約を結んで契約期間の間経営するという形式が一般的である。こうした財務状況のもと、実際に社区大学の経営に携わっている職員は、5人～10人前後の専業・兼務スタッフと、ボランティア（社区大学のカリキュラムであるサークル課程で養成された人材などから）のスタッフである。

3―3　社区大学の授業

授業を行う場所は、既存の中学校施設を利用したものがほとんどである。一部、職業高校を経営する学校法人が経営主体になっている社区大学は、高校を利用するケースもある。授業時間帯は、平日の夜間、土曜の午前や午後を利用し、一授業3単位、一単位1000元（＝約3300円）（一般）、一学期18週の年二学期制をとっている。満18歳以上なら入学申込ができ、学歴などの要件はない。実際の学習参加者は、女性7割、男性3割、年齢層の分布は30代後半から40代前半が中心である。受講者の多くは高校（職業高校含む）と大学の卒業者といわれる。

授業の内容は、主に学術課程（48単位）、生活技能課程（40単位）、サークル課程（40単位）の三種類に分けられ、128単位数を修得すれば修業証書が発行されるが、講師の資格審査に関わる権限の問題で、証書の発行は地方政府（県や市）の認可を得ることとなっている。正規の課程の他、住民に公共的な時事問題（時には地方の開発計画）を議論させ、参与と思弁能力の養成を目的とする「公共論壇」を設けるところもある。「非正規教育機関単位互換方法」によると、2005年7月以後、社区大学の資格認可を受けた授業と正規大学との間で40単位の互換が認められることとなっている。また、公務員は「公務員生涯学習パスポート」（一部の県市の市民にもある）を利用して、社区大学において必要な研修単位を修得することができる。

3―4　今後の方向

全台湾の社区大学の加盟組織である社区大学全国促進会（1999年、台北、台南に事務所）は毎年、社区大学全国シンポジウムを開催し、

その他、講師研修大会なども定期的に開かれている。近年の議論では、アメリカ型のコミュニティカレッジより、ドイツ型の「民衆高等学校」(フォルクスホッホシューレ)のような成人高等教育を目指すとされている。将来の方向はまだ定められていないが、一部の社区大学は政策宣伝の場と化し、またNPO(環境、まちづくりなど)団体の活動拠点になっているものもある。

中華民国憲法(1947年公布)第163条によると、「国家は各地域における教育の均衡な発展を重視し、かつ社会教育を推進し、一般国民の教育水準を高める。辺鄙で貧困な地域の社会教育施設経費は、国家がこれを支援する」とあるが、現状は施設運営の維持や建物の修繕を充たす程度に留まっている。行政による所管は、教育部社会教育司であるが、運営経費は、中央内閣府庁の内政部、衛生署など、社区発展や都市建設予算によるプロジェクトを引き受けることで、補填される部分が多く、1999年に「教育基本法」(第5条)、2002年に「生涯学習法」(第20条)ができても、教育審議委員会や生涯学習推進委員会の必置は規定されたが、社区大学などの財源は「寛大に算定する」としか規定されておらず、経費は地方政府や各経営団体各自の捻出能力に委ねられている。社会教育経費の問題以外の法律面では、政府による「社区学院法案」、社区大学側の提出による放送大学を入れた「開放大学法案」などの立法審議は凍結されたままである。社会教育法や大学法などをいれた、生涯学習関連法律の統合整備が急務であろう。

(林 世堯・牧野 篤)

〔参考文献〕
(1)黄武雄『台湾教育的重建 増訂版』遠流出版、1996年
(2)『台北市社区大学教学理念與実務運作(一)(二)』台北市政府教育局編印、2000年
(3)張徳永『社区大学:理論與実践』師大書苑、2001年

4. 東南アジア

東南アジアは民族的、文化的に非常に多様な地域であり、かつ域内の国家の大半は多民族・多文化国家である。そのような社会的背景から、社会教育施設という場合、1)宗教的・民族的なコミュニティを基盤にして歴史的に形成されてきた社会教育施設と、2)国民国家形成後、一般的には行政主導で発展してきた宗教・民族の枠を越えた社会教育施設に大別される。前者は特に、モスクや教会、また地域の慣習法にもとづくコミュニティの共有施設が中心的な役割を果たしており、基本的には自律的に運営されている。一方、後者は、行政の主導により、地域住民に対して一生涯にわたる学習機会や職業訓練の機会などを提供している。この場合、行政が直接運営する社会教育施設もあれば、NGOなどの草の根的な活動を行政が管轄するという形式をとることもある。地域住民に対して生涯学習の機会を提供するという点で両者はともに重要な役割を果たしており、地域住民が取捨選択可能な、多様な社会教育を可能にしているといえる。ここではシンガポールとインドネシアの事例を取り上げてみたい。

4—1 シンガポール

シンガポールでは、第一にコミュニティ開発省の外郭団体である人民協会(PA:People's Association: http://www.pa.gov.sg/)が社会教育の中核機関となっている。1960年に設立された人民協会は、社会的結束や民族間の調和等の促進を目的とし、草の根レベルの組織のネットワーク化を通して活動を展開している。人民協会の下部組織として、異なる民族・言語・宗教集団の接点を提供し、民族間の調和を図ることを目的として設立されたコミュニティ・センター(クラブ)があり、多様な社会教育活動を展開している。現在、シンガポールには100を越えるコミュニティ・センター(クラブ)が設立されているが、そ

の活動内容は教育、レクリエーション、レジャーなど実に多様である。たとえばその一つ、ウル・パンダン・コミュニティ・クラブ（http://ulupandan.org/）では、テニスやサッカーなどのスポーツ、武道、美容、芸術、コンピュータ、料理、言語、音楽など213ものコースが開設されている。第二に、マレー系、華人系、インド系の各民族団体による社会教育も提供されている。たとえば、マレー系民族団体ムンダキ協会（Yayasan Mendaki: http://www.mendaki.org.sg）は、マレー系ムスリム・コミュニティを基盤とする団体であるが、主としてマレー系ムスリムの雇用改善のための研修コースを提供している。コースの一例として、旅行・観光、IT、言語、メディア、ベビーシッター、裁縫訓練などが提供されている。第二に、インド系民族団体シンダ（http://www.sinda.org.sg/）においても、インド系コミュニティに対して、多様な教育サービス、職業訓練が提供されている。以上のように、シンガポールには、異なる意味・機能が付与された2種類の社会教育施設があるといえる。

4—2 インドネシア

インドネシアでは、第一に国民教育省の学校外教育・青少年教育局社会教育部（http://www.dikmas.depdiknas.go.id/）が社会教育を管轄している。10−44歳の非識字者が590万人、9年制義務教育の達成にも多くの課題（非就学者が小学校段階140万人、中学校段階580万人、中退者が小学校段階で96万人、中学校段階で37万人）を抱えるなかで、成人のための識字教育や職業訓練、学齢期の子どもたちには学校外教育活動を通じた9年制義務教育の達成が社会教育部における中心的な活動となっているのが現状である。これらの教育は、地域住民学習活動センターPKBM（Pusat Kegiatan Belajar Masyarakat）や地域住民読み書き教室TBM（Taman Bacaan Masyarakat）などの社会教育施設を使用して行われ、現在、PKBMは1,442か所

で開設されている。また3,750万人の貧困層と毎年約390万人の就職希望者に対する職業訓練も、社会教育部の主要な活動であり、各種のプログラムが実施されている。職業訓練については、2002年から新たにライフスキル・プログラムが導入され、中央政府によって50機関、地方政府によって110機関、地域住民との共同によって38機関が設立されている。第二に、インドネシアでは宗教的・民族的なコミュニティを基盤にして形成されてきた諸施設が、社会教育の中心的な役割を担っている。たとえば国民の90％を占めるムスリム・コミュニティを例にとると、各地域に設立されたモスクを中心に委員会が組織され、子どもから大人を対象とした教育活動や奉仕活動が展開されている。子どもに対してはアラビア文字学習やクルアーン朗唱、大人に対してはマジェリス・タリムとよばれる宗教学習活動や宗教指導者による講話、アラビア語学習などが提供され、誰でも参加できるようになっている。また各モスクには「モスクの若者（remaja mesjid）」とよばれる組織があり、奉仕活動や夏休みなどの長期休暇を活用した宗教学習合宿などが青少年によって主催されることも多い。このような活動は、教会を中心に活動するキリスト教徒についても同様である。

以上みてきたように、東南アジアにおいては、行政主導による社会教育活動と、その地域の宗教や民族に根づいて形成されてきた社会教育活動が共存する形となっており、その施設や形態は多様なものとなっている。

（服部美奈）

〔参考文献・URL〕
(1)シンガポール・人民協会
　URL:http://www.pa.gov.sg/
(2)インドネシア・国民教育省学校外教育・青少年教育局社会教育部
　URL:http://www.dikmas.depdiknas.go.id/

5. 中東

はじめに

　中東地域は、一般に、東はアフガニスタンからイラン、アラビア半島を経てトルコ、北アフリカのモロッコあるいはモーリタニアまでも包含する広い領域である。エルサレムが領域に含まれていることもあり、異端とされた宗派を含む、多くの宗教宗派が混在している。しかし、イスラエルや比較的キリスト教徒の割合が高いレバノンを除き、イスラーム教徒（ムスリム）が圧倒的多数を占める。本稿では、中東アラブ諸国の大国であるエジプト、ムスタッファ・ケマル（初代大統領）の世俗政策が国是と位置づけられてきたトルコ、小国ながらも多数の宗派が混在しているレバノンをとりあげ、公民館・コミュニティ施設ならびに生涯学習の実態をそれぞれの学校教育との関連から記述する。

5—1　エジプト

　エジプトは、四大文明発祥地の一つとして長い歴史と豊かな文化もつ国である。また、1999年には、アフマド・ズウェイル博士にエジプト人として3人目のノーベル化学賞が授与された。豊かな歴史と文化に育まれたエジプトの教育は高い水準が維持されていると考えられがちであるが、成人識字率は66％程度である。教育課程は6・3・3制を採用し、このうち、初等課程と前期中等課程の9年間が義務教育とされる。公立学校の授業料は無償である。しかし、就学率は、初等課程で91.7％、前期中等課程で71.1％（いずれも2001年）にすぎない。この背景には、児童数の増加に対する学校施設が追いつかず、大人数による授業や二部制が増加するなど児童の教育環境が悪化していることとエジプト経済の停滞が影響していると考えられる。また、女子の就学率が男子の約8割にとどまるなど、男女間ならびに都市と地方との格差が大きいことも特徴の一つである。

　エジプトでは、基本的に、地方自治体が設置・運営する官設の公民館は存在しない。官設の施設として青年センター（Markaz al-Shabab）があるが、これは青少年が非行や過激イスラーム主義に走らないことを目的としたスポーツ施設である。一方、村単位ではモスクが集会場（コミュニティ・センター）としての機能を果たしている。とくに金曜日は集団礼拝の日であり、多くの居住者が集う場所となる。文字どおりの集会場といえるのは、村の有力家系が運営するドッワール（Duwwar）と呼ばれる施設である。上エジプトでは中庭がある2階建ての立派なドッワールが各村にあり、村外の客の宿泊も可能である。エジプトの場合、わが国でコミュニティ・センターの担い手になっている町内会などのフォーマルな組織は存在せず、村を単位とすれば同族集団が、都市では街区の自発的な近隣集団が町内会にかわる役割を果たしていると考えられる。

5—2　トルコ

　トルコでは、1923年のトルコ共和国建国以来、宗教（イスラーム）法を政治と区別し、西洋的価値観を大幅に取り入れた世俗政策が国政の柱に位置づけられている。学校教育に関してもフランスのライシテをモデルにした世俗的な教育制度が取り入れられた。オスマン朝下では教えられていた宗教教育は廃止され、教師や生徒は学校内でベールを着用することを禁止された。しかし、ムスリムが国民の95％以上を占めるトルコでは、厳格な世俗主義に対し疑問を抱く者も多く、1949年には宗教教育が再開され、1981年には公立学校における宗教教育が必修になった。また、1970年以降、モスクの指導者を養成する目的で設立されたイマーム・ハティップ養成学校の生徒数も増加した。

　トルコでは、法律第1739号の教育基本法に従い、学校が運営されている。初等教育は8年の一貫教育で義務教育となっている。国・

公立の初等学校は授業料が無償である。中等教育は普通学校と技術・職業学校に分けられる。修学期間は学校の種類により3年制と4年制に分かれる。その他、非公式教育として、市民教育センター、成人専門教育センター、実習訓練センターなどが運営されている。例えば、市民教育センターではあらゆる年齢層や教育レベルに対応し、識字コース、職業訓練コース、社会・文化コースなどが用意され、多数の市民が教育を受けている。

トルコでは、公民館に相当する施設は存在しない。ただし、モスクが集会所として活用されることはある。アルメニア教会やギリシャ正教会などのキリスト教諸派ではそれぞれの教会がコミュニティ・センターとしての役割を果たしている。地域住民向けの文化講座などをとりおこなう施設として、自治体が運営する文化教育施設あるいは文化観光省が運営する文化センターがある。

5—3　レバノン

レバノンは、東アラブに位置する、約1万平方キロメートル（岐阜県に相当）の国土面積をもつ。国家規模は大きくないものの、スンナ派、シーア派（十二イマーム派）、ドルーズ派などのイスラーム系、マロン派（カトリック）、ギリシャ正教、アルメニア教会、プロテスタント諸派など18の宗派が公認されている。レバノンは、フランスから独立した1943年に、これらの宗教宗派を統治するために宗派間のバランスを基本とする「宗派主義」を採用した。この宗派主義は主要ポストや議員定数を各宗派にあらかじめ割り当てるなど政治領域では固定化された制度であるが、文化領域では婚姻や遺産相続、養子縁組などの分野で宗教法の適用を認め、また学校教育では宗教教育やカリキュラムの編成など広範な権利を宗派組織に認めた。

レバノンでは、法の下の平等、国民の教育権、生涯学習の充実などが憲法や各種法令に明記されている。しかし、実際には、宗派主義のもと、レバノン政府は民法分野や宗派が運営する学校、コミュニティ活動に積極的な関与を控えてきた。官設の公民館や児童館は設置されていない。他方、各宗教宗派や政党などの組織が独自の文化施設を運営している。イスラーム系組織ではモスクが、キリスト教系では教会などの宗教施設が集会所や宗教教育の場として機能している。例えば、スンナ派系最大の団体であるマッカーシードは、ゲストハウスを併設した集会所や文化センターを運営し、スンナ派住民の葬式を一手に引き受けている。シーア派系の政党であるヒズブッラーは図書室や学習センターを運営するとともシーア派コミュニティ内の調停や法律相談に応じている。また、レバノン南部で学校を運営しているシーア派系のジャーファリーエ・スクールは、宗教行事や法学者の講話、選挙集会などに学校の施設を提供している。

中東地域では、一般に、公民館やコミュニティ施設の運営ならびに生涯学習に対する支援は、国や地方公共団体に比べ、宗教組織や地域の有力者などによっておこなわれている。とくにレバノンでは各宗派系組織や政党がそれぞれの信徒に対しさまざまなサービスを提供しており、基本的に帰属する宗派が社会紐帯の役割を担っている。

（三尾真琴）

〔参考文献〕
(1) Frank A. Stone, *The rub of cultures in modern Turkey* : literacy views of education, Curzon, 1997.
(2) 三尾真琴「レバノンにおける宗派主義と教育改革」江原武一編著『世界の公教育と宗教』東信堂、2003年、237-250頁

6. オーストラリア

はじめに

　日本のように社会教育という概念が存在しないオーストラリアでは、成人教育やコミュニティ教育、職業教育が中等後の教育として位置づけられており、こうした教育の機会を保障する目的で次のようにさまざまな教育施設で学習活動が展開されている。すなわち、近隣館（Neighbourhood Houses）およびコミュニティ学習センター、成人教育協議会（Council of Adult Education）運営の地域の学習センター、高齢者大学（U3A）、成人多文化教育サービス（Adult Multicultural Education Services）、そして全豪最大規模の教育・訓練を提供する技術・継続教育カレッジ（College of Technical and Further Education 以下、TAFEと略記）などの成人・コミュニティ教育施設や大学がそれらである。

　ここでは、これらの教育施設の一つひとつについて考察することは紙幅の関係からできない。したがって、本稿では生涯学習機関としての側面をもつ大学、また地域の学習活動の拠点としての近隣館、そして移住者の社会参加を促進するための教育機関としての成人多文化教育サービスの三つの教育機関に焦点を当てて考察し、これらの施設の目的、機能など特徴的な点について明らかにしたい。

6—1　生涯学習機関としての大学

　高等教育機関としての大学も大学開放の観点からすれば、成人教育施設のカテゴリーに加えることができよう。

　オーストラリアの大学ではOECD（CERI）の定義する25歳以上の成人学生の受入れ比率が全豪学生の40％を超えており、しかもその多くが時間的に制約のあるパートタイム学生によって占められている。特筆すべき点は、第一に遠隔教育（Distance Education）や複数の大学の共同事業による放送学習（Open Learning）が大学の構外教育として活発化しており、広大な国土に散在する成人学習者に対して学習の機会を提供していることである。第二に、大学入学資格をもたない義務教育修了のみの者を受け入れるための特別入学のシステムがあるほか、成人学生在学中の託児サービスや学習相談など成人学生支援のための条件整備がなされており、大学が生涯学習機関として成人学習の補完的な役割を担っているのである。

6—2　地域の学習活動の拠点としての近隣館

　上記のような大学やTAFE機関など高等教育・継続教育機関のない地方や農村地域において近隣館の果たす役割は大きい。

　近隣館はコミュニティ・センターとともにニューサウスウェールズ州で1961年に、ヴィクトリア州では1970年代の初めに設立されて以来、全豪各地に普及したとみられている。設置の経緯はさまざまであり、地域社会の発展のために地域住民の学習要求と地域の教育資源をつなぐという発想にたって、教会の自主的な学習グループの女性たちの中から広まったものもあれば、地域の諸問題や利害について話し合う住民集会が発端となったものもある。また、子どもの保育を支援しながら、職業訓練・教養などの学習コースを提供する成人学習施設として始まったものがあるなどその経緯も多様である。このように近隣館成立の背景には異なりが見られるが、しかしながらその根底には次のような共通理念が認められる。すなわち、先住民族アボリジニおよび非英語圏出身の移民や難民など人種・民族的マイノリティ、女性、しょうがい者、ホームレス、セクシュアルマイノリティ、ひとり親家庭、低所得階層、失業者など社会的に不利益を被っている人々が社会の利益や学習の機会を享受する権利を等しく有するというアファーマティブ・アクションの考え方が反映していることであり、もう一つは、こうしたマイノリティを含む地域住民全体が地域の発展のために地域の要求を認識し、効果的なサ

ービスを提供できるように施設の諸活動の管理・運営に主体的に参加していることである。

現在、近隣館は全豪で1,010を超えるまで発展しており、このうちヴィクトリア州ではおよそ350館、ニューサウスウェールズ州でも308館を数え、両州の近隣館の数だけでも全豪の過半数に及ぶ。その規模も大小さまざまで、50人以上の常勤スタッフを擁する施設—比較的都市部に多い—もあれば、ボランティアによって週に数時間開館されるだけの無人の施設もある。一般的に、近隣館の提供する講座や学級も一様ではなく各館の特色を反映する内容になっており、ESL（母語でない英語の学習）や識字および成人基礎教育、コンピューター、レクリエーション、余暇、工芸、健康・保険教室など多様なプログラムが地域の人々のニーズに基づいて用意されている。

6—3 非英語系移民のための成人多文化教育サービス

近隣館が非英語圏出身の移民や難民に開かれた成人・コミュニティ教育施設であることはさきにも触れたが、移住間もない非英語系の移民が近隣館の提供するプログラムに参加するためには英語の識字力の獲得が前提となってくる。毎年8万人規模の移民を受け入れている多民族国家オーストラリアでは、こうした非英語系の成人移民や難民に対して、英語ならびに就職等の関連情報サービスも含めて社会生活上必要な一般的知識を学習する機会が与えられている。移民・多文化・先住民族問題省（Dept.of Immigration and Multicultural and Indigenous Affairs）の管轄のもとに各州・準州に設置されている成人多文化教育サービスが実施する成人移民英語プログラム（Adult Migrant English Program）もその一つで、そこではとくに移住3年以内の移民が海外で取得した資格や技能を活用できるだけの英語運用能力を習得できるように英語の学習を中心とする昼間および夜間のコースが開設されている。移住間もない受講者には優先的に最低5ヶ月間の昼間の集中コースが開設されており、1週間に10時間から25時間程度の授業を無料で受講できる仕組みになっている。また、施設内に資料センターや個人学習センターが附設されている場合があり、学習者はそこで授業前後の空き時間を利用して補助教材を求めたり、情報の収集に努めたり、教師やチューターの援助・指導を受けたりしながら、各自の学習目標を達成できるように配慮されている。

（前田耕司）

〔参考文献〕
(1)朝倉征夫他「大学改革と大学開放の研究—大学開放の方向性を中心に—」早稲田大学教育総合研究室編『早稲田教育評論』第9巻第1号、1995年
(2)Tennant,M.(ed.), *Adult and Continuing Education in Australia:Issues and Practices*, Routledge, 1991.
(3)Local Community Services Association of NSW, *LCSA 2001 Census:Neighbourhood and Community Centres in NSW*, 2002.
(4)前田耕司「多文化社会における成人移民教育と識字問題—オーストラリアの場合—」日本社会教育学会編『国際識字10年と日本の識字問題』（日本の社会教育第35集）東洋館出版社、1991年

7. イギリス

はじめに

　イギリスにおいて、成人教育機関としては、地方によって重点の置きどころが異なるが、大学、宿泊制カレッジ、継続教育カレッジ、コミュニティスクール／カレッジ、成人教育センターなどがあげられる。ここでは地域施設に焦点を当てることから大学や宿泊制カレッジは除いて考える。一方、必ずしも常に教育施設として扱われるとは限らないが、地域で社会的・文化的活動が行われるコミュニティセンターをとりあげる。なお、地域には、ユースクラブ、ユースセンターなど対象別施設や、図書館・博物館など専門施設も存在するが、ここでは広く一般の人が利用して多様な学習・文化活動が展開されるものに限定して扱うこととする。

7―1　成人教育センター

　最も多くの人が参加しているのが成人教育センター（adult education centre）である。もっとも、成人教育センターとして総括されているものには、多様なものが含まれ、固有の施設を持つものだけでなく、学校を借りて事業を行っているものもある。また、専任の職員を有するものだけでなく、パートタイムの職員だけのもの、もっぱらボランティアに依拠しているものもある。多くは、地方教育当局が所有しているが、大学が所有するものもあり、地方当局が所有しているが大学が職員を派遣して運営に当たるところもある。

　規模の大きいセンターには、セツルメントに起源を持つものがある。19世紀後半以来、社会的・経済的に困難を抱えた人たちの多い地域に住み込んで、福祉・教育・レクリエーション等の活動を行う施設として設置されたセツルメントの中から、住み込みにこだわらず教育に重点を置く施設が1920年に教育セツルメント連盟（Educational Settlements Association）を結成し、1946年に教育センター連盟（Educational Centres Association）に引き継がれている。ロンドンにあるシティ文芸学院（City Literary Institute）などもここに属してきた。一方、規模の小さなものには、夜間学校（evening institute, evening centre）としての歴史を持ち、地域の小学校等を利用してきたものが少なくない。

7―2　コミュニティスクール／カレッジ

　学校教育部門とともに成人教育や青少年活動をも行うコミュニティ教育部門を持ち、コミュニティスクールとかコミュニティカレッジと呼ばれる教育機関がある。ノッティンガムシャーのサトンセンターのように名称としては異なるが実質このスタイルを取るものも少なくない。通常一人の校長の下に、多くの教員が学校教育部門もコミュニティ教育部門も担当するが、それぞれの部門の責任者が副校長格でいる。同一キャンパスに位置しながらそれぞれの部門固有の施設があり、図書館、体育館、食堂など共用施設もある。

　この機関は、1920年代半ばのヘンリー・モリス（H.Morris）の構想によって1930年代からケンブリッジシャーを中心に広がった、中等教育機関と成人教育機関とを兼ね備えた村落カレッジ（village college）に起源を持ち、第二次世界大戦後、レスターシャーをはじめとしてイギリス各地に広がりを見せた。学習者、利用団体、職員、学校、行政当局等の代表者によって評議会や運営委員会が構成されている。これによって、身近に学習の場を持つことができ、子どもと成人が共に学ぶ姿を目にすることができるが、教員が学校教育に手を取られがちであり、地域に出かけての活動が不十分になっていることが指摘されている。

7―3　継続教育カレッジ

　1944年の教育法によって、地方教育当局が義務教育終了後の継続教育にも責務を有することが規定されたことに伴って設けられるよ

うになった施設で、当初若者の技術教育に重点を置いてテクニカルカレッジと称するものが多かったが、その後成人教育機能も拡大して継続教育カレッジ（college of further education）と総称されるようになっている。1988年の教育改革法、1992年の継続教育・高等教育法によって、このカレッジは地方教育当局の直轄から離れて、政府資金配分機構を通じて維持され、2004年現在は約400のカレッジが学習・スキル委員会（Learning and Skills Council）を通じて政府資金を得ている。多様なレベルのコースが設定され、高等教育レベルのコースも見られる。多くの専任教員と専用施設を持っていることが強みであるが、地域的には都市部に偏りやすい。

2004年現在では約600万人が上記の委員会の助成による継続教育を受けているといわれる。16―18歳では、ここで学んでいる人が中等学校で学んでいる人を上回っていて、中等学校にくらべてパートタイムで学ぶ人が多い。成人はパートタイムの学生が大半である。中等教育終了資格や職業上の資格の取得を目指す人が半数程度見られる。多くの人が学ぶ科目としては、ビジネス関係の資格科目、人文学、科学、健康・地域ケアなどである。

7―4 コミュニティセンター

1920年代以後、労働者住宅を中心として公営住宅の建設が進み、その地域にコミュニティセンターが設けられ、住民の諸団体によってコミュニティ協会を結成して運営に当たる仕組みがつくられるようになる。その後、各地にコミュニティセンターの設置が行われ、住民の会合、社会的活動、レクリエーション、学習等に利用されている。これらの活動のどれに重点を置くかは、センターによって様々である。コミュニティセンターと称するものがすべて固有の施設を持っているとは限らず、学校施設、教会のホール、個人住宅等を利用しているものもある。第二次世界大戦後には、全国コミュニティ協会連盟（National Federation of Community Associations）が結成された。

イギリスの成人教育は、20世紀末以降、変化が激しい。労働者、失業者、移民などの学習参加をはかってのコミュニティ教育が地方教育当局等によって進められ、地域施設の意味が増す一方、職業技術教育に重点を置いた国の教育施策が展開され、継続教育カレッジに注目が集まっている。一方、大学では、成人学生がふえるとともに、大学全体で生涯学習を進めることを名目に、構外教育部（成人教育部）をなくし、継続教育センターにするところも少なくない。

（上杉孝實）

〔参考文献〕
(1)D. Legge, *The Education of Adults in Britain*, The Open University Press, 1982.
(2)J.Wallis and G.Mee, *Community Schools, Department of Adult Education*, University of Nottingham, 1983.
(3)M.D.Stephens, *Adult Education*, Cassel, 1990.
(4)Department for Education and Employment, *Learning to Succeed*, The Stationary Office, 1999.
(5)*Adults Learning*, Vol.15, No.5, 2004
(6)*The Times Higher Educational Supplement*, November 17, 2000

8. フランス

8—1 歴史と概要

フランスにおいて、人々が集い、学び、文化的な活動を展開する社会教育施設（一般に社会文化施設 équipement socioculturel と呼称される）の設立が、全国的に大規模に展開されたのは、1960年代初頭から1970年代にかけてであった。この1962—74年の間に、6,000館にものぼる施設が設立され、25,000人の職員（アニマトゥール animateur）が採用されたといわれる。その直接的な推進力になったのは、1960年代からの国家プラン（第4次プラン～第6次プラン1961～1975年）の中での国土整備開発政策の実施である。都市化の進む新しい地区整備計画等に、社会文化施設の設置を義務づけ大幅な国家予算が組まれた。それら施設の管轄省である文化省（1959年）、青少年スポーツ省（1966年）、社会事業省（同年）が創設されたのもこの時期である。また、こうした動きの推進力として、民衆教育（éducation populaire）運動の蓄積による施設設置の財源化要求運動があったことも見落とせない。今日なお多くの施設に見られる管理運営における民間非営利団体（アソシアシオン）の大きな権限は、こうした歴史的な力学が内包されているからである。

だが、福祉国家体制下での社会文化施設設置のための国家財源は、1970年代後半には大幅に縮小されることになる（第7次プラン1975—1980）。当時20,000館以上に達していた施設は、1980年代からの地方分権改革ともあいまって、各市町村の負担に移行することになった。そのことは、施設において地域に焦点づけた活動が一層促されるようになる一方で、地域格差の拡大と全体としての予算の縮小による活動の選別化、市町村とアソシアシオンとのパートナーシップのあり方などをめぐって大きな課題を生み出している。

8—2 多様な活動と運営形態

社会文化施設の活動は多様であり、オーギュスタン（J-P.Augustin, 2000）は次のような4つの活動に分類している。①社会的教育やスポーツなどの余暇活動 ②音楽、グラフィック、演劇活動などの文化活動 ③地域住民に社交の空間を提供する多目的活動 ④困難を抱える地域で社会的絆の回復を図るための住民への文化的支援活動。そして今日では、かつて中心を占めていた余暇活動・文化活動から、人々の繋がりを強め地域社会を創造する社会活動に重点が移行しつつあるといわれる。

運営形態もまた、次のように多様化している。①市町村が所有し市町村職員が運営。②市町村が所有するが、公社が契約して借り入れアソシアシオンなど民間団体が運営。③アソシアシオンが所有し運営。その際、市町村と活動契約を締結し市町村からの補助金など支援を受ける。④アソシアシオン全国連盟が所有し、個々の地域の活動の方向性を連盟が支援する。これらは、施設の公共性確保のための多様なあり方を追求するという側面と同時に、「公」と「私」の錯綜状況を生み出しているとの批判もある。

8—3 社会文化施設の諸事例

社会文化施設には、地域独自の施設も多数存在するが、ここではフランス全土に広がる代表的な事例を紹介する。

1）青年と文化の家（Maison des Jeunes et de la Culture, MJC）

全国で約1,700館、年間の利用者数300万人（1998年現在）という施設数・利用者数ともに最も多い社会文化施設の一つである。MJCの起源は、第2次世界大戦中のレジスタンス運動を担った青年達が中心となり、思想信条を超えた幅広い青年を集め、共和国再建の役割を果たすための拠点を創ろうとしたことにあった。1948年にはMJC全国連盟（FFMJC）

を結成し、戦後の民衆教育・青年運動に大きな影響を与えた。今日では、あらゆる年齢層を対象に、各地域で文化・スポーツ活動、資格取得のための教育活動、成人基礎教育を含む社会活動、国際交流など幅広い余暇活動を展開している。1960年代に国家プランに支えられ急増し、1968年当時すでに1,200館以上に達した。

だがその後、活動・運営上における国家および地方分権化の位置づけをめぐって全国連盟が分裂し、今日では3つの連盟が併存しており、各MJCはそのいずれかに加盟して活動を展開している。全国的運動体としてのMJCから、地域単位での自律的活動を中心とするものに重点が移行している。そして今日では、アソシアシオンの運営するMJCとは別に、市町村が設置したMJCも生まれている。(FFMJCのURL：http://www.ffmjc.org/)

2) 社会および社会文化センター (Centre social et socioculturel)

19世紀末からセツルメント運動として困難を抱える地域での民衆教育を起源とし、地域福祉的活動の展開にその特徴がある。1929年にはすでに132館設置されており、1931年に公益性をもった活動と認知された。人々の自律を促すための教育や家庭支援、差別や排除に対する闘いや人権・連帯を土台にした地域づくりなど、地域の発展をあらゆる側面から促進していくことを目指している。近年の失業・貧困問題や社会的絆の破断など地域問題の深刻化の中で、社会および社会文化センターの役割が高まっており、1976年の561館から、2004年には1,820館と拡大し続けている。アソシアシオンが運営している施設が最も多いが、3分の一が家族手当公庫(CAF)あるいは市町村によって運営されている。(URL：http://www.centres-sociaux.asso.fr/)

3) 農村の家 (Foyer rural)

上記施設はどちらかといえば都市部に多く見られるが、農村における社会文化施設も少なくない。農村の家はその代表的な施設である。農村の家は1940年代に農村にレクリエーション活動を盛んにすることから始まったが、その後の農村の過疎化、地方文化の衰退の中で、農業普及とそのための指導員養成、新しい質の高い文化を取り入れる文化活動、農村ツーリズムといった新しい形態の観光開発、地方の活動家や研究者やアーチストなどが出会い研究する農村大学の実施、さらには農村での新しい雇用創出など、地方の発展のためのパイオニア的役割を担ってきた。多くがアソシアシオンであるが、県や市町村とのパートナーシップが有効に機能しているといわれる。全国に2,500館(1996年現在)と施設数としては多いが、全体として常勤職員の配置されていない規模の小さい施設が多い。また施設そのものが役場の一室に置かれている場合も少なくないが、固有の大きな施設を有するものもあり地域格差が大きい。(URL：http://www.mouvement-rural.org/)

（岩橋恵子）

〔参考文献〕

(1) Geneviève POUJOL, Jean-Marie MIGNON, *Guide de l'animateur socio-culturel*, DUNOD, 2005.
(2) Jean-Marie MIGNON, *Le métier d'animateur*, la Découverte, 2005.
(3) Dominique Dessertine, et al., *les centres sociaux 1880-1980 -Une résolution locale de la question sociale ?-*, Septentrion, 2004.
(4) 岩橋恵子「フランスの青年と文化の家」『世界の社会教育施設と公民館―草の根の参加と学び―』エイデル研究所、2001年
(5) Jean-Pierre AUGUSTIN, Jean-Claude GILLET, *L'animation professionnelle -Histoire, acteurs, enjeux-*, L'Harmattan, 2000.

9. ドイツ

はじめに

　現代のドイツで、日本の公民館に対応する代表的な社会教育（この領域は成人教育 Erwachsenenbildung あるいは継続教育 Weiterbildung と呼ばれる）施設を挙げるとすれば、「市民大学 Volkshochschule」ということになる。歴史的にも法的にも市民大学のような学習講座提供が継続教育の典型とされてきたために、公民館タイプの施設はドイツでは「教育」施設には分類されていないが、住民の文化・学習活動の場となる地域センター的施設は多く存在する。

9―1　市民大学

　市民大学は、市町村や郡など地方自治体が設置・運営に責任を持つ「公共的継続教育センター」として、ドイツ全域で、住民が必要とする基本的な学習機会を提供するために活動している。連邦国家ドイツでは各州が成人・継続教育法を制定し、非営利の公益的な成人・継続教育施設を公認・振興しているが、それら公認施設のなかでも市民大学の事業規模は他を圧倒しており、中核的な位置を占めている。

　2003年現在、全国に987の市民大学が存在する。全市町村数の1割以下だが、郡部では1施設が数十の市町村を担当していることもある。設置者は市町村42％、郡など広域自治体24％、登録法人（ドイツ型NPO）33％、会社など1％で、法的には1/3強が民営だが、実質的には自治体が責任を負っている。とはいえ、市民大学への公的財政支出は削減傾向にあり、経費の38％を受講料収入で賄っている。

　市民大学といっても、大都市、小都市、郡部では雲泥の差があるが、あえて単純平均値を出すと、以下のようになる。市民大学は人口8万余に1つの割合で分布している。職員は専任が約8名（教育職4.2名、事務職3.7名）、講座指導にあたる非常勤講師が201名で、年間に各種学習講座（1講座平均27時間、受講者12名）を567講座、単発講演会等を77件、日帰り見学を9回、1週間程度の学習旅行を2.3回、展示会を2回実施している。主要事業である講座の分野は、「政治・社会・環境」が4.5％、「文化・創作」が12.1％、「健康」が16.5％、「語学」が39.8％（その31％は外国人向けドイツ語）、「労働・職業」が19.3％、「学校教育再履修」が7.8％となっている。

　外国人、失業者、学業不振少年を含む多様な住民層を配慮した講座を、少数専任職員で驚くほど大量に実施している。それが可能なのは、市民大学の上部団体である各州連盟、全国連盟やドイツ成人教育研究所によって、各種講座のカリキュラム、教材、教授法等が開発され、非常勤講師研修も実施されるからである。市民大学教育職員は、それを利用しながら、域内の各地区（郡部では数十になる）の現状を考慮し、講師と10名程度以上の受講者の確保を条件に講座プログラムを企画・編成し、教室や教材の手配、講師の採用・指導、受講ガイダンス等を行う。講座は大部分が各地区の集会施設や学校の教室などで分散実施され、出欠確認や教材配布・集金などすべてを非常勤講師が担当する。非常勤講師を務めるのは、地域に暮らす専門的職業人、特技を持つ主婦あるいは定職につけない大卒青年といった人々である。その意味で、講座とは地域内部の教育者と学習者の共同学習の場だといえる。市民大学はその組織化の困難な過程を代行しているのである。

9―2　社会文化センター

　住民の自治活動や文化・学習活動の場となる地域センター型の施設は多数存在するが、ここでは3つの代表的施設類型を紹介する。

　第1は、「市民館」、「村民館」、「地区センター」などと称される、地方自治体や教会が設置した住民集会施設である。大小の会議室、ホール、調理室などを住民の諸活動に貸出すもので、独自事業は実施していない。市民大

学が教室に借用することも多い。郡部では人口数千名の旧村落単位に整備されている。都市部では数万人の街区ごとになるが、大ホールを備えたデラックスなものもある。

　第2は、旧東ドイツで、社会主義的人間形成や地域・職域での「文化に溢れた生活」の実現のため設置された「文化の家」や「若者クラブ」である。ここには、数名から数十名の文化活動専門職員が配置され、多様な文化・芸術・教育事業を実施すると共に、サークル活動やパーティー会場などとしても利用された。1988年段階で1,800以上あったとされるが、統合後は理念的にも財政的にも存立の危機に直面した。現在でも公立「文化の家」として先細り的に事業を継続している例もあるが、多くは貸し部屋施設化している。廃屋化したものもある。一方で、解雇された職員をも含む市民運動グループが建物を自主運営し、後述の「社会文化センター」として再生している例もある。

　第3は、市民運動によって自主的に設置・運営され、多様な社会的・文化的事業を展開している地域センター施設である。旧西ドイツでは1970年代から青年市民層による「基底民主主義的な抗議・対抗運動」の一形態として、文化・教育活動、社会福祉事業、政治運動を統合する「われわれの家」としての「社会文化 Soziokultur センター」を開設する運動が発展してきた。再開発の対象となった旧工場などを占拠し、自力で改修した例も多い。当初は市当局から危険視されたものもあるが、次第に活動の公益性を認められ、80年代末には連邦政府レベルでも公認されるに至った。

　2002年段階で約440館が社会文化センター連盟に加盟している。平均すると1館あたり職員数は42名になるが、その半数以上は無給のボランティア市民であり、安定雇用された専任職員は5.5名に過ぎない。残りは臨時職、パート職あるいは失業対策事業などで配置された職員である。

　社会文化センターでは、演劇、寄席芸、音楽、展示、朗読会、映画、ダンスなどの文化的催し物を看板事業としながら、保育・児童館活動、若者や女性の溜まり場活動、高齢者福祉など恒常的な社会事業、さらに学習講座や工房での創作活動、演劇ワークショップなど多彩な事業を展開している。さまざまな自助グループや市民運動に場を提供しつつ、地域内の市民運動ネットワークの拠点になっているセンターもある。深夜まで営業する本格的な飲食店もあり、利用者、市民の交流の場、さらに収入源として重要な役割を果たしている。

　社会文化センターは、行政からも、また当事者においても文化施設あるいは社会事業施設としてとらえられ、教育・学習施設という位置づけは希薄である。しかしセンターは、地域の多様な社会的・文化的問題の解決をめざす市民による自己組織的なインフォーマルな教育の場、「市民社会のための学習の場」として機能している。市民大学によって多様なノンフォーマルな学習講座が大量に提供されてきたドイツで、このようなインフォーマルな学習の場が市民によって創造されてきた事実に着目したい。

（谷　和明）

〔参考文献〕
(1) Klaus Pehl/ Gerhard Reitz; Volkshochschul-Statistik 42. Folge, Arbeitsjahr, 2003. Deutsches Institut für Erwachsenenbildung, 2004.
(2) Gerd Spieckermann; Soziokulturelle Zentren in Zahlen im Jahr in Jahr, 2002.

10. イタリア

はじめに

　イタリアの成人教育の歴史をふりかえると、19世紀後半から民衆教育としての自発的な発展やキリスト教的なボランティア団体の活動の豊かな展開の蓄積がみられるが、公的な制度としての成人教育は戦後、1970年代にいたるまで立ち後れた状態にあった。第二次大戦後、民衆教育団体が初等学校と連携して識字や小学校卒業資格取得などの活動を推進し、教育省も民衆教育政策として夜間民衆学校を制度化するようになったことが、その後の公的な成人教育政策の端緒となっている。北欧、英独などの伝統となっている自由教養的な成人教育や国民高等学校（民衆大学）の影響はイタリアには十分根づいてはおらず、むしろ労働組合の教育文化活動や相互扶助的な社会連帯活動をつうじての民間的な社会教育施設が活発につくられてきたという歴史をもつ。

　1955年の非識字率は12.7％、小学校卒業資格をもたない者は17.9％であった。1971年においても非識字率は5.2％、小学校卒業資格をもたない者は27.1％、中学校義務教育修了に達しない者が合計76.6％にも及んでいた。海外に多くの移民を出していたイタリアにおいて、成人教育が識字教育を中心とし、海外の移民先にまで成人教育団体や労働組合の支援が広がっていたという事情が理解される。

　イタリアの成人教育関連施設を概観すると、(1)自主的な団体（アソシエーション）が所有する固有施設、(2)学校補完的・学校開放的成人教育事業による学校活用、そして(3)1970年代以降、地方分権によって基礎自治体（コムーネ）の居住圏域単位の自治組織（地区住民評議会）がそれぞれの地域に必要な施設（青少年センター、高齢者センター、劇場など）を設置している動きという三つの次元でとらえることが可能であろう。

10—1　成人教育・社会文化アソシエーションの固有施設

　イタリアでは多くの民間団体が固有施設を所有しており、公的な支援のある法人形態をとるものが少なくない。ミラノにあるソチエタ・ウマニタリアは1893年に富裕な商人の財産遺贈を受けて、ミラノ市が民衆教育特殊法人を認可して運営を委ねた団体である。労働者教育・職業教育・民衆文化活動を推進した草分けの民間成人教育団体であり、戦前にイタリア民衆教育連盟の中核となり、イギリスのWEA（労働者教育協会）とも交流していた。教室・実技室・図書室・劇場・事務室などを併設した大きな教育施設をもつ。

　戦前からの民衆大学の伝統をひく「第三期大学」もアソシエーション立・運営委員会方式であり、会費と公費助成で運営されている。1980年代以降に活発化し、全国200カ所に達する。教室・集会室などを所有、あるいは自治体などから貸与されている。

　他方19世紀半ばからイタリアの中北部に発祥し、相互扶助団体（società mutuo soccórso）としての民法上の法人認可を受けている社会文化団体の施設が数多く存在する。人民の家（casa del popolo）という名称がもっとも多く、2,000館以上を数える。相互扶助団体は英米のセツルメントハウスに近いが、都市部だけではなく中部農村地帯にも濃密に分布している。弱者・貧者の救済というよりは地域の娯楽・社会文化施設としての色彩が強く、公的補助はほとんど受けていない。集会機能に加えて劇場などの文化ホール機能、ゲーム室、食堂やカフェ、作業室などをあわせもつ地域の社交場で、会員から選出された運営委員会が運営している。ゲーム、スポーツ・芸術活動の各種教室・子どもの学校外活動、地元各種団体への貸部屋など、収益・公益事業がおこなわれている。かつては多数の会員を集めたが、1990代以降、財政難のため、施設が閉鎖、売却される例もある。

　ボランティア団体は、古くは11世紀に発祥

し、弱者救済の介護室、宿泊室、食堂、集会機能、職業訓練室などを併設している。難民救済や虐待された子どものための施設、ホームレスや受刑者などの保護・宿泊、社会復帰訓練をともなうサービスを提供している。ボランティア団体や社会的協同組合は法的認可を受けて、自治体の設置する高齢者センターや青年・児童センターを受託し、これらを運営している。

10—2 成人教育のための学校施設の利用

戦後長期にわたって、教育省の成人教育事業は初等夜間学校（民衆学校）の開設が中心であり、南部では学校の活用以外に読書センター、のちの生涯教育センターなどの独自施設も重点的に設置されてきたが、施設イメージは貧弱である。最近では1997年教育省令455号によって「地域生涯学習センター」(centri territoriali per l'istruzione e la formazione in età adulta)が一定範囲ごとに学校に設置されることになり、全国的に約400カ所の設置が進められた。学校でおこなわれる成人教育はいわゆる授業的形態をとり、雇用される指導者も教員資格者である。これにたいして地域生涯学習センターは、学習相談、文化活動、初歩的な職業訓練など成人教育機能を大幅に拡張したが、施設としては学校施設の活用にとどまっている。

10—3 コムーネ（基礎自治体）のコミュニティ施設

1970年代以降、国の地方分権改革により、基礎自治体は住民の生活圏域（地区）ごとに、住民参加型の評議会の設置、施設設置をおこなっている。人口約2万人から5万人ごとに設けられている自治体立の地区センターは集会機能をもち、日常的に講座やイベントが実施されている。青少年施設、地域文化ホール、農場、高齢者施設、障害者・心の病をもつ人々のための施設など、地区内の必要によって地区の予算で設置されるコミュニティ施設は多彩である。成人教育固有施設ではないが、体験学習、講座、テーマごとのつどいなどが活発におこなわれている。コミュニティ施設の多くは協同組合などに運営委託されており、地区住民評議会が法にもとづいて設置する住民参加による文化委員会、福祉委員会などの管理下におかれている。

10—4 その他の文化施設

より広義の関連施設としてどこの地域にも存在しているのは、劇場・博物館・図書館である。これらは文化施設としてそれぞれの地域にねざし、地方的伝統の中で劇場法人として認可された団体によって運営される公共施設、あるいは中世都市国家の財産をひきついだ公立博物館、図書館として存続しており、世界第一級の文化財となっているものが多い。現在の国立・州立劇場や各地に点在する国立・州立博物館などの多くは、中世、近世からの伝統をひく格式のある文化施設である。11世紀に発祥した大学とともに、イタリアの人文的な文化の殿堂は、近代に胚胎する労働者・農民の民衆文化にたいして市民階級の占有する文化伝承の場となってきたといえる。

成人教育は、こうした高踏的な市民的文化の対抗文化としての民衆文化として社会連帯活動の拠点に発展してきた。コミュニティという英語の概念ではなく、社会文化アソシエーション (associazionismo) を基盤としていることもイタリアの特色といえる。町全体が博物館といえるような各地域の古典的文化財が、1970年代以降成人教育を媒介として住民全体のものになっていく過程において、アソシエーションの役割は大きい。

（佐藤一子）

〔参考文献〕
(1) 小林文人、佐藤一子編著『世界の社会教育施設と公民館』エイデル研究所、2001年

11. 北欧―フィンランドの場合―

はじめに

　北欧における成人教育としては、デンマークのFHS(1)やスウェーデン「学習サークル」などが特徴ある成人教育機関として紹介されることが多い。特にデンマークFHSは、我が国の社会教育史に与えた影響を勘案すれば、極めて重要な成人教育機関であるといえよう。しかし本稿では、公民館との比較という観点から、フィンランドの成人教育センター(2)に注目したい。フィンランド成人教育センターは、その大半が地方自治体によって運営され、主に講座などの学習活動を組織するなど、公民館と共通する点が多い。他方、財政面では国からの補助に支えられているなどの相違点もあり、公民館のあり方を考える上でも参考になる点が多い。

　統計調査によると(3)、フィンランドでは年間175万人が成人教育に参加している（2000年）。この人数は成人人口の54％に相当するが、1980年には94万人（32％）であったので、この20年間で成人学習者が急増したことがわかる。その要因は、職業成人教育が急成長したことにあるが、教養成人教育に関しては約18％の比率で横ばいの状態が続いており、教養成人教育の位置づけは相対的に低下しているといえる。

　フィンランドにおける教養成人教育機関としては、他の北欧諸国と同様に、FHS、学習サークル（学習センター）、スポーツセンター、夏期大学などが整備されているが、それらの中でも成人教育センターは全国各地に遍く設置されており、最も身近にある成人教育機関として重要な役割を果たしている。

11―1　成人教育センターの沿革

　フィンランド国内には254校の成人教育センターがあり、約70万人が学んでいる（2004年現在）。そのほとんどが地方自治体によって運営されており、主要な活動として春と秋に各3ヶ月の講座を開講している。国庫補助が期待できることもあり、受講料はかなり安価に設定されている。(4)

　成人教育センターは100年以上の歴史を有しているが、創設された当時のフィンランドは激動の時代にあった。

　19世紀のフィンランドは、ロシアの大公国として自治権が認められ、ナショナリズムの気運が高まるとともに、19世紀後半には産業化が進展し労働運動が盛んになった。すでにスウェーデンに設立されていた労働者教育センター（arbetareinstitut）を模倣して、ナショナリズムの要請と労働者の教育要求に応える施設として、1899年、工業都市タンペレに労働者教育センター（työväenopisto）が設立された。この年には、ロシアの圧制が始まり、労働者党が結党されるなど、時代を象徴する出来事が重なった。

　開校当初のタンペレ労働者教育センターでは、主要な科目として、フィンランド史・経済学・文明史・教会史・地理学及び民族学・自然科学・衛生学・幾何学・製図・歌唱などが取り上げられ、初年度の春学期には511人の学生が登録し、活況を呈した。

　労働者教育センターはそれに続いて、バーサ（1907）、オウル（1907）、トゥルク（1908）、ヴィープリ（1908）、ピエタルサーリ（1909）、コトカ（1911）、ヘルシンキ（1913）と徐々に数を増やし、1916年にはクオピオに市民教育センター（kansalaisopisto）が開校した。この名称を冠したことは、労働者だけでなく一般市民を対象とする傾向が強まったことを意味している。さらに1919年には、これらの教育機関を包括する組織として成人教育センター連盟（KTOL）が発足した。

　成人教育センターの発展に影響を与えた人物として、サクリス・カストレン（Zachris Castrén,1868-1938）が知られている。彼は、ヘルシンキ労働者教育センターの校長を務めながら、国庫補助の必要性と教育の自由、センターの自治・中立の原則を主張したのであ

る。1927年からは国庫補助が始まった。
　1962年に、国庫補助支出(経費の70％)を定めた法律が公布され、これを受けて、1960年代には多数の成人教育センターが開校し、それまでは十分整備されていなかった田園地方にも普及していった。1960年に110校だった校数は、10年間で239校に倍増し、まさに自治体成人教育の拠点としての地位を確立することとなった。

11—2　今日の成人教育センターと課題

　1990年代のフィンランドは、深刻な不況に見舞われるとともに、技術の進歩やグローバリゼーションの進展などにより、成人教育にも大幅な改変が加えられた。1992年に「成人教育センター法」が、1998年に「自由教育活動に関する法律」が公布され、自治体の裁量権が高まり、職業教育なども取り上げられるようになったが、その一方で、補助金交付の仕組みが変わり、結果的には国庫補助額は減少し経費の約5割を占めるに過ぎなくなった。
　このように職業成人教育の躍進と比較して、成人教育センターを巡る状況には厳しいものがある。しかし、職業成人教育から取り残されてしまう高齢者や、教養成人教育の場で学ぶ傾向の強い女性たちの学習要求に応え、そして、1998年の法にも明記されているように、民主主義や平等、多元主義を促進するという使命を課せられた教養成人教育機関の今後の動向には、興味深いものがある。

（木見尻哲生）

〔注〕
(1)Folkehøjskole（デンマーク語）、Kansanopisto（フィンランド語）は、国民高等学校、国民大学、民衆大学などと訳されることが多いが、ここではFHSと記す。
(2)kansalais- ja työväenopisto（フィンランド語）、直訳すれば「市民教育センター及び労働者教育センター」である。これらと同じ範疇に入る教育機関を総称して「成人教育センター」と表記される。

(3)Adult Education Survey 2000, Tilastokeskus (Statistics Finland)
(4)自治体により料金設定は異なるが、例えば、ヘルシンキ市成人教育センターの語学コース（英語、90分×12回、2005年）で、27.00ユーロであった。

〔参考文献・URL〕
(1)Toivonen, T., Responding to the challenges of a changing world: An overview of liberal adult education in Finland, FAEA, 1998.
(2)Huuhka, K., Kansalais- ja työväenopisto toiminnan historia 1899-1979, KTOL, 1990.
(3) デンマークFHS協会
　http://www.hojskolerne.dk/
(4)スウェーデン民衆教育協議会
　http://www.folkbildning.se/
(5)スウェーデンFHS情報サービス
　http://www.folkhogskola.nu/
(6)ノルウェーFHS情報オフィス
　http://www.folkehogskole.no/
(7)フィンランドFHS協会
　http://www.kansanopistot.fi/
(8)フィンランドKTOL
　http://www.ktol.fi/

12. ロシア

はじめに

ロシア連邦の各市町村には、「補充教育施設」と呼ばれる市民のための施設が置かれている。これらは、ソビエト時代には共産党組織と密接な関係にあり、地域住民の教養・文化の向上と思想教育の拠点として1950年代以降に整備されたものが多い。都市の中心部や団地内には劇場やダンス、音楽の練習所も備えた「文化の家」などの施設があり、趣味のクラブやサークルの活動の場として、また地域住民の憩いの場として機能していた。

1991年12月末のソ連邦崩壊により、補充教育施設も市場経済への移行に伴う国家財政の破綻の影響を受け、施設の一部を賃貸したり有料の教育サービスを行うなどして独自の財源を確保することが必要となった。社会主義体制の遺産でもあるこうした施設のインフラは、新しいロシア社会の民主化と市場経済への移行を支える市民の育成の場として今も活用されているが、施設のなかには商業施設に衣替えをするものなども現れ、補充教育施設数は全体として減少傾向にある。

12—1 「補充教育」とは何か

「補充教育」について、連邦補充教育法では、次のように定義している。「個人、社会、国家の利益となる基礎的教育プログラムの枠内における、補充教育プログラムの実施、補充教育サービスの提供、教育・情報活動の実施による養育と教授の目的志向的過程」(「連邦補充教育法」第1条)。

ロシア連邦では、すべての市民が補充教育を受ける権利が、ロシア連邦憲法（1993年）、ロシア連邦教育法（1992年、1996年改正）、連邦補充教育法（2001年）等の法律によって保障されている。とくに18歳以下の青少年は、国公立の教育施設において無償で補充教育を受ける権利が認められている。

補充教育の内容は、「普通補充教育」と「職業補充教育」に区分される。前者は「人格の発達を目指し、普通補充教育プログラムに応じて個人の文化的・知的水準の向上と職業指導ならびに新しい知識の習得を可能とする」もの、後者は「職業補充教育プログラムおよび職業・職務に対応した資格要件に応じて職業教育を既に受けている者の継続的資格向上ならびに職業再訓練を目指すとともに、こうした人々の職業能力および創造的能力の発達と、文化的水準の向上を促進する」(「連邦補充教育法」第1条)ものである。「補充教育プログラム」とは補充教育施設および補充教育を行う団体が開発するもので、成人対象のもの、子ども対象のもの、年齢層を限定しないものの3種類に区分される。普通補充教育プログラムは各補充教育施設・団体が自由に開発することができるが、職業補充教育プログラムは国の定める「国家補充教育スタンダード」に従って開発しなければならない。

成人対象の補充教育では、市場経済への移行に伴う失業問題を背景に、職業志向的教育プログラムのニーズが高まる傾向にある。また、子ども対象の補充教育プログラムには、科学技術、スポーツ技術、体育・スポーツ、芸術・美学、ツーリズム・地誌学、環境・生物、軍事・愛国主義、社会・教育、文化学、自然科学などに関するものがある。

12—2 「補充教育施設」の分類

補充教育施設は、1) 対象年齢を限定しない施設、2) 成人を対象とする施設および、3) 子どもを対象とする施設の3種類に区分されている。

1) 対象年齢を限定しない補充教育施設

対象年齢を限定しない補充教育施設は、施設の規則等で年齢による利用制限をしてはならないこととされている。具体的には、センター（学習センター、生涯学習センター、教育相談センターなど）・人民大学・知識の家・講座（学習講座、技術教育講座、スポ

ツ・技術講座）・学校における講座（科学、技術、芸術、民族の思想等様々な分野に関する学習）・学校（学習学校、技術教育学校、スポーツ・技術学校）などがある。

　これらのうち「人民大学」は、1950年代に大衆の文化的啓発、プロパガンダと科学技術の知識の普及を目的ととして各地に開設されたものである。当時の「人民大学」は、教育、文化、保健に関わる中央省庁のほか、労働組合、芸術家団体、「知識」協会（ソビエト時代の代表的社会教育団体）によって設置されていた。1980年代末から90年代にかけて、大学や中等職業教育機関が有料の成人向け公開講座を多数開設し、従来の人民大学の機能を取り込んでいる。また、「知識の家」は、1947年に科学的知識の一般民衆への普及を目的として結成された全ソ連邦「知識」協会の施設であった。ソ連邦崩壊後、知識の家では、ビジネスマンのための経営学講座から大学受験準備講座、親子で参加する手工芸講座など、各地域のニーズに応じた様々な講座を開設している。

　こうした従来型の補充教育施設に加えて最近では生涯学習センター、学習相談センターなどの名称の新しいタイプの補充教育施設が各地に開設されている。これらもキャリア志向的な講座が主体となっており、人気を博している。

2）成人を対象とする補充教育施設

　利用者の50％以上が18歳以上の人々である補充教育施設は、成人を対象とする補充教育施設に区分される。具体的には、資格向上・職業再訓練アカデミー、資格向上・職業再訓練インスティトゥート（上級学校）、資格向上・職業再訓練部門連携地方センター、資格向上・職業再訓練学習センター（生産労働者学習センター）、資格向上講座（技術教育学校）などがあり、主として職業補充教育プログラムが実施されている。2003年現在、全ロシアに約1,500の成人向け補充教育施設があ

り、約140万人が利用している。

3）子どもを対象とする補充教育施設

　子どものための補充教育施設は、ソビエト時代の共産党青年団コムソモールの下部機構として学校教育と緊密な関係のもとに発展してきた「ピオネール」と呼ばれる少年団の学校外教育施設として設置されたものが前身となっている。ピオネール組織は、1991年に廃止されたが、以後各地でピオネールに替わる様々な青少年団体が結成されている。また、施設には宮殿、センター（ハウス）、ステーション、学校、クラブ、スタジオ、子ども保養・教育キャンプなどがある。

　上記のうち「宮殿」「センター（ハウス）」は、ソビエト時代には「ピオネール宮殿」「ピオネールハウス」などと呼ばれてきたものが、現在では「子ども創造宮殿」「子ども創造センター（ハウス）」などの名称に変更している。また、「ステーション」には、「子ども技術者ステーション」「子ども自然学研究者ステーション」「子どもツーリストステーション」などがある。「学校」は初等中等教育学校を指しているのではなく、学校外教育施設としての「音楽学校」「芸術学校」「舞踊学校」「スポーツ学校」などのことである。「子ども保養・教育キャンプ」は従来の「ピオネールキャンプ」の総称である。宿泊施設とレクリエーションや学習のための施設が完備されており、学校の長期休暇中に利用することができる。2003年現在、全ロシアには約9,000の子どものための補充教育施設があり、約837万人が利用している。

　以上3つのタイプの補充教育施設には、いずれも専任の指導員・教員のほかに大学教員や地域住民が指導に協力している。国公立の補充教育施設に公費から配分される人件費はきわめて低く、各施設が有料のサービス提供による収益から給与を増額するなどの工夫をしている。ソビエト時代からの歴史のある子

15

世界の社会教育施設

どものための補充教育施設のなかには、充実した施設と質の高いスタッフを活用して、施設内に英才教育を行う私立の初等中等教育学校を開設したケースもみられる。

(澤野由紀子)

〔参考文献・URL〕
(1)澤野由紀子「ロシア連邦における家庭と学校・学校外教育施設の連携」『学校と地域社会との連携に関する国際比較研究：中間報告書（Ⅱ）』国立教育政策研究所、1998年3月、322-331頁。
(2)澤野由紀子「学校外教育施設及び地域社会の教育力の活用—ロシア・チェコ・ポーランド—」『学校外教育施設及び地域社会の教育力の活用：学校5日制の視点から』国立教育政策研究所、1998年3月、186-200頁。
(3)連邦補充教育法
http://www.edu.ru/index.php?page_id=125
(4)職業補充教育システム
http://www.gain.ru/Index.htm

13. 東欧

はじめに

東欧諸国は、1989年のベルリンの壁崩壊に前後して、無血の「ビロード革命」（チェコ）や内戦（旧ユーゴスラビア）など各国様々な「革命」を経て民主化を果たした。東欧各国には第二次世界大戦以後、社会主義体制のもとで整備された地域の文化センターをはじめとするノンフォーマル教育施設のインフラがあるだけでなく、19世紀から20世紀初頭にかけて発展した民衆教育の伝統がある。ハンガリーやユーゴスラビアなどでは1980年代後半にこうした伝統的民衆教育が再評価され、施設や団体の復興が始まった。民主化を支える勢力となった市民活動は、このようなノンフォーマル教育施設や団体を基盤として生じた国が多い。90年代以降は、これらの教育施設が脱イデオロギー化を果たし新しい役割を担うようになり、民主化を支えるNPO・NGOなどの拠点ともなっている。その一方で、市場経済への移行やEU加盟に伴い必要となっている知識・技能を習得するための講座を有料で提供する民間成人教育施設が人気を博しており、従来の公的施設がこうした商業ベースの教育施設に転換するケースも多くみられる。

本稿以下では、東欧各地にみられる典型的な「公民館」として、主として成人を対象とする「人民大学」および青少年を対象とする「青少年センター」に焦点をあてて紹介する。

13—1　人民大学（フォーク・ハイスクール）

ハンガリーでは、1930年代後半から40年代にかけて、カルビン派やルーテル派の教会などによる寄宿制フォーク・ハイスクールの開設がブームとなり、その数は100校に上った。1949年に人民共和国が成立した後、50年代にはすべて閉鎖されたが、1980年代の政治改革の流れのなかで、地域の活性化のために、芸術、ディベートなどの活動をする市民団体への支援が始められたことと連動して、フォー

ク・ハイスクールの再評価が進み、フォーク・ハイスクール復興運動が生じた。ハンガリーでは、フォーク・ハイスクールを、職業教育と市民教育を行い、参加者自身が学習の方法や組織などの企画に関わることができる学習施設として定義している。成人教育全般に対する国の財政的支援は弱いが、1998年にはハンガリー・フォーク・ハイスクール協会が非営利の市民団体として設立され、EU等からの助成を受け、フォーク・ハイスクールをはじめとする地域の学習センターにおける生涯学習普及のための活動を行っている。

旧ユーゴスラビアの共和国の一つであったスロベニアにも、1940年代まで寄宿制をとらないフォーク・ハイスクールがあったが、1952年以降、「労働者大学」と名称を変更し、労働者のための自主管理についての教育、職業教育ならびに一般教育を行うようになった。1989年の社会主義体制崩壊後、労働者大学は「人民大学」と再び名称を変更し、地域の環境問題、歴史、伝統芸能、社会問題等についての学習や、趣味・教養に関する学習を行うようになった。

また、エストニアでは、第一次世界大戦後、北欧の影響を受け、農村部に9校のフォーク・ハイスクールが開設され、北欧諸国のフォーク・ハイスクールとの交流も行われていた。都市部には文化団体等が成人のための夜間学校も開設していた。だが、1940年以降は、ソビエト政権の介入により、北欧をはじめ西側との交流は妨げられ、市民団体や文化団体の活動は禁止となり、フォーク・ハイスクールも廃止された。替わって、ソビエト型の成人教育機関である「人民大学」が開設され、思想教育が展開された。資格向上のための再教育を定期的に受けることもすべての成人に義務づけられ、国家の主導による生涯教育が制度化された。ソ連からの独立後、エストニアでは、社会主義型の成人教育は崩壊した。だが、社会・経済体制の急激な変化に対応するため、成人の学習へのニーズはむしろ高まった。そこで、1991年には、改革派の官僚が中心となっていち早く新しい成人教育法の作成作業に入り、93年に制定した。同法により、成人教育に対する行財政面での支援が行われるようになったことから、90年代のエストニアでは、成人教育の施設数、参加者数ともに増加し、成人の6割が何らかの成人教育活動に参加するようになった。北欧のフォーク・ハイスクールをモデルとして、約70件のフォーク・ハイスクールと学習センターも開設された。いずれも寄宿制はとらず、地域の社会教育センターとして、子どもから高齢者までを対象に、趣味・教養の講座や、失業者のための職業訓練など様々な学習機会をほとんど無料で提供している。

13—2 青少年センター

社会主義時代に、東欧各国には共産党とマルクス・レーニン主義イデオロギーと密着した青少年団体として「ピオネール」組織が発展し、地域にもピオネールの校外教育施設が設置された。民主化以降は各国で「ピオネール」が廃止され、校外教育施設も地区の「青少年の家」「青少年センター」などと名称を変更して改組されている。青少年センターでは、美術、音楽、舞踊、陶芸、洋裁、絵画、演劇、コンピュータ、チェス、各種スポーツなどのクラブ活動が行われている。

また、各国でボーイスカウト、ガールスカウト、YMCA、YWCAなど、社会主義体制となる前に存在した伝統的な青少年団体が復活し、宗教団体、慈善団体の多くが青少年のための団体を結成した。なかには、西欧やアメリカに本拠を置く団体もあり、国際交流も盛んになっている。活動領域は、環境問題、旅行、文化、科学技術などのほか障害児を対象とするものなど多種多様である。チェコやスロベニアでは、環境問題への関心が高く、「エコパーク」や「エコセンター」の開設も進められている。

13―3　新しいタイプの地域生涯学習センター

最後に新しいタイプの地域の生涯学習センターとしてEU（欧州連合）の生涯学習関係者から注目されているスロベニアの「知識交換所（ボルザ・ズナーニヤ）」について紹介したい。これは、1980年代にアメリカのシカゴに創設された、「誰もが誰かを教える」ことを原則とする「ラーニング・エクスチェンジ（学習交換所）」をモデルとして1992年から開設された。「知識交換所」は、様々な学習を指導できる人材のデータベースを作り、学習者の問い合わせに応じて、個人教授や集団学習のための指導者を無料で紹介する電話相談のシステムである。「知識交換所」の事務所は、公立図書館など既存の社会教育施設の一角などに置かれ、スロベニア全土に6カ所ある。2000年までに1万8,000人、1万種類の知識と情報の登録を受け付け、6,500人の学習者が実際に利用したという。

（澤野由紀子）

〔参考文献〕
(1)澤野由紀子「拡大EUにおける生涯学習政策の展開」『世界と日本の教育を見つめて：小澤周三教授退官記念論文集』東京外国語大学内小澤周三教授退官記念事業実行委員会、平成14年3月、19-30頁
(2)澤野由紀子「学校外教育施設及び地域社会の教育力の活用―ロシア・チェコ・ポーランド―」『学校外教育施設及び地域社会の教育力の活用：学校5日制の視点から』国立教育政策研究所、1998年3月、186-200頁
(3)パオロ・フェデリーギ編、佐藤一子・三輪健二監訳『国際生涯学習キーワード事典』東洋館出版社、2001年
(4)Zoran Jelenc (2001), Lifelong Learning Policies in Transition Countries, in Edit. D.Aspin, J. Chapman, M. Hatton & Y. Sawano, International Handbook of Lifelong Learning, Kluwer Academic Publisher, pp.259-284.
(5)Janos Sz. Toth (1998), An Overview of Folk High Schools, Compiled for the Ministry of Culture and Education, Hungary, Budapest, 1998.

14. アメリカ合衆国

はじめに

　総面積約963万km²という広大な国土に、約2億1千万人の人口を擁するアメリカ合衆国は、その多様な人種・民族構成ゆえに、その言語・宗教・文化的背景も多岐にわたる。教育においても、多文化社会である上に地方分権を重視する風土のため、教育事業の提供者、施設、内容、対象など多様で、合衆国全体で一律の施策や事業が実施されることはほとんどない。成人教育もまた然りで、成人の学習は、教会、学校、大学・短大、図書館、企業、団体、家庭など、あらゆる場所で展開されている。

　この混沌とした成人の学習機会に関しては、多くの研究者が分類を試みてきた。例えばM・S・ノールズは、成人教育施設が永続性を持つのは、成人教育以外の諸目的のために設けられた機関に編入された場合に限られるとして、その機関を次の3つのタイプに分類した(1)。すなわち、(1) 青年教育を主目的とするが、成人教育をその第二の役割としている機関、(2) 地域社会全体に教育事業を提供することを目的として設立された機関、(3) 当初の目的に教育は想定されていなかったが、その活動に付随して教育事業が展開されるようになった機関である。またダーケンウォルドとメリアムは、ノールズの分類を継承しながら、成人教育施設を次の4タイプに分類している(2)。

・第一のタイプ：成人の教育要求に応えるために設立された機関。私立学校、宿泊型の教育センターなど。
・第二のタイプ：青年の教育要求に応えるために設立されたが、第二の機能として成人も対象とする機関。高等教育機関や公立学校など。
・第三のタイプ：教育のみならず地域社会のあらゆる要求に応えるために設立された機関。図書館、博物館、健康・福祉施設など。
・第四のタイプ：ある特定の集団の要求に応えるために設立された機関で、その主な活動方法に成人教育を取り入れているもの。宗教団体、矯正施設、政府、企業など。

　本項では上の第一のタイプの例として、フォーク・スクールを、第二のタイプの例として、公立学校とコミュニティ・カレッジを取り上げて、論じる。

14—1　フォーク・スクール

　19世紀末から20世紀初頭にかけて、デンマークからフォルケホイスコーレ（民衆学校）が移植された。18世紀デンマークの神学者グルントヴィの構想に基づくフォルケホイスコーレは、民衆的啓蒙を目的とした、宿泊型の成人教育施設である。アメリカに移植されると、全ての成人に開かれた宿泊型のノンフォーマルな協同の学びの場として、そこでは対話による全人教育が展開され、歌やダンス等によって学習者同士の連帯意識が生みだされていった。しかしいみじくもノールズが指摘したように、成人教育を第一の目的としたフォーク・スクールの多くは、戦間期を境に短命に終わっている。唯一テネシー州のハイランダー・フォークスクールが、1932年の設立から今日に至るまで、労働組合運動、公民権運動、環境教育と、時代の要請に応えながらその教育目標を微妙に変化させ、問題解決型学習を中心とした民衆の協同の学びとエンパワーメントの場として、連綿と生き続けている。この永続性は、注目に値する(3)。

14—2　公立学校

　アメリカにおける公的な成人教育は、公立の初等・中等機関が担っている。名称は州により異なるが、多くはadult school（成人学校）、community school（コミュニティ・スクール）と呼ばれている。いずれも公立の小・中・高等学校の施設を用い、そこでは通常の学校教育に加え、地域住民の学習が展開されている。

　adult schoolの名称は古く、100年以上前に

遡る。そこでは午前、午後、夜間にわたり、成人基礎教育、ESL（第二言語としての英語）、職業教育、シチズンシップ教育、コミュニティ教育、高齢者教育など幅広い教育プログラムが提供されている。

また community school という名称は、1930年代以降、地域社会に開かれた学校の理念を意味するものとして急速に普及し、地域住民にとって生涯にわたる学びの場であると同時にコミュニティ・センターの役割も担っている(4)。そこではコミュニティ教育が展開され、地域社会全体が教育プログラムの資源として活用される。住民は単に学習するだけでなく、積極的に学校教育や学校運営に参画もする。すなわちコミュニティ・スクールは、学校と地域社会の連携により地域社会の向上を目指す、新しいタイプの学校であると言える。

14—3　コミュニティ・カレッジ

アメリカのコミュニティ・カレッジは、2年制の地域社会密着型の高等教育機関で、その起源は1901年のシカゴのジョリエット・ジュニア・カレッジに遡る。狭義には公立の短期大学を指すが、広義には私立も含め、現在、全米に公立・私立・部族立をあわせて1,170校余りのコミュニティ・カレッジがあり、学生の37％はパートタイムの学生である。教育機能としては、4年制大学への編入教育、準学士レベルの職業教育、地域住民の生涯教育の3つを併せ持つ。ここでは、生涯学習の観点から、三番目の機能について概観する。

地域住民を対象とした生涯教育プログラムは、ノンクレジット・コースとも呼ばれる。カレッジによって内容は異なるが、例えばカリフォルニア州のパサディナ・シティ・カレッジの場合、ノンクレジット・プログラムはコミュニティ教育センターと拡張学習センターが主に担っている(5)。コミュニティ教育センターはカリフォルニア州の予算によって運営され、受講料は無料である。その教育内容は、成人基礎教育、ESL、職業教育、アメリカナイゼーション教育などであり、多文化理解や高齢者問題、両親教育など、いわば地域社会の課題解決のためのプログラムがキャンパスの内外で展開されている。また拡張学習センターはカレッジの機構からは独立し、州政府の援助も全く受けず、独立採算制で受講料によって運営されている。その計画・運営には、住民ボランティアとカレッジの職員が協同で携わり、教養講座や実用講座など、地域住民の学習要求に応えるプログラムを年間600以上提供している。

（藤村好美）

〔注〕
(1)Malcolm S. Knowles, "What do we know about the field of adult education?", Adult Education, Volume XIV Number 2, Adult Education Association of the U.S.A., 1964.
(2)Sharan B. Merriam & Ralph G. Brockett, The profession and practice of adult education, San Francisco, Jossey-Bass, 1997.
(3)ハイランダーに関しては、藤村好美「Highlander Folk School における成人教育の展開— Citizenship School Program を中心に—」東京大学大学院教育学研究科生涯教育計画講座社会教育学研究室『生涯学習・社会教育学研究』1996年他を参照されたい。
(4)James W. Guthrie, editor in chief, Encyclopedia of Education: second edition, Volume 1, New York, Macmillan Reference, 2001.
(5)http://www.pasadena.edu/　（2005年6月10日）

15. ブラジル

はじめに

ブラジルでは、住民組織やNGO、教会などが中心となって生活の質の向上をめざすコミュニティ教育や民衆教育から、企業連盟が組織した社会福祉サービス団体による職業訓練や教育活動まで、多種多様な社会教育実践が行われている。

15-1 地域活動の拠点施設

ブラジルでは、主に都市貧困地域の住民が生活環境改善・社会変革をめざして、地域コミュニティで活発な活動をしている団体が多く見られる。こうした住民が中心となった活動は、一般に教会や組合、社会運動や民衆運動と関係しながら、築き上げられてきた。特に軍事政権時代（1964-85年）には、カトリック教会の「解放の神学（貧しい民衆とともに、実践的に社会の変革をめざす神学）」思想の影響を受けた信者らの活動が盛んで、それらの活動は、現存する多くのNGOの始まりとなった。

たとえば、アマゾン川河口のベレン市で1970年に設立された「エマウス共和国運動」は、教会の青年会のメンバーが、路上で働く子どもたちに無料で食事を与えるための食堂を作ったことから始まった。現在では、社会的に排除された子どもたちの生活改善を支援する社会教育活動NGOとして活躍している。

同じく、教会の青年らが中心となって始まった活動に、ブラジリア連邦区の貧困地域で始まった「パラノア文化発展センター（CEDEP）」がある。CEDEPでは、現在、青年・成人を対象とした識字教育のほか、カポエイラ（ブラジルのスポーツ）教室や、幼児教育、各種職業訓練などのさまざまな活動を、大学やその他のNGOと協力しながら、住民が中心となって行っている。

このほか、サンパウロのスラムの住民たちが立ち上げた「モンチ・アズール・コミュニティ協会」の活動などはよく知られている。

このような地域活動の拠点施設は、教会の敷地内や行政が提供した場所、または自分たちで獲得した土地に、住民らが建物を建設する例が多く見られる。また、行政が集会所を建設し、その管理・運営を委託された住民組合がそこでさまざまなコミュニティ教育活動を実施していることも多い。

このようなコミュニティでの実践の多くは、単に当該地域だけの貧困救済活動に限定されることなく、社会全体の問題として意識される。すべての社会階層との連帯を目的としたこれらの活動には、パウロ・フレイレの説いた「対話と意識化」の理念が活かされている。

15-2 職業訓練機関

一方、その他の学校外教育の場として、産業界と密接なつながりを持つ職業訓練機関があり、地域サービスの一環としてさまざまなプログラムを有償・無償で提供している。

ブラジルには、全国工業連盟（CNI）や全国商業連盟（CNC）など、1940年代に国の主導により結成された分野別の企業連盟があり、下部組織として、各分野の職業教育・訓練や社会サービスを目的としたさまざまな全国組織がある。これらは、民間組織であるけれども、各連盟に所属する企業からの税収入を主な財源に充てており、国による会計検査を受けている。

ブラジルの学校外教育組織で最も大きなもののひとつであるSENAI（全国工業訓練サービス）は、全国工業連盟が1942年に設立した工業分野の職業訓練を目的とする機関である。具体的には、従業員の職業訓練や、初等教育を合わせて行うなどの正規の学校教育を組み入れた職業訓練・教育コースのほか、地域社会サービスも行っている。たとえば、SENAIサンパウロ支部では、市やその他の援助団体などと協力しながら、12歳から18歳までの恵まれない子どもに学ぶ機会を与える

ど、社会的な援助を実施している。

　さらに全国工業連盟は、1946年に、工業、交通、運輸、コミュニケーション、漁業に従事する労働者とその家族の支援組織として、SESI（工業社会サービス）を設立した。SESIは、労働者の資質向上と福祉、連帯の精神の涵養、工業生産性の向上、労働者階級の生活水準の改善をめざして、労働者とその家族の識字教育、基礎教育、経済教育、健康教育、家庭教育、公民教育、連帯教育に関連する事業を行っている。これらの活動は、州や市政府のほか、企業、NGOや地域団体、教会、クラブ、組合、大学などその他の機関とパートナー関係を持ってすすめられている。

　また、商業、サービス業関連の企業連盟である全国商業連盟（CNC）が1946年に設立したSENAC（全国商業訓練サービス）は、商業・サービス業の職業訓練・教育を目的とした組織である。SENACでも、SENAI同様、さまざまな職業訓練・教育を行っている。

　SENACと同じく全国商業連盟が設立・運営しているのが、SESC（商業社会サービス）である。SESCは、商業・サービス業に携わる労働者の教育・社会生活の質の向上をめざして、有償・無償のさまざまな活動（スポーツ、レジャー、エンタテインメント、教育、医療支援その他）を行っている。たとえば、サンパウロにあるSESCインテルラーゴスでは、講演、演劇、展覧会、コンサートなどのほか、幼児から成人まで各年齢段階に応じた環境学習を行っている。また、同じくサンパウロのSESCファブリカ・ダ・ポンペイアでは、60歳以上の高齢者向けの水泳、ダンス、ヨガ、絵画、木工教室などのプログラムや、7歳から12歳のストリートチルドレンや家庭に問題を抱える子どもたちを対象にしたグループ・ワーキング（音楽、民芸、陶芸、モザイク、水泳、コンピュータなど）のプログラムを実施している。

　最後に、学校教育との関係についてみてみると、従来からSENAIなどの職業訓練組織では正規の学校教育を組み入れたコースが開かれていたが、現在では「コミュニティ学校」とよばれるNGOや住民組織の学校の一部でも、正規学校教育に相当するものとして、公的な資格（学歴）を得られるようになっている。

（二井紀美子）

〔参考文献〕
(1)江原裕美「技術教育における職業訓練機関と学校―ブラジルSENAIのこれまで―」国立教育研究所平成6－10年度特別研究『学校と地域社会との連携に関する国際比較研究』中間報告書（II）、国立教育研究所、1998年
(2)江原裕美「ブラジル民間セクターによる初等教育の展開―SESIの活動から」『帝京大学外国語外国文学論集』第7号、帝京大学、帝京大学第2外国語部会、2001年
(3)田村梨花「モヴィメント・レプブリカ・デ・エマウス」江原裕美編『内発的発展と教育』新評論、2003年
(4)二井紀美子「ブラジル民衆識字教育運動の形成に関する一考察―カトリック教会の果たした役割に注目して―」『日本社会教育学会紀要』40号、日本社会教育学会、2004年
(5)根川幸男「SESCインテルラーゴス　SESCファブリカ・ダ・ポンペイア」『Diatxt』6号、京都芸術センター、2002年
(6)Moacir Gadotti Perspectivas atuais da educação, Porto Alegre, Artes Médicas Sul, 2000.
(7)Moacir Gadotti e Francisco Gutiérrez (orgs.) Educação comunitária e economia popular, 3.ed. São Paulo,Cortez, 2001.

16. アフリカ―サハラ以南の場合―

はじめに

　サハラ以南アフリカ（Sub-Saharan Africa：以下、アフリカ）の多くの国は、植民地経験をもち、経済成長率の低迷やHIV／AIDS、地域紛争、貧困など多くの課題を抱えている。これらの国では、政治的不安定や国家財政の窮迫などから、成人教育よりも学校教育の整備や拡充が優先されてきた感があり、その成人教育も、読み書きのための識字教育と同一視されたり、開発がその直接的な目的とされる傾向にあった。もっとも近年では、成人教育はそのような内容にとどまるものではなくなってきているが(1)、こういった経緯などから、公民館関連施設・コミュニティ関連施設（以下、公民館関連施設）の整備や拡充は後回しにされてきたといってよい。
　しかしながら、かつて日本で公民館が構想されたとき、各町村の実状に適合したかたちの公民館が理想とされたことや、その後、公民館が社会教育、自治振興、青年育成などを目的とした地域住民のための多目的なサービスセンターとして登場したことなどを考慮すれば、アフリカにも公民館に相当するものは植民地化される以前から存在するといってよい。例えば若者宿や宗教施設などがそれである。また、今日では、開発や貧困撲滅を目的とする様々な活動が各地で展開されており、識字教育や技術教育などを主に行う場、すなわちCLC（community learning center）に相当するものも多数出現してきている。
　このようなことから、アフリカの実状に適合したかたちで公民館関連施設を概念づけるなら、「建造物の如何を問わず、地域の自治振興や青年育成などを目的とした、全ての人々に開放されている、地域に根ざした教育施設」となろう。以下では、そこで行われる教育が主にインフォーマルかノンフォーマルかによって公民館関連施設を便宜的に区分し、述べていく。

16―1　インフォーマル教育の公民館関連施設

　アフリカでは植民地化される以前から、慣習や知識の伝達、人格教育、家族・コミュニティ（Community）への帰属意識の涵養などの伝統的・習俗的な教育が、年長者から年少者にむけて、または仲間同士でおこなわれてきた(2)。端的にいえば、コミュニティのなかでの役割や立場をわきまえるための実践的な教育が、儀礼などの様々な場でおこなわれてきたのである。このため、その教育システムは民族などによっても異なるが、年齢組、親族集団、秘密結社などのグループを基盤とする(3)ことが少なくない。つまりこのような教育の場であるインフォーマルな公民館関連施設は、コミュニティ内の社会組織を基盤に運営され、かつ機能しているといえよう。

16―2　ノンフォーマル教育の公民館関連施設

　他方、ノンフォーマル教育の公民館関連施設はコミュニティ外の人々が運営に携わることが少なくない。そして、コミュニティの開発や個人の生活改善などを主な目的とし、様々な問題解決型学習の場を提供することが多い。これら施設は、その維持を担う運営主体によって3つに大別できよう。第一は宗教団体が主催する学習の場であり、その宗教関連施設などが利用されている。ここでは宗教的な教義や価値観に基づきながら、教団関係者が教育、医療、福祉活動などをおこなっている。
　第二は政府主導で設定された成人学習の場であり、小学校などの公共施設が公民館関連施設としての役割を付加され、利用されることが多い。例えばかつて政治基盤をアフリカ的社会主義（ujamaa）にもとめたタンザニアでは、各地の小学校などが自助による生活改善や地域振興などさまざまな目的をもった成人教育の施設としても利用された(4)。このような施設は、貧富などの差別なく誰でも参

15　世界の社会教育施設

加できることが特徴だが、政治的イデオロギーの影響が強く、参加がなかば強制され、住民の参加が主体的よりはむしろ受動的になりやすい。また、このような施設の運営には政府の財政力が必要となる点も特徴である。

第三は、開発援助団体が直接的・間接的に主催する学習の場である。これらは、主に技術的な教育をおこなっているが、その活動の内容や規模などは援助団体やそれを受け入れる国家の意向や方針などによっても異なり、多様である。いずれにせよ、財政難のアフリカ諸国にとっては、技術的および経済的なサポートは不可欠であり、開発援助団体が関与または主催するこのような学習の場は今後、激増するとおもわれる。

16—3 現在的課題

アフリカ諸国では、近年急激に進むグローバリゼーションや都市化などによって、国内における経済格差の拡大、地域紛争の激化、コミュニティ内の慣行的な紛争解決メカニズムの機能低下、地域住民間または世代間の衝突などが生じてきている(5)。これらの現象は、アフリカにおいて、インフォーマル教育が衰微してきていること、そして従来より自明視されてきた社会関係資本（social capital）が動揺してきていることをうかがわせる。

一方、貧困を抱えるアフリカ諸国は、開発を最優先課題とする傾向が根強く、それを経済面や技術面で支える海外からの開発援助は重要である。実際、それらは医療や教育などの諸側面で多大な貢献をしてきている。しかしながら、冷戦終結後の援助の減少やその後の先進国の援助疲れなどにみられるように、開発援助は不安定さをも伴う。また、冷戦終結と先進国の援助政策の変化がアフリカの国内の政治情勢に多大な影響を与え、虐殺などの暴力の要因ともなる可能性(6)や、人道援助が平和の阻害要因となる可能性(7)なども指摘されている。

以上のように、国内情況と海外からの開発援助両方の不安定さを抱えるアフリカ諸国では、地域自治の振興が焦眉の問題だといえる。そしてこのために、公民館関連施設へかけられる期待やそれが果たす役割も少なくはない。だが、今のアフリカでは多様な地域住民、開発援助団体および政府がこれに関与するため、公民館関連施設自体の自治や自立に関する問題も懸念される。このようなことから、今後、より地域に根ざした、かつインフォーマル教育の修復をも盛り込んだ公民館関連施設が構想される必要があるだろう。

（飯田優美）

〔注〕
(1)UNESCO, *50 Years for Education*. UNESCO, France, 1997.
(2)楠原彰「総論アフリカにおける教育の現状と研究動向」「現代のアフリカ」刊行委員会編『文献総覧現代のアフリカ』新評論、1984年。
(3)Fafuwa, A. Babs and Aisiku, J.U., eds., *Education in Africa: A Comparative Survey*. Gorge Allen & Unwin, London, 1982.
(4)Buchert, Lene, *Education in the Development of Tanzania 1919-1990*. Ohio University Press, Athens, 1994.
(5)望月克哉「ナイジェリア：住民衝突と『青年』層」『アフリカレポート』No.34、2004年。
(6)武内進一「ブタレの虐殺—ルワンダのジェノサイドと『普通の人々』」武内進一編『国家・暴力・政治—アジア・アフリカの紛争をめぐって—』アジア経済研究所、2003年。
(7)篠田英朗「人間の安全保障からみた平和構築活動の意義—アフリカの文脈での検討への導入として」望月克哉編『アフリカにおける「人間の安全保障」の射程：研究会中間成果報告』アジア経済研究所、2004年。

終章

公民館・コミュニティ施設の展望
―公民館学の形成に向けて―

1．公民館・コミュニティ施設の実践・研究の成果

　1）「居場所」、「たまり場」としての公民館
　2）地域の学習・文化活動資料の収集・記録・提供
　3）公民館の施設空間
　4）職員会議

2．公民館研究の課題・方向

　1）公民館スタッフ論
　2）公民館の国際的特徴の解明
　3）市民経営論
　4）学際的アプローチと総合化

終章　公民館・コミュニティ施設の展望──公民館学の形成に向けて──

　戦後、60年を経て全国の市町村に約18,000館の公民館が普及し、定着している。平成17年9月に韓国光明市で開催された第4回平生学習フェスティバル国際シンポジウムにおいて、本学会の小林文人会長が招待講演者として、日本の公民館の歴史的形成過程と市民主体の公民館形成の潮流を紹介された。そのシンポジウムの席上で、韓国の研究者は、全国的に張り巡らされた生涯学習の組織・施設としてスウェーデンのスタディサークル（study circle）、ドイツのフォルクスホッホシューレ（Volkshochschule）とならんで日本の公民館を取り上げ、公民館は生涯学習、社会教育分野での日本ブランドであると紹介していた。全国の市町村に設置されている公民館は、国際的にみると、驚くべきことであり注目に値する施設として評価されているのである。

　翻って、日本国内に目を向けてみると、公民館は現在、大きな岐路に立たされている。市町村合併による公民館の統廃合、指定管理者制度導入を契機とする自治体社会教育の縮小と職員体制の弱体化、さらには教育委員会行政の学校教育委員会化の強まりのなかで公民館の一般行政部局へ移管や委託化の進行など、公民館を取り巻く状況には厳しいものがある。

　このような厳しい状況のなかで、公民館の未来を切り開く実践が全国の市町村で展開されていることも事実である。われわれはそうした実践の成果に目を向け、学ぶ必要がある。本ハンドブック刊行の意図には、戦後60年間に全国の公民館が築いてきた豊かな成果を共有することが含まれている。その際、我々は社会教育法が規定する公民館だけに注目するのではなく、地域集会施設として扱われてきた集落公民館、校区公民館などの自治公民館が地域社会で果たしてきた豊かな実践をも視野に入れ、それらとの関係の中に公民館を位置づけようとした。また、我が国の地域社会に設置されている多様なコミュニティ施設も視野に入れて、そうしたコミュニティ施設の中に公民館を位置づけ、公民館の特徴を明らかにしている。本ハンドブックのタイトルを『公民館・コミュニティ施設ハンドブック』と名付けた所以である。

　以下、本ハンドブックの到達点と課題を
①ハンドブックが明らかにした、公民館・コミュニティ施設の実践・研究の成果を提示する。
②公民館・コミュニティ施設研究の課題は何か。
という視点から整理することにしたい。

1．公民館・コミュニティ施設の実践・研究の成果

　公民館は戦後日本の再建の担い手としての「公民」の育成を目指して建設されたが、公民館の学習方法は、細山俊男が指摘しているように（第8章、はじめに）、その当初から、「講師から一方的な話を聞く」ことではなく「お互いに体験を交換」する相互学習が基本にあったのである。寺中作雄の『公民館建設』（1946）によれば、公民館の「教育の手段は講義や読書のみではない」といい、「楽しい談論、活発な討議、なごやかな懇談の中に自ら教育作用が媒介されることが望ましい。お互に体験を交換し、見識を示し合い、和気あいあいたる雰囲気の中にお互いの教養を高め合い、知識を向上し合うのである」というものであった。

　社会教育法のもとでの公民館論の中心的な論議は、公民館を「教育機関」として確立していくことに相当のエネルギーを費やしてきたといっても過言ではない。そのことは、「公民館は私の大学」というコトバに象徴される、体系的かつ高度な学習内容から構成される学級・講座の開発に向かっていった。また、職員論としては公民館主事の専門職化論として展開し、実践的には専門職化を求める運動を支える理論の構築にも貢献してきた。

終章 公民館・コミュニティ施設の展望

しかしその一方で、公民館職員が「行政機関」の枠にとらわれ、公民館利用規則等の運用にあたって市民の学習活動を支援するという観点が希薄な狭い法律解釈によって、結果的に市民の自由な学習活動がやりにくい、使い勝手の悪い公民館にしてしまっているところもある。こうした公民館の状況を白戸洋は「セクショナリズム」や「縦割り行政」に組み込まれて、他分野の地域づくりに関わる機関・団体との連携に消極的であったと指摘している（第7章）。地域づくりの観点から松本市の公民館活動に深く関与している白戸は、公民館が他の機関・団体と連携して相談事業を展開することによって、学習や実践も企画段階から、公民館と他の機関・団体との連携が図られ、より総合的な地域づくりに関わる学習事業が展開されることが可能となる、と論じている。

本ハンドブックに盛り込まれた公民館60年の実践の成果から、われわれは公民館を「教育機関」であるとともに地域住民の交流の場としての機能を持つ「コミュニティ施設」としてとらえることで、公民館の豊かな可能性を切り開くことができるという見通しを持つことができる。

コミュニティ施設としての公民館に求められる機能として、次のことが指摘できる。

1）「居場所」、「たまり場」としての公民館

コミュニティ施設としての公民館に今日求められているのは、地域住民にとっての「居場所」、「たまり場」という機能である。白戸は人の温かみを通した双方向のやりとりとして相談事業を展開するためには、日常的な住民と職員との関係や住民同士の関係が育まれているような場として、公民館がなければいけないと論じている（第7章）。地域のなかで公民館が「居場所」や「たまり場」としての役割を果たすことが住民の相談を地域づくりの種として活かしていくための大事な条件なのである。

2）地域の学習・文化活動資料の収集・記録・提供

沖縄県では、字公民館ごとに地域史が編纂されているし、大阪府豊中市では市史の一巻として「社会教育」編が編纂され、公民館についても詳細に論じられている。全国的に見れば相当数の公民館史が編纂されている。手塚英男が指摘しているように（第7章）、真剣な公民館活動あるところには、きちんとした記録や資料づくり、資料収集の活動がある。資料収集は、保存や活用を含むものである。全国18,000の公民館が地域の学習・文化活動をきちんと収集し記録化し、保存し、提供できる機能をもてば、公民館が地域の学習活動、文化活動の資料センターの一翼を担うことができるであろう。

3）公民館の施設空間

こうした多様な機能をもつ公民館の施設空間についての研究も建築学研究者によって進められている。建築学の浅野平八は、「公民館の設置及び運営に関する基準」（1959年）等の法令基準は最低の基準を示しているにもかかわらず、この基準が到達目標となり、工夫の少ない施設が蓄積されてきたことは否めないと指摘している（第9章）。2003年、この基準は全面的に改正され、具体的定量指標が削除され、弾力的な施設計画が求められるようになった。浅野は周到な計画による地域的個別的となる公民館建築の可能性が高まると共に、ずさんな建築計画の歯止めもなくなったことになる、とも指摘している。

浅野は、公民館建築を概観し、「多様性の中の普遍性」として、多様な公民館60年の展開から普遍的な事項として以下の3点を指摘している。
①地域社会形成の思想と論理を踏まえた拠点施設であること。
②多目的・多用途に利用される施設空間であること。
③学びの空間であること。

4）職員会議

　最後に、多様な公民館の機能が有効に作用するためには、公民館に携わる公民館職員集団の形成が求められている。職員会議は単なる事務的な会議ではなく、職員を「公民館職員」として育てる場であり、職員集団をつくりあげる場であると、小林良司、遠藤誠は指摘している（第5章）。そうした意味で、職員会議は、職員の力を結集する過程の中で、重要な役割を果たす場である。

2．公民館研究の課題・方向

　戦後60年の公民館実践が切り開いてきた成果は、公民館学形成の基盤となっている。

　上野景三は、日本公民館学会年報創刊号（2004年）の論文「現代公民館研究の課題と方法」において、公民館学構想にむけての課題を提起している。上野は、図書館学、博物館学と比較し、「残念ながら、まだ公民館学の構想や定義づけに至るまでには、議論を深め検証する時間が必要であろう。なぜなら、公民館は、図書館や博物館と違ってその歴史は浅く、また公民館の研究自体が、社会教育学の一部として取り組まれ蓄積されてきた」(1) と指摘し、「公民館学を社会教育学から特立しようとするのであれば、両者の関係を整理した上で、公民館学の核となるべき理論的課題は何かを明確にしていくことが求められよう」(2) と論じている。上野は、図書館学や博物館学では、それのもつ機能、つまり技術や方法についての研究が蓄積され、学問としての核を担ってきたと指摘している。つまり、「図書館・博物館の学問としての体系化は施設機能論がその重要な構成要素を占めている」(3) が、公民館研究は制度論に偏重し、「技術・方法論としての公民館学はいまだ未開拓なまま残されている」(4) と論じている。上野によれば、公民館学構築に当たって最も弱い部分が、公民館における方法や技術に関する研究蓄積がないということであった。

　この上野の指摘に対して、本ハンドブックは「事業・編成」（第7章）に15項目を設定し、また「方法・技術」（第8章）に7項目を割り当て、戦後60年の蓄積を共有化する第一歩を記したのである。今後は、この基礎の上に立って方法・技術論の精緻化を実践との関係のなかで進め、一般化、共通化を図っていくことが求められている。

　松田武雄も本ハンドブックのなかで（第1章）、公民館は、同じ社会教育施設ではあっても図書館や博物館のように専門性を特徴としている施設とは異なり、専門性を追求しつつも、むしろ多様性や複合性を歴史的な特徴としている。そうした特徴とも関わって、図書館学や博物館学のように公民館学といえるような学術的体系化は弱いと指摘している。

　しかし、松田は公民館という施設あるいは公民館としての機能それ自体は、身近な地域において多様に存立しており、そのような多様な存在形態と現代的な公民館のあり方を究明するために、法制度論のみではなく新たな公民館研究の方法論が探求されねばならないと論じている。公民館の多様性を総合的にとらえ、その多様性を生かしていける研究方法論として、松田は公民館の臨床学的な研究方法論の新たな開発に着手することが重要である、と指摘している

　松田のいうように公民館の臨床学的な研究方法論を公民館学会が形成しえるか否か、学会の力量が問われているといえよう。私は臨床学的な研究方法論ということを、中村雄二郎にならって「フィールドワークの手法」と同じものとして捉えることにしたい(5)。中村は、「臨床の知」（「フィールドワークの知」）を「個々の場所や時間のなかで、対象の多義性を十分に考慮に入れながら、それとの交流のなかで事実を捉える方法」(6) と規定している。

　中村の言う意味での「臨床の知」あるいは「フィールドワークの知」として、われわれはすでに豊かな成果を共有しつつある。その一つの潮流が、本学会会長である小林文人等

終章 公民館・コミュニティ施設の展望

の沖縄にこだわり、沖縄の社会に徹底的に入り込むフィールドワーク手法による沖縄研究である。沖縄研究を通じて「字公民館」（公民館類似施設）の豊かな実践が明らかとなっている。さらに小林文人等は沖縄の「字公民館」研究から、地域住民を基盤とする集落公民館の可能性に着眼している。全国各地それぞれの地域独自の展開のなかで、行政との関わりを複雑にもちつつ、たとえば部落公民館、分館、類似公民館、町内公民館、そして自治公民館、字公民館などの名称により、地域住民組織としての集落の公民館活動が定着してきた。これらを総称するかたちで、公立公民館に対応して「集落公民館」という概念があてられてきたのである（第1章）。

小林文人は、公民館の制度は、いうまでもなく「市町村が設置する」（社会教育法第21条）公立公民館の体制を基本としていると指摘しつつ、広義の公民館の概念としては、集落公民館を含むものとして理解しておく視点もありえようという見解を示している。

われわれは、フィールドワーク的手法を用いて地域社会に徹底して入り込むことによって、「客観的科学が正当に見ようとしなかったもの」(7)つまり「生活世界」に接近できるのである。くり返しになるが、公民館研究の方法論としてフィールドワーク的手法を豊かに発展させていくことが、社会教育学研究の一部としての公民館研究から公民館学として公民館研究を深化させていくことになるのではないだろうか。

ここまで、公民館学の構築という観点から、公民館研究の方法論についてのべてきた。以下では、本ハンドブックのなかで論じられているさまざまなテーマのうちから、今日の公民館研究に求められていると思われる課題を指摘しておきたい。

1）公民館スタッフ論

佐藤進が述べているように（第4章）、これまで公民館職員論は、職員体制の前進をめざす立場から、常勤・専門職体制をいかに確立するかを中心に展開されてきたように思う。しかし現在のように多様な状況を前提にすれば、職員論にプラスした公民館スタッフ論を構築する必要がある。つまり、公民館の運営・管理に関わる職員・運営審議会や利用者懇談会・事業面での各種委員会・市民スタッフ・委託業者等々、公民館が機能するためにそれぞれ役割を果たしている人々全体を視野に入れたスタッフ論が求められているという、佐藤の主張は今日的な課題を提起している。

2）公民館の国際的特徴の解明

本ハンドブックは16の国、地域をカヴァーして（第15章）、それぞれの生涯学習・社会教育施設を取り上げている。これまでほとんど取り上げられてこなかった、中東、東欧を含めたことで、世界的視野で地域コミュニティ施設を概観する基礎データを提供することができた。上杉孝實は、日本の公民館の特色は、施設を開放して住民に学習・文化活動の場を提供するとともに多様な事業を主催するなど、「施設と機関が一体となっている」(8)ところにあると指摘したが、国際的な観点から日本の公民館の特徴を解明していくことは大事な課題である。

3）市民経営論

現代社会において公民館を積極的に捉える理論が求められている。公民館を含む生涯学習・社会教育施設の指定管理者への委託が進行しているが、こうした事態に対して、異議申し立てとともに、いかにしたら市民サイドに立った委託化が実現できるのかということを示唆する理論が求められている。そうした点で、本ハンドブックで重本直利が論じている市民経営学という考え方は示唆的である。（第13章）

重本は、経済合理性に基づく企業経営から社会合理性に基づく市民に視点を据えた社会

経営という概念、市民経営学が必要になると述べている。社会経営という概念は、社会全体としての視点から、個々の経営体の論理を捉えるということを前提としている。個々の経営体の主たる論理としては、企業経営は「経済」の論理で動く、家庭経営は「愛情」の論理で動く、学校は「人格」の論理で動くということである。個々の経営体の主たる論理がお互いに尊重され、かつお互いにその緊張感（他の論理との関係性の中で生じる緊張感）の中で社会全体をマネジメントしていくというのが社会経営という方法である。

この重本の考え方から導かれる、公民館の委託管理を受託した指定管理者と市民、行政との関係が、それぞれの「論理」を尊重しつつ、調整することが可能な社会的な仕組みはどのようなものであろうか。公民館に関する重要な問題提起である。

4）学際的アプローチと総合化

本ハンドブックには総勢100名を超える研究者、職員、市民団体の方々に執筆者として参加していただいた。その結果、生涯学習、社会教育の観点からだけでなく、建築学、経営学、民俗学、体育学、社会福祉学など多様な視点から公民館・コミュニティ施設論が展開されている。こうした意味で、本ハンドブックは学際的であるという点に特徴がある。しかし、学際的に論じられていることが、公民館・コミュニティ施設論として総合化されるまでには至っていないように思われる。本ハンドブックに提示された多様な論点を整理し、公民館・コミュニティ施設論を捉える共通の観点と学際的アプローチによる視点の相違を明確にしていくことが、今後の課題である。

（手打明敏）

〔注〕
(1)上野景三「現代公民館の課題と方法」『日本公民館学会年報』創刊号、2004年、6頁
(2)同上
(3)同上
(4)同上
(5)中村雄二郎『臨床の知とは何か（岩波新書）』岩波書店、1992年、138頁
(6)同上、9頁
(7)同上、33頁
(8)小林文人、佐藤一子編著『世界の社会教育施設と公民館』エイデル研究所、2001年、18頁

第Ⅲ部

資料編

〔文書・法令〕
1. 公民館の設置運営について
2. 公民館の建設―新しい町村の文化施設―
3. 公民館の設置及び運営に関する基準（1959年）
4. 公民館の設置及び運営に関する基準（2003年）
5. 社会教育をすべての市民に
6. 都市社会教育論の構想―三多摩社懇に学び期待するもの―
7. 公民館主事の性格と役割
8. 新しい公民館像をめざして
9. 生涯教育時代に即応した公民館のあり方（全公連第5次専門委員会答申）
10. 日本公民館学会設立趣意書
11. 「公民館、図書館、博物館の民間への管理委託について（文部科学省社会教育課）」の資料提供について
12. コミュニティ―生活の場における人間性の回復―
13. 地方自治法の一部改正

〔統計〕
Ⅰ．文部科学省作成統計
14. 社会教育施設数
15. 都道府県別公民館数
16. 都道府県別1小学校当たりの公民館数
17. 都道府県別公民館の設置率
18. 都道府県別人口1万人当たりの公民館数
19. 都道府県別公民館主事数
20. 都道府県別1公民館当たりの専任公民館主事数
21. 種類別活動実施館数
22. 公民館における諸集会の実施状況
23. 公民館の利用状況
24. 全国の公民館におけるボランティア活動状況
25. 公民館における民間営利社会教育事業者との連携・協力状況【学級・講座】
26. 公民館における民間営利社会教育事業者との連携・協力状況【諸集会】

Ⅱ．全国公民館連合会作成資料
27. 中核市の公民館設置状況
28. 自治公民館数について

〔年表〕
29. 「公民館・コミュニティ施設」年表
　　法律・国の動き／公民館・地域の動き
　　公民館組織・運動／関連項目

1. 公民館の設置運営について(抄)

1946年7月5日発社第122号
各地方長官宛文部次官通牒

公民館設置運営要綱
1、公民館の趣旨及目的
これからの日本に最も大切なことは、すべての国民が豊かな文化的教養を身につけ、他人に頼らず自主的に物を考え平和的協力的に行動する習性を養うことである。そして之を基礎として盛んに平和的産業を興し、新しい民主日本に生まれ変わることである。その為には教育の普及を何よりも必要とする。わが国の教育は国民学校や青年学校を通じ一応どんな田舎にも普及した形であるが、今後の国民教育は青少年を対象とするのみでなく、大人も子供も、男も女も、産業人も教育者もみんながお互いに睦み合い導き合ってお互の教養を高めてゆく様な方法がとられねばならない。公民館は全国の各町村に設置せられ、此処に常時に町村民が打ち集って談論し読書し、生活上産業上の指導を受けお互の交友を深める場所である。それは謂はば郷土に於ける公民学校、図書館、博物館、公会堂、町村集会所、産業指導所などの機能を兼ねた文化教養の機関である。それは亦青年団婦人会などの町村に於ける文化団体の本部ともなり、各団体が相提携して町村振興の底力を生み出す場所でもある。この施設は上からの命令で設置されるのでなく、真に町村民の自主的な要望と協力によって設置せられ、又町村自身の創意と財力とによって維持せられてゆくことが理想である。
2、公民館運営上の方針
(1) 公民館は町村民が相集って教え合い導き合いお互の教養文化を高める為の民主的な社会教育機関であるから、町村民が進んで教えを受け楽しんで之を利用する様に、努めて図書や機械類等の設備を充実し町村民にとって有難い便利な施設として感謝される様に運営されねばならない。
(2) 公民館は当時に町村民の親睦交友を深め、相互の努力和合を培い、以て町村自治向上の基礎となるべき社交機関でもあるから、成るべく堅苦しい窮屈な場所でなく、明朗な楽しい場所となる様に運営されねばならない。
(3) 公民館は亦町村民の教養文化を基礎として郷土産業活動を振い興す原動力となる機関であるから、町村内に於ける政治、教育及産業関係の諸機関が一致協力して其の運営に参加しかくして教科活動と産業指導の活動が綜合的に推進されねばならない。
(4) 公民館は謂はば町村民の民主主義的な訓練の実習所であるから、館内に於ては性別や老若貧富等で差別待遇することなく、お互の人格を尊重し合って自由に討論談論するに自分の意見を率直に表明し、又他人の意見は率直に傾聴する習慣が養われる場所となる様に運営されねばならない。
(5) 公民館は又中央の文化と地方の文化とが接触交流する場所であるから、進んで各方面の中央講師を招いて意見を聞くと共に地方の事情を中央に通じて貰い、日本中の人が仲良く理解し合って日本の再建に協力する原動力となる様に運営されねばならない。
(6) 公民館は全町村民のものであり、全町村民を対象として活動するのであるから町村内各種の機関が之に協力すべきは勿論であるが特に青年層こそ新日本建設の推進力となるべきものであるから、此の施設の設置運営には特に青年層の積極的な参加が望ましい。
(7) 公民館は郷土振興の基礎を作る機関であって、郷土の実情や町村民の生活状態等に最も適合した弾力性のある運営が為されるべきで、決して画一的形式的非民主的な運営に陥らぬ様に注意しなければならない。
3、公民館の設置及管理
4、公民館の維持及運営
(略)
(3) 公民館事業の運営は公民館委員会が主体となって之を行うこと。公民館委員会の委員は町村会議員の選挙の方法に準じ全町村民の選挙によって選出するのを原則とすること。但し其の町村の実情によっては公民館運営に最も熱意を有し最も適任と思われる各方面の代表者(町村会議員、学務委員、学校教職員、各種産業団体及文化団体の幹部、其の他の民間有力者)の中から7の(2)に記した公民館設置準備委員会等に於て適宜話合の上選んでもよいこと。其の人数は凡そ三人乃至八人位が適当と思われ、其の中に教育者及婦人が含まれていることが望ましい

資料編〔文書・法令〕

こと。
(4) 公民館委員会の任務は公民館運営に関する計画や具体的方法を決定し、町村当局や公民館維持会と折衝して公民館運営に関する必要な経費を調達経理し、又町村内の産業団体文化団体との間の連絡調整に当るものであること。
(5) 公民館長は公民館委員会から選任され其の推薦によって町村長が嘱託すること。公民館長の任期は凡そ一年位と定め、教育に理解あり、且衆望のある最適任者を選任することに努めること。適任者の重任は差支えないこと。
(6) 公民館には専属又は兼任の職員を置いて公民館運営の仕事を担当させること。公民館職員は主事と呼び、館長が公民館委員会の意見に依って選定し、町村長が之を嘱託すること。

　主として青年学校教職員及国民学校教員を兼務させるのはよいが、財政に余裕ある限り出来るだけ多くの練達堪能な実力のある人材を専任に嘱託する様にすること。

（略）

5、公民館の編成及設備
6、公民館の事業
7、公民館設置の手続
8、公民館の指導
9、備考

2. 公民館の建設－新しい町村の文化施設－（抄）

文部省社会教育局社会教育課長
寺中作雄「公民館叢書」第一編
1946年

序

　我が国が戦うべからざるに戦い、戦い続くべからざるに続け、遂に今日の悲惨に陥った原因は種々考え得られるが、その窮極的なものは永年の教育の欠陥に起因すること、今や万人の承認するところである。教育の欠陥は学校教育中に内在するが、尚家庭教育や社会教育が殆ど無視せられていたことにも存している。日本は統計的に教育の進歩を中外に誇っていたが、家庭教育や社会教育が他の文明諸国に比して甚だしく劣っていたのみならず、学校教育すらも内容の貧弱な形式的、外形的なものに過ぎなかったのである。我々は学校教育を充実すると共に、それを深く家庭に滲透し、広く社会に普及しなければならない。教育を過激国家主義の迷信から解放すると共に、それによって生じた空虚を真理と道義と文化と教養に依って充たさなければならない。

　社会教育は今後学校教育と並んで大いに振興されなければならない。而して学校教育は第一線の学校当局に大体に於て一任するを可とするが、社会教育はあらゆる観点に於て漠然として居り、特に未組織の一般大衆を対象とする故に　文部省の親切な世話が必要でないとはいえない。

　文部省による公民館の提唱は此の理由に基く。公民館は現に澎湃として起こっている社会教育に対する諸要求の具体化したものである。一面それは社会教育のための最も有効な手段であると共に、多面それは当該町村に於ける社会教育的、換言すれば公民的及び文化的水準を下知せしむる具体的標準となる。

　我々は決して規模の大小を論ずるものではない。清潔に、整頓し、而も芸術的の潤いと香りの豊かな雰囲気は、自由と共に秩序を　論理と共に倫理を実利と共に礼譲を尊重し実現する人々にして初めて他のものにひけを取らぬよう、正しい競争をして貰いたい。自分の所の公民館を芸術家が丹精して大理石を刻むような良心と情熱とを以って完成していた

だきたい。かくして農村青年の悲しむべき虚脱状態、道義の頽廃、趣味の堕落の風評を一掃して欲しいものである。

　公民館の育成に対しては今後の財政の許す限り政府と雖も決して無関心である筈がない。然し我々は常に形式にあらずして内容、言葉にあらずして精神を重んじなければならぬ。厳重に監視せられている図書館や、公衆に満腔の信頼を置いて自由に閲覧させている。進駐軍の厚意から出た図書室に於てすら、平気で挿絵などを切り取って行く不徳漢が絶えないような、恥ずべき民族性の欠陥に想到するときに、我が国に於て公共的精神の昂揚をいくら叱呼しても充分だということはない。

　著者寺中作雄君は公民館制度の考案並びに実施につき通常役人が持つべき財務上の責任感以上に情熱を打ち込んで筆に当っていることを本書の各頁各行から看取得られるところである。説明は甚だ親切で具体的である。我々は本書が公民館制度に関し文部省が意図するところ、社会が期待するところを大方に理解せしめ、又それが運用に関し正確な指針を与え、以って我が国の社会教育の振興に多大の貢献を為すものなることを確信するものである。

　　　　　　　　　　　昭和二十一年九月三十日
　　　　　　　　　　　　　　　　田中耕太郎

自序

　国民主権を宣言した新しい憲法が生れようとしている。中央集権の弊が反省されて地方分権の必要が力説されている。文化が生活に浸透し、教育が社会と連繋し、政治が国民と直結し、産業が郷土に根を張る様な活々として美しい民主国家、平和国家が建設されることを た ゞ 一場の夢としない為にわれ〳〵はこの際本当に智恵を絞って再建を議せねばならない。それには国会議事堂が東京に唯一つあるのみでは足りない。議事堂は全国各町村に広く分散せられて然るべきだと思う。

　公民館の構想は文部省の創案にかかるものではない。終戦後の混乱たる世相の中から、これではいけない、何とかせねばならぬとして起ち上ろうとする人々の胸の中に期せずして湧き上る鬱勃たる建設の意欲が漠然と公民館を求める心となったのである。文部省の示した構想は、これらの人々の欲求に応える為の一つのイメージに過ぎない。このイメージに血を通わせ、肉をつけ、活きた文化施設として育たせるのはひとえに町村民の熱意と努力に俟つものである。

　何しろ日本はすべて新規まき直しに出発する時である。公民館というささやかな種蒔きから小さな芽が伸び、若々しい葉が繁り、美しい花を咲かす日を思い画きながら、このささやかなパンフレットの一すくいの水、一汲みの肥料の役にでも立つならば望外の喜びである。

　終りに文教再建に寸暇もない田中文部大臣が繁る繁務の中から本書の為に序文を寄せて下さったことは無上の光栄として深く感謝して止まないところである。

　　　　　　　　　　　昭和二十一年九月
　　　　　　　　　　　　　　　　寺中作雄識

一、何故公民館を作る必要があるか
二、公民館とはどんなものか
三、公民館はどんな機能をもつか
四、公民館はどう運営するか
五、公民館では何をするか
六、公民館は誰が運営するか
七、公民館にはどんな設備をするか
八、公民館はどうして作るか

資料編〔文書・法令〕

3. 公民館の設置及び運営に関する基準
　（1959年）

1959年12月28日
文部省告示第98号

（趣旨）
第一条　この規定に定める基準は、公民館を設置し、及び運営するのに必要な基準を示すものであるから、公民館の設置者は、この基準に従い、公民館の水準の維持、向上を図ることに努めなければならない。
（対象区域）
第二条　公民館を設置する市町村は、公民館活動の効果を高めるため、当該市町村の小学校又は中学校の通学区域（児童又は生徒の就学すべき学校の指定の基準とされている区域をいう。）人口、人口密度、地形、交通条件、社会教育関係団体の活動状況等を勘案して、当該市町村の区域内において、公民館の事業の主たる対象となる区域（以下「対象区域」という。）を定めるものとする。
（施設）
第三条　公民館の建物の面積は、三百三十平方メートル以上とする。ただし、講堂を備える場合には、講堂以外の建物の面積は、二百三十平方メートルを下らないものとする。
2　公民館には、少なくとも次の各号に掲げる施設を備えるものとする。
　一　会議及び集会に必要な施設（講堂又は会議室等）
　二　資料の保管及びその利用に必要な施設（図書館、児童室又は展示室等）
　三　学習に必要な施設（講義室又は実験・実習室等）
　四　事務管理に必要な施設（事務室、宿直室又は倉庫等）
3　公民館には、前二項に規定するもののほか、体育及びレクリエーションに必要な広場等を備えるように努めるものとする。
4　第一項及び第二項に規定する施設は、公民館の専用の施設として備えるように努めるものとする。
（設備）
第四条　公民館には、その事業に応じ、次の各号に掲げる設備を備えるものとする。
　一　机、椅子、黒板及びその他の教具
　二　写真機、映写機、テープ式磁気録音再生機、蓄音機、テレビジョン受像機、幻燈機、ラジオ聴取機、拡声用増幅器及びその他の視聴覚教育用具
　三　ピアノ又はオルガン及びその他の楽器
　四　図書及びその他の資料並びにこれらの利用のための器材器具
　五　実験・実習に関する器材器具
　六　体育及びレクリエーションに関する器材器具
（職員）
第五条　公民館には、専任の館長及び主事を置き、公民館の規模及び活動状況に応じて主事の数を増加するように努めるものとする。
2　公民館の館長及び主事は、社会教育に関し識見と経験を有し、かつ公民館の事業に関する専門的な知識と技術を有する者をもって充てるように努めるものとする。
（他の施設等との連絡協力）
第六条　公民館は、その事業の実施にあたつては、他の公民館、図書館、博物館、学校その他の教育機関及び社会教育関係団体等と緊密に連絡し、協力するものとする。
2　公民館は、その対象区域内に公民館に類似する施設がある場合には、必要な協力と援助を与えるように努めるものとする。
（連絡等にあたる公民館）
第七条　二以上の公民館を設置する市町村は、その設置する公民館のうち、一の公民館を定めて、当該公民館の事業のほか、市町村の全地域にわたる事業、公民館相互の連絡調整に関する事業、その他個々の公民館で処理することが不適当と認められる事業を実施させることができる。
2　前項に規定する公民館の講堂以外の建物の面積は、三百三十平方メートル以上とするように努めるものとする。
3　第一項に規定する公民館は、第四条に規定する設備のほか、当該公民館の館外活動及び第一項の事業の実施に必要な自動車その他の設備を備えるものとする。
（公民館運営審議会）
第八条　市町村は、社会教育法（昭和二十四年法律

第二百七号）第二十九条第一項ただし書の規定により、二以上の公民館について一の公民館運営審議会をおくときは、これを前条に規定する公民館に置くようにするものとする。
（分館）
第九条　公民館の事業の円滑な実施を図るため、必要がある場合には、公民館に分館を設け、当該公民館の対象区域内における第二条の条件又は当該公民館の事業の内容に応じて分館の事業を定めるものとする。

4. 公民館の設置及び運営に関する基準（2003年）

2003年6月6日
文部科学省告示第112号

（趣旨）
第一条　この基準は、社会教育法（昭和二十四年法律第二百七号）第二十三条の二第一項の規定に基づく公民館の設置及び運営上必要な基準であり、公民館の健全な発達を図ることを目的とする。
2　公民館及びその設置者は、この基準に基づき、公民館の水準の維持及び向上に努めるものとする。
（対象区域）
第二条　公民館を設置する市（特別区を含む。以下同じ。）町村は、公民館活動の効果を高めるため、人口密度、地形、交通条件、日常生活圏、社会教育関係団体の活動状況等を勘案して、当該市町村の区域内において、公民館の事業の主たる対象となる区域（第六条第二項において「対象区域」という。）を定めるものとする。
（地域の学習拠点としての機能の発揮）
第三条　公民館は、講座の開設、講習会の開催等を自ら行うとともに、必要に応じて学校、社会教育施設、社会教育関係団体、NPO（特定非営利活動促進法（平成十年法律第七号）第二条第二項に規定する特定非営利活動法人をいう。）その他の民間団体、関係行政機関等と共同してこれらを行う等の方法により、多様な学習機会の提供に努めるものとする。
2　公民館は、地域住民の学習活動に資するよう、インターネットその他の高度情報通信ネットワークの活用等の方法により、学習情報の提供の充実に努めるものとする。
（地域の家庭教育支援拠点としての機能の発揮）
第四条　公民館は、家庭教育に関する学習機会及び学習情報の提供、相談及び助言の実施、交流機会の提供等の方法により、家庭教育への支援の充実に努めるものとする。
（奉仕活動・体験活動の推進）
第五条　公民館は、ボランティアの養成のための研修会を開催する等の方法により、奉仕活動・体験活動に関する学習機会及び学習情報の提供の充実に努

資料編〔文書・法令〕

めるものとする。
(学校、家庭及び地域社会との連携等)
第六条　公民館は、事業を実施するに当たっては、関係機関及び関係団体との緊密な連絡、協力等の方法により、学校、家庭及び地域社会との連携の推進に努めるものとする。
2　公民館は、その対象区域内に公民館に類似する施設がある場合には、必要な協力及び支援に努めるものとする。
3　公民館は、その実施する事業への青少年、高齢者、障害者、乳幼児の保護者等の参加を促進するよう努めるものとする。
4　公民館は、その実施する事業において、地域住民等の学習の成果並びに知識及び技能を生かすことができるよう努めるものとする。
(地域の実情を踏まえた運営)
第七条　公民館の設置者は、社会教育法第二十九条第一項に規定する公民館運営審議会を置く等の方法により、地域の実情に応じ、地域住民の意向を適切に反映した公民館の運営がなされるよう努めるものとする。
2　公民館は、開館日及び開館時間の設定に当たっては、地域の実情を勘案し、夜間開館の実施等の方法により、地域住民の利用の便宜を図るよう努めるものとする。
(職員)
第八条　公民館に館長を置き、公民館の規模及び活動状況に応じて主事その他必要な職員を置くよう努めるものとする。
2　公民館の館長及び主事には、社会教育に関する識見と経験を有し、かつ公民館の事業に関する専門的な知識及び技術を有する者をもって充てるよう努めるものとする。
3　公民館の設置者は、館長、主事その他職員の資質及び能力の向上を図るため、研修の機会の充実に努めるものとする。
(施設及び設備)
第九条　公民館は、その目的を達成するため、地域の実情に応じて、必要な施設及び設備を備えるものとする。
2　公民館は、青少年、高齢者、障害者、乳幼児の保護者等の利用の促進を図るため必要な施設及び設備を備えるよう努めるものとする。
(事業の自己評価等)
第十条　公民館は、事業の水準の向上を図り、当該公民館の目的を達成するため、各年度の事業の状況について、公民館運営審議会等の協力を得つつ、自ら点検及び評価を行い、その結果を地域住民に対して公表するよう努めるものとする。
　　附　則
この告示は、公布の日から施行する。

5. 社会教育をすべての市民に（抄）

大阪府枚方市教育委員会
1963年2月

まえがき
第一章 社会教育とは何か
(1) 社会教育の主体は市民である
(2) 社会教育は国民の権利である
(3) 社会教育の本質は憲法学習である
(4) 社会教育は住民自治の力となるものである
(5) 社会教育は大衆運動の教育的側面である
(6) 社会教育は民主主義を育て、培い、守るものである

第二章　社会教育行政の課題
(1) 基本的立場

　日本国憲法の精神に則り、教育の目的、方針その他の基本事項を明らかにした教育基本法と、これをうけて国や地方公共団体における社会教育行政の具体的な活動範囲を規定した社会教育法に基いて行なわれるべきものであります。

　それは、社会教育法第3条に規定しているように、社会教育の奨励に必要な施設の設置および運営、集会の開催、資料の作製、頒布その他の方法を実施することによって第1章で述べてきた国民の自己教育に資するよう環境を醸成し、条件を整備することであります。

　しかも、教育基本法第10条の規定されているように、不当な支配に服することなく、国民全体に対し直接に責任を負って行なわれねばなりません。

　このことは、住民の福祉を増進し、住民自治をほんものにするために、教育行政機関に対し、優先的に力を注がねばならない地方自治体が、政治の中央集権化、教育の中央統制化という一般的傾向の中で最も留意すべき点であり、教育行政機関の独立制が堅持されねばならないところであります。

　同時に教育行政の立場は同法第12条に規定されている如く、いかなる方法によっても、不当に統制的支配を及ぼし、又はその事業に干渉を加えてはならないということを忘れてはなりません。

(2) 環境醸成、条件整備の内容

　何より先決の問題は、住民が自由に気軽に集まれる場、公民館を地域毎により多く設置し、図書館、博物館（科学館を含む）、青年の家、その他社会教育に関する施設をつくって、住民の学習する場を提供することです。

　現実の問題としては、当面、学校教育施設の開放と、地域に存在している集会所、公会堂等の積極的活用であり、その管理運営に援助をしていくということを推進すべきでありましょう。

　次に、「求めに応じて専門的技術的な助言、指導を与える」社会教育専門職員の整備拡充であります。

　なお、「社会教育に関する事業に必要な物質の確保」をはかり、成人及び青年の主権者としての人格形成を中核とした講座、学級、集会の開設開催をはじめとして、社会教育に関する資料の刊行配布を行なっていくことであります。

　一市民の願いとして、「せめてお役人が社会教育のためになる仕事をしたといわれたかったら"だれでもがわかる社会教育センター"をバンとつくってみろ」ということばに集中されている社会教育政策に対する批判を噛みしめて、これが実現に最善の努力を傾けることが大切です。

(3) 社会教育行政機関の整備拡充

　広範にわたり、しかも多種多様に行なわれる住民の自由なる社会教育活動を保障し、この教育の発展と奨励を策するためには、事務局の体制を確立することが重要課題となってきます。

　まず現状をながめてみると、社会教育関係職員には、「歌って踊ってシャベッテ書いて、映画、スポーツ、理論実践偏らず、酒のみてさばけて固く身体丈夫な活動家」ということが言われ、「事業の企画、立案、交渉、整理、実施、事業報告等いっさいを行ない、場合によっては、要項のガリ版切り、印刷、ポスター看板書きまで一人でやらねばならない、また集会では進行係りからレクリェーションの指導、しかも各種団体の集会に出席の多くが夜間か休日である」という指摘がなされています。

　本市においては、ここまではいかないにしても、

資料編〔文書・法令〕

これに近い状態におかれているようです。こうした状態からして、行事屋だとか何でも屋だとかいう不名誉な言葉で調刺されるようになってきたと考えられます。

今日までの跡をふりかえってみると、たしかに役所の動員主義、形式的な実績主義から既成の網ら団体によりかかり、行事社会教育の這いまわりに終っていたと云えます。こうした行事社会教育は徹底的に反省されなくてはなりません。

今日の社会教育の体質改善なしには、住民の要求に応えることはできないのであって、人的体制の確立はその前提条件となるものです。

一人が何役もの仕事をするということは、行政の近代化、仕事の分化とは逆行するもので、行政の事務分担と専門職分担は明確にされるべきものです。

社会教育行政に必要な事務職員を確保するとともに求めに応じて助言、指導を行なうところの社会教育専門職員を拡充して彼等が専門職としての能力を十分に発揮できるようにせねばなりません。

関係職員は公務員労働者として住民に奉仕する自覚を高め自治研に取組み、社会教育の理論をしっかりと身につけて、住民の学習課題を組織する条件整備者としての資質の向上に努めることが必要です。

社会教育専門職員が自他ともに専門職として認められるためには、関係職員が住民に対する限りなき愛情をもち、住民の奉仕者としての自覚のもとに「社会教育の内容と方法に関する深い職見、教養とこの教育についての経験をもちその助言、指導についての高度の教育技術」をもつことであります。

大阪学大の宇佐川満氏はこの点について、「重要な前提条件が必要である、その第1は社会教育の内容、方法に関する知識、技術の専門職であると同時に人間的にすぐれた公務員となることであり、第2はその専門性を発揮するために、その職務についてのたえざる研修、研鑽の自由とその職責遂行の自由が確保されていなければならない」と云っておられます。

専門職員が這いまわりの行事、社会教育の渦の中に巻き込まれていたのでは研修、研鑽の自由どころか機会すら持ち得ないで専門職の失格となってしまいます。

専門職員は一朝一夕で出来るものではなく、絶えず研修の機会を与えてその資質の向上を教育委員会としてはかるということが必要であり、これらの専門職員が一般行政機関の職員と同じような人事の取扱いをされない配慮と住民の福祉を高め、その民主的発展を促すという良心的な専門職員が政治的な立場から配置転換されることのないようにしなければなりません。

そして、専門職員における民主的助言、指導の自由を確保し、彼等が社会教育の条件整備を最良の仕事を信じ、生涯の仕事として打ちこめるような教育行政機関の体制をつくっていくことが大切です。

なお、公民館主事については、公民館活動がもっぱら主事の果す役割に依存している現状からしても、社会教育専門職員として認めていくべきであり、法的に問題があるとするならば、社会教育主事の資格をとる方途を講じ、公民館主事が社会教育主事講習に参加できるように、事務局の人的体制をととのえることを忘れてはなりません。

(略)

(4)　社会教育行事の再検討
(5)　成人教育のあり方
(6)　青少年教育のあり方
(7)　社会教育関係団体との関連性
(8)　社会教育、野外活動の振興
イ．施　設
ロ．指導員
ハ．組　織
ニ．行　事

6．都市社会教育論の構想－三多摩社懇に学び期待するもの－（抄）

小川利夫
三多摩社会教育懇談会研究収録
第一集「三多摩の社会教育」
東京都三多摩社会教育懇談会
1965年

2、都市社会教育論の構想
(1) これまで一般的に日本の社会教育論（その理論と実践）の基調は、いわば自営業社会教育論であった。より具体的にいえば、それは日本の農村を主要な活動場面として展開され、日本の農民およびその家族を主要な活動対象として展開されてきた、といってよいであろう。したがって、都市社会教育論の構想は、まず第一に、そのようなこれまでの日本に伝統的な自営業社会教育論の理論的、実践的な再吟味から出発する必要がある、と思われる。

たとえば、これまで一般的に日本の社会教育論は、くりかえし「地域」及び「地域住民」と社会教育との関連を問題にしてきている。しかし、いったい社会教育において問題となる「地域」及び「地域住民」とはどのようなものなのか。それはどのような意味に於て社会教育に於て問題にされるべきなのか。――そう反問してみると、その答えは必ずしも明らかではない。これまで一般に、そこでは「地域」及び「地域住民」についての2つの解決の視点が、しばしば無原則的に混同されるか、あるいは、しばしば二元論的にとらえられがちであった、といってよいであろう。

1つは、いわば「支配としての地域」及び「地域住民」解釈の視点である。そこではいわゆる「地域」とは、地方自治体行政のための政治的（政策的）な単位を意味するにすぎず、いわゆる「地域住民」とは、そのようにしてとらえられる、「市町村その他一定区域内の住民」（社教法、第20条「公民館」の「目的」）のことにほかならない。いま1つは、それに対していわば「連帯の場としての地域」あるいは「地域住民」解釈の視点である。

そこではいわゆる「地域」とは必ずしも地方自治体の行政単位を意味するものではなく、又、いわゆる「地域住民」とは、「市町村その他一定区域内」の「地域住民一般」ではなく、むしろ、そのような形態に於てとらえられる「地域住民（の生活）の解釈性」が、第一義的な問題となる。いいかえるなら、前者では、どちらかといえば「住民の文化的同質性」やその「地縁の論理」が主として問題にされるのにたいして、後者では「住民文化の階級性」にもとづく「地縁の論理」の否定とそのための学習運動がしゅようなかんしんじになるといってよいであろう。ところで既に一言したようにこれ迄の伝統的な社会教育論の理論と実践によれば、右のような2つの「地域」及び「地域住民」解釈の視点は、ともすれば無原則的に混同されるか、あるいはしばしば二元論的に捉えられがちであった。従って、例えばいわゆる「自治公民館」論に於て典型的にしめされているように、そこでは、ともすれば市町村公民館活動の主要な矛盾は、行政と住民の要求、いいかえるなら行政的社会教育（活動）と住民の「自己教育」運動との間の矛盾に求められることになる。そして、多くの社会教育家的な問題発想によれば、問題の本質は、さらにいわゆる一般行政と社会教育行政との間の矛盾に還元されうるかのように見える。

しかし、問題の本質は、果たしてそこにあるのであろうか。一般に資本主義国家における行政、したがってまた社会教育行政の支配的な姿が、国家権力の支持する社会教育理念の現実化過程にほかならない以上、社会教育における行政と住民の学習活動との支配的な現象形態は、多くの場合、矛盾し対立した形においてあらわれているし、あらわれざるをえないのは当然である。しかし、にもかかわらず現象はあくまでも現象であって本質ではない。そのことは少くとも今日の農村に於て以上に今日の都市に於て以上に今日のとしにおいて、より明白ではなかろうか。これまで一般に「都市がすでに人口、生産用具、資本、需要、欲望の集積という事実をしめすのに対して、農村ではまさに反対の事実、すなわち孤立と分散を表している」といわれてきた。

ところで、今日の日本では必ずしも「都市と農村との対立」を、そのような形で単純にとらえられないのは、いうまでもない。しかし、元来「都市と農

村との対立はただ私有性の内部でのみ存在する」ものであるとすれば、問題の本質が都市においてより集積的に、農村においてより分散的にあらわれるという一般的法則は、今日なお否定しえないであろう。とすれば、「都市の成立と同時に行政、警察、租税などの、つまり自治体制度の、したがってまた政治一般の必然性が与えられる」という一般的法則も又否定しえない、と思われる。

(2) そこで第二に、都市社会教育論の当面する理論的、実践的な課題は、いわゆる「社会教育行政の(活動)と国民の自己教育運動」との現実的な関係、言い換えるなら、さまざまな形態をとってあらわれる両者の現象的な矛盾関係を、より本質的な関係まで立入って、具体的に明らかにすることである、といえよう。

ところで、三多摩社懇では、すでに再開後の第5回目の例会（1964年1月25日の例会）において、およそ次のような3つの課題を当面するもっとも一般的な理論的、実践的な課題として設定している。すなわち第1は社会教育活動における「地域住民」の学習内容と方法（学習＝教育の課程）を明らかにすること。第2は、社会教育活動における「地域住民」の学習＝教育の課程の発展にみあった社会教育行財政の論理と課題を明らかにすること。そして第3は、右の第1及び第2の課題をつらぬくものとしての、現代社会と社会教育との関連を、とくに社会教育職員の仕事とその生き方（その積極的な役割）に焦点をあてながら明らかにしていくことである。

そこで最後に、右の3つの過大にかかわって、さしあたって重要だと思われる問題接近の視点について、若干の私見をつけくわえることにしよう。

(1) 過去1ヵ年にわたる三多摩社懇の研究討議によれば、今日の都市社会教育活動は、明らかに一つの限界をもっている。より具体的にいえば、それは主として青年学級及び婦人学級を中心とする活動（それに成人学校活動）に限られており、そこでは雇用労働者（組織労働者）の学習＝教育活動は必ずしも表面からは取り上げられてはいない、といってよいであろう。

青年学級生の大半は、中小零細企業のいわゆる未組織青年であり、婦人学級生の大半は、いうまでもなく家庭婦人（主婦）である。従って、その限りに於ては、今日の日本の都市社会教育活動の基調は、いちじるしく自営業的（家内工業的）であり、むしろ農村社会教育活動と軌を1つにしている面が少なくない。

ところで、同じく未組織青年といい、家庭婦人といっても、両者の間にはもちろん、大きな差異がないわけではない。例えば、今日の都市社会教育論において問題となる「未組織青年」とは、いわゆる「通勤青年」ではなく、少なくともその労働、生活形態においては、いちじるしくプロレタリア的である。彼らの大半は、いわゆる通勤青年のように、半自営業的青年ではなく、また、日常的に帰るべき家ももたない。いいかえるなら、彼らの労働、生活の全体は、文字通り資本主義的な雇用関係の中におかれている。といってもいいすぎではないであろう。

また一方、今日の都市社会教育活動において問題となる家庭婦人とは、多少の例外をのぞき、大半は雇用労働者の主婦であり、かつては自らが婦人労働者の一人であった人人である。したがって又彼女らの中には、いわゆる育児稼業に一段落をつけたら、再び元の婦人労働者に舞い戻ろうと考え、そう考えないまでも、そのように強制されているものが、決して少なくない、と見てよいであろう。

だとすれば、今日の都市社会教育活動における学習＝教育内容、方法論の第一の課題は、いわゆる未組織青年あるいは家庭婦人の学習を単に在来の農村社会教育論のアナロジーに於てではなく、むしろ組織労働者（青年労働者）や婦人労働者の学習＝教育運動の目的、内容及び方法との対比（関連）において、基本的にとらえられるべきである、と思われる。その意味では、たとえば都市婦人学級における婦人の学習の第1の主題は、いわゆる主婦労働そのものにあるのではなく、主婦労働と婦人労働との関係、さらに、その上での婦人解放、婦人問題解決のため、現実的・歴史的な認識をどのように発展させるか、という点にあるといってよいであろう。

(2) そこで次に問題を右のような今日の都市社会教育活動の学習＝教育課程にみあった行財政問題及び社教職員の性格と役割についていえば、ここでもさしあたって多くのことが、従来の農村社会教育論と

の対比において問題となる。

　というのは、やや大胆にいえば、いわゆる社会教育行財政や職員のあり方が積極的に問題とされるのは、今日では明らかに農村よりも都市の社会教育活動においてである、とみられるからである。

　元来農村社会教育活動は、すでに農業労働そのものがそうであるように、きわめて分化しがたい性格をもっている。したがって同じく公民館活動といっても都市と農村（都市の雇用労働者、家族と農村の農民、家族）との間には、その活動形態や内容に相違がみられるのは、当然であろう。

　たとえば、ここ2、3年来、僕は公民館活動の今後のあり方について、いわゆる公民館三階建論なるものを主張してきた。それはもちろん、公民館の建物を3階にするということ　ではない。そうではなくて公民館活動の形態と内容を、そのようなものとして組織し、発展させることが、これからの社会教育行政及び社教職員の主要な任務の1つではないか、というのである。

　すなわち、1階では、体育、レクリエーションまたは社交を主とした諸活動が行われ、2階では、グループ、サークルの集団的な学習、文化活動が行われる。

　そして3階では、社会科学や自然科学についての基礎講座や現代史の学習についての講座が系統的に行われる。───そして、それらの学習・教育活動のそれぞれについては、おそらく今日のような公民館主事のイメージとは相当異なった「学習、知識要員」としての社教職員が積極的な役割を果すようになるのであろう。

　ところで、そのような公民館の未来像を正に「今日の必要」として現実化するためには、その運動の担い手が、基本的に重要な問題となるが、いまは立入らない。徒、個々では右のような公民館三階建論のイメージが、今日けっして単なるイメージではないこと、しかも、それは農村においてよりも、むしろ都市においてより積極的に現実可能なイメージであることを指摘するにとどめよう。

　それはもちろん、さしあたっては、いくつかの都市において、可能なのであって、そのすべてにおいてではない。たとえば、僕はその1つとして三多摩をあげるし、関西の「衛都連」の動きに注目している。

　しかし、それがはたしてそうなるか、どうか。それは、今後の問題であり、今後さらにわれわれが、その実現を目指して努力すべき理論的、実践的課題である。

資料編〔文書・法令〕

7. 公民館主事の性格と役割（抄）

長野県　飯田・下伊那主事会
1965年

一　公民館の仕事（略）
二　公民館主事の性格と役割
1　公民館主事の二つの性格と、そのになう課題

　公民館主事を一般論として性格づけて言えば、学習・文化活動がもっとも充実した形で行われるための積極的な援助者ということになる。

　しかし、主事が奉仕する対象は誰なのか、どのような立場に立つことが要求されるのかについてはさらに追求されなくてはならないし、「もっとも充実した形で」というときもそこには、一定の価値観、世界観がかかわってくる。又、「主事」という中傷的な人間が存在するわけでなく、地方自治を住民の手で確立することを課題とする自治体労働者が受け持つ仕事として公民館主事の仕事があるのだということも考えておかねばならない。

　われわれは、公民館主事の、教育専門職であると同時に、自治体労働者であるという二つの性格から導き出されてくる課題をどう統一的にとらえていったらよいかを考えたい。

　そして、それを、多くの町村では教育専門職として確立していない現実や、主事が住民の立場に立ちにくくなっている現実との関係で考えていきたいと思う。

イ　教育の専門職としての主事の課題

　第一に、教育という新しい価値観を耐えず作り出していく仕事に従事する人間として、教育のもつ進歩性を守っていく課題がある。それは、戦前の天皇制と帝国主義戦争を支えるイデオロギーによる教化を主な役割とした社会教育への厳しい反省と、戦後の社会教育行政の冷静な評価を基礎としなくてはならない。特に、戦後の社会教育の評価については、「公民館」という発想や、社会教育関係団体という概念について、積極的な検討が必要であると考える。

　およそ階級社会においては、教育の独自な役割を無条件に認めるならば必ず権力と衝突するという冷めたい論理がある。戦後日本における教育の民主化、自由主義化によって、非軍事化、封建制打破という課題については教育政策の中心を占めることのできる時期はあったが、階級社会の持つ矛盾の激化という現実の課題は無視されてきた。現在の社会の部分的な矛盾は学習課題にはなり得ても、根本的な矛盾に触れる問題には、次の論理を持って避けるのである。すなわち「教育はいかなる思想からも中立であるべきだ、それを否とするイデオロギーに奉仕するのもあやまりである」あらゆる思想を相対的にみようとするこの論は、現実的には、「正当に選挙された国民の代表によってきめられる教育政策に反対することは特定のイデオロギーに奉仕するものだ」という論理になり、権力の教育支配を是認する。

　教育の中立とは、権力支配を排除しようとする努力であり、教育の本来的な役割を守れとする国民の要請なのである。しかし、この階級対立の現実から目をそらせる中立論は、階級矛盾を人間の精神的調和で解決しようとする発想に支えられた「公民館」をつらぬく思想となっている。

　公民館主事としてのわれわれは、自らのおかれている立場をまずそのようにとらえた上で、われわれの仕事の歴史的な存在価値は、教育のもついわば反逆性を守ることにこそあるのだと考える。

　第二に、教育のいわば専門技術者としての課題である。

　教育とは人間の認識能力を全面的に発展させていく営みがある。したがって、系統的・科学的な教育・学習の組織と内容が整えられなくてはならない。それは、具体的には、国民の教育・学習活動の大量な実践から学びながら、何が教育の内容として準備されるべきかをとらえることであり、地域の現実を、民族的な課題を解決する視点でとらえ、住民のさまざまな要求をほりおこし、学習活動へ組織していく仕事である。

　このための高い専門的能力と、働く国民の一人としての自覚が要求される。それは人間解放のねがいに裏付けられた社会科学の学習—歴史と哲学と経済の学習とそれを基礎にした教育学の学習であると考える。

　われわれのこの学習をかち得ていくためには、公務員法や教育公務員特例法にいう研修の機会の増大

と、内容を国民の人間解放に役立てていくように変えていく努力が必要となってくる。それは、自治体に働く労働者の共通の権利としてたたかいとられねばならない。

ロ　自治体労働者として

主事はまず一般的にいって低賃金労働者である。人間らしい生活を願って自らの生活と権利を守るために労働運動に参加している労働者である。

同時に主事は、その労働の場を自治体にもっている労働者である。権力による住民支配の末端に座を占めながら、自らは地方自治を住民の手で確立することを課題とする自治体労働者である。

地方自治は、住民の具体的な実践の中で実現されるものであるから、その力をどう養うかという課題を自治体労働者たる主事は背負っているわけである。

国民の自らの生活を豊かにしていこうとする実践は、最も厳しい生活条件を強いられている階層の立場に立って展開されてこそ普遍的なものとなる。この意味で、民主的な社会教育活動を推し進めようとするものはまず、労働者、農民の生活要求に根ざすことを基本としなければならない。又、住民自治を確立させていく運動が、国民大衆の解放を目指す運動の中心的な柱の一つであることを考えれば、主事が自治研運動に積極的に参加することは自らの社会教育のゆたかなものにしていく上からも欠かせないのである。

住民の、地方自治を守る実践の中にこそ、社会教育の内容があり、労働者として自らの生活と権利を守る実践の中でこそ、主事は働く国民大衆の要求を見出すことができるのである。

以上見てきたように主事の持つ二つの性格と、そこから導き出される課題を統一的にとらえるならば、働く国民大衆の解放を、意識的、積極的に目指した学習・文化活動を組織していくということになる。

そして又、そのような学習・文化活動を組織する仕事は、現実の教育のしくみの中では必ずしもスムーズに行われないだけに、権力の側に一定の譲歩を余儀なくさせる大衆的な実践活動と共にあるべきであり、一方に、主事自身の自主的な学習・実践組織が必要になってくる。

2　今まで果たしてきた役割（略）
3　これからの主事の役割（略）
4　具体的な仕事

われわれは、公民館の仕事を「民主的な社会教育活動の発展につくすこと」と規定し、公民館主事の役割を、「働く国民大衆の人間的な解放に役立つ学習・文化運動の組織化である。」ととらえた。

では、具体的にはどのような仕事をしていったらよいのだろうか。われわれは、学習内容の編成、学習活動の組織化と、それらを守る条件をつくることについて次のように考える。

(1) 学習内容の編成

われわれは、社会教育の場で行われる学習・文化活動について次の三つを主要な柱と考える。

1　人間疎外をのりこえる力を養うものとしての学習活動
2　人間精神を創造的に発展させていくものとしての文化活動
3　健康な肉体をつくりあげていくスポーツ活動

そして、特に公民館主事が中心的な課題としてとりくむものとして(1)の学習活動をあげる。

それは、人間らしく生きるための権利への目覚めと、それを侵すものをのりこえる力と、より全面的な人間精神の発展を保障する条件をつくり出す（新しい社会を創造する）力を養うこと、を中心的な内容とする。

その具体的な内容として、

人権への目覚めとそれが侵されている事実へのいかりを主体的に受け止めるものとしての**生活記録・話し合い学習**

その事実のしくみと、その背景と、克服の道を考える**社会科学の学習**

この二つを順序だてて準備することが、いわば社会教育における基礎学習の内容編成と考える。これと並んで、当面する日常生活上の課題、あるいは民族的な課題に結びついた具体的な問題を、この基礎学習のゆたかにするものとして絶えず学習の素材に提供していく。これがいわば応用学習の内容となる。

(2) 学習活動の組織化

学習活動は一定の順序だったつみ上げがあっては

じめて成果がある。学習活動はその意味で組織化されていなくてはならない。同時に、誰でも、自由に参加できなくてはならないという原則がある。

われわれは、学習活動の組織のかたちにとらわれてはならないと思う。(1)にあげた基礎学習と応用学習がもっともゆたかに展開されるような組織を二つの原則の上に地域の実情に応じてくればよいのである。地域的なグループも、テーマ別のグループも必要である。われわれとしては、行政単位をこえたグループも必要であると考える。学習の論理を大切にしていけば、行政の論理とぶつかるが、それは大衆的な学習活動の実践で守っていけばよいのである。

「労働講座」「農民講座」「婦人講座」「青年講座」などのようなものが、郡市段階、県段階、あるいは全国段階で用意されなければならないと思う。

(3) これらを守っていく条件をどうつくっていくか
イ　主事の学習・実践組織

公民館主事の役割を以上のように考えてくると、その中で要求される教育専門職としての資質と自治体労働者としての自覚を高めるにはどうしたらよいのかという問題と、民主的な社会教育を守る力をどうつくっていくかという問題が出てくる。

われわれは、主事仲間の、最低郡市段階での自主的民主的な組織づくりが必要だと考える。

そこでは、①自分自身の学習と、②社会教育活動の実践のたしかめと、③民主的社会教育を守る（身分を守ることを含めて）運動が行われる。その内容についてはすでにふれてきた。これは、もちろん、個々の主事がとりくまなくてはならない課題ではあるが、よりたしかにとりくむために主事の組織づくりはどうしても欠かせないのである。

この郡市段階での主事組織を基礎に、県段階、全国段階での主事組織が必要である。

それは、学習・研究組織としての一面をもちながら、その側面を守るためにも、いわば「職能別労働組合」としての発展を考えていくべきであろう。もちろん、これは決して自治労を軽視するものではない。

ロ　その他のとりくみ

民主的な社会教育を守っていくためには、住民とのつながりと、ほかの教育・学習運動に参加している人たちとのつながりが基本となる。その意味でわれわれは、次のような運動と手をつなぎ、それを通して更に働く国民大衆とのつながりを深めていきたいと考える。

1　自治研活動の推進、とくに教育部会の充実
2　教研活動への参加
3　そのほかの、民間教育・学習運動への参加、提携

あとがき

私達の主事会は五回の会合をもってこの問題について討論しました。それは、どのような公民館活動のイメージをもち、どんな仕事をしているのかを出し合うことからはじめられました。

ここにまとめたものは、どのような主事であるべきかを追求した中間報告であるわけです。私たちのいまの段階では精一杯のものです。このようにまとめたもののまだ意見の一致しない点もいくらかあります。私たちは、この提案に対する意見をひろくお聞きした上で、更に討論を深めたいと考えております。

神奈川くらいの広さをもち、交通不便なこの飯田・下伊那地方では、市の支館、町村公民館の主事はおおむね一人であり、しかも他職を兼務しているものも少なくありません。そんな状況のもとで、なんとかやりくりして集まって、討論し合ったのがこれです。（1965年3月）

8. 新しい公民館像をめざして（抄）

東京都教育庁社会教育部
1973年3月～1974年3月

第一部　新しい公民館像をめざして
Ⅰ　はじめに　―新しい公民館像をめざして―
Ⅱ　公民館とは何か　―四つの役割―
1、公民館は住民の自由なたまり場です。
2、公民館は住民の集団活動の拠点です。
3、公民館は住民にとっての『私の大学』です。
4、公民館は住民による文化創造のひろばです。
Ⅲ　公民館運営の基本　―七つの原則―
1、自由と均等の原則
　〔公民館は住民に自由し、そして、均等に開放されなければなりません〕

　民主主義の社会では、人間は誰でも自由に生きる権利をもっています。自由につどい、学習し、活動ができる権利があります。このことは、憲法第三章「国民の権利及び義務」ではっきりとうたわれている基本的人権です。したがって、地域の社会教育施設として存在している公民館は、当然のことながら住民の自由な学習、文化活動の権利を保障する働きをしなければなりません。さらに、教育基本法の理念と、社会教育法における公民館の役割を考え合わせると、まさに公民館が住民の学習・文化活動の自由を保障していかなければならない役割が、明確になります。したがって、住民に自由に開かれた公民館の運営がたいせつであり、その自由が確実に守られるような条件整備が充分になされて、はじめて公民館の役割が果たせることになります。

　次に、公民館は、すべての住民に差別なく均等に開放されなければなりません。憲法では、国民は等しく教育を受ける権利があることを規定し教育基本法・社会教育法は、国や地方公共団体の任務として、「あらゆる機会・あらゆる場所」を通して国民の文化的教養を高めるための環境を作り出すように定めています。したがって、地域の公的機関である公民館は、住民のもつ学習・文化活動の権利を、差別することなく、均等に保障していけるような条件整備を、つねにしていくことがたいせつです。どのようなサークルや団体でも、また個人でも平等に公民館が利用されていかなければなりません。まして団体の登録制や認定性によって使用制限がされてはなりません。

　三鷹市、小平市、国立市、立川市、国分寺市などの公民館には、乳幼児を持つ若い母親たちの集会や学習を保障するための保育室を設置しています。これは、それなしでは公民館にこられなかった母親たちに、学習の機会を保障していることになるわけで、他の公民館でも、保育室をつくる努力がはじまっています。また、年令による不平等、不均等をできるだけ解消していく目的もあって、練馬区、小平市、八王子市などの公民館では、かなり前から老人対象の事業が開催されていますし、国分寺市公民館では、心身障害者学級卒業の青年たちを対象とした青年教室も試みられ始めました。

　以上のように、住民が日本国民として持っている、学習、文化活動の自由と均等の権利を、公民館は施設の面でも事業の中でも、また、サークルや団体の活動のうえでも、充分に保障していく運営こそ、まず第一に重要な原則といえます。

2、無料の原則
　〔公民館は、無料で住民に開放されなければなりません。〕

　公民館が住民の自由な学習・文化活動の場であり、自由なたまり場として、差別なく均等に開放されるためには、公民館は無料でなければなりません。個人的な利用であろうと、サークルや団体の利用であろうと、また、講座や学級への参加であろうと、すべて無料でなければなりません。公民館は、憲法に規定されている教育を受ける権利、文化生活を営む権利、集会の自由な権利などを、住民が行使していくための施設であり、言いかえれば、住民自身の施設であります。したがって住民が公民館を無料で利用していくことは当然の権利であり、逆に使用料を納めることは、保障されているはずの権利に矛盾することになります。たとえば、現在急速に増えつつある小さなグループや財政力の弱いサークル等が公民館を利用する場合、使用料を納めることは、常時公民館を使用しにくくなり、サークルやグループの活動の発展を阻害することになります。

戦後公民館の発足の理念は、住民が自分たちの荒廃した地域を復興し、民主化し、互いに力を合わせてよりよい郷土をつくるために、論談し、学習し、創造するための拠点ということでした。そして、住民の誰でもが自由にあつまり、公民館の運営はいっさい住民によって行われるべきだという考え方によるものでした。したがって使用料をとることなどは、ありえないことでした。現在公民館は、教育機関として、市町村の設置する社会教育施設に位置づけられていますが、発足の理念は生かされなければなりません。

　東京の公民館のほとんどは、まだ無料化されていず、使用料の減免規定で、実質的な無料化の方法をとる努力をしているのが実情です。その中にあって、国立市公民館は、公民館使用規則で無料化をうたっていますし、小金井市では、条例の中から使用料規定を削除して、公民館の無料化を実施しています。

　このように、住民にとって当然な権利である無料化の原則が、公民館運営の基本として守られていかなければなりません。

3、　学習文化機関としての独自性の原則

〔公民館は、住民の学習文化機関としての独自性をもたなければなりません。〕

　公民館が住民のための社会教育機関として、自由で自主的な住民の学習、文化活動の拠点という役割を果たすためには、行政から独立して教育機関本来の独自性を持たなければなりません。社会教育行政の役割と、社会教育の期間である公民館の役割は、明確に区分されなければなりません。教育行政の役割は、教育基本法に示されているとおり、教育の条件整備にあり、住民の自由な学習、文化活動が、いつでも充分に行えるように、施設を整備したり、職員を配置したりすることが本務です。それにたいして、公民館は、住民が自由に集会したり、学習したりする権利を直接に保障していく教育機関です。その自由や自主性がまもられるためには、公民館は行政からの独自性を持たなければなりません。

　具体的には、第一に、行政からの命令、干渉をうけない館長の独自の権限が保たれなければなりません。第二には、公民館職員の職務の自立性の確立が必要です。直接住民とかかわり合って職務を進めるそれぞれの職員の意志が十分に生かされ、職員の主体性が保たれなければなりません。第三には、公民館運営審議会の重視です。公民館は、住民の意志により運営されなければならない以上、住民を真に代表するような運営審議会が構成され、その意見が十分尊重されるのが原則です。以上の三つを前提として、住民の学習・文化活動の自由が保障されていなければなりません。住民の自主的なさまざまな活動が、差別なくいつでも保障されることは、とりもなおさず憲法や教育基本法の理念が生かされることであります。

4、　職員必置の原則

〔公民館には、専任職員が必置されなければなりません。〕

　公民館が住民の学習・文化活動を充分に保障し、その内容を高め、多種多様な要求にこたえていくためには、そこに専門的な識見と意欲を持つ専任職員が、充分に配置されなければなりません。法律上からいっても公民館は教育機関として存在しているわけですから、単なる貸施設とことなって社会教育の事業を進めていかなければなりません。したがって、教育機関の役割を確実に果たしていくことからも、専任職員の配置がぜひとも必要です。そうでないと、住民のさまざまな学習・文化活動を助け、その活動の発展段階における多様な要求にこたえていくことは不可能です。

　公民館の職員について社会教育法の規定は、館長については必置、主事その他の職員については任意設置になっています。しかし、これまで公民館が、ともかくも社会教育の中心施設としての役割を果たしてきたという歴史的経過、経験の中で考えると、公民館主事こそ住民の要求を把握しながら、学習・文化活動を援助し、公民館事業を編成していくための要めとして、公民館に必要不可欠の職員といえます。

　東京の公民館の1館あたりの職員数は、全国平均をかなり上回っており、立川市公民館のように、1館の職員数が13名も配置されているところもありますが、全体的にはまだまだ不充分です。その中でも、国分寺市、小平市、国立市、三鷹市、調布市などの職員態勢は、担当分野に専任できるようになってお

り、ほぼ10名の専任職員を配置しています。法律的には不備であっても、公民館運動の歴史の中で公民館主事をはじめとする職員の必置制が実質的につくり上げてきたといえるでしょう。

　このように、それぞれの役割を専門的に担当できる職員配置が充分になされて、はじめて住民の学習・文化活動が保障されるわけです。職員の必置制こそは、公民館本来の役割を果たしていく決め手であり、運営上の必須条件といえましょう。

5、地域配置の原則
　〔公民館は、住民にとって身近な場所に配置されなければなりません。〕

　公民館が地域住民の自由なたまり場であるためには、いつでもそれほど時間をかけずに利用できるところになければなりません。住民が身近かに当面している問題を解決していく意味からも、地域にあたらしい連帯を育てていくためにも、できるだけ身近かな場所に公民館が設置されることが必要でしょう。近い場所にあるということは、よりもなおさず、ふだん着のままで老若男女差別なく利用できることになるわけで、住民の権利を平等に保障することにもつながります。

　とくに、一人ぼっちの人が激増している東京のような大都市圏では一定の規模をもつ公民館を地域に豊かに、たとえば中学校区に1館の割合で配置することが必要です。中学校区に1館ということは、平均10分から15分ぐらい歩けば、どれかの公民館にいけることになり、また、人口にして約2万人ぐらいの人口ごとに1館の配置になります。国立市公民館では、これまでの実践的経験から、対象人口を1館につき2万人とおさえた構想を打出しています。国分寺や小金井では実際に同じような構想で複数の公民館の建設がすすんでいます。

　住民のそれぞれの身近かなところに公民館が配置されることが、すなわち住民の学習・文化創造の権利を、できるだけ均等に保障していくことになるわけで、公民館設置の重要な原則といえましょう。

6、豊かな施設整備の原則
　〔公民館の施設は、住民の求めにそった豊かな内容のものでなければなりません。〕

　公民館を住民の身近かなところに配置することと同時に、その施設の中味は、住民の要求にそった使いやすい内容でなければなりません。学習や文化活動のための施設・設備が充分に整備されて、はじめて住民の権利が保障されたことになります。自由なたまり場としての気軽な雰囲気、集団活動のための部屋や備品の整備、学習活動に必要な資料や器具の用意、文化創造のための設備や装置、など。そして、それらの施設、整備が住民に自由に楽しく、いつでも利用できるような運営の工夫とあいまって、はじめて内容豊かな公民館ということができます。

　東京の公民館施設は、全体としてまだまだ不十分で、市役所や町役場の古い建物を転用して、そのまま使っているところもあります。しかし、そのような状況も住民の要求の高まりとともに、しだいに改善される方向が出てきました。立川市公民館は改築によって近代的な施設に生まれ変わりましたし、三鷹市では社会教育会館の名称ですが、多様な機能をもった公民館が建設されました。

7、住民参加の原則
　〔公民館は、住民の参加によって運営されなければなりません。〕

　公民館は、住民の意志によって運営されることが本来の理念です。憲法や教育基本法で保障されている住民の権利からすれば、住民自身の施設として、住民による直接の運営がなされてよいのですが、現状では、公立公民館は区市町村が設置し、教育委員会が管理することになっているので、公民館職員が直接運営事務に当っています。しかし、本来の理念のとおり、できるだけ住民の意志を反映した運営にするために、社会教育法によって、公民館運営審議会を必ず設置するように義務づけられています。運営審議会は館長の諮問に応じて公民館の事業をはじめとする全体の運営について調査審議する機関ですから、できるだけ住民を公平に代表する形で審議会の委員が選任されれば、住民参加の制度として、大きな役割を果たすことができます。この公民館運営審議会を重視することが、まず、住民参加のだいじな基本です。

資料編〔文書・法令〕

運営審議会のほかに、いろいろな形で住民が参加していくことが、住民要求としても高まってきましたし、公民館自体としてもその方向があらためて問われつつあります。小金井市公民館では、公民館事業のための企画実行委員会を組織し、住民が事業計画に参加しています。小平市公民館では、公民館利用者懇談会という形で、住民の意見をとり入れています。また、国分寺市公民館では、講座を実施するさいに、その講座に関心をもつ住民と職員、必要に応じて講師予定者を加えて準備会を開き、内容を決定するという方式を試みています。

以上のほかにも、あらゆる形の住民参加が考えられますが、法律上制度化された公民館運営審議会と合わせて、いろいろな面での住民参加が、これからの公民館運営における重要な課題といえましょう。

Ⅳ　公民館の施設
Ⅴ　いま何をめざすべきか

第二部　公民館職員の役割
Ⅰ　基本的な役割
Ⅱ　組織体制
Ⅲ　職務内容
Ⅳ　勤務条件
Ⅴ　任用
Ⅵ　研修
Ⅶ　職員集団

あとがき

9. 生涯教育時代に即応した公民館のあり方(抄)

全国公民館連合会第5次専門委員会答申
1984年3月31日

まえがき

われわれ全国公民館連合会（以下「全公連」と略称する）の第五次専門委員は、昭和57年2月、諮問を受けて以来2ヵ年余にわたる審議を重ね、また公民館に直接もしくは間接にかかわりのある人々の意見を徴したうえで、昭和58年5月に中間発表を行なった。引続き課題の内容について慎重な検討を加えた結果、ここにそれらの結論をまとめて最終の答申を提出することとした。

われわれは、さきに公表された全公連の、第一次および第二次専門委員会が提唱したところに十分関心を払いつつも、それらが構想されたおよそ20年前のわが国内外の状況から、著しい変化を生じ、さらに近づく21世紀に向かって、いっそう大きな変容を来たそうとしている社会の推移にかんがみ、公民館が選ぶべき針路と、鮮明にすべき実像の大要を考察することに全力を傾注した。

したがって、第一次専門委員会が、戦後間もなく発想された、公民館の創業精神ともいうべきものを忠実に伝承しようとした趣旨は認めるが、それだけでは足りないか、または現実に即し得ないものがあることを指摘し、独自の提案を行なった第二次専門委員会の報告内容を、さらに新たな観点と必要とに基づいて検討し、追究することが作業の重点となった。

調査研究の過程において、全国の市区町村で、1万7千館を超える公民館が設置されているなかには、施設や活動の実態に大きなひらきがあることも無視するわけにはいかなかったが、しかし、法の定めるところにより、公費をもって設置・運営されるものが多数を占める公民館がこれからの時代に処して存続し、独自の性格と任務とを遂行しつづけるためには、当然共通に守られるべき大綱が設定されなければならない。それについて、本委員会は、次のように作業の基本方向を打ち出し、それらについて検討を加えた結果、委員相互に見解の一致を見た内容を

総論と各論とに分けて記述することとした。

(1) 公民館をとりまく社会の動向

　まもなく21世紀に到達しようとする今日の社会は、科学の目ざましい進歩に促されて急激な変化を遂げつづけるであろう。それに伴って、変容を余儀なくされる国民生活に対して、公民館は適切に振舞わなければならない。

(2) 公民館をめぐる教育上の課題

　かけごえの大きさに比べて、現実の生涯教育体制は容易に整う見通しを得られていない。しかも、わが国の教育界は、危急存亡のふちに立たされるにいたっている。

　このときに当たり、公民館は望ましい生涯教育活動実践にむかって先頭を切らなければならない。

(3) 公民館内部の問題

　公民館を時代の要請に応え得る教育機関として確立するには、未解決の事項が数多く残っており、その解決に向かって、自ら努力しなければならない。

　しかも、最近、各地域には、公私多様の教育に関する施設や事業が併存するにいたり、それらの中で、公民館が果たすべき役割や活動の特質を明示する必要がある。

　こうした事態に対して、本委員会は、各地の公民館が直面する問題を精査し、それを解決に導くための基本的な考え方と方策とを、委員の討議による試案をもとに、公聴会および研究集会にも提示して得られた公民館関係者の意見を加えて、最終的な結論を打ち出すようにつとめた。

　以下、全般的な考察を「総論」とし、重要な問題領域別の考察を「各論」として記述する。その内容は、全委員のほぼ一致した見解に基づくものであるが、必要に応じて、さらに各委員個々の補足もしくは提言を付記して、いっそう考察を徹底させることとした。

第1部　総論
1　社会の推移と教育
2　生涯教育の推進と公民館の位置・役割
3　公民館の運営と行・財政の改善

第2部　各論
1　公民館の理念

　かつて全公連の第一次専門委員会は、公民館の目的と理念を、①公民館活動の基底は、人間尊重の精神にある、②公民館活動の核心は、国民の生涯教育態勢を確立するにある、③公民館活動の究極のねらいは、住民の自治能力の向上にあると表現した。この基本的視点は、今日もなお生きている。ただ変化してやまない現代社会においては、それらを静的に解釈するだけでは不十分であって、より動的な見方と方向づけを行う必要を生じている。

(1) これからの公民館に求められるもの

　生涯教育体制下における公民館は、法的にも、実質的にも公教育の機関である。そして教育とは、あくまで人間性を尊重し、人間的なふれあいによって結実するものである。それゆえに、公民館は、地域社会に生活する住民を教育実践を通じて人間としての成長に向かうように導くことを根本目的とする。

　最近、各地域社会にあらわれた、住民の日常生活に大きい影響を与えている現象を挙げれば

(ア) 新たに開発された技術を応用した家庭用機械器具の普及と半加工食品または貯蔵食品の利用による生活の簡便さと単一化、

(イ) 住民様式や成人男女の勤労形態の変化と家族相互の接触の稀薄化、

(ウ) 子女の教育や日常生活に関する近隣の人間関係や協力態勢の弱体化、

(エ) マスコミュニケーション手段の広がりに伴う思考や興味の焦点の流動化と、余暇利用方法の個別化、

(オ) 対人・公共道徳の低下や職業倫理の衰退等に基因する安定感の減少と、断片的判断および刹那的行動の増加

などが目立ち、世代間の意識や行動の開きも顕著になってきた。

　こうした時代の傾向に対して、公民館は、一般に、その任務を遂行するための目標を、次のように構成することが考えられる。すなわち、住民の「集まる」－「学ぶ」－「結ぶ」活動に、さらに、

資料編〔文書・法令〕

「知る」ことと「参加する」ことを合わせ、しかも、これらの5つを並列的に見るのではなく、住民の連帯を中心に据えた構造的な把握にもって行くべきである。さらに並列して、反省評価の改善を図ることとする。

以上のようにして、第二次専門委員会が強調した「学習と創造」に焦点を置く基本方針をふまえつつ、これをさらに「総合し調整」して地域に還元するところまで高次化し、かつフィードバックするところに公民館でなければ果たし得ない重要目標を新たに設定した。

この固有の目標に対して、当面重点的に活動方針を盛り込まれるべきものは、左のとおりである。

1 流動してやまない国際情勢のもとに生きる人間として、まず自己の足許の地域社会に目をそそぎ、未解決の課題をとらえるとともに、周辺の世界の状況について、正確な情報を揃えることができるようにする。

2 周囲から孤立し、逃避しがちな住民に働きかけて、学習活動を動機づけ、さらに共同の学習の場を設定してそこに参加するように促す。

3 共同で学ぶことをもって、すべての学習が終わるのではなく、その内容を個々の生活に合わせて深化させ、具体化する活動に進むことが本当の学習であると自覚し、実行するように奨励をする。

4 個人による学習の成果は、自己の生活に還元されるばかりでなく、地域社会の営みに反映されなければ、その意義が薄れる。学習結果の社会化を可能にするものは、主として地域に成立している諸団体であり、住民相互のつながりである。公民館の活動は、これらの団体との連携協力によって、特色あるものとなる。

5 科学技術や大衆伝達手段に一方的に支配される人間は増えるが、自己と周囲とを的確に見定め、適切な判断に基づいて行動する人間は容易には育たない。そのために地域社会は今後いっそう動揺をし不安定の度を増すおそれがある。公民館はこうした事態を防ぎ、生活を確立することについての評価がたえず励行されるようにして、地域活動の方向を正すための世論形成を促進する。

(2) 公民館の進路と他の機関施設との関係

地域社会の多面的で複雑な変化の状況を予見し、それに対処する必要な担う公民館は、特に、学校の模倣と茶の間形態のいずれかという実態上の二極が、今後多極化することも考慮して、
・生活を学び、創造する地域における生涯教育の代表的機関（トータルエデュケーションセンター）であり、
・よく知り、よく判断するための情報提供機関（インフォメーションセンター）であり、
・地域社会生活を発展させるための実践拠点（オーガナイジィングセンター）である、

という性格規定を鮮明にし、それぞれ館がおかれている地区の実態を科学的に究明して、具体的な活動計画を立案しなければならない。それはもちろん、地域社会全体に共通の総合教育計画の一環として考えられるものであるが、同一地域社会の中においても、地区ごとに特色ある施設や活動を打ち出すことを是認するものである。

各地区館が、公民館として当然果たすべき役割にかなう施設設備や事業を必置すると同時に、地区の特性を運営に反映させるためには、地域における公民館（類似施設も含む）全体の間のシステム化を強めることが特に重要となる。内なるシステム化は、いわゆる連絡調整に当たる館を介して、通称ターミナル公民館など、設置理由を異にする館も出現している今日、それぞれの位置と任務とを十分に考慮するとともに、地域内の公民館網に盲点を残さないよう、その組織（ネットワーク）と活動の構成について綿密な配慮をほどこす必要がある。

(略)

10. 日本公民館学会設立趣意書

日本公民館学会
2003年4月18日

　日本に公民館が誕生してから半世紀余が経過した。その間、公民館は世界にもその類を見ない日本独特の優れた社会教育機関として大きく成長し発展してきた。また、公民館に関する研究も日本社会教育学会や日本生涯教育学会、全国公民館連合会をはじめ各地の公民館関係者の組織等を中心に大きく進展し、貴重な研究成果が蓄積されてきた。

　その公民館は、現在、大きな転換点・跳躍点に立っている。1980年代中頃から始まった「生涯学習体系への移行」政策はすべての国民の生涯にわたる学習を保障するという壮大な展望を示すとともに、民間活力の導入やボランティア活動等の重視が主張され、さらには公民館の財団への委託、NPOとの関係が模索されるなど、公民館のありようがさまざまな方面から問われてきている。国ならびに地方自治体の財政難を理由とする公的施設の見直しの動向も公民館にとって大きな関心事である。

　成人教育や生涯学習をめぐる世界の動向に注目すると、「ユネスコ成人の学習に関するハンブルク宣言」に見られるように、成人の学習と地域における市民の活動に関する関心は世界的にも高まっており、それに伴って社会教育施設に対する関心が広まり、各国・各地でさまざまな形の社会教育施設が誕生しその発展が見られるようになってきている。そして、多くの国の人々が自国の社会教育施設との比較の上で日本の公民館についても強い関心を持ち始めてきている。

　公民館の研究をすすめる場合、同じ社会教育施設としての図書館や博物館さらには市民体育館等を含むスポーツ施設との関連を考えることは当然のことであるが、地域における公民館の役割という視点で考えるときコミュニティ・センター等類似の施設の配置等との関連やさらに広く地域計画・地域政策との関連で考えることも必要になってくる。従って、公民館の研究を中心に置きつつ、多様な関連学会との研究協力も欠かせないであろう。

　以上のことを考えあわせるとき私たちは、いまこそ、社会教育の中核的施設をもって自ら任じてきた公民館を専門的に多方面から研究する学会すなわち日本公民館学会を創立する必要があると考える。

　日本公民館学会を設立する意義と必要性は以下のように整理することが出来るであろう。

1. 半世紀を経過し日本全国に豊かで優れた実践を蓄積している公民館を研究するためには、公民館を中心に集中的に研究し、公民館学の構築をめざす専門学会が必要である。
2. 特に、公民館創設をめぐる事情や状況ならびに初期公民館に関する研究および資料収集は、時間的経過を考えるときいまや待ったなしの急務である。
3. 公民館は社会教育の中心的施設であるといわれてきた。その公民館にとって、社会教育施設の3本柱ともいうべき図書館や博物館とならんで、公民館に関する研究を行う専門的な学会が必要である。そこでは公民館施設論、公民館職員論、公民館事業論を始めとする上記のような多様かつ多面的な研究が行われることが期待される。
4. 近年社会教育の概念が大きく拡大してきており、社会教育学が取り上げるべき領域とその歴史ならびに実践の蓄積は膨大なものになっている。そのことを考えると、ややもすると公民館研究が社会教育研究一般の中に埋没してしまうおそれさえある。この際、公民館研究を専門学会で集中的に研究しつつ社会教育研究全般との連携を図ることは、社会教育研究そのものの発展にも大きく貢献するものと考えられる。
5. 日本社会教育学会や日本生涯教育学会はもちろんのこと日本図書館学会、日本博物館学会をはじめ社会文化学会や日本建築学会等他関連学会との研究協力を積極的に進める必要がある。
6. 世界各国の社会教育施設について、公民館を中心に比較研究するとともに、世界の社会教育施設研究の日本における窓口をめざす。

私たちは、21世紀の公民館が、他のさまざまな社会教育機関と協同しつつ、すべての人々の生涯にわたる学習権を保障する中心的な教育機関として発展することを期待し、そのための研究その他の活動を推進するために、日本公民館学会の設立を呼びかける。多くの方々のご賛同と積極的なご参加を心から期待するものである。

11.「公民館、図書館、博物館の民間への管理委託について(文部科学省社会教育課)」の資料提供について

社団法人全国公民館連合会
2004年2月17日

各都道府県公連会長様

社団法人全国公民館連合会
会長　松下　誠

「公民館、図書館、博物館の民間への管理委託について(文部科学省社会教育課)」の資料提供について

　年度末を迎え、何かとご多忙のことと存じます。常日頃、全国公民館連合会へのお力添えに感謝申し上げます。
　さて、過日文部科学省から本連合会に対して、標記の資料提供がありましたので、ご送付いたします。
　公民館の全面的な民間委託を可能にするこの資料については、文部科学省からの正式ルートの文書ではございませんが、公民館の管理運営に関するきわめて重要な方向転換と考えますので、事前に情報提供をする次第です。
　また、事の重要性に鑑みて本連合会では、去る2月2日に急遽理事会を開催して、長時間にわたりこの問題について協議いたしました。
　そこでの議論を踏まえての「全国公民館連合会の対応について」をご送付いたしますので、それぞれの公連において、公民館のあるべき姿や今後のあり方の議論、あるいは関係機関・団体への公民館の充実並びに存続等の働きかけの際の参考にしていただきたいと存じます。
　また、これらをはじめとして市町村合併、行財政改革等による公民館の管理運営の変更、或いは公民館のあり方の変更等の動きは、関係者にとって座視することのできないものもあります。
　全公連といたしましても、情報の収集や各都道府県公連との連携の絆を今後さらに強めて対応してまいりたいと存知するのでよろしくお願いいたします。

なお、「月刊公民館」平成16年2月号では〈民間委託を考える〉の特集をしておりますので、併せてご活用ください。

　　　「全国公民館連合会の対応について」

　わが国では、近年青少年の非行・問題行動が多発し、さらにはそれが低年齢化・凶悪化の一途をたどっている。また社会の変化に伴って、人々の連帯感や公共意識・道徳観・倫理観の欠如等による社会的犯罪も多発し、人々の不安を掻き立てている。

　このようなわが国の状況を一刻も早く改善するために、青少年の心の教育を始めとした学校教育の抜本的改革、しつけの欠如や児童虐待に象徴される家庭教育の再構築、そしてさらに青少年を導く立場の地域の大人たちを対象に行われる社会教育や生涯学習の機会や場の一層の充実が必要である。

　にもかかわらず、一部では、この重要性に思いを馳せることなく、合併や行財政改革等を理由に、それぞれの地域で永年にわたって培ってきた地域密着の公民館を中核とした社会教育・生涯学習の諸活動の展開を阻害するような施設の導入も検討されている。

　いうまでもなく公民館は、その時々の社会の要請に応え、新たな対応が求められることも事実である。しかし、公民館はそこに住む多くの人々の学習の場であり、交流の場であり、互いに手を差し伸べあう互助の場であり、行政と地域住民を繋ぐ連携の場であることは今後も変わらない。特にまた、それぞれの市町村が抱えるさまざまな行政上の課題を、行政と住民が真に協力し合って解決するための場としての重要な役割、中核的場としての役割を果たしてきている。行政の課題やその思いを住民と共に解決する公民館という大切な場や機会を今この時期に縮小してはならないのである。

　このように、公民館が人々の生活に潤いを与える場であること、街づくりや人づくりの大切な地域の拠点であること、それぞれの行政の抱える課題のための住民との最も身近な説明の場、協力の場であることは、市町村合併等の行政区の拡大に伴って益々その重要性が増してくるのである。

　そうした状況から、公民館は

① 公教育である社会教育の中心的担い手であることを再認識すること
② 従来以上にその管理運営に工夫を凝らすこと
③ 街づくり・人づくり・地域福祉の拠点としてその役割・存在感を示すこと
④ 利用に当たってはすべての住民が公平に利用できること
⑤ 管理運営には従来以上に住民の意見や希望が生かされること

などが求められている。
　私たち公民館の管理運営に携わる者、またはその関係者はこのことを十分に認識し、意識改革を図り、公民館の存在をさらに高めていくものである。
　そこで、全国公民館連合会では、公民館の安易な管理運営の変更が為されないようにすると共に、地域住民にとって、その存在がさらにプラスになるよう次の諸点に配慮しながら総合的に取り組んでいく。

① 公民館の存在の重要性、大切さをあらゆる機会を通じて訴えていく
② 公民館の重要性、大切さを訴える全国の仲間を支援していく
③ 全国各地の公民館に関する情報収集に努め、それを必要とする仲間に伝える
④ 地域住民のニーズを的確に把握しそれに応え、創意工夫に満ちた事業や活動の展開を支援するための資料提供に努める
⑤ 公民館及びそこに働く職員が地域住民からの信頼を深められる活動を展開するための研修等の充実をはかる
⑥ 各市町村長の公民館への理解と支援を強化するよう全国公民館振興市町村長連盟との連携をさらに強化していく

以上のような状況を踏まえて、次のことに組織的に取り組むことをお願いします。

① それぞれの都道府県公連の役員会などで協議する機会を設ける

② この資料の内容を共通理解する
③ 都道府県公連としての対応を明らかにする

また、市町村合併、民間委託、その他で公民館の管理や運営に従来と異なる方針や施策を検討・策定している、あるいはしようとしている管下の市町村がある場合には

① 正確な情報収集に努める
② その情報をもとに公民館の管理運営などが具体的にどう変更になるのかを明確にする
③ それぞれの地域における公民館のあり方やそれぞれの公連が標榜する公民館のあり方などと対比して、対応策を検討する
④ 対応策は、都道府県公連の実情に応じて地域や利用者への対応策、市町村への対応策、都道府県への対応策などとして、互いに連携させて行う
⑤ 市町村長及び議会などへの陳情書などを作成し提出する場合には、文案を十分に吟味して行う
⑥ 以上のような動き等については、全公連へ資料などを是非送付して下さい。全国からの問い合わせ等に活用します

12. コミュニティー生活の場における人間性の回復 −(抄)

国民生活審議会調査部会コミュニティ問題小委員会
1969年

コミュニティ形成のための方策

コミュニティが形成されるための基本的な要件は、地域住民の意識のうちに存在する。生活の充実と向上についての関心が高まるにつれて、コミュニティの果たすべき役割は次第に日常生活の中で認識されるようになるであろう。この認識と現実の行動との間にはうめられなければならない空間が存在している。われわれはこれに対してどのような方策をもって接近すべきであろうか。以下において、行政における対応、コミュニティ・リーダーの性格、コミュニティ施設のあり方を検討した上で、コミュニティ形成の方法を考察し、さらに当面問題とすべきコミュニティの活動内容にふれることにしよう。

1　コミュニティと行政的対応
2　コミュニティ・リーダー
(略)
(4) 社会教育等の役割
コミュニティ活動の中心となるリーダーの養成にあたっては、教育の役割が重要となる。
リーダーの養成には、まず第一に、指導性を身につけるための訓練が必要である。これには多少専門的な指導能力を開発する訓練と同時に、実際の活動、体験を通じての実施教育が重要となる。
第二に、専門分野においてリーダーとなりうるような程度の高い技能を身につけさせるための教育が必要である。これには、とくに子供の頃からの息の長い能力、素養の開発が重要となる。
第三に、このようなリーダーが生まれてくる背景として、コミュニティ構成員の市民的意識を醸成し、住民がコミュニティの必要性を自覚し、コミュニティ活動に積極的にとりくむようになるための教育が必要である。このような意識は、とくにグループ活動を通じて生まれてくる面が大きい。
以上のような教育に関しては、社会教育の役割がも

っとも重要であり、魅力のある各種のプログラムが用意されるべきである。しかし、これにとどまらず、地域活動に対する関心を高め、専門的技能や指導性を身につけさせるためには学校教育期間を通じての一貫した教育の役割が重要となる。

3 コミュニティ施設

都市化と生活圏の拡大の進展のなかで、それぞれの地域住民が多様化し、高度化する欲求を満たし、住民相互間の人間的交流が図られる場としてコミュニティ施設を考えることができる。

(1) シビルミニマムとしてのコミュニティ施設

一般的にコミュニティ施設といわれるものは、集会所、公園、図書館等生活環境施設のうち利便性ないし快適性の評価から分類されるものであり、基礎的な水準は、都市、農村をとわずシビルミニマムとして確保されるべきものである。

ここで、シビルミニマムとは経済社会の発展のなかで、市民が安全に、健康に、快適に、能率的な生活を営むうえに必要となる、国民の合意のうえに行政の責任において確保する最低限度の公共施設サービスの水準といえよう。

しかし、この場合であっても、コミュニティ施設の整備は画一的に行なうべきではなく、種類、内容、および配置等について明日のヴィジョンにつながる創意をもち、住民の要求が充分に組み込まれるべきものであろう。

さらに、それぞれのコミュニティは、歴史、伝統、住民の構成、意識等異なる特性を有している。したがって各コミュニティが必要とする施設は、シビルミニマムの水準に止まらず、地域住民の要求に応じ、独自に確保するものも少なくないであろう。

この点に関しては、各施設の整備費用の負担が大きな問題であるが、原則的には、シビルミニマムの範囲にある施設は公共の責任と負担において整備し、それ以外の各コミュニティが独自に整備する施設は、そのコミュニティの責任と負担と考えるのが合理的であろう。

なお、最近、新しい住宅団地の開発に伴い、公園、学校、保育所等のコミュニティ施設の整備に関して、いわゆる受益者負担の原則によって新しい住民の土地購入費や家賃のうちにこれらの費用の一部が転嫁される場合が起っているが、これについても、上記の原則に基づき、公共と事業者、および住民の間における合理的な費用負担のあり方が求められるべきであろう。

(2) コミュニティ施設の種類

コミュニティ施設の具体的な種類と内容は、地域の特性と住民の要求に従って考えられるべきものである。それは、住民のすべてが身近に、気軽に、多目的に利用できる小地域単位のものでなければならない。また将来にわたってのコミュニティ施設を考える場合、余暇時間の増大を配慮し、かつ地域での生活が生活時間の大部分を占める自営業主およびその従業員、農漁業者、家庭の主婦ならびに老人の要求と役割を重視することが大切になるであろう。とくに、児童や青少年が手近に利用できるコミュニティの運動施設、図書館、遊び場は何よりも優先される必要がある。

また、生活圏の拡大に伴い、コミュニティ住民の生活行動の範囲は飛躍的に高まっていく。したがって、コミュニティ施設も日常生活圏施設の範囲で完結することなく、中核的都市における広域共同利用施設や全国的機能をもつ高次圏施設との関連で選択的に配置されることが効率的であろう。

コミュニティ施設の要望に関して、先の東京都の「家庭生活と地域環境に関する調査」によれば、プール・体育館・運動場・図書館・集会所・託児室等が、地域にとっては老人用の集会室も高い要望をもっている。前述の「コミュニティ関係現地調査」によれば、東京都町田市では児童会館・遊園地・集会施設・岡山県水島・玉野地区ではこれに加えて音楽会館・運動場・図書館・山形県米沢・小国地区では市民会館・青少年センター・公民館等に強い要望がみられた。この点について、人口低密の山村地域である山形県小国町の「おぐに開発綜合センター」は、子供の遊び場、勉強の場、青年達のスポーツや学習の場、老人・婦人の親睦、慰安の場として手がるに利用され、地域活動の発展に大いに寄与している。また地域住民のシンボルとして、コミュニティ再編成の中心としても機能している。地域におけるこのような綜合的な施設は、これからのコミュニティ・

資料編〔文書・法令〕

457

センターのひとつのあり方として注目されるところである。

なお、コミュニティ施設については、地域によっては新たに整備することが非常に困難な施設も少なくないであろう。この場合、兵庫県神戸市の学校公園の例にみられるように、既存の社会教育施設、厚生施設、保健衛生施設等をコミュニティ活動の立場から見なおして共用をはかることが重要となるであろう。

(3) コミュニティ施設の運営

コミュニティ施設の整備は運営管理のための職員の充足とその素養の向上が伴わなければ、本来の機能を達成することは困難である。たとえ不完全な施設であっても、運営指導者の高い素養によっては、コミュニティ住民の要求が満たされる場合も少なくないであろう。

この点に関して地域住民のコミュニティ活動のひとつとして住民身づからの手による施設の運営管理は、コミュニティのあり方として、本来望ましい姿であろう。コミュニティ施設についてこのような自主的な運営管理が行なわれるかどうかは、地域住民自身が相互の間に存在している多様な能力を自覚し、主体的に興味を掘り起すことにかかっている。そして自己の能力が地域住民に貢献しうるという自覚をもったとき、積極性は一段と高まるであろう。なお、このためには、行政当局がこれら活動の種類、内容、性格等について適切な情報を地域住民に提供することが重要になるであろう。

13. 地方自治法の一部改正（抄）

平成15年6月13日法律第81号

（略）
第十章　公の施設
（公の施設）
第二百四十四条　普通地方公共団体は、住民の福祉を増進する目的をもつてその利用に供するための施設（これを公の施設という。）を設けるものとする。

2　普通地方公共団体（次条第三項に規定する指定管理者を含む。次項において同じ。）は、正当な理由がない限り、住民が公の施設を利用することを拒んではならない。

3　普通地方公共団体は、住民が公の施設を利用することについて、不当な差別的取扱いをしてはならない。

（公の施設の設置、管理及び廃止）
第二百四十四条の二　普通地方公共団体は、法律又はこれに基づく政令に特別の定めがあるものを除くほか、公の施設の設置及びその管理に関する事項は、条例でこれを定めなければならない。

2　普通地方公共団体は、条例で定める重要な公の施設のうち条例で定める特に重要なものについて、これを廃止し、又は条例で定める長期かつ独占的な利用をさせようとするときは、議会において出席議員の三分の二以上の者の同意を得なければならない。

3　普通地方公共団体は、公の施設の設置の目的を効果的に達成するため必要があると認めるときは、条例の定めるところにより、法人その他の団体であつて当該普通地方公共団体が指定するもの（以下本条及び第二百四十四条の四において「指定管理者」という。）に、当該公の施設の管理を行わせることができる。

4　前項の条例には、指定管理者の指定の手続、指定管理者が行う管理の基準及び業務の範囲その他必要な事項を定めるものとする。

5　指定管理者の指定は、期間を定めて行うものとする。

6　普通地方公共団体は、指定管理者の指定をしよ

うとするときは、あらかじめ、当該普通地方公共団体の議会の議決を経なければならない。

7　指定管理者は、毎年度終了後、その管理する公の施設の管理の業務に関し事業報告書を作成し、当該公の施設を設置する普通地方公共団体に提出しなければならない。

8　普通地方公共団体は、適当と認めるときは、指定管理者にその管理する公の施設の利用に係る料金（次項において「利用料金」という。）を当該指定管理者の収入として収受させることができる。

9　前項の場合における利用料金は、公益上必要があると認める場合を除くほか、条例の定めるところにより、指定管理者が定めるものとする。この場合において、指定管理者は、あらかじめ当該利用料金について当該普通地方公共団体の承認を受けなければならない。

10　普通地方公共団体の長又は委員会は、指定管理者の管理する公の施設の管理の適正を期するため、指定管理者に対して、当該管理の業務又は経理の状況に関し報告を求め、実地について調査し、又は必要な指示をすることができる。

11　普通地方公共団体は、指定管理者が前項の指示に従わないときその他当該指定管理者による管理を継続することが適当でないと認めるときは、その指定を取り消し、又は期間を定めて管理の業務の全部又は一部の停止を命ずることができる。

（略）

Ⅰ. 文部科学省作成統計

14. 社会教育施設数

	1955	1960	1963	1968	1971	1975	1978	1981
公民館　　計	35,343	20,190	19,410	13,785	14,249	15,752	16,452	17,222
（本館）	7,977	7,725	7,975	8,213	8,238	8,899	9,528	10,224
（分館）	27,366	12,465	11,435	5,572	6,011	6,853	6,924	6,998
公民館類似施設	-	-	-	-	-	65	82	163
図書館	742	741	810	825	917	1,066	1,200	1,437
博物館	204	244	264	310	345	381	465	550
青少年教育施設	-	-	-	602	593	601	696	940
女性教育施設	-	-	-	-	66	90	89	127
視聴覚ライブラリー	408	569	-	-	-	-	-	-
文化会館	-	-	-	-	-	-	-	-

1） 文部科学省『社会教育調査報告書』より作成。
2） 公民館類似施設とは、「市町村教育委員会が所管する公民館と同様の事業を行うことを目的に掲げる社会教育会館、社会教育センター等」をさす。なお、1975年から1981年は「社会教育会館」の名称で実施された調査結果である。
3） 博物館は、登録博物館と博物館相当施設の計。
4） 女性教育施設は、1971年から1999年は「婦人教育施設」の名称、2002年は「女性教育施設」の名称で調査が実施されている。
5） 「視聴覚会館」とは、一般に視聴覚ライブラリー、視聴覚教材センター、フイルムライブラリー等と称せられ、視聴覚機材の貸出、運回等を行っているもので、独立の建物を有するか、もしくはある程度独立して運営されているものをいう。なお、1960年は「視聴覚ライブラリー」の名称で調査が実施されている。
6） 一はデータなし。

	1984	1987	1990	1993	1996	1999	2002
公民館　　計	17,520	17,440	17,347	17,562	17,819	18,257	17,947
（本館）	10,578	10,851	11,005	11,188	11,446	11,418	11,354
（分館）	6,942	6,589	6,342	6,374	6,373	6,839	6,593
公民館類似施設	282	566	584	777	726	806	872
図書館	1,642	1,801	1,950	2,172	2,396	2,593	2,742
博物館	649	709	771	833	956	1,019	1,099
青少年教育施設	1,031	1,053	1,154	1,225	1,319	1,263	1,305
女性教育施設	100	199	213	224	225	207	196
視聴覚ライブラリー	-	-	-	-	-	-	-
文化会館	-	782	1,010	1,261	1,549	1,751	1,832

資料編〔統計〕

15. 都道府県別公民館数

	1955 本館	1955 分館	1960 本館	1960 分館	1963 本館	1963 分館	1968 本館	1968 分館	1971 本館	1971 分館	1975 本館	1975 分館	1978 本館	1978 分館
総数	7,977	27,366	7,725	12,465	7,975	11,435	8,213	5,572	8,238	6,011	8,899	6,853	9,528	6,924
北海道	151	237	146	316	164	326	195	216	246	315	251	111	268	137
青森	104	233	66	229	91	246	85	178	103	266	143	246	154	242
岩手	211	465	216	447	207	448	199	321	204	299	213	307	224	202
宮城	150	352	111	549	103	430	119	214	143	219	161	227	198	197
秋田	193	337	162	307	159	392	179	271	179	292	181	397	184	389
山形	184	841	233	453	245	561	259	513	259	517	264	318	255	281
福島	246	655	221	457	231	388	215	225	212	225	223	221	237	211
茨城	240	240	208	364	175	301	214	241	206	250	209	242	201	227
栃木	168	512	147	215	146	105	155	29	141	58	147	47	150	51
群馬	95	67	123	186	137	117	150	59	157	56	183	40	193	34
埼玉	281	536	289	173	295	230	312	106	337	107	356	80	382	69
千葉	156	246	174	236	162	137	168	97	149	85	158	99	182	73
東京	18	9	19	9	21	11	19	3	17	3	38	7	47	14
神奈川	84	23	84	17	94	18	93	17	97	16	112	17	122	16
新潟	296	912	216	601	205	632	206	353	193	410	198	414	239	375
富山	262	259	299	143	254	279	256	151	249	150	273	75	278	44
石川	246	538	253	62	246	115	244	67	235	86	228	50	245	60
福井	118	119	145	99	149	102	150	58	153	64	173	31	185	24
山梨	114	298	156	160	160	212	154	94	188	242	194	303	206	353
長野	354	2,700	205	1,100	211	132	238	54	200	71	191	1,627	207	1,670
岐阜	239	346	238	376	222	298	213	25	207	80	242	39	295	67
静岡	124	194	124	176	134	182	141	58	135	47	149	31	171	23
愛知	218	291	228	148	239	194	202	152	219	103	275	103	308	77
三重	241	725	257	482	266	378	250	149	262	177	267	211	285	175
滋賀	97	258	91	80	114	112	112	44	91	41	114	9	127	32
京都	177	388	34	147	159	146	113	59	107	62	114	63	127	64
大阪	81	14	72	64	81	82	94	48	102	62	112	61	123	64
兵庫	248	1,322	179	236	192	287	206	22	220	69	232	95	216	97
奈良	108	525	120	249	123	202	134	113	104	185	109	258	142	291
和歌山	233	576	181	163	188	271	205	175	203	170	201	145	207	173
鳥取	134	585	158	345	164	333	155	22	159	12	157	16	164	13
島根	186	255	172	164	181	137	209	53	219	37	254	32	261	49
岡山	204	633	232	389	250	243	245	224	226	277	236	159	222	251
広島	188	227	236	189	271	169	293	128	278	147	301	105	318	127
山口	141	136	173	115	207	39	210	26	207	46	217	47	218	46
徳島	133	145	131	146	132	247	161	92	156	114	162	116	169	187
香川	116	157	82	113	78	103	136	38	104	75	138	27	150	59
愛媛	235	774	269	499	269	488	273	307	272	124	301	104	315	135
高知	93	375	103	176	120	102	120	82	126	84	161	87	181	76
福岡	234	2,733	271	278	285	285	276	60	301	17	326	15	356	10
佐賀	124	1,744	107	11	108	11	113	-	105	9	115	-	116	-
長崎	195	1,063	158	31	156	36	158	28	160	9	147	8	165	8
熊本	154	2,167	173	982	167	485	178	144	186	130	205	88	223	76
大分	154	316	191	599	212	120	166	66	180	60	192	57	191	67
宮崎	73	1,095	61	11	77	81	71	4	82	-	94	5	103	4
鹿児島	111	743	111	173	125	222	169	186	159	143	169	83	193	84
沖縄											13		25	

1) 文部科学省『社会教育調査報告書』より作成。
2) 1955年から1963年までの「本館」は、中央館と地区館を合わせた数である。1968年以降はそのような分類は見られない。
3) 一はデータなし。

資料編〔統計〕

| 1981 || 1984 || 1987 || 1990 || 1993 || 1996 || 1999 || 2002 ||
本館	分館	本館	分館	本館	分館	本館	分館	本館	分館	本館	分館	本館	分館	本館	分館
10,224	6,998	10,578	6,942	10,851	6,589	11,005	6,374	11,188	6,374	11,446	6,373	11,418	6,839	11,354	6,593
306	246	295	256	308	295	295	276	287	276	289	293	272	267	265	276
183	195	180	178	178	184	174	124	176	124	190	145	189	142	187	120
257	127	258	134	256	93	258	122	263	122	567	147	271	123	263	124
205	180	214	122	215	124	235	197	247	197	252	196	259	350	259	304
196	398	196	389	196	333	204	316	204	316	207	313	206	313	201	280
248	440	247	318	255	523	257	444	258	444	249	467	254	348	255	346
278	186	287	180	292	135	293	125	299	125	312	126	312	122	317	111
218	214	253	230	250	207	273	217	274	217	275	217	278	219	277	194
158	50	160	46	160	40	161	41	172	41	177	45	174	50	172	29
182	42	191	70	199	33	199	15	200	15	209	17	211	16	212	15
413	95	431	86	452	57	468	68	480	68	492	64	490	55	482	61
220	55	260	35	274	18	292	20	295	20	299	20	298	21	289	16
51	22	62	22	73	14	75	23	69	23	71	20	72	20	66	28
130	20	137	18	152	17	159	20	163	20	168	23	176	20	172	19
258	364	257	393	286	359	295	347	297	347	299	352	298	375	287	362
320	27	294	23	326	14	329	12	327	12	330	11	332	13	333	13
272	55	264	45	265	42	274	54	288	54	275	57	277	59	276	58
189	28	189	35	192	27	190	17	193	17	198	25	197	26	195	25
217	394	216	397	219	336	181	358	228	358	260	386	225	432	207	432
235	1,630	265	1,688	287	1,629	284	1,647	308	1,647	308	1,651	308	1,674	313	1,683
306	51	309	60	311	32	305	31	306	31	307	40	318	38	318	41
205	17	210	16	212	11	218	13	217	13	219	14	218	12	216	13
309	102	349	93	372	33	385	25	390	25	393	41	397	45	384	43
321	167	308	143	339	113	358	92	335	92	318	83	341	111	351	100
137	11	147	33	152	10	153	30	155	30	165	34	165	38	165	21
142	-	159	63	176	60	172	55	153	55	185	51	180	56	172	57
147	66	147	119	172	89	189	84	198	84	205	80	210	74	236	52
265	77	273	60	253	70	280	73	295	73	299	76	302	82	299	43
144	302	146	359	157	373	160	379	159	379	221	303	155	309	155	284
201	173	203	135	208	120	166	119	167	119	167	120	163	121	164	117
175	19	179	11	180	20	184	12	191	12	203	7	202	7	203	6
267	51	272	47	284	47	283	49	288	49	292	51	298	52	300	52
233	274	259	220	262	185	285	181	198	181	280	200	281	159	283	158
339	96	358	117	376	83	386	88	392	88	407	83	409	75	409	77
227	33	223	42	220	43	243	39	240	39	240	35	243	30	235	35
187	181	197	177	195	155	188	161	180	161	176	119	173	118	177	165
149	60	162	58	171	50	171	56	168	56	168	52	169	56	164	59
320	154	324	176	307	106	316	141	333	141	335	134	332	130	330	127
180	71	185	67	186	59	179	48	171	48	170	58	168	54	183	35
366	14	394	9	406	18	408	18	421	18	441	9	438	12	436	15
123	1	125	1	126	-	127	-	129	-	129	-	127	2	129	1
176	7	169	12	167	8	170	10	168	10	185	14	173	14	171	16
193	96	216	70	192	67	184	79	216	79	215	80	228	420	223	420
218	68	222	55	219	60	203	55	176	55	189	46	188	63	187	66
88	8	103	6	103	8	97	10	98	10	96	9	97	11	98	9
237	129	233	125	209	38	235	79	253	79	256	57	266	73	254	81
33	2	47	3	61	4	64	4	63	4	68	2	78	2	84	4

16．都道府県別1小学校当たりの公民館数

	1955 全公民館	1955 小学校	1955 1小学校当たり公民館数	1960 全公民館	1960 小学校	1960 1小学校当たり公民館数	1963 全公民館	1963 小学校	1963 1小学校当たり公民館数	1968 全公民館	1968 小学校	1968 1小学校当たり公民館数	1971 全公民館	1971 小学校	1971 1小学校当たり公民館数
総数	35,343	22,225	1.59	20,190	22,701	0.89	19,410	26,189	0.74	13,785	25,029	0.55	14,249	24,308	0.59
北海道	388	2,210	0.18	462	2,277	0.20	490	2,322	0.21	411	2,198	0.19	561	2,062	0.27
青森	337	563	0.60	295	583	0.51	337	624	0.54	263	605	0.43	369	583	0.63
岩手	676	555	1.22	663	574	1.16	655	755	0.87	520	709	0.73	503	645	0.78
宮城	502	335	1.50	660	350	1.89	533	547	0.97	333	498	0.67	362	462	0.78
秋田	530	391	1.36	469	397	1.18	551	498	1.11	450	475	0.95	471	433	1.09
山形	1,025	355	2.89	686	358	1.92	806	534	1.51	772	498	1.55	776	482	1.61
福島	901	549	1.64	678	564	1.20	619	840	0.74	440	780	0.56	437	733	0.60
茨城	480	543	0.88	572	545	1.05	476	625	0.76	455	605	0.75	456	586	0.78
栃木	680	446	1.52	362	449	0.81	251	502	0.50	184	473	0.39	199	457	0.44
群馬	162	300	0.54	309	317	0.97	254	395	0.64	209	380	0.55	213	368	0.58
埼玉	817	449	1.82	462	470	0.98	525	516	1.02	418	537	0.78	444	564	0.79
千葉	402	476	0.84	410	500	0.82	299	586	0.51	265	592	0.45	234	614	0.38
東京	27	911	0.03	28	1,026	0.03	32	1,051	0.03	22	1,100	0.02	20	1,168	0.02
神奈川	107	402	0.27	101	445	0.23	112	469	0.24	110	494	0.22	113	540	0.21
新潟	1,208	845	1.43	817	836	0.98	837	996	0.84	559	943	0.59	603	883	0.68
富山	521	323	1.61	442	321	1.38	533	370	1.44	407	319	1.28	399	303	1.32
石川	784	374	2.10	315	364	0.87	361	435	0.83	311	399	0.78	321	371	0.87
福井	237	238	1.00	244	239	1.02	251	343	0.73	208	315	0.66	217	294	0.74
山梨	412	232	1.78	316	238	1.33	372	304	1.22	248	266	0.93	430	259	1.66
長野	3,054	449	6.80	1,305	456	2.86	343	630	0.54	292	553	0.53	271	509	0.53
岐阜	585	484	1.21	614	489	1.26	520	584	0.89	238	518	0.46	287	486	0.59
静岡	318	536	0.59	300	532	0.56	316	595	0.53	199	542	0.37	182	515	0.35
愛知	509	697	0.73	376	714	0.53	433	749	0.58	354	749	0.47	322	782	0.41
三重	966	445	2.17	739	444	1.66	644	494	1.30	399	476	0.84	439	472	0.93
滋賀	355	210	1.69	171	208	0.82	226	285	0.79	156	249	0.63	132	230	0.57
京都	565	384	1.47	181	386	0.47	305	429	0.71	172	423	0.41	169	433	0.39
大阪	95	560	0.17	136	598	0.23	163	631	0.26	142	687	0.21	164	759	0.22
兵庫	1,570	669	2.35	415	688	0.60	479	730	0.66	228	712	0.32	289	718	0.40
奈良	633	312	2.03	369	305	1.21	325	305	1.07	247	267	0.93	289	258	1.12
和歌山	809	363	2.23	344	364	0.95	459	434	1.06	380	423	0.90	373	405	0.92
鳥取	719	212	3.39	503	201	2.50	497	262	1.90	177	233	0.76	171	224	0.76
島根	441	371	1.19	336	371	0.91	318	436	0.73	262	397	0.66	256	352	0.73
岡山	837	529	1.58	621	523	1.19	493	590	0.84	469	544	0.86	503	509	0.99
広島	415	687	0.60	425	679	0.63	440	718	0.61	421	675	0.62	425	649	0.65
山口	277	408	0.68	288	415	0.69	246	489	0.50	236	443	0.53	253	413	0.61
徳島	278	398	0.70	277	298	0.93	379	349	1.09	253	336	0.75	270	320	0.84
香川	273	228	1.20	195	228	0.86	181	252	0.72	174	244	0.71	179	227	0.79
愛媛	1,009	471	2.14	768	478	1.61	757	518	1.46	580	488	1.19	396	457	0.87
高知	468	435	1.08	279	439	0.64	222	470	0.47	202	438	0.46	210	418	0.50
福岡	2,967	628	4.72	549	660	0.83	570	698	0.82	336	699	0.48	318	696	0.46
佐賀	1,868	178	10.49	118	180	0.66	119	236	0.50	113	230	0.49	114	220	0.52
長崎	1,258	384	3.28	189	405	0.47	192	503	0.38	186	489	0.38	169	474	0.36
熊本	2,321	499	4.65	1,155	500	2.31	652	613	1.06	322	596	0.54	316	585	0.54
大分	470	378	1.24	790	389	2.03	332	457	0.73	232	447	0.52	240	435	0.55
宮崎	1,168	279	4.19	72	283	0.25	158	343	0.46	75	327	0.23	82	321	0.26
鹿児島	854	634	1.35	284	635	0.45	347	677	0.51	355	658	0.54	302	634	0.48
沖縄															

1）本表は、上野景三「公民館の歴史像」日本社会教育学会特別年報編集委員会編『現代公民館の創造』（東洋館出版社、1999)に掲載された、「表4 都道府県別公民館数・小学校数・中学校数の推移」（pp.121-

資料編〔統計〕

	1975 全公民館	1975 小学校	1975 1小学校当たり公民館数	1978 全公民館	1978 小学校	1978 1小学校当たり公民館数	1981 全公民館	1981 小学校	1981 1小学校当たり公民館数	1984 全公民館	1984 小学校	1984 1小学校当たり公民館数	1987 全公民館	1987 小学校	1987 1小学校当たり公民館数
総数	15,752	24,419	0.65	16,452	24,826	0.66	17,222	24,766	0.70	17,520	24,822	0.71	17,440	24,692	0.71
北海道	362	1,927	0.19	405	1,866	0.22	552	1,818	0.30	551	1,767	0.31	603	1,719	0.35
青森	389	543	0.72	396	531	0.75	378	524	0.72	358	512	0.70	362	510	0.71
岩手	520	607	0.86	426	591	0.72	384	569	0.67	392	552	0.71	349	538	0.65
宮城	388	453	0.86	395	462	0.85	385	460	0.84	336	463	0.73	339	466	0.73
秋田	578	405	1.43	573	379	1.51	594	367	1.62	585	352	1.66	529	347	1.52
山形	582	450	1.29	536	436	1.23	688	427	1.61	565	419	1.35	778	412	1.89
福島	444	700	0.63	448	672	0.67	464	648	0.72	467	640	0.73	427	625	0.68
茨城	451	583	0.77	428	588	0.73	432	586	0.74	483	593	0.81	457	592	0.77
栃木	194	449	0.43	201	452	0.44	208	450	0.46	206	452	0.46	200	450	0.44
群馬	223	356	0.63	227	366	0.62	224	369	0.61	261	370	0.71	232	368	0.63
埼玉	436	661	0.66	451	732	0.62	508	790	0.64	517	819	0.63	509	819	0.62
千葉	257	669	0.38	255	732	0.35	275	782	0.35	295	817	0.36	292	827	0.35
東京	45	1,264	0.04	61	1,400	0.04	73	1,387	0.05	84	1,419	0.06	87	1,423	0.06
神奈川	129	634	0.20	138	750	0.18	150	775	0.19	155	822	0.19	169	838	0.20
新潟	612	839	0.73	614	822	0.75	622	780	0.80	650	755	0.86	645	737	0.88
富山	348	288	1.21	322	288	1.12	347	277	1.25	317	270	1.17	340	264	1.29
石川	278	338	0.82	305	334	0.91	327	324	1.01	309	313	0.99	307	311	0.99
福井	204	272	0.75	209	271	0.77	217	261	0.83	224	251	0.89	219	249	0.88
山梨	497	247	2.01	559	244	2.29	611	237	2.58	613	235	2.61	555	225	2.47
長野	1,818	479	3.80	1,877	447	4.20	1,865	429	4.35	1,953	427	4.57	1,916	421	4.55
岐阜	281	466	0.60	362	458	0.79	357	453	0.79	369	443	0.83	343	428	0.80
静岡	180	516	0.35	194	527	0.37	222	532	0.42	226	545	0.41	223	547	0.41
愛知	378	847	0.45	385	895	0.43	411	949	0.43	442	959	0.46	405	972	0.42
三重	478	468	1.02	460	465	0.99	488	456	1.07	451	463	0.97	452	460	0.98
滋賀	123	235	0.52	159	237	0.67	148	238	0.62	180	239	0.75	162	239	0.68
京都	177	460	0.38	191	478	0.40	142	482	0.29	222	486	0.46	236	489	0.48
大阪	173	879	0.20	187	959	0.19	213	1,004	0.21	266	1,036	0.26	261	1,040	0.25
兵庫	327	753	0.43	313	796	0.39	342	817	0.42	333	836	0.40	323	836	0.39
奈良	367	262	1.40	433	272	1.59	446	275	1.62	505	276	1.83	503	274	1.84
和歌山	346	387	0.89	380	383	0.99	374	378	0.99	338	376	0.90	328	371	0.88
鳥取	173	207	0.84	177	203	0.87	194	195	0.99	190	193	0.98	200	192	1.04
島根	286	333	0.86	310	326	0.95	318	317	1.00	319	313	1.02	331	309	1.07
岡山	395	495	0.80	473	491	0.96	507	488	1.04	479	485	0.99	447	480	0.93
広島	406	650	0.62	445	671	0.66	435	685	0.64	475	685	0.69	459	679	0.68
山口	264	394	0.67	264	393	0.67	260	388	0.67	265	388	0.68	263	392	0.67
徳島	278	308	0.90	356	307	1.16	368	304	1.21	374	301	1.24	350	297	1.18
香川	165	221	0.75	209	224	0.93	209	219	0.95	220	220	1.00	221	220	1.00
愛媛	405	442	0.92	450	431	1.04	474	414	1.14	500	410	1.22	413	400	1.03
高知	248	383	0.65	257	365	0.70	251	349	0.72	252	342	0.74	245	341	0.72
福岡	341	719	0.47	366	750	0.49	380	766	0.50	403	785	0.51	424	792	0.54
佐賀	115	214	0.54	116	216	0.54	124	208	0.60	126	207	0.61	126	200	0.63
長崎	155	455	0.34	173	459	0.38	183	453	0.40	181	447	0.40	175	448	0.39
熊本	293	572	0.51	299	572	0.52	289	565	0.51	286	563	0.51	259	565	0.46
大分	249	420	0.59	258	425	0.61	286	417	0.69	277	415	0.67	279	415	0.67
宮崎	99	307	0.32	107	296	0.36	96	292	0.33	109	292	0.37	111	295	0.38
鹿児島	252	621	0.41	277	615	0.45	366	610	0.60	358	610	0.59	247	607	0.41
沖縄	13	241	0.05	25	249	0.10	35	252	0.14	50	259	0.19	65	263	0.25

123)をもとに、1小学校当たりの公民館数を算出した。なお、上野論文に未掲載である1999年および2002年のデータについては、『学校基本調査』(1999年、2002年)を参照した。

	1990 全公民館	1990 小学校	1990 1小学校当たり公民館数	1993 全公民館	1993 小学校	1993 1小学校当たり公民館数	1996 全公民館	1996 小学校	1996 1小学校当たり公民館数	1999 全公民館	1999 小学校	1999 1小学校当たり公民館数	2002 全公民館	2002 小学校	2002 1小学校当たり公民館数
総数	17,379	24,827	0.70	17,562	24,432	0.72	17,819	24,235	0.74	18,257	24,051	0.76	17,947	23,719	0.76
北海道	571	1,675	0.34	563	1,627	0.35	582	1,605	0.36	539	1,545	0.35	541	1,490	0.36
青森	298	505	0.59	300	499	0.60	335	490	0.68	331	471	0.70	307	438	0.70
岩手	380	529	0.72	385	508	0.76	714	494	1.45	394	484	0.81	387	469	0.83
宮城	432	471	0.92	444	469	0.95	448	471	0.95	609	466	1.31	563	464	1.21
秋田	520	345	1.51	520	339	1.53	520	332	1.57	519	327	1.59	481	310	1.55
山形	701	403	1.74	702	394	1.78	716	388	1.85	602	377	1.60	601	369	1.63
福島	418	621	0.67	424	612	0.69	438	596	0.73	434	588	0.74	428	584	0.73
茨城	490	593	0.83	491	593	0.83	492	594	0.83	497	593	0.84	471	588	0.80
栃木	202	452	0.45	213	448	0.48	222	449	0.49	224	442	0.51	201	433	0.46
群馬	214	369	0.58	215	367	0.59	226	364	0.62	227	356	0.64	227	352	0.64
埼玉	536	826	0.65	548	830	0.66	556	838	0.66	545	841	0.65	543	836	0.65
千葉	312	843	0.37	315	845	0.37	319	853	0.37	319	860	0.37	305	859	0.36
東京	98	1,480	0.07	92	1,411	0.07	91	1,404	0.06	92	1,390	0.07	94	1,354	0.07
神奈川	179	879	0.20	183	856	0.21	191	868	0.22	196	873	0.22	191	878	0.22
新潟	642	711	0.90	644	693	0.93	651	667	0.98	673	650	1.04	649	616	1.05
富山	341	264	1.29	339	262	1.29	341	244	1.40	345	239	1.44	346	236	1.47
石川	328	305	1.08	342	294	1.16	332	284	1.17	336	275	1.22	334	264	1.27
福井	207	244	0.85	210	239	0.88	223	232	0.96	223	228	0.98	220	224	0.98
山梨	539	225	2.40	586	224	2.62	646	223	2.90	657	221	2.97	639	219	2.92
長野	1,931	422	4.58	1,955	419	4.67	1,959	418	4.69	1,982	413	4.80	1,996	411	4.86
岐阜	336	425	0.79	337	419	0.80	347	414	0.84	356	410	0.87	359	406	0.88
静岡	231	553	0.42	230	550	0.42	233	549	0.42	230	546	0.42	229	546	0.42
愛知	410	990	0.41	415	990	0.42	434	988	0.44	442	986	0.45	427	987	0.43
三重	450	461	0.98	427	460	0.93	401	460	0.87	452	454	1.00	451	452	1.00
滋賀	183	245	0.75	185	240	0.77	199	239	0.83	203	236	0.86	186	235	0.79
京都	227	501	0.45	208	473	0.44	236	463	0.51	236	454	0.52	229	450	0.51
大阪	273	1,065	0.26	282	1,046	0.27	285	1,044	0.27	284	1,041	0.27	288	1,038	0.28
兵庫	353	858	0.41	368	853	0.43	375	851	0.44	384	849	0.45	342	848	0.40
奈良	539	274	1.97	538	269	2.00	524	266	1.97	464	264	1.76	439	258	1.70
和歌山	285	367	0.78	286	355	0.81	287	351	0.82	284	346	0.82	281	340	0.83
鳥取	196	194	1.01	203	191	1.06	210	189	1.11	209	189	1.11	209	179	1.17
島根	332	308	1.08	337	303	1.11	343	300	1.14	350	296	1.18	352	286	1.23
岡山	466	480	0.97	379	464	0.82	480	463	1.04	440	457	0.96	441	448	0.98
広島	474	686	0.69	480	673	0.71	490	662	0.74	484	654	0.74	486	639	0.76
山口	282	389	0.72	279	385	0.72	275	383	0.72	273	382	0.71	270	370	0.73
徳島	349	299	1.17	341	293	1.16	295	290	1.02	291	288	1.01	342	279	1.23
香川	227	221	1.03	224	220	1.02	220	217	1.01	225	215	1.05	223	215	1.04
愛媛	457	400	1.14	474	395	1.20	469	393	1.19	462	385	1.20	457	376	1.22
高知	227	338	0.67	219	334	0.66	228	329	0.69	222	325	0.68	218	325	0.67
福岡	426	799	0.53	439	799	0.55	450	801	0.56	450	789	0.57	451	783	0.58
佐賀	127	203	0.63	129	205	0.63	129	204	0.63	129	204	0.63	130	202	0.64
長崎	180	453	0.40	178	444	0.40	199	440	0.45	187	433	0.43	187	424	0.44
熊本	263	561	0.47	295	553	0.53	295	543	0.54	648	529	1.22	643	518	1.24
大分	258	417	0.62	231	413	0.56	235	406	0.58	251	394	0.64	253	388	0.65
宮崎	107	296	0.36	108	295	0.37	105	294	0.36	108	294	0.37	107	288	0.37
鹿児島	314	609	0.52	332	607	0.55	313	605	0.52	339	606	0.56	335	606	0.55
沖縄	68	273	0.25	67	274	0.24	70	277	0.25	80	279	0.29	88	280	0.31

17. 都道府県別公民館の設置率

	1960	1963	1968	1971	1975	1978	1981	1984	1987	1990	1993	1996	1999	2002
総数	87.9	91.6	90.7	91.6	90.5	91.9	92.9	90.9	91.1	90.8	91.0	91.2	91.7	91.0
北海道	57.1	60.9	71.1	69.0	70.8	71.2	72.6	71.7	73.1	71.2	70.8	69.8	66.5	63.7
青森	80.9	88.1	89.6	98.5	98.5	98.5	98.5	97.0	97.0	95.5	92.5	97.0	97.0	98.5
岩手	90.5	92.1	92.1	95.2	95.2	95.2	95.2	95.2	95.2	91.9	94.9	94.9	94.9	93.1
宮城	100.0	100.0	98.7	97.2	100.0	100.0	100.0	97.3	98.6	98.6	98.6	98.6	100.0	98.6
秋田	100.0	100.0	97.3	100.0	100.0	100.0	100.0	100.0	100.0	100.0	98.6	100.0	100.0	98.6
山形	98.0	100.0	95.7	97.7	100.0	100.0	100.0	100.0	100.0	100.0	100.0	100.0	100.0	100.0
福島	100.0	100.0	98.9	98.9	100.0	100.0	100.0	100.0	100.0	98.9	100.0	100.0	100.0	100.0
茨城	98.9	100.0	98.9	96.7	91.3	97.8	98.9	100.0	100.0	97.6	100.0	100.0	100.0	100.0
栃木	94.4	92.0	93.9	95.0	100.0	100.0	100.0	100.0	100.0	100.0	98.0	95.9	100.0	100.0
群馬	69.2	79.2	78.9	80.0	90.0	92.9	97.1	97.1	97.1	97.1	94.3	92.9	94.3	94.3	94.3
埼玉	96.8	98.9	96.8	94.6	97.8	98.9	100.0	100.0	100.0	100.0	100.0	98.9	98.9	98.9
千葉	87.1	87.2	89.4	95.2	93.8	92.5	96.3	82.5	83.8	83.8	88.8	90.0	88.8	88.8
東京	40.5	46.3	42.5	23.4	34.4	40.6	42.2	46.9	51.6	46.9	45.3	44.4	44.4	43.5
神奈川	71.8	78.9	76.3	81.1	59.5	75.7	78.4	78.4	81.1	86.5	86.5	83.8	86.5	83.8
新潟	97.6	100.0	100.0	100.0	98.2	100.0	100.0	99.1	100.0	100.0	100.0	100.0	100.0	100.0
富山	100.0	100.0	100.0	94.3	100.0	100.0	100.0	100.0	100.0	100.0	100.0	97.1	97.1	97.1
石川	97.7	100.0	100.0	100.0	100.0	100.0	100.0	100.0	100.0	100.0	100.0	100.0	100.0	97.6
福井	100.0	100.0	94.9	100.0	100.0	100.0	100.0	100.0	100.0	97.1	97.1	100.0	100.0	100.0
山梨	83.1	84.4	89.1	95.3	96.9	100.0	100.0	100.0	100.0	95.3	96.9	93.8	98.4	98.4
長野	98.7	103.0	98.4	100.0	100.0	100.0	100.0	100.0	100.0	100.0	100.0	100.0	100.0	100.0
岐阜	92.7	92.1	92.1	86.5	82.0	86.0	93.0	89.0	87.9	7.9	86.9	88.9	91.9	88.9
静岡	75.3	83.7	83.1	84.2	88.0	86.7	86.7	82.7	80.0	80.0	78.4	78.4	75.7	73.0
愛知	73.6	82.1	82.6	84.1	84.1	83.0	86.4	86.4	84.1	86.4	85.2	84.1	85.2	84.1
三重	98.6	95.8	100.0	100.0	98.6	97.1	97.1	89.9	95.7	94.2	91.3	94.2	98.6	98.6
滋賀	86.8	92.5	88.7	86.0	90.0	94.0	92.0	92.0	92.0	88.0	88.0	92.0	94.0	94.0
京都	65.9	70.5	70.5	65.9	70.5	77.3	84.1	86.4	86.4	86.4	86.4	88.6	86.4	86.4
大阪	75.5	85.1	78.7	82.2	84.1	81.8	81.8	86.4	88.6	95.5	93.2	95.5	90.9	90.9
兵庫	96.9	92.8	86.6	100.0	100.0	98.9	98.9	72.5	79.1	81.3	82.4	83.5	89.8	87.5
奈良	89.6	93.6	91.5	91.5	91.5	95.7	100.0	95.7	95.7	95.7	93.6	91.5	93.6	93.6
和歌山	94.4	98.0	100.0	100.0	100.0	100.0	100.0	100.0	100.0	98.0	100.0	98.0	100.0	100.0
鳥取	100.0	100.0	97.5	100.0	100.0	97.4	100.0	100.0	100.0	100.0	100.0	100.0	100.0	100.0
島根	72.3	73.8	83.6	94.2	89.8	89.8	91.5	78.0	84.7	89.8	88.1	89.8	96.6	98.3
岡山	86.0	93.8	92.8	90.5	91.8	91.0	93.6	88.5	87.2	89.7	91.0	91.0	91.0	89.7
広島	73.6	97.2	85.2	91.5	96.6	94.3	94.3	94.3	96.5	96.5	96.5	96.5	95.3	94.2
山口	91.4	98.2	98.2	98.2	100.0	96.4	98.2	94.6	94.6	98.2	98.2	98.2	98.2	94.6
徳島	98.1	100.0	98.0	100.0	98.0	98.0	98.0	98.0	98.0	98.0	98.0	98.0	96.0	96.0
香川	93.2	93.2	93.0	95.3	93.0	93.0	93.0	93.0	93.0	95.3	93.0	95.3	95.3	94.9
愛媛	97.4	100.0	100.0	98.6	100.0	100.0	100.0	100.0	97.1	95.7	100.0	98.6	100.0	100.0
高知	80.4	87.3	92.7	90.9	92.5	92.5	90.6	92.5	90.6	90.6	90.6	88.7	86.8	84.9	83.0
福岡	97.4	100.0	97.0	99.0	100.0	96.9	96.9	97.5	100.0	100.0	99.0	99.0	97.9	95.9
佐賀	100.0	100.0	100.0	100.0	100.0	100.0	100.0	100.0	100.0	100.0	100.0	100.0	98.0	100.0
長崎	98.8	100.0	98.8	10.0	91.1	96.2	97.5	93.7	89.9	91.1	87.3	91.1	91.1	91.1
熊本	93.3	98.0	95.0	95.9	95.9	99.0	96.9	94.9	86.7	80.6	94.7	93.6	98.9	98.9
大分	97.0	100.0	95.1	98.3	100.0	98.3	100.0	98.3	98.3	100.0	96.6	96.6	96.6	98.3
宮崎	96.2	100.0	84.8	90.9	88.6	97.7	79.5	81.8	77.3	77.3	77.3	77.3	77.3	75.0
鹿児島	89.8	94.9	91.8	95.8	88.5	93.8	94.8	91.7	85.4	85.4	93.8	89.6	93.8	92.7
沖縄				1.8	24.5	47.2	58.5	64.2	77.4	75.5	67.9	66.0	67.9	71.2

1）設置率（％）＝ 公民館を設置している市町村数／市町村数×100
2）文部科学省『社会教育調査報告書』より作成。ただし、1960年から1968年のデータは、『社会教育調査報告書』では公民館設置率が算出されていないため、「公民館を設置している市町村数」と下記の該当する調査における「市町村数」を利用して算出した。
　1960年：『朝日年鑑　昭和35年版』（朝日新聞社、1960）
　1963年：自治省振興課編集『全国市町村要覧　39年版』（第一法規、1964）
　1968年：自治省振興課編集『全国市町村要覧　42年版』（第一法規、1967）

資料編〔統計〕

18. 都道府県別　人口1万人当たりの公民館数

	1975		2002	
	公民館数	人口1万人当たりの館数	公民館数	人口1万人当たりの館数
総数	15,752	1.41	17,945	1.41
北海道	362	0.67	541	0.95
青森	389	2.64	307	2.08
岩手	520	3.75	387	2.73
宮城	388	1.98	563	2.38
秋田	578	4.69	481	4.04
山形	582	4.77	601	4.83
福島	444	2.25	428	2.01
茨城	451	1.92	471	1.58
栃木	194	1.14	201	1.00
群馬	223	1.26	227	1.12
埼玉	436	0.9	543	0.78
千葉	257	0.61	305	0.51
東京	45	0.03	94	0.08
神奈川	129	0.2	191	0.22
新潟	612	2.55	649	2.62
富山	348	3.24	346	3.09
石川	278	2.59	334	2.83
福井	204	2.63	220	2.65
山梨	497	6.34	639	7.19
長野	1,818	9	1,996	9.01
岐阜	281	1.5	359	1.70
静岡	180	0.54	229	0.61
愛知	378	0.63	427	0.61
三重	478	2.93	451	2.43
滋賀	123	1.24	186	1.39
京都	177	0.72	229	0.87
大阪	173	0.2	288	0.33
兵庫	327	0.65	342	0.62
奈良	367	3.4	439	3.04
和歌山	346	3.22	281	2.63
鳥取	173	2.97	209	3.41
島根	286	3.71	352	4.62
岡山	395	2.17	441	2.26
広島	406	1.53	486	1.69
山口	264	1.96	270	1.77
徳島	278	3.45	342	4.15
香川	195	2.02	223	2.18
愛媛	405	2.76	457	3.06
高知	248	3.06	218	2.68
福岡	341	0.79	451	0.90
佐賀	115	1.37	130	1.48
長崎	155	0.98	187	1.23
熊本	293	1.72	643	3.46
大分	249	2.09	253	2.07
宮崎	99	0.91	107	0.91
鹿児島	252	1.46	335	1.88
沖縄	13	0.12	88	0.67

1) 1975年：『第三次全国総合開発計画』より作成。
2) 2002年：文部科学省『社会教育調査報告書』(2002年)、総理府統計局「国勢調査」(2000年)より作成。

19．都道府県別公民館主事数

	1955		1960		1963		1968	
	本務者(%)	兼務者(%)	専任(%)	兼任(%)	専任(%)	兼任(%)	専任(%)	兼任(%)
総数	2,120(17.8)	9,783(82.2)	2,094(26.8)	5,715(73.2)	3,018(27.5)	7,975(72.5)	3,549(32.8)	7,286(67.2)
北海道	17(10.4)	146(89.6)	17(12.4)	120(87.6)	46(15.9)	244(84.1)	59(15.8)	315(84.2)
青森	22(14.6)	129(85.4)	34(37.8)	56(62.2)	44(44.0)	56(56.0)	50(42.4)	68(57.6)
岩手	54(18.8)	234(81.3)	45(22.4)	156(77.6)	100(28.5)	251(71.5)	126(42.3)	172(57.7)
宮城	124(39.6)	189(60.4)	129(57.6)	95(42.4)	140(46.8)	159(53.2)	181(62.2)	110(37.8)
秋田	58(22.4)	201(77.6)	85(35.4)	155(64.6)	110(29.9)	258(70.1)	159(38.9)	250(61.1)
山形	69(14.6)	404(85.4)	42(23.3)	138(76.7)	143(29.4)	343(70.6)	198(34.8)	371(65.2)
福島	148(37.8)	244(62.2)	100(28.8)	247(71.2)	197(43.7)	254(56.3)	230(50.5)	225(49.5)
茨城	18(5.5)	311(94.5)	40(12.3)	284(87.7)	34(10.4)	293(89.6)	42(11.7)	316(88.3)
栃木	46(23.1)	153(76.9)	53(28.5)	133(71.5)	69(39.4)	106(60.6)	88(49.4)	90(50.6)
群馬	20(20.4)	78(79.6)	41(50.6)	40(49.4)	72(47.1)	81(52.9)	88(47.8)	96(52.2)
埼玉	32(8.9)	326(91.1)	29(15.1)	163(84.9)	52(18.1)	235(81.9)	117(36.3)	205(63.7)
千葉	16(14.8)	92(85.2)	28(30.1)	65(69.9)	30(55.6)	24(44.4)	51(36.2)	90(63.8)
東京	5(29.4)	12(70.6)	2(9.5)	19(90.5)	10(55.6)	8(44.4)	14(43.8)	18(56.3)
神奈川	4(11.1)	32(88.9)	14(20.6)	54(79.4)	14(18.4)	62(81.6)	30(47.6)	33(52.4)
新潟	86(23.2)	284(76.8)	124(34.7)	233(65.3)	150(36.7)	259(63.3)	176(36.3)	309(63.7)
富山	17(7.2)	219(92.8)	25(6.8)	344(93.2)	18(5.7)	298(94.3)	34(7.9)	395(92.1)
石川	85(19.5)	351(80.5)	119(55.3)	96(44.7)	116(37.2)	196(62.8)	76(27.0)	205(73.0)
福井	21(19.1)	89(80.9)	18(15.5)	98(84.5)	58(35.4)	106(64.6)	74(39.6)	113(60.4)
山梨	8(7.8)	95(92.2)	2(2.1)	94(97.9)	11(7.8)	130(92.2)	10(7.3)	127(92.7)
長野	170(29.0)	417(71.0)	171(50.4)	168(49.6)	188(21.8)	673(78.2)	166(52.4)	151(47.6)
岐阜	28(8.2)	313(91.8)	78(35.9)	139(64.1)	28(13.5)	179(86.5)	21(10.7)	175(89.3)
静岡	19(14.7)	110(85.3)	22(43.1)	29(56.9)	22(37.3)	37(62.7)	48(45.7)	57(54.3)
愛知	18(4.2)	410(95.8)	12(8.6)	128(91.4)	27(8.8)	279(91.2)	25(16.2)	129(83.8)
三重	32(7.1)	420(92.9)	19(5.4)	331(94.6)	50(11.8)	372(88.2)	48(12.4)	338(87.6)
滋賀	21(16.0)	110(84.0)	22(26.9)	79(73.1)	36(21.1)	135(78.9)	59(40.4)	87(59.6)
京都	10(8.3)	110(91.7)	3(4.3)	66(95.7)	6(5.1)	112(94.9)	1(1.0)	97(99.0)
大阪	15(39.5)	23(60.5)	7(22.6)	24(77.4)	33(51.6)	31(48.4)	28(26.4)	78(73.6)
兵庫	26(13.3)	169(86.7)	33(23.9)	105(76.1)	46(25.8)	132(74.2)	71(38.4)	114(61.6)
奈良	2(1.4)	136(98.6)	-	-	-	-	97	-
和歌山	40(10.7)	335(89.3)	30(21.7)	108(78.3)	35(15.7)	188(84.3)	31(6.4)	456(93.6)
鳥取	19(8.9)	194(91.1)	30(14.9)	171(85.1)	52(22.5)	179(77.5)	55(25.5)	161(74.5)
島根	5(2.2)	226(97.8)	28(23.9)	89(76.1)	72(38.7)	114(61.3)	72(38.3)	116(61.7)
岡山	35(11.4)	271(88.6)	32(16.7)	160(83.3)	34(13.3)	222(86.7)	41(13.8)	256(86.2)
広島	51(26.8)	139(73.2)	54(23.0)	181(77.0)	123(38.3)	198(61.7)	135(38.1)	219(61.9)
山口	60(57.1)	45(42.9)	57(41.3)	81(58.7)	69(43.1)	91(56.9)	67(35.8)	120(64.2)
徳島	41(31.3)	90(68.7)	24(19.2)	101(80.8)	39(19.3)	163(80.7)	36(21.2)	134(78.8)
香川	26(21.1)	97(78.9)	43(43.9)	55(56.1)	48(48.0)	52(52.0)	71(56.3)	55(43.7)
愛媛	119(27.7)	310(72.3)	73(34.0)	142(66.0)	171(30.6)	388(69.4)	189(49.7)	191(50.3)
高知	23(21.9)	82(78.1)	29(32.6)	60(67.4)	31(23.8)	99(76.2)	38(29.7)	90(70.3)
福岡	209(23.8)	668(76.2)	47(21.1)	176(78.9)	155(52.4)	141(47.6)	183(65.1)	98(34.9)
佐賀	74(47.4)	82(52.6)	97(85.1)	17(14.9)	91(72.2)	35(27.8)	84(82.4)	18(17.6)
長崎	15(3.6)	406(96.4)	10(8.7)	105(91.3)	16(10.8)	132(89.2)	36(25.2)	107(74.8)
熊本	114(28.3)	289(71.7)	65(33.5)	194(61.8)	107(49.5)	109(50.5)	115(61.5)	72(38.5)
大分	53(25.1)	158(74.9)	92(37.4)	154(62.6)	77(33.3)	154(66.7)	76(39.0)	119(61.0)
宮崎	14(10.2)	123(89.8)	16(34.8)	30(65.2)	11(10.5)	94(89.5)	9(12.0)	66(88.0)
鹿児島	31(6.9)	416(93.1)	11(7.5)	135(92.5)	31(13.8)	194(86.2)	29(11.7)	218(88.3)
沖縄								

1）文部科学省『社会教育調査報告書』より作成。
2）1955年は「本務者」「兼務者」と分類されて調査されている。
3）1984年から「非常勤」の項目が新たに設置された。
4）パーセントは当該年の公民館主事数から算出したものである。

	1971		1975		1978		1981	
	専任(%)	兼務者(%)	専任(%)	兼任(%)	専任(%)	兼任(%)	専任(%)	兼任(%)
総数	3,851(36.0)	6,838(51.2)	6,505(53.1)	5,741(46.9)	7,698(58.1)	5,547(41.9)	7,608(52.2)	6,980(47.8)
北海道	66(15.0)	373(65.2)	199(66.3)	101(33.7)	151(65.9)	78(34.1)	38(8.5)	408(91.5)
青森	63(33.7)	124(46.4)	143(63.6)	82(36.4)	173(60.1)	115(39.9)	185(52.1)	170(47.9)
岩手	154(50.7)	150(32.1)	317(73.2)	116(26.8)	258(86.3)	41(13.7)	252(73.3)	92(26.7)
宮城	172(66.2)	88(25.6)	256(79.3)	67(20.7)	290(86.3)	46(13.7)	340(73.8)	121(26.2)
秋田	161(33.6)	318(54.8)	262(51.5)	247(48.5)	273(49.6)	277(50.4)	285(47.7)	312(52.3)
山形	185(44.9)	227(43.1)	300(61.9)	185(38.1)	325(78.7)	88(21.3)	300(62.8)	178(37.2)
福島	252(57.3)	188(33.0)	382(75.5)	124(24.5)	424(80.0)	106(20.0)	470(94.4)	28(5.6)
茨城	76(24.1)	240(65.9)	124(33.0)	252(67.0)	141(33.1)	285(66.9)	199(43.5)	258(56.5)
栃木	141(66.8)	70(30.8)	157(87.7)	22(12.3)	195(78.3)	54(21.7)	160(60.6)	104(39.4)
群馬	97(65.5)	51(26.7)	140(92.7)	11(7.3)	169(90.9)	17(9.1)	227(88.7)	29(11.3)
埼玉	133(40.3)	197(45.1)	240(65.9)	124(34.1)	378(75.9)	120(24.1)	437(74.4)	150(25.6)
千葉	64(48.9)	67(31.2)	148(79.1)	39(20.9)	152(80.4)	37(19.6)	253(94.1)	16(5.9)
東京	33(71.7)	13(25.5)	38(95.0)	2(5.0)	69(98.6)	1(1.4)	117	
神奈川	28(39.4)	43(47.3)	48(55.8)	38(44.2)	90(73.8)	32(26.2)	131(82.4)	28(17.6)
新潟	165(38.3)	266(51.6)	250(61.0)	160(39.0)	317(70.3)	134(29.7)	202(40.3)	299(59.7)
富山	23(5.9)	366(89.7)	42(14.0)	258(86.0)	95(27.5)	250(72.5)	123(33.6)	243(66.4)
石川	77(27.8)	200(62.7)	119(50.6)	116(49.4)	198(59.3)	136(40.7)	188(51.4)	178(48.6)
福井	73(34.3)	140(44.0)	178(74.5)	61(25.5)	214(78.7)	58(21.3)	170(68.0)	80(32.0)
山梨	16(5.9)	255(92.7)	20(5.7)	331(94.3)	48(11.5)	369(88.5)	26(6.0)	410(94.0)
長野	160(51.6)	150(36.1)	265(18.5)	1,169(81.5)	336(21.9)	1,200(78.1)	312(19.0)	1,333(81.0)
岐阜	30(16.6)	151(65.7)	79(36.2)	139(63.8)	107(32.3)	224(67.7)	133(44.8)	164(55.2)
静岡	44(50.6)	43(32.3)	90		-	-	-	-
愛知	31(17.4)	147(62.0)	90(41.1)	129(58.9)	124(55.6)	99(44.4)	145(52.9)	129(47.1)
三重	69(14.8)	398(83.8)	77(17.8)	356(82.2)	130(32.3)	273(67.7)	167(33.5)	331(66.5)
滋賀	35(32.4)	73(45.6)	87(60.0)	58(40.0)	86(87.8)	12(12.2)	89(69.0)	40(31.0)
京都	10(12.2)	72(69.9)	31(39.2)	48(60.8)	21(24.1)	66(75.9)	48(47.1)	54(52.9)
大阪	23(25.0)	69(57.5)	51(45.1)	62(54.9)	45(37.2)	76(62.8)	28(25.2)	83(74.8)
兵庫	122(54.7)	101(30.6)	229(73.4)	83(26.6)	237(75.0)	79(25.0)	272(81.4)	62(18.6)
奈良	13(18.1)	59(47.2)	66(56.4)	51(43.6)	42(28.2)	107(71.8)	103(52.3)	94(47.7)
和歌山	37(17.2)	178(65.9)	92(37.4)	154(62.6)	55(19.9)	221(80.1)	58(26.0)	165(74.0)
鳥取	56(35.2)	103(60.6)	67(38.1)	109(61.9)	90(48.6)	95(51.4)	88(47.6)	97(52.4)
島根	48(26.8)	131(69.3)	58(35.2)	107(64.8)	110(47.0)	124(53.0)	60(30.9)	134(69.1)
岡山	60(21.8)	215(60.4)	141(67.1)	69(32.9)	141(91.6)	13(8.4)	191(77.3)	56(22.7)
広島	188(52.5)	170(35.9)	303(77.5)	88(22.5)	364(87.7)	51(12.3)	333(82.8)	69(17.2)
山口	87(45.8)	103(39.9)	155(68.0)	73(32.0)	194(78.9)	52(21.1)	195(79.9)	49(20.1)
徳島	44(17.2)	212(77.1)	63(33.0)	128(67.0)	84(45.2)	102(54.8)	68(31.8)	146(68.2)
香川	73(43.7)	94(36.2)	166(86.0)	27(14.0)	131(78.9)	35(21.1)	126(87.5)	18(12.5)
愛媛	200(54.2)	169(42.8)	226(62.1)	138(37.9)	294(68.4)	136(31.6)	246(52.8)	220(47.2)
高知	38(25.5)	111(76.0)	35(34.7)	66(65.3)	49(54.4)	41(45.6)	69(60.0)	46(40.0)
福岡	125(53.2)	110(30.7)	248(87.9)	34(12.1)	184(71.0)	75(29.0)	175(61.4)	110(38.6)
佐賀	93(80.2)	23(19.7)	94(87.9)	13(12.1)	102(97.1)	3(2.9)	86(85.1)	15(14.9)
長崎	47(28.3)	119(70.4)	50(82.0)	11(18.0)	112(72.7)	42(27.3)	72(41.4)	102(58.6)
熊本	102(54.3)	86(47.3)	96(42.1)	132(57.9)	193(88.9)	24(11.1)	93(43.7)	120(56.3)
大分	88(42.7)	118(46.3)	137(68.8)	62(31.2)	114(62.0)	70(38.0)	105(49.3)	108(50.7)
宮崎	22(25.0)	66(42.3)	90(91.8)	8(8.2)	106(92.2)	9(7.8)	37(56.9)	28(43.1)
鹿児島	27(12.4)	191(56.0)	150(62.8)	89(37.2)	149(66.8)	74(33.2)	124(59.6)	84(40.4)
沖縄								

5) —はデータなし。

	1984			1987			1990		
	専任(%)	兼任(%)	非常勤(%)	専任(%)	兼任(%)	非常勤(%)	専任(%)	兼任(%)	非常勤(%)
総数	6,295(40.0)	4,161(26.5)	5,272(33.5)	6,956(40.2)	4,736(27.4)	5,621(32.5)	7,248(40.3)	4,742(26.3)	6,010(33.4)
北海道	65(12.7)	280(54.7)	167(32.6)	85(14.1)	321(53.1)	198(32.8)	81(13.3)	346(56.6)	184(30.1)
青森	122(40.9)	60(20.1)	116(38.9)	134(38.3)	81(23.1)	135(38.6)	137(38.7)	76(21.5)	141(39.8)
岩手	226(57.1)	108(27.3)	62(15.7)	236(61.8)	88(23.0)	58(15.2)	210(58.7)	85(23.7)	63(17.6)
宮城	320(62.0)	96(18.6)	100(19.4)	338(61.1)	117(21.2)	98(17.7)	357(56.6)	125(19.8)	149(23.6)
秋田	210(34.5)	227(37.3)	171(28.1)	203(32.7)	172(27.7)	245(39.5)	191(30.5)	184(29.4)	251(40.1)
山形	285(50.9)	80(14.3)	195(34.8)	280(40.1)	104(14.9)	314(45.0)	314(44.0)	82(11.5)	318(44.5)
福島	402(62.3)	99(15.3)	144(22.3)	380(57.6)	108(16.4)	172(26.1)	374(58.3)	83(12.9)	185(28.8)
茨城	185(35.6)	191(36.8)	143(27.6)	224(37.9)	163(27.6)	204(34.5)	238(41.8)	148(26.0)	183(32.2)
栃木	127(50.6)	76(30.3)	48(19.1)	161(45.6)	125(35.4)	67(19.0)	162(47.1)	121(35.2)	61(17.7)
群馬	209(71.3)	63(21.5)	21(7.2)	255(75.0)	51(15.0)	34(10.0)	241(73.0)	55(16.7)	34(10.3)
埼玉	356(67.4)	93(17.6)	79(15.0)	479(66.7)	139(19.4)	100(13.9)	569(72.9)	106(13.6)	105(13.5)
千葉	315(79.7)	66(16.7)	14(3.5)	308(78.2)	67(17.0)	19(4.8)	410(78.2)	87(16.6)	27(5.2)
東京	112(87.5)	8(6.3)	8(6.3)	163(90.1)	9(5.0)	9(5.0)	147(80.8)	19(10.4)	16(8.8)
神奈川	128(82.1)	11(7.1)	17(10.9)	243(87.4)	7(2.5)	28(10.1)	241(77.0)	38(12.1)	34(10.9)
新潟	187(34.8)	187(34.8)	163(30.4)	210(38.5)	228(41.8)	107(19.6)	191(33.2)	276(48.0)	108(18.8)
富山	92(28.4)	68(21.0)	164(50.6)	113(31.7)	70(19.6)	174(48.7)	84(21.2)	67(16.9)	245(61.9)
石川	190(54.9)	65(18.8)	91(26.3)	176(51.2)	66(19.2)	102(29.7)	188(52.4)	57(15.9)	114(31.8)
福井	115(43.6)	48(18.2)	101(38.3)	108(32.9)	80(24.4)	140(42.7)	96(31.3)	64(20.8)	147(47.9)
山梨	28(5.7)	116(23.4)	351(70.9)	20(4.2)	120(25.1)	338(70.7)	11(2.7)	82(20.3)	311(77.0)
長野	261(14.4)	299(16.5)	1,252(69.1)	218(14.4)	252(16.7)	1,043(68.9)	195(12.1)	308(19.1)	1,110(68.8)
岐阜	77(23.7)	98(30.2)	150(46.2)	86(21.3)	164(40.6)	154(38.1)	100(23.8)	172(41.0)	148(35.2)
静岡	96(64.4)	29(19.5)	24(16.1)	163(66.3)	74(30.1)	9(3.7)	181(70.2)	66(25.6)	11(4.3)
愛知	123(34.0)	120(33.1)	119(32.9)	139(36.5)	115(30.2)	127(33.3)	163(38.2)	111(26.0)	153(35.8)
三重	105(26.6)	173(43.9)	116(29.4)	121(26.7)	161(35.5)	171(37.7)	110(21.7)	205(40.4)	192(37.9)
滋賀	68(42.7)	53(24.9)	31(20.4)	88(34.0)	127(49.0)	44(17.0)	65(33.7)	75(38.9)	53(27.5)
京都	23(20.2)	38(33.3)	53(46.5)	41(27.7)	19(12.8)	88(59.5)	41(27.0)	22(14.5)	89(58.6)
大阪	61(32.8)	47(25.3)	78(41.9)	81(45.8)	50(28.2)	46(26.0)	104(38.7)	66(24.5)	99(36.8)
兵庫	219(67.6)	65(20.1)	40(12.3)	229(63.3)	76(21.0)	57(15.7)	264(72.5)	50(13.7)	50(13.7)
奈良	25(43.1)	28(48.3)	5(8.6)	51(42.1)	47(38.8)	23(19.0)	68(49.3)	51(37.0)	19(13.8)
和歌山	59(27.3)	48(22.2)	109(50.5)	59(21.8)	99(36.5)	113(41.7)	57(24.7)	67(29.0)	107(46.3)
鳥取	61(36.5)	21(12.6)	85(50.9)	75(33.9)	41(18.6)	105(47.5)	74(32.0)	45(19.5)	112(48.5)
島根	38(16.0)	53(22.3)	147(61.8)	50(18.9)	65(24.5)	150(56.6)	117(39.4)	36(12.1)	144(48.5)
岡山	45(19.8)	130(57.3)	52(22.9)	60(18.9)	157(49.5)	100(31.5)	62(20.2)	123(40.1)	122(39.7)
広島	294(69.2)	74(17.4)	57(13.4)	285(67.7)	82(19.5)	54(12.8)	300(70.8)	81(19.1)	43(10.1)
山口	128(51.0)	71(28.3)	52(20.7)	112(43.2)	89(34.4)	58(22.4)	122(38.2)	108(33.9)	89(27.9)
徳島	42(25.3)	44(26.5)	80(48.2)	54(30.0)	46(25.6)	80(44.4)	42(20.9)	46(22.9)	113(56.2)
香川	67(40.4)	55(33.1)	44(26.5)	69(28.8)	115(47.9)	56(23.3)	57(24.2)	123(52.1)	55(23.3)
愛媛	229(44.2)	162(31.3)	127(24.5)	255(53.6)	123(25.8)	98(20.6)	257(50.6)	139(27.4)	112(22.0)
高知	37(32.5)	39(34.2)	38(33.3)	45(38.1)	29(24.6)	44(37.3)	44(37.0)	46(38.7)	29(24.4)
福岡	135(35.3)	77(20.2)	170(44.5)	135(29.2)	117(25.3)	211(45.6)	107(20.7)	162(31.4)	247(47.9)
佐賀	75(62.5)	41(34.2)	4(3.3)	83(58.5)	52(36.6)	7(4.9)	80(55.6)	57(39.6)	7(4.9)
長崎	63(33.0)	87(45.5)	41(21.5)	60(27.8)	106(49.1)	50(23.1)	71(32.6)	104(47.7)	43(19.7)
熊本	76(33.9)	119(53.1)	29(12.9)	48(19.7)	55(22.6)	37(15.2)	75(29.5)	150(59.1)	29(11.4)
大分	106(41.7)	64(25.2)	84(33.1)	102(38.8)	95(36.1)	66(25.1)	95(39.4)	79(32.8)	67(27.8)
宮崎	25(32.1)	35(44.9)	18(23.1)	21(19.6)	50(46.7)	36(33.6)	23(29.1)	28(35.4)	28(35.4)
鹿児島	44(18.0)	146(59.8)	54(22.1)	66(31.4)	99(47.1)	45(21.4)	77(33.0)	111(47.6)	45(19.3)
沖縄	39(78.0)	3(6.0)	8(16.0)	44(71.0)	11(17.7)	7(11.3)	55(67.1)	10(12.2)	17(20.7)

資料編〔統計〕

	1993			1996			1999		
	専任(%)	兼任(%)	非常勤(%)	専任(%)	兼任(%)	非常勤(%)	専任(%)	兼任(%)	非常勤(%)
総数	7,609(40.5)	4,698(25.0)	6,495(34.5)	7,489(39.4)	4,460(23.4)	7,081(37.2)	6,954(37.6)	4,351(23.5)	7,179(38.8)
北海道	64(9.4)	403(59.4)	211(31.1)	61(9.4)	357(54.9)	232(35.7)	61(9.8)	337(54.2)	224(36.0)
青森	130(44.8)	67(23.1)	93(32.1)	121(35.9)	66(19.6)	150(44.5)	91(24.0)	61(16.1)	227(59.9)
岩手	224(57.0)	73(18.6)	96(24.4)	217(55.9)	75(19.3)	96(24.7)	189(54.9)	75(21.8)	80(23.3)
宮城	369(53.7)	96(14.0)	222(32.3)	340(46.4)	119(16.2)	274(37.4)	313(44.0)	164(23.0)	235(33.0)
秋田	158(27.9)	156(27.6)	252(44.5)	171(30.8)	134(24.1)	251(45.1)	147(29.2)	136(27.0)	221(43.8)
山形	268(44.5)	98(16.3)	236(39.2)	273(43.5)	95(15.2)	259(41.3)	238(43.2)	132(24.0)	181(32.8)
福島	360(56.3)	101(15.8)	179(28.0)	329(52.0)	135(21.3)	169(26.7)	262(42.5)	176(28.6)	178(28.9)
茨城	232(43.1)	100(18.6)	206(38.3)	237(41.3)	73(12.7)	264(46.0)	211(43.0)	41(8.4)	239(48.7)
栃木	181(44.0)	133(32.4)	97(23.6)	182(43.1)	127(30.1)	113(26.8)	152(42.6)	124(34.7)	81(22.7)
群馬	250(74.2)	52(15.4)	35(10.4)	271(74.9)	53(14.6)	38(10.5)	278(74.1)	64(17.1)	33(8.8)
埼玉	720(73.0)	144(14.6)	122(12.4)	750(61.3)	149(12.2)	324(26.5)	680(59.5)	140(12.3)	322(28.2)
千葉	442(79.4)	59(10.6)	56(10.1)	433(71.5)	124(20.5)	49(8.1)	433(79.4)	48(8.8)	64(11.7)
東京	179(82.9)	12(5.6)	25(11.6)	177(86.8)	12(5.9)	15(7.4)	176(80.0)	11(5.0)	33(15.0)
神奈川	264(85.4)	20(6.5)	25(8.1)	282(84.7)	16(4.8)	35(10.5)	274(74.9)	21(5.7)	71(19.4)
新潟	198(29.9)	330(49.8)	134(20.2)	170(27.7)	282(45.9)	162(26.4)	133(23.8)	270(48.2)	157(28.0)
富山	96(22.6)	87(20.5)	242(56.9)	108(24.2)	86(19.3)	252(56.5)	105(23.7)	77(17.4)	261(58.9)
石川	188(55.8)	38(11.3)	111(32.9)	177(54.6)	51(15.7)	96(29.6)	180(55.7)	40(12.4)	103(31.9)
福井	104(31.9)	81(24.8)	141(43.3)	103(31.3)	74(22.5)	152(46.2)	110(35.3)	43(13.8)	159(51.0)
山梨	22(5.2)	68(15.9)	337(78.9)	59(12.4)	62(13.0)	356(74.6)	52(10.4)	79(15.8)	370(73.9)
長野	212(12.1)	295(16.9)	1,240(71.0)	193(11.0)	303(17.2)	1,261(71.8)	172(9.1)	293(15.6)	1,416(75.3)
岐阜	103(23.5)	186(42.5)	149(34.0)	102(24.5)	159(38.1)	156(37.4)	106(24.9)	167(39.2)	153(35.9)
静岡	200(63.1)	82(25.9)	35(11.0)	152(61.0)	64(25.7)	33(13.3)	154(66.4)	53(22.8)	25(10.8)
愛知	209(43.4)	118(24.5)	155(32.2)	199(41.5)	111(23.1)	170(35.4)	188(43.3)	94(21.7)	152(35.0)
三重	115(25.6)	159(35.3)	176(39.1)	133(32.4)	147(35.9)	130(31.7)	137(32.2)	159(37.4)	129(30.4)
滋賀	85(37.9)	81(37.2)	52(23.9)	99(44.8)	64(29.0)	58(26.2)	75(42.9)	57(32.6)	43(24.6)
京都	32(20.9)	27(17.6)	94(61.4)	35(22.3)	21(13.4)	101(64.3)	26(17.7)	19(12.9)	102(69.4)
大阪	98(41.0)	37(15.5)	104(43.5)	94(38.7)	51(21.0)	98(40.3)	84(34.1)	93(37.8)	69(28.0)
兵庫	264(65.5)	59(14.6)	80(19.9)	300(83.6)	29(8.1)	30(8.4)	254(77.4)	32(9.8)	42(12.8)
奈良	60(48.4)	47(37.9)	17(13.7)	62(48.1)	53(41.1)	14(10.9)	62(50.4)	42(34.1)	19(15.4)
和歌山	71(31.6)	47(20.9)	107(47.6)	77(33.0)	46(19.7)	110(47.2)	61(24.6)	54(21.8)	133(53.6)
鳥取	53(17.9)	28(9.5)	215(72.6)	130(41.8)	26(8.4)	155(49.8)	72(23.7)	13(4.3)	219(72.0)
島根	114(37.0)	36(11.7)	158(51.3)	135(41.7)	29(9.0)	160(49.4)	121(36.9)	38(11.6)	169(51.5)
岡山	66(19.7)	133(39.7)	136(40.6)	51(18.1)	140(49.6)	91(32.3)	62(21.9)	122(43.1)	99(35.0)
広島	286(67.9)	73(17.3)	62(14.7)	136(30.0)	49(10.8)	268(59.2)	230(46.2)	45(9.0)	223(44.8)
山口	135(46.2)	78(26.7)	79(27.1)	109(33.3)	95(29.1)	123(37.6)	101(31.6)	109(34.1)	110(34.4)
徳島	65(33.2)	45(23.0)	86(43.9)	32(17.0)	43(22.9)	113(60.1)	36(19.7)	39(21.3)	108(59.0)
香川	63(28.0)	116(51.6)	46(20.4)	60(30.5)	85(43.1)	52(26.4)	59(30.4)	73(37.6)	62(32.0)
愛媛	232(41.7)	169(30.4)	155(27.9)	245(45.5)	161(29.9)	133(24.7)	236(45.1)	148(28.3)	139(26.6)
高知	45(42.1)	28(26.2)	34(31.8)	48(35.8)	52(38.8)	34(25.4)	38(33.6)	24(21.2)	51(45.1)
福岡	160(28.0)	156(27.3)	255(44.7)	151(29.0)	119(22.9)	250(48.1)	155(29.9)	126(24.3)	238(45.9)
佐賀	94(57.3)	60(36.6)	10(6.1)	89(57.4)	64(41.3)	2(1.3)	96(57.8)	66(39.8)	4(2.4)
長崎	57(29.4)	95(49.0)	42(21.6)	60(31.3)	91(47.4)	41(21.4)	60(32.4)	91(49.2)	34(18.4)
熊本	81(27.4)	168(56.8)	47(15.9)	79(30.4)	139(53.5)	42(16.2)	62(24.3)	154(60.4)	39(15.3)
大分	84(39.1)	84(39.1)	47(21.9)	77(38.7)	77(38.7)	45(22.6)	67(39.2)	60(35.1)	44(25.7)
宮崎	26(30.2)	34(39.5)	26(30.2)	31(32.0)	45(46.4)	21(21.6)	22(26.5)	28(33.7)	33(39.8)
鹿児島	89(34.0)	123(46.9)	50(19.1)	98(37.0)	101(38.1)	66(24.9)	87(33.6)	103(39.8)	69(26.6)
沖縄	61(64.2)	16(16.8)	18(18.9)	51(54.3)	6(6.4)	37(39.4)	46(63.9)	10(13.9)	16(22.2)

	2002		
	専任(%)	兼任(%)	非常勤(%)
総数	6,546(36.2)	4,259(23.5)	7,294(40.3)
北海道	67(12.1)	303(54.8)	183(33.1)
青森	87(26.2)	67(20.2)	178(53.6)
岩手	180(55.4)	56(17.2)	89(27.4)
宮城	338(41.8)	166(20.5)	305(37.7)
秋田	146(27.6)	139(26.3)	244(46.1)
山形	196(34.3)	164(28.7)	212(37.1)
福島	249(39.4)	195(30.9)	188(29.7)
茨城	166(33.5)	75(15.1)	255(51.4)
栃木	117(30.9)	206(54.4)	56(14.8)
群馬	306(79.9)	55(14.4)	22(5.7)
埼玉	618(56.2)	146(13.3)	335(30.5)
千葉	372(67.3)	64(11.6)	117(21.2)
東京	180(86.1)	6(2.9)	23(11.0)
神奈川	232(65.2)	36(10.1)	88(24.7)
新潟	139(25.9)	256(47.8)	141(26.3)
富山	64(15.0)	63(14.8)	299(70.2)
石川	175(52.6)	57(17.1)	101(30.3)
福井	111(33.1)	63(18.8)	161(48.1)
山梨	37(8.2)	65(14.4)	350(77.4)
長野	181(9.8)	287(15.5)	1,383(74.7)
岐阜	79(19.3)	152(37.2)	178(43.5)
静岡	154(61.8)	47(18.9)	48(19.3)
愛知	135(33.7)	103(25.7)	163(40.6)
三重	118(28.6)	159(38.5)	136(32.9)
滋賀	50(42.7)	43(36.8)	24(20.5)
京都	18(12.8)	14(9.9)	109(77.3)
大阪	48(25.8)	50(26.9)	88(47.3)
兵庫	234(78.3)	22(7.4)	43(14.4)
奈良	93(67.9)	19(13.9)	25(18.2)
和歌山	64(25.6)	50(20.0)	136(54.4)
鳥取	78(26.3)	9(3.0)	210(70.7)
島根	140(42.6)	36(10.9)	153(46.5)
岡山	63(21.8)	104(36.0)	122(42.2)
広島	296(56.1)	36(6.8)	196(37.1)
山口	113(36.8)	105(34.2)	89(29.0)
徳島	51(27.4)	21(11.3)	114(61.3)
香川	47(27.5)	72(42.1)	52(30.4)
愛媛	234(47.6)	147(29.9)	111(22.6)
高知	28(23.9)	27(23.1)	62(53.0)
福岡	111(24.1)	122(26.5)	228(49.5)
佐賀	95(55.9)	73(42.9)	2(1.2)
長崎	64(36.8)	75(43.1)	35(20.1)
熊本	63(28.6)	128(58.2)	29(13.2)
大分	61(35.9)	55(32.4)	54(31.8)
宮崎	15(19.7)	15(19.7)	46(60.5)
鹿児島	82(31.4)	101(38.7)	78(29.9)
沖縄	51(57.3)	5(5.6)	33(37.1)

資料編〔統計〕

20. 都道府県別1公民館当たりの専任公民館主事数

	1955 総数	1955 専任主事	1955 1館当たりの専任主事数	1960 総数	1960 専任主事	1960 1館当たりの専任主事数	1963 総数	1963 専任主事	1963 1館当たりの専任主事数	1968 総数	1968 専任主事	1968 1館当たりの専任主事数
総数	35,343	2,120	0.06	20,190	2,094	0.10	19,410	3,018	0.16	13,785	3,549	0.26
北海道	388	17	0.04	462	17	0.04	490	46	0.09	411	59	0.14
青森	337	22	0.07	295	34	0.12	337	44	0.13	263	50	0.19
岩手	676	54	0.08	663	45	0.07	655	100	0.15	520	126	0.24
宮城	502	124	0.25	660	129	0.20	533	140	0.26	333	181	0.54
秋田	530	58	0.11	469	85	0.18	551	110	0.20	450	159	0.35
山形	1,025	69	0.07	686	42	0.06	806	143	0.18	772	198	0.26
福島	901	148	0.16	678	100	0.15	619	197	0.32	440	230	0.52
茨城	480	18	0.04	572	40	0.07	476	34	0.07	455	42	0.09
栃木	680	46	0.07	362	53	0.15	251	69	0.27	184	88	0.48
群馬	162	20	0.12	309	41	0.13	254	72	0.28	209	88	0.42
埼玉	817	32	0.04	462	29	0.06	525	52	0.10	418	117	0.28
千葉	402	16	0.04	410	28	0.07	299	30	0.10	265	51	0.19
東京	27	5	0.19	28	2	0.07	32	10	0.31	22	14	0.64
神奈川	107	4	0.04	101	14	0.14	112	14	0.13	110	30	0.27
新潟	1,208	86	0.07	817	124	0.15	837	150	0.18	559	176	0.31
富山	521	17	0.03	442	25	0.06	533	18	0.03	407	34	0.08
石川	784	85	0.11	315	119	0.38	361	116	0.32	311	76	0.24
福井	237	21	0.09	244	18	0.07	251	58	0.23	208	74	0.36
山梨	412	8	0.02	316	2	0.01	372	11	0.03	248	10	0.04
長野	3,054	170	0.06	1,305	171	0.13	343	188	0.55	292	166	0.57
岐阜	585	28	0.05	614	78	0.13	520	28	0.05	238	21	0.09
静岡	318	19	0.06	300	22	0.07	316	22	0.07	199	48	0.24
愛知	509	18	0.04	376	12	0.03	433	27	0.06	354	25	0.07
三重	966	32	0.03	739	19	0.03	644	50	0.08	399	48	0.12
滋賀	355	21	0.06	171	29	0.17	226	36	0.16	156	59	0.38
京都	565	10	0.02	181	3	0.02	305	6	0.02	172	1	0.01
大阪	95	15	0.16	136	7	0.05	163	33	0.20	142	28	0.20
兵庫	1,570	26	0.02	415	33	0.08	479	46	0.10	228	71	0.31
奈良	633	2	0.00	369	-	-	325	6	0.02	247	12	0.05
和歌山	809	40	0.05	344	30	0.09	459	35	0.08	380	31	0.08
鳥取	719	19	0.03	503	30	0.06	497	52	0.10	177	55	0.31
島根	441	5	0.01	336	28	0.08	318	72	0.23	262	72	0.27
岡山	837	35	0.04	621	32	0.05	493	34	0.07	469	41	0.09
広島	415	51	0.12	425	54	0.13	440	123	0.28	421	135	0.32
山口	277	60	0.22	288	57	0.20	246	69	0.28	236	67	0.28
徳島	278	41	0.15	277	24	0.09	379	39	0.10	253	36	0.14
香川	273	26	0.10	195	43	0.22	181	48	0.27	174	71	0.41
愛媛	1,009	119	0.12	768	73	0.10	757	171	0.23	580	189	0.33
高知	468	23	0.05	279	29	0.10	222	31	0.14	202	38	0.19
福岡	2,967	209	0.07	549	47	0.09	570	155	0.27	336	183	0.54
佐賀	1,868	74	0.04	118	97	0.82	119	91	0.76	113	84	0.74
長崎	1,258	15	0.01	189	10	0.05	192	16	0.08	186	36	0.19
熊本	2,321	114	0.05	1,155	120	0.10	652	107	0.16	322	115	0.36
大分	470	53	0.11	790	92	0.12	332	77	0.23	232	76	0.33
宮崎	1,168	14	0.01	72	16	0.22	158	11	0.07	75	9	0.12
鹿児島	854	31	0.04	284	11	0.04	347	31	0.09	355	29	0.08
沖縄												

1）文部科学省『社会教育調査報告書』より作成。
2）1館あたりの専任主事数を算出するにあたり、公民館数のうち分館数のデータがない場合については、本館数のみで計算を行った。
3）—はデータなし

	1971 総数	1971 専任主事	1971 1館当たりの専任主事数	1975 総数	1975 専任主事	1975 1館当たりの専任主事数	1978 総数	1978 専任主事	1978 1館当たりの専任主事数	1981 総数	1981 専任主事	1981 1館当たりの専任主事数
総数	14,249	3,851	0.27	15,752	6,505	0.41	16,452	7,698	0.47	17,222	7,608	0.44
北海道	561	66	0.12	362	199	0.55	405	151	0.37	552	38	0.07
青森	369	63	0.17	389	143	0.37	396	173	0.44	378	185	0.49
岩手	503	154	0.31	520	317	0.61	426	258	0.61	384	252	0.66
宮城	362	172	0.48	388	256	0.66	395	290	0.73	385	340	0.88
秋田	471	161	0.34	578	262	0.45	573	273	0.48	594	285	0.48
山形	776	185	0.24	582	300	0.52	536	325	0.61	688	300	0.44
福島	437	252	0.58	444	382	0.86	448	424	0.95	464	470	1.01
茨城	456	76	0.17	451	124	0.27	428	141	0.33	432	199	0.46
栃木	199	141	0.71	194	157	0.81	201	195	0.97	208	160	0.77
群馬	213	97	0.46	223	140	0.63	227	169	0.74	224	227	1.01
埼玉	444	133	0.30	436	240	0.55	451	378	0.84	508	437	0.86
千葉	234	64	0.27	257	148	0.58	255	152	0.60	275	253	0.92
東京	20	33	1.65	45	38	0.84	61	69	1.13	73	117	1.60
神奈川	113	28	0.25	129	48	0.37	138	90	0.65	150	131	0.87
新潟	603	165	0.27	612	250	0.41	614	317	0.52	622	202	0.32
富山	399	23	0.06	348	42	0.12	322	95	0.30	347	123	0.35
石川	321	77	0.24	278	119	0.43	305	198	0.65	327	188	0.57
福井	217	73	0.34	204	178	0.87	209	214	1.02	217	170	0.78
山梨	430	16	0.04	497	20	0.04	559	48	0.09	611	26	0.04
長野	271	160	0.59	1,818	265	0.15	1,877	336	0.18	1,865	312	0.17
岐阜	287	30	0.10	281	79	0.28	362	107	0.30	357	133	0.37
静岡	182	44	0.24	180	90	0.50	194	122	0.63	222	62	0.28
愛知	322	31	0.10	378	90	0.24	385	124	0.32	411	145	0.35
三重	439	69	0.16	478	77	0.16	460	130	0.28	488	167	0.34
滋賀	132	35	0.27	123	87	0.71	159	86	0.54	148	89	0.60
京都	169	10	0.06	177	31	0.18	191	21	0.11	142	48	0.34
大阪	164	23	0.14	173	51	0.29	187	45	0.24	213	28	0.13
兵庫	289	122	0.42	327	229	0.70	313	237	0.76	342	272	0.80
奈良	289	13	0.04	367	66	0.18	433	42	0.10	446	103	0.23
和歌山	373	37	0.10	346	92	0.27	380	55	0.14	374	58	0.16
鳥取	171	56	0.33	173	67	0.39	177	90	0.51	194	88	0.45
島根	256	48	0.19	286	58	0.20	310	110	0.35	318	60	0.19
岡山	503	60	0.12	395	141	0.36	473	141	0.30	507	191	0.38
広島	425	188	0.44	406	303	0.75	445	364	0.82	435	333	0.77
山口	253	87	0.34	264	155	0.59	264	194	0.73	260	195	0.75
徳島	270	44	0.16	278	63	0.23	356	84	0.24	368	68	0.18
香川	179	73	0.41	165	166	1.01	209	131	0.63	209	126	0.60
愛媛	396	200	0.51	405	226	0.56	450	294	0.65	474	246	0.52
高知	210	38	0.18	248	35	0.14	257	49	0.19	251	69	0.27
福岡	318	125	0.39	341	248	0.73	366	184	0.50	380	175	0.46
佐賀	114	93	0.82	115	94	0.82	116	102	0.88	124	86	0.69
長崎	169	47	0.28	155	50	0.32	173	112	0.65	183	72	0.39
熊本	316	102	0.32	293	96	0.33	299	193	0.65	289	93	0.32
大分	240	88	0.37	249	137	0.55	258	114	0.44	286	105	0.37
宮崎	82	22	0.27	99	90	0.91	107	106	0.99	96	37	0.39
鹿児島	302	27	0.09	252	150	0.60	277	149	0.54	366	124	0.34
沖縄				13	6	0.46	25	16	0.64	35	17	0.49

資料編〔統計〕

	1984			1987			1990			1993		
	総数	専任主事	1館当たりの専任主事数	総数	専任主事	1館当たりの専任主事数	総数	専任主事	1館当たりの専任主事数	総数	専任主事	1館当たりの専任主事数
総数	17,520	6,295	0.36	17,440	6,956	0.40	17,379	7,248	0.42	17,562	7,609	0.43
北海道	551	65	0.12	603	85	0.14	571	81	0.14	563	64	0.11
青森	358	122	0.34	362	134	0.37	298	137	0.46	300	130	0.43
岩手	392	226	0.58	349	236	0.68	380	210	0.55	385	224	0.58
宮城	336	320	0.95	339	338	1.00	432	357	0.83	444	369	0.83
秋田	585	210	0.36	529	203	0.38	520	191	0.37	520	158	0.30
山形	565	285	0.50	778	280	0.36	701	314	0.45	702	268	0.38
福島	467	402	0.86	427	380	0.89	418	374	0.89	424	360	0.85
茨城	483	185	0.38	457	224	0.49	490	238	0.49	491	232	0.47
栃木	206	127	0.62	200	161	0.81	202	162	0.80	213	181	0.85
群馬	261	209	0.80	232	255	1.10	214	241	1.13	215	250	1.16
埼玉	517	356	0.69	509	479	0.94	536	569	1.06	548	720	1.31
千葉	295	315	1.07	292	308	1.05	312	410	1.31	315	442	1.40
東京	84	112	1.33	87	163	1.87	98	147	1.50	92	179	1.95
神奈川	155	128	0.83	169	243	1.44	179	241	1.35	183	264	1.44
新潟	650	187	0.29	645	210	0.33	642	191	0.30	644	198	0.31
富山	317	92	0.29	340	113	0.33	341	84	0.25	339	96	0.28
石川	309	190	0.61	307	176	0.57	328	188	0.57	342	188	0.55
福井	224	115	0.51	219	108	0.49	207	96	0.46	210	104	0.50
山梨	613	28	0.05	555	20	0.04	539	11	0.02	586	22	0.04
長野	1,953	261	0.13	1,916	218	0.11	1,931	195	0.10	1,955	212	0.11
岐阜	369	77	0.21	343	86	0.25	336	100	0.30	337	103	0.31
静岡	226	96	0.42	223	163	0.73	231	181	0.78	230	200	0.87
愛知	442	123	0.28	405	139	0.34	410	163	0.40	415	209	0.50
三重	451	105	0.23	452	121	0.27	450	110	0.24	427	115	0.27
滋賀	180	68	0.38	162	88	0.54	183	65	0.36	185	85	0.46
京都	222	23	0.10	236	41	0.17	227	41	0.18	208	32	0.15
大阪	266	61	0.23	261	81	0.31	273	104	0.38	282	98	0.35
兵庫	333	219	0.66	323	229	0.71	353	264	0.75	368	264	0.72
奈良	505	25	0.05	530	51	0.10	539	68	0.13	538	60	0.11
和歌山	338	59	0.17	328	59	0.18	285	57	0.20	286	71	0.25
鳥取	190	61	0.32	200	75	0.38	196	74	0.38	203	53	0.26
島根	319	38	0.12	331	50	0.15	332	117	0.35	337	114	0.34
岡山	479	45	0.09	447	60	0.13	466	62	0.13	379	66	0.17
広島	475	294	0.62	459	285	0.62	474	300	0.63	480	286	0.60
山口	265	128	0.48	263	112	0.43	282	122	0.43	279	135	0.48
徳島	374	42	0.11	350	54	0.15	349	42	0.12	341	65	0.19
香川	220	67	0.30	221	69	0.31	227	57	0.25	224	63	0.28
愛媛	500	229	0.46	413	255	0.62	457	257	0.56	474	232	0.49
高知	252	37	0.15	245	45	0.18	227	44	0.19	219	45	0.21
福岡	403	135	0.33	424	135	0.32	426	107	0.25	439	160	0.36
佐賀	126	75	0.60	126	83	0.66	127	80	0.63	129	94	0.73
長崎	181	63	0.35	175	60	0.34	180	71	0.39	178	57	0.32
熊本	286	76	0.27	259	48	0.19	263	75	0.29	295	81	0.27
大分	277	106	0.38	279	102	0.37	258	95	0.37	231	84	0.36
宮崎	109	25	0.23	111	21	0.19	107	23	0.21	108	26	0.24
鹿児島	358	44	0.12	247	66	0.27	314	77	0.25	332	89	0.27
沖縄	50	39	0.78	65	44	0.68	68	55	0.81	67	61	0.91

資料編〔統計〕

	1996 総数	1996 専任主事	1996 1館当たりの専任主事数	1999 総数	1999 専任主事	1999 1館当たりの専任主事数	2002 総数	2002 専任主事	2002 1館当たりの専任主事数
総数	17,819	7,489	0.42	18,257	6,954	0.38	17,947	6,546	0.36
北海道	582	61	0.10	539	61	0.11	541	67	0.12
青森	335	121	0.36	331	91	0.27	307	87	0.28
岩手	714	217	0.30	394	189	0.48	387	180	0.47
宮城	448	340	0.76	609	313	0.51	563	338	0.60
秋田	520	171	0.33	519	147	0.28	481	146	0.30
山形	716	273	0.38	602	238	0.40	601	196	0.33
福島	438	329	0.75	434	262	0.60	428	249	0.58
茨城	492	237	0.48	497	211	0.42	471	166	0.35
栃木	222	182	0.82	224	152	0.68	201	117	0.58
群馬	226	271	1.20	227	278	1.22	227	306	1.35
埼玉	556	750	1.35	545	680	1.25	543	618	1.14
千葉	319	433	1.36	319	433	1.36	305	372	1.22
東京	91	177	1.95	92	176	1.91	94	180	1.91
神奈川	191	282	1.48	196	274	1.40	191	232	1.21
新潟	651	170	0.26	673	133	0.20	649	139	0.21
富山	341	108	0.32	345	105	0.30	346	64	0.18
石川	332	177	0.53	336	180	0.54	334	175	0.52
福井	223	103	0.46	223	110	0.49	220	111	0.50
山梨	646	59	0.09	657	52	0.08	639	37	0.06
長野	1,959	193	0.10	1,982	172	0.09	1,996	181	0.09
岐阜	347	102	0.29	356	106	0.30	359	79	0.22
静岡	233	152	0.65	230	154	0.67	229	154	0.67
愛知	434	199	0.46	442	188	0.43	427	135	0.32
三重	401	133	0.33	452	137	0.30	451	118	0.26
滋賀	199	99	0.50	203	75	0.37	186	50	0.27
京都	236	35	0.15	236	26	0.11	229	18	0.08
大阪	285	94	0.33	284	84	0.30	288	48	0.17
兵庫	375	300	0.80	384	254	0.66	342	234	0.68
奈良	524	62	0.12	464	62	0.13	439	93	0.21
和歌山	287	77	0.27	284	61	0.21	281	64	0.23
鳥取	210	130	0.62	209	72	0.34	209	78	0.37
島根	343	135	0.39	350	121	0.35	352	140	0.40
岡山	480	51	0.11	440	62	0.14	441	63	0.14
広島	490	136	0.28	484	230	0.48	486	296	0.61
山口	275	109	0.40	273	101	0.37	270	113	0.42
徳島	295	32	0.11	291	36	0.12	342	51	0.15
香川	220	60	0.27	225	59	0.26	223	47	0.21
愛媛	469	245	0.52	462	236	0.51	457	234	0.51
高知	228	48	0.21	222	38	0.17	218	28	0.13
福岡	450	151	0.34	450	155	0.34	451	111	0.25
佐賀	129	89	0.69	129	96	0.74	130	95	0.73
長崎	199	60	0.30	187	60	0.32	187	64	0.34
熊本	295	79	0.27	648	62	0.10	643	63	0.10
大分	235	77	0.33	251	67	0.27	253	61	0.24
宮崎	105	31	0.30	108	22	0.20	107	15	0.14
鹿児島	313	98	0.31	339	87	0.26	335	82	0.24
沖縄	70	51	0.73	80	46	0.58	88	51	0.58

21. 種類別活動実施館数

	1960 本館	1960 分館	1963 本館	1963 分館	1968 本館	1968 分館
青年学級	4,971	3,385	4,639	2,009	3,082	609
定期講座	4,127	3,175	4,363	2,319	3,600	1,342
講習会・講演会・実習会	7,097	7,786	7,177	6,524	5,885	3,375
展示会・品評会	4,422	3,213	3,776	2,090	3,464	1,300
体育・レクリエーション行事	6,733	7,040	6,796	5,435	6,256	3,320
教育映画利用1)	7,107	9,009	7,118	6,926	6,352	3,309
有線放送利用	2,046	2,391	2,632	2,463	3,067	1,462
館報発行	2,309	746	1,982	469	-	-

1) 文部科学省『社会教育調査報告書』より作成。
2) 1968年度の調査では、「視聴覚教材の利用」のデータを採用した。
3) －はデータなし。

22. 公民館における諸集会の実施状況

			1975	1978	1981	1984	1987	1990	1993	1996	1999	2002
		公民館数	15,332	15,238	16,649	16,982	17,053	16,984	17,202	17,462	17,976	17,756
		実施館数	-	-	-	13,238	13,036	13,289	13,346	13,516	13,178	13,139
主催	講習会講演会実習会	実施館数	6,886	8,477	10,265	9,093	8,242	8,355	8,203	7,917	7,209	6,575
		実施件数	61,334	92,069	191,662	98,086	84,905	98,938	92,571	70,451	48,999	51,166
		参加者数	-	-	-	-	4,238,136	4,751,134	4,445,311	3,841,306	2,834,040	2,564,492
	体育事業	実施館数	6,437	7,018	7,511	7,328	6,912	7,036	6,938	7,028	6,625	6,052
		実施件数	32,455	39,273	53,479	38,394	35,415	34,151	33,286	30,732	26,891	21,645
		参加者数	-	-	-	-	5,492,106	5,516,500	5,320,959	5,041,335	4,167,835	3,645,788
	文化事業	実施館数	5,718	6,813	8,394	8,471	8,171	8,457	8,620	8,844	8,395	8,303
		実施件数	24,624	29,271	68,917	46,678	39,409	43,964	46,117	34,146	29,883	28,570
		参加者数	-	-	-	-	7,553,189	8,609,485	9,027,170	8,631,470	7,648,087	7,318,370
共催	講習会講演会実習会	実施館数	-	5,810	6,924	6,326	5,414	5,253	5,051	4,770	4,151	3,942
		実施件数	-	48,030	70,286	55,119	43,757	46,847	44,677	41,907	21,365	20,040
		参加者数	-	-	-	-	2,464,620	2,602,860	2,378,766	2,303,211	1,385,554	1,285,435
	体育事業	実施館数	-	5,959	6,306	6,188	5,385	5,285	5,192	5,015	4,880	4,912
		実施件数	-	31,075	40,642	33,584	26,630	24,592	24,307	20,784	19,640	18,293
		参加者数	-	-	-	-	5,585,825	5,317,855	5,062,091	4,508,276	4,035,992	3,787,606
	文化事業	実施館数	-	4,878	5,834	5,604	4,795	4,864	4,941	4,689	4,793	4,963
		実施件数	-	24,805	40,209	34,316	25,785	25,838	26,713	23,928	16,950	15,378
		参加者数	-	-	-	-	5,148,752	6,138,226	5,894,603	5,666,902	5,423,551	5,692,873

1) 文部科学省『社会教育調査報告書』より作成。
2) 1975年のデータは、主催・共催が区別されていない。
3) －はデータなし。

23. 公民館の利用状況

		1975	1978	1981	1984	1987	1990	1993	1996	1999	2002
公民館数		15,322	15,238	16,649	16,982	17,053	16,984	17,202	17,462	17,976	17,756
利用公民館数		-	-	-	15,597	15,556	15,668	15,756	15,943	15,698	15,800
計	利用公民館数	-	-	-	15,523	15,484	15,617	15,705	15,827	15,512	15,586
	利用団体数	306,422	398,352	535,541	607,885	686,602	761,270	833,697	1,993,263	3,432,958	3,920,935
	利用回数	2,418,624	3,250,756	4,811,590	5,700,815	3,727,869	7,462,788	8,408,108	-	-	-
	利用者数	69,112,338	86,503,685	124,524,585	149,621,365	162,658,156	170,942,354	182,477,153	184,423,494	183,715,766	182,960,077
青少年団体	利用公民館数	-	-	-	13,648	13,347	13,369	13,189	13,334	12,611	12,287
	利用団体数	41,896	48,901	63,594	67,658	67,504	68,516	71,921	146,481	222,537	246,056
	利用回数	521,297	626,573	751,693	789,095	775,890	682,939	685,836	-	-	-
	利用者数	11,070,674	13,861,060	17,793,444	19,831,289	19,227,709	16,309,173	16,387,671	15,489,041	14,175,509	13,942,010
婦人団体	利用公民館数	-	-	-	14,641	14,465	14,430	14,277	14,229	13,672	13,034
	利用団体数	41,018	55,730	84,879	92,594	109,130	119,689	125,586	292,681	489,066	46,627
	利用回数	412,371	589,629	963,768	1,116,064	1,330,964	1,428,638	154,690	-	-	-
	利用者数	10,080,124	13,389,916	20,201,495	23,408,247	25,467,609	25,850,587	26,519,287	24,485,122	22,653,040	20,029,984
成人団体	利用公民館数	-	-	-	13,410	13,554	13,542	13,623	13,862	13,486	13,283
	利用団体数	65,040	93,886	137,636	168,821	208,238	248,667	287,985	789,504	1,519,622	1,788,430
	利用回数	517,543	835,474	1,373,959	1,835,252	2,451,158	2,950,078	3,542,634	-	-	-
	利用者数	13,108,282	19,497,152	30,522,636	40,468,555	507,153,498	57,901,266	66,946,769	73,457,184	76,306,605	79,000,737
高齢者団体	利用公民館数	-	-	-	13,537	13,437	13,562	13,436	13,534	13,031	12,643
	利用団体数	20,239	24,644	34,330	35,934	38,456	43,796	43,842	91,096	178,299	202,128
	利用回数	132,303	171,867	306,770	330,861	391,435	455,833	483,644	-	-	-
	利用者数	4,320,407	6,210,718	9,394,375	40,468,555	10,277,105	11,426,458	11,895,821	11,408,651	11,283,320	10,754,607
その他の団体	利用公民館数	-	-	-	13,420	13,130	13,108	13,117	13,032	12,598	12,405
	利用団体数	138,229	175,191	215,102	242,878	263,274	280,602	304,363	673,501	1,023,394	1,214,694
	利用回数	835,110	1,027,213	1,415,400	1,629,543	1,775,722	1,945,300	2,155,304	-	-	-
	利用者数	30,532,851	33,544,839	46,612,635	56,393,705	56,970,384	59,454,870	60,727,605	59,583,496	59,297,292	59,232,739
個人利用	利用公民館数	-	-	-	8,320	7,857	7,381	7,127	7,053	6,547	6,121
	利用者数	13,907,301	15,006,587	23,014,451	26,880,452	26,275,956	23,387,121	23,901,707	23,021,462	22,401,104	20,400,781

1) 文部科学省『社会教育調査報告書』より作成。
2) 公民館数は、調査年度に新設、調査前年度未開館の公民館をのぞく。
3) ーはデータなし。

24. 全国の公民館におけるボランティア活動状況

		1987	1990	1993	1996	1999	2002
	実施館数	1,886	2,212	2,353	2,529	2,779	2,553
団体	団体数	5,241	5,769	5,951	6,261	-	6,852
	登録者数	231,461	215,372	203,816	215,704	-	199,846
	活動述べ人数（前年度間）	1,307,370	1,246,072	1,377,098	1,301,219	-	-
個人	登録者数	11,682	13,517	7,372	6,837	-	35,846
	活動述べ人数（前年度間）	98,014	108,369	83,292	79,293	-	-

1) 文部科学省『社会教育調査報告書』より作成。
2)「ボランティア活動」とは、学級・講座などにおける指導・助言、社会教育関係団体が行う諸活動に対する協力などで無償の奉仕活動をいう。
3) ーはデータなし。

25. 公民館における民間営利社会教育事業者との連携・協力状況【学級・講座】

	1996 全部委託 館数	(件)	1996 一部委託 館数	(件)	1999 全部委託 館数	(件)	1999 一部委託 館数	(件)	2002 全部委託 館数	(件)	2002 一部委託 館数	(件)
総数	111	(562)	174	(593)	100	(1133)	201	(871)	176	(1938)	359	(3019)
北海道	1	(1)	3	(4)	-	(-)	4	(34)	3	(52)	4	(16)
青森	1	(15)	2	(10)	-	(-)	2	(4)	3	(16)	4	(35)
岩手	2	(2)	2	(2)	5	(153)	4	(9)	6	(49)	4	(36)
宮城	-	(-)	2	(5)	2	(4)	1	(1)	6	(52)	5	(13)
秋田	-	(-)	2	(3)	-	(-)	5	(16)	1	(1)	4	(4)
山形	2	(4)	7	(81)	1	(1)	5	(19)	5	(21)	8	(47)
福島	1	(1)	13	(81)	1	(1)	19	(122)	9	(60)	10	(106)
茨城	3	(13)	1	(5)	1	(1)	4	(12)	2	(75)	4	(20)
栃木	-	(-)	2	(7)	-	(-)	8	(11)	2	(19)	30	(116)
群馬	-	(-)	6	(15)	-	(-)	3	(9)	5	(36)	2	(2)
埼玉	2	(2)	5	(14)	4	(5)	9	(12)	4	(74)	45	(480)
千葉	1	(1)	4	(17)	2	(4)	1	(1)	4	(6)	8	(38)
東京	-	(-)	1	(2)	-	(-)	1	(2)	1	(84)	1	(50)
神奈川	4	(112)	2	(2)	2	(3)	2	(2)	2	(2)	1	(86)
新潟	4	(11)	3	(3)	3	(6)	1	(2)	3	(33)	4	(19)
富山	9	(64)	6	(10)	6	(81)	6	(24)	4	(9)	1	(1)
石川	13	(121)	13	(65)	17	(548)	11	(105)	12	(121)	8	(26)
福井	3	(3)	3	(6)	1	(20)	4	(17)	3	(31)	42	(741)
山梨	2	(4)	5	(15)	1	(1)	4	(26)	4	(60)	2	(36)
長野	4	(15)	10	(25)	5	(9)	12	(35)	4	(12)	9	(16)
岐阜	4	(6)	3	(4)	5	(32)	3	(10)	6	(48)	12	(123)
静岡	3	(9)	1	(2)	2	(6)	1	(1)	1	(15)	1	(31)
愛知	3	(6)	8	(18)	2	(6)	9	(69)	4	(20)	10	(126)
三重	2	(3)	4	(12)	1	(1)	3	(11)	2	(6)	5	(22)
滋賀	5	(7)	2	(2)	1	(1)	2	(3)	6	(19)	4	(44)
京都	-	(-)	-	(-)	1	(5)	1	(1)	1	(41)	-	(-)
大阪	-	(-)	1	(1)	1	(1)	-	(-)	5	(25)	2	(5)
兵庫	2	(18)	3	(7)	2	(3)	2	(7)	2	(67)	7	(76)
奈良	-	(-)	-	(-)	1	(8)	1	(2)	1	(12)	1	(7)
和歌山	-	(-)	2	(6)	-	(-)	1	(1)	-	(-)	1	(1)
鳥取	4	(21)	-	(-)	-	(-)	2	(3)	2	(2)	6	(8)
島根	2	(5)	1	(4)	8	(72)	3	(113)	9	(183)	5	(8)
岡山	4	(4)	16	(49)	2	(44)	2	(2)	3	(38)	5	(7)
広島	-	(-)	6	(22)	7	(17)	28	(82)	14	(148)	29	(140)
山口	4	(10)	3	(6)	4	(8)	5	(20)	12	(71)	23	(85)
徳島	6	(28)	1	(1)	1	(6)	2	(16)	1	(60)	3	(60)
香川	2	(2)	-	(-)	1	(1)	4	(4)	-	(-)	3	(4)
愛媛	1	(1)	3	(20)	-	(-)	4	(17)	-	(-)	3	(3)
高知	-	(-)	-	(-)	-	(-)	1	(1)	1	(140)	3	(19)
福岡	8	(26)	11	(37)	2	(3)	5	(14)	7	(93)	8	(15)
佐賀	1	(1)	1	(3)	-	(-)	4	(9)	2	(5)	6	(63)
長崎	-	(-)	3	(7)	1	(45)	2	(2)	6	(47)	3	(31)
熊本	2	(2)	2	(3)	2	(2)	1	(1)	2	(30)	7	(226)
大分	2	(27)	2	(2)	2	(35)	1	(1)	3	(5)	4	(11)
宮崎	1	(3)	-	(-)	2	(3)	1	(1)	2	(3)	1	(1)
鹿児島	3	(14)	7	(12)	1	(1)	5	(10)	1	(47)	7	(11)
沖縄	-	(-)	2	(3)	-	(-)	2	(7)	-	(-)	4	(4)

1）文部科学省『社会教育調査報告書』より作成。
2）「民間営利社会教育事業者」とは、カルチャーセンター、アスレチッククラブ、語学学校など、企業や個人などが営利を目的として社会教育事業を行う者である。

26. 公民館における民間営利社会教育事業者との連携・協力状況【諸集会】

	1996 全部委託 館数	(件)	1996 一部委託 館数	(件)	1999 全部委託 館数	(件)	1999 一部委託 館数	(件)	2002 全部委託 館数	(件)	2002 一部委託 館数	(件)
総数	59	(261)	102	(287)	40	(165)	90	(249)	40	(302)	73	(318)
北海道	-	(-)	4	(5)	-	(-)	2	(8)	-	(-)	2	(4)
青森	-	(-)	-	(-)	1	(1)	1	(1)	1	(3)	2	(7)
岩手	-	(-)	3	(8)	1	(6)	3	(6)	-	(-)	-	(-)
宮城	-	(-)	1	(1)	1	(2)	-	(-)	1	(2)	2	(3)
秋田	1	(2)	3	(5)	-	(-)	5	(13)	-	(-)	-	(-)
山形	-	(-)	6	(25)	-	(-)	3	(8)	2	(11)	1	(8)
福島	-	(-)	2	(3)	1	(2)	9	(51)	1	(1)	8	(10)
茨城	1	(2)	4	(10)	-	(-)	1	(2)	1	(3)	2	(7)
栃木	-	(-)	5	(15)	1	(3)	1	(1)	-	(-)	4	(10)
群馬	-	(-)	1	(2)	-	(-)	1	(1)	1	(1)	2	(2)
埼玉	1	(1)	2	(3)	-	(-)	-	(-)	1	(1)	3	(7)
千葉	-	(-)	1	(1)	-	(-)	-	(-)	-	()	1	(1)
東京	-	(-)	1	(3)	1	(2)	1	(1)	-	()	-	(-)
神奈川	5	(15)	-	(-)	1	(2)	-	(-)	1	(10)	-	(-)
新潟	3	(12)	2	(2)	3	(10)	4	(5)	2	(6)	1	(1)
富山	6	(17)	3	(6)	2	(6)	2	(6)	3	(26)	2	(2)
石川	7	(49)	10	(58)	9	(70)	6	(26)	7	(144)	5	(35)
福井	2	(4)	9	(20)	-	(-)	3	(6)	-	(-)	1	(1)
山梨	-	(-)	2	(3)	-	(-)	-	(-)	1	(5)	-	(-)
長野	8	(24)	9	(14)	2	(4)	10	(16)	2	(4)	3	(3)
岐阜	4	(33)	5	(5)	2	(8)	2	(21)	-	(-)	3	(15)
静岡	-	(-)	1	(3)	-	(-)	1	(2)	-	(-)	-	(-)
愛知	2	(7)	2	(3)	1	(6)	1	(1)	-	(-)	3	(3)
三重	1	(-)	1	(6)	-	(-)	4	(5)	-	(-)	3	(3)
滋賀	-	(-)	-	(-)	-	(-)	-	(-)	-	(-)	2	(52)
京都	2	(5)	-	(-)	-	(-)	-	(-)	-	(-)	-	(-)
大阪	-	(-)	-	(-)	-	(-)	-	(-)	-	(-)	1	(1)
兵庫	4	(25)	1	(1)	-	(4)	1	(1)	1	(1)	-	(-)
奈良	2	(-)	2	(2)	1	(1)	1	(1)	1	(6)	1	(2)
和歌山	-	(-)	-	(-)	1	(1)	-	(-)	-	(-)	-	(-)
鳥取	3	(4)	1	(1)	1	(1)	-	(-)	1	(1)	1	(55)
島根	1	(-)	1	(1)	1	(1)	2	(9)	4	(4)	1	(1)
岡山	1	(3)	-	(-)	-	(-)	1	(1)	1	(6)	4	(15)
広島	2	(6)	2	(17)	2	(2)	3	(6)	-	(-)	3	(20)
山口	3	(-)	3	(4)	1	(13)	3	(13)	2	(15)	2	(14)
徳島	7	(44)	1	(2)	1	(6)	1	(1)	1	(6)	2	(2)
香川	2	(-)	2	(2)	-	(-)	6	(6)	-	(-)	1	(1)
愛媛	5	(1)	4	(19)	3	(7)	5	(11)	1	(2)	-	(-)
高知	-	(-)	-	(-)	1	(-)	-	(-)	-	(-)	-	(-)
福岡	2	(4)	1	(6)	1	(-)	4	(12)	2	(10)	1	(10)
佐賀	2	(-)	2	(11)	-	(-)	-	(-)	-	(-)	-	(-)
長崎	-	(-)	-	(-)	1	(6)	-	(-)	1	(28)	1	(2)
熊本	1	(-)	-	(-)	1	(1)	1	(5)	-	(-)	2	(10)
大分	-	(-)	-	(-)	-	(-)	-	(-)	-	(-)	1	(8)
宮崎	-	(-)	-	(-)	-	(-)	-	(-)	-	(-)	-	(-)
鹿児島	3	(2)	2	(16)	-	(-)	-	(-)	1	(6)	1	(1)
沖縄	1	(1)	-	(-)	-	(-)	1	(1)	-	(-)	-	(-)

1）文部科学省『社会教育調査報告書』より作成。
2）「民間営利社会教育事業者」とは、カルチャーセンター、アスレチッククラブ、語学学校など、企業や個人などが営利を目的として社会教育事業を行う者である。

資料編〔統計〕

Ⅱ．全国公民館連合会作成資料

27．中核市の公民館設置状況

	公民館数	コミセン数	コミセンの管理	公民館一館当たりの市の職員数
旭川市	14	住民センター4、地区センター6	地元管理	館長は市職員で、8館はもう一人市職員がいる、その他嘱託職員が数名
秋田市	6	16	今は自治振興課→地域の運営委員	市の職員が3～5人と、臨時職員が数名
郡山市	40（分館52）	2（公民館の扱い）	市で管理	市の職員が2～3人と、臨時職員数名
いわき市	35	ある	委託	市の職員が地区館は1、基幹館が2、調整館が5～7人、臨時職員が地区館に1名
宇都宮市	16	25	管理は自治振興課、運営は地元	市の職員が6人～12人、臨時職員が全体で10人
川越市	20	1	公民館職員が兼務	市の職員が4人、臨時は全体で5～6人
船橋市	25	勤労市民センター1、女性センター1	市で管理	市の職員が3人、基幹館が7～8人の市の職員、臨時は少ない
横須賀市	9（分館2）			市の職員が全体で5人、各館に臨時が2～3人
相模原市	23	なし	なし	市職員2人、非常勤館長1人、臨時職員2人
新潟市	11（分館11）	9	地元管理	市職員3～4人、臨時職員1～3人
富山市	49	なし	なし	市職員3人と指導員1～2人
金沢市	62（中央館2）	なし	なし	館長は非常勤特別職、その他地元で雇った職員1～2名
長野市	23	2	市で管理	館長1名（非常勤嘱託）、市職員1名、臨時職員2～4名
岐阜市	49	7	地元に委託	館長1名（非常勤嘱託）、非常勤職員1名
静岡市	10	なし	なし	館長は市職員、主任以下の職員は文化振興財団に委託（3名派遣）
旧清水市	18	なし	なし	館長は嘱託職員、市職3～4人、その他臨時職員
浜松市	28	1	所管は教育委員会、管理運営は財団に委託	館長1人、職員1～2人、臨時1～4人
豊橋市	73	なし	なし	館長1名（非常勤）、主事（地元採用1～5名）
岡崎市	8	なし	なし	3～4名の嘱託職員
豊田市	20	7	生涯学習課	財団職員6人
堺市	6	なし	なし	館長1名（非常勤）、臨時1～2人
高槻市	12	14	コミュニティ推進室	5～10数人（市の職員も含む）
姫路市	54	14	市民局	館長1名（非常勤嘱託）、非常勤職員1名
奈良市	22	4	地域振興課	館長1名（市の嘱託員）、財団職員2名
和歌山市	43	5	予算は生涯学習課で、財団に委託	館長1名（非常勤）、地区によって違う
岡山市	32	コミュニティハウスという名称で65館	市民総務課が地元に委託	4～6人、館長を含めて嘱託職員、12館には1人正職員を設置
倉敷市	26	ある	生活安全課が管轄	地区公民館3人（嘱託）、基幹館12人（職員4人＋嘱託8人）、中央33人
福山市	70	ある（昨年度までは隣保館という名称）	市の職員を配置	地区公民館3人（すべて市の職員）
高松市	41	なし	なし	単独館19（館長・主事・管理人各1全員嘱託）、出張所・支所併設館22（20館は館長1・主事2～4出張所・支所職員併任、主事・管理人各1嘱託、離島2館は館長併任嘱託1・併任主事2・管理人嘱託1）
松山市	34	1	第三セクターに委託	館長、館長補佐1名（臨時）、主事（市職員）1名、パート1名
高知市	17	なし	なし	館長1（非常勤）、臨時1
長崎市	18	ふれあいセンターという名称で13館	地元が管理（所長は嘱託職員）	全体で市職員7人、その他嘱託が各館に5～9人
熊本市	15（分館2）	38	地元の委員会に委託	市の窓口が併設なので兼務の職員もいるが、専任だけどと市の職員4～5名と社会教育指導員等の臨時が4人くらいずつ
大分市	11	なし	なし	市の職員3人、嘱託など10人程度
宮崎市	19	1	市長部局が管理、教育委員会が運営	3～5名の嘱託職員
鹿児島市	8	1	地域福祉課	2～6人（うち、市職員は0～2人）

資料編〔統計〕

	中央公民館	設置形態	管理主体	備考
旭川市	9人の市職員	地区ごと	市教育委員会	将来的には館長のみ市職員にする予定
秋田市	5人（その他の臨時職員5人）	小学校区	市教育委員会	
郡山市	12人の市の職員	行政区と小学校区	市教育委員会	
いわき市	14人の市職員（その他の臨時2名）	旧町村単位	市教育委員会	
宇都宮市	8人の市職員（その他3名）	中学校区	市教育委員会、首長部局	
川越市	7人の市職員	中学校区	市教育委員会	
船橋市	7人の市職員	行政区分（中学校区）	市教育委員会	
横須賀市	生涯学習センターが行っている		市教育委員会	
相模原市	中央はなし、すべて並列	中学校区	市教育委員会	
新潟市	8人の市職員	行政区	市教育委員会	
富山市	中央はなし、すべて並列	小学校区	市教育委員会	全て行政センターが併設で、職員は仕事を兼務
金沢市	5～6人の市職員がいる	小学校区	市教育委員会	
長野市	なし	行政区	市教育委員会	
岐阜市	なし	小学校区	市教育委員会	
静岡市	館長1、その他14人の職員、臨時職員数名	行政区	市教育委員会	合併で、いますりあわせをしている状況
旧清水市	中央館は地区館と同じ扱い	行政区	市教育委員会	
浜松市	館長1、嘱託6人	中学校区	市教育委員会	
豊橋市	館長1名（非常勤）、市職員2名、非常勤嘱託2名	中学校区に地区市民館が23館、小学校区に校区市民館が49館設置		
岡崎市	5名の嘱託職員	旧町村単位	市教育委員会	
豊田市		中学校区	財団に委託（純粋には公民館ではない）	平成14年4月から現体制に移行
堺市	なし	行政区	市教育委員会	
高槻市	10数名	行政区	市教育委員会	
姫路市	なし	小学校区	市教育委員会	
奈良市	6人の市職員、全員で16名	中学校区	管理は市教育委員会、事業は財団に委託	
和歌山市	館長1名（非常勤）、市職員2名が生涯学習課と兼務	地区ごと	市教育委員会	
岡山市	正職員10人、嘱託9人	中学校区	市教育委員会	
倉敷市	基幹館4館	中学校区	市教育委員会	
福山市	館長1名、副館長1名の2名（社会教育センターと兼務）	小学校区	市教育委員会	
高松市	なし。但し生涯学習センター1（館長1・市職員7・嘱託6・全員社会教育課併任）	小学校区（生涯学習センターは全市域）	市教育委員会	コミュニティセンター構想進行中
松山市	館長1名（生涯学習課長兼務）、館長補佐1名（非常勤）	小学校区	市教育委員会	
高知市	財団に委託	おおむね旧町村単位	市長部局（教育委員会が委託）	
長崎市	市職員3人、嘱託職員5人	地域ごとに違う	市教育委員会	
熊本市	市の職員7人、嘱託5人	地区ごと	市教育委員会	
大分市	市の職員3人、嘱託4人	行政区ごと	市教育委員会	
宮崎市	4名の嘱託職員	中学校区	市教育委員会	
鹿児島市	7名の職員（うち市職員は2人）	中学校区	市教育委員会	

1）全国公民館連合会事務局調査（2004年1月）による。
2）表中の公民館は公立公民館のみ。

28. 自治公民館数について （2002年11月調査）

	自治公民館数	公民館数の詳細	台帳の有無	台帳の詳細
総数	76,883			
北海道	660		有	
青森	356		無	
岩手	3,155		無	
宮城	425		有	
秋田	1,298		有187、無1111	
山形	2,286		有	台帳については、有るところと無いところとばらばらである
福島	2,416	県北384、県中364、県南232、会津826、南会津139、相双93、いわき378	有	3箇所（台帳の写し等は別途添付）川俣町公民館、双葉町長塚二公民館、第10区大神宮集会所
茨城	3,686	各市町村で把握している範囲	無	
栃木	2,477		有8、無37	
群馬	3,266	「自治公民館」という明確な定義がなく、各市町村により線引きが異なるため、概数と捉えていただきたい	無	
埼玉	929		有8、無6	
千葉	2,129		有323、無373	
東京				
神奈川	651		有8、無8	
新潟	471		有14、無457	
富山	2,376		有	
石川	1,512		無	
福井	1,954		有	
山梨	689			
長野	1,317	長野市421館/松本市385館/飯山市103館/佐久市26館/諏訪市105館/岡谷市50館/茅野市80館/下諏訪町105館/富士見町38館/原村0館	有	長野市：有/松本市：有（最新のものを整備中）/飯山市：無/佐久市：集合ができる施設ではあるが、「公民館」と名付けたものはなく、「集落センター」「○○推進センター」等と呼んでいる
岐阜		県内には民法第34条による公益法人（財団）設立の公民館が3件存在。尚、通常の市町村設置の公民館は356件である		
静岡	4,282		有	H3年のもの
愛知	221		有	コミュニティセンター(181館)、地域センター(5館)、準コミュニティセンター(31館)、学区集会所(3館)、楠学習センター(1館)
三重	810			
滋賀	884			
京都	1,100		有(1市町村)、無(29市町村)	
大阪	0		無	
兵庫	3,151		無	
奈良	356		有(97館)/無(56館)/不明(178館)	
和歌山		掌握できていない	無	自治公民館数：各自治体が独自に建設している場合が多く、各市町村では掌握できていない場合が多い。台帳の有無：従って、殆どの場合、各自治体の管理下にあるものではないので台帳は存在しない
鳥取	1,913		有無	自治公民館数　米子市を除いた38市町村の数
島根	13	地区公民館10+地区集会所3	無	
岡山	1,027		有	
広島	487		無	一部市町村に有
山口	756		有	有と回答した市町村の内、台帳が提出された市町村のみ送付（上関町・平生町・阿知須町・下松市・豊北町）
徳島	0		無	〈類似施設〉海部町：24箇所、神社等の社務所(集会施設等)、台帳無し/土成町：20箇所、神社等の社務所(集会施設等)、台帳無し/日和佐町：20箇所、神社等の社務所(集会施設等)、台帳無し
香川	1,633		無	
愛媛	1,285		有(6市町村)	類似施設：18市町村有り
高知	421		有(2町)、無(6市町村)	
福岡	4,773		有(22市町村)、無(75市町村)	
佐賀	2,345			台帳を有している市町村と、そうでない市町村がある。県内の市町村別、自治公民館数をまとめた表を添付
長崎	3,054		有(709館)、無(2345館)	
熊本	3,579		有	
大分	3,071		無	
宮崎	2,233		有	
鹿児島	6,512			
沖縄	924		有(14市町村)、無(38市町村)	

資料編〔統計〕

29.「公民館・コミュニティ施設」年表

年	法律・国の動き	公民館・地域の動き
1946 (昭21)	【文】次官通牒「公民館の設置運営について」(7月)	
1947 (昭22)		
1948 (昭23)	第一回優良公民館文部大臣表彰 (11月)	
1949 (昭24)	改正地方自治法公布 (6月)	
1950 (昭25)	図書館法公布 (4月) 【文】公民館運営費補助開始 (4月)	
1951 (昭26)	【文】社会教育主事講習等規程公布 (6月) 博物館法公布・施行 (12月)	
1952 (昭27)		
1953 (昭28)	青年学級振興法公布 (8月)	
1954 (昭29)		
1955 (昭30)		
1956 (昭31)		
1957 (昭32)	【社教審】「公民館の充実振興方策について」答申 (12月)	
1958 (昭33)		
1959 (昭34)	社会教育法「大改正」(4月) 【文】「公民館未設置市町村解消10ヵ年計画」策定 (12月) 【文】「公民館の設置及び運営に関する基準」公布 (12月)	【倉吉市】自治公民館規約「参考案」作成
1960 (昭35)	自治省設置 (7月)	
1961 (昭36)		
1962 (昭37)		
1963 (昭38)	【文】社会教育局『進展する社会と公民館の運営』刊行 (3月)	【枚方市教委】『社会教育をすべての市民に』(枚方テーゼ) 発表 (2月) 【富山県】公民館育成費補助金交付要綱制定 (7月)
1964 (昭39)		
1965 (昭40)	【同和対策審】同和対策について答申 (8月)	
1966 (昭41)		
1967 (昭42)	【社教審】「公民館の充実振興方策について」報告 (6月)	
1968 (昭43)		
1969 (昭44)	【国民生活審】調査部会コミュニティ問題小委員会編「コミュニティ」報告 (9月) 同和対策事業特別措置法公布 (7月)	

公民館組織・運動	関連項目
寺中作雄『公民館の建設』刊行（9月）	
	教育指導者講習会開始（IFEL）（10月）
	全国公民館職員講習会（東京・浴恩館）
全国公民館連絡協議会（全公連）結成（11月）	
公民館単行法運動はじまる（6月）	琉球政府「公民館設置奨励について」（中央教育委員会決議）
【杉並区】杉並公民館で原水爆禁止署名運動はじまる	日本社会教育学会創立（10月）
【全公議】公民館単行法制定促進方針を決議（10月） 【全公連】機関誌『月刊　公民館』を創刊（12月）	
【全公連】機関誌『月刊　公民館』第11号をもって休刊（2月） 近畿公民館主事会結成	
【全公連】機関誌『月刊　公民館』復刊（4月） 【全公連】公民館振興対策に要望書提出（10月） 【国立市公運審】社会教育法改正に対して「声明書」発表（12月） 【近畿公民館主事会】社会教育法改正案に反対を表明(12月)	
	【ユネスコ】「博物館をすべての人に利用できるようにする最も効果的な方法に関する勧告」（12月）
【全公連】国立中央青年の家において、初の公民館職員研修を開催（2月）	
社会教育推進全国協議会（社全協）結成（9月）	『中小都市における公共図書館の運営』（社団法人日本図書館協会）
「公民館三階建論」の提唱（三多摩社会教育懇談会）	
【全公連】文部省より「社団法人全国公民館連合会」の設立が認可される（2月） 【飯田・下伊那主事会】「公民館主事の性格と役割」（下伊那テーゼ）発表（3月）	日本社会教育学会年報『現代公民館論』発行
【全公連】『公民館のあるべき姿と今日的指標』発表（9月） 【国立市】母と子の勉強会、公民館附属保育施設を請願	

資料編〔年表〕

487

年		国・中央の動向	地方の動向
1970	(昭45)		
1971	(昭46)	【自治省】コミュニティ対策要綱発表（4月） 【社教審】「急激な社会構造の変化に対処する社会教育のあり方について」答申（4月） 国立社会教育研修所（現・国立教育政策研修所社会教育実践研究センター）設置	
1972	(昭47)		
1973	(昭48)		【鶴岡市】大山地区モデルコミュニティ指定
1974	(昭49)		【都教委】社会教育部『新しい公民館像をめざして』（三多摩テーゼ）発表（3月）
1975	(昭50)		北海道で「移動公民館」はじまる（1月） 【国立】公民館保育室運営要綱作成（2月）
1976	(昭51)	【文】公民館活動促進費補助開始（1月）	【西宮市】公民館合理化案（職員の全員引揚げ）指示（6月） 【松本市教委】「町内公民館のてびき」刊行
1977	(昭52)		【品川区】社会教育施設の非常勤専門職員を常勤化（4月）
1978	(昭53)		【荒川区】図書館司書配転で都人事委裁決、申立人敗訴（10月）
1979	(昭54)	【中教審】「地域社会と文化について」答申（6月）	
1980	(昭55)		
1981	(昭56)	【中教審】「生涯教育について」答申（6月）	【京都市】民間委託の社会教育総合センター・図書館開館（4月） 【船橋市】学芸員不当配転問題で職員の専門性を認めて和解（6月）
1982	(昭57)		
1983	(昭58)	【経済企画庁】『国民生活白書』刊行（10月）	
1984	(昭59)		【小平市】公民館主事配転問題発生、公平委申請却下（8月）
1985	(昭60)		
1986	(昭61)	【社教審】「社会教育主事の養成について」答申（10月） 【社教審】「社会教育施設におけるボランティア活動の促進について」報告（12月）	【足立区議会】図書館委託の条例案可決（1月） 【所沢市】公民館有料化構想について「時期尚早」との結論が出る（2月）
1987	(昭62)	【文】社会教育主事講習等規程一部改正	
1988	(昭63)	文部省機構改革で社会教育局廃止、生涯学習局発足（7月）	
1989	(平元)	【文】第1回生涯学習フェスティバル開催（11月）	【出雲市】木造公民館（3館）建設
1990	(平2)	【中教審】「生涯学習の基盤整備について」答申（1月） 「生涯学習の振興のための施策の推進体制等の整備に関する法律」（生涯学習振興法）公布（6月）	
1991	(平3)		
1992	(平4)	【生涯審】「今後の社会の動向に対応した生涯学習の振興方策について」答申（7月）	
1993	(平5)		【八王子市議会】公共施設有料化条例案否決・廃案（3月） 【鶴ヶ島市】公民館職員不当配転問題発生（3月）
1994	(平6)	【生涯審】社会教育分科審議会施設部会「学習機会提供を中心とする広域的な学習サービス網の充実について」報告（9月）	

	韓国金泉市文化院と石川県七尾市御祓公民館の姉妹提携が成立（7月）
	沖縄返還（沖縄県設置）（5月）
【全公連】『全公連25年史』を発行（11月）	
【福岡市】福岡市の公民館合理化案の撤廃を求める市民集会開催（3月）	
	日本都市センター『都市経営の現状と課題』
【全公連】公民館総合保障制度を採用（5月）	日本都市センター『新しい都市経営の方向』
【藤代町】公民館長配転に対し「社会教育を守る会」が結成され、復帰を求める署名活動が始まる（12月） 【東村山市】【茅ヶ崎市】住民運動による公民館設置	
【杉並区】杉並公民館を存続させる運動の署名が12000を超える（3月）	
【全公連】第5次専門委員会が「生涯教育時代に即応した公民館のあり方」を答申（6月） 【岡山市】「公民館嘱託職員の会」結成	
	【ユネスコ】第4回国際成人教育会議、学習権宣言採択（3月）
【全公連】『全公連35年史』を刊行（7月）	
	【国連】子どもの権利に関する条約採択(11月)
【岡山市】公民館嘱託職員の会『結んで拓いて―岡山市公民館白書』発行	【国連】国際識字年
図書館委託を考える全国集会開催（8月）	

資料編〔年表〕

年		事項	備考
1995	(平7)	地方分権推進法成立（5月） 【文】「社会教育法における民間営利社会教育事業者に関する法解釈」通知（9月）	【松本市】地区福祉ひろば事業開始
1996	(平8)	【地方分権推進委】くらしづくり部会、中間報告で「社会教育法・図書館法・博物館法」の存廃と専門職必置の再検討（3月） 【文】「公立社会教育施設整備費補助金」廃止決定（平成9年度より）（12月）	
1997	(平9)	【生涯審】「青少年の『生きる力』をはぐくむ地域社会の環境の充実方策について」（6月）	
1998	(平10)	特定非営利活動促進法（NPO法）公布（3月） 【生涯審】「社会の変化に対応した今後の社会教育行政の在り方について」答申（9月）	
1999	(平11)	【閣議】第2次地方分権推進計画（地方分権一括法案）決定（3月） 民間資金等の活用による公共施設等の整備等の促進に関わる法律（PFI法）公布（7月） 青年学級振興法 廃止（7月） 社会教育法 改正（7月）	
2000	(平12)	【文】生涯学習局長通知「家庭教育学習の拠点としての公民館の充実について」（4月） 【生涯審】「新しい情報通信技術を活用した生涯学習の推進方策について（中間報告）」発表、衛星通信で公民館等に大学公開講座を提供するシステムの構築を提言（5月） 人権教育及び啓発の推進に関する法公布（12月）	
2001	(平13)	文部省と科学技術庁を統合し「文部科学省」創設（1月） 【文】「公立図書館の設置及び運営上の望ましい基準」告示（7月） 社会教育法 改正（7月）	【岡山市】公民館嘱託職員の常勤専門化
2002	(平14)		
2003	(平15)	【文】地域づくり推進室設置（1月） 【文】「公民館の設置及び運営に関する基準」改定告示及び「公立博物館の設置及び運営上の望ましい基準」告示（6月） 改正地方自治法公布（6月） 環境の保全のための意欲の増進及び環境教育の推進に関する法律公布（7月） 【文】「社会教育施設における指定管理者制度について」通知（11月） 【文】社会教育課、「公民館、図書館、博物館の民間への管理委託について」通知（12月）	
2004	(平16)		
2005	(平17)		【鶴ヶ島市教委】『鶴ヶ島らしさのある教育の創造に向けて―教育大綱』発行（8月） 【佐賀市】本庄公民館（木造） 建設

【略称】　【文】文部省・文部科学省　　【国民生活審】国民生活審議会
　　　　　【社教審】社会教育審議会　　　【中教審】中央教育審議会
　　　　　【同和対策審】同和対策審議会　【○○市教委】○○市教育委員会

資料編〔年表〕

【社全協】大田区調査団、「文化センター・青少年の家の地域振興部移管・民間委託計画を白紙に戻し、社会教育施設の充実を求めるアピール」表明（1月） 【岡山市】「岡山市の公民館を考える会」発足	阪神淡路大震災発生（1月） 第4回世界女性会議（北京）開催（9月）
【教科研・社全協】合同シンポ「学校をつくる地域をつくる－中教審、生涯学習審議会答申を検討する－」開催（5月）	【ユネスコ】第5回国際成人教育会議開催、「成人の学習に関するハンブルク宣言」採択（7月）
【社全協・図問研・教科研】「住民の学習権を保障し地方自治の基礎を築く公民館・図書館・博物館の更なる充実を」合同アピール（2月） 【岡山市】岡山市職員労働組合「公民館の明日を語り合うつどい」開催（4月）	
【社全協】「公民館運営審議会必置制の堅持と公民館長任命にあたっての意見徴収制度の存続など、公民館関連条例における住民参加と社会教育・生涯学習のいっそうの充実を求める要望書」提出（12月）	日本社会教育学会特別年報『現代公民館の創造』発行（9月）
【奈良市】奈良市公民館等のあり方を考える会、「公民館運営の財団法人への委託を問う」市民学習会開催（5月） 【社全協】「奈良市公民館の財団委託についての見解」提出（7月）	
【全公連】『全公連50年史』を発行（11月）	【国連】国際ボランティア年
	日本公民館学会設立 【国連】「国連識字の10年」（2012年まで）
【国立市公運審】「指定管理者制度に関する意見書」提出（8月） 第45回関東甲信越静公民館研究大会で「公民館の存続と管理運営に関する緊急アピール」決議（8月） 【全公連】『指定管理者制度―公民館の今後のあり方を考えるために―』を発行（10月）	
	【国連】「持続可能な開発のための教育の10年」

【全公連】全国公民館連絡協議会　　【公運審】公民館運営審議会　　【国連】国際連合
社団法人全国公民館連合会（1965〜）　【教科研】教育科学研究会　　【ユネスコ】国際連合教育科学文化機関
【社全協】社会教育推進全国協議会　　【図問研】図書館問題研究会

Index

索引

索引凡例

1）事項、人名は、和文は五十音順に、欧文はアルファベット順に配列しました。
2）地名索引は、日本国内の地名のみとし、北（北海道）から南（沖縄県）へ配列してあります。
3）数字は、その事項、地域、人名の所在ページを示しています。
4）市町村合併をおこなった市町村については、（　　）に合併後の市町村名を表示しました。
5）公民館、図書館、博物館、文化ホール等の個々の施設名は全て設置されている都道府県、市町村の項で表示しました。

Ⅰ 事項索引

◆ア行◆

アートワークショップ	295
アウトリーチ	383
青空公民館	65,74,191,251
秋津コミュニティ（秋津小学校）	119,308
字公民館	58,60,62,92,94,138,140,182,207,251,327,427
字誌	329
朝日カルチャーセンター東京	186
朝日町エコミュージアム	293
アソシアシオン（フランス）	406
遊び場マップ	341
新しい公共	186,256
『新しい公民館像をめざして』（三多摩テーゼ）	53,62,65,75,80,136,173,192,195,254
アニマトゥール（フランス）	406
アビリンピック	375
アファーマティブ・アクション（オーストラリア）	402
安全点検チェックリスト	108
飯田市公民館主事会	157
飯田・下伊那主事会	53,83,113,155,191
池田町屋公民館（財団法人立公民館）	130
イタリア民衆教育連盟	410
居場所	164,171,211,326,427
イマーム・ハティップ養成学校（トルコ）	400
インフォーマル教育（非定型教育）	224,423
ウィメンズライフロングカレッジ	343
ウル・パンダン・コミュニティ・クラブ（シンガポール）	399
エコミュージアム	293
エマウス共和国運動（ブラジル）	421
遠隔教育（オーストラリア）	402
エンゼルプラン	365,366
エンパワーメント	357
公の施設	17,26,27,35,81,98,112,125,154
岡山市公民館検討委員会	42,192
オランダ・モデル	353

◆カ行◆

介護予防	170,203
貝塚子育てネットワークの会	32,41,166,245
開放大学法案（台湾）	398
解放の神学（ブラジル）	421
改良普及員	376
学社融合	118,119,161,331,343
学社連携	161,312,331,339,343
学習型組織（ラーニング・オーガニゼーション）（中国）	395
学習権宣言	92,183,195
学習・スキル委員会（イギリス）	405
拡張学習センター（アメリカ）	420
学校開放	285,308,311,365
学校週5日制	161,285,306,308,364,370
合併特例債	22,25
カルチャーセンター	174,186,194,229
環境学習	205,422
環境教育	45,46,207
韓国教育開発院	391
看板公民館	51,65,191
企画実行委員会	111,124,181,193
技術・継続教育カレッジ（オーストラリア）	402
喫茶コーナー	84,371
教育委員会制度	26,40,51,52,78,97
教育改革国民会議	16
教育自治立法	101,103
教育指導者講習会（IFEL）	151
教育セツルメント連盟（イギリス）	404
教育センター連盟（イギリス）	404
教育隣組	328
教育福祉	54,204
教育文化産業	186
行事傷害補償制度	107
共同学習	82,123,196,211,223,232,295,325,382
協同農業普及事業	375
居民委員会（中国）	395
近畿公民館主事会	155
近隣館（オーストラリア）	402
倶楽部（クラブ）	71,72
区立成人教育学院（中国）	394
グループ・サークル	172,173,208,267,344
グループワーク	223,231
継続教育カレッジ（イギリス）	404
系統的学習	224,227

健康学習	83,166,199	国民生活審議会	35,85
県(都)公連	128,156,239	国立教育政策研究所社会教育実践研究センター	151
兼任職員	113,142,153	子育て支援	167,359,365
兼任・非常勤職員	76,125	子育てネットワーク	167,347
公会堂	60,71,339	子ども劇場	197,295
公共論壇(台湾)	397	子どもの居場所	144,161,285,307,331
校区公民館	25,92,118,426	子どもの権利条約	167,365
高校開放講座	312,343	子どもフェスティバル	43
広報(編集)委員会	219	コミュニティ開発省(シンガポール)	398
公民館委員会	51,98,114,120,136,180	コミュニティ学習センター(オーストラリア)	402
公民館運営審議会		コミュニティ学校(ブラジル)	422
	14,22,74,78,94,98,101,111,114,120,127,176,180,215,231	コミュニティカレッジ	398,404,420
公民館三階建論	53,55,65,75,80,83,173	コミュニティ教育	394,404,405
「公民館主事の性格と役割」(下伊那テーゼ)		コミュニティ協会(イギリス)	405
	53,55,57,80,83,113,136,156,191	コミュニティスクール	311,404,419
公民館主事の専門職化	41,57,95,101,154	コミュニティセンター	35,85,86,87,251,260,398
公民館主事の専門性	57,136,154	コミュニティビジネス	209,348
公民館主事論争	57	コミュニティワーカー	57,113,170,241,385
公民館使用料	102,105,177,183,215	コムーネ(イタリア)	411
公民館嘱託職員の会	42,143,152,154	コムソモール(ロシア)	415
公民館資料室	217		
公民館総合補償制度	107,129	◆サ行◆	
公民館単行法制定運動	56,63,74,95	在日韓国・朝鮮人	84,378,381,382
公民館図書室	266,287	相模原市社会教育研究会	157
『公民館のあるべき姿と今日的指標』		参加型学習	168,204,230,357
	54,62,64,75,83,173,192,251,253,261	三多摩社会教育懇談会	58,75
『公民館の建設―新しい町村の文化施設』		三多摩テーゼ→『新しい公民館像をめざして』	
	51,74,77,173,184,195	識字活動	201,382
公民館の公共性	34	識字教育	380,399,410,423
「公民館の設置及び運営に関する基準」(1959年)		自己教育運動	223
	17,53,56,74,80,95,111,135,252,289,427	事故連絡チェックリスト	108
「公民館の設置及び運営に関する基準」(2003年)		自主的委員選任権	15
	32,66,68,96,100,111,135,427	次世代育成支援対策推進法	167,366
公民館費	104,106,147,185	施設内オープンスペース	261
公民館保育室	166,267	自然かんさつ会	206
公民館報	217,219	自治公民館	19,22,42,52,56,59,72,94,106,112,118,138,
公民館まつり(祭)	197,212,309		140,157,165,182,185,207,251,327,426,429
公民館類似施設	60,227,327,382	自治公民館論争	56,61
公務員生涯学習パスポート(台湾)	397	視聴覚センター	342
高齢者の生きがい促進総合事業	368	『市町村合併協議における公民館制度検証に関する要望』	23
国際婦人年	166,331	シティカレッジ	336,337

索引

指定管理者	17,27,125,154,188,340
指定管理者制度	17,25,26,27,81,99,112,231,334,339
児童館	19,35,364
児童虐待防止法	366
児童福祉法	167,364
児童文化センター	331,332
信濃生産大学	224
自分史学習	169
市民会館	64,296
市民学習センター	252
市民館	72,252,342
市民スタッフ	127
市民センター	162,173,203,339,340
市民大学	171,343,408
市民大学セミナー	75,83
市民ネットワーク	41,54
市民福祉センター	38,203
下伊那テーゼ→「公民館主事の性格と役割」	
ジャーファリーエ・スクール(レバノン)	401
社会および社会文化センター(フランス)	407
社会教育館	370,396
社会教育関係団体	17,53,73,94,98,172,175,183,207,232
社会教育機関	138,191
社会教育事業	119,212,318
社会教育施設基準法制	95
社会教育指導員	125,144
社会教育主事	16,53,113,123,135,142,149,150,212,336
社会教育主事講習	17,95,150
社会教育主事講習等規定	150
社会教育審議会	35,54,62,74,79,80,151,251,312
社会教育の公教育性	187
社会教育法「大改正」(1959年)	14,52,74,79,94,121,136,150
社会教育法第23条	214,347
社会教育調査報告書	331
社会経営	352,353
社会体育主事	286
社会同和教育	201
社会文化施設(フランス)	406
社会文化センター(ドイツ)	350,408
社区学院法案(台湾)	398

社区学校(中国)	395
社区教育(中国・台湾)	394,396
社区教育委員会(中国)	394
社区大学(台湾)	396,397
社区学院(中国)	395
終身学習法(台湾)	397
宗派主義(レバノン)	401
住民自治センター(韓国)	392
集落公民館	45,59,140,207,251,327,426,429
塾風教育	71,73
出張講座	212
生涯学習ルーム	335
生涯学習施設	172
生涯学習審議会	15,16,63,65,67,81,96
生涯学習振興整備法	67
生涯学習推進員	335
生涯学習センター	128,334,335,340
障害者基本法	224,370,371
障害者青年学級	84,370
少年自然の家	331,332
昭和の大合併	19,20,21,142
初期公民館	55,74,82,156,252,286
職員災害補償制度	107
職業訓練	373,374,394,399
職業補充教育(ロシア)	414
食料・農業・農村基本法	376,377
女性センター	166,332
女性(婦人)教育関連施設	331,333
新「会社法」	187
新自由主義	193,292
シンダ(シンガポール)	399
『進展する社会と公民館の運営』	53,62,75,80,253
人民協会(シンガポール)	398
人民大学(ロシア・東欧)	415,416
人民の家(イタリア)	410
ステーション(ロシア)	415
スポーツクラブ	283
スポーツ振興基本計画	284
スポーツフォアオール	283
スミス・レーバー法(アメリカ)	375
生活改良普及員	376

生活館	381	第三期大学（イタリア）	410
生活記録	82,169,223	第三セクター	125,333,338,340
生活史学習	225	『第２次専門委員会報告書』（全公連）	54,136,192
生活集団	225	第２次臨時行政調査会	37,76,81
生活保護法	387	たまり場（溜まり場）	84,164,192,211,326,371,409,427
青少年教育施設	35,163,331,333,343	地域生涯学習センター（イタリア）	411
青少年センター（東欧）	417	地域課題	84,193,205,228,293
成人教育センター	404,412	地域自治	124,424
成人多文化教育サービス（オーストラリア）	403	地域自治区	24
青年会館	72,324	地域実態把握	216
青年学級	14,163,191,223	地域集会施設	85
青年学級振興法	14,53,100,163,164,191,223	地域的拠点施設	87
青年倶楽部	72,324,325	地域日本語教育推進協議会	343
青年センター（エジプト）	400	地域平生教育情報センター（韓国）	391
青年団	72,163,165,175,223,251,314,324,325	地区住民評議会（イタリア）	411
青年と文化の家（フランス）	406	知識交換所（スロベニア）	418
青年の家	53,163,326,331,332	知識の家（ロシア）	415
政令指定都市	19	地方公務員法	141,146
セーフティネット	29,203,387	地方自治法	27,35,81,97,102,104,112,125,183,288,392
全国公民館職員講習会	63,151	地方分権一括法	14,25,81,99,100,102,121
全国公民館大会	64	地方分権改革推進会議	17,26,96,100
全国公民館連合会（全国公民館連絡協議会、全公連）		中央教育審議会	26,65,80,111,174,316
	54,56,60,63,74,128,136,152,171,173,192,251,253	中核市	19
全国民間カルチャー事業協議会	187	町会館	85
全村学校	73	町村合併促進法	19,74,78,121,163,303
仙台ひと・まち交流財団	339	町内会	61,82,182,185,207
専門技術員	376	町内公民館	
総合型地域スポーツクラブ	284		19,42,60,62,94,112,119,138,140,157,182,185,207,251
総合社区営造（台湾）	397	綴り方学習	295
相互学習	124,145,174,313,426	定期講座	111,126,163,191,193,227
相互扶助団体（イタリア）	410	寺中構想	51,57,77,136,286,327
ゾーニング	262	東京都公民館主事会	158
村落カレッジ（イギリス）	404	特定非営利活動促進法（NPO法）	31
		特例市	19
◆タ行◆		都市（型）公民館	51,54,65,73,75,80,102,155,158,251
体育・スポーツ国際憲章	283	『都市経営の現状と課題』	36
大学開放講座	229,337	ドッワール（エジプト）	400
大学拡張	317		
大学間連携	337	◆ナ行◆	
大学公開講座	318,343	長野県老後をしあわせにする会	216
大学コンソーシアム（大学連合）	319,337	名古屋サークル連絡協議会（名サ連）	224

索引

新潟県公民館連合会	22
21世紀教育新生プラン	16
2007年問題	171
二方向避難の原則	274
日本語学習支援	379
日本青年団協議会	223,325
農業改良助長法	375
農業改良普及員	376
農村の家（フランス）	407
農村婦人の家	332
ノーマライゼーション	367,370
ノンフォーマル教育（不定型教育）	224,423

◆ハ行◆

賠償責任補償制度	107
博学連携	292
働く婦人の家	332
パラノア文化発展センター（ブラジル）	421
「パンを求めて石を与えられた」	63,156
ピオネール（ロシア・東欧）	415,417
非正規教育機関単位互換方法（台湾）	397
評議員会	328
兵庫県公民館連合会	156
「枚方市における社会教育今後のあり方」	191
ファシリテ(ィ)ーター	224,232,258
フィールドワーク	228,234,428
フォークスクール（アメリカ）	419
フォークハイスクール（東欧）	416
フォルクスホッホシューレ（ドイツ）	408,426
普及指導員	376
複合施設	252,298,333,396
福祉コミュニティ	203
福祉ひろば	19,42,203,211
普通補充教育（ロシア）	414
部落（集落）公民館	59,94,140,251,429
フリースペース	162
文化会館	35,64,296
文化管理学（ドイツ）	350,353
文化芸術振興基本法	295
文化建設委員会（台湾）	396
文化センター	186,296

文化創造	173,192,193,296
文化の家	393,414
平生学習館（韓国）	391
平生教育士（韓国）	392
平生教育法（韓国）	391
平成の大合併	19,21,22
放火対策	275
防火扉	275
法人公民館	112,130
豊年祭	165,328
ボランティア	31,41,76,84,123,127,167,184,203,219,231,289,296,308,332,341,352,356,368,379,382,388,397,403,404,409,410

◆マ行◆

マジェリス・タリム（インドネシア）	399
まちづくり市民講座	43
松本市公民館主事会	157
『松本市公民館活動史』	217
民間教育事業（産業）	29,186
民間教育文化事業	76
民間資金等の活用による公共施設等の整備等の促進に関する法律（PFI法）	17,25
民衆史	295
民族文化講師ふれあい事業	343
民話	298
村屋	327
ムンダキ協会（シンガポール）	399
木造公民館	45,252
モスクの若者（インドネシア）	399
モデルコミュニティ事業	85
モンチ・アズール・コミュニティ協会（ブラジル）	421
文部次官通牒「公民館の設置運営について」	14,38,51,59,62,74,77,82,120,163,180,191,198,296,325,327

◆ヤ行◆

夜間学校	404,411
夜間中学校	202,382
ゆいまーる	329
豊かな老後をめざす会	41
幼児教育大学	337

◆ラ行◆

ラーニング・エクスチェンジ(アメリカ)	418
ラーニング・コミュニティ(中国)	395
ラーニング・シティ(中国)	395
リカレント教育	76,394
リスクマネージメント	108
琉球政府	62,328
利用者協議会	215,334
利用者懇談会	120,127,180
臨時教育審議会	37,65,76,187
隣保館	72
労働者教育センター(フィンランド)	412
老老介護	369
ろばた懇談会	61

◆ワ行◆

ワークショップ	34,168,173,228,230,234,257,268,359,385
若者宿	71,324,423
わたしたちの老人白書	216

Ⅱ 欧文略語索引

CDC(Community-based Development Corporation)(アメリカ)	320
CLC(Community Learning Center)(アフリカ)	423
ESL(第2言語としての英語)(アメリカ)	420
ESL(母語でない英語の学習)(オーストラリア)	403
FFMJC(MJC全国連盟)(フランス)	406
FHS(Folkehøjskole)(デンマーク)	412,419
NPM(New Public Management)	25,231
NPO(Non-Profit Organization)	31,208,337,347,355
PFI(Private Finance Initiative)	17,25,26
PKBM(Pusat Kegiatan Belajar Masyarakat)(インドネシア)	399
PPP(Public Private Partnerships)	25
QOL(Quality of Life)	370
SENAC(全国商業訓練サービス)(ブラジル)	422
SENAI(全国工業訓練サービス)(ブラジル)	421
SESC(商業社会サービス)(ブラジル)	422
SESI(工業社会サービス)(ブラジル)	422

Ⅲ　地名索引

北海道	381
江別市	263
札幌市	333
置戸町	84
穂別町	169
青森県	
八戸市	88
宮城県	138
仙台市	338
山形県	
鶴岡市	36,58,83
朝日町	182,293
福島県	20
茨城県	
つくば市	359
美野里町	297
栃木県	
鹿沼市	119
群馬県	
新治村	75
埼玉県	32,158,232
浦和市（さいたま市）	22,195
上福岡市	84
川口市	82
さいたま市	22
鶴ヶ島市	43
所沢市	170,188,204
飯能市	32
富士見市	65,170,204
千葉県	128,138,146
印西市	85
浦安市	266
木更津市	65,117,148
君津市	44,65,146,154
佐倉市	171
習志野市	119,308
成東市	45
野田市	100
船橋市	124
八千代市	265
山武地域	44
関宿町（野田市）	23
東京都	59,65,75,128,138,158,178,237,238,254,370,386
葛飾区	382
杉並区	83,166
港区	374
昭島市	169,196
稲城市	102
国立市	75,83,84,102,122,166,254,267,371
小金井市	65,181
国分寺市	65,182
小平市	280
立川市	102
田無市（西東京市）	101
八王子市	102
羽村市	286
東村山市	65,181
東大和市	65,102
日野市	170,171,196,242
福生市	117,205
町田市	102
三鷹市	102,283
武蔵野市	86,256
五日市町（あきるの市）	284
神奈川県	370
川崎市	84,181,252,342,370
相模原市	65,153,157
茅ヶ崎市	65
平塚市	291
大和市	260
横浜市	212
新潟県	22,129,166
十日町市	164,169
聖籠町	303,308
石川県	21,152
七尾市	310
福井県	251,319
鯖江市	23
武生市	102
福井市	23,308

索引

山梨県	
小淵沢市	46
長野県	59,122,216
飯田市	21,106,123,156,220,347
松本市	19,41,60,62,135,140,157,182,203,209,211,217,235,236
松川町	83,166
山ノ内町	122
浪合村	254
岐阜県	132
多治見市	130
静岡県	
藤枝市	169
稲取町(東伊豆町)	166,169
愛知県	
名古屋市	225
半田市	286
滋賀県	
草津市	33
新旭町	326
秦荘町	164
京都府	52,61,65,312,319,374
宇治市	66
大阪府	202,386
大阪市	72,252,335,386
貝塚市	32,41,66,83,84,135,154,166,245
岸和田市	297
吹田市	297
豊中市	66,83,102
枚方市	65,84,161,191
守口市	66
兵庫県	156,284,319
篠山市	22
西宮市	54,58,83
奈良県	
奈良市	157
月ヶ瀬村(奈良市)	22
鳥取県	
倉吉市	56,60,61
島根県	
出雲市	45

岡山県	
岡山市	30,42,84,117,142,152,154,192
広島県	
広島市	67,340
三良坂町(三次市)	66
高知県	
安芸市	66
福岡県	51,73,201,295
北九州市	25,39,58,161,162,170,173,203,251
筑後市	119
戸畑市(北九州市)	83
福岡市	25,58,164,283
宗像市	259
八幡市(北九州市)	51,73,166,251
佐賀県	129
佐賀市	45
熊本県	
熊本市	382
大分県	
湯布院町(由布市)	106
鹿児島県	295
鹿児島市	118
垂水市	119
喜入町(鹿児島市)	118
串良町(新鹿屋市)	22
溝辺町	119
山川町	289
沖縄県	58,60,62,165,182,254,327
名護市	258
那覇市	46
勝連町	298
佐敷町	298
今帰仁村	258
読谷村	328,329

501

Ⅳ 人名索引

アンリ・リビエール	293
伊藤寿朗	292
宇佐川満	56, 60, 160
碓井正久	57
オーギュスタン	406
小川利夫	53, 55, 56, 61, 65, 93
小和田武紀	252
カストレン	412
グルントヴィ	419
黄武雄	396
河野通祐	253
ダーケンウォルド	419
寺中作雄	51, 56, 74, 77, 121, 142, 173, 184, 198, 252, 325, 426
トックヴィル	97
中尾龍彦	45, 252
中島俊教	253, 289
ネルソン	77, 97
ノールズ	419
パウロ・フレイレ	421
ヘンリー・モリス	404
ポール・ラングラン	75
宮原誠一	115
メリアム	419

公民館・コミュニティ施設ハンドブック
2006年3月3日　第1版初刷発行
2006年4月3日　第1版2刷発行

編　者…………日本公民館学会
発行者…………大塚智孝
発行所…………株式会社　エイデル研究所
　　　　　　　〒102-0073
　　　　　　　東京都千代田区九段北4-1-9
　　　　　　　TEL:03(3234)4641
　　　　　　　FAX:03(3234)4644

装　丁…………清水大亜（DIAMOND GRAFICS）
本文DTP………有限会社ブライトン
印刷・製本……中央精版印刷株式会社

*落丁・乱丁のときはおとりかえいたします。
© 2006 Nihonkominkangakkai
Printed in Japan　ISBN4-87168-403-2 C3037